클렙토피아

클렙토피아
—
2022년 8월 24일 초판 1쇄 발행
—
지은이 톰 버지스
옮긴이 이혜경
펴낸이 김정수, 강준규
책임편집 유형일
마케팅 추영대
마케팅지원 배진경, 임혜솔, 송지유
—
펴낸곳 (주)로크미디어
출판등록 2003년 3월 24일
주소 서울시 마포구 성암로 330 DMC첨단산업센터 318호
전화 02-3273-5135
팩스 02-3273-5134
편집 070-7863-0333
홈페이지 http://rokmedia.com
이메일 rokmedia@empas.com
—
ISBN 979-11-354-8075-1 (03300)
책값은 표지 뒷면에 적혀 있습니다.

커넥팅은 로크미디어의 인문, 역사 도서 브랜드입니다.
잘못 만들어진 책은 구입하신 서점에서 교환해 드립니다.

클렙토피아

톰 버지스 지음 · 이혜경 옮김

더러운 돈은 어떻게 세계를 정복하는가?

Connecting

저자 · **톰 버지스**^{Tom Burgis}

톰 버지스는 수상 경력에 빛나는 저널리스트이자, 탐사보도 기자, 특파원이다. 오랫동안 파이낸셜타임스 조사팀의 일원으로 활동하고 있다. 버지스는 뛰어난 저널리즘을 인정받아 많은 상을 수상했다. 2013년 파이낸셜 타임스가 국제 문제에 대하여 뛰어난 보도를 한 40세 미만 소속 기자에게 수여한 존스-마우트너 기념상^{Jones-Mauthner Memorial Prize}을 받았으며, 2015년 중국 최고의 미스터리 상인이라 일컬어지는 쉬징화^{徐京華, Sam Pa}에 관한 탁월한 탐사보도로 아시아출판협회^{Society of Publishers in Asia, SOPA}로부터 상을 받았다. 그는 영국언론상^{British Press Award} 올해의 젊은 저널리스트 부문 최종 후보로 선정되기도 했으며, 유럽언론상^{European Press Prize} 탐사보도 부문 최종 후보에 두 차례 오르기도 했다. 남미와 아프리카 등에서 해외 특파원으로 근무했던 그는 중요한 부패 스캔들을 폭로했고, 유혈사태를 일으킨 테러, 쿠데타, 잊힌 갈등을 취재했으며, 러시아 크렘린궁에서 미국 백악관까지 더러운 돈을 추적해왔다. 아프리카의 광대한 천연자원 착취가 어떻게 아프리카 대륙을 부패, 갈등, 빈곤으로 몰아넣는지 폭로한 첫 저서《약탈 기계*The Looting Machine*》는 2015년 출간되어 뉴욕 타임스로부터 '용감하고 도전적인 책'이라는 찬사를 받았으며, 2016년에 국제 문제에 관한 최고의 책에 수여하는 오버시스 프레스 클럽 코넬리우스 라이언상*Overseas Press Club Cornelius Ryan Award*을 수상했다. 두 번째 책인《클렙토피아》는 카자흐스탄의 끔찍한 학살극과 잔혹한 고문들, 짐바브웨에서 벌어진 더러운 부정선거, 그리고 영국 런던에서 미국까지 궁극적으로 백악관까지 이어지는 숨겨진 부패의 연결고리를 폭로한다. 꼼꼼하게 취재된 충격적인 실화를 폭로하는 이 책은 불법과 부패를 통해 세계를 지배하는 거대한 도둑들이 어떻게 단결하고 있으며 오늘날에도 민주주의를 압도하고 무너뜨리기 위해 어떻게 위협하고 있는지 밝히고 있다.

역자 · 이혜경

고려대학교에서 불문학을 전공하고 사회학으로 박사학위를 받았다. 현재 대학에서 학생들을 가르치며 바른번역 소속 번역가로 활동하고 있다. 우리 사회의 불평등과 소수자 문제에 관심이 있으며, 번역과 글쓰기로 모두를 위한 민주주의에 기여하고 싶어 한다. 옮긴 책으로는《꺼져가는 민주주의 유혹하는 권위주의》,《변신의 역사》,《마케터의 SNS 생각법》,《선거에서 이기는 법》,《민주주의는 실패했는가》,《우리는 처녀성이 불편합니다》 등이 있고, 공역으로《사회이론의 역사》,《시민사회와 정치이론 1, 2》,《음식의 문화학》,《저항은 예술이다》가 있다.

카밀라에게

이것은 실화다. 책 속의 이야기들은 인터뷰 혹은 문서자료에 기초한 사실들로 구성되었으며, 가능한 한 다른 출처들을 보태 보강하려 했다. 등장인물이 무언가를 생각하는 것처럼 묘사한 부분은 그가 저자에게 자신의 생각을 직접 말했거나 다른 형식으로라도 직접 기록한 경우이다. 책을 출판하기 전에 모든 인물에게 사실 확인의 기회를 제공했다. 사건에 대한 설명에서 이견이 있으면 가장 개연성이 큰 설명을 본문에 제시하고 관련 논쟁은 미주에 포함시켰다. 미주에서는 책에 서술된 모든 중요한 정보의 출처를 상세히 기술했다. 정보 제공자가 익명으로만 말하겠다고 한 경우, 그를 특정하지 않은 상태에서 가능한 한 자세히 기술했다. 이따금 특정 사실의 출처가 비공개 인터뷰라고 말할 수밖에 없었다. 이는 문제의 정보 제공자가 사실을 폭로했다는 이유로 보복을 당할 수 있기 때문이다. 익명의 출처들에 의존하는 것이 바람직하지는 않지만, 이 책이 극악한 권력의 비밀주의를 다루는 만큼, 침묵을 강요당하는 사람들의 목소리를 이런 방식으로라도 담아내는 것이 중요하다고 생각했다. 저자는 익명 진술의 신뢰성을 검증하기 위해 할 수 있는 최선의 노력을 다했다. 최근 몇 년간 진실은 힘든 시기를 견뎌 왔다. 저자의 노력으로 쌓아 올린 이야기들을, 부디 독자 여러분이 믿고 즐길 수 있기를 바란다.

런던

- **나이절 윌킨스**^{Nigel Wilkins}: 스위스 은행 BSI의 런던 지점 특별 감사 책임자. 이후 시티오브런던의 규제기관, 금융감독청에서 일하게 된다.

- **샬럿 마틴**^{Charlotte Martin}: 나이절의 반려자.

- **트레포 윌리엄스**^{Trefor Williams}: 전 영국 특수부대원. 민간 정보회사 딜리전스 소속 조사관.

- **론 와히드**^{Ron Wahid}: 방글라데시계 미국인으로 민간 정보회사 아카넘의 설립자.

- **닐 제라드**^{Neil Gerrard}: 시티오브런더의 회사 데케르트의 변호사.

트리오

- **알렉산드르 마슈케비치**^{Alexander Machkevitch}: 일명 사샤^{Sasha}. 키르기스스탄 태생의 중앙아시아 억만장자 3인조 트리오의 일원으로 ENRC의 소유주.

- **파토흐 초디에프**^{Patokh Chodiev}: 우즈베키스탄 태생으로 트리오의 일원.

- **알리잔 이브라기모프**^{Alijan Ibragimov}: 키르기스스탄의 위구르족 출신으로 트리오의 일원.

- **메흐메트 달만**^{Mehmet Dalman}: 영국계 키프로스인으로 시티오브런던의 금융가. ENRC 이사로 재직하다 후일 회장으로 취임.

- **빅터 한나**^{Victor Hanna}: 아프리카에서 활동하는 트리오 측근.

- **숀 매코믹**^{Shawn McCormick}: ENRC가 고용한 전 미국 정보기관 첩보원.

칸

- **누르술탄 나자르바예프**^{Nursultan Nazarbayev}: 1989년부터 2019년까지 대통령으로 재직한 뒤, 국가안전보장회의 의장을 역임한 카자흐스탄의 통치자.

- **라하트 알리예프**^{Rakhat Aliyev}: 일명 슈거^{Sugar}. 나자르바예프의 사위로, 후일 카자흐스탄에서 추방.

- **티무르 쿨리바예프**^{Timur Kulibayev}: 나자르바예프의 또 다른 사위. 억만장자.

- **케네스 라키셰프**^{Kenes Rakishev}: 쿨리바예프의 수하.

올리가르히

- **무흐타르 아블랴조프**Mukhtar Ablyazov: 전직 카자흐스탄 장관으로 BTA 은행 설립자이자 재계 거물.
- **피터 살라스**Peter Sahlas: 아블랴조프가 고용한 캐나다인 변호사.
- **마디나 아블랴조바**Madina Ablyazova: 아블랴조프의 딸로 제네바에 거주.
- **일리야스 크라푸노프**Iliyas Khrapunov: 마디나의 남편.
- **레일라 크라푸노바**Leila Khrapunova: 카자흐스탄 여성 사업가이자 일리야스의 엄마.
- **빅토르 크라푸노프**Viktor Khrapunov: 카자흐스탄 정치인으로 일리야스의 계부.
- **보타 자르데말리**Bota Jardemalie: 하버드대학에서 수학한 카자흐스탄인으로 BTA 은행 변호사.

갱스터

- **세묜 모길레비치**Semyon Mogilevich: 일명 세바Seva 또는 브레이니 돈Brainy Don. 모스크바 최고의 금융범죄자.
- **세르게이 미하일로프**Sergei Mikhailov: 일명 미하스Mikhas, 러시아 범죄 신디케이트 솔른체프스카야 형제단의 두목.

아프리카

- **빌리 라우텐바흐**Billy Rautenbach: 짐바브웨 사업가. 로버트 무가베 정권의 후원자.

- **로버트 무가베**Robert Mugabe: 1980년부터 2017년까지 총리와 대통령을 지낸 짐바브웨 통치자.
- **에머슨 음낭가과**Emmerson Mnangagwa: 일명 크로커다일Crocodile. 무가베 정권하에서 안보부 장관을 역임했으며, 후일 대통령직을 승계.
- **조제프 카빌라**Joseph Kabila: 2001년부터 2019년까지 콩고민주공화국의 대통령.
- **오귀스탱 카툼바 므완케**Augustin Katumba Mwanke: 카빌라의 오른팔로, 2012년 사망.
- **단 거틀러**Dan Gertler: 이스라엘 광산 거물로 카빌라 및 카툼바의 측근.

북아메리카
- **펠릭스 세이터**Felix Sater: 러시아계 미국인으로 사기꾼, 자금세탁업자, 스파이, 부동산 개발업자.
- **테브피크 아리프**Tevfik Arif: 카자흐스탄 출신으로 세이터가 일했던 뉴욕 부동산 벤처기업 베이록의 설립자.
- **보리스 버시타인**Boris Birshtein: 토론토에 거주하는 소련 시대의 재력가.
- **알렉스 슈나이더**Alex Shnaider: 러시아계 캐나디안 억만장자. 버시타인의 수하로 한때는 버시타인의 사위.

누구나 자신의 가장 흥미로운 진짜 삶은
비밀의 베일 속에 감춘 채 살아간다.

안톤 체호프Anton Chekhov,
《개를 데리고 다니는 여인The Lady with the Dog》

제**1**부 위기

제 2 부 번데기

제**3**부 변태

위기

crisis

뚜렷한 명분 없는 대재산 축적의 비밀은,
그것이 너무 감쪽같아서 망각된 범죄라는 사실이다.

─

오노레 드 발자크 Honoré de Balzac, 《고리오 영감 *Old Goriot*》

도둑

• *The Thief* •

그렇다. 도덕적 용기 덕분이었다. 하지만 나이절 윌킨스^{Nigel Wilkins}1
가 스위스 은행의 기밀을 훔치기로 결심한 데에는 그의 눈가 주름
사이로 엿보이는 장난기도 한몫했다. 2008년, 모든 것이 변했고 다
옛말이 되었다. 그는 40년 동안 은행 일을 해 왔지만 정말로 은행가
였던 적은 없었다. 은행가라는 단어는 은행가들 자신이 사용하는
의미로도, 또 근래 들어 사람들이 새로 사용하기 시작한 의미로도
그와 부합하지 않았다. 무엇보다 그는 지나치게 소심했다. 그는 안
경 너머로 완고한 눈빛을 전달할 줄 알았다. 그러나 그 이면에는 그
를 아는 사람이라면 한 번쯤 봤을 법한 영리한 사람 특유의 억눌린
오만함과 참을 수 없는 어색함이 자리하고 있었다. 자존감이 강해
서 남의 눈을 의식하지 않기로 둘째가라면 서러운 사람이라 할지라
도 나이절의 프릴 셔츠를 입으라고 한다면 아마 죽기보다 싫을 것

이다. 또한 나이절이 그랬듯 무모하게 머리를 밀어 버린 다음, 한때는 풍성했을 마지막 머리 타래를 자신의 아파트 선반 한편 "나이절의 머리카락"이라고 쓴 작은 종이 상자 속에 간직하지도 않을 것이다. 그들 중에 나이절만큼 돈에 관해 많은 생각을 해 본 사람도 없을 것이다. 그저 돈을 불리는 것 말고 돈 자체에 대해 생각하는 것 말이다. 십대 때 나이절은 노동당 출신 총리 해럴드 윌슨Harold Wilson에게 빠져 있었다. 모음을 길게 늘이는 요크셔 사투리를 쓰던 윌슨 총리는 돈의 의미를 단순 명쾌하게 설명하며 기득권층을 위협했다. 그는 누가 돈을 가지고 있는지, 그들이 돈을 어떻게 벌었는지, 돈이 없는 대다수 사람이 더 큰 몫을 요구하는 일이 왜 온당한지를 확실히 보여 주었다. 다른 아이들이 화학용품 세트로 실험을 하거나, 돋보기로 민달팽이를 태우는 잔인한 일을 하는 동안 나이절은 용돈을 투자하기 시작했다. 그는 실용적 타당성을 지닌 수학적 사고가 좋았다. 기술자가 되는 것에 대해 생각해 본 적도 있었지만, 그에게는 기질상 이견과 논쟁의 여지가 많은 분야가 어울렸다. 그러다 돈의 이야기를 들려주는 학문, 경제학을 발견했다.

나이절은 자신이 속한 세계의 여느 사람들보다 자유로웠다. 많은 돈을 벌어들였고 거의 한시도 돈과 떨어지지 않았지만, 돈에 지배당하지 않았기 때문이다. 휴대전화, 텔레비전처럼 다른 이들이 사지 않고는 못 배기는 물건들이 그에게는 골칫거리에 불과했다. 그는 자신의 오래된 라디오와 친구에게서 받은 낡은 스리피스 양복을 더 좋아했다. 아버지 아서 윌킨스Arthur Wilkins는 제2차 세계대전이 한창일 때 런던 서쪽의 평범한 도시 베이싱스토크Basingstoke에 위치한 장

갑차 공장에서 일하다가, 그 후 감리교 평신도 전도사가 되었다. 둘째이자 막내아들인 나이절 찰스Nigel Charles는 20세기를 반으로 가르는 1950년, 3월 19일에 태어났다. 근검절약은 더 이상 유일한 선택지가 아니었다. 이 세대에게 검소함은 타인의 위대한 헌신에 보이는 고행의 하나이거나 물질적 풍요의 박탈이라는 저주에 걸린 것과 같았다. 하지만 나이절은 일등석을 타고 긴 기차 여행을 하면서 대개는 무료로 제공되는 스크램블드에그를 맛보는 것만으로도 즐거웠다. 때에 따라서는 케이크 한 조각을 추가하기도 하고 교훈적인 이야기에 귀를 기울이기도 했다. 켄싱턴Kensington에 있는 자신의 4층 아파트에서는(그의 폐에 문제가 생긴 뒤로는 약간 힘에 부치긴 했지만, 보통은 버킹엄 궁전이나 로열 파크에서 산책 삼아 걷기에 좋은 거리에 있다) 물건을 새로 교체하기보다는 수리해 가며 썼다. 벽난로 위 선반에는 모처럼 휴가를 맞아 운하 보트 위에서 찍은 자신의 사진 한 점을 두었다. 책꽂이에는 《기업의 베일 뒤Behind the Corporate Veil》, 《탐욕의 전염Infectious Greed》, 《사베인즈-옥슬리 법이란 무엇인가?What is Sarbanes-Oxley?》 같은 경제학, 금융, 국제법 책들로 가득했다. 이 책들이 일을 하기 위한 도구였다면 토머스 하디Thomas Hardy의 소설들은 그에게 위안을 주었다. 하도 손을 많이 타서 책등의 제목들을 거의 알아볼 수 없을 정도였다. 그 가운데서도 《이름 없는 주드Jude the Obscure》는 그가 가장 좋아하는 책이었다. 어쩌면 그는 주드에게서 자신의 모습을 봤는지도 모른다. 아니면 세 아이가 등장하는 구절을 읽고 또 읽으며 부의 기능에 대해 쓴 그 모든 두꺼운 책들의 의미를 통감했을지도 모른다. 목을 매단 채 죽어 있는 아이들 곁에는 다음과 같은 짧은 메모가 남겨져 있었다. "저희는 가요. 셋은 너무 많아요."² 한 권이긴 하지만 《우울증을 이기는 법*Overcoming Depression*》이라는 자기계발서도 있었는데 한 번이라도 펼쳐 본 흔적은 없어 보였다.

나이절은 조용한 아이였다. 하지만 어른이 되면서 권위를 불신하다 못해 경멸하게 되었다. 대학 진학을 위해, 그는 이 모순적인 기질을 만족시키기에 이상적인 장소로 옮겨 갔다. 사람들이 저항을 기쁨으로 승화할 줄 알고 저항의 고통을 감내할 준비가 되어 있는 도시, 바로 맨체스터였다. 맨체스터 주민들은 마치 아직도 생생하게 기억하고 있다는 듯이 피털루 대학살*Peterloo massacre* *에 대해 이야기했다. 또한 맨체스터 노동자들이 노예 소유주로 이루어진 미국 남부 연맹 면화 생산업자들의 공장 납품에 반대한 대가로 궁핍을 감수했다는 사실을 자랑스러워했다. 맨체스터는 산업혁명의 발상지이며 노동당을 비롯한 모든 것이 시작된 곳이다. 후일 영국에서 가장 평균 소득이 높은 켄싱턴의 노동당 지부는 당에 변치 않는 지지를 보내 온 나이절을 노동당 후보로 영입하여 돈키호테식 선거운동을 펼침으로써 시의회를 장악하고자 했다. 노동당 동료들은 권력자들의 신경을 긁는 나이절의 출중한 능력에 주목했고, 폭발하기 전까지는 탐지하기 어려운 미사일의 이름을 따서 그를 엑조세*Exocet*라 불렀다.

나이절은 자신이 무슨 일을 하는지는 기밀 사항이기 때문에 알

---

* 나폴레옹 전쟁 이후 생활이 곤궁해진 노동자들은 1819년 8월, 대도시 맨체스터에서 선거권 확대와 의회개혁을 주장하며 평화 시위를 벌였다. 하지만 군을 동원한 당국으로부터 강제 진압을 당했고, 이때 700명이 넘는 노동자들이 다치거나 숨졌다. 영국이 나폴레옹에게 승리한 워털루 전투를 비꼬아 피털루 대학살이라 불리는 이 사건은 19세기 영국 노동운동의 시발점으로 여겨진다.

려줄 수 없다며 농담 삼아 말하곤 했다. 그러나 듣는 사람에게는 반진담처럼 들렸던 것 같다. 그는 경제학뿐 아니라 범죄학도 공부했지만, 경력 대부분을 첩보활동과는 거리가 먼 경제 연구에 전념해 왔다. 그를 고용한 은행가들은 그가 돈 이야기의 다음 장에서 어떤 일이 펼쳐질지를 말해 주기를 바랐다. 그러면 그는 전형적인 고전 경제학자의 합리적이고 준법적인 사고방식에 따라 시나리오를 짜 주곤 했다. 그러다 보니 영국의 은행들을 감독하는 영국 재정청Financial Services Authority 집행부서의 한 자리를 맡게 되었다. 그 일을 하면서 처음에는 마침내 자신이 있어야 할 곳을 찾았다고 생각했다. 나이절은 꾀까다로운 축에 들었고, 사람들이 쉽게 대충 일하는 모습을 내버려 두지 못하는 사람이었다. 하지만 얼마 지나지 않아 재정청에서 금융 범죄를 쫓는 일에 염증이 나 자포자기하는 심정이 되었다.

다행히 그때 장난기를 발휘할 기회가 생겼다. 나이절의 생기 없이 꼭 다문 입술에 미소가 번졌다. 샬럿 마틴Charlotte Martin은 걱정스러웠다. 그녀는 누구보다 나이절을 잘 알았다. 그들은 나이절이 런던의 임차인에 대한 임대인의 권력 남용에 반대하는 캠페인을 전개하던 당시에 처음 만났다. 나이절은 집주인들이 봉건적 권리를 내세워 세입자들을 등쳐먹고 있으며, 샬럿도 그중 하나라고 생각했다. 그는 법을 역전시키는 방법을 알고 있었다. 따라서 부동산 자산가들 스스로가 작성한 계약서 하위 조항과 세부 사항들을 끌어다 맹비난하는 편지를 써 역으로 그들을 몰아세웠다. 샬럿은 키가 크고 날씬했으며 목소리에 에식스Essex 출신의 음색이 묻어났다. 그녀가 웃으면 얼굴 전체가 서서히 환하게 빛을 발했다. 잠시 연인이기도 했던 그들은 그 후로도 마음이 통하는 친구 사이로 지냈다. 그런 그녀에게조차 나이절은 이따금 알 수 없는 수수께끼 같은 사람이었다. 그녀는 자신이 그를 끊임없이 읽고 이해하려고 노력한다고 생각했다. 하지만 그가 한 스위스 은행의 런던 지점에서 "특별 감사 책임자compliance officer"라 불리는 모종의 일을 하기로 했다는 말을 듣자, 그에게 좋지 않은 일이 생길 것 같다는 확신이 들었다. 그녀는 스위스 은행가들이 "그를 열받게 할 거라며" 경고했지만, 나이절은 샬럿의 그러한 경고를 무시했다. 이 일은 그가 스위스 은행 내부에 잠입할 수 있는 절호의 기회였다. 그는 양의 탈을 쓴 감시자가 될 수 있을 터였다. 과거에 특별 감사 책임자는 한시적으로 활동하는 직책이었다. 하지만 엔론Enron, 월드컴WorldCom 등 기업 스캔들이 줄줄이 터진 후부터는 언제 어디에서나 활동하며 대기업의 양심을 상징하는 일이 되었다. 그러나 은행에서 감사 책임자가 통상적으로 하는 일이란, 실제로는 은행가의 돈벌이를 제한할 그 어떤 의미 있는 조치를 취하지 않으면서도 은행이 정직한 조직인 양 가장하려는 시도에 불과했다. 나이절은 정반대로 행동했다. "나는 그들이 제대로 감사받게 할 생각이야." 그는 샬럿에게 말했다. 그의 열망은 그녀를 안심시키지 못했다. 그녀는 그에게 BSIBanco della Svizzera Italiana, 방코 델라 스비제라 이탈리아나에 가지 말라고 다시 한 번 말했다. 하지만 그는 자기 뜻대로 했고, 한동안은 아무 문제가 없었다.

그게 벌써 2년 전이었다. 지금은 모든 것이 변했고 나이절의 눈에는 어떤 일이 벌어질지 보였다. 돈으로 돈을 버는 금융체계는 붕괴하는 중이었다. 적어도 지금은 그랬다. 2008년이 시작되고 22일

만에, 미 연방준비제도이사회^{US Federal Reserve}는 긴급하게 금리를 인하했다. 나이절의 사무실 바닥은 경제면에서 오려낸 신문지와 금융업자들에게 제약을 가해야 한다는 긴 제안서로 뒤덮여 있었다. 그는 커다란 창을 등지고 있는 팔걸이의자들 중 하나를 골라 삐걱 소리를 내며 자리 잡고 앉았다. 해지기 직전의 선명한 빛이 그의 어깨 위로 흘러 들어왔다. 그는 앉아서 늘 마시는 올드 스펙클드 헨^{Old Speckled Hen} 에일 맥주병 하나를 딴 다음 그날 밤의 읽을거리를 펼쳐 읽기 시작했다. 물론 그는 모기지 담보증권^{mortgage-backed securities}*과 크레디트 디폴트 스와프^{credit default swaps}**를 잘 알고 있었다. 이로 인해 많은 사람이 소수를 위해 희생하게 될 것이다. 또한 패닉이 지나가면, 돈의 잔해로 추적할 수 있는 진상을 파악하기 위해 과거에 대한 조사가 시작될 것이었다. 많은 사람이 (나이절만큼 영리한 사람들 대다수가) 그렇게 되리라고 예측하고 있었다. 하지만 2008년이 시작되면서 나이절은, 모두가 과거를 파악한다며 애먼 장소만 파헤칠 것이라는 사실을 깨닫기 시작했다.

아버지는, 나쁜 일을 저지르면 누구든 그 대가를 치르기 마련이라고 말씀하시곤 했다. 아들은, 그러한 원칙이 실현되려면 상당한 강제가 필요하다고 생각했다. 그는 겉장에 "1970년대판 노트북^{1970s-style laptop}"이라고 쓰여 있는, 오래되어 여기저기 흠집이 난 공책

---

*   금융기관이 대출을 해 주고 집을 담보로 발행하는, 만기가 20년 또는 30년에 이르는 장기 채권을 말한다.

**   채권발행사가 부도 등으로 어려움을 겪는 경우 손실의 일부 또는 전부를 보전받을 수 있도록 한 보험 성격의 신용파생상품. 신용파산스와프 또는 신용부도스와프라고 한다.

에 시티오브런던^{the City of London}*의 BSI 사무소를 매일 왕래하며 이리
저리 기웃거리다가 수집한 혐의점들을 적어 나갔다. 그는 세계 최대
의 사기극과 마주쳤다고 적었다. 지금, 돈을 둘러싸고 벌어지고 있
는 일에는 뭔가 다른 것, 좀 더 뿌리 깊은 어떤 것이 관련되어 있었
다. 나이절은 그것이 뭔지 어렴풋하게나마 알 것 같아 소름이 돋았
다. 아득한 저편에서 고문당하는 이들의 비명, 죽은 자들의 침묵이
들리는 것 같았다.

---

* 영국의 수도인 런던에서 특히 금융 중심지를 이르는 말로 간단히 시티(the City)라고도 부
른다. 동서로는 런던 타워에서 세인트 폴 성당까지, 남북으로는 템스강에서 런던 월까지
의 지역으로, 국제적 자본 시장, 상품 시장, 보험 시장, 금융 시장이 집중적으로 형성되
어 있어서 신속한 커뮤니케이션, 다양한 서비스, 빠른 거래가 이루어진다. 잉글랜드 은행
을 비롯해 JP모건 체이스, 골드만 삭스, 모건 스탠리, 아메리카 은행, 시티그룹, HSBC 등
5000개가 넘는 금융기관이 밀집해 있다.

연회

2008년 2월, 런던 화이트홀

2008년 2월, 대체로 아직 위기가 닥치지 않은 척하는 것이 가능했다. 갸름한 얼굴에 머리가 벗어지고 있는 큰 키의 호리호리한 억만장자가 화이트홀^{Whitehall} 거리의 방케팅 하우스^{Banqueting House}로 들어갔다.[1] 모퉁이를 돌면 나오는 다우닝가^{Downing Street}에서는 재무장관이 파산한 노던록^{Northern Rock} 은행을 국영화하는 중이었다. 서구 전역과 마찬가지로 이곳 영국에서도 금융체계에 대한 긴급구조가 시작되었다. 공공의 재산을 개인의 호주머니로 이전하는 긴급 금융 구제로 지난 10년간 이 억만장자를 비롯한 다른 수많은 재력가가 더 큰 부자가 되었다. 위기는 곳곳에 존재했다. 하지만 이 올리가르히

oligarch*가 지금 막 들어선 이 빼어나게 아름다운 건물은 예외였다. 시티에서 템스강을 끼고 30분 정도 걸어가면 나오는 방케팅 하우스는 제임스 1세^{James I}가 건축가 이니고 존스^{Inigo Jones}에게 가면극을 볼 수 있는 건물을 지으라고 명했을 때부터 한결같은 모습으로 서 있었다. 제임스 1세는 가면무도회를 즐겼다. 화려한 공연이 펼쳐지는 동안은 왕족도 변장을 하고 백성들 사이를 거닐 수 있었기 때문이다. 제임스의 후계자 찰스 1세^{Charles I}는 루벤스^{Peter Paul Rubens}에게 아홉 점의 천장 패널화를 의뢰하여 왕권신수설에 따라 왕이 신성한 절대적 통치 권력을 부여받았음을 기리게 했다. 1649년 1월, 의회에 의해 대역죄가 선고된 찰스 1세가 한겨울의 냉기로 떨지 않기 위해 두 장의 셔츠를 겹쳐 입은 채 연회장을 거쳐 건물 밖에 설치된 교수대로 향할 때 마지막으로 눈에 담은 것도 그 그림들이었다. 선으로 악을, 지혜로 무지를 무찌르는 그림 속 천사와 사자 들이, 바야흐로 일곱 가지 코스 요리가 차려지고 카자흐 현악 4중주단의 대위법 선율과 화음으로 가득 찬 연회장을 내려다보고 있었다.

이 올리가르히의 이름은 알렉산드르 마슈케비치^{Alexander Machkevitch}**2**다. 친구들은 그를 사샤^{Sasha}라 불렀다. 부자에다 번쩍번쩍 빛나는 값

---

* 고대 그리스의 소수자에 의한 정치 지배(과두정치) '올리가키(oligarch)'를 가리키는 러시아 어로, 러시아의 신흥재벌을 가리킨다. 페레스트로이카 시절 구소련이 30가지 경공업 분 야에서 개인 사업을 허용하면서 등장한 세력으로, 일종의 정치-경제-언론 융합 과두 세력 이다. 러시아 올리가르히는 소련연방 해체 후 러시아의 주요 국영산업 민영화 과정에서 정경유착을 통해 막대한 부를 축적했다. 이에 따라 공공사업은 물론 언론·석유·제조업 등 경제 전반을 장악하였으며, 이렇게 축적된 막대한 부를 바탕으로 정치권과 결탁해 막후 권력을 휘둘러 왔다. 합법적인 기업활동 이외에도 악명 높은 러시아 마피아의 실질적인 '몸체'로도 알려져 있다.

비싼 양복을 두르고 있었지만, 사샤는 과거에 그랬듯 여전히 얼마간 학구적인 분위기를 풍겼다. 안경 때문이거나 숱 많고 가지런한 콧수염 때문일 수도 있었다. 그가 영어로 말할 때면 아무리 둔한 서양인이라도 강한 표준 러시아어 악센트를 알아챌 수 있었다. 사샤는 러시아 국적을 지녔고 모스크바에서 격동의 90년대를 보냈지만, 실은 키르기스인이다. 그의 어머니는 과거 키르기스스탄이 소련 제국의 아시아 변방 자치국이었을 때 검찰관으로 이름을 날렸다. 사샤는 영리한 청년이었다. 언어에 탁월한 능력을 보였고 수도 비슈케크Bishkek의 대학에 임용되어 언어학을 가르쳤다. 그의 앞에는 궁벽한 강사 생활이 놓여 있었다. 그때 자본주의가 도래했다. 느닷없이 사업가라는 새로운 선택지가 생겨났다. 그저 그런 사업가가 아니었다. 사샤는 사업계의 슈퍼스타가 되고 싶었다. 그는 자신을 베스트셀러를 쓰려고 노력하는 작가에 비유하곤 했다.[3] 그는 돈을 원했다. 돈이 자신에게 권력을 가져다줄 것이라 생각했다.

사샤의 이름이 미국 경제 전문잡지 〈포브스Forbes〉 선정 부자 리스트에 처음 등장한 지 3년이 흘렀다. 그의 이름 옆에는 이른바 '순자산' 10억 달러라는 표식이 붙었다. 그는 빌 그로스Bill Gross, 마사 스튜어트Martha Stewart, 마이클 밀컨Michael Milken, 윌버 로스Wilbur Ross를 비롯한 66명과 함께 세상에서 가장 부유한 사람 공동 620위에 선정되었다. 그것은 의심할 여지 없이 확실한 성공이었다. 그리고 지금, 더 큰 성공을 경험하고 있었다. 살아 있는 머니 킹money king들이 길게 이어진 환영의 조명을 받으며 방케팅 하우스로 들어가고 있었다. 사샤도 그중 하나였다. 이반 글라센버그Ivan Glasenberg도 있었다. 글라센버

그는 스위스에 본사를 둔 원자재 중개기업 글렌코어^{Glencore}의 최고 경영자이자, 세계 경제의 원자재 유통 분야에서 가장 막강한 영향력을 행사하는 사람이었다. 이스라엘의 다이아몬드 왕 베니 스타인메츠^{Beny Steinmetz}도 모습을 드러냈다. 사샤는 보석을 사랑했다. 보석으로 뒤덮인 신발을 신고 다닐 정도였다.[4]

하지만 사샤는, 지금 자신이 앉아 있는 왕좌의 군주들이 그렇듯, 무한해 보이는 권력이라 할지라도 절대적이지 않다는 사실을 경험을 통해 잘 알고 있었다. 시티에서는 그와 그의 두 파트너를 한데 묶어(모두 중앙아시아의 억만장자다) '트리오^{Trio}'라 불렀다. 그들은 영국 영토의 10배에 달하는 카자흐스탄의 방대한 스텝 지대와 산악지대에 묻혀 있는 신비한 암석으로 많은 돈을 벌었다. 카자흐스탄은 유목민과 기마민족의 땅이었다. 또한 거만한 통치자들의 분통을 터트리게 한 영화 〈보랏^{Borat}〉의 나라이기도 했다. 사샤 마슈케비치도 또 그의 파트너들도 카자흐스탄에서 태어나지는 않았지만, 그들은 카자흐스탄 경제의 40퍼센트 이상을 주무른다고 알려져 있었다. 그것은 소련 정부가 사샤처럼 짧은 시간에 자본주의 논리를 깨우칠 수 있는 능력을 지녔던 사람들에게 하사한 일종의 하사금 같은 것이었다. 카자흐스탄에는 지구상에서 오스트레일리아 다음으로 많은 우라늄이 묻혀 있지만, 이미 오래전에 분배가 끝난 상황이었다. 서쪽의 카스피해 아래에는 가늠할 수 없을 정도로 많은 석유를 품은 동굴들이 있었다. 인간에게 전기가 필요하고 전기가 원자를 분열시키거나 탄화수소를 태워 얻어지는 한, 카자흐스탄의 수출길이 막히는 일은 없을 것이다. 게다가 전기를 실어 보내 문명의 불빛을 밝히기 위해서는 전선을 만들 구리가 필요하다. 현재 카자흐스탄의 가장 큰 수출국은 바로 이웃한 중국이다. 그 밖에 크롬, 철, 보크사이트, 아연도 있다. 중국은 그러한 광물 역시 필요했다. 흐르거나 반짝이거나 혹은 오래가는 무언가를 만들고 싶어 하는 누구라도 마찬가지였다.

채굴 허가가 남발되었다. 허가는 남발되었지만, 허가를 내리는 사람은 오직 한 사람이었다.

누르술탄 나자르바예프Nursultan Nazarbayev는 카자흐 소비에트 사회주의 공화국의 마지막 공산당 서기장이자 자본주의 체제를 선택한 독립 카자흐스탄의 첫 번째 대통령이었다. 체제는 바뀌었지만, 그는 계속 통치자의 지위를 유지했다. 그는 오직 충성만을 요구했다. 그것이 국부國父라는 지위로 그가 누리는 이득을 공유하는 대가였다. 나자르바예프의 총애를 얻고 유지하기란 무척 까다로운 일이었다. 나자르바예프의 전 사위이자 정보국장을 역임했던 라하트 알리예프Rakhat Aliyev는 최근 유럽으로 달아났다. 독특한 이력의 소유자로 투실투실한 그는 일명 슈거Sugar로 알려진 인물이다. 슈거가 도망하기 전 훔쳐 냈다고 주장하는 기밀문서 중에는 소련 KGB의 카자흐스탄 후신 KNB가 작성한 대통령의 정신분석 심리보고서도 있었다. "그는 사람들을 '그의' 집단과 '다른 집단'이라는 두 부류로 가르는 경향이 있다. 그의 견해에 동의하고 받아들이며 규칙을 지키는 사람들은 '그의' 집단에 속한다. 그러나 그의 견해를 받아들이지 않는다면 누구라도 '다른 집단'의 일원이자 적이 된다. (……) 항복하지 않는 적은, 죽이는 수밖에 없다."[5]

사샤의 파트너 중 한 명은 나자르바예프의 심리 상태가 표출되는 광경을 직접 목격한 적도 있다. 파토흐 초디에프Patokh Chodiev는 우즈베키스탄 명문가 출신이자 공산당 엘리트 자녀들만 다닌다는 모스크바의 유명 학교를 졸업한 인재로, 사업가로 변신하기 전까지 소련 외교관으로 근무했다. 그는 나자르바예프와 친분을 쌓기 시작하면서, 1995년 대통령 일가의 프랑스 코트다쥐르French Riviera 휴가 여행에 동행하지 않겠느냐는 초대를 받을 정도로 가까워졌다. 휴가를 주최한 사람은 코소보 사업가 베흐제트 파촐리Behgjet Pacolli였다. 당시 그는 카자흐스탄과 계약을 성사시키기 위해 수를 쓰는 중이었다. 하루는 나들이 삼아 단체로 모나코 근방의 한 식당에 가기로 했다. 그들이 레스토랑 르 피라트Le Pirate에 도착하자 한 무리가 나서 잔뜩 긴장한 채 시설물을 조사했다. 대들보에는 덮개 없는 벽난로에서 나온 검댕이 두껍게 내려앉았고 나무 벤치가 놓여 있었으며 크리스털 한 점 찾을 수 없었다. 어쨌든 현대판 군주의 식사 자리에는 어울리지 않는 모습이었다. 초디에프는 문 옆, 무리 가장자리에 앉았다. 종업원이 해적 복장을 하고 접시를 놓았다. 한 손님의 눈에는 감옥에서나 쓸 법한 접시였던 것 같다. "이런 제기랄, 대체 우리를 어디로 데려온 거요?" 대통령이 파촐리에게 호통쳤다. 파촐리의 얼굴이 창백해졌다. 나자르바예프는 접시를 집어 들더니 바닥에 세차게 내던졌다. 무시무시한 적막이 흘렀다. 그는 또 다른 접시를 움켜쥐고 내던지더니 소리쳤다. "빌어먹을, 이게 무슨 휴가야!" 그의 아내 사라Sara는 거의 울기 직전이었다. "누르술탄, 누르술탄, 진정해요." 그녀는 애원했다. "여기가 마음에 들지 않으면, 어디든 다른 곳에 가면 되니까, 제발 그만하고 진정해요." 나자르바예프의 화는 누그러지지 않왔다. 그는 나무 의자를 난로 속으로 집어 던졌다. 해적 선장 옷을 입은 식당 주인도 이미 이성을 잃은 듯했다. 그 역시 의자를 집어 들더니 난로 속으로 던져 넣었다. 나자르바예프가 또 다른 의자를 던졌고, 그들 둘은 의자를 제물 삼아 던져 넣기를 계속했다. 그러다 갑자기 그들의 표정이 바뀌었다. 그들은 웃기 시작했다. 이윽고 파촐리도 따라 웃기 시작했다. 세 사람은 함께 박장대소했다. 그들은 무척 즐거워하며, 어리둥절한 청중에게 다 장난이었다고 해명했다. 손님의 즐거움을 위해 장난삼아 그처럼 험한 광경을 연출하는 것이 그 식당의 장기였다. 주군의 장난이 재미있었기에 다른 파티 참석자들도 남은 그릇을 부수는 일에 바로 동참했다.[6]

초디에프와 사샤를 비롯한 카자흐스탄의 올리가르히들은 베푸는 사람도 빼앗아 가는 사람도 대통령이라는 것을 잘 알고 있었다. 올리가르히 중 하나였던 무흐타르 아블랴조프Mukhtar Ablyazov는 무모하게도 민주적 개혁을 요구했다가 사업체들을 압수당하고 결국 정치범 수용소로 보내졌다. 슈거는 나자르바예프에게 왕조 건설의 후계자가 될 세 명의 손자를 안겨주었다. 하지만 그러한 사실조차도 슈거가 나자르바예프에게 도전했을 때 그에게 면죄부가 되어 주지는 못했다. 재야 세력에 합류한 전직 장관은 죽은 채 발견되었다. 공식 발표에 따르면 그는 세 발의 총알을 쏴서 자살했다고 한다.

보통 사람이라면 너무 뻔뻔스러워서 어렵다고 생각할지도 모르지만, 무사안일을 추구하는 올리가르히가 택할 수 있는 선택지는 한 가지뿐이었다. 우선은 회사 법인을 설립하는 것이다. 서방인이 보기에는 특권과 보호를 동시에 받을 수 있는 가장 강력한 대안일 뿐 아니라 다행히 설립하기도 쉽다. 둘째, 나자르바예프가 당신에게 취득해도 좋다고 허락한 자산을(광산이든 은행이든 뭐가 됐건 상관없다) 추가로 덧붙여 법인을 키워야 한다. 끝으로 법인 주식을 팔아 외화를 벌어들인다. 사샤와 파트너들 그리고 그들이 초대한 엄청난 귀빈들이 지금 방케팅 하우스에 모여든 이유도 정확히 이러한 작전이 성공적으로 끝났음을 축하하기 위해서였다. 유라시안 내추럴 리소시스 코퍼레이션Eurasian Natural Resources Corporation, ENRC의 공동 창업자인 사샤와 동료 파트너들은 상당량의 주식을 공개 매각함으로써 런던 증권거래소에서 주식을 거래할 수 있는 기회를 얻을 수 있었다. 키르기스스탄 언어학자와 우즈베키스탄 외교관에 이어 트리오의 세 번째 멤버는 위구르 무역업자 알리잔 이브라기모프Alijan Ibragimov였다. 그에게 런던은 꿈이 실현되는 곳이었다. 더더욱 좋은 것은, 주식 거래가 높은 가격에 성공적으로 이루어짐에 따라 ENRC가 영국의 가장 값비싼 100개 기업을 의미하는 FTSE 100 리스트에 편입될 날도 멀지 않았다는 것이었다. 기부금과 연금기금을 운용하는 금융자산 관리자들은 이제 너무나 당연하게도 이 경이로운 기업에 투자할 것이고, 그렇게 그들의 자산과 사샤의 자산은 한배를 타게 될 것이었다.

하지만 그 과정에서 치러야 하는 비용은 결코 적지 않았다. 시티에 진입하기 위해서는 많은 안내인이 필요했다.[7] 도이체 방크Deutsche Bank, 크레디트 스위스Credit Suisse, 로스차일드Rothschild, 모건 스탠리 Morgan Stanley, ABN 암로ABN Amro 같은 거래 은행은 1억 1800만 달러를 청구했다. 거기다가 존스 데이Jones Day, 클리어리 가틀립Cleary Gottlieb 같은 법률회사 변호사에게도 비용을 지불해야 했다. 다국적 회계 컨설팅기업 프라이스워터하우스쿠퍼스^PwC의 회계 감사원들에게도(요즘 그들은 자신을 '전문 서비스회사'라 부른다) 3000만 달러의 추가 비용이 들었다. 이사진에 참여하는 데 동의한 모든 사람에게도 매년 수십만 달러가 나갔다. 하지만 얼마가 들건 신문의 비즈니스 면에 '시티의 거물들^City grandees'이라는 약칭으로 언급되는 인사들의 이름이 필요했다. 모두를 안심시키는 데 일조할 사람들이었다. 개중에는 나이트 작위를 가진 사람도 두 명 있었다. 폴 저지 경^Sir Paul Judge은 보수당 대표를 지냈으며, 리처드 사이크스 경^Sir Richard Sykes은 글락소스미스클라인^GlaxoSmithKline 회장이자 임페리얼 칼리지^Imperial College 총장이었다. 켄 올리사^Ken Olisa는 IBM의 요직에 있었고, 로더릭 톰슨^Roderick Thomson은 무엇보다 '벤처 자본가'라는 별칭을 선호했다. 게르하르트 암만^Gerhard Ammann은 딜로이트^Deloitte 스위스 지부의 최고경영자였다. 딜로이트는 PwC와 마찬가지로 세계 4대 회계법인 중 하나로 모든 FTSE 100 기업과 방케팅 하우스 인근의 정부 부처를 오가며 자문을 제공했다.

비용이 많이 들긴 했지만, 수익에는 문제가 없었다. 사샤와 파트너 들은 자신들에 대한 이야기를 구체화하는 일에 사활을 걸었다. 카자흐스탄 사람들이 즐겨 인용하는 속담에 "과거가 현재의 발목을 잡는다"라는 말이 있다. 상장을 앞두고 런던 증권거래소 감독관들이 트리오가 벨기에에서 문제를 일으킨 적이 있음을 발견했을 때는 곤란한 순간이 닥치기도 했다. 슈거는 실각하기 몇 해 전(당시 그는 여전히 장인을 숭배하고 있었다), 나자르바예프의 궁정에서 트리오의 입지는 약화시키고 자신의 입지는 강화시킬 방안을 모색했었다. 그는 이러한 목적을 달성하기 위해 자기가 적으로 간주하던 사람 중 트리오를 지목해 그들이 서유럽 투자자들로부터 뇌물을 받았으며 그 돈으로 서방, 특히 브뤼셀의 값비싼 부동산들을 구매했다고 벨기에 당국에 제보했다.[8] 유럽의 조사관들은 슈거가 던진 실마리를 쫓아 슈거가 의도했던 것보다 훨씬 더 멀리까지 추적해 들어갔고, 마침내 나자르바예프의 비밀 은행 계좌를 발견하기에 이르렀다. 벨기에는 트리오를 자금세탁(범죄수익금을 평범한 돈으로 둔갑시키는 범죄) 혐의로 고발했다. 재판이 길어지다 보니 ENRC가 런던 상장을 신청한 날짜가 다가오는 중에도 재판은 여전히 계속되고 있었다. 그러나 이 재판으로 시티가 트리오를 달갑지 않은 존재로 여기는 일 따위는 벌어지지 않았다. 시티는 트리오의 생각 이상으로 그들의 돈을 갈망했다. 훈훈한 합의가 도출되었다. ENRC 주식은 계획대로 거래되기 시작했다. 하지만 정작 트리오 본인들은 주식의 거의 절반을 소유하고 있었음에도 회사 이사진에 이름을 올리지 않았다. 영국 당국은 그들을 환영하기 위해 한술 더 떴다. 크레디트 스위스의 은행가 제임스 리펨버턴James Leigh-Pemberton은 규정을 완화하도록 감독 당국을 설득해서 ENRC의 실소유주인 트리오, 카자흐스탄 정부, 또 한 명의 올리가르히가 주식의 18퍼센트만 시장에 내놓는 것을 허락하도록 했다. 이로써 트리오는 회사 통제 지분의 희생을 최소화하며 런던시장 상장이라는 신성한 자격을 얻을 수 있었다.[9]

마침 시기도 딱 맞아떨어졌다. 시티의 통찰력 있는 사람들은 금융 빅뱅으로 규제 완화를 진전시킨 마거릿 대처Margaret Thatcher 시대부터 기대치 않게 그들을 기쁘게 해 주었던 토니 블레어Tony Blair의 신노동당New Labour 시대에 이르기까지, 그들이 오랫동안 완벽한 자유를 누려 왔다는 사실을 알고 있었다. 또한 위기가 발발했을 때 대중이 자신의 손에 남은 것이라곤 청구서밖에 없다는 사실을 깨닫게 된다면 그들이 누려 왔던 자유에 상당 기간 제동이 걸릴 것이라는 점도 알고 있었다. 구소련의 신흥 자본가들은 시티의 자유지상주의자들만큼이나 국가를 혐오했다. 그들은 모두 노동자계급의 산업 업적을 주식시장의 화려한 주식공모 매출 안내 자료로 제시하며 번창해 왔다. 거래소는 상장이라는 매력적인 덤을 얹어주었다. 거래소의 한 간부는 말했다. "ENRC든 다른 누구든 런던에 오지 않을 이유가 어디 있었겠습니까? 그들을 초대한 건 다름 아닌 우리였습니다. 그러니 그들은 열어 달라고 문을 세게 두드릴 필요도 없었습니다." 런던의 은행가와 변호사 들이 은밀하게 제공하는 서비스들은 올리가르히와 그들의 수행원이 해 온 일과 아주 비슷했다. "시티는 최고급 창녀 중에서도 최고급을 골라잡을 수 있고 온갖 마약을 원하는 대로 구할 수 있으며 각양각생의 계집이 넘쳐나는 곳이었습니다. 어마어마한 돈이 끝도 한도 없이 시티로 흘러들었습니다."

그 누구도 위기가 언제 발생했는지, 정확한 시간이나 날짜를 말할 수 없었다. 그러나 호시절이 막을 내리고 위기가 시작되었다. 위기는 확실한 핑곗거리가 되었다. 모든 사람이 매 순간 위기에 대해 이야기했고, 어느 누구도 위기에서 도망칠 수 없었다. 그래도 물밑에서는, 지하를 흐르는 은밀한 돈의 검은 물줄기에서는, 보다 근본적인 변화가 일고 있었다. 여기저기서 그러한 변화들이 잔물결을 일으키며 수면으로 떠올랐고 혼란을 초래했다. 하지만 그것의 진정한 의미를 파악하기는 어려웠다. 2008년 1월 23일 모스크바 경찰이 61

제1부. 위기

세의 뚱뚱한 우크라이나인 세르게이 슈나이더Sergei Schneider를 탈세 혐의로 구금했을 때, 누군가는 그것이 일종의 메시지라고 생각했고 누군가는 터무니없는 실수라고 생각했다. 러시아 내무부 대변인은 스키마스크 발라클라바balaclava로 얼굴을 가린 50여 명의 경관이 이 풍채 좋은 사내의 사업 파트너를 급습하던 중에 그를 체포하고 나서야, 세르게이 슈나이더라는 이름은 그가 사용하는 많은 별명 중 하나일 뿐이라는 사실을 알게 되었다고 발표했다. 그들이 구금한 남자는 세묜 모길레비치Semyon Mogilevich로[10], 세계 경제를 무대로 활약하는 가장 악질적인 경제사범 중 하나가 틀림없었다.[11] 무법천지였던 90년대에는 굳이 치사하게 사기를 치지 않아도 부자가 될 수 있었다. 그러다 보니 온갖 조직폭력배들이 돈을 벌 수 있었다. 그들은 위조하고 강탈하고 밀수를 일삼았다. 모길레비치는 그러한 돈을 은밀하게 세계 이곳저곳으로 이동시켜서 누구 돈인지 알 수 없게 만드는 데 특출한 재능을 보였다. 그의 손을 거치면 어느새 돈의 더러운 출처는 사라지고 없었다. 구소련에서 이는 무엇보다 가치 있는 능력이었다. 붕괴한 제국의 잔해에서 캐낸 부정한 이득을 자본주의 세계에서 문제없이 쓸 수 있는 유효한 화폐로 전환하여 자본주의가 판매하는 자산, 안전, 정당성을 사들일 수 있었기 때문이다. 모길레비치는 우크라이나의 대학에서 경제학을 전공하고 1980년대 후반 사회주의가 자본주의로 이행하기 시작하는 동안 모스크바에서 실전 경험을 쌓았다. 브레이니 돈Brainy Don이라고도 불렸던 그는 암흑세계의 은행가였다. 미국은 그가 소위 수십 개 국가에서 범죄를 저질렀다며 그를 갈취, 사기, 자금세탁을 비롯하여 살인 교사 등 40개의 죄목으로 고발했다.[12] 하지만 러시아 당국에 체포되기 전까지 브레이니 돈은 모스크바에서 제법 행복한 생활을 영위했다. 곧 그를 붙잡은 경찰 간부가 중징계를 받았다는 소문이 돌았다.[13] 모길레비치의 구금으로 푸틴 체제는 거북한 입장에 놓이게 되었다. 그가 FBI 일급 수배자 명단에 올라 있어서 그냥 풀어 줄 수도 없었지만, 그렇다고 브레이니 돈을 투옥할 마음도 없었다. 세상의 이목 때문에 그는 공개적으로는 국가의 적으로 묘사되어야 했다. 하지만 실제로 그는 푸틴이 건설 중인 깡패 국가gangster state의 협력자였다. 그렇지만 이 사건이 전적으로 우연히 일어난 일은 아니었던 것 같다. 설령 우연이었다 하더라도 새로운 질서가 이용할 수 있는 구석이 적어도 한 군데는 있었다. 민주주의 국가들이 빠져들고 있었던 위기는 도둑질로 권력을 유지하는 클렙토크라트kleptocrat*들에게는 기회였다. 어쩌면 푸틴은 이번 일로 이 범죄자금의 대가에게 90년대식 약탈 잔치는 끝났으며, 이제 도둑질은 지배 권력이라는 보다 큰 목적에 기여해야 하고 브레이니 돈이라 하더라도 권력에 복종해야 한다는 것을 보여 주기로 마음먹었던 건지도 모른다.[14] 그런 생각을 한 사람이 푸틴만은 아니다. 시티오브런던이 부유한 구소련인들을 향해 던지던 번지르

---

* 클렙토크라시(Kleptocracy)는 도벽(kleptomania)과 민주주의(democracy)의 합성어다. 좁은 의미로 빈국에서 통치 계층이나 정부에 의해 이루어지는 부패 체제를 말한다. 이른바 '도둑정치 또는 도둑체제'다. 넓은 의미로는 고질적 부정부패와 정경유착을 일컫는 '도당정치'까지 끼워 넣을 수 있다. 이러한 도둑정치, 즉 클렙토크라시 정치체제의 주역을 클렙토크라트라 부르는데, 개인적 부와 권력을 탐하느라 국가의 사회, 경제적 문제들을 등한시함으로써 위기에 직면했을 때 무능한 모습을 보인다. 이 책의 제목인 클렙토피아(Kleptopia)는 클렙토크라트와 유토피아(utopia)의 합성어로, 불법과 사기가 만연해서 오히려 클렙토크라트들에게는 천국과 같은 세계를 가리킨다.

르한 환영 인사는 이제 더 이상 화답받지 못했다.

　트리오가 화이트홀에서 연회를 열었던 2008년 2월의 어느 늦은 저녁, 미국인 한 명과 영국인 한 명이 마블 아치Marble Arch 근처의 하얏트 호텔Hyatt hotel에서 만났다.[15] 키가 크고 지적인 분위기를 풍기는 영국인 존 러프John Lough는 영국 석유회사 BP와 러시아의 몇몇 올리가르히가 설립한 말썽 많은 합작사 TNK-BP에서 일했다. 러프는 러시아어를 유창하게 구사할 뿐 아니라 여러 해 동안 소련을 연구했고 처음에는 영국 군대의 싱크탱크think-tank에서, 그 후에는 나토 모스크바 사무소 운영국에서 일했다. 그런 그에게 TNK-BP는 매력적인 직장이었다. BP 소속 지질학자들은 러시아의 석유 및 가스매장량을 측량해 왔다. 매장량에 비하면 서방 회사들에게 허락된 채굴량은 많기는커녕 아주 소량에 불과했다. 러프와 동료들은 정치 판세를 읽으려 애썼다. 상관들은 그러한 노력을 높이 평가했다. 그럼에도 그는 자신이 곧 해고당할 것이라는 확신이 들었다. 러시아에 온 미국인들이 동요하는 모습을 보였을 때 그러한 느낌은 더 강해졌다.

　보통 때의 숀 매코믹Shawn McCormick은 자신만만한 사람이었다. 40대 초반인 그는 좋은 양복을 입고 다녔고 뼈가 으스러질 정도로 힘차게 악수하기를 즐겼다. 러프는 그러한 모습이 권위 의식의 표현이라고 여겼다. 러프와 달리 매코믹은 러시아어를 배운 적이 없었다. 하지만 그는 러프가 '미국식 기업용어'라 부르는 것들에 익숙했고 이따금 모스크바에서 미국으로 출장을 다녀올 때면 최신 '경영 은어'를 귀동냥해 왔다. 하지만 이러한 그의 사업가적 분위기는 최근에 만들어진 것이었다. 매코믹은 워싱턴의 한 정보 싱크탱크를 시작으로 빌 클린턴^Bill Clinton 행정부의 국가안전보장회의^National Security Council에서 근무하며 일급 기밀을 정리하는 일을 담당했다. 그러다 2003년에 TNK-BP에 합류해 대정부 로비 활동 전담팀을 구성하는 일에 참여했다. 그는 런던에서 러프와 BP 프로젝트를 함께 수행하다 알게 되었으며, 점심을 먹다가 러프에게 자신의 팀원으로 일해 보지 않겠냐고 제안했다. 다만 정규직원 수를 늘릴 수 없었기에 고문으로 일하는 조건이었다.[16] 아이들이 영국에서 학교를 다녀야 했으므로 러프에게는 괜찮은 조건이었다. 가족은 계속 영국에 거주하는 대신 그 혼자만 한 달에 1~2주 동안 모스크바에 잠시 머물면 됐다.

새로운 직장에서 러프는 BP 경영주들이 TNK-BP를 관리하라며 모스크바에 파견한 미시시피 출신 전문 석유 기업가 밥 더들리^Bob Dudley를 만났다. 러프는 더들리를 위해 안내 책자를 준비하고 연설문을 작성했다. 러프가 더들리의 말투를 너무나 잘 흉내 내서 러프가 작성한 연설문을 읽으면 더들리 자신도 마치 자기가 직접 쓴 것 같은 느낌이 들 정도였다. 러프는 매코믹에게 악감정을 가지기는커녕 매코믹을 지적이고 더할 나위 없는 전문가라고 생각했지만, 매코믹보다는 더들리와 더 잘 지냈다. 2007년 여름, 러프가 모스크바에 위치한 TNK-BP의 넓은 개방형 사무소로 출장을 갔을 때였다. 매코믹은 그들이 나누는 대화를 아무도 엿들을 수 없도록 커피머신 옆 구석으로 그를 데려가 말했다. "알고는 있어야 할 것 같아서요. FSB가 당신을 주시하고 있습니다."[17]

러프는 자신이 하는 일이 FSB의 관심을 끌 수도 있다는 사실에 놀라지 않았다. FSB는 소련 시절 전신이었던 KGB의 특징을 대부분 그대로 유지해 왔다. KGB 출신인 푸틴은 KGB를 자신의 권력 체계를 뒷받침하는 핵심 기관으로 만들었다. 러시아 요원들이 과거 자신들의 동료였던 알렉산드르 리트비넨코Alexander Litvinenko를 런던에서 독살하고 채 1년이 지나기도 전에 영국과 러시아의 관계는 악화 일로를 걸었다. 러프는 자신이 모스크바에서 나토를 위해 일했을 때도 감시당했었다는 것을 알게 되었다. TNK-BP에서 일하는 지금, 그는 영국 대사관과의 접촉을 최소한으로 유지하기 위해 조심했다. 오랜 연락책 가운데 러시아 정치를 논의할 수 있는 몇몇(예를 들어, 오스트리아 국방무관)하고만 접촉했다. 하지만 러프는 영국 정보부와 어떤 형태로든 거래를 하게 된다면 자신의 업무가 엉망이 될 수도 있다는 사실을 깨달았다. 어쨌든 서방 정보부가 러프에게 접근해 오지는 않았다. 그럼에도 불구하고 러프는 자신의 업무가 푸틴 체제가 사활을 건 문제와 직결되어 있다는 사실은 변하지 않는다는 것을 알았다. TNK-BP는 지구상에서 가장 많은 가스 매장량을 자랑하는 지역들에 대한 채굴권을 가지고 있었지만 러시아 국영 천연가스 회사 가스프롬Gazprom의 승인이 있어야 채굴이 가능했고, 이 국영기업은 푸틴이 임명한 그의 오랜 협력자가 운영해 오고 있었다. 러프가 소속된 팀은 가스프롬의 결정이 어떻게 이루어지는지를 파악하려 애써 왔다.

매코믹의 경고가 있은 지 몇 주 뒤에, 러프는 런던으로 귀국길에 올랐다. 그는 차로 공항에 가는 것을 좋아하지 않았다. 모스크바의 교통 상황은 크렘린만큼이나 예측하기 어려웠고 그는 열차를 자주 이용했다. 그날도 마찬가지였다. 보통은 비행 전 열차 안에서 짬을 내 잠깐씩 눈을 붙이곤 했다. 그러나 이번에는 그의 맞은편에 앉은 승객 한 명이 말을 걸어왔다. 40대 남자였고 건장해 보였으며 티셔츠를 입고 긴 가방을 가지고 있었다. 러프는 별스럽다고 생각했다. 러프는 키가 크고 마른 영국인으로 옥스퍼드대학 교수 같은 분위기를 풍겼다. 누가 보더라도 외국인 같아서 모스크바 사람들이 말을 걸려고도 하지 않았다. 남자는 러프에게 가족, 직장, 영국 생활에 대해 물어 왔다. 그러다 "비행기 타는 게 불안하지는 않습니까?"라고 물었다. 열차가 멈추자 남자는 가방을 들어 올렸다. 빈 가방이라는 것이 확실했다. 남자는 터미널로 급하게 사라졌다. 러프는 탑승수속을 하고 보안 검색대로 향했다. 검색대로 다가가는데 세관원 한 명이 자기들이 모여 있는 곳으로 오라며 손짓을 했다. 그들은 그의 서류와 휴대용 가방을 조사했다. 그들 중 하나가 그에게 소지하면 안 되는 물건을 가지고 있지 않은지 물었다. 그는 없다고 대답했다. 검색대를 통과한 가방이 나왔다. 세관원들은 가방 역시 면밀하게 조사하더니, 몸수색에 동의하는 서류에 서명하라며 그에게 내밀었다. 그런 다음 놓인 거라곤 긴 의자 하나와 세면대뿐인 휑한 방으로 그를 안내했다. 러프는 자기도 모르는 사이에 누군가 숨겨 놓은 마약이 가방에서 꾸러미째로 발견될지도 모른다는 생각에 마음을 단단히 먹었다. 세관원들은 그의 옷을 꼼꼼하게 조사하고 신발을 세밀하게 살폈다. 잠시 후 그들은 그에게 가도 좋다고 말했다. 그가 소지품을 챙기는데 세관원 하나가 잡담을 걸어왔다. 그러더니 다음과 같이 말했다. "러프 씨, 마지막으로 물어보겠습니다. 비행기 타는 게 불안하지는 않습니까?"

러프는 자신이 경고를 받고 있음을 깨달았다. 그는 이 메시지를 '우리는 당신을 지켜보고 있다. 러시아에 오려면 조심하는 게 좋을 거다'라는 의미로 받아들였다. 그는 상관에게 이 일을 보고했다. FSB에 선이 닿는 동료 한 사람이 무슨 일이 생긴 거냐고 그들에게 문의하자, 러프가 감시하에 있을 수도 있으니 불미스러운 일이 일어나서는 **안 될** 거라는 답변이 돌아왔다.[18] 그럼에도 불구하고 그는 2008년 1월 모스크바로 돌아가 며칠간 체류했다. 러시아를 떠나려 했을 때, 러프는 다시 한 번 세관에 불려 가 수색을 받았다. 이번에는 출입국 관리소를 빠져나오자마자 TNK-BP의 사장 밥 더들리에게 전화를 걸었다. 더들리의 전화를 도청할 것이 확실한 러시아 정보요원들에게 메시지를 전달하고 싶어서였다. '내 상대는 TNK-BP의 CEO다. 그러니 내 주변을 맴돌며 시간 낭비하지 말아라.' 일단 러시아를 벗어나자 그는 매코믹에게 일의 진상이 밝혀지기 전까지는 자신이 러시아로 돌아가지 않는 것이 안전하겠다고 말했다.[19]

대략 그때쯤부터 무언가 매코믹의 태도가 변하기 시작했다. 얼마 지나지 않아 그들이 브뤼셀에서 만났을 때, 매코믹은 조급하고 공격적이며 신경질적으로 보였다. 매코믹은 러프에게 곧 다시 만나자고 말했다. 2주 후 그들은 런던 하얏트 호텔에 자리했다. 당혹스러울 정도로 친근한 말투로, 매코믹은 러프에게 더 이상 영국이 러시아에 들어갈 수 없게 됐으니 당신은 정리해고될 것이라고 말했다.[20] 3개월 치 월급이 나가겠지만 자신은 러프가 즉시 일을 중단하고 약속했던 모든 일을 그만두기를 바란다고 했다. 러프가 사직하기를 원하는 것처럼 더들리를 믿게 만들었다는 사실은 언급하지 않은 채, 밥 더들리가 이미 그의 해고를 승인했다고도 했다. 러프는 충격을 받았다. 헤어질 때 러프는 모든 영국인이 그렇듯 악수를 하기 위해 반사적으로 손을 내밀었다. 하지만 섬뜩하게도(매코믹은 그 자신의 말처럼 "포옹을 하거나 하는 사람"이 아니었다), 매코믹은 러프를 포옹했다.[21]

한 달이 지났다. 러프는 일이 이상하게 돌아가고 있다는 확신이 커져 갔다. 그때 모스크바에서는 FSB 무장요원 수십 명이 붉은 광장에서 몇 구역 떨어진 TNK-BP 사무소를 급습해 금고에 구멍을 내고 열었다.[22] 그 며칠 전, FSB는 옥스퍼드에서 교육받은 러시아계 미국인 일리야 자슬라브스키[Ilya Zaslavskiy]를 억류했다. 자슬라브스키와 그의 동생은 가스프롬을 조사할 때 러프와 함께 일했었다. 형제는 간첩행위로 기소되었다. 자슬라브스키는 어떤 일이 꾸며지고 있는지를 바로 알 수 있었다.[23] FSB는 그를 그의 매니저인 비열한 영국 스파이 존 러프에게 국가 기밀을 넘기고 있던 간첩으로 몰아갈 계획이었다. 이러한 각본은, 영국인 파트너들로부터 TNK-BP에 대한 통제권을 더 많이 뺏어오기 위해 공을 들여 온 러시아 올리가르히들에게 힘을 실어 줄 것이었다. 또한 영국 땅에서 살인을 저질렀다며 영국이 FSB 요원을 고발한 사건에 대해 푸틴 체제가 반격을 가하는 데도 도움이 될 터였다. 지금은 하원의원으로 러시아 의회의 비호를 받고 있는 부유한 전직 FSB 요원 안드레이 루고보이[Andrey Lugovoy][24]는 간첩행위 조사를 돕겠다고 공표했다. 그는 FSB 요원으로 활동할 당시 알렉산드르 리트비넨코의 홍차에 방사선 물질을 흘려 넣은 것이 확실하다고 여겨지는 인물로, 사건 직전 그가 묵었던 런던 근교 숙소에서 플로늄[polonium]의 흔적이 발견되었다. 자슬라브스키는 가스프롬의 그다지 중요할 것도 없는 미래 전략 프로젝트 문서를 훔친 죄로 기소되었다. 실제로 문서의 주요 내용도 러시아 당국이 TNK-BP에 이미 공식적으로 발송한 것들이었다.[25] 하지만 이러한 사실은 중요하지 않았다. 오히려 이 문서는 가늠하기 어려울 정도로 가치 있는 기밀문서라고 발표되었고, 한 친정부 신문은 문서가 서방세계로 유출되면서 러시아는 수십억 달러의 손해를 입게 되었다고 보도했다.[26]

자슬라브스키가 체포된 지 2주 후, FSB 요원들은 숀 매코믹을 면담했다. 면담이 이루어진 레포르토보 교도소^{Lefortovo prison}는 스탈린이 자행한 숙청 이후 공포로 심장을 요동치게 만드는 곳이었다. 알렉산드르 솔제니친^{Alexander Solzhenitsyn}에서 리트비넨코에 이르기까지 반체제 인사와 조국의 배신자들이 이곳에 투옥되어 왔다. 매코믹은 면담하러 오라는 FSB의 요청에 긴장 같은 것은 하지 않았다고 모스크바 주재 미국 외교관들에게 말하면서, 간첩행위를 조사하고 있는 FSB가 자신을 용의자가 아니라 목격자로 생각하는 것이 확실하다고 덧붙였다.[27] 하지만 소심한 사람이었다면 무척 우려했을 상황이다. 예컨대 한 유력 러시아 신문은 자슬라브스키뿐 아니라 "FSB 지목 용의자 TNK-BP 국제관계부장 숀 매코믹, 러시아에서 추방될 상황에 처하다"[28]라고 보도했다. 또한 FSB는 조사팀이 TNK-BP의 사무실을 급습했을 때 CIA 요원 명함을 발견했다고 언론에 흘렸다.[29] 하지만 어디에서 발견했는지는 밝히지 않았다. 그러나 TNK-BP 직원 중에 과거 정보국에서 일한 이력을 가진 사람은 러프도 자슬라브스키도 아니고, 바로 매코믹이었다. 백악관에서 근무하던 시절에 매코믹은 일급 기밀문서를 정리하는 일을 했기에, 미국 스파이들이 수집한 정보

보고서에 접근할 수 있었다. 그런 그가 이번에는 러시아 정보원들 앞에 앉아 있었다. 그는 17시간에 걸쳐 해명을 이어 갔고[30], 그의 왜곡된 설명은 FSB의 조작된 이야기 속으로 교묘하게 끼워 맞춰졌다.

"존 러프의 지위가 이례적이었다는 것을 지적하고 싶습니다." 매코믹은 말했다. 이 말은 러프가 정규직원이 아니라 계약직원이었음을 의미했다. 평범한 사항이 갑자기 의심스러운 것으로 둔갑하는 순간이었다. 매코믹은 러프가 나토를 위해 일했었다는 언급도 빼놓지 않았다. 러프는 외무부의 보좌관 몇몇과도 친분이 있었다. 정책 결정자도 아닌 이들과의 관계가 매코믹의 설명에서 "영국 정부와 다방면으로 협력하는 관계"로 변질되었다. 모든 사안에서 매코믹은 FSB의 대본에 어울리도록 사실을 왜곡하기로 마음먹은 듯 보였다. 이 날조된 이야기에서 악당 역을 맡은 러시아계 미국인 일리야 자슬라브스키와 러프의 관계 부분에서는 특히 그랬다.

이따금 자슬라브스키와 러프는 직장에서 서로 이야기를 나눌 때 러시아어 경어를 사용하곤 했다. 그들은 사교적인 사람들이 아니었다. 하지만 러시아어를 할 줄 몰랐던 매코믹은 그들 둘이 비공식적인 대화를 나누곤 했으며[31] "단순한 업무상의 관계 그 이상"이었다고 말했다. 그는 심문관들에게 "그들을 친구 사이로 볼 수도 있을 것이다"라고 말했다. 매코믹은 러프가 TNK-BP에게 자슬라브스키를 컨설턴트로 고용하도록 요청했다고 진술했다. 그러나 설령 러프가 그러고 싶었다 하더라도 불가능한 일이었다. 러프는 인사 요청을 할 수 있을 정도로 상급자가 아니었다. 러프와 자슬라브스키는 가스프롬 조사팀에서 함께 일했고 두 사람 모두 프로젝트를 담당한 스코틀랜드인 팀장에게 보고하는 위치였다. 여기서 매코믹 버전은 또다시 사실과 다른 이야기를 전개했다. 그는 FSB에게 자슬라브스키가 러프에게 보고했다고 말했다. 그의 진술에 따르면, 러프는 자슬라브스키를 "관리 감독했다."[32] 심문관들은 이 말을 스파이 연락관spy's handler에 해당하는 러시아 단어를 사용하여 기록했다.

　　FSB 심문관들은 매코믹의 증언을 요약해서 타이핑했고 매코믹은 문서에 서명했다. 심문관들은 하루 전 또 다른 목격자로부터 자신들에게 유리한 증언을 수집했는데, 매코믹이 서명한 서류에 이 증언도 함께 첨부했다. 세르게이 노보숄로프Sergei Novosyolov[33]는 러시아 내무부 산하 조직범죄 퇴치 상급 조사관으로 근무하다가 TNK-BP 경제 보안 부사장이 된 인물이었다. FSB와의 면담에서 노보숄로프는 존 러프가 밥 더들리의 추천으로 고용되었다는 말을 매코믹으로부터 들었다고 주장했다. 이 거짓말이면 러시아 BP의 최고위 인사를 첩보소설에 연루시키는 것이 가능했다. 노보숄로프는 러프와 자슬라브스키가 수행한 업무의 사소한 부분들을 상세하게 나열하는 한편, FSB 심문관들이 간첩 조직을 만들어 낼 때 도움이 될 수 있는 몇 가지 거짓 세부 사항들을 제공했다. 마치 냉전 시기 KGB의 적극 조치공작active measures*의 극치를 보듯 간첩 사건이 모양을 갖춰 가고 있었다. 즉 진실 몇 가닥을 가져다가 필요한 허구 속에 엮어 넣으면, 한데 어우러져 필요한 거짓말이 완성되는 법이었다.

―――――――

* 1960년대 KGB가 세계에 소련의 영향력을 확대하기 위해 채택한 공작기법으로 역정보를 통한 기만전술이 대표적이다. 사실과 거짓을 교묘하게 섞어 진실을 왜곡하고 제대로 된 사고를 할 수 없게 하는 것으로 유명하다.

자슬라브스키 형제는 5년에서 최고 20년까지 투옥될 수 있는 상황에 놓이게 됐다.[34] 그러나 형제는 침착함을 잃지 않았고 자백도 거부하는 상황이었기 때문에, 인민재판으로 날조할 수 있는 최선은 산업스파이 미수 행위에 유죄 판결을 내리는 것뿐이었다. 그들은 징역 1년에 집행유예 2년, 추후 자진 망명 생활을 하는 것으로 선고를 유예받았다. 존 러프는 러시아에서 추방되었다. 밥 더들리는 건강이 안 좋아지기 시작했다.[35] 그는 혈액검사를 받았고 측근들이 혈액에서 독극물이 발견되었다고 귀띔해 주었다. 들리는 말에 따르면 그는 TNK-BP가 제공하는 음식을 먹지 않으면서부터 회복되었다고 했다. 더들리는 당국이 자신을 체포하러 오고 있다는 소식을 듣자마자 러시아에서 달아났다. 수백 명에 달하는 BP 직원들은 강제 출국당했다.

머지않아 숀 매코믹도 BP를 떠났다. 그는 대안 현실^{alternative reality}을 만들어서 그것이 무기로 쓰일 수 있도록 도움을 주는 데 탁월한 능력을 보여 주었다. 이 재능은 그의 다음 고용주, 트리오에게서 그 유용성을 입증받게 될 것이었다.

가짜를 진짜처럼 보이게 하는 능력이야말로 기름이 나오는 유전이나 귀금속이 나오는 지층보다 유용할 수 있었다. 그렇다 하더라도 이따금 남의 눈을 피해, 이를테면 저녁 시간 동안만이라도 왕궁의 가면극 연회장을 빌려 진짜 현실을, 실제 모습을 기분 좋게 음미하는 순간에 빠져보는 것도 괜찮았다. 방케팅 하우스에서 원자재의 왕이라 불리는 글렌코어의 이반 글라센버그 회장은 일어나서 딱딱 끊어지는 요하네스버그 악센트로 몇 마디 했다.[36] 그는 그 자리에 참석한 사람들이 자신의 고향 남아프리카공화국의 덕을 톡톡히 보고 있다고 말했다. 남아프리카공화국 정부는 전력 부족으로 고군분투하는 중이었고 그로 인해 국민의 생활은 여느 때보다 비참한 상황이었다. 채굴량 역시 줄어들어 남아프리카공화국 광산에서 나는 금속의 가격이 급등했다. 글라센버그는 핵심을 찌르며 다음과 같이 덧붙였다. "남아프리카공화국이 어려움에 처했다는 소식은 다른 나라들에서 비슷한 금속을 채굴하는 기업들에게는 희소식이었을 겁니다. 예를 들어 ENRC 주가만 하더라도 두 배로 뛰지 않았습니까?" 청중은 폭소를 터뜨리며 주먹을 휘둘렀다.

그날 밤 사샤는 마지막 신성왕들의 초상화 아래 주빈 테이블에 앉아서 돈이 어느 정도까지 권력으로 전환될 수 있는지를 깨닫기 시작했다. 사샤는 ENRC가 런던 주식시장에 상장된 직후 카자흐스탄으로 돌아가 동료 사업가에게 이런 말을 했다. "정말 신나는 일 아닌가? 여기서 우리가 얼마나 우물 안 개구리처럼 살아왔는지 자넨 모를 걸세. 이곳 카자흐스탄이야말로 새 지평을 열 수 있는 곳이라네."[37]

터널

2008년 2월, 런던 치프사이드

BSI 런던 지점은 중앙은행인 잉글랜드 은행^{Bank of England}과 세인트 폴 대성당의 중간에, 정확히 위치로만 따진다면 세계 금융 체계의 대동맥이라 불리는 시티오브런던의 정중앙에 자리했다. 평범한 외관의 BSI 건물은 시티를 가로지르는 치프사이드^{Cheapside} 대로에 서 있었다. 로마인들이 건설한 이 도로에서 중세시대 상인들은 양의 발과 장어를 팔았다. 동쪽의 스톡스 마켓^{Stocks Market}은 음식 썩는 냄새가 풍기는 끔찍한 악취로 유명했다.[1] 모퉁이를 돌면 런던 시장의 공관인 맨션 하우스가 나왔다. 그곳에서 토니 블레어는 불공정 세계무역에 대한 연설을 통해 "영국을 좌지우지하는 부의 대부분"이 이곳 시티에서 "창출된다"[2]는 점을 재확인시켜 줬다.

그곳에 처음부터 방코 델라 스비제라 이탈리아나^{Banco della Svizzera Italiana}나 스위스-이탈리안 뱅크^{Swiss-Italian Bank}를 세운 스위스 은행가

들은 돈이 국경을 넘어 이동하도록 돕는 것이 자신들의 임무임을 알고 있었다. 1870년대 당시 스위스는 알프스산맥을 관통하는 세계에서 가장 긴 열차 터널, 생고타르$^{St. Gotthard}$ 터널을 건설하는 중이었다. 터널에 철도가 놓이면 북유럽과 남유럽이 하나로 연결될 것이었다. 공사가 끝났을 때 스위스 대통령은 "세계 시장이 열렸다"[3]고 선언했다. 이탈리아어를 사용하는 스위스 도시 루가노^{Lugano}는 새로운 철도가 지나는 선상에 위치했다. 1873년, 바로 이곳 루가노에서 BSI 설립자들은 은행을 열었고 새로운 무역로를 이용했다. 그들은 성공했으며 스위스 지점을 늘렸고 해외로 은행가들을 파견했다. BSI는 제1차 세계대전에서 살아남았다. 제2차 세계대전 동안에는 다른 많은 스위스 은행이 그랬듯 나치에 협력했다.[4] 동시에 그들은 향후 자신들의 부유한 고객을 위해 하게 될 일을 시작했다. 그러면서 사실과는 다른 이야기를 지어냈다.[5] 스위스 은행가와 그들의 옹호론자들이 만들어 낸 이야기대로라면, 스위스가 은행 기밀누설을 범죄로 규정한 이유는 박해받던 유대인들의 예금 보호에 일조하기 위해서였다. 하지만 실제로 법안의 첫 번째 초안이 마련된 때는 1932년으로 히틀러가 집권하기 전이었다. 법안을 만든 동기는 이타심이 아니라 이해타산에서 비롯되었다. 당시는 대공황이 불어 닥친 상황이라, 각국 정부는 세금을 징수하지 못해 몹시 안달이 났었다. 세금을 납부하고 싶지 않았던 유럽의 부자들은 스위스 은행의 익명 계좌에 자산을 위탁하면 납세 책임을 회피할 수 있다는 사실을 발견했다. 파리 치안판사들은 부유한 프랑스인들의 탈세 문제와 관련하여 스위스의 협조를 요청하고 있었다. 스위스 본국의 노동자와 농민은 당국이 은행들을 단속해 주기를 원했다. 스위스의 해법은 은행 주위에 비밀 장벽을 세우는 것이었다. 그런 다음 그 후 수년간 누군가 그러한 정책에 대해 묻기라도 하면 유대인에게 책임을 떠넘겨 왔다.

1, 2차 세계대전을 치르는 사이에 스위스 은행들이 관리하는 외국 자산은 10배 증가했다.[6] 1945년 이후, BSI를 비롯한 스위스 은행들은 해외에 지점을 개설하기 시작했다. 대개는 붕괴 중인 대영제국의 변두리처럼 눈에 띄지 않는 곳이었다. 시티오브런던은 대서양의 노예선부터 아프리카대륙 남단 희망봉의 금광 지대와 동인도회사의 차, 염료, 아편 화물에 이르기까지 수 세기 동안 대영제국식민지 프로젝트의 상업 부문을 담당해 왔다. 대영제국의 힘은 쇠약해졌지만, 시티는 제국의 줄어든 재산 대부분을 책임지고 있었으며 이제는 다른 제국들을 위해서도 봉사했다. 한때는 특수한 작물을 생산했던 섬이 지금은 신탁의 일종인 유령회사들이 설립되면서 금융 비밀이라는 독특한 향기를 풍겼다. BSI는 바하마와 채널 제도의 건지 Guernsey 섬에 문을 열었다. BSI 은행가들은 실제로 상당한 부를 자랑하는 사람들, 즉 소위 고액 순자산 보유자들 가까이에 있어야 했기에 런던은 물론 뉴욕, 홍콩, 몬테카를로에도 주재했다.

스위스 은행들은 돈을 가지고 장난을 친다거나 독창적이라고 할 만한 그 어떤 일도 벌이지 않았다. 그들은 다행히 약간의 저축할 돈이 생긴 사람이 그러하듯, 그저 주식과 채권에 투자했을 뿐이다. 중요한 점은 돈이 정부와 법, 사회의 손이 닿지 않는 특별한 장소로 옮겨진다는 것이었다. 이러한 장소는 '해외에' 있다고 알려져 있었다. 가장 부유한 사람 1퍼센트가 전체 소득의 1/4을 차지하는 반면 하위 50퍼센트는 1/10만 가졌다.[7] 또한 '해외로' 은닉되는 돈은 7조 6000억 달러로 증가했다.[8] 이는 기껏해야 최소한의 추정치일 뿐이었다. 누가 되었건 할 수 있는 건 추정뿐이기 때문이다. 달리 말해 이는 전 세계 가구가 보유한 100달러당 8달러가 해외에서 위탁 관리된다는 것을 의미했다. 경제위기가 닥쳤을 때 한 나라의 회복 탄력성은 준비금(이용 가능한 현금, 자산, 금 비축분)으로 측정된다. 해외 은닉 조성금은, 가장 많은 비축분을 갖춘 중국의 준비금과 비교해도 2배에 달했고 세계 각국 전체 준비금의 1/2 이상이었다. 이 조성금의 1/3이 스위스 은행들에 보관되어 있었다.[9] 2006년, 나이절이 합류했을 당시 BSI는 상위 10위를 기록했다. BSI는 고객의 돈으로 480억 달러를 보유했는데[10], 이는 국가로 치면 세계에서 25번째로 많은 준비금을 갖춘 나라인 셈이었다.

BSI는 월급쟁이에 담보 대출이 있는 사람이 쉽게 드나들 수 있는 번화가의 여느 은행과는 달랐다. 그것은 프라이빗 뱅크private bank*였다. 런던 사무소의 사설 자산 운용 국장은 파브리지오 자나보니 Fabrizio Zanaboni였다. 그는 표정이 풍부한 이탈리아인으로 아버지 역시 BSI를 위해 일했다.[11] 그의 밑에서 은행원 6명이 일했는데 몇 백 명밖에 되지 않는 고객이 예치한 10억 달러의 약 3/4에 달하는 예금을 그들만으로 관리했다.[12] 나이절이 보기에 이론상으로 은행원들

---

* 프라이빗 뱅크란 '최상위 부유 고객을 대상으로 법·제도적으로 허용된 각종 금융 및 비금융 서비스(private banking sevice)'를 제공하는 은행을 말한다. 상담 내용에 있어 개인정보에 대한 비밀 유지는 기본이며, 고객의 개별적 상황과 니즈를 파악하여 그에 알맞은 상품과 서비스를 제공한다는 특징이 있다. 법인화되지 않은 은행 기관을 의미하는 개인 은행을 가리키지는 않는다.

은 정직성probity 규정에 따라 그에 적합한 고객만 제한적으로 받아야 했다. 나이절은 계좌를 감사하면서 최근 사망한 우크라이나 사업가의 독살 여부를 판단해야 했던 적도 있었다. 다른 고객의 배경 조사 보고서에는 이 우크라이나인이 상트페테르부르크 마피아와 연관되어 있다는 내용이 실려 있었다.[13] 하지만 담당 은행원은 서류 여백에 "관련성이 희박하고 타당한 증거가 없어 보임"이라는 메모를 남겼다. 고객 가운데 정도를 벗어나지 않은 경우는 거의 없는 듯 보였다. 은행 담당자 중에는 루마니아 태생 사업가 프랭크 티미스Frank Timis[14]를 위해 금융 미로financial labyrinth를 설계해 주려 했던 사람들도 있었다. BSI 담당자가 상관에게 보고한 바에 따르면, 루마니아의 차우셰스쿠Ceauşescu에 의해 아버지가 살해당한 후 오스트레일리아로 달아난 티미스는 판매용 헤로인을 소지한 죄로 오스트레일리아 법원에서 두 차례 유죄 판결을 받았다. 담당자는 이러한 어릴 적 과실은 정상참작되어야 한다고 설명했다. 티미스는 그저 "잘못된 무리에 휩쓸렸을 뿐이었다." 이후 그는 런던으로 자리를 옮겨 동부유럽과 아프리카의 광산 벤처사업으로 수백만 달러를 벌었다. 그즈음 그의 투자 담당자는 그가 "엄청난 인맥"을 자랑한다고 보고했다. 마찬가지로 그가 그리스 석유 산업 전망의 잠재력을 두고 투자자에게 거짓말을 했다는 혐의도 걱정할 문제가 아니었다. 티미스가 자신의 돈으로 하고 싶어 했던 일과 관련하여 투자 담당자는 대리위임을 통해 신중하게 통제할 수 있는 재단을 파나마에 세우라고 조언했다. 그런 다음 파나마 재단 소유의 회사 2개를 영국령 버진아일랜드에 등록하고 모나코 BSI 지점을 통해 이들 회사의 계좌를 개설하면 된다고 했다.

베이싱스토크에 있던 나이절은 BSI 고객의 생각을 읽으려 애썼다. "파나마에 관리자를 둔 케이맨 제도의 기업이 자기 명의로 스위스 은행 계좌를 개설하기 위해 런던에 오는 이유는 뭘까? 현재로서는 뭔가 뒤가 구린 일이 있는 게 아니고서야 절대 말이 되지 않는다."[15]

나이절은 한 BSI 자산 운용 담당자를 지켜보는 데 특히 공을 들였다. 31세의 타지크인 코피즈 샤크히디Khofiz Shakhidi[16]는 갸름한 얼굴에 생동감 넘치는 검은 눈을 가진 사람으로, 웃을 때면 한쪽 입꼬리만 올라갔다. 그의 아버지는 소비에트 타지키스탄 출신의 호평 받는 작곡가였다. 그는 발레곡 '고리대금업자의 죽음Death of Usurer'을 비롯한 자신의 작품이 "동양과 서양을 한데 아우르려는 시도"[17]라고 설명했다. 서양 교육을 받은 그의 아들은 말투에서만 출신지의 자취를 희미하게 간직할 뿐이었다. 그가 매력적이라는 데는 의견이 갈릴 수 있어도 총명하다는 데는 이견이 없었다. 하지만 나이절은 그가 성공하기 위해서라면 어떤 일도 할 수 있는 사람이라는 느낌을 받았다. 런던 BSI 경영진은 나이절이 입사하기 이미 2년 전에, 샤크히디를 포함한 3명의 자산관리 직원을 경쟁 은행 크레딧 에그리꼴Crédit Agricole로부터 스카우트했다.[18] 그들은 200명가량의 부유한 고객을 함께 데려왔다. 고객 대부분이 구소련 출신이어서 국장인 자나보니는 어느 정도 심사가 필요하다고 결정했다. 그는 MI5*에서 20년간 일한 경력이 있는 마틴 플린트Martin Flint[19]를 고용했다. 당시 플린트는

---

* Military Intelligence, Section 5. 영국의 국내 정보를 담당하는 기관으로 테러 방지, 방첩, 보안정보 등에 관련된 업무를 수행한다. 정식 명칭은 보안정보국(Security Service)이다. 해외 정보를 담당하는 비밀정보국(SIS or MI6), 국내외 통신과 전기신호를 감시해 정보를 수집하는 정보통신본부(GCHQ)와 함께 영국 3대 정보기관으로 꼽힌다.

메이페어Mayfair에 우후죽순 생겨나고 있던 민간정보조사기관의 하나인 리스크 어낼리시스Risk Analysis에서 일하고 있었다. 메이페어는 일반인에게 보드게임의 일종인 모노폴리를 통해 런던에서 가장 땅값이 비싼 곳으로만 알려져 있었지만, 사실 그곳은 부자들의 사업을 진두지휘하는 소수 자산 운영사의 거점이기도 했다. 플린트는 샤크 히디의 고객들과 관련하여 가능한 모든 것을 알아내라는 지시를 받았다. 그는 임무를 수행하고 보고서를 제출했다. 보고서는 스위스의 BSI 경영진에게까지 올라갔고, 본사 경영진은 런던 사무소가 해당 고객들을 받는 데 동의했다.[20]

　나이절은 자신의 사무실에서 그러한 은행가들하고는 멀찍이 떨어져 업무를 처리했다. 그는 고객의 계좌를 개설해 달라거나, 전 세계 이곳저곳으로 돈을 옮겨 달라는 은행가들의 요청을 승인해 주는 위치에 있었지만, 고객이 누구인지 혹은 고객이 돈을 어디에서 벌어들이고 있는지는 거의 알지 못했다. 바깥에서 위기는 더욱 악화되고 있었다. 노던록 사태는 위기가 어떻게 전개될지를 보여 주었다. 은행가들이 자신의 배를 불리느라 눈덩이처럼 키워 온 엄청난 손실을 결국에는 대중이 부담하게 될 상황이었다. 하지만 나이절은 무언가 다른 일이 동시에 벌어지고 있다는 사실을 알아차렸다. 은행들은 부풀 대로 부풀어 올라 터져 버렸고, 그 사이로 그동안 써 왔던 속임수가 만천하에 드러나는 것처럼 보였다. 그럼에도 불구하고 은밀하게 점점 더 많은 돈이 지하로 숨어들고 있었다. 2008년 2월 말, 나이절은 영국 내 모든 상업용 부동산의 절반이 더 이상 개인 명의의 소유가 아니라는 기사를 〈타임스〉에서 읽었다.[21] 대신에 이들 부동산 자산은 저기 먼 곳에 등록된, 소유주가 누군지 아무도 모르는 회사들 소유였다. 그것은 마치 누군가가 또 다른 터널을 파서 돈을 저기 멀리 누구도 모르는 곳으로 옮기고 있는 것처럼 보였다.

이중국가

— • *The Dual State* • —

2008년 2월, 러시아 모스크바

11년째 러시아의 법을 만드는 일에 노력을 기울여 온 피터 살라스 Peter Sahlas**1**는 서방인 가운데 자신보다 크렘린을 많이 드나든 사람은 없을 거라고 생각했다. 그는 늘 깨끗하게 잘 다듬은 머리에 넥타이를 매고 마치 자석이라도 붙은 듯 셔츠단추를 맨 위까지 반듯하게 채우고 다녔으며, 자신이 들고 다니는 검정 크롬 슈트케이스처럼 번쩍번쩍 빛이 났다. 그는 포스트 소비에트 시대의 모스크바를 활보하며 시간제 청구서를 날리는 경영 컨설턴트 가운데 하나가 되어 자본주의 확립에 이바지할 수도 있었다. 하지만 그러지 않았다. 그는 자신에게 법치 확립이라는 보다 고상한 임무를 부여했다. 그러나 2008년 2월, 그는 자신이 실패했음을 깨달았다.

피터는 뼛속까지 자유주의자였다. 그리스인 아버지는 나치로부터 해방된 직후 발발한 그리스 내전 동안 아직 어렸기에 마을의 어른들처럼 잡혀가지 않을 수 있었다. 아버지는 캐나다로 이주했고 식당을 전전하며 고되게 일한 끝에 마침내 자기 소유의 식당을 차렸고 형제자매들과 새색시를 데려올 수 있었다. 세상에서 제일 멋진 그의 식당은 은행 지점 건물 1층에 있었다. 그는 자신의 아이들이 새벽 5시에 일어나 머핀을 굽는 사람이 아니라 머핀을 먹는 사람이 되게 하겠다고 결심했다. 그는 아이들에게 말했다. "여기는 자유국가야. 그러니 너희들은 원하는 일을 할 수 있어. 하지만 의사나 변호사가 되어야 한다." 그런데도 그는 아이들이 자신의 식당에서 일하게 했다. 돈이 쉽게 생기지 않는다는 사실을 확실히 알게 해 주기 위해서였다. 토론토에서 학교를 다니던 시절, 피터는 자신을 고무시키고 있던 원칙들을 지키기 위해 맞서는 일을 제일 좋아했다. 그와 친구 비네이Vinay는—피터의 표현으로는 "2인조 프로불편러shit-disturber"가 —낙태 수술로 유명한 의사와의 인터뷰를 학보 1면에 실어 가톨릭 학교 당국을 아연실색케 했다. 교장에게 불려 가자 그들은 언론의 자유가 없다며 우는 소리를 늘어 놓았다. 표현의 권리를 수호한다는 명분으로, 좀 더 나이가 많거나 유명한 자유주의자라도 하지 않을 위험천만한 일을 벌일 계획을 세우기도 했다. 살만 루슈디Salman Rushdie의 《악마의 시The Satanic Verses》* 복사본을 입수해 논평을 발표한

---

* 1988년 9월 26일 영국에서 출판된 살만 루슈디의 소설이다. 유럽 세계의 왜곡된 이슬람관을 바탕으로 무함마드를 풍자하고 코란을 악마의 계시로 빗대어 소설화한 작품이다. 소설에서 루슈디는 코란에 전해지는 구절이 알라의 의지에 의한 것이 아니라 실은 악마의 말이라고 했다. 유럽에서는 좋은 평가를 받았으나 이슬람에서는 격분을 표하며 출판 중지 처분이 내려졌다. 심지어 그를 암살하기 위해 100만 달러의 현상금이 걸렸고, 1989년 이란은 그에게 사형을 선고한 뒤 영국과 외교를 중단하기도 했다. 문학이라는 이름으로 다른 문화와 타인의 감정을 공격할 수 있는지와 관련해서 많은 논쟁을 불러일으켰다.

것이었다.

피터는 토론토에서 대학을 다녔다. 그러다가 국제관계를 공부하던 1학년 시절, 체코슬로바키아에서 영어 교사를 구한다는 광고를 학보에서 보고 신청했다. 1990년 여름, 그는 프라하에서 외곽으로 1시간 거리에 위치한 플젠Pilsen에 도착했다. 바츨라프 하벨Vaclav Havel의 벨벳혁명Velvet Revolution으로 공산주의 세력이 와해된 지 6개월이 지난 시점이었다. 40세 이하 인구 중에 자유를 경험한 사람이 아무도 없는 상황에서 마지막 소련 군대가 이미 체코를 떠난 뒤였다. 체코인들은 국가와의 새로운 관계를 신뢰하지 못하는 듯 보였다. 피터가 진행하는 수업 하나가 끝났을 때 학생 한 명이 다가왔다. 파벨Pavel이라는 이름의 체코 군인이었다. 그는 잔존하는 구질서에 반대한다는 의미로 미약하나마 저항 행동을 궁리해 왔다고 설명했다. 그는 서방 사람을 병영으로 무단 잠입시킬 계획이었다. 파벨과 공모자들 외에는 아무도 알아채지 못하겠지만 얼마 전까지만 해도 절대적으로 보였던 권력에 도전한다는 스릴을 느낄 수 있을 것이라고도 했다. 그가 마음에 둔 서방인이 피터였고, 피터 역시 멋진 아이디어라고 생각했다.

파벨은 까끌까끌한 카키색 훈련복 한 벌에 군용 속옷까지 완전하게 갖춰 피터에게 내밀며 플젠의 한 장소로 나오라고 말했다. 몇 시간 외출을 받고 밖으로 나갔던 군인들이 다시 모여 기지로 돌아가기 위해 버스를 타는 장소였다. 버스가 병영에 도착했고 군인들과 위장 잠입자는 입구 바깥에 내렸다. 파벨은 경비대와 눈을 맞추지 말라고 피터에게 중얼거렸다. "내가 앞으로 걸어가면 당신은 나를 따라오기만 하면 돼요. 아무렇지도 않은 것처럼 굴어야 해요." 피터는 갑자기 그 임무에 흥미가 뚝 떨어지는 기분이 들었다. '잡히면 완전 엿된다'는 생각을 하면서도 눈을 내리깐 채 파벨의 부대가 있는 구역에 이르렀다. 벽에는 소련을 정중앙에 배치한 세계지도가 붙어 있었다. 피터는 무장한 동료 군인들과 대충 끼니를 때우다가 불현듯 자신이 중대한 실수를 저질렀다는 사실을 깨달았다. 도망치는 것이 아니라 위법한 행동을 하는 것이 원래 계획이었다. 나가는 길은 초소 두 개 사이의 통로 하나뿐이었다. 해가 진 뒤에는 버스를 놓친 군인들이 담장을 넘어 이 통로를 통해 몰래 기지로 돌아오곤 했다. 새벽 4시, 파벨은 피터를 통로로 안내했다. "걱정 말아요. 총에 맞는 일은 결코 없을 거예요. 하지만 뒤돌아보지는 말아요." 파벨이 말했다. 파벨이 그를 벽 위로 단번에 밀어 올렸을 때 피터의 머릿속에는 체포되어 간첩행위로 고발당하는 모습이 떠올랐다. 그는 껑충 뛰어올랐다. 총성도 고함도 없었다. 어딘지도 모를 경작지 위로 뛰어내려 허둥지둥 도망쳤다.

그해 여름, 피터를 영어 교사로 채용했던 체코 변호사들은 그를 아우슈비츠, 뉘른베르크 법정, 베를린으로 데려갔고 베를린 장벽의 조각을 떼어내 보게도 했다. 그는 최근까지도 동구권이었던 곳을 가로질러 여행했다. 그는 자신이 역사를 목격하고 있다는, 나아가 역사에 참여하고 있다는 느낌까지 받았다.

피터와 비네이는 러시아에서 영어교육 프로그램을 운영하기로 마음먹었다. 1991년 여름, 그들은 추가 교대근무도 마다하지 않고 식당 종업원으로 일하면서 영국항공의 모스크바행 비행기표를 사기 위한 돈을 모았다. 러시아어 실력은 예와 아니요를 겨우 구분하는 정도였다. 모스크바에 도착하자마자, 그들은 택시운전사 올레크Oleg의 호의에 몸을 맡겼다. 그는 피터와 비네이를 위해 숙소와 먹을 것을 알아봐 주었는데 덕분에 발효유에 재운 말라 빠진 닭고기를 먹고 하룻밤 사이에 혀가 검은색 꽃이 피듯 새까매져 깜짝 놀라기도 했다. 다음 날 아침에 그들은 올레크의 배웅을 받으며 레닌그라드행 기차에 올랐다. 다시 상트페테르부르크로 불리게 된 이 과거 차르의 수도에서 피터와 비네이는 언론인 대상 영어 강좌를 준비했다. 그들은 호텔에 묵었는데, 둘 다 깔끔한 캐나다인의 전형이었기에 그들의 침실에 매춘부를 들이려는 호텔 매니저와 끊임없이 실랑이를 벌여야 했다. 이후 피터가 파리로 여행을 떠나 있는 동안 공산주의 강경파가 미하일 고르바초프Mikhail Gorbachev를 상대로 쿠데타를 시도했다. 언론인들을 학생으로 둔 덕에 피터는 러시아에 있지 않았어도 정세 파악에 뒤지지 않을 수 있었다. 다음 해에 러시아로 돌아온 그는 이번에는 자신의 학생들로부터 러시아어를 배웠다.

피터는 곧 캐나다로 귀국해서 변호사가 되기 위한 공부를 시작했다. 정중하게 설득하는 데 일가견이 있던 그는 러시아 법률 체계를 연구하는 데 필요한 연구 자금을 캐나다 정부로부터 지원받았다. 봄방학이 되면, 다른 학생들이 플로리다로 휴가를 떠날 때 그는 다섯 명의 교수와 함께 러시아를 다녀오곤 했다. 러시아 정부가 공산주의 이후의 민법 체계 초안을 마련하기 위해 진행 중인 프로젝트에 결원이 생겼을 때, 피터가 선택되었다. 그는 집으로 가서 여자친구에게 러시아로 이사 가자는 "말도 안 되는 제안"을 했다. 그들은 2

년 전 그녀의 고향 파리에서 만났다. 당시 피터는 비즈니스 불어 실력을 늘리기 위해 파리에 체류하는 중이었다. 어느 무더운 여름날 밤, 한 하우스 파티에 참석했을 때였다. 그가 냉장고 쪽으로 가려는데 프랑스 여성 두 명이 통로를 막고 대화를 나누고 있었다. 그들을 지나치다가 그중 한 명과 말을 섞게 되었고 대화는 날이 샐 때까지 계속됐다. 세실^{Cécile}은 은행에서 일했다. 얼마 지나지 않아 문제가 생기자 그녀는 글 쓰는 일로 직업을 바꿨고 피터와 함께하기 위해 캐나다로 옮겨 왔다. 그녀 입장에서는 캐나다에 온 지 1년도 안 됐는데 모스크바로 다시 이사 가자는 말이 나온 것이었다. 기쁘게도 그녀는 러시아로 떠나고 싶어 했다. 1996년에 그들은 모스크바에 도착했다. 얼마 지나지 않아 피터는 1년에 40회 이상 크렘린을 방문하게 되었다. 법치국가가 모습을 갖춰 가고 있었다. 보리스 옐친^{Boris Yeltsin}이 고르바초프를 계승했고, 피터는 새로운 러시아의 고위 관리 중 한 명으로 승진했다. 한번은 공항 라운지에서 상트페테르부르크 출신 공무원 한 명을 소개받으며 그의 명함을 받은 일이 있었다. 당시 피터는 그의 이름이 감자튀김 위에 치즈커드와 그레이비소스를 뿌려 먹는 퀘벡 요리 푸틴^{poutine}처럼 들려서 낄낄거렸다.

90년대 말 옐친의 임기가 끝나갈 무렵 피터의 좌절감은 커져 갔다. 그는 옐친 대통령이 '원체 술에 취해 있거나 인사불성'이어서 어떤 일도 할 수 없는 상태라는 사실을 알게 되었다. 게다가 개혁가들은 자신들이 필시 뿌리 뽑겠다던 바로 그 행동에 취해 있었다. 카리스마 넘치는 개혁가로 알려진 보리스 넴초프^{Boris Nemtsov}**2**조차 은행가들과 함께 온수 욕조에 들어앉아 십대 스트리퍼들과 유흥을 즐기는 모습이 카메라에 포착되었다. 군부와 과거 KGB 출신의 실로비키^{siloviki}*들이 영향력을 키우고 있었다. 크렘린에는 파벌 갈등을 중재할 수 있는 권위 있는 인물이 존재하지 않았다. 2000년에 푸틴이 권력을 장악했을 때, 피터는 어떤 일이 일어날지 확신할 수 없었다. 그동안 자신이 해 오던 새로운 법전을 만드는 일은, 신임 대통령이 등을 돌리는 순간 언제든 중단될 수 있었다. 하지만 몇 번이고 결정 사항들이 푸틴에게까지 원활하게 전달되었고, 또 푸틴은 피터가 푸틴이 했으면 좋겠다고 희망하던 일들을 실행에 옮겼다. 엘친 정부 총리 시절에 푸틴은 체첸의 학살자였으나 대통령으로서 푸틴은 '법의 독재$^{dictatorship of law}$'3**를 선언했다. 비록 엘친에게는 평생 기소 면제권을 부여했지만 말이다. 피터는 기뻤다. 그러나 그의 기쁨은 푸틴이 피터 나이의 젊은 변호사를 잡아다가 서서히 죽음에 이르게 했을 때 끝났다.

유코스^{Yukos}는 러시아 최대 석유회사였다. 유코스의 소유주 미하일 호도르콥스키$^{Mikhail Khodorkovsky}$4는 따분한 모범생 스타일의 최고급 기술자였다. 어린 시절의 꿈은 칭송받는 소련 국영기업의 관리자였지만, 사기업을 성공시킨 첫 번째 인물이 되었다. 그러나 공산주의가 막을 내리던 시절에 사기업 운영은 처벌 대상은 아니더라도 여전히 좋은 평판이 따라붙는 일은 아니었다. 그러나 곧 그는 어떠한 강제 규정도 없는 체계일수록 개인적 인맥이 중요하다는 사실을

---

*   현재 러시아의 푸틴 정권을 떠받들고 있는 군부 및 정보기관, 군산복합체 등의 무력 부처 출신 권력 실세들을 가리키는 용어.
** 사회주의가 표방하는 '프롤레타리아 독재'를 '법의 독재'로 바꿔 표현한 것으로 보인다.

알게 되었고, 당국의 승인하에 자신의 시장경제 실험을 시작했다. 호도르콥스키는 컴퓨터를 수입하고 환전에 손을 댔다. 그러다 새로운 러시아 자본주의에서 가장 이문이 남는 일은 금융 중개업이라는 것을 이내 깨달았다. 그는 공장과 정부 기관에 자금을 선불로 대여해 주고 그 금액만큼 재무부에 청구한 다음 자신의 몫을 떼어냈다. 이를 통해 그는 옐친 정부의 개혁가들이 서방의 열렬한 지지 아래 착수했던 공기업 민영화 거래에 필요한 현금을 마련할 수 있었다. 개혁가들은 공산주의자들의 귀환을 무엇보다 두려워했다. 그런 이유로 1996년 대통령 선거가 다가오자 그들은 자신들의 보호자, 술에 취해 곤드레만드레된 옐친의 집권을 연장하는 데 필사적이었다. 그러기 위해서는 신흥 부자들의 지원이 필요했다. 당시 러시아 주재 특파원 가운데 가장 예리한 통찰력의 소유자였던 크리스티아 프릴랜드Chrystia Freeland는 다음과 같이 썼다. 개혁가들의 "집권 목적은 법을 준수하는 공정하고 공평한 시장경제를 창출하는 것이었다. 이를 달성하기 위해 그들은 세상에서 가장 추잡한 내부자 거래의 스폰서가 되었다."[5] 한 줌도 안 되는 사업가들이 소련 제국의 동력 역할을 해 왔던 유전, 광산, 공장을 나누어 가졌다. 영양실조에 걸린 재무부에 돈을 대 주고 옐친 체제를 정치적으로 지원한 대가로 그들은 알짜배기 국영기업을 관리한 다음 헐값에 사들일 수 있는 권리를 얻었다. 이러한 국영기업의 대량 매각으로 블라디미르 포타닌Vladimir Potanin, 보리스 베레좁스키Boris Berezovsky, 로만 아브라모비치Roman Abramovich를 비롯한 러시아 올리가르히가 탄생했다. 호도르콥스키와 그의 파트너들은 직원 10만 명에 유전과 정유 시설을 갖춘 유코스의 주식 3/4을 3억 5000만 달러에 사들였다. 유코스의 가치는 2년 후인 1997년에는 90억 달러, 2002년에는 120억 달러로 평가되었다.[6] 호도르콥스키는 러시아에서 가장 큰 부자가 되었다.

호도르콥스키는 유코스를 러시아에서 가장 잘나가는 기업으로 성장시켰다. 서방 석유기업 중역들의 구애가 이어졌다. 더 이상 그가 할 수 있는 일은 없어 보였다. 자신이야말로 러시아에 진정한 민주주의를 가져올 인물이라는 확신이 들자, 그는 시민사회단체들과 야당들에 자금을 지원하기 시작했다. 그렇게 함으로써 결과적으로 그는 푸틴이 올리가르히들을 복종시키기 위해 만든 규칙(돈을 지키고 싶다면 정치에 관여해서는 안 된다)을 위반하게 되었다. 2003년 10월, 호도르콥스키를 태운 제트기가 시베리아 공항에서 연료를 보급받는 동안 무장 요원들이 제트기에 올라와 그를 끌고 갔다. 그는 사기와 탈세로 기소되었다. 유코스의 회계사들은 여느 석유회사와 같은 방법으로 회계장부를 준비해 왔다. 하지만 호도르콥스키가 체포된 직후, 조세 당국은 33억 달러짜리 세금납부 고지서를 발부했다.[7]

유코스 변호팀은 토론토 법률회사를 고용했고, 한 젊은 캐나다인이 러시아 법률체계를 설계하는 데 직접 관여했다는 소문을 들었다. 그들은 피터 살라스를 회의에 초대했다. 그가 도착했을 때 회의실에는 전직 캐나다 총리를 포함하여 15명이 있었다. 피터는 모스크바의 유력한 지인이 자신에게 한 말을 전해 주었다. 그에 따르면 푸틴은 사법부에 대한 장악을 강화하는 중이라고 했다. 며칠 후 피터의 전화기가 다시 울렸다. 유코스를 위해 일하는 브롱크스 출신의 전투적인 상법 전문 변호사 밥 암스테르담Bob Amsterdam이었다.

제1부. 위기

호도르콥스키의 투옥 생활은 3년째로 접어들고 있었다. 법치 수호 캠페인을 벌이는 사람들의 입장에서 보면, 그는 그다지 마음에 드는 인물이 아니었다. 그의 신경질적인 웃음 뒤에는 무자비함이 숨어 있었다. 그는 법률적 허점과 난해한 법률용어를 이용해 경쟁자들을 곤경에 빠뜨리는 능력으로 엄청난 부를 축적했다. 그러한 전술에는 전직 관리에게 유코스의 한자리를 마련해 주는 일도 포함되었는데, 이 관리가 공무원 재직 시절 러시아 상법에 모호한 규정들을 삽입한 덕분에 법률을 이용하는 것이 가능했기 때문이다.[8] 그러나 암스테르담은 피터에게, 이 사건이 단순히 석유회사 하나를 몰수하는 것 이상의 중요한 의미를 지닌다고 말했다. "이 사건에 러시아의 법치가, 지정학적 안정이, 또 유럽의 에너지 안전이 달려 있습니다. 러시아는 여전히 핵보유국입니다. 우리 모두를 위해서도, 러시아는 법에 기반한 안정된 국가여야 합니다. 러시아가 재산과 계약을 보호하고 법치, 인권을 보장하는 것만이 모두의 이익과 부합합니다."

밥 암스테르담은 사건에 접근하는 과정에서 법률 이론을 깊이 파고들었다. 그는 끊임없이 읽었다. 하루는 거의 알려지지 않은 독일 법학자의 저서 《이중국가: 독재국가론 고찰*The Dual State: A Contribution to the Theory of Dictatorship*》 복사본을 피터에게 내밀었다. 책의 저자 에른스트 프랭켈*Ernst Fraenkel*[9]은 제1차 세계대전 때 서부전선에서 살아 돌아온 후 프랑크푸르트의 로스쿨에 진학했다. 그는 바이마르공화국 시절 노동법 변호사로 활동했으며 법이 어떤 식으로 부와 권력에 봉사하는가라는 문제에 마음을 빼앗겼다. 그는 탁월한 평론가였고, 히틀러 등장 이후에는 법치의 수호자가 되었다. 머지않아 그는 이중생활을 시작했다. 비밀리에는 그 스스로 "나치에 대한 지적 저항의 정수"[10]라 부른 일을 했으며, 공개적으로는 변호사 일을 계속했다. 나치가 유대인 변호사들에게는 활동 금지령을 내렸으나 프랭켈은 군복무 경력을 내세워 자신은 금지령 면제 대상자라고 주장했기에 가능한 일이었다.

1936년 베를린 법정에서 프랭켈은 히틀러 체제의 이중적 성격을 분명하게 인식하기 시작했다. 그는 노동조합 노동자들을 대변하여, 게슈타포Gestapo가 나치 방침에 따라 회사를 재편했다 하더라도 사내 임금 협약은 지켜져야 한다고 주장했다. 비밀경찰 측 변호사는 법정에서 "게슈타포가 요구하거나 필요하다고 여기는 행동이 있다면" 그것이 사회단체를 해산하는 것이든 아니면 이혼을 명하는 것이든 "무엇이건 간에 합법적이다"라고 주장했다. 판사는 독일의 법전에 따른다면, 노동자들의 주장이 옳다고 판단했다. 며칠 후 프랭켈은 게슈타포로부터 새로운 훈령이라며 문서 한 통을 받았다. 이윽고 법원 판결이 내려졌다. 그러나 프랭켈 고객들의 임금은 나치 체제의 주장대로 압류당했다.

다른 이들은 독일에서 도망쳤지만, 프랭켈은 남았고 "본성을 위장하는 것이 이 체제의 결정적 속성"[11]임을 밝히려고 애썼다. 베를린 중앙도서관에서 법률기록들을 조사할 때는 나치 스파이를 따돌리기 위해 온갖 관련 없는 연구서들을 요청하곤 했다.[12] 프랭켈은 자신이 생각하는 바가 "국가사회주의 통치체계를 이해하는 열쇠"라는 사실을 발견했다. "일반적으로 법을 존중하는 '규범 국가normative state'와 규범 국가가 존중하는 바로 그 법을 위반하는 '특권 국가

prerogative state'가 공존했다." 바꿔 말해 나치 독일은 단순한 전체주의 체계가 아니었다. 나치 독일은, 대개는 비즈니스 문제와 관련하여 어느 정도 법치의 냄새를 풍겼다. 그래서 그들의 자본주의 경제는 자본주의 유지에 필요한 기본적인 규칙들을 그나마 보존할 수 있었다. 그러나 특권 국가(히틀러의 정치기구)는 프랭켈이 "사법권 위에 군림하는 사법권"이라 부른 특권을 누렸다. 특권 국가는 그 자체로 법을 능가했으며, 모든 개인이나 집단에게서 언제든 내키는 대로 법의 보호를 박탈할 수 있었다.

드디어 특권 국가의 시선이 프랭켈에게 향했다. 나치 당국은 그의 은밀한 저술 활동에 시비를 걸지는 못했다. 하지만 프랭켈이 동료 유대인들을 법적으로 보호해 온 일들은 이목을 끌었다. 1938년 9월, 그는 게슈타포가 마침내 자신을 체포하러 오는 중이라는 제보 전화를 받았다.[13] 프랭켈과 아내는 도망쳤다.[14] 그로부터 6주 후 크리스탈나흐트Kristallnacht*가 자행되었다. 《이중국가》의 원고 초본은 그에게 호의적이었던 프랑스 대사관 공무원의 외교행낭에 담겨 따로 독일을 떠났다.[15] 작가와 원고는 뉴욕에서 다시 만났고 1941년 영어판으로 출간되었다. 책은 널리 사람들 입에 회자되었지만, 10년도 못 가 절판되었다. 하지만 독재자와 법의 관계를 이해하고자 하는 사람들 사이에서 그 책은 늘 추앙받아 왔다. 밥 암스테르담과 피터 살라스는 프랭켈의 저술에 마음을 빼앗겼고 무릎을 쳤다. "유레카."

---

* '수정의 밤'이라는 의미로 1938년 11월 9일 나치 대원들이 독일 전역의 수만 개에 이르는 유대인 가게를 약탈하고 250여 개 유대교 사원에 방화를 저지른 사건을 말한다. 이를 계기로 나치 대원들의 광적인 유대인 말살 정책이 시작됐다.

피터는 프랭켈이 묘사했던 이중국가가 자본주의 경제와 권위주의 정치를 결합한 포스트 소비에트 체제 속에서 부상하고 있음을 알 수 있었다. 하지만 러시아를 나치 독일과 나란히 놓는 것은 부정확한 동일시라는 사실도 인식하고 있었다. 그는 생각을 정리하며 다음과 같이 썼다. "히틀러 제3제국Third Reich 치하 특권 국가의 목표들은 유례가 없을 정도로 끔찍했다."[16] 호도르콥스키가 축출되는 과정을 지켜보며, 그는 클렙토크라트의 '합법적 효용가치'를 제대로 이해할 수 있었다. 러시아 정부는 민영화 과정에서(국가의 입장에서는 엄청나게 바가지를 쓴 거래였지만) 유죄 판결을 끌어낼 만한 소지를 발견할 수 없었다. 그는 "누군가를 응징하기 위해 그가 하지도 않은 일을 허위로 꾸며 체포해서는 안 된다. 만약 그가 뭔가 불법적인 일을 저질렀다면, 그가 저지른 그 불법적인 일로 체포되어야 한다"라고 생각했다. 하지만 푸틴 정부가 하고 있던 일은 그의 생각과는 달랐다. 피터는 호도르콥스키 사건이 대규모 정치적 탄압이라고 결론 내렸다. 또한 사건 처리 과정에서 정부가 취한 이득을 돈으로 따지면 아마 사상 최대일 거라고 추산했다.

처음에 호도르콥스키는 사기와 탈세 혐의로 유죄 판결을 받았다. 2007년에는 가석방 심사 대상자에도 올랐다. 그러나 감금은 그를 자유의 상징으로 만들었다. 그의 석방이 임박하자 푸틴은 위기감이 들었다. 따끈따끈한 새로운 죄목이 필요했다. 특권 국가가 행동에 나서야 했다.

팔다리가 껑충하게 길고 깡말랐지만 꿰뚫는 듯한 눈빛을 가진 바실리 알렉사니안Vasily Aleksanyan은 하버드대학에서 수학한 후 러시아로 돌아와 변호사 일을 하다가 마침내 호도르콥스키의 석유회사 유코스의 법률 고문이 되었다. 2006년 3월, 호도르콥스키가 감옥에 있는 상황에서 알렉사니안은 회사의 새로운 경영주로 지명되었다. 그의 임무는 푸틴 체제가 계획 중인 파산을 피하는 것이었다. 그의 임명이 공개되고 이틀이 지났을 때, 알렉사니안은 검찰청에 불려가서 유코스 일에 관여하지 말고 "멀찍이 떨어져 있으라"는 말을 들었다. 그는 이 제안을 못 들은 것으로 하겠다고 답했다. 경고를 전한 공무원은 말했다. "자진해서 감옥에 들어가겠다고 하는 사람을 보기는 이번이 처음이군."[17] 2주 후 경찰은 모스크바의 아파트에서 알렉사니안을 체포했다. 그는 러시아 정치범 수용소인 마트로스카야 티시나Matrosskaya Tishina 감옥으로 끌려갔다. 알렉사니안은 그의 전문 지식을 이용하여 유코스의 석유 프로젝트 배당금 지불을 "합법화하고" 회사 경영진의 횡령을 가능하게 해 주었다는 죄목으로 기소되었다. 변호사는 법정에서 알렉사니안이 어린 아들을 홀로 키우는 부모이자, 연로한 부모를 돌보는 유일한 자식이라며 불구속 재판을 받도록 방면되어야 한다고 주장했다. 검찰은 판사에게 알렉사니안이 도주를 계획하고 있다는 불특정 "첩보"를 입수했다고 말했다. 판사는 그의 "성격"으로 보건대 "조사에 중요하지만, 아직 담당 수사관들이 발견하지 못한 증거를 인멸하고 기물과 서류를 파괴하는 행동을 취할 수" 있기 때문에, 구속수사를 결정한다며 구금을 계속할 것을 명령했다.

밥 암스테르담은 피터 살라스에게 알렉사니안의 석방을 도우라는 임무를 맡겼다. 피터는 옐친 집권 시절 러시아 정부가 치안이라는 국가의 기본적 의무를 수행하느라 고군분투하는 모습을 지켜봐왔던 사람이다. 그가 기억하는 옐친 시절의 러시아는 "어떠한 비상 대응 시스템도 작동하지 않았다." "자동차 사고, 창문 밖으로 떨어지거나 총에 맞아 죽는 사람들이 비일비재했으며 시신은 제대로 치워지지도 않았다." 그는 일주일에 네다섯 번 거리에 널브러진 시체와 마주치곤 했었다. 권력이 부재한 것처럼 느껴졌다. 실제로 권력은 사장되어 있었다. 이제 그 억눌렸던 권력이 풀려나고 있었다.

알렉사니안은 어렸을 때 오른쪽 눈을 다쳤다. 교도소에서 그의 왼쪽 눈 시력도 나빠지기 시작했다. 교도소 의사들이 그를 진찰했을 때, 그는 겨우 볼 수 있는 상태였다. 그들은 혈액을 뽑아 피검사를 했다. 결과가 나왔다. 알렉사니안은 에이즈 양성 반응을 보였다. HIV의 공격은 맹렬했다. 하지만 검찰 명령으로 의학적 진단평가를 수행한 의사들은 알렉사니안의 건강 상태가 구금 가능하고 조사관들의 심문을 견딜 수 있을 만큼 양호하다고 결론지었다. 곧 그는 극심한 두통과 인후통에 시달렸다. 시력은 거의 남아 있지 않았다. 당장 전문의의 세심한 감독 아래 항레트로바이러스 약물 혼합제를 투여해서 HIV의 진행을 억제하고 약해진 면역체계를 보호하지 않으면 치명적인 감염을 초래할 수 있었다.

감옥에서 9개월을 보낸 후, 알렉사니안은 변호사들에게 검찰청에 불려갔다 왔다고 알렸다. 그는 검찰청에서 살라바트 카리모프 Salavat Karimov[18]라는 고위 수사관과 마주 앉았다고 말했다. 카리모프는 알렉사니안 사건과 무관했다. 카리모프의 임무는 현재 투옥되어 있는 미하일 호도르콥스키가 풀려났을 때 다시 새로운 유죄 판결을 이끌어 낼 수 있도록 증거를 찾는 것이었다. 카리모프는 알렉사니안에게 병이 위중하다고 들었다고 했다. 알렉사니안은 러시아 밖에서 치료를 받아야 할지 모르는 상태였다. 카리모프는 자신이 도움을 줄수 있으며, 알렉사니안을 책임지고 풀려나게 해 줄 수 있다고 말했다. 알렉사니안은 그저 격리실에서 몇 주 지내며 반反호도르콥스키 캠페인 지휘관의 입맛에 맞는 증언을 궁리하기만 하면 됐다. 그러고 나서 알렉사니안이 진술에 서명하면, 그 대가로 카리모프도 구금 완화 명령서에 서명하게 될 것이었다. 알렉사니안은 절대 사인할 일은 없다고 통보했다. 그는 다시 교도소로 돌아가야 했다.

알렉사니안의 면역체계가 붕괴하기 시작했다. 그가 수감된 감방 벽에서는 곰팡이로 악취가 풍겼고 박테리아가 넘쳐났다. 그는 그것들이 자신을 좀먹고 있다고 느꼈다. 검사들은 알렉사니안의 미결 구금 기간 연장 문제를 다루는 법원에 계속 청원을 넣어, 그가 풀려난다면 다른 유코스 내부자들과 공모하여 정의 실현을 망치게 될 것이라고 경고했다. 법원도 수긍했다. 알렉사니안이 구금된 지 1년이 됐을 때, 사건 담당 조사관 한 명이 그의 러시아 변호사 중 한 명에게 만약 그가 잘못을 인정하고 협력에 동의한다면 풀려날 것이라고 말했다. 그의 감방은 소름 끼치게 추웠고, 그는 늘 굶주린 상태였다. 그는 병원에 가서 항레트로바이러스 치료를 받아야 했다. 하지만 그러는 대신에 교도소 의사가 알약만 한 보따리를 들고 그의 감방을 방문했다. 거의 장님 상태였던 그는 어떤 약을 삼키라고 하는 건지 확인할 수 없었기에 투약을 거부했다. 열에 들뜬 몸은 들어왔을 때의 몸무게에서 1/10이나 빠졌다. 빈혈이 생겼고 대상포진에 걸렸으며 아구창을 앓았다. 삼키는 것도 고역이었으며, 뇌장애 징후가 나타났다. 간에 병변이 생겼고 쓸개는 염증으로 부풀어 올랐다. 안구는 점점 두개골 쪽으로 푹 꺼져 갔다. 런던 첼시 앤드 웨스트민스터 병원Chelsea and Westminster Hospital 자문의사는 알렉사니안의 변호사들이 보낸 그의 의료기록을 살펴보고 "생명이 경각에 달렸다"고 결론 내렸다. 변호사들은 검찰청에 건강상의 이유를 들어 다시 한 번 석방 신청을 했다. 한 검찰청 공무원이 동의하며 판사에게 보석 요청 동의안을 보냈다. 하지만 보석 심리에서 같은 검찰청 소속 대리인이 나서 출소에 반론을 제기했다. 판사는 용의자를 석방할지 안 할지는 수사관이 결정할 문제라고 판결했다. 수사관은 교도소 당국이 결정할 문제라고 입장을 밝혔다. 교도소 당국은 알렉사니안이 계속 투옥되어야 한다고 확정했다. 알렉사니안은 또 다른 검찰청 공무원이 자신을 방문했다며 변호사들에게 알려 왔다. 그 공무원은 호도르콥스키에게 죄를 덮어씌울 수 있는 허위 증언을 해 준다면 치료를 받게 해 주겠다고 세 번째로 제안했다.[19] 다시 한 번, 알렉사니안은 거절했다.

2008년 1월 22일, 한껏 등이 굽은 채 흔들거려 제대로 설 수조차 없던 알렉사니안은 자신의 구금 연장과 관련하여 가장 최근에 내려진 판결에 상고하기 위해 대법원에 출두했다. 감방에 연결된 화상 장치를 통해서였다. 피터 살라스는 화면을 지켜보기가 고통스러웠다. 마치 살인사건을 목격하는 기분이 들었다.

기침을 해서 미안하다고 말한 뒤, 알렉사니안은 지금은 "의사들조차 자신을 보면 경악한다"[20]고 말했다. 그는 호도르콥스키에게 거

짓으로 죄를 뒤집어씌우면 자유를 얻게 될 것이라는 제안을 받았다
고 진술했다. 대법원은 그의 상고를 기각했다. 그의 재판은 일주일
후에 시작되었다. 다음 날 그는 림프종 진단을 받았다. 이제 에이즈
가 본격적으로 발현되기 시작하면서 나타난 증상이었다. 법원은 그
가 석방되면 "사실 확인을 방해할 수 있다"고 판결했다. 석방 불가
판결에 따라, 2월 8일 에이즈 항레트로바이러스 치료와 항암 화학요
법을 시작하기 위해 마침내 민간병원에 이송되었을 때조차, 그는 침
대에 수갑으로 묶인 채였다. 경비원들은 화장실까지 따라다녔고 항
암치료 환자의 감염 보호를 위한 멸균복 착용도 무시했다. 법원은
가족이 알렉사니안을 방문해도 좋다고 했지만, 수사관들은 가족 방
문을 허락하지 않았다.[21]

런던, 파리, 베를린, 워싱턴에서 피터 살라스는 제3자 소송 참가
를 조율하는 등 알렉사니안을 구하기 위해 노력했다. 알렉사니안의
애처로운 모습을 보니 자신도 토론토가 아닌 모스크바에 태어났더
라면 같은 운명을 맞았을지도 모른다는 생각이 들었다. 피터는 이
소송이 기본적으로 법률을 논하는 소송이 아니라는 점을 인식하고
있었다. 그것은 지정학geopolitics의 문제였다. 그의 역할은, 그가 잘 알
고 있었던 것처럼 "러시아 검찰과 법원이 얼마나 타락했는지를 이
해하고 그 사실을 영어권에 알려 이 사건이 왜 중요한지를 설명하는
것"이었다.

마침내 유럽인권재판소가(러시아를 재판소의 사법관할권 아래 두는 데
합의한 사람은 옐친이었다) 알렉사니안의 무조건 방면을 명했다. 그는 감
옥을 나와 피폐해진 육신이 자신에게 허락한 몇 년을 더 살았다. 호

도르콥스키에 대한 새로운 기소와 유죄 판결은 알렉사니안 없이 진행되었다. 호도르콥스키를 비롯한 구 올리가르히 잔당은 투옥, 추방되거나 세력이 약화한 반면, 푸틴을 등에 업은 새로운 무리들이 부상했다. 정보부 장교와 푸틴의 비서관을 역임한 이고리 세친^{Igor Sechin}이 국영 석유 그룹 로스네프트^{Rosneft}의 최고경영자로 임명되어 유코스의 자산을 관리했다. 피터는 상황이 전개되는 모습을 지켜보면서, 니콜라이 바실리예비치 고골^{Nikolai Vasilevich Gogol}의 《죽은 혼^{Dead Souls}》에 나오는 한 구절이 떠올랐다. "우리 나라는 망해 가고 있다. 지금 20개국에서 파병한 외국 군대의 침략 때문이 아니라 우리 자신 때문이다. 적법한 정부의 힘이 미치지 않는 곳에서, 적법한 정부 위에 군림하는 또 하나의 정부가 만들어지고 있다. 더 강력한 정부가."[22]

실루엣

2008년 7월, 런던 치프사이드

가림막 뒤에서 실루엣이 말하기 시작했다.[1] "안녕하세요." 중부 유럽 억양이 섞인 목소리였다. "저는 진실, 모든 진실, 그리고 오직 진실만을 말할 것을 맹세합니다. 그러니 신이여 저를 도우소서."

실루엣은 고객에게 익명 계좌를 제공하는 리히텐슈타인 Liechtenstein의 한 은행에서 정보통신기술 담당자로 일했다. 고객의 신분은 실루엣이 "고급 위장술high-grade camouflage"이란 방법을 이용해 바깥세상이 모르도록 철저히 숨겨졌다. 하지만 은행가들 자신은 계좌가 누구 것인지를 기록할 필요가 있었다. 세부 사항이 기록된 고객의 서류를 색인화하는 것이 실루엣의 업무였다. 색인 작업을 위해 파일을 읽어 나가던 실루엣은 자신이 지금 부패, 금수조치embargo 회피, 탈세를 위한 방법을 목격하는 중이라는 사실을 깨달았다. 그가 상관들에게, 예를 들어, 고객과 독재자 간의 커넥션에 대해 질문할 때마다 돌아오는 대답은 항상 똑같았다. "그런 일에 신경 쓸 시간에 자네 할 일이나 똑바로 잘하게." 하지만 그는 상관 말을 따르는 대신, 은행 기록 1만 2000점을 복사했다. 실루엣이 근무하는 LGT 은행은 리히텐슈타인 왕가 소유였다. 리히텐슈타인 공국은 실루엣(당시는 아직 하인리히 키버Heinrich Kieber였지만 이제 새로운 이름을 썼다)을 일급 도망자로 지명수배했다. 그는 복사 파일을 유포하기 시작했다. 2008년 2월 14일, 독일 당국은 LGT 문서에서 확인된 탈세자들을 급습했다. 다른 수십 개 나라에서도 같은 조치가 뒤따랐다. 키버는 증인 보호 프로그램으로 보호받는 중이었으며, 안전 가옥에서 가림막을 한 채 영상으로 미국 상원 조사위원회에 출두했다.

상원 청문회 생중계를 지켜보던 나이절 윌킨스의 머릿속에 갑자기 어떤 생각이 퍼뜩 스쳐 지나갔다. 치프사이드의 BSI 지점에서 머릿속을 맴돌며 자신을 어지럽혔던 미스터리가 풀리기 시작했다.

나이절은 미시간 출신 상원의원 칼 레빈Carl Levin의 작업에 관심을 가져 왔다. 레빈은 과거 조 매카시Joe McCarthy가 공산주의자들을 사냥하기 위해 이용했던 상설 조사 분과 위원회Permanent Subcommittee on Investigation의 힘을 빌려 은행의 비밀주의를 파헤쳐 왔다. 2008년 7월, 나이절은 레빈 상원의원의 작업이 절정에 치닫는 모습을 온라인으로 지켜보고 있었다. 레빈은 온화한 태도를 보였다. 하지만 청문회장 단상에서 그는 자신의 코끝에 걸린 안경 너머로 증인들을 꿰뚫듯 응시했다. 필요한 말을 듣기 전까지는 시선을 거둘 생각이 없어 보였다. 레빈의 수사관들은 미국인들이 재산을 조세 당국으로부터 은닉하는 데 은행이 어떻게 조력해 왔는지를 하나로 꿰어맞추느라 여러 달을 보냈다. 그들은 실루엣의 사나이 키버와 허풍쟁이 뉴잉글랜드인 브래드 버켄펠드^{Brad Birkenfeld}를 인터뷰했다. 버켄펠드는 스위스 연방은행^{Union Bank of Switzerland, UBS}에서 자산 운용 전문가로 일해왔다. UBS는 총자산 1조 8000억 달러로 세계에서 가장 많은 자산을 보유한 은행이었다. 이 금액은 당시 가장 비싼 기업 가치를 자랑했던 3개 기업, 즉 중국 석유 천연가스 공사 페트로차이나^{PetroChina}, 미국 석유정유회사 엑슨모빌^{ExxonMobil}, 제너럴 일렉트릭^{General Electric}을 사고도 남는 돈이었다. 버켄펠드는 UBS의 미국 고객들을 위해 다이아몬드를 치약 튜브 속에 숨겨 운반하는 서비스까지 제공했다.[2] 버컨펠드는 옳은 일을 하고 싶다는 마음과 해고당한 뒤 복수하고 싶다는 생각에 조세 당국과 레빈의 수사관들에게 사실을 털어놓게 되었다고 했다.

레빈 상원의원은 충분한 증거를 확보한 상태였다. 하지만 그는 판사가 아니라 그저 정치인일 뿐이었다. 나이절이 청문회 생중계를 보는 동안, 황송하게도 위원회의 소환에 응해 주신 은행가들은 하나같이 미국 수정헌법 제5조가 규정한, 자신에게 불리한 진술을 강요받지 않을 권리를 들먹이며 의원들의 질문에 한껏 공손하게 답변을 거부했다. 2시간이 훌쩍 지난 시점에 위원회장이 마지막 증인을 불렀다. 취리히에서 날아 온 마크 브랜슨^{Mark Branson}은 UBS의 최고 중역이었다. 회색 양복에 수수한 넥타이 차림의 영국인인 그는 일어나서 법정 진술 선서를 했다. 그의 어조에는 자신감이 넘쳤다. 하지만 의자에 앉자 왼손으로 오른쪽 손목을 쥐더니 자기 앞에 놓인 문서들을 초조한 듯 만지작거렸다. 수정헌법 제5조를 내세우는 대신에 그는 준비해 온 진술문을 읽기 시작했다. 그는 자신이 1997년에 UBS에 입사했다고 설명하면서 다섯 달 전부터 자신의 책임하에 "전 세계 UBS 자산관리 사업부에 대한 강도 높은 감사를 벌였다"고 말했다. 그는 위원회 조사관들이 준비한 보고서를 이미 읽었다고 하면서, 다음과 같이 덧붙였다. "UBS를 대신해서, 죄송하다는 말씀을 드리고 싶습니다. 이 자리를 빌려, 저는 다시는 이러한 일이 발생하지 않도록 확실히 하는 데 필요한 조치를 저희가 취할 것임을 약속드립니다." 금융 체계에 쩍하고 금이 가는 소리가 청문회장을 가로질렀다. 세상에서 가장 돈 많은 프라이빗 뱅크가 자백하는 중이었다. 레빈의 조사관 중 한 명이 레빈에게 "와우Wow"라고 쓴 쪽지를 건넸다.[3] 브랜슨은 UBS 은행원들이 조세 당국으로부터 돈을 은닉하기 위해 유령회사를 세워 왔음을 인정했다. 현행범으로 체포된 것과 다름없는 UBS 은행은 앞으로 돈을 해외로 빼돌려 숨겨 달라고 오는 미국인들의 요청을 거부할 것이었다. 그뿐만 아니라, 브랜슨은 UBS 경영주들이 스위스 은행 업계의 가장 중요한 규정을 지키지 않는 데 동의했다고 말했다. 따라서 그들은 탈세를 자행한 미국 고객 1만 9000명의 신상정보를 미국 당국에 제공하는 일에 협력할 것이었다.

나이절은 레빈의 수사관들이 작성한 보고서의 한 페이지를 출력했다. 문서 맨 위에는 "조세피난처 은행의 비밀 보호 수법Tax Haven Bank Secrecy Tricks"이라는 제목이 적혀 있었다. 그는 속임수 목록을 자세히 살펴봤다. 사무실 전화로 고객에게 전화하지 않기, 페이퍼 컴퍼니shell company와 신용카드 이용하기, 우편물은 고객의 자택이 아닌 은행에서 수령하도록 조치하기 등 모든 속임수가 BSI에서 이미 일상적으로 사용하는 방법이었다. 나이절은 공책에 다음과 같이 썼다. "이 조직적인 방법들은 당국으로부터 소유주를 은폐하기 위해 사용된다. 또한 범죄 수익을 은닉할 수 있도록 정교하게 설계된다." 현행 법체계 아래서 이 모든 일에 가장 큰 책임을 져야 할 사람은 바로 나이절 윌킨스였다. 특별 감사 책임자로서, 그는 자금세탁 의심 정황이 포착되면 어떤 경우라도 보고해야 할 의무가 있었다. 그것이 그가 고용된 이유였다. 만약 그렇게 하지 않으면 고발될 수도 있었다.

레빈의 청문회 직전, UBS 은행원 버켄펠드는 스위스에서 비행기로 밤새 날아와 보스턴에 착륙하자마자 체포되었다. 미국 검찰은 버켄펠드가 억만장자들의 재산을 은닉하는 과정에서 그 자신이 한 일을 제대로 밝히지 않았다고 판단했다.[4] 버켄펠드는 어떤 일이 생길지 감이 왔었다.[5] 마침 비행하는 중에 비즈니스 클래스 좌석에 파묻혀 독주를 마시며 해리슨 포드가 나오는 〈도망자The Fugitive〉를 보고 난 뒤였다. 스위스 은행업계 종사자들은 그의 체포로 겁을 집어먹었다. 칼 레빈은 금융 비밀주의를 러시아 인형 마트료시카Matryoshka에 비유하곤 했다. "껍질을 까면 또 껍질이 나오고, 그걸 까면 또 다른 껍질이 나온다. (……) 법적 절차만 가지고는 끝까지 파고들어가는 것이 불가능하다."[6] 지금 그 법이 은행가들과 그들의 고객을 포위하고 있었다.

미스터 빌리

• Mr. Billy •

2008년 9월, 짐바브웨 하라레

06

2008년 9월 15일, 구제 협상 무산과 은행 만기 도래로 리먼 브라더스$^{Lehman\ Brothers}$는 결국 파산했다. 같은 날 사샤 마슈케비치는 소더비 경매장에서 데미안 허스트$^{Damien\ Hirst}$[1]의 작품 6점을 2200만 달러에 샀고, 로버트 무가베$^{Robert\ Mugabe}$는 짐바브웨 국민 앞에서 집권 연장을 가능하게 할 거래에 서명했다. 무가베가 이언 스미스$^{Ian\ Smith}$의 백인우월주의적 로디지아^{Rhodesia}*를 물리친 게 벌써 28년도 더 전의 일이었다. 이 짐바브웨 해방 영웅에게, 오늘 짐바브웨 수도 하라레

---

* 로디지아는 1965년 영국에서 독립하며 생겨났으나 1979년 로버트 무가베에게 권력을 이양하며 역사에서 사라졌다. 냉전 당시 남아프리카공화국과 마찬가지로 국민 다수인 아프리카 흑인을 차별/배제하며 소수의 유럽계 백인들이 정치 권력을 쥐었던 국가로 악명이 높았다. 이언 스미스는 총리 재임 시절 "로디지아를 만든 것은 백인이고, 로디지아의 주인은 백인이며, 백인이 계속해서 로디지아를 지배해야 한다"고 표명하기도 했다. 지금도 로디지아는 백인우월주의자들 사이에서 백인우월주의의 상징이자 백인우월주의자들의 이상향처럼 여겨진다.

제1부. 위기

Harare의 레인보우 타워스 호텔에서 펼쳐진 장면은 그의 위엄을 손상시킬 만한 것이었다. 그럼에도 거대한 몸집의 노동조합주의자 모건 창기라이Morgan Tsvangirai와 악수할 때는 억지로나마 미소를 지었다. 여당을 배신하고 야당 대선 주자인 창기라이에게 표를 던질 것으로 의심되는 사람들을 무가베의 공작원들이 그렇게 무자비하게 처리하지 않았더라면, 어쩌면 창기라이는 몇 달 전 치러진 대통령 선거에서 승리했을지도 모른다. 창기라이는 그와 무가베가 협력해서 집권하는 권력 분담 정부power-sharing government 구성에 동의했다. 카메라 플래시가 터질 때 창기라이는 자신이 함정에 빠졌다는 것은 꿈에도 모르는 듯 즐거워 보였다. 외국의 정치인들이 협상을 중재했기에, 무가베는 선거 도둑질을 정당화할 수 있었다. 도둑들은 돈을 훔치기 위해 권력을 이용했고, 그런 다음 그 돈을 이용해서 더 큰 권력을 훔쳤다. 아무나 흉내 낼 수 없는 대가의 솜씨였다.

부유한 로디지아인의 아들로 자라나 예측 불가능하고 통제 불가능하며 성미 급한 빌리 라우텐바흐Billy Rautenbach2의 주된 소일거리는 자동차경주였다. 아버지 베슬스 라우텐바흐Wessels Rautenbach는 스미스 체제에 가해진 엄격한 경제봉쇄에도 불구하고 화물수송 업체를 유지해 왔다. 1980년에 시대가 변했고, 시대와 함께 베슬스도 변했다. 이 백인 운송업자는 에머슨 음낭가과Emmerson Mnangagwa3가 로디지아의 붕괴를 선동한다며 스미스 정부로부터 괴롭힘을 당하던 시절부터 그와 친구였다.4 음낭가과는 크로커다일Crocodile이라 불렸다. 그를 염탐했던 한 스파이는 "그는 크기를 가늠해서 먹을지 말지를 결정한다"고 결론내렸다. 크로커다일은 안보부 장관 시절 무가베를 도와 마타벨렐란드^{Matabeleland}에서 민간인 학살을 자행했다.⁵ 살해 당한 수천 명 중에는, 무덤을 둘러싼 총부리 앞에서 무가베를 찬양 하는 구호를 외치고 춤을 추는 친인척들의 인사를 받으며 영면에 들 어야 했던 경우도 있었다. 그래서인지 크로커다일은 무가베 정권에 서 여러 다른 직책을 돌아가며 맡으면서도 대중과 접촉하는 일은 결 코 하려 하지 않았다. 총선에서 감히 그를 꺾고 국회의원으로 당선 된 야당 정치인이 그나마 목숨을 보전할 수 있었던 이유는, 애송이 살인청부업자들이 기름을 붓고 막 불을 붙이려던 찰나 성냥이 켜지 지 않았기 때문이다.⁶ 그러거나 말거나 상관없었다. 크로커다일은 돈을 벌어들이는 일이야말로 자신이 계속해야 할 진정한 자신의 역 할임을 잘 알고 있었다. 그는 베슬스 라우텐바흐의 아들 빌리가 장 차 매우 민감한 임무를 맡길 수 있는 재목임을 알아보았다.

짐바브웨에는 백금, 금, 다이아몬드를 비롯한 많은 금은보화가 두꺼운 층을 이루며 매장되어 있었다. 북쪽의 콩고에는 더 많은 양 이 매장되어 있었다. 모부투 세세 세코^{Mobutu Sese Seko}⁷는 1965년 CIA 의 도움으로 콩고의 권력을 장악한 이래로 이 많은 부에 대한 접근 권을 통제해 왔다. 하지만 서유럽 규모의 땅덩어리(이 유명무실한 국가 는 얼마 전까지만 해도 벨기에의 식민 지배와 약탈로 신음했다)에서 생겨나는 부만으로는 모부투의 갈망을 만족시킬 수 없었다. 모부투 관저에 서 매년 1만 병의 샴페인이 소비될 때, 같은 열대 우림에 사는 운 나 쁜 콩고인들은 굶주림과 에볼라 바이러스를 감내해야 했다. 그러나 이제 냉전^{Cold War}이 끝나면서 열전^{hot wars}이 시작되고 있었다. 이제 껏 독재자들은 자본주의든 공산주의든 이데올로기적 충성 서약만

하면, 설령 대중에게서 저항의 목소리가 터져 나오더라도, 초강대국의 지원 아래 마음껏 편안하게 약탈할 수 있는 자유를 누려 왔다. 하지만 더 이상은 아니었다. 페르디난드 마르코스Ferdinand Marcos는 미국을 지원하기 위해 베트남에 필리핀 군대를 파병했다. 하지만 1986년 필리핀 민중이 봉기했을 때, 서방은 구원의 손길을 내밀지 않았다. 마르코스는 두 대의 비행기에 실을 수 있는 물건들만 챙기고 서둘러 탈출해야 했다. 의류걸이대 67개를 가득 메운 옷, 70쌍의 보석 커프스단추, 은도금 상아 아기예수상, 막 찍어 낸 수백만 필리핀 페소의 개인 자금, 24개의 금괴가 전부였다.[8] 미국의 뒷마당에서 헨리 키신저Henry Kissinger의 가신 노릇을 하던 아우구스토 피노체트Augusto Pinochet는 수십 년 동안 칠레를 태평양에서 밀어닥치는 적조의 방패막이로 만들어 왔다. 그는 누구보다 위험한 좌파 인사 살바도르 아옌데Salvador Allende가 대통령으로 당선되자 아옌데 정부를 전복시켰다. 피노체트에게 위험인물로 찍힌 칠레인들은 산티아고 외곽의 문화센터를 개조한 건물에 보내졌다. 그곳에서 그들은 발가벗겨져 "석쇠the grill"라 불리던 침대 스프링으로 만든 기구에 가죽끈으로 붙들어 매인 다음 대부분 "실종됐다." 하지만 피노체트가 국민투표로 실각했을 때 워싱턴에서 나온 것은 그가 도둑질한 재산을 은닉하는 데 미국의 은행을 이용해 왔다는 뉴스뿐이었다.[9] 콩고의 모부투 역시 역겨울 정도로 비슷하게 버려졌다. 반군이 진격해 오자 미국은 그에게 떠나라고 말했다. 으레 타던 콩코드기를 빌려 올 시간도 없었다. 망명길에 오르는 그에게 주어진 것은 화물 수송기 한 대가 전부였다.

모부투의 몰락은 크로커다일 같은 야심 찬 클렙토크라트에게는 한 세대에 한 번 있을까 말까 한 기회가 되었다. 콩고의 새 주인은 퉁퉁하게 살찐 권위주의자 로랑 카빌라Laurent Kabila였다. 그는 과거 반란군 시절 동지였던 체 게바라Che Guevara에게 "혁명적 진정성도, 행동을 이끌어 줄 사상도, 또한 희생정신도"10 부족하다는 평가를 들었다. 모부투를 권좌에서 끌어내리기 전부터 카빌라는 회사를 설립해 뒀고 이를 통해 국가의 재산을 자신과 측근의 호주머니로 이전했다. 한 변호사가 이러한 방식의 적법성에 대해 질문하자 카빌라는 대답했다. "당신이 말하고 있는 이 법으로 말할 것 같으면, 그걸 만든 사람이 곧 법이라오. 아니요?"

곧 카빌라는 자신의 부로는 감당할 수 없을 정도로 큰돈이 필요하게 되었다. 과거 자신의 지지자였던 르완다와의 동맹관계가 깨지면서 르완다가 침략해 왔고 이로써 수백만의 목숨을 앗아가게 될 5년간의 전쟁이 시작되었다. 카빌라는 짐바브웨를 비롯한 다른 동맹국의 도움이 필요했다. 그러나 동맹국들은 이전에 카빌라가 모부투 정권을 와해시킬 때 진 빚을 갚지 않는 이상 다시 도움을 줄 생각이 없었다. 그래서 카빌라도, 구소비에트연방의 통치자들이 그들의 지위를 이용해 현금을 만들었던 방법을 그대로 따라 할 수밖에 없었다. 카빌라는 조국의 천연자원을 팔아 치우는 일에 나섰다.

무가베가 카빌라에게 짐바브웨 군대를 보내주겠다고 약속한 날, 콩고 국영 광산회사의 새로운 사장이 지명되었다. 카빌라는 얼마 지나지 않아 그를 간단히 '미스터 빌리Mr. Billy'11라고 부르기 시작했다. 그들은 일을 두 가지 방식으로 처리했다. 우선 구리와 코발트를 판매하고 나온 수익의 일부는 파병의 대가로 짐바브웨 정부에게 보냈다.[12] 그와 동시에 빌리 라우텐바흐가 매달 한 번에 200만 달러 이상을 크로커다일에게 보내면, 크로커다일은 무가베가 공로가 있다고 인정하는 짐바브웨 친체제 인사들에게 그 돈을 나누어주는 식이었다. 카빌라의 수족들도 각자의 몫을 받았다. 라우텐바흐 자신도 한몫 챙겼는데, 콩고 당국은 그를 사장으로 지명하기 직전에 광물자원으로 넘쳐나는 방대한 지역의 채굴권을 그의 개인 소유 회사에 넘겨주었다.

라우텐바흐는 성미가 급해서 걸핏하면 화를 냈다. 하지만 자기 구미에 맞으면 상냥할 수 있는 사람이었다. "그는 말을 적절하게 할 줄 안다." 한 친구는 말했다. "그는 사람들의 마음을 읽을 줄 알고, 사람들과 소통하는 법을 안다. 그는 어떤 수준에건 자신을 맞출 줄 아는 사람이다. 국경수비대를 다루건 대통령을 상대하건 간에 그는 환심을 사는 법을 알고 있다." 처음에 그의 고용주들은 만족했다. 콩고의 구리 산출지대 아래 매장된 광물들을(지구상에 있는 구리는 전기를 나르는 전선을 만드는 데 필요하고, 코발트는 전기를 저장하는 배터리를 만드는 데 필요하다) 추출하는 일은 고도의 전문 기술을 요했다. 라우텐바흐로서는 절대 갖고 있지 못한 전문적 노하우였다. 당분간은 광부들에게 지표 가까이에 묻혀 있어 접근하기 쉬운 광물들을 캐게 한 다음, 구리는 스위스에 몸을 숨기고 경제제재 대상국과 불공정거래를 주도하는 무역업자 마크 리치^{Marc Rich}에게, 코발트는 리치가 설립한 종합상사 글렌코어에 판매했다. 여기서 얻은 판매 수익으로 미스터 빌리는 자신의 전쟁을 치르느라 매주 더 많은 돈을 요구했던 카빌라를 만족시킬 수 있었다. 하지만 일단 모두에게 돈을 주고 나면 더 깊은 지층을 채굴하는 데 투자할 돈이 한 푼도 남지 않았다. 2000년 들어 생산량이 감소하자 채권자들이 선적 화물을 압류했다. 2000년 5월, 카빌라는 라우텐바흐를 해고했다.

빌리 라우텐바흐도 이제 끝난 것처럼 보였다. 부정한 돈의 진정한 가치는 액수로 측정되지 않는다는 사실을 몰랐다면 그는 정말 끝났을지도 모른다. 하지만 부정한 돈의 진짜 가치는 이름에 있었다. 부정한 돈이 타락시킨 사람들의 이름을 아는 것 말이다.

2000년 7월 카빌라가 자신을 따돌린 지 4개월이 지난 어느 날, 라우텐바흐는 카빌라와 무가베의 최고위급 정부 인사들 몇몇이 짐바브웨의 엘리펀트 힐스Elephant Hills 호텔에서 회합을 가질 예정이라는 소문을 입수했다.[13] 다채로운 연못과 야자수를 보며 룸서비스를 받을 수 있는 엘리펀트 힐스 호텔은 잠베지강Zambezi River이 빅토리아 폭포Victoria Falls의 품속으로 빨려 들어가는 바로 그 지점에 위치했다. 라우텐바흐는 도착해서 임무에 착수했다. 콩고 채광 게임에서 자신의 위치를 되찾기 위한 로비를 할 생각이었다. 하지만 말을 채 시작도 해 보기 전에 불려가 짐바브웨 중앙정보기관의 수장 니컬러스 고시Nicholas Goche를 만나게 되었다. 그는 라우텐바흐에게 말했다. 우리는 당신이 무슨 일을 꾸미고 있는지 알고 있다. 우리는 당신이 브루스 주얼스Bruce Jewels를 죽이겠다고 협박했다는 사실을 알고 있다.

브루스 주얼스는 은행가로 아프리카 대륙에서 HSBC 은행과 가장 긴밀한 관계를 맺고 있는 사람 중 하나였다. 모부투에서 카빌라로 정권교체가 일어났을 때 HSBC 은행의 이권을 수호했던 사람도 바로 그였다. 그의 수하이자 구리 산출지대 출신의 예리한 감각의 소유자 오귀스탱 카툼바 므완케Augustin Katumba Mwanke14는 탄광지역에서 누가 무엇을 얻을 것인가를 결정하는 데 영향력을 행사하기 시작한 신흥 파벌의 일원으로 카빌라 체제에서 급부상하고 있었다. 라우텐바흐가 주얼스를 죽이고 싶어 한다는 소문이 이미 주얼스의 상관의 귀에까지 들어간 상황이었다. 은행은 사설탐정을 고용했다. 캡틴 피그Captain Pig로 알려진 이 탐욕스러운 전직 영국군 장교는 남아프리카 공화국의 비밀공작원들과 친분이 있었다. 그는 주얼스가 받고 있는 살해 협박에 대해 정보기관 수장 니컬러스 고시를 비롯하여 무가베 체제의 고위급 지인들과 의견을 나눴다. 그러던 차에 고시는 엘리펀트 힐스 호텔에서 라우텐바흐와 마주했고 짐바브웨 정부가 이런 종류의 일이 일어나는 걸 좋아하지 않는다고 설명했다. 무엇보다 라우텐바흐가 크로커다일과 친밀한 관계이기 때문에 크로커다일의 이름이 연루될 수도 있는 상황이었다. 라우텐바흐는 항의하며 결백을 주장했다. 그렇다. 그는 브루스 주얼스를 결코 좋게 생각하지 않았다. 하지만 그러한 반목은 주얼스 자신의 탓이었다. 주얼스는 라우텐바흐의 명성에 흠집을 내서 콩고로부터 쫓아내려는 음모를 꾸미고 있었다. 게다가 남아프리카공화국에서 이미 그렇게 많은 문제를 일으킨 라우텐바흐가 왜 또 은행가를 살인 청부하는 일을 벌이려 하겠는가?15 그의 남아프리카공화국 현대 프랜차이즈Hyundai franchise 사업은 빚더미에 올라 있었고 경제범죄 수사대는 요하네스버그에 있는 그의 저택을 급습하여 트럭 3대 분량의 자료를 압수했다. 그들은 사기, 절도, 부패 행위로 그를 기소할 준비를 하고 있었다.[16] 수도 프리토리아^{Pretoria}의 한 검사는 라우텐바흐가 한국인 라이벌을 살해하는 데 관여했다고 주장했다. 또한 남아프리카공화국 정보부는 그를 국내 조직범죄 용의자 톱 20 명단에 올려둔 상태였다. 라우텐바흐는 언론에 이 모두가 "마녀사냥"이라고 말했지만, 고시는 꿈쩍도 하지 않았다. 그는 가차 없이 다음과 같이 직설적으로 경고를 날렸다. 조심하고 자중하라. 그러지 않으면 끔찍한 대가를 치르게 될 것이다.

라우텐바흐는 위협을 감지했다. 그래서 자신도 위협할 수 있음을 상기시켰다. 그는 광산채굴권을 대가로 자신이 카빌라에게 개인적으로 얼마나 많은 돈을 상납했는지를 보여 주는 문서 증거를 가지고 있었으며, 이 사실을 콩고 국민에게 공개할 수도 있었다. 그가 무가베의 비호 아래 부자로 만든 크로커다일과 기타 인사들에게도 마찬가지 위협을 가했다. 한 장관의 말에 따르면 "그들이 얼마나 챙겼는지 전부 실토할 수 있었다."

그 후 몇 년 동안 여러 외국 법원과 국제재판소에서 라우텐바흐는 자신의 콩고 광산채굴권 청구를 주장하며 잃어버린 것의 일부라도 돌려달라고 했다. 짐바브웨는 그에게 안전하게 숨을 수 있는 회피처를 계속 제공했다. 무가베가 백인 농장 몰수를 명했을 때조차 그의 사업은 번창했다. 서방 열강이 무가베와 측근들에게 제재를 가하자, 그들은 정작 경제를 게걸스럽게 먹어 치우고 있는 주범은 자신들임에도 제재 탓에 짐바브웨가 점점 더 비참해지고 있다고 비난했다. 중앙은행이 아무리 화폐개혁을 통해 0을 몇 개씩 없애도 짐바

브웨 달러 가치는 계속 하락했다.* 농업 생산량이 감소하며 식량이
부족해졌고, 수백만이 짐바브웨를 떠났다.

　2008년 3월 29일 대통령 선거에서, 짐바브웨 국민은 1980년 무
가베가 권력을 장악한 이후 치러진 그 어떤 선거와도 다른 선택을
했다. 무가베는 이번 선거에서 승리를 확신하지 못했다. 그에게는
여전히 열성적인 지지자들이 있었지만, 집권 초반 그가 보여 줬던
긍지와 희망은 부패할 대로 부패했다. 그런 그에게 나머지 국민 대
다수가 복종했던 이유는 무가베 자신이 "폭력 학위degrees in violence"를
딴 것과 진배없으며 지금은 폭력의 달인이라고 떠벌리며 자행했던
잔학 행위 때문이었다. 하지만 새로운 저항의 분위기가 생겨나는 걸
억누를 수는 없었다. 짐바브웨 유권자들은 야당 대통령 후보 모건
창기라이에게 수백만 표를 던졌다. 투표가 끝났다. 하지만 결과는
나오지 않았다. 창기라이는 야당이 집계한 바에 따르면 자신이 승리
했다고 말했다. 그래도 여전히 결과는 나오지 않았다. 한 달이 지났
다. 그때 선거관리 당국은 창기라이가 실제로 가장 많은 표를 얻었
지만, 짐바브웨 선거 규칙이 정하는 필요 과반에 미치지 못하므로
무가베와 결선투표를 해야 한다고 공표했다.

　아프리카 선거에서(돈에 관한 한, 다른 어느 곳의 선거에서도 그렇지만) 1억
달러는 역사의 흐름을 바꿀 액수다. 그리고 아무리 가장 어려운 시

---

*　짐바브웨는 세 차례 화폐개혁(redenomination)을 단행했다. 2006년 8월에 중앙은행은 기존
　에 유통 중인 짐바브웨 달러에서 0을 세 개 지워 새 지폐를 발행한 데 이어 2008년 7월에
　0을 열 개 지워 또 다른 지폐를 발행했고, 2009년 2월에 0을 열두 개 지운 새로운 지폐를
　발행했다. 그 결과, 3년 사이에 세 차례에 걸쳐 원래의 화폐가치는 $10^3 \times 10^{10} \times 10^{12} = 10^{25}$배
　만큼 절하되었다.

기에 처했더라도, 영국 제국주의자들의 두통거리 무가베에게는 구해 달라고 의지할 데가 있었다. 바로 런던이었다.

헤지펀드들의 활동 무대인 런던 고급주택지 메이페어Mayfair에서 두 명의 투자가가 아프리카대륙에 흑심을 품고 기회를 노리고 있었다. 한 명은 호주인, 다른 한 명은 미국인이었다. 짐바브웨 대통령 선거 2주 전인 2008년 3월 16일, 이 호주인은 자신들의 계획을 추진할 준비를 시작했다. 이틀 전 베어 스턴스Bear Stearns 은행이 파산했다. 월스트리트의 증권 중개인들은 대부분 큰 충격을 받았다. 하지만 같은 상황에서 반야 바로스Vanja Baros는 넘치는 가능성을 보았다. 그는 자신의 상관 마이클 코언Michael L. Cohen에게 최신 상황에 대해 이메일을 보냈다. 코언은 메이페어의 촉망받는 기린아였다. 뉴욕 슈퍼스타 금융업자 대니얼 오크Daniel Och가 그를 런던으로 보냈을 때, 그는 서른도 안 됐었다.[17] 최근 코언은 벤틀리 자동차에 더해, 한때 웰링턴 공작 소유였던 햄프셔의 시골 사유지를(나이절 윌킨스의 아버지는 이 사유지 인근의 마을 예배당으로 설교하러 다니곤 했다) 2800만 달러에 사들임으로써 진짜 영국인의 모습에 한 발 더 다가갔다. 코언은 모든 헤지펀드 매니저가 추구하는 목표를 쫓았다. 그래서 전통적인 투자법으로 벌 수 있는 것보다 더 빨리 더 많은 돈을 벌 기회를 잡으려고 했다. 이 목표를 달성하기 위해 바로스는 아프리카 출장용 가방을 꾸렸다. 그는 코언에게 이메일을 보내 "이틀 정도 정글 깊숙이 프런트데스크도 없는 곳에 있을 거라서" 아프리카로 출발하기 전에 대화를 나눠야 할 것 같다는 말을 전했다.[18]

돈의 증식에 가속도를 붙이기 위해서는 다른 사람들보다 권력에 더 가까이 접근할 수 있어야 했다. 런던에 넘쳐나는 투자가들은 권력에 어떻게 접근해야 하는지를 알고 있었다. 그뿐만 아니라 마치 지질구조 변동으로 뒤틀린 지층 사이에서 광석층이 노출되듯, 권력이 갑자기 부상하는 곳을 어떻게 탐지해야 하는지도 잘 알고 있었다. 물론 땅이 한 번 흔들렸던 곳은 다시 흔들릴 수 있었다. 빌 브라우더Bill Browder만 봐도 알 수 있다. 그는 상트페테르부르크가 푸틴의 세력권이던 시절, 그곳에서 엄청난 돈을 벌었지만 2007년에 쫓겨났다. 아프리카의 상황도 언제든 틀어질 수 있었다. 하지만 아프리카는 세 배나 더 유혹적이었다. 첫째, 투자가들은 아프리카에서 권력을 유지하는 법을 알고 있었다. 아프리카는 31년간 통치하는 것이 완벽하게 가능한 곳이었다. 둘째, 더위와 열병, 곳곳에 구덩이가 패인 도로와 곤두박질치는 비행기, 뒤죽박죽 뒤섞인 언어들, 주술용 주물juju과 돈 없는 대중을 하찮게 여기는 풍토, 이 모든 것이 불법 선거 감시를 원천적으로 불가능하게 했다. 셋째, 세계 경제의 다른 지역들이 하강하며 죽어 가는 동안 원자재를 공급하는 아프리카의 역할은 활기를 띠고 있었다. 중국의 경제 규모는 8년마다 두 배로 증가하는 중이었고, 중국 인접국들의 경제 역시 확장일로에 있었다. 원자재에 대한 수요가 이처럼 엄청나게 일었던 적은 없었다. 전선을 만들기 위해서는 구리가, 무장하기 위해서는 쇠가, 불을 지피기 위해서는 석탄이, 원자를 분열시키기 위해서는 우라늄이 필요했다. 소비에트 제국의 자원은 90년대에 불하拂下 청구가 끝났고, 오스트레일리아와 아메리카대륙의 금은보화는 완전히 묶인 상태였다. 하지만 아프리카가 있었다. 아프리카에서는 오늘 임자가 있는 것도 내일이면 손에 넣을 수 있었다.

　짐바브웨에서 바로스는 로디지아 경찰의 아들 앤드루 그로브스
Andrew Groves를 만났다. 그로브스는 크리켓선수 생활을 은퇴한 영국
인 동업자 필 에드먼즈Phil Edmonds와 함께 런던의 투자자들로부터 돈
을 마련하여 아프리카 채광 현장을 수년 동안 탐색하고 다녔다. 그
들이 가장 최근에 벌인 일은 센트럴 아프리칸 마이닝 앤드 익스플로
레이션Central African Mining & Exploration, 줄여서 카멕Camec을 설립한 것이
었다. 회사에는 바로스도 익히 잘 아는 짐바브웨인 주주, 빌리 라우
텐바흐도 참여했다.[19] 라우텐바흐는 콩고 광산채굴권의 일부를 양
도하는 대가로 카멕의 지분을 받았다. 코언과 바로스는 오크-지프
Och-Ziff 헤지펀드의 수백만 달러 중 상당액을 이미 카멕에 투자한 상
태였다. 바로스가 짐바브웨를 다녀온 뒤에는 얼마를 더 투자해서 총
투자액이 1억 5000만 달러에 달했다. 그들이 그 돈으로 회사를 설립
했다면 그렇게까지 열광하지는 않았을지도 모른다.[20]

　빌리 라우텐바흐는 최신 작전에 돌입했다. 작전 계획은 무가베
의 사람들과 함께 거대 광산기업 앵글로 아메리칸Anglo American에게
최상급 백금 채굴권을 양도하라고 압력을 행사하는 것에서 시작됐
다.[21] 진행 중인 외국기업 '현지화indigenisation' 정책에도 부합하는 일
처럼 보였다. 현지화 정책의 공식 목적은 수 세기 동안 식민주의자
들이 강탈해 오던 광물자원을 일부나마 평범한 짐바브웨 국민에게
되돌려 주자는 것이었다. 앵글로 아메리칸의 경우, 회사가 채굴권을
반환한 뒤에 배상받도록 선정된 평범한 짐바브웨인은 바로 빌리 라
우텐바흐 자신이었다.[22] 광산을 받고 라우텐바흐는 무가베 정부에

게 융자 형식으로 1억 달러를 제공하기로 약속했다. 하지만 라우텐바흐는 직접 돈을 내놓을 생각이 없었다. 4월 11일 짐바브웨 국민이 선거 결과가 나오기를 기다리는 동안, 카멕은 라우텐바흐로부터 백금 광산을 사들였고 무가베 체제에 1억 달러 이상을 지불했다. 5월 2일, 선거관리위원회는 대통령 선거가 결선투표로 가게 되었다고 발표했다. 투자가들은 거래를 마무리 지었고, 무가베는 활동 자금을 마련했다.

결선투표가 발표되고 여러 주 동안 무가베의 정치깡패들은 일명 마카브호테라파피Makavhoterapapi(어디에 투표했습니까?) 작전을 수행했다. 모건 창기라이에게 표를 던졌던 사람들은 잡혀가 처벌을 받았다 (깡패들은 자신들에게 명단이 있다고 말했다). "탓할 거면, 야당에 투표한 당신 자신을 탓해라."[23] 한 활동가를 무참히 구타하고 그의 동생을 때려죽이고 나서 깡패단이 남긴 말이다. "그것 때문에 당신이 지금 이 모든 고초를 당하고 있는 거다. 결선투표장에 가면 이제 어디에 투표해야 하는지 잘 알게 되었을 거다." 백 명 이상이 살해당했고 수천 명이 불법으로 구금되어 고문받았다.[24] 결선투표 5일 전, 창기라이는 "선거 과정에 폭력적이고 불법적인 협잡이 판을 치고 있다"며 사퇴를 선언했다. 6월 29일, 예식용 군복을 입고 노란 베레모를 쓴 무가베는 군대에 둘러싸여 새로운 임기를 시작했다. 국외는 분노로 들끓었고 국내는 혼돈에 빠졌다. 무가베는 남아프리카공화국 대통령 타보 음베키Thabo Mbeki의 주선으로 야당과의 평화회담을 수용했다. 회담은 거의 3개월에 걸쳐 진행됐다. 마침내 9월 중순 무가베는 거래를 성사시켜 자신의 집권을 보장받을 수 있었다. 다음 대통령 선거가 치러질 때까지 창기라이를 총리로 지명해야 한다는 것이 조건이었다.

빌리 라우텐바흐는 자신의 가치를 다시 한 번 입증했다. 이제는 투자금을 회수할 때였다. 런던은 최적의 장소였다. 런던의 환전소bureau de change야말로 권력을 돈으로 바꿀 수 있는 최고의 장소였기 때문이다. 마침 운 좋게도 부유한 3인의 신사가 런던에 도착해서 그들의 지평을 확대할 방안을 모색하는 중이었다.

폐쇄

Shutdown

2008년 9월, 런던 치프사이드

07

리먼 브라더스 은행이 파산한 그다음 주 수요일(새 시대의 첫 번째 수요일이었다), 나이절 윌킨스의 상관은 그를 해고했다. 놀랍지는 않았다. 전 세계 거의 모든 곳의 은행이 가능한 모든 인원을 해고하고 있었고, 이는 단순한 일이 아니었다. 이미 6월에 BSI 스위스 본사로부터 런던 지점이 조만간 문을 닫게 될 것이라는 편지를 받은 뒤로[1], 나이절은 곧 해고통지가 있을 거라는 사실을 알고 있었다. BSI 경영관 리부는 나이절에게 해고를 수용하는 대가로 연봉의 약 1/4에 해당하는 3만 달러를 제안했다.[2] 계약서에 따라 사측이 반드시 지불해야 하는 액수보다 훨씬 많은 금액이었다. 하지만 그가 누군가. 나이절 아닌가. 그는 조용히 떠나 줄 생각이 없었다. 자신의 동료들이 레빈 상원의원이 적시한 고객 비밀 보호 수법들의 상당수를 활용하고 있다는 사실을 알게 된 후에, 그는 상관에게 "스위스 은행들에 대한 감사에 결함이 있다는 것"이 마음에 걸린다는 이메일을 보냈다. 따라서 그는 "BSI 역시 관련 당국에 발각될 것임에 틀림없다는 잠정적 결론"에 도달했으며 "작금의 상황에 비추어 보건대, 해고라는 직접적 위협으로부터 자유로워야 자신이 이 문제들을 원활하게 처리할 수 있다"[3]고 덧붙였다.

나이절은 루가노의 BSI 경영진이 위기 이후 강화된 시티의 관리 감독 때문에 영국에서 은행을 철수시키고 싶어 한다고 확신했다.[4] 그는 BSI 런던 지점이 "고위험" 고객의 현금 출처를 불충분하게 조사하고 있는 것과 관련하여 영국 재정청으로부터 이미 비공식 경고[5]를 받은 적이 있다는 사실을 알고 있었다. 그러한 경고는 2004년 나이절이 은행에 합류하기 전에 있었다. 9월 11일에 그는 다시 한 번 상관들에게 이메일을 보냈다. 이번 메일에는 "노던록 사태와 신용 경색의 여파로 시티를 감독하는 기관은 금융사들을 보다 주의 깊게 관찰할 수밖에 없을"[6] 테지만, 자신이 바로 이 감독기관에서 근무한 경험이 있으니 직위를 유지하게 해 달라고 제안했다. 하지만 보람도 없이, 리먼 브라더스가 파산한 주말이 지나자 나이절의 상관은 그의 해고가 기정사실이며 BSI의 다른 어떤 곳에도 그가 할 일은 없다고 답변해 왔다. 그의 마지막 출근까지는 앞으로 2주가 남은 셈이었다.

나이절은 여전히 포기하지 않았다. 그는 BSI 런던 고객 대부분이 UBS 스캔들에서 밝혀진 것과 같은 수법(페이퍼 컴퍼니를 만들어서 행적을 지우는 방법)을 사용하고 있다고 설명했다. 이는 심각한 일이었다. 불법행위가 발각되었을 때 기업이 처벌받는 모습을 보는 데 익숙한 업계라 하더라도, 감옥에 가는 것은 실제 사람들(현실의 인간 은행가)이다. 따라서 브래드 버켄펠드가 감옥에 가는 마지막 은행원은 아닐 거라고 생각하는 것이 합리적이었다. 런던 지점의 BSI 은행원들은, 표면적으로는 계좌들을 BSI의 다른 해외 지점들로 몇 주 전에 옮긴 것으로 되어 있었지만, 여전히 고객의 지시를 처리하고 있었다.[7] 나이절의 스위스 상관들은 그가 의심쩍어 하는 "고객 중 누구에게도 혐의를 둘 만한 합리적 근거"가 없다고 말했다. 마지막으로 사무실을 나와서 치프사이드 대로를 따라 집으로 향했을 때조차 그는 포기하기를 거부했다. 그는 누군가에게 보내는 이메일에 다음과 같이 썼다. "화요일에 느닷없이 해고당하는 바람에 수상한 고객들의 명단을 미처 다 완성하지 못했고, 또 필요한 보고서를 당국에 제출하지도 못했다. 가당치 않게도, BSI에는 내가 품은 의심에 힘을 실어줄 만한 사람이 한 명도 없다."[8]

아마 아무도 주시하지 않았던 것 같다. 하지만 눈여겨봤더라면 떠나는 나이절의 눈가 주름 사이에서 반짝이는 숨은 장난기를 발견했을지도 모를 일이다.

올리가르히의 몰락

• The Fallen Oligarch •

2009년 1월, 카자흐스탄 아스타나

08

위기는 금융 중심지들 바깥으로 퍼져 나갔다. 2009년 1월 29일 목요일, 시베리아에서 불어 온 엄청난 눈바람이 스텝 지대로 불어닥치며 아스타나^{Astana}를 삼켜 버렸다. 오래된 도시는 금세 눈으로 뒤덮였다. 하지만 날씨가 좀 온화한 저녁이면 연인들이 강기슭 포장도로 위를 천천히 거닐며 산책을 즐기기도 했다. 식당에서는 녹인 버터를 입혀 반드르르한 쌀을 증기로 쪄 낸 필라프^{pilaf}를 팔았고, 비어홀에서는 스탈린이 히틀러에 맞설 때 황무지로 이주시킨 독일계 러시아인 후손들이 장작불을 지폈다. 강한 눈보라가 카자흐스탄 지배자들이 자신들을 위해 세운 신시가지 쪽으로 소용돌이치며 휘몰아 들었다. 신시가지 마천루는 천연자원과 정치적 거래가 빚은 부의 기념비였으며, 멋진 호텔들은 국제적인 비즈니스 클래스 기준의 설비들을 갖췄다. 이 호텔 중 하나에서 보타 자르데말리^{Bota Jardemalie}는 깊이 잠들어 있었다. 그때였다. 침대 옆에 둔 전화가 울렸다. 그녀는 비몽사몽으로 시간을 확인했다. 새벽 4시였다. 그녀는 생각했다. "빌어먹을, 대체 누구야?"[1] 수화기를 집어 귀에 대는데 몇 층 위 스위트룸에 묵고 있는 상사의 목소리가 흘러 나왔다. 자기 방으로 올라오라는 전화였다. "보타, 컴퓨터 가지고 내 방으로 좀 와 주겠어요?" 그의 말투는 무언가 지나치게 조심스러우면서도 지나치게 아무런 일도 없는 것처럼 들렸다. 보타는 순식간에 옷을 입고 여행 가방에 소지품을 챙겨 넣은 다음, 노트북을 움켜쥐고 승강기로 뛰었다.

무흐타르 아블랴조프Mukhtar Ablyazov가 스위트룸의 문을 열었다. 양복 차림이었다. 그는 수년간 은행에서 중역으로 일했지만, 보타가 그에게 러시아 경어를 쓰듯 그 역시 그녀에게 경어를 썼다. "이것저것 정리하는 중이었어요." 그가 말했다. "내 생각에는, 그들이 오늘 아침에 나를 체포하러 올 것 같아요."

뾰족한 턱에 넓은 이마를 가진 아블랴조프의 갸름한 얼굴은 기묘할 정도로 평온해 보였다. 그는 룸서비스를 불러 그녀를 위해 밀크티를 주문한 다음 자신의 추리를 설명하기 시작했다. 그들이 아스타나로 출장을 온 목적은, 당시 거의 모든 정부가 하고 있었지만 카자흐스탄 정부는 아직 하고 있지 않던 일, 바로 은행에 대한 긴급 구제조치를 진행하기 위한 계획을 논의하기 위해서였다. 아블랴조프는 카자흐스탄에서 가장 큰 BTA 은행의 소유주였다. 그는 전날 오후에 은행 감독기관장과 마주쳤을 때 뭔가 잘못되고 있다는 느낌이 들었다.[2] 그녀는 얼굴을 붉히며 말 한 마디 없이 서둘러 가 버렸다. 그는 나자르바예프 대통령의 총리 카림 마시모프Karim Massimov와 그날 늦게 만날 예정이었다. 하지만 마시모프의 사무실에서 전화로 면담이 연기되었다고 알려 왔다. 아블랴조프는 함정이 있음을 알아챘다. 이런 상황에 대해 평소 경각심을 가지고 있던 그는 믿을 만한 지인과 함께 만일의 사태에 대비한 모종의 행동 지침을 마련해 두고 있었다. 하지만 아무리 그런 지인이라도 아블랴조프에게 불리한 음모가 감지되었다 해서 직접 소식을 전하는 위험을 감수할 수는 없었다. 그래서 몇 해 전, 아블랴조프가 체포될 거라는 소문이 들리면 아블랴조프의 전화를 받고 아무 소리도 내지 않거나, 전화를 못받아도 다시 응답전화를 하지 않는 방법으로 알려 주기로 했다. 아블랴조프는 그에게 전화를 걸었다. 침묵 신호가 돌아왔다.

천성이 쾌활하고 거침없는 보타는 등 뒤로 검은 머리를 늘어뜨린 채 조용히 앉아 상사의 말에 귀를 기울였다. 그녀는 아블랴조프가 여러 해 전 몇 달 동안 정치범 수용소에 갇혀 지낸 적이 있다는 사실을 알고 있었다. 당시 그녀는 하버드대학에서 법학을 공부하며 국외에 체류하고 있었다. 이제 그녀는 고국에 돌아왔고, 서방의 물을 먹은 젊은 관리자의 일원으로서 BTA를 신뢰할 만한 국제적인 은행으로 키우기 위해 노력하는 중이었다. 그녀는 사람들이 카자흐스탄 하면 으레 귀중한 자산을 둘러싸고 음모와 중상모략이 판을 치는 곳으로 연상한다는 것을 잘 알고 있었다. 사실 그녀도 나자르바예프 대통령이 아블랴조프의 은행에 차명주식을 요구하는 것을 당연시해 왔다. 돈은 권력이며, 은행은 돈을 거래하는 곳이었다. 대통령의 사위이자 〈포브스〉가 선정한 카자흐스탄 최고의 갑부 티무르 쿨리바예프Timur Kulibayev는 BTA의 주요 경쟁 은행 가운데 하나를

　　　　　　　　　제1부. 위기

이미 소유하고 있었다. 보타는 BTA를 세계에서 가장 큰 은행인 스코틀랜드 왕립은행Royal Bank of Scotland의 신용공여한도lines of credit* 대상 기관으로 만들기 위해 열심히 일해 왔다. 그녀는 월스트리트와 시티오브런던에서 나오는 충격파조차 은행을 견고하게 만드는 데 일조하게 될 것이라고 확신했다. 그녀는 카자흐스탄의 동료 엘리트 일원들과 국가의 은행체계 개입이 갖는 장점에 대해 논의하곤 했다. 하지만 이러한 논의는 항상 술자리나 물담배 시샤shisha를 권하며 사담을 나누는 것으로 끝났다. 밖에서는 눈보라가 소용돌이치는 가운데 아블랴조프와 함께 앉아 있는 지금, 그녀는 뭔가 심상치 않은 힘이 움직이고 있다는 사실을 깨달았다. 나자르바예프와 그 추종자들에게 금융위기는 아블랴조프로부터 BTA를 빼앗으면서도 도둑질이 아니라 금융구제인 척할 수 있는 좋은 핑곗거리였다. 좌절감이 밀려 들었다.

아블랴조프의 경호원이 공항에 제트기를 대기시켰다. 하지만 눈 때문에 호텔에 발이 묶였다. 그들은 기다렸다. 언제 문을 두드리는 소리가 날지 모르는 상황이었다. 아블랴조프는 사태가 이 지경에 이르게 된 전말을 상세히 풀기 시작했다. 그의 이야기를 들으면서 보타는 노트북을 열어 이것저것 메모했다. 그는 SIM 카드 몇 개를 그녀에게 건넸다. 그가 체포된다면, 각각의 카드는 각기 다른 인

---

* 신용공여한도제도란 특정인 또는 기업이나 계열에 대해 제공할 수 있는 신용공여를 금융회사 자기자본의 일정 한도 이내로 제한하는 제도로 거래기업의 부실화와 관련 금융회사가 동반 부실화되는 것을 예방하기 위해 만든 제도이다. 신용공여한도는 수신자의 신용상태나 거래 내용 등을 기준으로 결정되므로 신용공여 대상 기관이 된다는 것은 수신자가 채무 능력을 가지고 있으며 신뢰할 만한 기관임을 의미한다.

물과 접촉하는 데 사용될 것이었다. 그중에는 나자르바예프 체제가 아직 매수하지 못했거나 힘으로 굴복시키지 못한 언론인도 몇 명 있었다. 보타는 아블랴조프가 야당과도 비밀리에 접촉하고 있다는 말을 들은 적이 있었다. 하지만 그때는 가십으로 치부했다. 그랬던 그녀가 지금 SIM 카드를 받아 사탕 포장지 속에 숨기고 있었다. 모든 일이 초현실적으로 느껴졌다. 아블랴조프는 그녀에게 자신의 시계도 건넸다.

"가지고 있어요." 그가 말했다. "다시 만나면, 그때 돌려주세요."

"필요하실 텐데요." 보타가 말했다.

아블랴조프는 웃었다. "체포되면 어차피 뺏길 물건이에요."

눈보라가 멈췄다. 공항으로 급히 이동하는 중에도 아블랴조프는 자신이 국가안보위원회KNB에게 붙잡히고 말 거라고 생각했다. 하지만 그의 경우에는 카자흐스탄 지배계급의 구제불능 피해망상이 도움이 된 것 같았다. 모두가 모두와 서로 아는 사이였다. 따라서 음모를 꾸미는 사람이라면 누가 됐건 배신이 두려워서라도 다른 사람을 끌어들이지 않으려 했다. 보타는 "총리조차 누구를 믿어야 할지 모른다"는 사실을 깨달았다. 아블랴조프를 덮치고 싶었던 사람들도 자신들의 정부 내 패거리들이 도로를 봉쇄해서 공항으로 가는 그를 멈춰 세우거나 혹은 그가 공항에 당도하더라도 비행기가 뜨지 못하게 하는 등 체포에 필요한 사항들을 과연 지시했는지 아닌지 반신반의했다. 서로 믿지 못하다 보니 결과적으로 아무도 행동에 옮긴 사람이 없었다. 그는 공항에 도착해서 비행기에 올랐다. 하지만 날개에 얼음이 너무 많이 붙어서 이륙이 불가능했다. 그는 정비

사들이 비행기에 제빙제를 뿌려 얼음을 녹일 때까지 기다렸다. 마침내 엔진이 굉음 소리를 내자 조종사가 가속페달을 밟았다. 비행기는 활주로를 질주하며 하늘로 날아올랐다. 오래지 않아 비행기는 국경을 넘었다.

보타는 호텔을 나와 아스타나 신시가지의 초현대적인 대로로 들어섰다. 아스타나는 화려하지만 부조화스러운 수도였다. 마치 쿠빌라이 칸*이 아이작 아시모프Isaac Asimov**에게 환각제 한 알을 슬그머니 건네며 신질서 한가운데에 수도를 건설하는 꿈을 꿔 보라고 말한 것 같았다. 그러면 동쪽으로는 중국, 북쪽으로는 러시아가 자리 잡고 서쪽으로는 과거에 자신들이 걸었던 실크로드를 따라 석유, 우라늄을 갈망하는 구혼자들과 부패한 돈을 실크로 바꾸려는 고객들이 몰려들 것이었다. 중앙 도로의 한쪽 끝에는 호화로운 유리 천막 칸 샤티리Khan Shatyry가 하늘을 향해 아찔하게 솟아 있었다. 노먼 포스터Norman Foster***가 설계한 이 거대한 오락용 돔은 나자르바예프의 일흔 번째 생일에 맞춰 문을 열었다. 산책 삼아 중앙로를 반쯤 걸어

---

* 1215~1294. 몽골제국의 제4대 황제로 할아버지 칭기즈 칸(1162-1227)이 확장한 제국 영토를 통합 리더십으로 안정화시켜 명실상부한 제국의 부흥기를 이끌었다.

** 1920~1992. 화학자이자 SF작가로 러시아에서 태어나 3세에 가족과 함께 미국으로 이주했다. 그는 아서 클라크, 로버트 하인라인과 함께 SF계의 '3대 거장'으로 불릴 만큼 SF 및 교양과학 분야에서 눈부신 업적을 세웠다. 미국 과학소설 및 판타지 작가 협회로부터 SF의 그랜드 마스터라는 별명도 얻었다.

*** 1935~. 영국의 대표 건축가로 현대 하이테크 건축의 세계적 대가로 불리는 인물이다. 그는 건축에 첨단 기술을 활용한 미래지향적 디자인을 추구하며 런던, 홍콩, 뉴욕 등에 자신만의 관점과 하이테크적 특징이 드러나는 건축물을 설계하였다. 가장 최근작으로는 애플의 신사옥이 있다.

내려오다 보면 국부펀드^{sovereign wealth fund}* 중앙 공사가 나왔다. 공사는 아스타나 사이클링팀의 후원자이기도 했는데, 최근 이 팀은 세계 최고의 사이클링 선수 랜스 암스트롱^{Lance Armstrong}을 영입했다. 중앙 도로 다른 쪽 끝의 대통령 궁 앞에는 생명의 나뭇가지 위에 신화 속 삼루크^{Samruk} 새의 신성한 알이 놓여 있는 모습을 형상화한 바이테렉 상징탑^{Bayterek Tower}이 서 있었다. 탑 위로 올라가는 관광객들은 나자르바예프의 손바닥을 음각한 황금 판에 자신의 손을 대며 국부의 보살핌을 바라 볼 수도 있었다.

아블랴조프의 시계를 차고 옷소매로 가린 다음, 보타는 BTA 아스타나 지점으로 갔다. 하지만 이내 자신이 할 수 있는 일이 많지 않음을 깨달았다. 그래서 알마티^{Almaty}에 있는 자신의 집으로 돌아가기로 했다. 알마티는 카자흐스탄의 상업 중심지로, 아스타나에서 남쪽으로 멀리 떨어진 산악 지대에 위치했다. 비행기가 알마티에 착륙하자마자 그녀는 몇 가지 메시지를 확인하기 위해 휴대전화를 켰다. 은행 감독기관으로부터 이상한 팩스가 와 있었다. 그녀가 아스타나 지점을 떠난 후에 온 문서였다. 팩스 문서에는, 감독관들이 산정한 바에 따르면 은행에 막대한 손실이 예상되니 이에 대비해 경영진은 35억 달러를 따로 준비하라는 지불명령이 적혀 있었다.[3] 벌써 목

---

* 정부가 공공 자산을 가지고 주식, 채권 등에 출자하는 투자 펀드로, 무역 흑자나 외환보유액 같은 외화 자산(주로 미국 달러)을 굴려 수익을 내기 위해 만든 경우가 많다. 국부펀드는 정부 소유의 돈이기 때문에 기업처럼 투자 운용 실태나 실적 등을 공개하지 않아도 된다. 따라서 국부펀드의 투자 정보는 투명하지 않을 수도 있다. 국부펀드에 이윤추구라는 경제적 동기뿐만 아니라 정치적 목적도 숨어 있을 가능성을 의심하는 목소리가 나오는 이유이다.

요일 저녁이었다. 팩스에 적힌 일요일 마감 시한까지 BTA 연간수익의 7배에 달하는 조달 불가능한 금액을 마련해야 했다.[4] 보타는 뭔가 일이 벌어지고 있다고 확신했다. 나자르바예프 정부는 BTA 은행이 감독기관의 지시를 위반할 수밖에 없는 상황에 빠지도록 수를 쓰고 있었다. 그렇게만 된다면 나자르바예프는 BTA를 마음 놓고 손아귀에 넣을 수 있었다.

알마티의 집에 도착한 보타는 남편에게 어떤 일이 있었는지 말했다. 그 역시 기업 고문변호사였다. 곧바로 그는 러시아의 저 유명한 기업몰수 사건(즉 미하일 호도르콥스키의 유코스 압류)을 떠올렸다. "러시아 정부가 변호사들을 어떻게 다뤘는지 기억하지?" 그가 말했다. "빌어먹을, 우리가 지금 여기 이렇게 있을 상황이 아닌 것 같아."

보타는 여권을 가지고 즉시 카자흐스탄을 떠나는 선택지를 면밀히 따져 보았다. 최근에 그녀는 ENRC의 선례를 따라 영국 증권거래소에 BTA 주식을 상장시킬 준비를 하기 위해 영국으로 출장을 다녀왔었다. 비자는 여전히 유효했고, 런던이라는 선택지 역시 유효했다. 그녀는 일주일만 나가 있으면 모든 일이 가라앉을 거라고 생각했다.

아블랴조프 또한 런던으로 향했다. 보타는 호텔로 그를 찾아가서 그의 정치 망명을 요청하는 일에 착수했다. 망명은 결코 그녀의 분야가 아니었지만, 그녀는 소비에트에서 교육받은 그녀의 상사보다 서방에 친숙했고 영어를 완벽하게 구사했다. 그녀가 고용한 영국인 망명 전문 변호사는 그녀의 설명을 주의 깊게 듣더니 호도르콥스키 소송과 유사하다고 판단했다. 그래서 그녀와 밥 암스테르담의 만

남을 주선했다. 밥 암스테르담은 파리에 살고 있는 피터 살라스에게 전화했다. 보타와 전화로 이야기를 나누자마자 피터는 런던행 유로스타 열차에 올랐다. 2009년 5월, 따뜻하고 아름다운 봄날이었다. 그는 보타가 선택한 음식점으로 향했다. 버킹엄궁전에서 멀지 않은 곳에 있었다. 그로서는 망명 소송을 이미 많이 경험한 뒤라 새로울 것이 없었다. 하지만 카자흐스탄 독재자를 피해 도주 중인 여성과 만난다는 사실이 그의 흥미를 끌었다.

식사를 하면서 보타는 아블랴조프의 은행을 압류한 카자흐스탄 당국이 사건의 본말을 전도시키려 한다고 설명했다. 카자흐스탄 정부 발표에 따르면, BTA 은행이 금융위기로 곧 도산할 것 같은 상태에 처하게 된 근본적 이유는 그간 아블랴조프가 BTA 은행을 이용해 지나치게 많은 부정 이득을 취했기 때문이다. 이에 국가는 BTA를 국영화하는 조치를 취할 수밖에 없었다. 정부의 설명대로라면 이 모든 일을 획책한 교활한 올리가르히는 평범한 사기꾼이 아니었다. 이 올리가르히, 즉 아블랴조프는 중앙아시아 스텝 지대의 또 다른 버니 메이도프Bernie Madoff*였다.

피터는 과거 푸틴이 호도르콥스키를 제압하기 위해 둔 첫수를 바로 떠올렸다. 그는 유코스의 회계감사를 담당했던 영국의 다국적

---

* 1938~2021. 전직 미국 증권 중개인으로 나스닥 외부 이사까지 역임했으나 역사상 최대 규모의 폰지(ponzi)사기 주동자로 기소돼 2009년 150년 형을 선고받았다. 복역 중이던 2021년에 감옥에서 사망했다. 폰지사기란 새로운 투자자의 돈으로 기존의 투자자에게 배당을 지급하는, 즉 실제 이윤 창출 없이 '돌려막기'로 투자자들에게 수익을 지급하는 사기 기법을 말한다. 당시 메이도프의 폰지사기로 발생한 고객 계좌의 실제 손실액은 180억 달러에 이르는 것으로 알려졌다.

회계 컨설팅기업 PwC가 러시아 정부의 위협에 유코스의 10년 치 회계감사 보고서를 철회한 일을 기억했다.[5] 보고서 철회로 러시아 검찰은 호도르콥스키가 수십억 달러를 횡령했다는 이야기를 지어 낼 수 있었다. 물론 호도르콥스키가 부정한 민영화 과정을 통해 재산을 축적한 것은 사실이었다. 하지만 다른 모든 올리가르히도 마찬가지였다. 러시아 당국은 호도르콥스키에게만 적용할 수 있는 혐의가 필요했다. 그가 감히 정치에 개입하려 했기 때문이다. 이미 공증까지 마친 회계감사 보고서를 PwC가 철회하게 만듦으로써 현실을 대체할 만한 이야기를 만들어 낼 수 있는 여지가 마련되었다.

피터는 곧 밥 암스테르담과 함께 돌아왔다. 그들은 타워 42^{Tower} ^{42}로 향했다. 시티에서 가장 높은 건물인 타워 42는 나이절 윌킨스의 BSI 지점에서 잉글랜드 은행으로 가는 쪽에 있었다. 고속 승강기를 타고 올라갈 때만 해도 그들은 아블랴조프의 결백을 아직 확신하지 않았다. 아블랴조프와 적대관계에 있는 사람들은 그가 사기 행각의 규모와 교활함에 있어서 필적할 만한 상대가 없는 희대의 사기꾼이라고 했다. 어쩌면 그들의 말이 맞을지도 몰랐다. 피터는 지금 그가 들어가고 있는 세계가 정보 전쟁터라는 사실을 잘 알고 있었다. 한 마디 한 마디가 다 진실일 수도 있고 또 거짓일 수도 있었다. 가장 영리한 거짓말쟁이는 약간의 진실만 있어도 한데 엮어 터무니없는 거짓말을 지어 낼 수 있었다. 지금 할 수 있는 일은 눈을 직접 마주하고 그 사람의 됨됨이를 판단하는 것뿐이었다.

승강기는 타워 42 주변을 둘러싼 6층 높이의 중세풍 건물을 넘어 시티의 더 높은 곳을 향해 올라갔다. 피터와 암스테르담은 승강기에서 내렸다. 상당히 파격적인 스타트업 회사의 사무실로 쓰일 법한 곳들이 보였다. 천장에는 전선들이 늘어져 있었고 바닥 중앙에는 서버들이 놓여 있었다. 사람들이 바쁘게 왔다 갔다 했다. 보타가 그들을 맞았으며, 그들은 유리문과 유리벽으로 된 회의실에 자리를 잡았다.

셔츠에 넥타이를 맨 아블랴조프가 회의실로 들어왔다. 그는 영어를 할 줄 몰랐다. 암스테르담은 통역자의 말에 귀를 기울였다. 하지만 피터는 이제 러시아어를 꽤 하는 축에 들었기 때문에 아블랴조프가 하는 말을 알아들을 수 있었다. 피터는 그가 매우 지적이고 논리정연한 사람이라는 사실을 금세 알아챘다. 피터가 보기에 이 사내는 살면서 아주 일찍부터 많은 일을 겪으며 여러 가지 것을 힘들여 체득해 온 사람이 확실한 듯했다. 아블랴조프는 자신이 겪고 있는 문제를 설명하기 시작했다. "이 자리는 앞으로 우리가 이 문제를 어떻게 해결할 것인가를 논하기 위해 만든 자리가 아닙니다." 암스테르담은 그의 말을 중단시키며 말했다. "저는 당신이 어떤 사람인지 알고 싶습니다. 당신의 모든 것을요. 어린 시절은 어땠나요?"

그로부터 나흘 동안 아블랴조프는 자신이 살아 온 이야기를 풀어 놓았다.[6] 그는 고등학교 졸업식에서 금메달을 받게 된 이야기부터 하나하나 상세히 설명했다. 그가 금메달을 받을 수 있었던 건 부모가 교장 선생에게 뇌물을 건넨 덕분이었는데, 당시에 돈 봉투가 책상 너머로 전달되던 기억이 난다고 했다. 그는 자신이 물리학, 특히 지하 핵폭발 분야에서 재능을 보였다고도 했다. 하지만 소련이 자국의 핵폭발 실험을 카자흐스탄의 방대한 평원 지하에서 진행하고 있었기 때문에, 카자흐스탄 사람들에게는 감정적으로 예민한 분야였다. 어쩌면 그의 재능으로 모스크바에서 일할 기회를 얻을 수 있었을지도 모른다. 소비에트연방 시절 알마티에서 아직 아기였던 첫째 아이 마디나Madina가 폐렴에 걸렸을 때는 모스크바로 가고 싶은 마음이 굴뚝같았다. 그러나 이러한 열망을 비웃기라도 하듯, 그의 가족은 모스크바는커녕 지역의 공산당 기간요원들에 의해 그들의 작은 방에서조차 쫓겨났다. 이때가 1980년대 말이었다. 자본주의가 틈을 비집고 침투하는 중이었으며, 그와 함께 복사기, 팩스, 개인용 컴퓨터 같은 놀라운 물건들이 따라 들어왔다. 그는 이러한 장치들을 원하는 사람들과 팔고 싶어 하는 사람들을 연결해 주며 중개 수수료를 챙겼다. 반년 만에 집 한 채가 생겼다. 얼마 되지 않아 그는 뭘 해야 할지 모를 정도로 엄청난 돈을 벌었다. 불법이라는 말이 성립될 수 없는 시대였다. 비즈니스 부문을 관리하고 규제할 수 있는 법률 자체가 전무했기 때문이다.

그때 모스크바의 연구소로부터 전화가 왔다. 루미네선스 luminescence* 현상을 과학적으로 연구하고 싶었던 그의 꿈을 실현할 수 있는 절호의 기회였다. 하지만 인생은 그에게 과학자가 아닌 사업가가 될 기회를 주었다. 미래는 해답 없는 하나의 거대한 질문과도 같았다. 그는 자신의 자리를 지키며 돈이 되는 일이라면 뭐든지 했다. 그는 사업이 점점 커지자 친인척들을 끌어들였으며, 무엇이

---

* 루미네선스는 물질이 흡수한 에너지를 빛으로 방출하는 현상으로 다이아몬드, 석영, 장석처럼 전기가 잘 흐르지 않는 반도체나 절연체 외부에서 에너지를 주었을 때 나타나는 물리적 발광 현상이다. 이때 빛은 열을 동반하지 않는 것이 특징이며 지질학에서는 연대 측정에 사용하기도 한다.

든 가리지 않고 팔았다. 완전히 망한 적도 있었지만, 석 달도 안 돼 원상회복했다. 사기꾼에게 사과 위탁판매 사기를 당한 뒤로는(맨 윗줄에 있는 사과를 제외한 모든 사과가 썩어 있었다), 계약을 맺기 전에 조건을 엄격히 따지기 시작했다. 그러다 민영화 바람이 불었다. 당시에 자본가들이 이야기하던 식으로 말한다면, 민영화란 이미 사형선고를 받은 국가의 손아귀에서 신흥 기업가들의 생기를 해방하는 일이었다. 그는 동업자와 함께 BTA 은행을 사들였다. 재산이 수십억 달러에 달했다. 그는 행정부의 일원이 되어 전력 공급을 담당하는 일을 하다가 에너지 산업 무역 장관 자리에 올랐다. 이즈음 그는 새로운 카자흐스탄에서 가장 중요한 인물 중 하나였다. 행정부에서 대통령에 맞서는 사람은 아블랴조프뿐이었다. 그는 나자르바예프의 친인척 승진과 자신이 "씨족주의clan-ocracy"라 불렀던 아첨 일색의 기득권층을 비판했다. 그가 더 이상 정부에 참여하기를 거부하자, 나자르바예프는 만나자고 요구했다. "당신은 나를 대통령으로도, 또 한 인간으로도 존경하지 않는군. 나에게 충성을 바치지 않는다 그 말이요." 그는 고래고래 소리치더니, 화를 삭이고 다시 한 번 요청했다. "돌아와서 나를 위해 일해 주시게." 아블랴조프 역시 다시 한 번 거절했다. "음, 그렇다면 내게 한몫 떼어 주는 수밖에 없겠네." 동업자가 되겠다는 말이었다. 대통령은 BTA 은행 지분의 절반을 가져야겠다고 했다. 그러한 조치는 아블랴조프가 배신하지 못하도록 하는 대비책이 될 것이었다. 아블랴조프는 완강히 버텼다. 아블랴조프는 변화가 시작되고 있다는 사실을 알고 있었다. 그는 변화를 원했으며, 다른 사람들도 변화를 원한다는 것을 깨달았다. 이 개혁가들이 모여

정당을 설립했다. 카자흐스탄 민주선택당Democratic Choice of Kazakhsta이
었다. 하지만 계몽 군주 나자르바예프는 민주선택당을 단숨에 진압
해 버렸다.

아블랴조프는 정치범 수용소에 수감되었다. 바깥 기온은 영상 2
도를 밑돌았다. 절도범들은 약속이라도 한 듯 교도관에게 복종하기
를 거부하며 면도칼이나 못으로 할복을 감행했고, 교도소 안에서 강
간을 일삼는 자들은 혼자 있는 사람을 노려 바셀린을 가져오겠다며
위협했다. 구타가 오랫동안 계속되다 보니 아프지도 않았다. 나라는 사람
은 더 이상 존재하지 않았다. 몸은 고깃덩어리에 불과했고, 나는 그 안에 없
었다. 나는 그 고깃덩어리에서 멀찍이 비켜나 서 있었다. 두들겨 맞은 다
리는 마비된 듯 접히지 않아 대변도 서서 봐야 했다.7 아블랴조프가
감옥에 있는 동안, 나자르바예프는 모든 것을 빼앗아갔다. 물론 탐
욕 때문이었지만, 비밀자금의 힘으로 이제 막 좌지우지하게 된 세상
을 정치적으로 위협하는 아블랴조프를 제거하기 위해서이기도 했
다(사실 이게 주된 이유였다). 나자르바예프는, 아블랴조프가 어찌어찌
가까스로 숨길 수 있었던 것을 뺀 모든 것을 가져갔다. 아블랴조프
는 자신의 BTA 주식을 동업자에게 위임해 둔 상태였다. 동업자 역
시 나자르바예프 일당에게 일부를 떼어 주지 않을 수 없었지만8, 그
래도 대부분을 지킬 수 있었다.

그를 감옥 밖으로 꺼낸 준 것도 거짓말이었다. 거의 1년을 정치
범 수용소와 교도소들을 전전하며 보낸 뒤였다. 그는 나자르바예프
에게 야당을 조직하는 일을 그만두겠다고 약속했다. 그는 동쪽 모스
크바로 자리를 옮겼고 아이들은 서쪽으로 보냈다. 그런 다음 은행을

다시 일으키기 시작했다. 그는 보타처럼 영민한 젊은이들을 고용했다. 그들은 BTA를 서구식의 제대로 된 은행으로 만들어 가는 중이었고, 얼마 안 가 런던에 주식을 상장함으로써 욕심 많은 대통령으로부터 은행을 보호할 수 있었다. 카자흐스탄에 다시 돌아왔을 때, 그는 나자르바예프의 탐욕이 여전함을 알았다. 아블랴조프의 주식은 철저하게 숨겨져 있었다. 그의 동업자가 사냥 도중 일어난 사고로 숨졌지만, 동업자의 미망인이 주식을 승계한 덕분이었다. 그러나 나자르바예프는 그를 끊임없이 호출했고, 그때마다 자신에게 BTA 주식을 달라고 끈질기게 요구했다. 이제는 더 이상 한몫 달라는 수준이 아니었다. 대통령은 대주주가 되어 은행을 통제하고 싶어 했다. 그 대가로 아블랴조프는 시가 40억 달러에 훨씬 못 미치는 금액을 받게 될 것이었다. 2006년 1월 4일, 신성한 새의 신성한 알 모양 상징탑 아래 아스타나 대통령 궁에서 나자르바예프는 아블랴조프에게 말했다. "나는 당신과 당신의 수십억 달러 재산이 불안할 때가 있다오. 당신이 그걸로 내게 맞설 수 있으니까 말이오. 내가 당신뿐 아니라 당신의 은행도 통제하려는 이유는 그 돈이 당신 통제하에 있는 은행에 들어 있기 때문이오." 나자르바예프의 중개인들이 아블랴조프의 몫이 적힌 기획서를 가져왔고, 대통령의 비서관과 고위 정보요원들이 다녀갔다. 2008년 2월 23일, 세계 곳곳의 여느 은행처럼 카자흐스탄의 은행들도 흔들리고 취약해져 가고 있던 시점에, 나자르바예프가 아블랴조프에게 만나자고 했다. 둘 다 모스크바에 머물고 있을 때였다. 그들은, 과거 소련 공산당 중앙위원회 위원들의 임시 체류지로 쓰이다가 지금은 나자르바예프의 해결사 중 한 명의 집이 된 곳에서 만났다. 대통령은 이것이 마지막 경고라고 말했다.[9] 4월 1일, BTA 주식은 대통령이 지정한 허울 좋은 대리인에게 양도하는 것으로 계획되었다. 그러지 않는다면 아블랴조프는 체포되어 투옥될 것이었고, 은행은 강제로 빼앗길 것이었다. 아블랴조프는 11개월을 더 저항했다. 그러던 중에 그 눈보라 치던 밤을 맞았고, 달아날 때가 왔다는 지인의 침묵 신호를 받았다.

피터 살라스는 아블랴조프에게 신뢰가 갔다. 설명은 상세했으며, 말하는 방식은 자연스러웠다. 피터 살라스가 누군가. 친애하는 프로불펀러 아닌가. 아블랴조프가 처음 사업을 시작하며 버스로 복사기들을 실어 나르는 장면을 설명하는데, 피터는 자신이 과거 러시아에서 보냈던 저 시끌벅적한 1990년대로 돌아간 듯한 기분이 들었다. 어디선가 경유 냄새가 날 것만 같았다. 살라스는 그런 기계를 팔러 다니던 사람들이라면 자신도 잘 안다고 생각했다.

피터는 경찰이 금방이라도 타워 42에 들이닥칠 것만 같았다. 아마도 카자흐스탄 정부는 아블랴조프 체포를 위해 인터폴에 적색수배를 요청했을 것이다. 피터는 이야기를 듣는 동안 노트 페이지마다 빽빽하게 메모를 하더니, 아블랴조프에게 한번 열심히 맞서 싸워 보자고 조언했다. 소송이건 홍보건 아니면 로비스트를 동원하건 다 해보자고 했다. 하지만 아블랴조프는 신중하게 행동하는 걸 더 좋아하는 사람이었다. 그는 잠자코 앉아 나자르바예프의 마수가 서방 어디까지 뻗쳐 올지 지켜볼 생각이었다.

일급 비밀

• Top Secret •

2009년 4월, 영국 런던

2009년 4월 2일, 나이절 윌킨스는 자신이 BSI를 부당해고로 고발한 사건의 심리를 위해 템스강변의 런던 법률지구 고용심판소^{employment} tribunal에 출두할 예정이었다. 바로 그날 고든 브라운^{Gordon Brown} 총리가 세계 20대 경제 대국^{the world's twenty biggest economies} 지도자 모임*을 개최했다. 각국 정상은 은행 위기로 다수 대중이 파산하는 것을 예방하기 위해 총액 5조 달러¹에 달하는 공적자금을 조성하기로 약속했다. 당시 세계 두 번째 경제 대국이었던 일본의 연간 총생산^{entire} annual output**에 맞먹는 액수였다. 나이절은 받기로 약속한 지급금을

---

*   2009년 4월 2일 런던에서 개최된 G20(Group of 20) 정상회담을 가리킨다. 선진 7개국 정상
      회담(G7)과 유럽연합(EU) 의장국 그리고 신흥시장 12개국을 포함하는 세계 주요 20개국
      을 회원으로 가진 국제기구로 1999년 12월 창설되었다.

**   국내총생산(GDP: gross domestic product)을 가리킨다. 2009년 일본의 GDP는 5조 1000억
      달러였다.

제1부. 위기

이미 수령한 상태였다. 공판 심리는 취소되었다. 사흘 전 BSI 경영진이 그의 정리해고수당을 두 배 올려 7만 달러(반년 치 월급보다 많았다)를 지급하는 데 동의하면서, 그 역시 부당해고 소송을 철회했기 때문이다.[2]

나이절의 목적은 돈이 아니었다. 그들이 자신들은 옳고 나이절은 틀렸다고 말하며 빠져나가는 걸 막는 것, 그것이 목적이었다. 법정 제출기록에서 나이절은 동료들이 고객의 돈을 익명화하기 위해 사용해 온 방법들을 열거했다. 그는 자신이 해고당할 것이라고도 썼다. BSI 스위스 본사 경영진은 시티 감시기관인 재정청과 조세 당국인 영국 국세관세청Her Majesty's Revenue and Customs이 위기 대응을 빌미로 자신들을 조여 오기 전에, BSI 은행의 모든 활동 흔적을 지우고 싶어 했다.

해고수당을 받는 조건으로, 나이절은 이러한 소송을 반복할 시 그가 수령한 지급액을 반환하겠다고 약속했다. 하지만 나이절은 법률에 아주 관심이 많은 사람이었다. 그는 어떠한 계약도 법에 우선할 수 없다는 점을 잘 알고 있었다. 그는 2002년에 제정된 범죄수익규제법Proceeds of Crime Act이라는 특별법을 염두에 두고 있었다. 특별법에 따르면, 자금세탁이 벌어지고 있다는 것을 알면서도 그 사실을 보고하지 않는 행위는 범죄였다. 정확히 330조에 그러한 규정이 명시되어 있으며, 나이절은 330조를 보지 않고도 인용할 수 있었다. 심지어 유죄임을 확신하지 못해도 괜찮았다. 그저 "유죄를 인지하거나 의심할 만한 합리적 근거"만 있어도 충분했다. 게다가 331조에는 각 은행이 반드시 임명해야 하는 감사관의 특별 임무 중 하나가 자금세탁이 진행되고 있는지 세심히 살피는 것이라고 나와 있었다. BSI는 나이절을 감사관으로 임명했었다. 나이절은 알고 있었지만 예전 치프사이드 동료들은 몰랐던 사실은, 어쨌거나 이 모든 것에 논란의 여지가 있었다는 것이다. 왜냐하면 나이절이 시티 감독기관과 조세 당국에 미리 제보했기 때문이다. BSI를 떠나기 엿새 전, 그는 BSI 사무실에서 어떤 일이 벌어지고 있는지를 설명하는 편지를 관련 당국에 발송했다. 그는 자신의 주장을 뒷받침할 준비도 마쳤다. 지금 그 증거들은 "일급 비밀"이라는 손 글씨 라벨을 부착한 붉은 상자 3개에 담겨 그의 켄싱턴 아파트에 있었다.

BSI는 런던 지점을 비우기 위한 준비 과정의 하나로, 나이절의 단독 사무실을 개인자산 운용전문가와 그 비서들이 사용하고 있는 메인룸 안으로 옮겼다. 그들은 비밀 엄수 규정이 사무실 전체, 어쩌면 치프사이드 거리나 시티오브런던 전부를 보호해 준다고 믿기라도 하듯 서류들을 책상 여기저기에 아무렇게나 올려 두었다. 직원들이 샴페인바로, 공항으로 떠나고 사무실에 혼자 남게 되는 저녁이면 나이절은 문서들을 뒤지기 시작했다. 그런 다음 복사를 하고 복사본을 집으로 가져갔다. 붙잡히면 자신에게 닥칠 일이 뇌리를 스쳤다. 상관으로부터 공식적인 처벌을 받는 건 말할 것도 없고, 자신의 돈을 지키기에 급급한 고객들의 원한을 사게 될 것이었다. 그래도 계속했다. 아무에게도 말하지 않았다. 심지어 샬럿에게도 입을 다물었다.

면책 비용

2009년 9월 18일 금요일, 빌리 라우텐바흐는 짐바브웨에서 비행기에 탑승했다. 이륙한 비행기는 남쪽으로 날았다. 비행기가 다이아몬드처럼 반짝이는 남부 아프리카의 봄 하늘을 가로질러 날아가는 동안 라우텐바흐는 해방감을 맛볼 수 있었다. 수년간 이런 여행은 꿈도 꿀 수 없었다. 10년 전, 아파르트헤이트 이후의 남아프리카공화국 경찰 정예부대 스콜피온스Scorpions가 그의 뒤를 파기 시작하면서부터였다. 그들은 부패, 절도, 사기 혐의로 라우텐바흐의 체포영장을 발부받았다. 국제적 효력이 있는 영장이었지만 짐바브웨와 콩고 당국만이 이 영장의 효력을 인정하지 않았기 때문에, 그는 짐바브웨와 콩고를 떠날 수 없었다. 심지어 아들을 보러 런던에 갈 수조차 없었다. 그가 국제 영장 문제를 처리한 게 벌써 4년 전이었다.[1] 남아프리카공화국 마약 밀매상 글렌 아글리오티Glenn Agliotti와 안면을 트고 그에게 10만 달러를 건네면서 국제 영장 문제는 해결되었다. 아글리오티는 남아프리카공화국의 첫 번째 흑인 경찰청장 재키 셀레비Jackie Selebi에게 최소 3만 달러를 찔러 주었다. 셀레비는 자신이 아파르트헤이트 시대의 전임자들만큼이나 돈을 밝히는 인물임을 행동으로 보여 주고 있었다. 그는 국제 영장을 취소시켰고 스콜피온스 역시 해산시켰는데, 공교롭게도 스콜피온스 해산 직후 그가 자신의 직위를 이용해서 이권을 챙겨 왔다는 사실이 발각되는 바람에 체포되고 말았다. 라우텐바흐로서는 결과적으로 꽤 괜찮은 거래였다. 심지어 라우텐바흐는 자신이 건넨 돈으로 아글리오티가 셀레비에게 뇌물을 준 사실을 전혀 몰랐다고 잡아뗄 수도 있었다.[2] 하지만 남아프리카공화국에는 여전히 해결해야 할 고발 사건들이 남아 있었다. 그것이 라우텐바흐가 10년 만에 남아프리카공화국으로 날아가는 이유였다.

라우텐바흐를 태운 비행기가 요하네스버그 외곽의 민간 공항에 착륙했다. 그가 출두해야 할 법정이 있는 프리토리아까지는 거기서부터 얼마 되지 않았다. 그를 둘러싸고 아무리 최악의 혐의가 제기되더라도(예컨대 한국인 경쟁자의 죽음에 관여했다는 주장), 아직까지는 한 번도 정식 기소된 적이 없었다. 하지만 다른 여러 건의 고발 사건이 걸려 있었고[3], 그중 326개가 경제 관련 범죄였다. 라우텐바흐는 각 건 모두에 대해 유죄를 인정했다. 아니 정확히 말하면, 그가 소유한 화물 운송 회사의 책임을 인정했다. 남아프리카공화국 검찰은 사전형량조정plea bargain*을 통해 라우텐바흐에게 500만 달러의 벌금을 물

---

* 검찰이 수사 편의상 관련자나 피의자가 유죄를 인정하거나 증언을 하는 대가로 형량을 낮추거나 조정하는 협상 제도이다.

　　　　　　　　　　　　　　제1부. 위기

리는 대신 그를 무혐의 처리하기로 했다.

검찰과의 사법 거래가 있던 그날, 라우텐바흐는 그 거래에 더할 나위 없이 유용하게 사용할 수 있는 뜻밖의 행운을 거머쥐게 되었다. 중앙아시아 출신 3인의 사업가, 이른바 트리오로부터 날아든 선물이었다.

라우텐바흐가 프리토리아 법정에서 법률적 문제를 해결하는 동안, 트리오의 회사 ENRC는 런던 증권거래소에서 중대 발표를 했다. ENRC는 광산회사 카멕을 약 10억 달러에 인수할 예정이라고 발표했다.[4] 카멕은 로버트 무가베가 2008년 선거를 훔치기 위해 자금이 필요했던 바로 그때 무가베 정권에게 1억 달러를 보내기로 합의함으로써, 짐바브웨 백금 광산채굴권을 이미 손에 넣은 상태였다. 라우텐바흐는 자신의 카멕 지분 덕에 ENRC로부터 1억 2400만 달러의 보상을 받게 되었다.[5] 남아프리카공화국에 면책 비용으로 지불해야 하는 500만 달러 벌금은 잔돈푼일 뿐이었다.

정보원

2009년 10월, 미국의 실업률은 10퍼센트를 넘었다. 크리스마스가 다가오고 있었지만, 매달 50만 명의 미국인이 일자리를 잃고 있었 다. 브루클린 법정에서는 미국인 한 명이 두 번째 기회를 달라며 간 청하고 있었다. 그는 마피아를 등에 업은 주식 사기로 재판을 받는 중이었다. 만약 여기에다 과거에 한 남성을 찔러 죽인 것까지 계산 한다면, 세 번째 기회를 달라고 간청해야 할 판이었다. 펠릭스 세이 터Felix Sater[1]는 43세였다. 오늘 그는 판사가 자신에게 20년형을 선고 할지 그 여부를 알게 될 것이었다. 어머니와 누나는 법정에서, 세 딸 은 다른 곳에서 선고 소식을 기다렸다.

    10월 23일 오전 10시, 리오 글래서I. Leo Glasser 판사는 재판을 시작 했다. 그는 인생 경험이 풍부했다. 제2차 세계대전 참전으로 동성무 공훈장Bronze Star을 받았으며 귀국 후에는 브루클린에서 법학을 전공했고 1981년에는 로널드 레이건Ronald Reagan 대통령에 의해 지방법원 판사로 지명되었다. 글래서 판사는, 존 고티John Gotti의 살인 및 갈취 재판이 시작될 때 고티로부터 "저 게이 새끼that faggot"라는 고성 욕설을 들은 주인공이기도 했다. 재판이 끝날 때 글래서는 고티에게 가석방 없는 종신형을 선고했다. 그는 나비넥타이에 안경을 쓰고 다녔으며 늘 법의 의미를 심사숙고하는 사람이었다.

펠릭스 또한 판사 앞에서 자신의 일대기를 늘어놓으려고 마음만 먹는다면 이야깃거리가 부족하지는 않았다. 그는 브루클린에서 공립학교를 졸업한 후 맨해튼의 페이스대학교 학부에서 회계학을 전공했다. 대학 교정에서 남쪽으로 몇 구역만 가면 월스트리트가 나왔다. 당시는 1980년대였다. 영화 〈월 스트리트〉*의 시대이자 주인공 고든 게코Gordon Gekko의 말마따나 탐욕은 선한 것Greed was good으로 여겨지던 시절이었다. 펠릭스는 증권 중개인 자격을 땄으며 곧 베어 스턴스에서, 그다음에는 리먼 브라더스에서 수익을 냈다. 그의 나이 고작 25세 때의 일이다. 그러던 1991년 어느 날 밤, 여느 월스트리트 주식 중개인처럼 그도 미드타운의 술집 엘 리오 그란데 El Rio Grande로 한잔하러 갔고 지나치게 많이 마셨다. 옆 테이블의 술꾼과 한 여성을 놓고 말싸움이 벌어졌다. 펠릭스는 마르가리타 잔을 집어 남자의 얼굴을 힘껏 갈겼다. 그는 1년을 감옥에서 보내야 했다. 펠릭스의 면허는 취소되었다. 그래서 감옥에서 나왔을 때, 더

---

* 올리버 스톤 감독의 1987년작 영화이다. 고든 게코는 이 영화의 주인공으로 월스트리트의 탐욕스러운 기업 사냥꾼이자 냉혈한으로 그려진다. "탐욕은 선한 것이다"라는 주인공의 대사로 유명하다.

이상은 자신의 금융 노하우로 합법적인 밥벌이를 할 수 없었다. 그러던 차에 소년 시절 친구 하나가 금융사기에 가담할 수 있는 기회를 줬다. 펌프앤드덤프pump-and-dump* 사기였다. 어리숙한 회사의 주식을 산 다음 사람들을 거짓말로 홀려 저금으로 해당 주식을 사도록 유도한 뒤, 주식 가치가 폭등하면 팔아 치우는 수법이었다. 펠릭스는 유령회사를 세워 수익을 세탁하는 법을 잘 알고 있었다. 얼마 안 가 이 공갈 협박꾼들은 4000만 달러에 달하는 돈을 벌어들여 세탁하기에 이르렀다.

"제가 한 일이 너무나 부끄럽습니다." 펠릭스는 글래서 판사에게 말했다. 올챙이배에 뒤룩뒤룩 살진 얼굴, 눈 밑의 짙은 다크서클 탓에, 그는 살면서 하루도 편한 날이 없었던 사람처럼 보였다. 뭐가 그렇게 좋은지, 좋아 죽겠다는 듯한 웃음이 언뜻 비쳤던 것 같기도 했다. 하지만 지금은 엄숙한 순간이었다. "그 일을 하겠다고 했을 때, 저는 꼭 덫에 걸려 옴짝달싹도 할 수 없는 느낌이었습니다. 술집에서 싸움을 벌여 감옥에 갔다 왔지만, 제가 그런 일을 할 거라고는 꿈에도 생각해 본 적이 없었습니다. 항소하는 데 드는 변호사 비용을 마련해야 했지만, 저는 실직 상태였습니다. 당시에 저는 4개월 된 딸아이를 키워야 했고 법정 비용과 개인용 어음을 감당해야 했습니다." 이윽고 펠릭스는 판사에게 사기 행각에 참여한 자신이 너무나 경멸스럽다고 말했다. "제 부모님은 저를 이 나라에 데려오기 위해 모든 것을 희생했지만, 결과적으로 저는 범죄자가 되고 말았

---

* 주식시장에서 작전 세력이 인위적으로 대량 매수(펌프)를 통해 가격을 끌어올렸다가 대량 매도(덤프)를 통해 이익을 실현하는 주가 조작 및 증권사기의 대표적 형태이다.

습니다."

　이 말은 과장이었다. 범죄는 집안 내력이었다. 펠릭스의 부모는 펠릭스가 여섯 살 때인 1970년대 초반에 모스크바를 떠났다. 가족은 다른 많은 소련 출신 유대인들과 같은 경로를 쫓았다. 그래서 처음에는 이스라엘로 갔다가, 다시 미국으로 건너왔다. 구소련 출신들은 브루클린 최남단의 브라이튼 비치Brighton Beach로 몰려들었고, 해안을 따라 보르쉬Borscht 수프를 파는 간이매점이 우후죽순 들어섰다. 더불어 소련 범죄자들도 자본주의 세계로 진입할 수 있는 기회를 붙잡았다. 뱌체슬라프 이반코프Vyacheslav Ivankov는 그들 모두를 통틀어 가장 무시무시한 인물이었다. 그는 소련 최악의 조직범죄집단 조직원으로 보르 브 자코네vor v zakone*, 이른바 강령을 준수하는 도둑thief-in-law이었다. 소문에 따르면 이반코프가 신세계로 떠나기 전 러시아 감옥을 탈출할 때 탈옥을 도운 이가 바로 브레이니 돈으로 불리던 포스트 소비에트 시대 최고의 금융 범죄자 세묜 모길레비치였다고 한다.[2] 브라이튼 비치에서 이반코프는 당시 한창 생겨나고 있던 조직폭력배를 낀 금융 네트워크를 결성했다. 그는 다양한 상업 집단을 관장하는 가운데 자신은 폭력 해결사 일을 전담하고 비즈니스 부분은 덜 흉악한 뉴욕의 러시아인들에게 맡겼다. 그의 조직은

---

*　'보리 브 자코네'는 '도둑강령(thief-in-law) 내에서 활동하는 전문범죄인 집단'을 이르는 말이다(vor는 vory의 단수형). 이들은 1930년대 소련의 교도소와 수용소에 수감된 전문 엘리트 범죄인들이 자신들만의 행동강령을 만들고 이를 준수함으로써 독자적 권위를 가지는 독특한 전문범죄인 네트워크를 형성하면서 출발했다. 이들은 소련 해체 이후까지 러시아 및 인근 국가에서 범죄자와 지방 정치 엘리트 간 부패 고리를 고착화하고 이들 국가의 그림자 경제 혹은 비공식적 지하경제에 직간접적으로 연루됨으로써, 권력은 물론 막대한 부를 가질 수 있게 됐다.

신용카드 사기와 갈취가 전문이었다.[3] 미국의 은행과 유령회사들을 통해 수백만 달러를 세탁했으며, 조직 명의로 회사를 세우거나 아니면 합법적인 기업들을 공갈 협박하여 협력하게 했다. 부동산은 자금 세탁에 이용될 수 있는 완벽한 자산이었다. 일반적으로 부동산은 한동안 소유하고 있다가 되팔면 원래의 부패한 돈을 지극히 평범한 부동산 거래 수익으로 전환하는 효과가 있었다. 그래도 개중에 썩 마음에 드는 부동산이 나타나자, 이반코프는 그곳으로 이사했다. 뉴욕시 5번가의 호화로운 고층 건물에 위치한 아파트로 두 구역 아래로는 센트럴 파크가, 건물 바로 옆에는 티파니 보석점이 있었다.

이반코프는 사이코패스였지만 지역 갱들과 동맹관계를 맺는 데는 신중했다.[4] 그는 롱아일랜드 헌팅턴의 1983년 회합에서 제일 처음 만들어진 이권 조율 약속을 지키겠다고 했다.[5] 그 약속의 일환으로, 브라이튼 비치의 러시아 갱단 대표와 대공황 이후 뉴욕의 암흑가를 장악하고 있는 이탈리아 다섯 패밀리 중 하나인 콜롬보Colombo 조직이 한자리에서 서로 얼굴을 맞댔다. 그들은 퀸스 출신 천재 사기꾼 로런스 이오리초Lawrence Iorizzo가 꾸민 사기행각이 엄청나게 큰 성공을 거둔 일에 대해 이야기를 나눴다. 이오리초는 키가 6피트(약 183센티미터)에 몸무게는 30스톤(약 190킬로그램)이나 나갔다. 그들은 그를 뚱보 래리Fat Larry라 불렀다. 소문에 의하면 그는 앉은 자리에서 피자 아홉 판을 먹을 수 있었다. 두 명의 아내에게서 총 여덟 명의 자식을 얻었는데, 그의 두 아내는 15분밖에 떨어지지 않은 거리에 살면서도 적어도 한동안은 서로의 존재를 몰랐다.

뚱보 래리는 장사에서도 결혼 생활에서 보여 줬던 이중성에 필적할 만한 재능을 보였다. 그는 롱아일랜드에 상호 없는 주유소를 만든 다음 체인을 늘리는 중이었다. 다른 주유소 주인들처럼 그도 주와 연방 세금을 고객 요금에 부가했다. 여기서 거둔 수입은 여러 역외회사를 따라 이동하며 회사 수익들과 마구 뒤섞였는데, 세금 징수원이 세금을 회수하러 올 때 즈음 마지막으로 거친 역외회사를 파산시켰다. 마치 밀수한 기름이 빠져나가듯, 가짜 회사들을 따라 설치한 래리의 파이프라인을 통해 돈이 빼돌려졌다. 결국 세금을 한 푼도 내지 않았기 때문에 뚱보 래리의 주유소들은 경쟁 주유소보다 기름값이 쌌다. 하지만 사기 행각이 너무나 성공적이다 보니 서부 해안 마피아 2인조가 래리의 주유소에 눈독을 들였다. 뚱보 래리에게는 보호가 필요했다. 래리는 롱아일랜드에서 가장 무시무시한 갱, 소니 프란지스Sonny Franzese에게 의탁했다. 서류상으로 프란지스는 브루클린의 변변찮은 세탁소 주인에 불과했다. 하지만 실제로는 콜롬보 패밀리의 실력자로 클럽, 음식점, 스트립바, 음악 사업으로 돈을 벌었다. 그는 자신을 배반하는 사람에게는 전능한 신이 그랬을 법한 절대적 공포를 맛보게 해 줬다. 서부해안 2인조는 주유소를 빼앗겠다는 생각조차 깨끗이 포기해 버렸다. 1981년에 뚱보 래리는 프란지스의 의붓아들 마이클을 익명의 동업자silent partner*로 받아들였다. 사업상 완력을 쓰는 일이 또 언제 필요할지 모를 일이었기 때문이다. 뚱보 래리와 마이클 프란지스는 무엇보다 주유소 사기에 심혈을 기울였다. 하지만 그들의 성공은 소련인들을 롱아일랜드로 불러들

---

* 투자만 할 뿐 경영에는 참여하지 않는 비즈니스 파트너.

이는 결과를 초래했다.

롱아일랜드 회합에 참여한 소련인 중에서도 마이클 마코위츠 Michael Markowitz[6]는 누구보다 특별했다. 루마니아 태생인 마코위츠는 1979년에 이스라엘을 거쳐 미국에 들어왔으며, 지금은 뚱보 래리와 비슷하게 주유소 기름 사기에 관여했다. 이탈리아 갱들은 자신들의 세력권이라는 사실을 강조하기 위해 마코위츠를 시멘트로 발라 버린 후 거기다가 도색까지 하는 식으로 아무 고민 없이 간단히 처리해 버릴 수도 있었다. 하지만 그러는 대신에 그들은 합병을 선택했다. 암흑가의 시대도 변하고 있었다. 소련 마피아의 등장은 단순히 무시하거나, 아니면 으름장을 놓아 쫓아 버릴 수 있는 문제가 아니었다. 소련 마피아 대부분은 노동수용소에서 복역한 경험이 있었고, 일부는 KGB에 선이 닿아 있었다.[7] 미국에서 그들을 두렵게 만들 수 있는 건 좀처럼 없었다. FBI도 다섯 패밀리도 두렵지 않았다. FBI는 주요 조직 범죄자들과 은밀한 거래를 이어 오고 있었으며, 이탈리아 패밀리들은 변절자와 이따금 조직범죄를 뿌리 뽑겠다며 칼을 휘둘러 대는 검찰 탓에 지도부가 점차 붕괴하고 있었기 때문이다. 마코위츠의 보스 에브세이 애그론Evsei Agron[8]도 상트페테르부르크에서 브라이튼 비치로 흘러 들어온 인물로, 소몰이용 전기봉을 휘두르며 자신의 입지를 다졌다.

뚱보 래리의 추산에 따르면, 이 다국적 석유 사기꾼들은 뉴욕 전역의 주유소로부터 첫해에만 10억 달러를 벌어들였다. 그들의 경쟁자들도 쉬쉬하며 사기로 빼돌린 석유를 사 갔다. 석유회사 경영주들은 해외의 원유 접근을 통제하는 누르술탄 나자르바예프 같은 지배자에게 응당 십일조를 지불해야 했을 뿐 아니라, 본국에 최소한 얼마라도 세금을 납부하지 않을 수 없었다. 갱들의 급유탱크는 야음을 틈타 텍사코Texaco, 셰브론Chevron, 셸Shell 같은 대형 석유회사의 주유소들에 기름을 채우곤 했다.[9]

마이클 프란지스와 뚱보 래리는 요트와 비행기를 사고 플로리다 남부에 35만 달러짜리 이동주택을 마련했다. 프란지스는 플로리다 주 명예 경찰위원[10]으로 임명되기도 했다. 석유 사기는 사업 포트폴리오에서 가장 많은 이윤을 남기는 부문이 되었다. 덕분에 래리는 알 카포네Al Capone 이후 최고의 마피아 머니 메이커로 등극했다.

뚱보 래리는 상황이 점점 녹록지 않은 쪽으로 흘러간다고 생각했다. 그는 부정 축재자라고 해서 항상 아는 것은 아닌 어떤 중요한 사실을 마음에 두고 있었던 듯했다. 부패한 돈은 벌기는 쉬워도 감추기는 어렵고, 감춘다 해도 세탁하기는 더 어려운 법이다. 게다가 흘러 나와 눈에 띄기라도 하면 마치 바다 위를 떠다니는 기름 막처럼 끔찍할 정도로 많은 이목을 집중시키기 마련이다. 주유소 기름으로 사기를 친다는 말은, 고객이 차량 기름 탱크의 절반이라도 채워 보겠다며 지불하는 손때 묻은 소액 지폐들을 긁어 모으는 일을 한다는 것이다. 현금이 넘쳐났다. 래리는 현찰에 묻혀 익사할 지경이었다. 러시아-이탈리아 사기꾼들은 그렇게 번 돈을 여행가방에 넣어 오스트리아로 실어 날랐다. 그곳의 은행들은 쓸데없는 질문을 하지 않았기 때문이다. 그렇게까지 했는데도 세상은 래리가 처분해야 했던 현금을 감당할 수 없는 것처럼 보였다. 결국 그는 극단적인 방법을 쓰기로 했다. 그는 1달러짜리 지폐들을 모아 태우기 시작했다. 그러면서 5달러짜리도 태워야 하는 게 아닌지 고민했다. 그러다 1984년, 러시아인들과 사업 합병을 한 지 1년 만에 뚱보 래리의 사기 행각은 적발되었다. 그는 FBI에 협조하려 했지만 끝내 무산되어 파리로 달아났다.[11] 마피아들은 그의 목을 두고 청부살해 계약을 맺었다. 그는 파리에서 엄청난 노력으로 다이어트에 성공했음에도 살해되었다. 주유소 기름 사기에서 러시아 무리를 이끌었던 마이클 마코위츠도 인생의 말년 5년을 두려움에 떨며 보냈다. 사기가 발각되자 그도 래리처럼 정보원으로 전향했다. 1989년, 그는 자신의 롤스로이스를 타고 브루클린을 지나다 총에 맞아 사망했다.[12]

주유소 기름 사기가 번창하면서, 미국 내 이탈리아와 소련 범죄 네트워크들의 결속도 강화되었다. 다섯 패밀리 중 적어도 네 개가 주유소 기름 사기에 연루되었는데, 이들은 때로는 사업 감독관의 역할을 자처하며 소련인이 운영하는 여러 경쟁사를 감시하기도 했다.[13] 얼마 안 가 러시아인과 이탈리아인 들은 여러 부문에서 서로 협력하며 함께 사업을 벌이는 사이가 되었다. 2000년에, 경찰은 소련 이민자 마이클 셰페롭스키Michael Sheferovsky를 유괴를 비롯한 갈취 모의 혐의로 체포했다.[14] 셰페롭스키의 파트너는 에르네스트 "부치" 몬테베키Ernest "Butch" Montevecchi로, 빈센트 지간테Vincent Gigante가 이끄는 제노베제Genovese 패밀리의 하부조직원이었다. 지간테는 수십 년 동안 당국을 속이기 위해 목욕가운에 슬리퍼를 신고 미치광이 흉내를 내며 발을 질질 끌고 이곳저곳을 돌아다녔다. 하지만 아드파더

Oddfather*라는 별칭으로 불렸던 지간테는 코자 노스트라Cosa Nostra** 최고의 보스로 평가될 정도로 교활한 사람이었다.[15] 부치는 모스크바인 셰페롭스키Muscovite Sheferovsky와 함께 1990년대 내내 브라이튼 비치를 오르내리며 레스토랑, 간이음식점, 진료소 주인을 대상으로 갈취를 일삼았다. 부치는 1999년, 전화기에 설치된 도청기[16]에 주식 사기 연루 정황이 포착되면서 체포되었다.[17] 곧이어 셰페롭스키도 체포되었는데, 그는 브루클린 검찰 로레타 린치Loretta Lynch와 거래를 했고 그 후 6년 동안 FBI의 조직범죄 소탕 작전을 도왔다. 2006년 6월 20일 오전, 그는 동부지방법원에 출두했다. 준법적인 현재로 불법적인 과거를 대차 대조해서 감형을 청구하기 위해서였다. 그의 변호사는 그를 측은한 사람으로 묘사했다.[18] 변호사는 셰페롭스키가 가난한 데다 암, 심장병, 우울증을 앓고 있다고 했다. 또한 사정이 그러함에도 불구하고 그는 "가정교육과 문화적 영향 그리고 최근 그의 인생에서 겪고 있는 문제들 탓에" 술을 끊지 못하고 있다고 변호했다.

정부 측 변호사는 이미 판사에게 셰페롭스키가 도청기를 다는 등 정보원으로 노력한 바를 기술한 보고서를 제출한 상태였다. 그는 셰페롭스키가 FBI에게 브루클린 폴란드인들이 저지른 200만 달러 상당의 메디케이드Medicaid 의료보험사기를 제보하기도 했다고 덧붙

---

* 종교적 의미가 없는 비공식적 대부(informal Godfather)로 주로 마피아 조직의 대부를 일컬을 때 사용한다.
** 코자 노스트라는 '우리의 것(our thing)'을 의미하는 이탈리아어로 시칠리아 범죄 조직, 특히 미국으로 이주한 이탈리아계 마피아를 일컫는다.

였다. "셰페롭스키의 협조가 아니었으면 수사가 이 정도까지 결실을 보지 못했을 겁니다." 그는 계속 변론을 이어 갔다. "이 모든 것은, 이를테면 그가 체포되면서 범죄 세계로부터 빠져나올 수 있었기 때문에 가능한 일이었습니다."

그의 변호사가 끼어들었다. "셰페롭스키 씨는 현재 61세이며 다섯 손자를 두고 있습니다. 다행스럽게도 그의 가족은 그를 돕는 데 열심입니다. 러시아 공동체가 그거the things라 불러 온 일들을, 대단한 사람이라도 된 것처럼 저질렀던 자신의 과거를, 그는 지금 무척 후회하고 있습니다. 그 일환으로 스스로를 돕기 위해, 또 자신이 한 일을 벌충하기 위해 그는 범죄 세계에 발을 들였던 초반부터 정부를 돕겠다고 결심했습니다."

이제 그의 변호사는 가장 까다로운 부분에 도달했다. 셰페롭스키가 자백한 범죄는 7년에서 9년의 구금형이 부과되는 것이 보통이었다. "저는 저희가 요청하는 바에 대해 정부가 이의를 제기하지 않을 것이라 믿습니다." 말인즉 셰페롭스키의 투옥을 면하게 해 달라는 요청이었다. 변호사는 그러한 요청이 평균적인 양형과 "거리가 매우 멀다"는 사실을 인정했다. 배상 책임과 관련하여, 정부 측 변호사는 판사에게 "피해자들이 신원미상의 사망자들이거나, 아니면 돈을 갈취당했다 한들 그 돈 자체가 범죄 활동으로 인한 수익금이었다"고 말했다.

"좋습니다." 판사가 말했다. "셰페롭스키 씨, 판결을 듣기 전에 하고 싶은 말이 있습니까?"

"예, 하고 싶은 말이 있습니다."

"해 보세요."

"존경하는 재판장님, 저는 제가 살아 온 인생 전부를 진심으로 후회합니다. 정부에게, 재판장님께, 가족에게 사죄하고 싶습니다. 다시는 범죄를 저지르지 않겠습니다. 이 일은 제가 살면서 저지른 큰 실수였습니다. 저는 참혹한 나라에서 성장했습니다. 제 할아버지는 공산주의와 싸우다 총에 맞았습니다. 어떤 판결을 내리실지 저는 모릅니다. 하지만 만약 저에게 기회를 주신다면, 그래서 감옥에 가지 않게 해 주신다면, 훌륭한 시민이 될 것입니다. 정말 죄송하다는 말씀을 드리고 싶습니다. 죄송합니다."

"수고했습니다. 알겠습니다. 판결을 들을 준비가 됐습니까?"

"네, 재판장님."

판사는 판결문을 낭독했다. 3년의 보호관찰, 재정 상태 전면 공개, 약물남용과 정신질환의 치료, 술과 약물의 금지. 정부의 요청에 따라 재판 기록은 대중에게 공개되지 않았다. '마이클 셰페롭스키'라는 이름이 소송인 명부에 올라 있었지만, 판사는 재차 확인해야 했다. 피고가 두 개의 이름을 사용하는 것으로 보였기 때문이다. 변호사는 둘 다 그의 이름이 맞다고 해명했다. "그는 러시아인 공동체에서는 셰페롭스키로 알려져 있지만, 미국식 이름은 세이터입니다. 미국인들 사이에서는 세이터라 불립니다."

바야흐로 3년 후 같은 법원, 같은 검사의 기소 아래 이번에는 세이터의 아들이 직접 본인 사건의 변론에 나섰다.[19]

"저는 야비한 일을 저질렀습니다." 펠릭스 세이터가 판사에게 말했다. "그것은 그저 금융사기에 그치지 않았습니다. 그 일로 저는 제가 가진 능력과 제게 주어진 기회를 스스로 내다 버린 셈이 됐습니다." 그는 범죄행위에 연루되고 싶지 않았기 때문에 펌프앤드덤프 사기를 그만뒀다고 말했다. 사기에서 손을 떼기 위해, 그는 아버지의 고향 러시아로 갔고 통신사에서 일했다. 러시아에서 인생의 다음 장을 시작했다. 물질적으로도 그전의 생활보다 훨씬 더 풍족했다. 그는 판사에게 이때부터의 이야기를 장황하게 늘어놓았다.[20]

모스크바에서 어느 날 저녁, 식사를 하는데 한 미국인 방위산업체 관계자가 이야기를 걸어왔다. 펠릭스가 화장실에 가자, 그 관계자는 거기까지 따라왔다. 아무도 없어 안전한 남자 화장실에서, 그는 내일 한 아일랜드 술집에서 다시 만나자며 은밀하게 약속을 제안했다. 술집에서 만나자마자 그는 펠릭스를 미국 정보부의 신입 요원으로 받아들이는 일까지 일사천리로 처리해 버렸다. 펠릭스는 임무에 매우 적합한 인물이었다. 펠릭스는 러시아어를 능숙하게 구사했을 뿐 아니라, 마침 스릴을 원했다. 그의 변호사들이 심리 공판 전에 글래서 판사에게 미리 보낸 편지에는 여러 가지 이유로 인해 쓰지 못했지만, 그는 러시아 정보부 사람들과도 아는 사이였다. 사실 그냥 아는 게 아니라 아주 잘 아는 사이여서 미국 스파이가 그에게 미사일 방어체계에 대한 정보 수집을 도와달라고 부탁할 정도였다. 그는 러시아가 미사일을 보관하는 군사시설에 들어갈 수 있었다. 여하튼 그는 미국의 최우선 표적에 조심스럽게 다가갈 수 있었다. 그는 스파이들이 스팅어 지대공미사일 여러 기를 찾아내는 데 일조했다. 이 미사일들은 CIA가 아프가니스탄 무장 게릴라조직 무자혜딘mujahideen에게 제공했던 것으로, 당시 미국은 소련 침공에 반대하는 무자혜딘의 주장을 지지했다. 이슬람 테러리즘은 미국의 안전을 책임지는 사람들에게 최우선적인 관심사로 빠르게 떠올랐다. 1998년에 이슬람교 급진파 국제 무장 조직 알카에다[al Qaeda]는 케냐와 탄자니아의 미국 대사관에 폭탄테러를 감행했고 200명 이상이 사망했다. FBI는 알카에다 수장 오사마 빈 라덴[Osama bin Laden]을 추적하기 위해 공을 들이고 있었다. 펌프앤드덤프 사기가 발각되어 재판을 받기 위해 미국으로 돌아왔을 때, 펠릭스는 자신이 수집한 빈 라덴의 위성전화번호 다섯 개가 적힌 종이를 건넸다. 그는 갈취죄를 저질렀음을 인정했다. 경찰청장이 "갱단과 불법 텔레마케팅 조직의 결합"[21]으로 지칭했던 사건에서 그가 저지른 공갈 사기 행각은 20년 징역형에 해당하는 범죄였다. 재판이 진행되는 동안 펠릭스는 정보기관 요원으로서의 자신의 가치를 입증하기 위해 노력해야 했다. 하지만 어쨌든 그는 햄프턴의 집을 몰수당한 것 말고는 투옥되지도 않았고 재판 기록은 봉인되었다. 이제 그는 FBI의 보호 아래 정보원 일을 계속했다. 2001년 9월 11일 테러 공격 이후에, 그는 미국의 적으로부터 신용을 얻는 놀라운 능력을 다시 한 번 보여 주었다. 그는 아프가니스탄 무장 이슬람 정치단체 탈레반[Taliban] 수장 물라 오마르[Mullah Omar]의 개인 보좌관과 친분을 쌓았으며 알카에다의 미국인 자금세탁범들이 누구인지를 밝혀냈다. 또한 돈세탁 전문가인 척한 게 너무나 그럴싸하게 먹혀 초국적 범죄 네트워크 두 곳에 잠입할 수 있었고 제트기를 타고 키프로스와 터키로 날아가 자금세탁을 진행하기도 했다. 러시아 조직범죄와 관련하여 그가 알아낸 것들도 적지 않았다. 그는 정보국에

레드 마피아Red Mafiya*, 올리가르히들의 범죄 커넥션, 심지어 미국 내에서 자행된 사고보험 청구사기에 대한 정보를 제공했다.

오늘 법정에는 펠릭스의 FBI 조직연락책 리오 태디오Leo Taddeo도 출두해서 판사에게 진술했다. 해병대 출신이었던 태디오는, 펠릭스가 범죄 일당에 맞서는 일에 주도적으로 나섰다며 열변을 토했다. 펠릭스는 그의 아버지처럼, 또 뉴욕에서 활동하는 다른 소련 출신 범죄자들처럼 코자 노스트라와 협력해 왔다. 그런 다음 그들을 밀고 했다. 태디오는 펠릭스가 프랭크 코파Frank Coppa를 파멸시키는 데 큰 도움이 되었다고 글래서 판사에게 설명했다. 보나노Bonanno 패밀리의 간부였던 코파는, 마피아들의 월스트리트 침투 통로이기도 했던 주식 사기에서 따라갈 자가 없었다. FBI는 특정 사기 사건과 관련하여 그를 붙잡으려 했지만, 고전을 면치 못하고 있었다. 그러다 펠릭스가 FBI에 합류했고 코파의 범죄 사실을 입증했다. 얼마 안 가 코파는 자신의 범죄 행각을 술술 털어놨을 뿐 아니라 보나노 패밀리의 핵심 인물들을 검거하는 데 협조했다. 보나노 패밀리는 FBI 요원 도니 브래스코Donnie Brasco**의 잠입 수사에도 살아남았을 정도로 빈틈없기로 유명했다. 다른 두 패밀리 멤버들도 펠릭스가 참여했던 펌

---

* 일반적으로 구소련 영토에서 활동하거나 그 지역 출신들이 조직한 조직 범죄단을 일컫는 명칭이다. 구소련 해체 시기 중앙정부의 지방 지배력이 약화되는 과정에서 부패한 지방 관리들과 범죄 집단이 결탁하면서 물적 토대를 마련하였고, 소련 몰락 이후 시장경제 도입 과정의 혼란을 틈타 구소련 지역을 중심으로 6000여 개의 범죄 조직이 만들어지면서 러시아 경제를 좌우하는 거대 암시장의 지배자로 군림하게 되었다.
** 이탈리아 마피아 조직에 잠입해 수년간 위장 근무를 성공적으로 수행한 FBI 요원으로 본명은 조셉 피스톤(Hoseph Pistone)이다. 후에 영화 제작자로 변신, 자신의 자전적 이야기를 각색하여 알 파치노 주연의 영화 〈도니 브래스코〉(1997)를 만들기도 했다.

프앤드덤프 사기 모의 사건에 연루되었는데, 그들은 완력을 사용하여 부패 브로커들의 충성을 끌어내고 경쟁자들을 쫓아내는 역할을 했다. 하지만 그들 역시 와해되었다. 대니 페르시코Danny Persico도 그 중 하나였다.[22] 그의 삼촌 카민 "스네이크" 페르시코Carmine "The Snake" Persico[23]는 연방 교도소 안에서 콜롬보 패밀리를 관리 단속하는 일을 했다. 제노베제 패밀리 하부조직원 에르네스트 "부치" 몬테베키도 그들과 함께 몰락했다. 펠릭스의 아버지는 부치와 함께 젊은 시절에 브라이튼 비치를 오르내리며 갈취 행각을 벌였었다.

태디오는 펠릭스가 이 구색도 다양한 폭력배를 투옥시키는 데 일조하는 동안 모범적인 정보원의 모습을 보여 왔다고 판사에게 말했다. "그는 제 전화를 한 통도 놓치지 않고 받았고, 모든 질문에 정직하게 답했습니다. 그는 과장하지 않고 솔직하기 위해 최선을 다했습니다." FBI는 1990년대 내내 월스트리트에 침투한 범죄 조직을 근절하느라 고군분투했다. "저희가 성공하느냐 실패하느냐는 협력적인 목격자를 동원할 수 있느냐 아니냐에 달려 있습니다." 펠릭스 세이터야말로 그러한 목격자였다. "저는 오늘 펠릭스를 옹호하기 위해 이 자리에 섰습니다." 태디오가 말했다. "저는 그의 가족이 그들의 삶을 살아갈 수 있기를, 그가 좋은 아빠와 좋은 남편으로 잘 살기를 바랍니다. 저는 그가 그럴 수 있는 사람이라는 것을 잘 알고 있습니다."

펠릭스의 변호사가 이야기를 받았다. 펠릭스는 살면서 심리적으로 나약해졌던 순간이 딱 두 번 있었는데 한 번은 술에 취해서였고, 다른 한 번은 옛 친구의 간곡한 부탁 때문이었다. 이런 상태에서 저지른 실수가 평생을 결정하게 해서는 안 된다는 것이 변호사의 주장이었다. "그는 술집에서 싸움을 하며 어리석은 실수를 범했고, 그 실수는 또 다른 바보 같은 실수를 범하는 계기가 되었습니다. 하지만 사실 그는 1996년부터 제대로 된 직장에서 일해 왔으며, 1998년부터는 정부에 협력하고 있습니다." 변호사는 "만회"라는 단어를 사용해도 될지 망설였다고 말한 다음, 어쨌거나 그 단어를 사용하여 말을 이어 갔다. "저는 그가 자신의 명예를 만회했다고 생각합니다. 그는 자신의 잘못에 대해 넘칠 정도로 많은 보상을 해 왔습니다." 변호사는 자신이 지금 막 하려는 요청이 이례적이라는 사실을 알고 있었다. 그런데도 판사에게 징역형을 면제해 달라고, 심지어 보호관찰도 명하지 말아 달라고 요청했다. 정부 측 변호사도 동의했다. 그는 펠릭스가 "자신이 친 금융사기와는 비교가 되지 않을 정도로 많은 사기 행각들을 막아 냈다"고 말했다. 펌프앤드덤프 사기 이후 펠릭스가 위반한 사항이라면, 몇 주 전 저녁 외식을 끝내고 아내와 함께 집으로 운전하고 오다가 아슬아슬한 수치로 음주 단속에 걸린 일이 전부였다.

이제 펠릭스가 진술할 차례가 되었다. 그는 자신이 벌써 몇 해 전에 협력 관계를 끝낼 수도 있었지만 계속하는 쪽을 선택했다고 말했다. "여러 요원, 여러 검사님이 저에게 숱하게 질문하시곤 했습니다. '벌써 판결이 나올 땐가요?' 그러면 저는 '아니요. 그리고 계속 일하는 것에 이의 없습니다'라고 답했습니다. 제가 그 모든 일을 했던 이유는 제 과오를 어느 정도 만회하고 싶었기 때문입니다. 그렇습니다, 저는 범죄자입니다. 맞습니다, 그런 일들을 저지르다니 저는 유죄입니다." 과거의 잘못들을 만회하는 과정에서 그는 이미 쓰라린 좌절을 경험했다. 그는 "저는 부동산 개발 사업을 시작했고 부동산 회사를 차리는 데 성공했습니다"라고 말했다. 하지만 그때 〈뉴욕 타임스〉의 한 기자가 부동산 사업 분야에 새롭게 등장한 이 인물이 사실은 요란한 사기꾼이며 연방 당국이 그의 과거 범죄 이력을 그가 협력한 대가로 덮어 주고 있다는 것을 발견했다.[24] "저는 회사를 접어야 했습니다."[25] 펠릭스는 판사에게 말했다. "회사는 제가 제 두 손으로 직접 세운 것이었습니다. 그런데도 은행들은 '범죄자가 연루되어 있다'고 말했고, 그럴 때마다 저는 은행 문을 나설 수밖에 없었습니다." 〈뉴욕타임스〉 기사에는 그가 미국 정보국 요원으로 수행한 작전 중 하나가 실리기도 했다. 펠릭스가 오사마 빈 라덴이 암시장에서 경매에 부친 미사일 12기의 구매를 시도했다는 내용이다. 기사가 나오고 일주일 뒤에 펠릭스의 딸이 집에 와서는 학교 친구들이 아빠를 테러리스트라고 한다고 말했다. 펠릭스는 판사에게 고했다. "저는 세상에서 가장 끔찍한 일이 일어나고 있고, 또 일어나게 될 거라는 생각이 들었습니다. 제 아이들의 희망을 제가 제 손으로 꺾는 일 말입니다. 이제부터 저는, 지난 과거와 다가올 미래를 위해, 선행을 베풀고 가족과 공동체의 건설적인 구성원이 되도록 열심히 노력할 것입니다. 그러다 보면 제가 제 인생에 쌓아 올린 산더미 같은 쓰레기들도 어떻게든 줄어들지 않을까 하는 희망을 가지고 있습니다."

글래서 판사는 산더미라는 단어가 아주 적확한 표현이라고 생각하며 고개를 끄덕였다. 그는 펌프앤드덤프 사기 공모가 "무감각하고 부패한 악당들이 고안해 낸 일련의 대규모 담보 사기"라고 말했다. 그는 그런 범죄들이 어떻게 일어나는지 늘 의아했다. "나는, 우리 대부분이 우리 내부에 뭔가 나쁜 일을 생각하거나 막 하려고 할 때면 우리 자신에게 속삭이는 작은 목소리를 가지고 있다고 믿습니다. 그리고 그러한 믿음이 내가 품어 온 질문에 대한 답이 될 수 있다고 생각합니다. 그 목소리는 우리에게 '하지 마. 그건 나쁜 짓이야'라고 말합니다. 그런데 나는 언젠가 그 작은 목소리조차 가지고 있지 않은 사람들도 있다는 것을 알게 되었습니다. 그들에게는 그 목소리가 들리지 않으며, 들으려고 귀 기울이지도 않습니다. 그런 사람들이 꽤 있습니다." 판사는 펠릭스 세이터의 경우 그 목소리를 들었지만, 옛 친구가 그에게 사기행각을 제안하자 목소리를 묵살하기로 했던 것 같다고 생각했다. 펌프앤드덤프 사기는 결코 사소한 범죄가 아니었다. 사람들 대부분은 중범죄란 "살인, 강간, 강도, 폭행처럼 심각한 신체적 상해를 입히는" 범죄라고 생각한다. 하지만 판사는 "펠릭스가 연루된 범죄 또한 심각한 중범죄"라고 말했다. 수백 명의 사람이 노후나 아이들 교육을 위해 저축해 온 돈을 잃었다. 글래서 판사는, 어떻게 보면 이러한 "화이트칼라 범죄"가 가하는 위해가 다른 범죄들보다 더 심각하다고 지적했다. "어떤 확실한 약물을 사람들의 머리 속에 주사하여 즉각적으로 법을 존중하는 마음이 들도록" 강제할 수는 없기에, 법원은 "특정 행위를 불법으로 규정해 그 행위를 하지 않는 것이 법을 존중하는 것임을 이해시키려" 할 수밖에 없다. "결국 법에 대한 존경심을 고취한다는 것은 법이 금하는 일을 하지 않게 하는 것과 같습니다. 그러니 법이 담보 사기가 범죄라고 한다면 그 의중을 생각해 보십시오. 결코 사기행각을 벌여서는 안 됩니다. 법의 팔은 아주 깁니다. 당신이 어디에 있건 결국에는 당신을 따라잡을 것입니다."

글래서는 점차 결론에 다가가고 있었다. "나는 어떤 이가 신에 대해 했던 질문을 이따금 곱씹어 보고는 합니다. 누군가가 신도 기도하는지를 물었습니다. 돌아온 답은 '엄청 어리석은 질문이군. 신이 기도한다니! 신이 대체 뭘 위해 기도하겠나?'였습니다. 그러자 신은 자신의 자비심이 자신의 정의감을 이기게 해 달라고 기도할지도 모른다는 답이 나왔습니다." 그러나 글래서는 딜레마에 봉착했다. 1994년 화이티 벌거Whitey Bulger26 스캔들이 터진 이래로 FBI 정보원을 다루는 판사라면 모두가 한 번쯤 빠지게 되는 딜레마였다. 보스턴 남부에서 활동하는 아일랜드 출신 갱, 화이티는 그 지역의 이탈리아 마피아 보스를 잡는 데 협조해 왔다. 마침 그가 화이티의 주된 라이벌이었다는 점도 화이티의 협력을 끌어내는 데 안성맞춤이었다. 당시는 1970년대였다. 마피아는 건강한 미국이 도시에 대한 통제력을 상실했다는 불안감의 표현이었다. 어릴 적 친구이자 FBI 연락책 존 코널리John Connolly의 노력 덕분에, 화이티는 보스턴에서 마약 거래를 할 수 있었고 거래 사실을 치안 당국에 폭로하겠다고 위협하는 사람은 누구라도 제압하며 수십 년을 특별한 문제 없이 지낼 수 있었다. 그러는 내내 그는 늘 지나다니던 방파제처럼 자신이 도시에 몰아닥친 재앙을 막아 주는 존재인 양 행세했다. 코널리는 화이티에게서 돈을 받았고 자신의 악당 친구가 금쪽 같은 정보원이라 치켜세우며 그의 뒤를 캐려는 어떠한 시도도 무마시켰다. 하지만 화이티가 물어 오는 정보는 대부분 쓸모없는 것이거나 아니면 코널리가 다른 출처로부터 입수한 정보를 그저 재탕한 것에 불과했다. 그래도 좀처럼 문제될 일은 없었다. 그러나 아무리 뭘 모르는 범죄 전략가라도 잘 알고 있듯이, 정보원으로 선택된다는 것은 그 어떤 것보다 두려운 일이다. 코널리가 화이티에게 그랬듯 당신 사업에 목줄을 쥐고 있는 경찰이나 사업가, 정치인 같은 사람들이 어느 날 갑자기 돌변해 당신을 외면하고 자신들만을 비호한다고 생각해 보라. 구미에 맞지 않으면 당신은 언제든 제거될 수 있다는 것이 진실이다.

변호사와 연락책들의 다소 긴 법정 진술이 끝나자, 펠릭스 세이터는 그들의 진술과 약간 다르게 자신이 옳은 길을 걸어 온 사람이라는 모양새를 취하기로 했다. 이제 그는 재개발하려고 파헤친 건물 바닥에서 모습을 드러내는 시체처럼, 자신의 과거가 불쑥 튀어나올지도 모른다는 두려움 속에서도 애써 전진하는 정직한 뉴욕 부동산 거래 전문가였다. 그래서 판사는 화이티의 경우를 직접 언급하지는 않았지만, 복잡한 범죄에 연루되어 온 보스턴 갱이나 펠릭스 세이터 같은 정보원들이 부당 이득을 챙겨 왔다는 점이 인정된다는 사실을 분명히 했다. "범죄자가 지적 수준이 높고 아는 것이 많을수록 그의 협력의 가치는 올라가며, 협력으로 공익에 기여하는 바가 클수록 원래 받았어야 하는 형벌은 줄어듭니다. 늘 그래 왔습니다. 하급 마약 판매상이나 밀수꾼 들은 당국에 도움이 될 만한 정보를 가지고 있지 않습니다. 그러다 보니 그들은 법이 정한 대로의 판결을 받게 됩니다." 판사는 펠릭스가 법을 위해 기울여 온 노력이면 과연 법이 그에게 요구하는 20년 형에서 얼마를 감형할 수 있는지를 자문자답해 보았다. "나는 당신이 거의 매일 밤 어떤 판결이 나올지 불안해하며 제대로 잠들지 못했을 거라고 생각합니다. 언제 판결이 나오는지, 당신의 운명이 어떻게 될지 궁금했을 겁니다. 마음의 짐을 더는 시점이 오랜 기간 미뤄지며 11년(당국에 협력하는 경우, 일반적으로 소요되는 기간)이라는 시간이 흐르는 동안 일종의 심리적 감옥 생활을 했으리라 판단됩니다." 펠릭스와 그의 동료 공갈 협박꾼들은 모두 도둑이었다. 도둑이라는 단어만큼 그들에게 딱 맞는 단어는 없었다. 하지만 "당신은 당국에 협력하는 그 오랜 세월 동안 법에 대한 진정성과 존경심을 분명하게 보여 주었습니다."

펠릭스가 11년 동안 기다려 왔던 순간이 왔다. "판결하겠습니다." 존 고티를 가석방 없는 종신형으로 보내 버린 판사가 판결문을 읽기 시작했다. "2만 5000달러의 벌금형에 처한다." 그것으로 끝이었다. 법정 기록은 계속 봉인될 것이었다. 글래서 판사는 마지막으로 펠릭스에게 한마디 더 충고했다. "다음에 아내 분과 저녁 먹으러 나가서는 적당히 마시기 바랍니다."

실재 과거

— • *The Real* • —

2010년 5월, 영국 런던

12

2010년 5월 2일, 은행의 위기는 국가의 위기가 되었다. 2008년의 금융 재앙은 '실물경제'에 피해를 주기 시작하더니, 전 세계적인 경기 침체를 초래했다. 각국 정부는 은행들을 구하기 위해 엄청난 돈을 쏟아부은 데다가, 실물경제 위축으로 기업들이 노동자들을 해고하거나 직장 폐쇄가 잇따름으로써 국고의 조세 수입이 현격히 줄어드는 상황에 직면했다. 국가차주sovereign borrowing*도, 위기 이전이라면 어찌어찌 가능할 수도 있었겠지만, 지금으로서는 상환 능력 부족으로 선택할 수 없는 대안이었다. 주말 동안 이어진 협상 끝에 유럽의

---

* 외국 정부나 중앙은행 등의 국가 기관이 최종적인 차주(대차 계약에서 빌리는 주체)인 경우를 이르는 말이다.

지도자들은 그리스가 채무불이행으로 디폴트default*에 빠지지 않도록 1460억 달러의 차관을 제공하기로 합의했다.[1] 그 대신 그리스 정부는 채권상환이 용이하도록 공적 지출을 크게 감축하겠다고 약속했다. 그리스 국민 대다수를 궁핍한 처지로 내몰아야 실현될 수 있는 약속이었다.

결전의 날이 임박했다. 나이절 윌킨스는 이제 막 60세가 되었다. 드디어 일격을 가할 때가 왔다.

나이절은 BSI를 퇴사하기 전에 당국에 자신이 아는 바를 제보했다. 얼마 후 국세관세청으로부터 전화가 왔다.[2] 나이절은 국세관세청으로 직접 찾아가겠다고 제안했지만, 그러지 말고 해머스미스Hammersmith 역 구내 더블유에이치스미스WHSmith 서점 앞에서 오전 10시에 보자는 말이 돌아왔다. 거기서 카키색 재킷을 입고 카키색 가방을 든 남자를 찾으면 뒤따라 가라고 했다. 나이절은 알려준 대로 서점 앞에서 기다리다가 카키색 남자를 발견했고 바로 그를 따라갔다. 1마일쯤 걸었을 때 자신의 이름을 부르는 소리가 들렸다. 주위를 둘러보자 또 다른 남자가 호텔로 들어오라며 손짓했다. 국세관세청으로 직원은 "아무도 당신이 어디로 가는지 알지 못하게 하기 위해서, 또 당신을 미행하는 자가 없는지 확인하기 위해서 이러는 겁니다"[3]라고 설명했다.

나이절은 국세관세청으로 직원과 그의 동행자와 4시간 동안 이

---

* 채무자가 공사채나 은행 융자, 외채 등의 원리금 상환 만기일에 지불 채무를 이행할 수 없는 상태를 가리킨다. 채무자가 민간 기업인 경우는 경영 부진이나 도산 따위가 원인이 될 수 있으며, 채무자가 국가인 경우는 전쟁, 혁명, 내란, 외화 준비의 고갈에 의한 지급 불능 따위가 그 원인이 된다.

야기를 나눈 다음, BSI 고객 명단을 건넸다. "우리 쪽에서 다시 연락이 갈 겁니다." 직원이 말했다.

매일매일 나이절은 자신이 제보한 스위스 은행가들이 재판에 회부되었다는 뉴스를 기대하며 신문을 펼쳤다. 어쩌면 그들의 고객도 법의 심판을 받을지 모를 일이었다. 아니면 비밀스러운 금융업계의 다른 내부 고발자들처럼 나이절에게 우연을 가장한 모종의 사고가 일어날지도 몰랐다. 나이절이 그들과 맞서 싸우겠다고 결심했을 때, 샬럿은 그에게 그들이 막강한 힘을 가지고 있으며 그 힘으로 그를 짓이겨 버릴 거라고 경고했다. 샬럿은 이따금 그렇게 보일 때도 있지만 그가 허영심에 이런 일을 벌이고 있는 것이 아니라는 사실을 알고 있었다. 약탈자들은 그들의 과거 이력을 그럴듯하게 지어 내려 할지도 모른다. 그러나 나이절은 자신이 사진으로 찍어 자신의 붉은 상자들 속에 간직해 둔, 실재 원본 서류 뭉치들을 자기 두 눈으로 똑똑히 보았다. 그 문서들에는 돈이 어디에서 와서 어디로 갔는지, 어떻게 위장되었는지가 빠짐없이 기록되어 있었다. 있는 그대로의 과거, 그것이 바로 나이절이 주장하려는 것이었다. 과거는 실재한다.

번데기

chrysalis

"윈스턴, 당신은 배우는 게 좀 늦군."
오브라이언이 점잖게 말했다.

"그럼 제가 어떻게 하면 되는데요?" 그는 울어서 눈이 퉁퉁 부은 얼굴로 물었다.
"제 눈에는 그렇게 보이는데, 저더러 어떡하라고요? 2 더하기 2는 4잖아요."

"4일 때도 있지, 윈스턴. 하지만 5일 때도 있고, 또 어떨 때는 3이 되기도 해.
가끔은 동시에 모든 숫자가 정답이 되기도 하고. 자넨 더 열심히 해야겠네.
제정신을 차리기가 어디 쉽겠어."

|

조지 오웰, 《1984》

시작
• *Beginnings* •

트리오 중에서 세간의 주목을 가장 많이 받은 사람은 사샤 마슈케비치였다. 사샤는 그의 생활이 연출되고 다듬어져 대중에게 공개되기를 바랐다. 하지만 최근에는 형식에 구애받지 않고 지나치게 있는 그대로 노출되는 경향이 강했다. 위키리크스WikiLeaks*가 미국 국무부의 외교 전문들cables을 공개했을 때는, 사샤보다도 파트너들이 훨씬 더 당혹스러워했다. 어쨌거나 돈 한 푼에도 벌벌 떠는 시골뜨기라

---

* 정부와 기업, 단체의 불법, 비리 등 비윤리적 행위를 알린다는 목적으로 2006년 12월 아이슬란드의 수도 레이캬비크에서 설립된 고발 전문 웹사이트다. 이 사이트와 관련된 인물 중 유일하게 신원이 밝혀진 사람은 언론의 자유와 검열 반대를 주장해 온 전문 해커 출신의 설립자 줄리언 어산지(Julian Paul Assange)다. 그는 위키리크스의 존재 이유가 정부의 비밀을 공개하여 국민의 알 권리를 보호하고, 국민들 스스로 중요한 결정을 내릴 수 있도록 필요한 정보를 제공해 주는 것이라고 말하였다. 또 위키리크스는 정보제공자(내부고발자)들과 언론인들이 감춰진 정보를 대중에 공개하도록 돕는 국제적 공공 서비스이고, 민주주의의 도구라고 자평하기도 했다.

고 조롱당하는 것은 사샤가 열심히 만들어 내고 있었던 인심이 넉넉한 세계주의자 이미지와는 전혀 어울리지 않았다. 아스타나 주재 미국 대사관은 미국 국무부에 다음과 같은 외교 전문을 보냈다. "마슈케비치가 그의 재산을 탕진하고 있는지는 확실치 않다. 그러나 요리에 재능이 없는 건 확실해 보인다. 대사가 그의 집에 초대받아 식사를 네 차례 대접받았는데, 메뉴가 모두 비슷했다."[1] 사샤의 요리사는 삶은 고기에 면 요리를 곁들여 내는 베시바르막beshbarmak과 필라프를 차려 냈다. "웨이터는 소련 카페테리아 트레이닝 아카데미 졸업생처럼 보였다. 적어도 와인은 상당히 고급이었는데, 꽤 훌륭한 프랑스산 빈티지 와인이 손님들에게 제공되었다. 사샤의 아스타나 저택에는 방문마다 나무 명패가 걸려 있었다. 미국 서부 와이오밍의 사냥꾼 오두막이라면 멋져 보였겠지만, 카자흐스탄 엘리트들 사이에서 유행하는 최고급 '유럽식 리모델링Euro-remont'과는 상당히 동떨어진 느낌이었다."

서방인의 눈에는 트리오가 좋아하는 모든 것이 우스워 보일 수도 있었다. 당시 〈포브스〉가 선정한 부자 리스트를 한번 살펴보자. 런던 증권거래소의 신사가 된 지 3년 후인 2010년, 사샤를 비롯한 파트너들(이브라기모프와 초디에프)은 순자산 33억 달러에 이름을 올렸다. 이는 에스티 로더와 스티븐 스필버그보다 많은 액수였다. 사샤의 재산은 에너지 업계의 거물 티 분 피켄스T. Boone Pickens와 맞먹고 부동산 갑부 톰 배럭Tom Barrack의 3배에 달했다. 그렇지만 지나치게 많은 관심을 끌고 싶지는 않았다. 돈에 관한 한, 얼마를 가지고 있느냐를 빼면 나머지 사실은 비밀에 부쳐질 때 빛을 발하는 법이다. 그것이 2010년 12월 20일 ENRC의 전자우편함에 도착한 이메일 한 통이 소동을 일으킨 이유였다. 발신자는 익명이었으며, 루드니Rudny 광산에서 일하는 기술자라고만 쓰여 있었다.

거대한 철광산 루드니는 러시아와 국경을 맞댄 카자흐스탄의 광활하고 사람이 살기에 혹독한 지대에 자리하고 있었다. 트리오에게 이 광산은 샘솟듯 쏟아지는 돈의 원천이자 그들이 세운 ENRC를 뒷받침하는 주요 자산 가운데 하나였다. 익명의 기술자는 광산에서 이루어지고 있는 특정 "부패와 위법행위" 사실들을 정리해서 알리지 않으면 안 되겠다는 생각이 들었다고 썼다. 도급 회사들은 상납의 대가로 비용을 부풀렸고, 회사의 예산은 한 중역의 농장 공사 비용으로 유용되고 있었다. 트리오 중 하나인 알리잔 이브라기모프의 조카 파르하드 이브라기모프Farhad Ibragimov는 뇌물을 받고 있다는 소문이 자자했다. 기술자의 설명에 따르면, 루드니는 광산의 다른 모든 이들이 열악한 설비와 씨름하는 동안, 한 줌도 안 되는 관리자들의 이익을 위한 돈벌이 수단으로 전락했다.

기술자의 이메일은 복사되어 카자흐스탄 정보부와 부장검사에게 보내졌던 것 같다. 두 기관 모두, 트리오의 후원자인 나자르바예프에게 루드니의 광산에는 아무런 문제가 없다고 답했다. 하지만 이제 ENRC는 영국의 주식회사였으며, 그것도 가장 비싼 회사 중 하나였다. ENRC 본사는 세인트 제임스 왕립공원 옆에 있었다. 본사에는 중역과 법률 감사 책임관들이 근무했다. 그들은 이메일을 읽고 나서 주요 상장 기업을 위한 표준절차에 따르기로 결정했다. 그래서 시티의 대형 법률회사를 고용하여 소문의 진상을 파악하게 했다. 이러한 방식대로만 한다면 조사 과정을 통제할 수 있고 또 만약의 경우 누구를 당국에 넘길 것인지, 당국에는 어떤 이야기를 할 것인지를 결정할 수 있었다. 표면적으로 이 사건은 이른바 뇌물 같은 중대 범죄라기보다는 회사를 상대로 한 사기 사건에 불과했다. 하지만 트리오는 위협을 느꼈다. 누군가가 루드니를 파헤치기 시작했다면, 그들의 과거도 들여다보기 시작할지 몰랐다. 깊이 파헤치다 보면 그들의 출발 지점에 도달할 수도 있었다.

…

모스크바가 아직 소련 제국의 수도였을 때, 보리스 버시타인Boris Birshtein[2]은 28인승 전용기에서 내려 마치 고위 관리라도 되는 듯 세관 검색대를 거치지도 않은 채 대기하고 있는 자동차에 오르곤 했었다. 그러면 경찰이 레닌 언덕Lenin Hills까지 그를 에스코트해 줬다. 코시긴Kosygin가에 있는 그의 웅장한 저택 입구는 무장 경비원들이 지키고 있었다. 일부는 군복을 입고 있었고 일부는 사복 차림에 KGB 신분증을 소지한 요원들이었다. 얼굴 주위로 턱수염이 무성한 버시타인이 리무진에서 내리면, 검은담비 털로 가장자리를 두른 코트에 다이아몬드 브로치를 단 모습이 꼭 부의 화신처럼 보였다.[3]

버시타인은 언젠가 한 기자에게 다음과 같이 말했다. "나는 오랫동안 소련과 사업 파트너였습니다.[4] 브레즈네프Brezhnev 시절에 사업을 시작한 이래로, 당신도 알다시피 어쨌든 나는 상당히 독보적인 위치에 오를 수 있었습니다. 나는 많은 사람을 만났고 많은 유력 인사와 친구가 되었습니다." 리투아니아에서 태어난 그는 처음에는 이스라엘로 갔다가 1982년 캐나다 토론토에 정착했고, 그 후 캐나다와 소련을 오가기 시작했다.[5] "나는 사람들을 만나고 커넥션과 연줄을 만드는 일에 점차 많은 시간을 들였습니다. 이런 관계가 있었기에 내가 정상에 오르는 것이 가능했습니다."[6] 그러나 이제 고르바초프가 권력을 장악하고 소련 제국이 하루가 다르게 생각지도 못한 방식들로 변화함에 따라, 오늘 정상을 차지한 사람들이 내일도 정상의 자리에 있을 거라고 그 누구도 장담할 수 없는 상황이 되었다. "보리스는 늘 돈 이상을 원했습니다. 그는 영향력을 갖고 싶어 했습니다. 돈은 영향력을 얻기 위한 수단일 뿐이었습니다."[7] 그의 회사에서 무역 실무를 담당한 관리자 중 한 명이 말했다. 변화가 다가오는 상황에서도 영향력을 유지하려면 두 부류의 사람들, 스파이와 사기꾼이 필요했다. 보리스 버시타인은 이들을 다루는 솜씨가 뛰어났다.

레닌 언덕에서 시내를 가로지르다 붉은광장의 모퉁이를 돌면 복숭앗빛이 도는 베이지색 4층 건물이 나온다. 이 KGB 본부에서 공산당 관리 안톤 볼코프Anton Volkov[8]는 버시타인의 이름이 지금 막 발흥하고 있는 소련 자본주의의 대명사처럼 여겨지고 있다는 사실에 경악하고 있었다. 볼코프는 수년간 서방에서 파견근무를 하느라 KGB 본부와는 멀리 떨어져 지냈다. 그는 귀국과 동시에 해외 첩보를 담당하는 제1국 고위 간부회의 일원이 되었다. 1974년부터 제1총국장 자리를 지키다가 최근 국가보안위원장KGB chairman으로 승진한 블라디미르 크류츠코프Vladimir Kryuchkov는 일당 독재 체제의 신임을 받기에 부족함이 없는 사람이었다. 그는 1956년 부다페스트에서

제2부. 번데기

외교관으로 근무했던 청년 시절부터 헝가리 혁명(소련 군대에 의해 진압되었다)에 극심한 반감을 표출해 왔다. 그런 그였지만, 1987년에는 불행히도 고르바초프의 워싱턴 방문을 수행하는 바람에 냉전에 종말을 가져오게 될 군축 협정 서명식에 참여하지 않을 수 없었다.[9] 모스크바로 돌아오자, 고르바초프는 당 관계자들에게 권력이 다하기 전에 권력을 돈으로 전환하는 방법을 알아내라고 지시했다.[10] "최우선 과제는 KGB가 주도하는 금융 비즈니스 제국을 건설하는 것입니다." 볼코프는 크류츠코프에게 선언하듯 상기시켰다. 수십 년 동안 자본주의를 불안정하게 만드는 데 헌신해 온 제1수석국장이었지만, 앞으로는 주적Main Adversary의 방식들을 따라 하지 않을 수 없었다. 볼코프는 아침에 출근하면 누군가의 문의 전화를 받아야 했다. "한국과의 사업은 어떻게 진행되고 있습니까?" 점심을 먹고 나면 또 다른 전화에 응답해야 했다. "미국과의 사업은 어떻게 진행되고 있습니까?" 아무도 국가안보에 대해 말하지 않았다. 모든 일이 비즈니스와 관련되었고, 정보 업무를 처리할 시간 같은 것은 없었다. 볼코프는 생각했다. 소련은 끝났다.

당에는 이미 회계책임자가 있었다.[11] 회계 담당자 니콜라이 크루치나Nikolay Kruchina는 부동산 자산 목록의 가치만 90억 달러에 달하는 당의 재산을 관리했다. 1990년 8월, 이미 소련이 분해되고 있던 시점에, 크류츠코프의 상관이자 소련 공산당 중앙위원회 부서기장이었던 블라디미르 이바시코Vladimir Ivashko는 고르바초프에게 비밀각서를 발송했다. 그는 해외에 당의 재산을 은닉하고 영향력을 유지하기 위해서는 당 차원에서 국제적인 사업가들과의 협력 사업을 크게 확대할 필요가 있다고 제안했다.[12] 그것은 썩 괜찮은 제안이었지만, 73년간 이어져 온 공산주의로 인해 소련 체제는 자본주의적 통찰력이 부족한 상태였다. 볼코프는 모든 사람이 시장경제에 대해 이야기하고 있었지만, 시장경제를 조금이라도 이해하는 사람은 전무하다는 사실을 깨달았다. 볼코프의 KGB 제1국 고위 간부회 동료 중 한 명인 레오니트 베셀롭스키Leonid Veselovsky[13] 대령 같은 사람들만 예외였다. 그는 포르투갈과 취리히에서 근무하며 서방에서 활동하는 공산주의자들에게 공작금을 지원하고 전달하는 일을 수행했다. 이는 가장 민감한 국제 임무 중 하나였다. 냉전 동안 수억 달러의 소련 돈이 소련에 '우호적인 기업들'[14]을 통해 사회주의 이념을 지지하는 전 세계 조직들에 전달되었다. 이들 기업이 소련의 원자재를 싸게 사들여 그보다 훨씬 높은 시장 가격으로 서방에 되판 다음, 그 차액을 서방 국가들에서 활동하는 우호 조직들의 은행 계좌에 맡기는 식이었다. 이는 자본주의로 자본주의에 맞서는 유쾌한 방식이라 여겨졌다. 볼코프는 베셀롭스키 대령이 여전히 비슷한 임무를 수행하고 있지만 이제 전혀 다른 목적에서 그렇게 한다는 사실을 알게 되었다. 그는 이제 소련 체제의 재산을 누가 됐건 훔쳐서 먹어 버리기 전에 꼭꼭 숨기는 일을 했다. 베셀롭스키는 당 중앙위원회에 메모를 보내 자신의 계획을 상세히 설명했다.[15] 그는 자금 수령이 가능한 회사들을 서방 국가들에 설립하여 당의 자금을 해외로 이전시켰다. 예컨대 스위스처럼, 그가 "가벼운 과세제도"라 불렀던 세금 제도를 운영하는 나라들로 자금을 옮겼다. 확실히 자금 피난처 당국들은 이 새로운 자금의 유입에 반대할 수도 있었다. 하지만 서방에서 파견 근무했던 시절의 경험에 비추어 볼코프가 잘 알고 있었던 것처럼, 아무도 자금세탁에 관심을 가지지 않았다.

사람들은 죽어 가는 제국에서 몰래 빼돌린 돈을 파티 골드[party gold]라 불렀다. 얼마나 빠져나갔을까? 수십억 달러라고 추정하는 사람들도 있었다.[16] 그러나 볼코프는 은행 한 곳을 통해 흘러 나간 돈만 따져도 대략 그 정도는 될 거라고 봤다. 한편 KGB 출신의 한 망명자는 500억 달러쯤일 거라고 추산하기도 했다.[17]

레닌 언덕에 있는 보리스 버시타인의 저택에는 KGB 요원들이 끊임없이 드나들었다. 그는 KGB 부대원 중에서도 가장 유력한 정치인들을 경호한 것으로 유명한 베테랑 요원을 경비대장으로 지명했다.[18] 그의 회사는 러시아 학자 게오르기 아르바토프[Georgi Arbatov][19](KGB 내부에서는 암호명 바실리[Vasili][20]로 더 잘 알려져 있었다)가 설계한 벤처사업에 참여했다. 또한 버시타인은 KGB 자금세탁 구조의 설계자, 베셀롭스키 대령에게 일자리도 마련해 주었다. 버시타인은 베셀롭스키가 승진해서 공산당 중앙위원회에 잠시 몸담고 있던 시절 레닌 언덕 저택의 임대차 문제를 협의할 때 그와 처음 만났다.[21] 레닌 언덕의 저택들은 미국의 키신저[Kissinger]나 쿠바의 카스트로[Castro] 같은 외국 정치인들의 방문에 대비해 비워 두는 것이 관례였지만, 버시타인은 자신이 바라는 것을 얻었다. 얼마 지나지 않아 그는 베셀롭스키에게 자기 회사의 '경제고문'이라는 직함을 주며 고용계약을 맺었다. 베셀롭스키는 한때 KGB 임무를 수행하며 머물렀던 취리히로, 부정한 돈의 세계적 중심지로 돌아갔다. 버시타인은 그에게 호반의 주택과 은색 메르세데스벤츠를 제공했다. 취리히는 거물인

척 자처하는 구소련인들로 넘쳐났다. 그들의 일을 봐주는 한 스위스 회계사가 목격한 바에 따르면 "많은 러시아인이 들어와서는 자신이 수백만 달러 자산가라고 말합니다. 하지만 결국에는 아무것도 아닌 경우가 대부분입니다."[22] 반대로 베셀룹스키는 "진짜처럼 보였습니다. 그는 정부인지government stamp가 찍힌 돈을 잔뜩 가지고 들어왔습니다."

베셀룹스키를 영입한 시점부터, 버시타인의 재산은 급격히 증가했다. 이전에 버시타인은 채권자들 때문에 고군분투했었다. 하지만 1991년부터 1992년 사이에 그의 회사 시베코Seabeco가 러시아 회사들과 합작해서 세운 6개 투자 벤처회사는 엄청난 고수익을 올렸다.[23] 시베코의 연간 거래총액은 5억 달러에 달했다.[24] 전 세계에 흩어져 있는 800명의 직원이 붕괴하는 공산주의 제국(비탄에 잠긴 공장, 광산, 저장고로부터 화학제품, 비료, 금속을 선심 쓰듯 싼값에 후려치며 사들일 수 있었다)과 저 너머 자본주의 세계 사이의 무역으로 막대한 수익을 창출했다. 버시타인은 러시아를 넘어, 구소련에서 분리된 다른 신생 공화국들로 가지를 뻗어 갔다. 몰도바에서는 카지노에, 우크라이나에서는 철강에 손을 댔다. 자본주의로 이행하면서 기이한 웜홀wormhole*이 열렸다. 그도 그럴 것이 버시타인이 키르기스스탄의 금을 운반하는 동안 400만 달러어치가 어딘가로 빨려들어간 듯 감쪽같이 사라졌다.[25] 그는 스위스에도, 유럽의 고대 무역도시 앤트워프

---

* 원래는 벌레 먹은 자리, 벌레 구멍을 의미한다. '사과를 관통하는 벌레 구멍(wormhole)으로 반대편까지 더 빨리 갈 수 있다'는 비유적 의미로, 서로 다른 두 시공간을 잇는 구멍이나 통로, 즉 우주 공간의 지름길을 가리키기도 한다. 본문에서는 공산주의와 자본주의 두 세계를 연결한다는 뜻이므로, 후자의 의미로 쓰였다고 보면 된다.

Antwerp에도 사무소를 열었다. 또한 당시에 상당한 사업가적 재능을 발휘하고 있던 새로운 세력과 친분을 맺었다. 바로 폭력배들이었다.

보리스 버시타인은 몰도바 대통령이 개최한 환영회 자리에서 미하스Mikhas**26**를 만났다.**27** 그들은 서로 이야기를 나누기 시작했다. 미하스(그의 실제 이름은 세르게이 미하일로프Sergei Mikhailov였다)는 1990년대에, 양지라는 뜻과는 어울리지 않는 모스크바 솔른체보Solntsevo의 음침한 뒷골목에서 성장했다. 청년 시절에 그는 자신의 거대한 체격을 이용해 그레코로만형 레슬링 대회에 참가하며 소련을 누비고 다녔다. 그러다가 모스크바에 돌아와 공산당 기간요원apparatchik이 묵는 호텔 관리 일을 했다. 하지만 자본주의가 도래하면서 사업에 뛰어들었다. 사업은 적대적인 분위기가 지배하는 곳이었다. 미하스는 자신이 거둘 수 있는 최고의 성공은 살아남는 것이라고 여기게 되었다.**28** 그래서 고향 동네 이름을 따서 폭력조직 솔른체프스카야 형제단Solntsevskaya brotherhood을 만들어 놓고서도 자신은 그 단체와 아무 관련이 없다고 딱 잡아떼곤 했다.**29** 신을 믿고 그리스정교회의 미신과 동료 모리배들을 신뢰한 덕분인지 뭔지는 몰라도, 그는 (당연히 스위스를 비롯한) 해외에 은행 계좌들을 열 수 있었고**30** 형제단이 국제적으로 활동할 수 있는 발판을 마련했다. 형제단원들은 IBM의 보증으로 비자를 받아 미국에 들어갔다.**31** 얼마 후 FBI는 마약 밀매, 비자 사기, 뇌물, 살인, 돈세탁, 금품 강요 등 형제단의 수익 활동 목록을 작성했다. 미하스는 1989년에 금품 강요 혐의로 러시아에서 체포되었지만**32**, 유죄 선고를 받지는 않았다. 형제단은 모스크바 최고의 마피아 조직으로 성장했다. 관할 구역을 관리하는 단원만 2000명에 달했다.

완력이 필요하면, 뱌체슬라프 이반코프처럼 공산주의 강제노동수용소에서 단련된, 문신으로 도배한 **도둑들**vory에게 의지했다.[33] 그러나 형제단의 리더들, 특히 미하스는 자본주의적 범죄자 혹은 **권력**avtoritet형[34] 비즈니스 갱이라는 새로운 유형에 속했다.

미하스는 사업에서 신뢰가 중요하다고 믿었으며, 보리스 버시타인이 자신을 신뢰한다고 생각했다. 두 사람 모두 스위스에 집을 마련했을 때, 버시타인은 미하스를 종종 집으로 초대했으며, 후계자로 키우고 있던 사위 알렉스 슈나이더Alex Shnaider에게 미하스를 소개하기도 했다.[35] 미하스와 버시타인은 여러 가지 계획을 세웠다. 가장 야심 찬 계획은 서방과 동방 사이에 돈이 오가는 거래 중 가장 큰 거래에 참여하는 것이었다. 즉 이들은 중앙아시아에서 시작해서 우크라이나를 거쳐 유럽의 문 앞까지 연결되는 가스 파이프라인을 재건해서 그칠 줄 모르고 타오르는 요리용 쿡탑, 라디에이터, 발전소에 연료를 공급할 계획을 세웠다. 미하스는 1억 5000만 달러를 투자할 계획이었다.[36] 하지만 계획이 한창 진행되던 1996년, 미하스는 제네바에 착륙하자마자 체포되어 조직범죄, 불법 점유, 스위스 부동산의 불법 취득 혐의로 체포되었다.[37] 2년 후 핵심 증인이 신원을 알 수 없는 사람들의 공격을 받아 살해되었고[38], 스위스와 공조하고 있던 러시아 검사들은 돌연 해고되었으며, 주기로 약속한 증거는 오지 않는 등 일련의 사건이 발생한 후에, 미하스는 혐의를 벗었다. 하지만 보리스 버시타인처럼 자신의 상류사회 지위를 지키는 데 혈안이 되어 있는 사업가들은 더 이상 미하스와 관계를 갖고 싶어 하지 않았다. 게다가 그때쯤에는 버시타인도 자신의 문제를 해결하느라 정신이 없는 상태였다.

1993년 여름, 보리스 옐친 정부는 붕괴 직전이었다. 일반적으로 모스크바의 금융범죄자들은 옐친의 집권에 지지를 보냈다.[39] 옐친이 천성적으로 그렇기도 했지만 술에 취해서도 관대했기 때문이다. 공직을 이용해 사익을 취하는 부패 행위는 러시아 정권에 조금의 위협도 되지 않았다. 러시아 정권이 부패 그 자체였기 때문이다. 이는 정치가 지금까지와는 전혀 다른 새로운 뭔가로 변질되었음을 의미했다. 이제 정치는 비밀들의 격투장이 되었다. 그곳에서는 돈이 곧 권력이었다. 그뿐만 아니라 적이 그의 돈을 어디에 숨겼는지, 또 그 돈을 어떻게 벌었는지를 아는 것 또한 권력이었다. 보리스 버시타인은 바로 이 격투장에서 패했다.

옐친은 전직 전투기 조종사이자 민족자결주의자인 알렉산드르 루츠코이Aleksandr Rutskoi 부통령의 위협을 무력화하는 데 필사적이었다. 그는 옐친의 "충격요법shock therapy" 정책*을 "경제적 대량 학살"[40] 이라 부르면서, 러시아를 신속하게 자본주의화하려는 시도로 인해 삶의 질이 급격히 하락했다고 비판하는 데 주력해 왔다. 옐친이 루츠코이를 제거할 수 있는 수단으로 삼은 것은 부패 혐의였다. 8월 후반, 혐의 조사를 위해 옐친이 지명한 변호사가 모스크바에서 기자

---

* 1992년 초부터 시작된 옐친의 이른바 '충격 요법' 정책은 물가 통제 장치를 없애는 동시에 대규모 국영기업들을 민영화하는 것을 골자로 했다. 미국의 경제학자들, 특히 하버드대 경제학자들에 의해 사실상 강요되고 클린턴 미 행정부의 지원을 받은 것으로 알려져 있다. 옐친 주변의 '젊은 개혁가'들에 의해 의욕적으로 추진된 이 정책은, 그러나 결과적으로 러시아 경제에 하이퍼인플레이션을 가져왔고 또 서민들의 화폐 자산 가치를 추락시켜 러시아 국민들의 절반가량을 빈곤선 아래로 떨어지게 했다.

회견을 열었다. 변호사는 2000만 달러어치 러시아 면화를 겨우 1만 달러어치의 이유식으로 맞바꾸는 수법으로 가뜩이나 고갈되어 바닥을 드러내고 있는 러시아의 국고에서 수백만 달러가 전용되고 있다고 주장했다. 또한 그러한 거래에서 발생한 엄청난 수익의 일부가 정치 헌금으로 한 스위스 계좌에 적립되어 왔으며, 농기계 판매를 통한 추가 수익 300만 달러는 또 다른 스위스 계좌로 들어갔다고도 했다. 두 계좌 모두 루츠코이가 비밀리에 관리하던 것들이었다. 옐친은 "해명은 듣지도 않고" 부통령을 정직시켰다. 옐친의 수석 보좌관 중 하나는 "부정부패가 권력의 최상층부까지 침투해 있다. 상황이 바뀌지 않는다면 러시아 자체가 범죄자가 될 판이다"[41]라고 경고했다. 그는 이 모든 문제의 중심에 한 회사가 버티고 있다고 말하면서, 소련의 마지막 몇 년 동안 공산당에 의해 만들어진 이 회사를 통해 국가의 돈이 서방으로 밀반출되고 있었다고 지적했다.[42] 비유하자면 이 회사가 마치 "문어처럼 러시아 경제를 휘감고 있는"[43] 형국이라고 했다. 회사의 이름은 시베코였다. 보리스 버시타인의 회사, 그의 전용기 옆면에 금박으로 화려하게 새겨진 그 이름, 시베코 말이다.[44]

버시타인은 루츠코이와 친분이 있었으며[45], 루츠코이가 몇 번이나 자신의 레닌 언덕 저택을 방문했다고 자랑삼아 떠벌려 왔었다. 루츠코이는 반란을 일으켰지만 실패했고 감옥에 보내졌다. 그렇게 버시타인의 모스크바 시절도 막을 내렸다. 옐친은 버시타인의 꼭두각시처럼 보였던 한 장관의 회사에서 버시타인을 딱 한 번 만난 적이 있었다며 당시를 구역질 난다는 듯이 회상했다. "부자가 없다면 국가도 부유할 수 없습니다. 또한 사유재산이 없다면 인간의 진정한 독립성도 보장되지 않을 것입니다. 그러나 돈, 그것도 거액의 돈(물론 거액이란 상대적 개념입니다)은 항상 유혹, 죄의 유혹과 도덕성의 시험이라는 상황에 노출되게 마련입니다. (……) 현재의 러시아에서 윤리적 선을 넘고, 빨간 정지신호를 무시하고 달리기란 어렵지 않습니다. 굳이 음란물을 판매하고, 마약을 밀매하고, 암시장에서 싸구려 물건을 거래할 필요도 없습니다. 왜 바보같이 그처럼 하찮은 물건 주위를 얼쩡거리겠습니까? 공무원을 하나씩 매수하는 것이 더 쉬운 방법인데 말이지요. 버시타인은 그런 식으로 꼭대기까지 도달하려 했습니다. 그리고 거의 성공할 뻔했습니다."[46]

루츠코이 사건은 보리스 버시타인을 분노케 했다. 버시타인은 "러시아에 부정부패가 만연하다는 것은 누구나 다 아는 사실입니다. 나는 경찰은 아니지만, 그렇다고 살면서 불법적인 일이라곤 해 본 적도 없습니다"[47]라고 말했다. 그는 스위스에 칩거했다. 시베코도 곧 사라질 운명이었다. 그러나 버시타인은 지금까지와는 비교도 안 될 만큼 어마어마한 일이 시작되는 데 일조해 왔다. KGB 요원 안톤 볼코프는 모든 것을 예의 주시하고 있었다. 볼코프가 목격한 바에 따르면 "시베코는 일종의 둥지였습니다. 거기서 많은 작은 새들이 태어나고 자랐습니다." 국가에서 사기업으로 막대한 자원이 속속 이전됨에 따라 발트해에서 태평양 연안에 이르기까지 새로운 클렙토크라시kleptocracy 정치 체제들이 창출되고 있었다. 버시타인의 새끼 새들이 머리 위를 선회하고 있었다. 그중에는 아직 외교관, 무역업자, 언어학자였던 야심 찬 중앙아시아인 세 사람도 있었다.

빅 옐로
• *Big Yellow* •

2011년 2월, 런던 핀칠리

14

토론토에서 대학을 다니던 시절, 피터 살라스는 국제관계학 교수 재 닛 스타인^{Janet Stein}의 수업을 열심히 찾아 다니며 듣곤 했다. 스타인 교수는 제1차 세계대전부터 피그스만^{Bay of Pigs} 침공*에 이르기까지, 역사를 심리학으로 해석했다. 소련 제국이라는 게임에서 마지막 판 을 두고 있는 모스크바 노인네들의 수법도 같은 방법으로 분석했 다. 피터는 세상을 바꿔 놓은 사건들이 그런 식으로 일어나게 된 이 유도 권력자들이 자신의 이익은 늘리고 약점은 감추려는 동기에 따 라 선택했기 때문이라고 믿게 되었다. 타워 42에서 나흘 동안 무흐 타르 아블랴조프의 이야기를 들으며 피터는 다음과 같은 아주 단순

---

* 1961년 4월 피델 카스트로의 쿠바 정부를 전복하기 위해 미국이 훈련한 1400명의 쿠바 망명자들이 미군의 도움을 받아 쿠바 남부를 공격하다 실패한 사건이다. 이 사건으로 미 국은 쿠바에서의 주권침해행위에 대한 비판을 받게 되었고, 쿠바와 미국 간의 관계는 급 속히 냉각됐었다. 이 사건은 1962년 10월 쿠바 미사일 위기를 가져오게 된다.

한 결론에 도달했다. 구소비에트 지역을 지배하는 무지막지한 정치 세력들에도 불구하고, 또 금융위기로 혹독한 경제적 여파가 몰아치고 있음에도 불구하고, 정직하게 사업에 매진해 오던 한 남자가 뇌물을 상납하지 않는다는 이유로 부패한 독재자에게 쫓기고 있다. 그것이 진실이었다.

그러나 피터가 아블랴조프의 이야기에서 진정성을 느꼈던 반면 트레포 윌리엄스^{Trefor Williams}는 거짓말을 감지했다.

웨일스인인 윌리엄스는 조정 선수권 대회 우승자이자 엄청난 체력의 소유자로 영국 특수부대 출신이었다. 지금은 이러한 재능을 고객에게 유료로 제공하고 있었다. 그를 고용한 사설 정보법인 딜리전스^{Diligence}는 런던에서 가장 유능한 회사 가운데 하나였다. 윌리엄스 역시 사람이건 물건이건 간에 끝까지 추적해서 잡는 것으로 명성이 자자했다. 무엇보다 그는 숨겨진 돈을 찾아내는 데 일가견이 있었다. 그는 자신의 일을, 추적하는 행위 자체를 사랑했다. 카나리 워프^{Canary Wharf}의 고층 건물에 위치한 딜리전스 사무실은 그가 수집한 제임스 본드 포스터들로 장식되어 있었다. 하지만 정작 그는 사무실이 아니라 길 위에서 하루의 대부분을 보냈다. 유령회사의 배후 인물들을 쫓아 한 주는 사이프러스에서, 한 주는 카리브해 섬에서 보내는 식이다. 2011년 2월 11일, 오늘의 표적은 비교적 가까운 곳, 런던 북부 빅 옐로^{Big Yellow} 보관창고 대여 시설에 있었다.[1]

윌리엄스와 추적대원들은 아블랴조프와 그 일당들을 수개월째 뒤쫓고 있었다. 그들은 아블랴조프 일당이 하이게이트^{Highgate}에 있는 아블랴조프의 거주지와 타워 42를 드나드는 모습을 지켜봤다. 윌리엄스는 그들이 뭔가를 숨기고 있다고 확신했다. 4개월 전 그의 팀은 이 올리가르히의 처남 살림Salim이 렉서스 자동차에 서류 상자들을 싣는 것을 목격했다. 팀원들은 그를 쫓았다. 살림은 이스트 핀칠리East Finchley의 노스 서큘러North Circular 도로에 있는 BP 주유소 맞은편 빅 옐로에 당도했다. 살림은 안으로 들어가 상자를 두고 나오더니 차를 몰고 그곳을 빠져나갔다. 윌리엄스 팀은 창고 하나를 대여했다. 그래서 살림이 빅 옐로를 방문할 때마다 그곳에서 그를 관찰할 수 있었다. 건물은 넓었으며, 자물쇠를 채운 문들이 줄줄이 늘어서 있었다. 살림이 의심하지 못하도록 거리를 두고 관찰해야 했다. 그들은 그가 2층에 올라간 다음 첫 번째 코너에서는 오른쪽으로, 두 번째 코너에서는 왼쪽으로 도는 것을 보았다. 마침내 그들은 정확한 호실 번호를 볼 수 있을 정도로 가까이 접근할 수 있었다. E2010. 낭비할 시간이 없었다. 혹시라도 자신이 발각되었다는 사실을 살림이 눈치챈다면, E2010 문 뒤에 숨긴 것이 뭐든지 간에 자취를 감출 것이었다. 윌리엄스는 시티 소재 법률회사 호건 러벨스Hogan Lovells의 수석 변호사 크리스 하드맨Chris Hardman에게 즉시 보고했다. 하드맨은 윌리엄스와 마찬가지로 나자르바예프가 아블랴조프에게서 빼앗은 BTA 은행에 고용되어 있었다. 하드맨은 BTA에서 부정 이득을 취하고 그 돈을 해외로 은닉한 혐의로 아블랴조프에게 소송을 제기한 상태였다. 그는 급히 판사를 설득해서 빅 옐로 대여 창고에 대한 수색영장을 발부받았다. 그런 다음 윌리엄스가 밖에서 기다리는 가운데 매니저가 절단기로 자물쇠를 자르는 모습을 지켜보았다.

E2010 안에는 서류 상자 25개와 하드드라이브 저장장치 1개가

있었다. 그 자료들을 통해 수만 개 유령회사로 이루어진 웹사이트가 드러났다. BTA 은행 소유 돈은 이 사이트를 통해, 이를테면 모스크바의 수족관이나 백해White Sea의 항구건설용 융자금 조로 아블랴조프가 통제하는 것이 확실해 보이는 회사들로 흘러 들어갔다. 과거 BTA는 세계 4대 회계법인의 하나인 언스트앤영EY 회계감사관에게 계좌 승인 업무를 위탁했었다. 지금의 새 경영진은 위탁 회계법인을 프라이스워터하우스쿠퍼스PwC로 바꿨는데, 이들은 회계장부를 검토한 뒤 EY와는 다른 이야기를 했다. PwC 보고서를 기반으로 은행의 새 경영진은 수십억 달러가 사라지고 있다고 주장했다. 아블랴조프는 다르게 설명했다. 그에 따르면, BTA가 파산한 이유는 나자르바예프가 소유권을 탈취하기 위해 BTA를 비방하는 성명을 발표해서 BTA의 신용을 떨어뜨렸기 때문이다. 헛소리. 트레포 윌리엄스는 생각했다. 윌리엄스는 아블랴조프가 반체제인사가 아니라 실체를 감추고 서방 자유주의자들의 입맛에 맞게 연기하는 대도master thief일 뿐이라고 확신했다.

···

아블랴조프는 런던에 도착하자마자 나자르바예프가 이미 착수했을 것이 확실한 정보공작에 반격을 가하기 위해 사설 스파이를 직접 고용할지를 놓고 심사숙고했다. 그는 하이드파크 인근 나이츠브리지Knightsbridge에 위치한 정보회사 아카넘Arcanum과 만날 약속을 잡았다.[2] 사무소 입구에는 주먹 형상의 받침대 위에 은색 체스판이 세워져 있었다. 아카넘의 설립자 론 와히드Ron Wahid는 살집 좋은 방글라데시계 미국인이다. 평소 그는 넥타이를 매지 않은 양복 차림에 로퍼를 신고 턱에는 수염이 듬성듬성한 채로 다녔다. 그는 상냥하다가도 갑자기 욱하며 분노를 터뜨렸다. 그를 아는 사람들은 그것이 불안감에서 기인한다는 사실을 알고 있었지만 다른 사람들에게는 마치 이중인격자처럼 보였다. 와히드에 대한 평가는 둘로 갈렸는데 (어느 쪽이냐를 결정하기란 쉽지 않은 문제였다), 누구는 일급 스파이 용병이라고 했고 누구는 그런 척하며 돈을 버는 사기꾼이라고 했다. 1990년대에 신자유주의의 영향으로 공공서비스를 외주화하는 것이 유행하자, 와히드는 그러한 흐름이 국가의 가장 신성한 의무인 안보 영역까지 확대될 것이라는 사실을 알아차렸다. 사설 보안업체 블랙워터Blackwater의 에릭 프린스Erik Prince가 미국이 벌인 전쟁에 청부살인업자들을 공급하여 한몫 잡을 수 있었다면, 론 와히드는 스파이 행위로 돈을 벌 수 있었다. 이들 청부업자는 미국 정보기관을 돕는 제3의 노동력이었다.[3] 그리고 이러한 흐름이 미국에만 국한되지도 않았다. 지구화로 초국적 기업이 증가함에 따라 사설 보안업체들은 글렌코어를 비롯한 여러 무국적 상품무역회사들의 비즈니스 모델을 채택하여 온갖 체제에 서비스를 제공하면서도 누구에게도 설명의 의무를 지지 않았다. 실제로 개중에는 말 그대로 정보 중개인이 되는 경우도 있었다. 그러다 보니 고객을 위해 오늘 빼돌린 정보를 내일이면 고객의 적에게 되팔기도 했다.

와히드와 그의 부하들은 아블랴조프 일당을 세 번 만났다. 처음에는 아카넘 사무실에서, 다른 두 번은 근처의 쾌적한 호텔들에서였다. 그때마다 보타 자르데말리도 함께했다. 보타는 카자흐스탄을 몇 주만 떠나 있으면 될 거라고 생각했었다. 하지만 몇 주가 벌써 몇 달이 됐다. 하는 일도 바뀌었다. 뭐라고 제대로 말도 해 보기 전에, 그녀의 역할은 제트기로 여행하는 부유한 기업 변호사에서 독재자에 맞서는 저항 캠페인의 참모로 변하고 있었다. 보타는 와히드를 처음 만났을 때, 사파이어 커프스단추를 달고 주문 제작한 악어가죽 신발을 신은 그의 모습에 깜짝 놀랐다. 그녀는 생각했다. '자기가 얼마나 돈이 많은지를 보여 주려고 이렇게까지 티 내는 부자는 또 처음이네.'4 와히드는 늘 수행원을 대동하고 왔다. 도착하면 그들은 근처에 있을 수도 있는 도청기들을 방해하기 위해 기기를 설치하곤 했다. 보타는 와히드가 유명인사의 이름을 잘 안다는 듯이 툭툭 뱉으며 빠르게 말하는 통에 어쩔 줄 몰랐다. 또한 "자정에 버클리 호텔의 새로 생긴 바로 만나러 올 것" 하는 식으로 말해서 가 보면 그는 샴페인을 주문하고는 했다. 보타는 그가 그 자신을 제외한 모든 사람을 바보로 여긴다는 인상을 받았다. 그는 보타에게 인조 악어가죽 커버를 씌운 소니 노트북컴퓨터를 선물하기도 했다. 하지만 그녀는 컴퓨터를 열어 보지도 않았다.

와히드는 자신이 카자흐스탄 엘리트 모두와 아는 사이라며 보타에게 자랑하듯 떠벌렸다. 완전히 거짓말은 아닌 것 같았다. 그는 슈거를 알고 있었고, 트리오를 위해 일한 적도 있었다.5 또한 CIA 본부를 편하게 드나든다면서, 자신이 CIA 요원 비슷한 존재라고 넌지시 비추기를 좋아했다. 그는 워싱턴에 연줄이 많았다. 아카넘 사무실 벽에는 전직 미국 대통령 세 명(부시 부자와 빌 클린턴)의 사진이 친

필 사인과 함께 걸려 있었다.

와히드는 아블랴조프에게 어떤 서비스들을 제공할 수 있는지 제시하며, 아카넘이 막대한 자원을 동원해서 최고의 서비스를 제공하는 곳이라고 했다. 아블랴조프는 와히드가 뻔뻔스럽고 허풍을 떠는 구석이 있다고 생각했다. 그는 아카넘의 서비스를 구매하지 않기로 했고, 그렇게 그들의 관계는 없던 일이 되었다.

아블랴조프는 이리저리 떠돌다 영국까지 쓸려온 다른 보통의 표류자들과는 비교할 수 없을 정도로 안락한 망명 생활을 누렸다. 그가 체류한 곳들은 심지어 나자르바예프 대통령의 해외 체류지들과 비교해도 손색이 없었다. 하이게이트의 비숍스 에비뉴Bishops Avenue는 억만장자의 거리로 유명했다. 아블랴조프 저택에서 두 집 아래에는, 나자르바예프가 유령회사 명의로 소유하고 있는 저택이 있었다.[6] 런던 바로 서쪽 100에이커 부지 위에 자리 잡은 아블랴조프의 전원주택은 나자르바예프의 사위 티무르 쿨리바예프가 앤드루 왕자Prince Andrew에게서 사들인 서닝힐Sunninghill 영지와 멀지 않았다.

아블랴조프는 재산과 마찬가지로 가족도 동방에서 서방으로 하나씩 이주시키고 있었다. 아블랴조프가 카자흐스탄의 정치범 수용소에 감금되어 있는 동안, 그의 첫째 딸 마디나는 카자흐스탄을 떠나 영국 하트퍼드의 기숙학교에 들어갔다. 스코틀랜드 에든버러에서 월간 어학 과정을 다닌 덕분에, 그녀는 이미 부모보다 영어를 잘했다. 아블랴조프가 석방되어 아내와 함께 유럽에 당도했을 때 마디나는 부모의 운전기사, 통역사를 비롯하여 해결사 노릇을 하며[7] 부모와 함께 결혼식과 생일파티에 참석하고, 도망 온 카자흐스탄 지배층이 대거 머물고 있는 휴양지들을 바삐 오갔다. 2006년의 니스 여행 때는 평소보다 가족을 더 살뜰히 보살펴야 했다. 어머니가 입덧을 했기 때문이다. 놀랍게도 어머니는 첫째 마다나와 열아홉 살 터울로 네 번째 아이 알루아Alua를 임신한 지 얼마 되지 않은 상태였다. 아버지는 카자흐스탄 정치인 빅토르 크라푸노프Viktor Khrapunov와 호텔에서 만나기로 되어 있었다. 마다나가 어머니 대신 아버지와 동반했다. 두 사람의 관계는 냉랭했다. 크라푸노프는 공산주의 이후에 찾아온 자본주의 생활에 잘 적응하지 못했다. 소련 시절 그는 알마티의 송전망을 관리하던 일개 기술자에서 알마티 전체에 전력을 공급하는 회사의 중역으로 승진했다.[8] 전력 시스템은 그에게 남다른 의미를 지녔다. 발전소의 수도관이 터져 뜨거운 물이 분출했을 때 수도관을 막느라 3도 화상을 입었고 그 흉터가 아직도 몸에 남아 있다. 그가 알마티 시장으로 재직할 즈음, 자본주의가 도래했다. 아블랴조프 같은 부류의 사람들이 그 대변자를 자처했던 자본주의는 모든 것을 앗아가고 싶어 했다. 아블랴조프는 알마티 전력회사를 민영화해야 한다고 주장하면서 자신이 매입해 주겠다고 말했다. 크라푸노프는 국가가 그러한 핵심 자산을 포기해서는 안 된다고 믿었다. 크라푸노프를 비방하는 기사들이 아블랴조프가 운영하는 신문에 실렸다. 그런 일들이 있기는 했지만, 이제는 서로 인사 정도는 건네는 사이였다. 게다가 아블랴조프는 크라푸노프의 부동산을 임대하고 싶어 했다.

마다나는 아버지를 만남 장소로 모시고 갔다. 크라푸노프의 의붓아들 일리야스Iliyas도 있었다. 그는 길고 검은 머리에 젤을 발라 뒤로 넘겼으며 히피 생활을 하는 것 같았다. 마다나는 몸집은 작았지만 커다란 갈색 눈에 활발하고 애교 넘치는 소녀였다. 그녀는 일리야스를 쳐다보며 생각했다. 내가 좋아하는 타입은 아니네. 그래도 그들은 이야기를 나눴고, 무엇보다 예의상 언젠가 근처를 지나게 된다면 서로 사는 동네를 구경시켜 주자고 약속했다. 일리야스는 1998년부터 제네바의 기숙학교에 다니고 있었다. 마다나는 런던에 살고 있었으며, 비즈니스와 미디어 학위 과정에 막 들어간 참이었다. 그들은 전화번호를 교환했다. 연말에 그는 런던을 방문했고 그녀에게 전화했다. 그는 머리를 짧게 자른 상태였다. 마다나는 그에 대한 첫인상을 꽤 괜찮은 소년 쪽으로 바꾸기로 했다. 그는 상냥해 보였다. 또한 그녀가 데이트했던 자의식 강한 카자흐스탄 소년들과는 다르게 기운이 넘쳤다. 몇 달 후 2007년 2월, 그들이 도체스터Dorchester 호텔에서 부모들과 저녁 식사를 위해 자리를 함께했을 무렵, 그녀는 열렬한 사랑에 빠져 있었다. 일리야스가 반지를 꺼내자 모두가 그런 분위기에서 으레 그럴 법한 반응을 보였다. 처음에 일리야스의 부모는 그다지 내키지 않았다. 하지만 그래도 아블랴조프와 나자르바예프가 겉으로는 더 이상 갈등을 빚고 있는 것 같지 않으니, 그게 어딘가. 식사와 청혼 모두 화기애애한 분위기에서 마무리되었다.

다음 날 제네바로 출발하기 직전에 일리야스는 마다나가 보낸 편지를 열어 보았다.[9] **내가 어리석었어. 난 너무 어리고 아직 준비가 되지 않은 것 같아. 반지는 여행가방 안에 있어.** 그가 그녀에게 전화를 걸자 그녀는 흐느껴 울었다. 아버지가 그렇게 편지를 보내라고 시켰다고 했다. 그들은 자신들의 연애를 비밀리에 계속하기로 했다. 그녀는 런던에서 제네바로 전화를 건 흔적이 아버지의 전화요금 청구서에 찍히지 않도록 전화카드를 사기로 했다. 다음 해인 2007년 여름, 두 가족 모두 지중해 리비에라 지역에서 휴가를 보냈다. 이번에는 칸Cannes이었다. 일리야스는 마디나를 보기 위해 그녀가 묵는 호텔로 숨어들었다가 마디나를 혼내고 있던 아블랴조프와 정면으로 마주쳤다. 마디나는 아블랴조프에게 다시는 일리야스와 헤어지지 않겠다고 말했다. 그녀는 화를 내며 아버지에게 대들었다. 저는 더 이상 그의 마음을 아프게 할 수 없어요. 저는 그를 사랑해요. 그놈이냐 나냐. 아버지가 물었다. 아블랴조프는 계획이 있었다. 비록 지금은 자유를 보장받는 대신 정치에 관여하지 않기로 한 약속 때문에 드러내 놓고 밝힐 수는 없었지만, 마디나와 일리야스의 결혼은 그 계획에 하등 도움이 되지 않을 터였다. 진정하시고 나중에 얘기해요. 마디나가 아블랴조프에게 말했다. 일단 혼자 있게 되자, 마디나는 아버지가 절대 마음을 바꾸지 않을 거라고 생각했다. 그녀는 가방을 꾸렸다. 떠나기 전, 마디나는 그날 밤 아버지가 참석하기로 되어 있었던 저녁 식사 시간을 아버지에게 문자로 남겼다. 그런 다음 버스가 호텔을 출발하자마자 휴대폰 전원을 꺼 버렸다.

일리야스는 여동생의 약혼자 디미Dimi에게 도망가는 걸 도와달라고 했다. 디미는 한때 러시아 정부의 거물급 인사였던 겐나디 페텔린Gennady Petelin의 아들로, 호텔 로비 밖에 그의 재규어를 주차하고 기다리고 있었다. 마디나와 일리야스는 재규어에 뛰어올랐다. 하지만 출발하기 직전, 아블랴조프의 사업 파트너 중 하나가 호텔에서 나왔다. 그는 카자흐스탄에서 자동차 대리점들을 운영했는데 재규어를 보자 감탄하며 다가왔다. 두 연인은 선팅된 차 유리로 몸을 가린 채 자동차 뒷좌석에 웅크리고 앉아 있었다. 포터가 마디나의 여행가방을 재규어 옆에 옮겨다 놓았다. 크고 빨간 여행가방 위에는 마디나의 이름이 선명하게 새겨진 노란색 큰 스티커가 붙어 있었다. 디미는 여행 가방을 재빨리 움켜쥐고 트렁크에 집어 던진 다음 시동을 걸고 차를 몰기 시작했다. 마디나는 사시나무 떨듯 떨었다. 내가 지금 엄마 아빠한테 무슨 짓을 하고 있는 거지라는 생각이 들었다. 마디나의 부모는 일리야스의 부모가 머물고 있는 곳으로 직행했다. 다음 날 마디나가 휴대폰 전원을 켜자 부재중 전화가 엄청나게 와 있었다. 마디나의 엄마 알마Alma는 재차 전화해서 마디나가 모든 것을 엉망진창으로 만들고 있다고 말했다. 누나가 남자랑 눈이 맞아 도망갔다는 말을 들은 남동생 중 하나가 말했다. 그럼 이제 내 책가방은 누가 싸 주는 거야? 알마는 이성을 잃고 휴대폰에다 고래고래 소리를 질렀다. 마디나는 울었다. 옆에서 알마가 전화하는 모습을 지켜보던 일리야스의 엄마 레일라Leila는 더 이상 듣고 있을 수가 없었다. 그래서 휴대폰을 뺏으며 말했다. 마디나가 울잖아요. 그만 좀 해요. 아이들은 결혼할 거고, 그렇다면 이제 알마 당신이 선택할 차례예요. 앞으로 손자들을 볼지 말지요.

3주 후에 알마티에서 결혼식이 열렸다. 빅토르 크라푸노프는 나자르바예프를 초대했다. 대통령이 답변을 보내 왔다. "나는 내 정적이 주최하는 파티에는 가지 않을 것입니다."[10] 아블랴조프는 BTA은행의 주식 양도를 여전히 거부하고 있었다. 나자르바예프는 자신이 참석하지 않을 거라는 사실을 모두에게 알렸다. 결혼식 내빈 대부분이 아블랴조프 측 하객이었다. 아블랴조프와의 관계 탓에 대통령의 총애와는 거리가 먼 사람들이었다. 다음 주에 신혼부부는 제네바에서 파티를 열었다. 신부의 아버지, 아블랴조프의 스트레스는 극에 달했다. 자신의 은행뿐 아니라 모든 은행을 덮칠 위기가 다가오고 있는 것이 너무도 확실했기 때문이다. 결혼식 때와는 달리, 제네바의 피로연에는 온갖 종류의 사람들이 참석했다. 테브피크 아리프Tevfik Arif**11**도 비행기로 날아왔다. 과거 카자흐스탄에 머물 때, 크라푸노프와 함께 돈 벌 기회를 찾아다녔던 인물이다. 그들은 아리프의 회사 베이록Bayrock에 수백만 달러를 투자해 왔다.**12** 이즈음 그는 뉴욕에서 베이록을 부동산 투자업계의 거물로 키우는 중이었다. 부동산 개발 투자야말로 일리야스가 들어가고 싶었던 분야였다. 실제로 아리프의 파트너는 일리야스가 부동산업을 시작하도록 도와주겠다고 했다. 그도 제네바의 결혼피로연에 나타났다. 너무도 뉴욕적인 러시아계 미국인, 펠릭스 세이터였다.

...

트레포 윌리엄스의 탐정들이 빅 옐로를 잠복 감시하던 2011년 1월 29일, 무흐타르 아블랴조프는 런던 경찰청으로부터 급한 전갈을 받았다.**13** 소위 오스만 경고Osman Warning*라 불리는 살해위협 경고

---

* 이 용어는 살해위협을 받고 있다는 사실을 경찰에게 알렸음에도 불구하고 경찰이 선제적인 보호조치를 해 주지 않아 남편이 사망하고 아들이 부상당하는 범죄 피해를 입은 오스만(Osaman) 부인이 영국 법원에 경찰을 고소한 사건에서 유래한다. 당시 영국 법원은 경찰의 무죄를 판결했으나 이후 오스만 부인은 유럽인권재판소에 항소했고, 1998년 유럽인권재판소에서는 개인의 생명에 대한 실질적이고 즉각적인 위협 정보를 입수했다면 경찰 당국은 피해 예정자에게 잠재적 피해 위험성을 알려야 한다고 판결했다.

였다. 전갈에는 다음과 같이 쓰여 있었다. "당신은 정치적인 이유로 납치 혹은 신체적 위해를 당할 수 있습니다. 하지만 경찰이 이러한 위협으로부터 당신을 항시적으로 보호해 드릴 수 없다는 사실 또한 알려드립니다."

나자르바예프 체제는 배신에 너그럽지 않았다.[14] 시장과 장관을 지내다 야당에 합류한 뒤로 신경과민 증세를 보였던 자만베크 누르카딜로프Zamanbek Nurkadilov는 자신의 당구장 바닥에서 시체로 발견되었다. 경찰은 그의 죽음이 자살이라고 발표했다. 그는 두 발은 가슴에 한 발은 머리에 정확히 솜씨 좋게 쏴서 자살했다. 나자르바예프 정부의 전직 정보장관이자 모스크바 대사였던 알틴베크 사르센바예프Altynbek Sarsenbayev는 늘 자유주의적인 면모를 보여 왔다. 행정부에 근무하던 시절 그는 나자르바예프 대통령과 자주 부딪혔다. 하지만 개혁과 양보를 원했던 사르센바예프가 대통령과 완전히 갈라섰을 때, 창당 당시 그의 도움을 받았던 야당은 비교적 온건한 주장만 늘어놓았다. 나자르바예프가 91퍼센트 득표율로 대통령에 당선되었다는 발표와 함께 2005년 선거가 끝난 지 2개월 후, 사르센바예프는 알마티 외곽의 거리에서 뒷머리에 총을 맞고 숨졌다. 그의 운전사와 경호원도 손이 묶인 채 살해당했다. 처음에 당국은 범인들이 사르센바예프에게 사업상의 원한이 있었다고 공표했다. 그러다가 비난의 화살을 바꿔, KNB 특수부대 타이거Tiger의 일원이었다가 깡패로 전락한 전직 부대원 다섯 명이 벌인 일이라고 했다.

다른 이야기도 돌았는데, 그 소문을 퍼뜨린 사람은 바로 대통령의 사위인 슈거였다. 슈거는 나자르바예프가 사르센바예프의 암살에 직접 관여했다는 첩보를 입수했다. 적어도 그는 그렇게 주장했다. 물론 그가 배신자들의 대열에 합류하고 난 뒤의 주장이다.

슈거. 사람들이 그를 슈거라고 불렀던 이유는, 그가 자신의 지위를 이용해 가로채 온 방대한 경제적 이권 중에서 가장 큰 부분을 차지했던 것이 카자흐스탄 설탕 산업이었기 때문이다. 나자르바예프는 슈거맨 라하트 알리예프[Rakhat Aliyev][15]에게 자신의 영토에서 가장 신성한 자리 두 곳, 정보국과 자기 딸의 침실에 접근하는 것을 허락했다. 1983년, 슈거가 다리가[Dariga]와 결혼했을 때 그의 나이는 겨우 스물이었다. 처음에는 의과대학에 진학했으나, 곧 법학으로 바꿔 변호사가 되기 위한 교육을 받았다. 장인은 권력의 정점으로 부상하며 사람들을 매혹시켰다. 슈거는 "그는 나를 아들이라 부르곤 했다. 나 역시 그를 아버지로 여겼다"[16]고 회상했다. 나자르바예프는 카자흐스탄이 소비에트연방에서 독립하고 자신이 대통령이 되자 자신의 땅딸막한 사위를 이중국가[dual state]의 핵심 요직들에 앉혔다. 슈거는 세무감시국장으로 지명되었다. 미하일 호도르콥스키가 러시아에서 경험을 통해 확실하게 학습했듯이, 세무감시국은 도를 넘어 위세를 부리는 사업가들의 고삐를 조이기에 아주 유용한 기관이었다. 그 다음에는 카자흐스탄 정보국 KNB의 부국장이 되었다. 권력을 얻자 슈거의 가슴에도 야망이 꿈틀댔다. 자신도 언젠가는 가장 높은 자리에 앉고 싶었다.

1990년대 말, 기회가 왔다.[17] 그는 노인네의 점수를 따는 동시에 자신의 라이벌, 트리오와 아케잔 카제겔딘[Akezhan Kazhegeldin]을 세트로 묶어 한 방에 보낼 수 있을 거라고 생각했다. 카제겔딘은 그가 받아

마땅한 벌을 받았다. 카제겔딘은 총리직을 사임하고 나자르바예프에게 맞서 대통령직에 도전했다. 용서받을 수 없는 행동이었다. 카제겔딘은 서방 언어를 능숙하게 구사했다. 한때는 카자흐스탄 국영기업의 민영화를 관장했으나, 이제는 망명지를 떠돌며 좌절된 개혁가로 소개되는 인물이었다. 슈거는 카제겔딘을 중상모략하면 되겠다고 생각했다. 그래서 카제겔딘이 카자흐스탄 발전소 계약을 따고 싶어 했던 벨기에 회사 트랙트벨Tractebel로부터 트리오를 통해 정치헌금을 상납받았다고 주장했다. 망명자와 트리오 모두 그러한 불법 축재에는 관여한 적이 없다고 부인했다. 하지만 이러한 슈거의 묘안은 경쟁자들의 입지를 약화하는 일에 몰두한 나머지 지나치게 사실과 동떨어졌다는 문제를 안고 있었다.

슈거의 음모는 예상치 못한 엄청난 후폭풍을 불러왔지만, 그 와중에도 슈거는 살아남았다. 이 사건은 서방의 사법 당국들이 나자르바예프의 뇌물 수령 비밀 은행 계좌들에 우연히 주목하는 계기가 되었다. 슈거는 한동안 대통령의 눈 밖에 났다. 2002년에는 오스트리아 주재 카자흐스탄 대사로 좌천되기도 했다. 그러나 3년 후 슈거는 귀국하라는 명을 받았다. 나자르바예프는 대통령 선거를 조작하기 위해서라도 음모가로서의 슈거의 능력이 반드시 필요했다.

대통령 선거에서 승리한 직후, 나자르바예프는 자신을 종신 **엘바시**elbasy('민족 지도자' 혹은 국부)로 만들어 줄 헌법 개정 준비에 착수했다. 슈거는 그가 종신 대통령직에 오르도록 놔 두지는 않겠다고 마음먹었다. 훗날 슈거는 이렇게 말했다. "나는 개헌을 두고 그와 직접적으로 충돌했으며, 2012년 대선에는 내가 직접 출마하겠노라고 그에게 말했다. 그와 대립각을 세우자 날 선 비난이 쏟아졌는데, 오늘날 나와 나자르바예프 대통령 사이에 존재하는 어마어마한 갈등도 이 때문에 촉발된 것이라 할 수 있다."

슈거의 몰락은 순식간이었다. 2007년 오스트리아 대사로 복직하자마자 슈거는 자기 소유의 카자흐스탄 은행 매니저 두 명을 납치한 혐의로 기소되었다. 다른 고발도 잇따랐다. 카자흐스탄 국내에 마피아 스타일의 범죄 네트워크를 운영했으며[18], 중동과 유럽의 유령회사를 통해 막대한 금액의 불법 소득을 세탁해 왔는데 하루에 1000만 달러에 달하는 자금이 세탁될 때도 있었다는 주장이 제기되었다. 미국에서는 나자르바예프 대통령의 로비스트들이 사르센바예프를 죽이라고 명령한 것은 나자르바예프가 아니라 슈거였으며, 사르센바예프가 나자르바예프에게 슈거의 쿠데타 음모를 알린 게 화근이었다는 소문이 퍼졌다.[19]

카자흐스탄 수사관들은 추락한 왕자의 콤프로마트[kompromat]*를 수색했다. 슈거가 나자르바예프와 갈라선 직후 한 여성이 몇 년 전 사망한 자신의 딸 아나스타시야 노비코바[Anastasiya Novikova]의 이야기를 당국에 제보했을 때, 수사관들은 자신들에게 필요한 정보를 얻을 수 있었다. 금발의 젊고 아름다운 아나스타시야는 슈거의 텔레비전 방송국 뉴스 진행자였다. 수사관들은 그녀가 슈거의 연인이었으

---

* 도청이나 몰래카메라 등으로 유명인사의 비윤리적인 행위를 직접 녹화하거나 수집해 협박하는 행위를 가리키는 러시아어다. 구소련의 KGB 등 정보기관이 반체제적인 인물이나 외교 관계에서 중요한 인물의 약점을 수집하기 위해 사용했던 공작 수법이다. 과거에는 사진과 동영상이 주로 이용됐으며 해킹을 통해 정보를 유출하는 데 그쳤지만, 인터넷이 발달하면서 공격 대상에 관한 거짓 정보를 조작하는 데까지 확장됐다.

며[20], 슈거가 대통령의 큰딸을 두고 그녀와 바람을 피웠다는 사실을 밝혀 냈다. 그녀는 슈거가 오스트리아에 근무하는 동안 그와 함께 오스트리아에서 살다가, 임신으로 몸이 무거워지자 레바논으로 옮겼다. 하지만 그녀가 낳은 딸이 채 돌도 되기 전에, 슈거 친척 소유 아파트 아래 5층 난간에 잠옷 차림으로 몸이 꿰뚫려 죽은 채 발견되었다.[21] 카자흐스탄 수사관들은 아나스타시야 부모의 도움을 받아 한 편의 이야기를 완성했다.[22] 이야기에 따르면, 슈거는 불륜을 덮기 위해 아나스타시야에게 위장 결혼을 강요했다. 하지만 그녀가 간통을 저지르고 있다는 의심이 들자 자신의 심복을 시켜 그녀에게 약물을 주입했고 그녀를 반복적으로 강간했다. 그러다 그녀가 죽자 자살로 위장했다.

수사관들은 수집한 증거들로 사건의 전말을 보다 기괴해 보이도록 꾸며 낼 수 있었다.[23] 하지만 이러한 사생활 증거가 미흡한 감이 있었던 데 반해, 이러저러한 부패와 매수 행위 관련 혐의들은 반슈거 캠페인에서 충분한 공격무기가 될 수 있었다. 그는 대사직을 빼앗겼고 그와 함께 외교관 면책특권도 박탈당했다. 카자흐스탄 정부는 오스트리아에 이 범죄자를 본국으로 인도해 달라고 공식 요청했다. 비엔나 법원은 슈거가 송환될 시 박해받을 위험이 있다며 송환요청을 거절했다.[24] 그러나 카자흐스탄 사법 체계는 그러한 국제법상의 엄격한 절차를 따를 생각이 없어 보였다. 궐석재판이 열렸고, 슈거는 오스트리아와 미국을 위한 간첩 활동을 비롯하여 납치, 위조, 횡령, 조직범죄단 운영, 직권남용, 쿠데타 모의, 무기 밀매, 국가기밀의 불법 무단 폭로로 유죄 선고를 받았다.[25] 민사법원과 군사

재판소 각각에서도 판결이 내려졌다. 판결에 따라, 슈거는 20년의 유형지 생활을 해야 했고 재산이 몰수되었고[26] 협력자들의 재산 일부도 몰수되었다.[27]

2007년 어느 여름날, 슈거는 자신의 오스트리아 거주지 테라스에 앉아 변호사들과 뭔가를 한창 의논하는 중이었다.[28] 그때 경호원이 카자흐스탄 대사관의 외교관 한 명이 직접 가져왔다며 문서 하나를 들고 다가왔다. 대통령의 딸 다리가와의 24년 혼인에 종지부를 찍는 것에 동의한다는 문서로 이미 슈거의 (위조된 그러나 공증까지 마친) 서명이 되어 있었다. 판사는 벌써 나흘 전에 이혼을 승인한 상태였다. 슈거는 다리가에게 전화를 걸었다. 다리가는 아버지가 자신들 가족 소유의 모든 것을 빼앗아 버리겠다고 협박했다고 말했다. 그 후 나자르바예프는 다리가가 슈거의 전화를 받는 것도 금지했으며, 외손자의 성도 나자르바예프로 바꿔 버렸다. 또한 슈거의 막내딸 베네라Venera에게는 아버지가 외국으로 장기 출장을 갔다고 둘러댔다.

슈거는 이 도시 저 도시를 떠돌다 몰타Malta에 정착했다. 몰타섬은 유럽연합 회원국에 여러 가지 혜택을 제공했을 뿐 아니라 수상쩍은 부자들이 위급 상황에 처했을 때 도망하는 피난처로도 명성이 자자한 곳이었다. 카자흐스탄 각료 한 명이 대통령의 전언을 보내 왔다. 회개한 사위가 전세기를 타고 돌아와 자신을 만나면 화해할 준비가 되어 있다는 내용이었다.[29] 하지만 슈거는 거절했다. 런던으로 망명했던 개혁가 카제겔딘을 불러들이기 위해 슈거 자신이 썼던 것과 정확히 같은 수법이었기 때문이다.

나자르바예프는 슈거를 제압하는 데 실패했다. 한 술 더 떠 슈거는 자유 투사 행세를 했다. 입이 떡 벌어질 정도로 뻔뻔스러웠다. 그는 한때 자신도 대통령을 존경했지만, 대통령이 탐욕과 권력욕에 사로잡힌 뒤로는 이 독재자가 일삼는 부정부패를 막기 위해 투쟁해 왔다고 떠들고 다녔다. 이러한 그림을 뒷받침하기 위해, 그는 일명 '슈퍼 칸 프로젝트'Project Super Khan'**30**에서 나왔다는 기밀문서 기록을 공개했다. 일부는 진위가 의심스러웠지만, 일부는 확실히 진본이었다. 문서에 따르면, 나자르바예프는 카자흐스탄을 올리가르히가 지배하는 곳으로 만들되 그 힘을 자신의 개인적 야망에 이용하고 싶어 했다. 그는 이를 위해 푸틴이 러시아에서 그랬듯, 그들을 자신에게 굴복시키기로 결심했다. 이 새로운 질서에 복종하지 않는 올리가르히가 있다면, 나자르바예프의 심복들은 그들에게 과거 소련이 그랬듯 '적극조치공작'을 사용했다. 새 질서에 맞서 서방에 보호를 요청하는 경우라면, 그 말 안 듣는 거물들의 재산이 부정한 방법으로 얻어진 것이라는 증거를 서방 사법 당국에 넘겨줌으로써 그들에게 등을 돌리게 만들었다.

나자르바예프가 불안한 데에는 이유가 있었다. 그의 세계에서 권력을 뒷받침하는 요소는 단 두 가지뿐이었다. 돈 그리고 돈이 충분하지 않을 때는 공포. 비록 가끔은 엉터리 선거를 치러서 국내외 동맹자들과 함께 합법적 권력인 것처럼 위장할 수 있어야 했지만, 대중의 동의는 권력과 무관했다. 나자르바예프는 카자흐스탄의 부를 창출하는 원천 대부분을 장악하고 있었다. 그래서 어찌 되었건 나자르바예프는 하고 싶은 대로 마음껏 재산을 축적할 수 있었다. 그러나 그의 통제에서 벗어나 있는 몇 안 되는 인사들이 불화의 조

짐을 보이고 있었다. 슈거는 과거에는 체제 내부자였지만 지금은 망명 생활을 하고 있는 사람들과 접촉했다. 슈거는 아블랴조프와도 접촉했다. 아블랴조프가 아스타나의 엄청난 눈 더미를 뚫고 런던으로 도망친 이래로 가장 놀라운 일이었다. 그들은 십대 때부터 서로 아는 사이였다. 아블랴조프의 측근들은 얼마 전까지도 대통령의 첫 번째 사위였던 이 사내가 어딘지 모르게 별종인 구석이 있다고 생각했다. 그는 기분이 수시로 바뀌었고 사이코패스처럼 웃었다. 또 어떨 때는 친절하게 굴다가도 어떨 때는 카자흐스탄 범죄조직 우두머리 같은 인상을 줬다. 막 이혼을 한 데다 앞으로 자식이나 손자도 거의 만날 수 없는 처지라 그런지 슈거는 외로워 보였다. 게다가 두려워했다. 그는 카자흐스탄 정부가 자신을 두 번이나 죽이려 했다고 주장했다. 아블랴조프도 슈거 못지않게 위험한 상황이었다. 2004년 감옥에서 풀려난 직후 모스크바에서, 아블랴조프는 기자회견을 열어 자신에 대한 나자르바예프의 암살 음모를 폭로했다.[31] 당시에 정부 측 인사였던 슈거는 아블랴조프에게 전화를 걸어 자신은 암살 음모와 어떠한 관련도 없다고 주장했었다. 이제 둘 다 국외자 신세가 된 마당이니 슈거는 비밀을 털어놓기로 했다.[32] 그는 비엔나에서 나자르바예프와 아침 식사를 하던 자리에서 아블랴조프를 제거하자는 아이디어가 나왔다고 고백했다. 대통령이 아블랴조프의 정치 활동에 우려를 표하자, 대통령의 고문들은 대통령이 그를 칠 생각이라면 당시 구소비에트연방 지역에서 증가하고 있던 무력 상업 분쟁의 또 다른 희생자처럼 보이게 만드는 수밖에 없다고 말했다고 했다.

런던에 도착한 첫날부터 아블랴조프는 영국에 정치 망명을 신청하기 위한 준비를 해 왔다. 그의 주장은 그가 타워 42에서 피터 살라스에게 설명한 그대로였다. 그의 이야기에 따르면, 촉망받는 사업가인 자신은 민주주의의 꿈을 키웠다는 이유로 포악한 클렙토크라트에 의해 무자비하게 쫓기고 있었다. 2011년 7월 7일, 그의 망명 신청은 받아들여졌다. 그는 박해를 피해 도망한 공식적인 난민이었다. 그를 송환하려던 나자르바예프의 모든 희망은 사라졌다(카자흐스탄은 영국과 송환 협정을 맺지 않은 상태였다. 하지만 러시아는 협정을 맺은 상황이어서 송환을 요구할 수 있었다). 대통령은 아블랴조프가 응당한 대가를 치르기만 하면 언제든 그를 용서할 준비가 되어 있다는 신호를 계속 보내 왔다. BTA 은행의 러시아 자산을 나자르바예프에게 양도한다면, 다시 말해 추가로 5000만 달러를 포기한다면 상황이 좀 더 쉽게 해결될 것 같다는 제안을 밀사를 통해 한 적도 있었다.[33] 아블랴조프는 거절했다. 이제 나자르바예프에게도 더 이상의 선택지가 남아 있지 않았다. 그는 가장 중요한 것, 바로 돈을 공격할 수밖에 없게 되었다. (나자르바예프가 자기 개인 재산을 불리는 도구로 여기는) 카자흐스탄 정부는 아블랴조프를 공격하는 데 아블랴조프 자신의 은행을 이용할 수 있었다. 이미 BTA를 몰수했기 때문에, 나자르바예프 정권은 국가가 아니라 피해 당사자인 은행을 내세운다면 망명자에게도 배상을 청구할 수 있다는 사실을 잘 알고 있었다.

법정에서 시비를 가리는 것은 기업에게 주어진 특권 가운데 하나였다. 하지만 법 정의를 어지럽혔다 하더라도 기업은 감금되지 않는다. 법을 위반할 수도 있는 살과 피를 가진 피조물과는 달리, 기업은 문서와 아이디어로 이루어졌기 때문이다. 사라진 수백만 달러를 추적하기 위해 BTA는 트레포 윌리엄스의 사설 정보회사 딜리전스, 토니 블레어의 오랜 미디어 전략가 팀 앨런$^{Tim Allan}$이 세운 홍보 컨설팅회사 포틀랜드^{Portland}, 런던 최고의 변호사들로 이루어진 법률회사 호건 러벨스를 고용했다(그중에서도 냉혹하고 명철하기로 유명한 크리스 하드맨이 사건을 담당했다). 이들이 개입하는 한 싸움에 정치적 요소가 끼어들 여지는 없었다. 사건의 본질은 아블랴조프의 돈이었다. 아블랴조프의 돈은 그의 것인가, 은행의 것인가? 만약 그 돈이 은행 소유임을 입증할 수 있다면, 아블랴조프가 도둑이 되는 건 시간문제였다. BTA는 그를 상업 법정$^{commercial courts}$에 세울 생각이었다. 민사소송이기 때문에 이 가짜 반체제인사의 우는 소리를 들어줄 배심원 대신 사기 사건에 조예가 깊은 판사만 배석하게 될 것이었다. 더욱더 좋은 일은, 약간만 사건을 비틀면 아블랴조프를 희대의 악당으로 만들 수도 있다는 것이었다. 다시 말해 아블랴조프는 은행가를 제외한 모든 사람을 지금 막 시작된 길고 구질구질한 납세의 덫에 빠뜨린 금융 위기의 원흉이 될 수도 있었다. 위기가 닥치기 직전에 스코틀랜드 왕립은행^{RBS}의 중역들은 과대망상증이라도 걸린 듯 네덜란드 은행 ABN 암로$^{ABN Amro}$를 인수했고, 아블랴조프의 BTA 은행에 대해서도 여신한도를 확대했다. 얼마 지나지 않아, 스코틀랜드 왕립은행은 단일 은행으로는 전례가 없는 사상 최대의 구제금융 자금을 요청했고, 영국 국민보건서비스$^{National Health Service}$ 1년 예산의 1/3에 해당하는 공적 자금을 꿀꺽 삼켜 버렸다. 영국 언론은 뭔가 모종의 관계가 있다고 생각했다. 통근길에 지역 무료일간지 〈이브닝스탠더드$^{Evening Standard}$〉를 펼쳐 든 런던의 직장인들 눈에, 뭔가 구린 데가 있어 보이는 세로무늬 정장의 아블랴조프의 사진 위로 다음과 같은 헤드라인이 보였다. "이 카자흐스탄 은행가는 RBS에서 사라진 수백만 달러의 비밀을 아는가?" 한 상원의원은 다음과 같이 공언했다. "RBS가 잃어버린 돈 1파운드당 83펜스를, 우리 납세자들이 부담하고 있다. 고군분투하는 영국의 기업과 주택 보유자들이 성실하게 일하는 만큼, RBS 경영진도 외국의 억만장자들을 추적하는 일에 공을 들여야 할 것이다."[34]

감시견

· Watchdogs ·

2011년 3월, 영국 런던

15

1983년 11월 어느 토요일 아침, 스키마스크 발라클라바를 뒤집어쓰고 권총을 든 6인의 도둑이 히스로 공항 근처의 경비가 삼엄한 브링크스-맷^{Brink's-Mat} 대여 창고로 들어갔다. 갱단과 한패인 경비원이 그들의 진입을 도왔다. 일단 안에 들어가자 그들은 또 다른 경비원의 몸에 휘발유를 뿌리고 성냥불을 붙여 들고 금고 번호를 대라고 요구했다. 그들은 금괴 3톤과 다이아몬드 2박스를 훔쳐 달아났다. 시가 2000만 달러에 달하는 금품이었다. 언론은 세기의 범죄라 칭했다. 금액으로 보면 영국에서 벌어진 사상 최대의 강도 행각이었다. 하지만 금액 말고도 이 사건에는 기존 범죄와는 뭔가 확연히 다른 점이 존재했다. 주모자의 연인은 올드 켄트 로드^{Old Kent Road}에서 조금 떨어진 공영 임대아파트에 살다가, 근 100만 달러의 매물로 올라온 녹음이 우거진 런던 교외의 농가주택으로 이사했다. 대여 창고의 이름은 입구를 지키는 로트와일러 경비견 두 마리의 이름, 브링크스와 맷에서 따온 것이었다. 1988년 〈타임스〉의 범죄 전문 기자는 다음과 같은 기사를 내보냈다. "브링크스-맷 재판으로 돈세탁과 수익성 있는 투자에 능숙한 새로운 범죄자 유형이 드러났다. 대열차강도사건*의 도둑들the Great Train Robbers이 결국에는 다들 무일푼 신세가 되었던 데 반해, 이 금괴 도둑들은 전문적인 고문, 자산 중개인, 미국의 범죄 신디케이트와 접촉했다."[1]

브링크스-맷 갱단의 자금세탁범들은 재개발 붐으로 들썩였던 런던의 버려진 도크랜즈Docklands 부지와 첼트넘Cheltenham 여자대학을 아파트로 개조하는 사업에 범죄수익을 투자했다. 〈타임스〉 기사에 따르면 "매입은 아주 신중하게 이루어졌다. 그래서 수사관들은 금융과 법률 관행이 만들어 낸 고객 개인정보보호 조항이라는 막다른 골목에 갇혀 한 발짝도 나갈 수 없었다." 갱단은 금괴를 녹여 순도가 다른 금으로 만든 뒤 시장에 3톤 분량 전부를 되팔았다. 그러다 보니, 만약 당신이 1983년 이후에 영국에서 제작된 금 장신구를 착용하고 있다면, 거기에는 그들이 훔쳐 낸 금의 일부가 포함되었을 가능성이 크다. 현금 수익도 금을 판 것과 유사한 수법에 따라 처리되었다. 자금세탁범 소유의 페이퍼 컴퍼니와 익명 계좌가 스위스, 리히텐슈타인, 저지, 맨 섬the Isle of Man에 흩어져 있었다.[2] 농가주택(한 조사관이 주간 〈컨트리 라이프Country Life〉의 과월호를 통해 암흑가의 팁을 교차 참조하다가 발견했다)과 도크랜즈 개발부지 같은 경우들을 제외하면, 현

---

*   1963년 스코틀랜드에서 런던으로 향하던 우편열차가 습격당해 지폐 260만 파운드를 도난당한 사건을 말한다.

금은 수차례 세탁 과정을 거치는 동안 그 흔적이 깨끗이 사라졌다.

나이절 윌킨스는 자신이 BSI 치프사이드 지점에서 봤던 것들에 대해 심사숙고하다가 결론에 도달했다. 그는 공책에 다음과 같이 썼다. "스위스 은행들의 행태에 비하면 은행 강도는 애들 장난이다." 그는 은행의 비밀주의로 "세계 최대의 사기극이 은폐되고 있다"고 믿었다. 은행가들은 비밀주의를 엄수함으로써 "세계 곳곳의 국고를 약탈하는 일을 용이하게 만들고 있었다." 그러한 약탈금은 일단 출처를 지운 다음 서방 경제로 흘러들었으며, 거기서 재산권의 보호와 법치를 누렸다. 과거 1999년에 칼 레빈 상원의원은 전 세계적으로 세탁되는 범죄자금(은행 강도부터 뇌물에 이르는 모든 범죄수익)의 총액이 매년 1조 달러에 달한다는 추정치를 발표했다.[3] 자금세탁의 절반이 미국 내에서 이루어졌으며, 액수를 따지면 지구상에서 가장 강력한 조직인 미군 예산의 두 배와 맞먹었다.

느닷없이 약탈자들은 여기저기서 자생적으로 생겨난 저항과 맞닥뜨렸다. 2011년 3월, 이집트인들이 호스니 무바라크Hosni Mubarak 대통령을 권좌에서 끌어내린 직후, 한 시리아 청년이 스프레이를 이용해 벽에 그림을 그린 다음 그 위에 다음과 같은 글을 썼다. "의사 양반, 이제 당신 차례요It's your turn, doctor."[4] 청년이 염두에 둔 사람은 시리아를 통치하던 안과의사 바샤르 알아사드Bashar al-Assad였다. 이 청년과 친구들이 체포되고 고문당한 사건이 도화선이 되어, 시리아 혁명이 시작되었다. 무바라크가 그랬듯, 무함마드 부아지지Mohamed Bouazizi의 분신으로 반란이 시작되면서 결국 축출된 튀니지의 벤 알리Ben Ali가 그랬듯, 또한 클렙토크라시 정치 체제를 유지하기 위해

군대를 동원한 무아마르 카다피^{Muammar Gaddafi}와 바레인 국왕이 그랬
듯 알아사드도 도둑질과 공포를 통치 수단으로 삼았다.

　그들이 권력에서 축출되든 아니면 권력을 유지하든, 그런 문제
는 중요치 않았다. 나이절은 그들이든 아니면 그들을 계승하는 누구
든 간에 권력을 돈으로 바꾸고 그 돈을 밀반출하도록 계속 보장하는
세력이 존재한다는 사실을 깨달았다. 그 세력은 부패했고 부패하고
있었다. 나이절은 그 세력의 핵심축이 어디인지를 알 것 같았다. 시
티오브런던, 바로 그곳이었다. 전쟁에 탐닉하는 군인처럼 그는 시티
오브런던을 떠날 수 없었다. 그는 BSI에서 해고당한 후, 런던 금융지
구 시티오브런던을 관할하는, 공개적인 듯 비공개적이며 불가해하
고 모호한 자치단체 시티오브런던 코퍼레이션^{City of London Corporation}에
일자리를 얻었다. 그는 그곳에서 더 나은 기회를 얻을 때까지 3년간
일했다. 2011년 7월 1일, 그는 시티 감독기관의 "인사 담당" 부서로
부터 편지 한 통을 받았다. 영국 재정청이 그의 구직 신청을 받아들
인다는 편지였다. 마침내 나이절은 금융업계 사람들이 스스로에게
되뇌던 이야기들을 심문하기 위해 권력을 휘두를 수 있게 되었다.

사바로나

• *The Savarona* **•**

폴 저지 경은 가능한 부드러운 어조로 써 내려갔다. 그는 사샤의
ENRC 회장 취임이 "지배구조의 결함을 시정하는 데 도움"[1]이 되지
않을 것이라고 썼다. 폴 경은 이미 스캔들이라면 신물 나게 목격해
왔다. 그는 존 메이저^{John Major}가 총리였던 1990년대 초반의 저 추잡
한 시대*에 보수당 사무총장을 지냈다. 지금 또다시 그는 돈과 권력
이 한데 뒤섞여 분란을 일으키는 모습을 지켜보는 중이었다. 그와

---

*   1994년 1월 항공 해운 담당 각외장관 캐드니스 경은 그의 분방한 여자관계 때문에 부인이
      권총으로 자살하는 사건으로 추문에 휘말렸다. 얼마 지나지 않아 팀 에오 환경장관은 혼
      외자를 두었다는 사실이 탄로 나면서 공직에서 사퇴했으며, 데이비드 애시비 의원이 신
      년 휴가를 프랑스의 한 호텔에서 남자친구와 보냈다는 의혹이 제기되기도 했다. 같은 해
      2월 스티븐 밀리건 하원의원은 여성용 스타킹만 걸친 채 피살체로 발견되었고, 이 사건이
      벌어진 지 일주일도 지나지 않아 하틀리 부스 하원의원의 혼외정사가 언론에 폭로되면서
      겸직하던 외무장관 보좌관직을 사임했다. 이처럼 잇달아 터져 나온 성추문으로 보수당
      은 여론으로부터 뭇매를 맞았고 보수당의 강직한 이미지도 심각하게 손상됐다(《한국일보》
      1994년 2월 15일. https://m.hankookilbo.com/News/Read/199402150064767808).

ENRC의 동료 비상임이사들non-executive directors*은 이 수십억 달러 회사의 다른 주주들(이를테면 연금기금, 중소 투자자, 비상금을 털어 주식을 산 소액투자자)을 대변하여 트리오의 세력을 견제하려 해 왔다. ENRC는 여느 주식회사와는 다르게 운영되고 있었다. 주식회사들을 평가하는 시티의 감독기구는 지배구조와 관련하여 ENRC에게 과거와 마찬가지로 가장 낮은 등급을 부여했다.[2] 또한 하원의원들은 ENRC가 어떻게 상장될 수 있었는지를 의아해하고 있었다.[3] 2011년 5월 ENRC의 연례 주주총회가 열리기 2주 전, 폴 경은 동료 비상임이사들에게 이메일을 보냈다. ENRC가 런던 증권거래소에서 주식을 발행하기 시작한 지 3년 6개월이 지난 시점이었다.

폴 경은 "우리의 목표는 사업을 유지하고 성장시켜 회사의 모든 관계자가 이익을 얻을 수 있게 하는 것입니다"[4]라고 썼다. 하지만 그러기 위해서는 무엇보다 먼저 사샤 마슈케비치의 거취를 결정해야 했다. 사샤가 회장이 되고 싶다는 바람을 공개적으로 표명해왔기 때문이다. 폴 경은 ENRC가 런던에 상장될 때 재정청이 제재를 가하지 않기로 했던 사안에 대해 재정청을 설득해서 계속 문제 삼지 않도록 할 수 있다 하더라도, 사샤의 회장 취임은 회사의 역기능 문제를 해결하는 데 결코 도움이 되지 않을 것으로 보인다고 지적했다. 작년 여름 이래로, 런던 상장 광산회사들의 주가는 15퍼센트가량 상승한 반면 ENRC의 주가는 15퍼센트가량 하락했다. 모두가 돈

---

* 공기업에서 이사로서 상무에 종사하지 않는 사람을 말하며 사기업의 사외이사에 해당한다. 이들은 전문성과 독립성을 바탕으로 이사회에 올라온 안건을 법률적, 재무적, 경제적 기술 등을 동원해 처리한다.

을 잃고 있는 상황이었고, 트리오 자신들도 각기 10억 달러의 손실을 입었다. 설상가상으로 만약 사샤가 회장이 된다면 언론이 그의 과거를 파고들 것이었다. 폴 경은 언론이 터뜨리는 모든 이야기에 다음과 유사한 문구들이 들어가게 될 거라고 경고했다. "ENRC의 회장 사샤 마슈케비치는 세금과 관련한 다수의 문제에 연루되어 있으며, 작년에는 미성년 매춘부를 요트에 태운 혐의로 체포되었다고 발표되기도 했다⋯⋯."

몇 달 전 2010년 9월 28에, 사바로나Savarona라는 이름의 요트가 지중해 안탈리아Antalya 앞바다에 정박했다.[5] 길이만 450피트에 달하는 사바로나는 여객선 타이타닉Titanic호의 절반보다 길었다. 선상에 나와 바다에서 맞는 또 다른 유쾌한 아침을 한창 즐기던 사람들의 귀에 헬기 프로펠러 소리가 들렸다. 공기를 가르며 한바탕 소용돌이가 일더니 헬리콥터 한 대가 갑판에 내려앉았다. 터키 경찰관들이 내리더니 요트와 호화로운 스위트룸 16개를 수색하기 시작했다. 콘돔을 발견했고, 잇따라 소녀들을 찾아냈다. 러시아 출신 소녀 9명이 매춘 행위로 체포되었다. 그들은 사바로나를 빌린 장본인도 발견했는데, 사샤 마슈케비치였다.

사바로나호 사건은 물의를 일으켰다. 사바로나는 한때 근대 터키의 아버지 케말 아타튀르크Kemal Atatürk 소유였다. 하지만 사샤는 어떠한 혐의도 받지 않은 채 풀려났다. 그리고 미성년 소녀들이 있었다는 폴 경의 우려는 오해였다. 다행히 가장 어린 소녀도 18세였다. 어쨌든 그녀들은 바다에서 어떤 일이 있었는지 말하지 않을 것이었다. 체포 직후 소녀들은 자신들에게 지시사항을 전달하는 역할을 해 오던 여성으로부터 다음과 같은 문자메시지를 받았다. "입 다물 것 그리고 어디에도 사인하지 말 것." 그녀들은 그 말에 따랐다.

아니, 실은 사바로나 스캔들이 사샤에게 가져온 위험은 폴 경이 생각했던 것보다 훨씬 미묘하고 복잡한 것이었다. 그것은 클렙토크라시 정치체제에서 기인하는 그런 종류의 위험이었다. 클렙토크라시 정치체제에서 번영을 누리기 위해서는 보스에 대한 절대적 충성이라는 대가를 치러야 했다. 사샤는 클렙토크라시 정치체제가 어떻게 작동하는지를 잘 알았다. 2010년 12월, 유쾌하지 못한 사바로나호 사건이 발생하고 몇 주 후, 사샤는 빅토르 크라푸노프를 만나기 위해 스위스로 갔다. 한때 칸의 정부에서 요직에 있던 크라푸노프는 사랑에 빠진 자식 탓에 쫓겨난 뒤 원래 자리로 돌아가지 못하고 있었다. 크라푸노프의 의붓아들 일리야스가 마디나 아블랴조바와 결혼함에 따라 크라푸노프의 재산은 나자르바예프의 최대 적, 아블랴조프의 재산과 한배를 타게 되었다. 빅토르는 일리야스와 마디나가 살고 있는 제네바에 머물며 고혈압을 치료 중이었다. 사샤는 저간의 이야기를 들어 알고 있었지만, 어쨌거나 그를 만나 위협적인 메시지를 전달하지 않을 수 없었다.

그들은 공항에서 만났다. "이런 메시지를 전달하게 되어 유감입니다."[6] 사샤가 운을 뗐다. "하지만 당신이 무흐타르 아블랴조프와 손을 잡고 대통령께 맞서고 있다는 이야기가 들리더군요."

"나는 배신자가 아니오." 크라푸노프가 답했다. "하지만 대통령께서 이 악의적인 가십을 믿기로 했다면, 유감이라고밖에 할 말이 없소."

　　　　　　　　　　　　　　　　　제2부. 번데기

"제가 전달했으면 하는 말은 그게 전부입니까?"

"그렇소."

"그렇다면 싸우겠다는 선포인가요?"

"당신이 할 일은 내 대답을 있는 그대로 옮기는 거요." 크라푸노프는 말했다. "그러니 가서 그대로 전하기만 하시오."

사샤는 크라푸노프가 배반의 결과를 제대로 알고 있는지 확실히 하고 싶었다. "당신에 대적하기 위해 카자흐스탄 국가기관 전체가 동원될 겁니다. 아십니까?"

크라푸노프는 만약 공격을 받는다면 그 자신과 가족을 기필코 지켜 낼 거라고 응수했다.

그들 사이에는 의논해야 할 문제가 하나 더 있었다. 소년 시절 크라푸노프의 아들 일리야스는 상냥한 사샤 아저씨의 보석 박힌 신발에 감탄했었다. 하지만 그것도 과거에, 크라푸노프가 나자르바예프의 궁정에서 아직 환영받을 때의 일이었다. 결혼으로 아블랴조프와 가족이 되면서, 일리야스는 나자르바예프 일당을 애먹이는 장인의 습성에 물들었다. 아블랴조프는 대통령의 사위이자 억만장자인 티무르 쿨리바예프가 스위스에 상당한 자산을 감추어 두고 있다는 사실을 알아냈다. 일리야스는 그 자산을 찾기 위해 사설탐정을 고용했다. 그 과정에서 일리야스는 비밀 게임의 첫 번째 교훈, '아무도 믿지 말라'라는 가르침을 체득하게 되었다. 사설탐정이 그를 나자르바예프의 수하에게 밀고했기 때문이다. 사샤와 크라푸노프가 제네바 공항에서 마주 앉았을 때, 사샤는 문서 하나를 내밀며 빅토르 크라푸노프에게 보여 주었다. 사샤는 나자르바예프가 그 편지에 일리야스의 서명을 받아 오라고 명령했다고 설명했다.

나자르바예프 휘하의 모든 사람이 잘 알고 있었듯이, 나자르바
예프는 이 비슷한 편지들에 집착했다. 그것은 일종의 충성서약 편지
로, 나자르바예프는 그 편지가 서약을 위반하는 사람을 죽일 수 있
는 도덕적 권리를 자신에게 부여한다고 생각했다. 사샤가 가져온 편
지는 지나칠 정도로 도를 벗어난 감이 있었다. 그러나 아버지가 그
것을 보여 줬을 때, 일리야스는 뭐라도 답변을 보내는 것이 상책이
라는 생각이 들었다. 그래서 자기 식으로 답변을 썼다.

존경하는 대통령 각하께
저는 최고의 카자흐스탄 전통을 교육받으며 성장했습니다. 또한
제 조국과 선조에 무한한 존경심을 가지고 있습니다. 최근에 저는
여러 매체를 통해 제가 카자흐스탄에 대한 비열한 음모에 연루되
어 있다는 기사들을 읽었습니다. 이러한 주장들은 거짓이며 저는
카자흐스탄이나 대통령 각하께 누가 되는 어떠한 일도 한 적이 없
고 앞으로 하지 않을 것임을 분명히 말씀드리고 싶습니다.

그다음 달인 1월에 사샤와 크라푸노프는 트리오가 가장 좋아하
는 프랑스 스키장 쿠슈벨Courchevel에서 다시 만났다. 이번에는 아내
레일라와 동행했다. 빅토르가 레일라에게 만남에 대해 자세히 설명
하려는데, 사샤가 트리오의 이인자 파토흐 초디에프와 함께 들어왔
다. 초디에프는 사샤가 이야기하는 동안 아무 말도 하지 않고 앉아
있었다. 일리야스의 편지는 대통령을 달래는 데 실패했다. 일리야스

의 행동에 대한 조사가 시작될 예정이었다.

"뭔가를 발견하게 된다면," 사샤가 말했다. "우리는 그가 세상 어디에 있든 찾아내서 책임을 물을 겁니다." 그러면서 사샤는 처벌로 그가 "물리적으로 제거"될 수 있다고, 즉 죽임을 당할 수 있다고 덧붙였다.

빅토르는 말을 잇지 못했다. 레일라는 성공한 여성 사업가였으며 나자르바예프 무리에 맞서 자신의 사람들을 지키기 위해 싸워 왔다. 그녀가 갑자기 버럭 큰소리를 냈다.

"어제까지만 해도 당신은 우리와 좋은 관계였습니다. 당신은 빅토르를 형이라 부르기도 했습니다. 그랬던 당신이 어쩌다 지금 우리를 협박하고 있는 겁니까? 우리는 카자흐스탄을 떠났기에 그간 조용히 살 수 있었습니다. 우리는 음모를 꾸미지도, 또 누군가를 공격하고 있지도 않습니다. 우리가 그렇다는 사실을 대통령에게 해명해 줄 수는 없는 겁니까? 도대체 뭐 때문에 당신이 형이라 부르던 사람을 도와주지 않는 겁니까?"

"알겠습니다." 사샤가 말했다. 크라푸노프에게는 그 말이, 사샤가 소란 피우기를 원하지 않는다는 말로 들렸다. "일리야스에게는 어떠한 부적절한 일도 해서는 안 된다고만 전해 주십시오. 대통령께서는 사람들이 당신의 허락 없이 버릇없는 행동을 하는 걸 좋아하지 않으십니다."

당시 상황에 대한 크라푸노프의 회상에 따르면, 사샤는 크라푸노프 부부가 상황의 중대성을 제대로 이해하지 못하고 쿠슈벨을 떠날까 봐 그들에게 자기 일행 몇 명을 소개했다. 우크라이나와 체첸에서 온 폭력배들이었다. 우연인지 뭔지 그들은 자신들이 민감한 상황을 다루는 데는 도가 튼 사람들이라며 거들먹거렸다.

민감한 상황. 정말로 그런 상황이었다. 체스판과도 같은 국제적인 클렙토크라시 정치체제에서, 사샤는 자신의 몫을 빠짐없이 지키기 위해 고군분투하고 있었다. 그렇다. 빅토르 크라푸노프에 따르면, 사샤는 나자르바예프의 명령을 수행해 왔으며 나자르바예프가 시킨 대로 일리야스를 협박했다. 그러나 터키 경찰이 사바로나호에서 발견한 그 무언가 때문에 사샤 역시 좋지 못한 상황에 처해 있었다. 소녀들 때문도, 콘돔 때문도 아니었다. 바로 그의 오랜 친구 테브피크 아리프 때문이었다.

아리프와 사샤는 오랫동안 알고 지냈다. 둘 다 카자흐스탄의 분리독립 직후 급속하게 진행된 소련 산업체들의 매각 덕분에 큰 재산을 모았다. 사회주의가 자본주의 경제로 변했듯, 카자흐스탄 출신의 터키인 아리프는 소련 상업통상부 지역 사무소에서 일하다가 1990년대에 민간기업으로 옮겨 갔다. 그의 사형제들은 모두 장삿속이 밝았다. 1993년에 카자흐스탄 기업이 조직범죄와 얽히고 있다는 사실을 감지하면서 그는 터키로 떠났다. 하지만 그의 가족은 카자흐스탄에 여전히 충분한 인맥을 가지고 있었고(형제 중 하나가 산업부에서 일했다)[7], 그것으로 경제적 이득을 볼 수 있었다. 민영화 과정에서 사샤와 트리오의 파트너들은 방대한 크롬 광산을 헐값에 인수했다. 아리프 가족은 크롬 제품을 만들던 광산 인근의 공장을 발 빠르게 낚아챘다. 아리프의 서방 진출과 함께 그의 뒤로 돈의 이동 터널도 따라갔다. 2000년대 초반에는 미국 롱아일랜드에 대저택을 지었다.

뉴욕에서 아리프는 베이록^{Bayrock}이라는 그럴싸하고 견고한 이름의 부동산 회사를 설립했다. 베이록에서 일하는 한 재무 담당자는 아리프가 가족의 카자흐스탄 수입 중 최소 1000만 달러를 베이록으로 빼돌렸다고 추정했다.[8] 돈이 돈을 부르는 법이었다. 쉽게 말해 사람들이 당신에게 돈을 투자하게 하고 싶다면, 당신이 이미 많은 돈을 가지고 있는 것처럼 보여야 한다는 말이다. 게다가 억만장자 친구가 가까이에 있었다. 베이록은 25억 달러 상당의 부동산 프로젝트를 선전하는 제안서 "자금 조달처"[9] 목록에 부와 동의어가 된 이름, 사샤 마슈케비치의 이름을 올렸다. 사샤의 회사는 베이록의 "전략적 파트너"로 소개되었다. 사샤는 아리프가 돈깨나 있는 사람들 사이에서 신임을 얻을 수 있도록 후광을 비추어 주었다. 〈포브스〉가 보증하는 재계의 거물이자 FTSE 100대 기업의 하나를 소유한 사샤가 모임에 나타나면 마치 부의 천사가 등장한 것 같았다. 투자가들의 런던 집합소라 할 만한 나이츠브리지의 레인즈버러^{Lanesborough} 호텔[10]에서 개최된 모임에서도 그랬다. 아리프는 브루클린의 사기꾼이자 스파이인 펠릭스 세이터를 베이록의 거래 담당자로 대동하고 모임에 참석했다. 그들은 아이슬란드에서 온 투자자 몇몇과 이야기를 나눴다. 배후에 러시아 펀드가 있는 게 확실해 보이는 사람들이었다.[11] 왈츠를 추고 있는 사샤는, 바로 그 자리에 우연히 함께한 전 세계 투자자들에게 새로운 머니 킹으로서의 그들의 지위를 보여 주는 산 증거였다. 아이슬란드인들은 지체 없이 베이록에 5000만 달러를 위탁했다.[12]

레인즈버러 모임에는 또 다른 한 사람이 있었다. 개중에 가장 어리며, 이제 막 머니 게임을 시작한 사람, 일리야스 크라푸노프였다.

크라푸노프 가족은 일리야스가 카자흐스탄 반체제 가문으로 장가를 드는 바람에 권력의 눈 밖으로 나기 전부터 오랫동안 아리프 그리고 베이록과 사업상의 관계를 맺어 왔다. 초호화 요트 같은 사적 공간에서라면 설령 나자르바예프와 적대관계에 있는 사람의 사업 파트너와 어울린다 해도 사샤에게 어떠한 성가신 문제도 생기지 않았을 것이다. 그러나 지금은 사바로나호 불시 단속 이후에 사샤와 아리프의 관계가 신문에 공개되었고, 재판 끝에 아리프가 무죄 방면되긴 했지만 그의 측근과 포주는 감옥에 들어간 상황이었다.[13] 질투심 많은 칸은 상황을 다음과 같이 아주 단순하게 생각할지도 모를 일이었다. 아리프는 크라푸노프와 사업적 관계를 맺고 있다. 그런데 크라푸노프는 내 철천지원수 아블랴조프와 한편이다. 아리프는 사샤와 요트에서 함께 휴가를 보냈을 뿐 아니라, 크라푸노프와 함께 수백만 달러를 운용하는 바로 그 회사의 후원자가 사샤라고 떠벌리고 다닌다. 그렇다면 결국 사샤는…… 누구 편인 거지? 슈거가 추방길에 빼내 온 나자르바예프의 심리 프로파일에 따르면, 그들의 보스가 어떤 식으로 충성심을 의심하게 되는지가 아주 확실했다. 나자르바예프는 자기 편과 다른 편으로 편을 가른다고 했었다. 그러한 구분은 그저 전술의 일부가 아니었다. 그의 심리적 특징에 따른다면, 그 구분은 "나자르바예프에게 가장 중요한 부분"이었다. 그의 편에서 다른 편으로 추방되었다는 것은, 곧 그의 적이 되었다는 의미였다. 복종하지 않는 적이라면 목숨을 빼앗는 수밖에 없었다.

회계장부에서 사라진 돈

• *Off the Books* •

2011년 5월, 카자흐스탄 루드니

마리아 프로젝트[Project Maria] 1 카자흐스탄 루드니 광산의 익명 기술자가 보낸 이메일이 적시하고 있는 의심 정황과 관련하여 ENRC가 내부 조사를 시작하며 붙인 암호명이다. 런던의 ENRC 이사진은 조사 진행 임무를 닐 제라드[Neil Gerrard]에게 일임했다. 그는 런던에서 일급 화이트칼라 지능범죄 전담 변호사로 명성이 자자했다. 그는 부정한 금융거래의 진상을 규명하는 데 출중한 능력을 보였을 뿐 아니라, 중대사기수사국[Serious Fraud Office, SFO]의 윗선과 특별한 연줄을 가진 덕분에 누군가가 당국에 어쩔 수 없이 제보해야 하는 경우 뒷일까지 깨끗하게 처리할 수 있는 인물이었다. 군인의 아들이었던 제라드는 아첨에 능한 시티의 여느 사람들과는 달랐다. 그는 욕하고 노려봤으며, 세 살배기보다 질문이 많았다. 그런 데다 강인하기까지 했다. 경찰 간부 후보생 시절 그는 하이허들[high hurdles] 올림픽 대표팀을 선발하는 경기에서 척추가 골절되는 부상을 입었다. 6개월 후 그는 퇴원과 동시에 올림픽 대표팀의 꿈도 경찰이 되겠다는 꿈도 접었다. 그는 맨체스터에서 법학 학위를 따는 일로 다시 시작했다. 당시 그가 논문에서 담배회사들이 어떻게 어린이들을 무의식적으로 광고에 노출시키는지에 대해 상세히 기술했다는 데서 알 수 있듯이, 그는 일찍부터 대기업을 경멸해 왔다. 하지만 그를 고용한 회사는 화이트칼라 범죄에 연루된 회사였고, 그들에게 필요한 것은 자신들을 변호해 줄 피고 측 변호인이었다. 그것을 계기로 그는 복합사기로 기소된 사람들을 변호하는 일을 시작하게 되었다. 일반 사기도 그렇지만, 그의 일은 단순하지 않았다. 기업이 법의 온전한 심판을 피할 수 있는 최선의 방법은 자체 감사를 실시해서 당국에 자백하고, 희생자가 필요하다면 썩은 사과 한 두 개를 검찰에게 바치는 것이었다. 제라드는 이사회들이 속임수의 내막을 밝히기 위해, 또는 SFO와의 협상을 조율하기 위해 불러들이는 능수능란한 변호사 가운데 하나가 되었다. 그는 SFO에 정통했다. SFO의 생리를 너무 잘 알아서, SFO의 고위직이 공석이 되었을 때 최종 선발 후보자 명단에 오르기도 했다.[2]

ENRC는 제라드에게 익명의 기술자가 제보한 내용들과 카자흐스탄 ENRC 사업체와 관련하여 다방면으로 제기되고 있던 유사한 소문들을 조사해 달라고 의뢰했다.[3] 하지만 먼저 제라드는 자신의 새 고객이 어떤 사람들인지 알아야 했다. 그는 트리오에 대해 아는 것이 거의 없는 상태였다. 정보에 밝은 한 동료는 그가 아무것도 모르면서 트리오 사건의 조사를 맡았다며 펄쩍 뛰었다. 그 순간 즉각적으로 제라드는 트리오가 런던 증권거래소에 그들 소유 주식의 상당수를 내놓았을 때 이미 ENRC의 지배권을 포기한 것이라는 생각 자체가 착각이라는 사실을 알아차렸다. 이론상 ENRC는 영국의 주식회사로서, 모든 주주의 이익을 위해 움직이는 이사회의 지배를 받았다. 또한 위엄 있는 많은 투자회사와 영국 연금기금까지 ENRC의 주식을 보유하고 있었다. 그러나 제라드와 그의 팀은 일에 착수하자마자 트리오가 여전히 ENRC를 통제하고 있음을 알게 되었다. ENRC 경영진은 무엇을 해야 하는지 알고 싶을 때면 독립적인 시티의 거물들로 구성된 이사회가 아니라 이 3인의 올리가르히에게 문의했다.[4]

제라드는 자신 말고도, ENRC의 비밀을 들여다보려 한 변호사들이 있었다는 것을 알게 되었다. 5년 전이었던 2006년, 트리오의 거래 은행들은 ENRC의 런던 증권거래소 상장을 준비하는 과정에서 몇 가지 모호한 서류의 사실관계를 조사하기 위해 시티 법률회사 허버트 스미스Herbert Smith를 고용한 적이 있었다.[5] ENRC 회계감사관들은 ENRC 광산 산출물을 러시아 바이어에게 판매했다고 인증한 서류가 조작되었다는 것을 발견했다. 허버트 스미스 법률팀은 파일들을 면밀히 조사하고 관련된 ENRC 직원들을 면담하기 시작했다. 이내 그들은 러시아거래계획Russian Trading Scheme이라 명명된 프로젝트를 찾아냈다. 그들은 이 계획이 광산에서 얻은 막대한 수익의 상당 부분을 회계장부에서 누락시키기 위한 장치라고 볼 수밖에 없다고 판단했다. ENRC의 카자흐스탄 광산에서 나온 광석과 용광로에서 만들어진 합금제품은 러시아 국경지대의 여러 유령회사에 판매되었다. 하지만 ENRC가 받은 대금은 판매수익의 1/3에 불과했다.

조사에 참여한 변호사들은 나머지 2/3가 사샤와 파트너들(초디에프와 이브라기모프)'에게' 현금 지급 형태로 전용되었다고 결론 내렸다. 러시아거래계획으로 3년에 걸쳐 8억 7000만 달러가 유용되었다. 트리오는 은밀하게 돈이 빠져나올 수 있는 안전장치를 마련해 가면서까지 자신들 소유의 회사를 사취하고 있는 것으로 보였다. 변호사들은 왜 그렇게까지 하는지 궁금했다. 트리오의 지시를 받은 사람들은 뇌물공여를 용이하게 하기 위해 이것저것에 손을 댔을 터였다. 하지만 법률팀은 그와 관련된 어떠한 단서도 발견하지 못했다. 데이터 범죄 과학 전문가들이 ENRC 모스크바 지점의 컴퓨터들을 저인망낚시하듯 샅샅이 훑기로 되어 있던 며칠 전, 상당량의 정보가 삭제되었다. 이 일에 대해 러시아거래계획을 담당했던 관리자 두 명은 관련 "거래증서들을 보관하기 위해 세심한 주의를 기울이지는 않았다"고 말했다. 트리오를 위해 현금을 징수한 것으로 추정되는 남자(트리오 중 한 명의 친척)는 자신이 돈을 수령하기는 했지만 돈을 준 사람들의 신상은 듣지 못했다고 말했다. 또한 트리오의 "다양한 업무비용" 지불을 위해 현금을 여러 곳에 분산 전달하라는 지시를 받았으나, 이 역시 전달받은 사람들의 신상을 듣지 못해 누군지 모른다고 주장했다. 이런 문제들에도 불구하고 ENRC의 런던 주식신규상장은 방해받지 않았다. 아니, 실제로는 도움이 됐던 것 같다. 허버트 스미스 법률팀이 밝혀낸 바에 따르면, ENRC 모스크바 지점 직원은 "주식신규상장에 임박해 정보가 삭제되면 큰일이니" 컴퓨터를 끄지 말고 켜두라는 지시를 받았기 때문이다.

허버트 스미스의 보고서로 판단하건대, 익명의 기술자가 제보한 수상한 거래의 증거를 닐 제라드가 확보할 수 있는 기회는 정확히 한 번뿐이었다. 그는 기술, 법률 전문가들로 팀을 구성해 카자흐스탄으로 보낼 시점을 조율했다. 그는 이 침입자들이 트리오의 조력자라는 인상을 현지 직원들에게 심어 주지 못한다면 바로 시베리아 바람 속으로 내쳐질 수도 있다는 사실을 잘 알았다. 그래서 그는 자신의 조사를 감독하게 될 ENRC 이사회에 편지를 써서 경각심을 심어 주기로 했다.[6] 편지에서 그는 자신이 조사를 진행하게 된다면 50만 달러 이상이 드는 비싼 의뢰가 될 것이며, 혹시라도 그의 조사팀이 전면적인 협조를 얻지 못하거나 의심스러운 정황들을 추가로 발견하게 된다면 의뢰비는 더 올라갈 것이라고 했다. 하지만 그래도 회사가 증권거래소에서 퇴출되거나 회사 중역들이 허위기장으로 형사고발 당하는 것보다는 나을 것이라고도 했다. 아니, 어쩌면 그보다 더 나쁜 일이 생길지도 모를 일이었다.

2011년 5월, 닐 제라드와 그의 팀은 루드니로 출장 갈 준비를 했다. 루드니는 12개의 광갱, 용광로, 제품생산 공장을 갖춘 카자흐스탄 최대 광산으로 2011년에만 ENRC에 총 70억 달러의 수익을 올려 주었다.[7] 로스앤젤레스 시 예산보다 약간 더 큰 금액이었다. 광갱만 따져도 10억 달러에 달하는 수익을 창출했다.[8] 루드니 지역에서 ENRC는 지방 세수의 2/3를 담당했으며 중앙난방공급시설, 음식점, 나이트클럽, 극장, 볼링장, 호텔을 운영했다. 또한 근로연령 성인 남성 둘 중 하나가 ENRC에서 일했다.[9] 루드니는 말 그대로 트리오의 도시였다. 스페인 제국에게 볼리비아의 포토시[Potosi]가 있었고 대영제국에게 인도의 봄베이[Bombay]가 있었다면, 트리오에게는 루드니가 있었다. 루드니야말로 트리오라는 제국의 동력이었다. 하지만 다른 제국과 달리 그들의 제국은 폐허가 된 국가를 먹고 자라난 사적 제국이었다.

소련이 붕괴 막바지에 이르렀던 1988년, 파토흐 초디에프는 모스크바 외교부에 근무하며 한 달에 200달러를 벌고 있었다. 그는 북미지역에서 온 외교관으로부터 한 객원 사업가를 소개받았고 그렇게 보리스 버시타인과 만나게 되었다. 이 화려한 스타일의 리투아니아계 캐나다인은 레닌 언덕에 대저택을 가지고 있었으며 수첩은 소비에트의 거물들과 만날 약속으로 빼곡했다. 초디에프는 버시타인이 중요한 대출을 얻도록 도와준 것을 계기로 그의 회사 시베코에 들어갔다. 시베코는 사람들이 속삭이며 이야기하거나 외부로 회의를 하러 나가는 곳이었다. 버시타인은 초디에프를 벨기에로 파견했다. 그곳에서 초디에프는 학자에서 사업가로 변신한 근육질의 키르기스스탄인 사샤 마슈케비치를 시베코의 신입 동료로 처음 만났다. 초디에프는 버시타인의 영향력이 어디에서 나오는지 누가 보더라도 명백하다고 생각했다. 그의 회사에서는 "KGB 냄새가 코를 찔렀다."[10] 그래서 초디에프와 사샤는 무역업자 알리잔 이브라기모프와 합심해 새로운 후원자를 물색했다. 봄베이(현재의 뭄바이) 태생의 루번 형제Reuben brothers는 러시아 알루미늄을 사재기했다. 당시 러시아의 알루미늄 산업은 소련 군대에 탄알을 보급하기 위해 건설되었으나 계획경제의 종말로 이러지도 저러지도 못하는 상태에 빠져 있었다. 루번 형제는 무역업체 트랜스월드Trans-World를 세워 붕괴 직전 공백기의 소련 군수 산업 안으로 밀고 들어갔다. 트랜스월드는 "알루미뉴 전쟁"에서 승리하며 국가 안의 국가로 성장했다.[11] 이미 영국에서 최고 부자의 반열에 오르는 중이었던 루번 형제는 러시아에서 다른 구소비에트연방국가들로 관심을 확장하고 싶어 했다.

카자흐스탄은 러시아에 버금가는 천연자원 보유국이었으나 소련으로부터 독립하면서 한때 내로라했던 산업체들이 내리막을 걷고 있었다. 신흥 자본주의가 몰고 온 경제적 재앙으로 광산, 제련소, 용광로에서 일하는 노동자 수만 명이 해고 위기에 처했다. 이 위기의 순간에 옐친 정부의 카자흐스탄인 각료 올레크 소스코베츠 Oleg Soskovets는 자신의 오랜 동지이자 카자흐스탄 지배자인 누르술탄 나자르바예프에게 이웃 중앙아시아국가 출신 3인의 파트너를 추천했다.[12] 트리오는 만신창이가 된 광산, 제련소, 용광로의 경영 인수를 제안했다. 그들에게는 자금이, 정확히 말하면 루번 형제의 돈이 있었다. 식견 있는 사람들이 보기에, 카자흐스탄이 "무시무시한 속도로" 민영화를 시작했을 때 루번 형제는 재산의 일부를 트리오에게 제공했다. 카자흐스탄인들은 국영기업 경매를 두고 "기회는 한 번뿐이다. 지금이 아니면 기회는 없다"고 말했다. 하지만 정작 카자흐스탄 당국의 고문은 "추잡할 정도로 후려친" 가격에 매매가 이루어지고 있다고 비판했다.[13] 제대로 된 경쟁이 이루어지지 않는 비공개 입찰에서, 트리오와 그들의 영국인 후원자들은 카자흐스탄 서부의 크롬 광산과, 광산과 함께 매물로 나온 용광로들을 그곳에서 올리는 한 해 수익의 1/3 가격에 낙찰받았다. 카자흐스탄 크롬 광산 주식의 10퍼센트는 직원에게 배당되었다. 하지만 광산 감독자들은 직원들에게 다음과 같이 말하고 다녔다. "여기서 계속 일하고 싶소? 그렇다면 주식을 포기해야 할 거요."**14** 주식을 포기한 대가로 주식 가치의 극히 일부에 불과한 돈을 받았다는 사실을 알게 되자, 노동자들은 소송을 제기했다. 그들의 변호사는 날조된 뺑소니 사고로 체포되었고 소송을 취하하라는 경고를 받았다. 그는 사건 파일을 땅에 묻어 세상에서 사라지게 했다.

트리오와 루번 형제는 더 많은 횡재를 거머쥐었다. 그들은 향후 수십억의 총매출액을 기록하게 될 사업체 두 곳을 10만 달러도 안 되는 가격에 사들였다. 알루미늄 회사와 루드니의 철광산이었다.

민영화가 한창일 때 소유권은 계속 변했다. 과거를 바꾸면 엄청난 부자가 될 수 있지만 그러지 못한다면 바로 가난뱅이가 될 수도 있었다. 트리오는 그들이 취득한 카자흐스탄 산업체들이 오롯이 자신들 소유임을 주장하며 그들의 후원자 루번 형제를 배반했다.**15** 카자흐스탄 대법원은 자산을 계속 보유해도 좋다는 판결을 내림으로써 트리오에게 은총을 베풀었다. 루번의 참모 중 하나는 법원 판결이 한 편의 "무언극"**16**을 보는 것 같았다고 말했다. 루번 형제는 다른 법정들에 소송을 제기해서 그들의 이전 파트너들로부터 "상당한 금액을 변상"**17** 받았다. 이제 트리오는 돈 되는 카자흐스탄 광산의 명실상부한 지배자로 부상했다. 하지만 바로 지금 닐 제라드는 그 돈이 전부 어디로 흘러 들어가고 있는지 의문이 들었다.

루드니에 도착한 순간부터 제라드와 팀원은 무장한 사람들의 수행을 받았다. 루드니는 스텝 지대라는 악조건을 무릅쓰고 건설되었다. 광산은 거대했고, 복숭아 속심 같은 은회색 막대들이 지구 중심을 향해 돌고 있었다. 다른 건 하등 중요하지 않은 것처럼 보였다.

카자흐스탄 법에 따라 ENRC의 루드니 자회사는 광산 채굴권을 갖는 대신 매년 회삿돈으로 일부 카자흐스탄 직원에게 교육비를 지불해야 했다. 2010년에 자회사는 "어린이 프로그램"을 통해 직원 자녀 26명에게 교육비를 제공했다. 내부감사과의 일부 감사관들 눈에 수혜자 명단이 띄지 않았더라면, 이러한 노력은 완전무결한 선행이 될 수도 있었을 것이다. 수혜 학생 중 16명은 루드니 지역 기관에서, 8명은 그 밖의 카자흐스탄 지역에서, 1명은 러시아에서 교육받고 있었다. 하지만 운 좋은 학생 하나는 바다를 건너는 수고도 마다하지 않고 미시간주립대학교까지 가서 공부하는 중이었다.[18] 억만장자 사업가 엘리 브로드Eli Broad, 선구적인 식물학자 윌리엄 빌William J. Beal, 슈퍼스타 농구선수 매직 존슨Magic Johnson 같은 저명한 인물들을 배출한 그 명문대학교 말이다. 어린이 프로그램의 1년 예산은 6000달러로 알려져 있었다. 하지만 미시간 학생 하나에만 3만 8000달러가 지급되었다. 보조금을 받으려면, 학생들의 부모는 장학금 지급 관련 보증을 서야 하고 가족 구성원 모두의 이름과 부모의 직책을 작성해서 제출해야 했다. 그러나 미시간 학생 아버지의 경우, 이름만 기록되어 있었다. 내부감사관들은 의문이 들어 그의 직책을 확인했다. 그는 지역 경찰서장이었다. 만약 ENRC가 공무원의 비위를 맞추기 위해 돈을 제공한 것이라면, 그것은 단순한 회계장부의 허위기장을 넘어서는 뇌물 제공의 문제였다.

루드니에 당도해서 얼마 되지 않았을 때, 제라드와 그의 팀은 누군가가 그들을 따돌리려 한다는 것을 알았다. 그들은 한 사무실을 특정해 방문하고 싶다고 요청했다.[19] 사무실 건물은 ENRC 자회사

소유 건물이자, 알려진 것이 없는 어떤 한 회사의 서류 등록상 주소이기도 했다. 그 회사의 소유주는 한 소련 농장이었는데[20], 광산 감독관 중 하나가 소유하고 있고 회삿돈으로 관리되고 있다고 익명의 기술자가 제보했던 바로 그 농장이었다. 사무실에 도착하자마자 제라드 팀의 통역관은 관리자 한 명이 접수계원들에게 조사관들과 이야기하지 말라고 얘기하는 것을 귓결에 들었다. 그들은 ENRC 사무실이 입주한 것으로 추정되는 2층을 보여 달라고 요청했다. 이 건물이 농업을 부업으로 하는 어떤 회사의 본사가 아니라 ENRC의 진짜 회사 건물이라면, 회사 업무용으로 사용되고 있을 터였다. 직원은 보여 주기를 거절했다. 조사관들은 건물을 떠나면서 지역 ENRC 감독관에게 항의했다. 그날 저녁 늦게 이번에는 사무실에 들어 보낼 줄 거라 확신하며 다시 건물을 방문했다. 그들은 2층이 아닌 1층으로 안내되었다. 그곳에는 서랍이 빈 책상 3개, 의자 2개가 있었고 그림은 걸려 있지 않았다. 노트북컴퓨터 한 대와 프린터 한 대도 있었는데 서로 연결되어 있지는 않았다. 그리고 회계사가 한 명 있었다. 근무시간이 끝난 게 5시간 전인데 아직까지 일하는 이유에 대해 물으니, 그녀는 시간 가는 줄 몰랐다고 답했다.

루드니의 직원들은 어떤 컴퓨터가 수색 대상인지 미리 귀띔을 받았기 때문에 다운로드하고 최신 데이터 삭제 툴을 사용할 시간을 벌 수 있었다. 제라드 팀이 경찰서장의 아들에게 장학금을 준 건에 대해 질문하자, 루드니의 상급 직원은 그들에게 "정치적 질문"은 삼가 달라고 경고했다. 상식적이라면 경찰의 관심을 끌어야 했을 많은 일이 연달아 발생했다. 지난 2년간 8건의 큰 사고가 있었고[21], 두 명은 심장마비로, 한 명은 술 취한 광부가 기폭장치를 실수로 건드려 사망했다. 제라드 팀은 회사가 장학금을 대가로 편의를 제공받았다는 어떠한 증거도 발견할 수 없었다.[22] 그러나 장학금 인증 문서들을 들여다보는 순간, 그 문서가 위조된 것이라는 사실을 단번에 알아차렸다. 조사팀은 런던으로 돌아가서 아직 밝혀내야 할 사항이 많이 남았다고 설득했다. 8월에 제라드 팀이 루드니로 파견한 사립탐정이 묵고 있던 호텔에서 공격받았다.[23] 그의 차에는 불이 났으며, 노트북컴퓨터는 파손되었다. 그를 공격한 사람들은 그에게 관여하지 말아야 할 문제들을 묻고 다니면 어떻게 되는지 가르쳐 주겠다고 말했다.

그러거나 말거나 제라드 팀은 10월에 다시 카자흐스탄을 방문했다. 트리오의 한 명인 알리잔 이브라기모프의 조카이자, 익명의 기술자가 보낸 이메일에 이름이 언급된 사람 중 하나였던 파르하드 이브라기모프의 컴퓨터를 조사하러 갔을 때, 그들은 그 전날 삭제된 이메일 전부를 그의 컴퓨터에서 찾아냈다.[24] 그들은 러시아거래계획을 비롯한 여러 프로젝트에서 중요한 역할을 한 것으로 보이는 직원 4명에 대한 인터뷰를 시도했다.[25] 하지만 아프다거나 부재중이라거나 혹은 이미 퇴사했다는 말을 들었다.

방해는 있었지만, 닐 제라드는 카자흐스탄에서 기업이 어떻게 움직이는지를 보여 주는 그림의 조각들을 자신이 한데 모아 가고 있다는 느낌이 들었다. 그러다 마침내 ENRC 제국의 다른 지역에서 뭔가 더 못된 짓이 자행되고 있다는 의심을 품게 되었다. 그는 아프리카에 주목하기 시작했다.

하나님의 왕국

• *God's Kingdom* •

2011년 10월, 런던 세인트 폴

나이절 윌킨스는 시사잡지 〈프라이빗 아이*Private Eye*〉의 충성 독자였다. 위선을 폭로하고 싶어 하는 끝없는 충동을 지녔다는 점에서, 잡지와 그는 닮았다. 2011년 10월 15일, 시위대 한 무리가 런던 증권거래소 앞에서 시위를 벌이려다 경찰에 저지당했다. 시위대는 세인트 폴 대성당에서 내려다보이는 광장으로 이동했다. 그들은 광장에 텐트 150개로 진을 쳤다. 시티오브런던 경찰은 경고장을 보냈다. 경고장은 "테러리즘/극단주의가 시티오브런던의 비즈니스 공동체에 새로운 위협이 되고 있다"[1]라는 말로 시작했다. 경찰은 '런던을 점령하라*Occupy London*'* 시위 진영에 "자본주의에 적대적인 인물들"이 포함되어 있다는 첩보를 입수했다. 시티오브런던의 자본주의 신봉자들에게 "수상한 활동가"가 없는지 살펴보라는 요주의 안내가 전달되었다.

최근에 나이절은 시티 관계 당국에서 근무했던 3년의 생활을 정리했다. 그는 자신의 공책에 "'런던을 점령하라' 같은 시위대를 극단주의자와 테러리스트 단체와 동일시하려고 하는 시티오브런던 경찰이 심히 우려스럽다"고 썼다. "시티오브런던 경찰은 시티 소재 은행들 내부에서 대규모 시장 조작이 벌어졌을 때는 꿈쩍도 하지 않았었다. 런던 코퍼레이션의 정무 공무원들은 수백만의 소비자가 속아서 필요하지도 않은 서비스를 구매하는데도 그들을 보호하기 위한 어떠한 조치도 취하지 않았다."

리먼 브라더스가 파산한 지 3년이 지났다. 더불어 금융 비밀주의로 둘러싸인 회사에서 나이절이 천 페이지에 달하는 기밀문서를 빼돌려, 시티 한가운데서 자금 남용을 자행하는 것이 명백해 보이는 사례들을 감독기관에 제보한 지도 3년이 지났다. 조세 당국에서 나온 직원들과 한 차례 은밀한 만남을 가졌던 걸 빼면, 아무 일도 일어나지 않았다. 그가 재정청에 새로 직장을 얻고 나서 여러 달 동안 한 일이라고는 시티의 영업 허가를 받고 싶어 하는 은행, 헤지펀드 등 다양한 업체가 제출한 요청서들을 사정한 것뿐이었다. 공교롭게도 '런던을 점령하라' 시위대의 요구 조항 목록 중 다섯 번째는 다른 조

---

* 2011년 9월 17일 월스트리트에서 "월스트리트를 점령하라(Occupy Wall Street)"는 구호와 함께 '반(反)월스트리트 시위'가 발생하였다. 시위의 목적은 2008년 글로벌 금융위기 이후 심화된 미국 사회의 빈부격차 문제를 지적하고 금융기관의 부도덕성에 항의하기 위한 것이었다. 시위대는 "우리는 미국의 최고 부자 1퍼센트에 저항하는 99퍼센트 미국인의 입장을 대변한다", "미국의 상위 1퍼센트가 미국 전체 부의 50퍼센트를 장악하고 있다"고 외쳤다. 반월스트리트 시위는 전 세계로 확산되었는데, 2011년 10월 15일을 '국제행동의 날'로 정하여 전 세계 82개국 1000여 개 도시에서 반월스트리트 시위가 동시에 열렸다. 따라서 '런던을 점령하라' 시위는 '월스트리트 점령 시위'와 같은 맥락에서 이해하면 되겠다.

항들보다 좀 더 엽기적인 데가 있었다. "세계적으로 만연한 세금 부정의와 인민이 아닌 기업을 대변하는 민주주의를 종식시키고"라는 문구 뒤에는 "우리는 규제기관이 규제를 받는 기업으로부터 진정으로 독립적이기를 원한다"라는 구절이 나왔다. 시티 감독기관에서 일하는 동안, 나이절은 감시기관이 금융업자를 단속하는 것이 아니라 보호하고 있다는 생각이 점차 확고해졌다. 시티의 감독기관은 은행들, 특히 템스강을 따라 동쪽으로 고층 건물이 즐비하게 늘어선 제2의 시티오브런던 카나리 위프Canary Wharf에 본사를 둔 은행들로부터 자금을 지원받았다. 나이절이 관찰한 바에 따르면 "감독기관에서 일하는 사람들 대부분이 금융계에 인맥을 가지고 있었다. 또한 이들 모두가 금융계의 새로운 직장으로 옮겨 가고 싶어 한다." 그의 동료들은 자본의 운반과 증식을 가로막는 장애물들을 치우는 것이 자신들의 일이라고 생각했다. "결과적으로 우리는 기업이 곤란한 처지에서 벗어나도록 돕는 애매한 상황에 처한다. 나는 그것이 전적으로 잘못된 일이라고 생각한다." 결국 이 모호한 감독기관은 2004년에 고객의 자금 출처를 제대로 확인하지 못했다며 자신들이 BSI를 비공개적으로 질책한 지 4년이 지나서야 나이절의 제보를 받은 셈이었다. 당시 나이절은 BSI가 범죄수익을 취급하고 있으며 BSI는 자신들의 그런 행동이 시티의 규범에서 벗어난 일이라는 생각조차 없는 것 같다고 제보했었다.

나이절은 심사숙고하며 자신의 공책에 다음과 같이 기록했다. "중요한 것은 이 사실을 말하는 것, 그래서 이 사실이 세상 밖으로 나가게 하는 것이다. 그것으로 인해 하늘은 다른 무엇도 아닌 바로 분노로 물들 것이고, 누가 지킬^{Jekyll}이고 누가 하이드^{Hyde}인지를 분별하게 될 것이다. 돈을 둘러싼 이야기들에 등장하는 어휘는 돈을 많이 가진 자들에게 유리하다. 이를테면 많을수록 '가치' 있다는 식이다. 돈에 대한 이야기 중 정말 중요한 이야기들은, 실은 돈에 관한 이야기가 아니다. 그것은 권력에 대한 이야기다. 그러나 돈은 손에 쥘 수 있지만, 권력은 발휘되어야 힘이 되는 법이다. 우리 중에 권력을 사서 쟁여두고 싶어 하는 사람은 없다. 하지만 돈은 축적하고 싶어 한다. 돈이 우리를 최고로 만들어 줄 것이기 때문이다."

나이절의 붉은색 "일급 비밀" 상자 안에 든 문서 속에는 돈이 권력의 진정한 본 모습이라는 것을 입증할 원자료들이 페이지마다 넘쳐났다. BSI 고객 중 다수가 "PEPs" 혹은 "정치적 주요 인물^{politically} $^{exposed\ persons}$"로 분류되었다. 여기에는 영국인 외에도 유럽인, 러시아인, 레바논인, 중앙아시아인, 아랍 왕족 등 다양한 국적의 사람들이 포함되어 있었다. "올리가르히"들도 있었는데, 올리가르히야말로 정치 지배자의 총애 덕분에 부자가 된 사람들을 부르는 또 다른 단어였다. BSI 관리자들은 이 고객들의 돈이 어디에서 나오는지 너무나 잘 알고 있었다. 나이절은 보스턴 컨설팅 그룹$^{Boston\ Consulting\ Group}$이 BSI를 위해 작성한 보고서를 집어 들었다.[2] 보고서는 올리가르히를 비롯하여 "연방, 지방 공무원과 군, 안보 기관의 장교 등등"을 고객으로 만들고 서비스를 제공하는 법을 제시하면서, 이들이 "사적인 정치적 네트워크를 대단히 신뢰하며" (……) "부정적 소문이 나는 것을 예방하고 곤란한 상황에 빠지지 않도록 모든 것을 극비로" 처리할 것을 요구한다고 덧붙였다.

나이절은 자신이 발견한 것의 의미를 숙고해 보았다. 이 생각 저 생각을 하다가 종교에 생각이 미쳤다. 마음속에서 종교를 두고 찬반 양론이 벌어졌다. 나이절의 아버지는 평신도 전도사가 될 정도로 독실한 기독교 신자였다. 나이절은 자기 앞에 펼쳐진 길을 따라 걷기를 거부하는 사람이었으며, 종교 조직을 혐오했다. 사제가 수많은 어린이를 강간했다는 뉴스 기사에 관심을 가지기도 했다. 나이절은 자신의 공책에서 다음과 같이 지적했다. "기독교도가 잘못을 저지를 수 있는지 아닌지의 문제가 아니라, 사제가 저지른 범죄를 제도로서의 교회가 피해자를 희생시켜 덮으려 했다는 것이 문제다." 스위스 은행들이 가난한 나라들의 세금 탈취를 도움으로써 결과적으로 그들 나라의 통화량을 안정시킨다는 논리를 따져 보다가, 나이절은 그 논리가 여호와의 증인의 교리와 비슷한 구석이 있다는 데 생각이 미쳤다. "여호와의 증인이 종교를 전파하는 목적은 이교도들을 전도해서 자신의 신앙으로 개종시키기 위한 것이 아니다. 오히려 그들의 목적은 아마겟돈에서 하나님의 왕국으로 들어가는 것이 보장된 소수 엘리트로서의 자신들의 지위를 유지하는 것이다. 그들은 하나님의 왕국에는 오직 소수만 들어갈 수 있다고 믿는다." 끝으로 나이절은 다음과 같이 덧붙였다. 이승에서의 싸움은 "종교들 사이에서 일어나는 것이 아니라, 부패한 이들과 부패하지 않은 이들 사이에서 경제적 권력을 두고 벌어진다."

공포
———— • *Fear* • ————

2011년 12월, 카자흐스탄 자나오젠

유르트*들을 봤을 때, 로자 툴레타예바^{Roza Tuletayeva}1에게 처음 든 느낌은 가슴을 싸하게 하는 불안감이었다. 여섯 달 동안 그녀를 비롯한 몇 백 명의 석유회사 오젠무나이가즈^{OzenMunaiGaz} 노동자들은 광장에서 불침번을 서 왔다. 그들은 밤낮으로 교대하며 광장을 지켰다. 파업은 정당했다. 그들은 그렇게 확신했고 결코 흔들리지 않을 것이었다. 로자는 50세를 앞두고 있었다. 그녀는 금세 얼굴 가득 함박웃음을 지으며 반짝이는 금니를 드러냈다. 하지만 우습게 보다가는 큰코다칠 것 같은 엄격한 표정을 지을 때도 있었다. 그녀는 파업을 이끄는 사람이 되고 싶다고 생각한 적이 한 번도 없었다. 자신의 성정에 따르다 보니 어느새 파업의 선두에 서게 되었을 뿐이다. 무

———
*   몽골·시베리아 유목민들의 전통 텐트.

엇보다 석유 관련 일을 하게 될 거라고는 꿈도 꿔 본 적이 없었다. 투르크메니스탄에서 성장한 그녀는 처음에는 펌프 역학을 배웠지만, 교사로 근무하다가 너무 어린 나이에 무책임한 남자와 결혼한 뒤로는 세 아이를 키우며 탁아소에서 일했다. 그러다 소비에트연방이 해체되고 어머니의 조국 카자흐스탄으로 돌아오면서 자나오젠 Zhanaozen까지 오게 되었다.

소련이 카스피해 아래부터 내륙 쪽으로 펼쳐져 있는 지하 매장고에서 기름을 퍼 올리기 시작하기 전까지는, 수피교 수행자들 말고는 감히 이 사막 지대를 오가는 사람은 거의 없었다. 하지만 막대한 석유 시추공試錐孔들은 지휘와 보수, 관리가 필요했다. 그에 따라 해안에서 스텝 지대로 뻗어 있는 외길 도로를 80마일 정도 달리다 보면 나오는 자나오젠 마을은 십만 인구가 거주하는 도시로 성장했다. 브리즈 블록으로 지은 방갈로들이 비포장도로에 원을 그리듯 다닥다닥 붙어 광장을 에워싸고 있었다. 광장 위쪽으로는 시 청사와 방문하는 고관들이 묵는 호텔, 국영석유회사의 현지 자회사인 오젠무나이가즈OMG의 사무소가 일렬로 늘어서 있었다. 2010년에 OMG의 직원 9000명이 인근 황무지의 노동자들과 함께 사막에서 40억 달러에 달하는 석유와 천연가스를 뽑아 내어 파이프를 통해 흘러 보내면서 외진 이곳은 세계 탄소경제의 수도꼭지가 되었다. 광장에 질서 정연하게 심어진 전나무들은 제대로 자라지 못해 사막의 모래바람을 막기에는 역부족이었다. 그래도 2011년 12월 16일 아침, 광장은 분주하고 시끌벅적했다. 카자흐스탄 독립 20주년을 기념하는 애국 공연 무대가 이미 세워져 있었다. 말끔한 육각형 포석들 위에 늘

제2부. 번데기

어선 유르트들에서는 말고기 스튜와 경단, 낙타유를 비롯한 여러 전통 요깃거리들을 팔고 있었다.

　로자가 광장에 도착해 유르트들을 봤을 때, 그녀는 유르트가 도발하기 위한 것이라는 사실을 알아챘다. 카자흐스탄인은 절대로 돌 위에 유르트를 세우지 않는다. 누군가가 유르트를 그곳에, 즉 파업 장소 바로 옆에 세우도록 지시한 것이 틀림없었다. 로자는 유르트의 주인들과 이야기를 나누기 위해 광장을 가로질렀다. 로자는 그들에게 부끄러운 줄 알라고 말했다. 정말 부끄러웠던 건지, 몇몇이 유르트를 해체해서 자리를 옮길 준비를 했다. 하지만 근처에 있던 경찰들의 저지로 유르트들은 있던 자리에 그대로 남게 되었다.

　처음 자나이젠에 왔을 때 로자는 작은 규모로 무역업을 했었다. 그러나 소비에트연방 해체 후 경제 위기가 닥치면서 사업이 망하자, 그녀는 사막에서 굴착기를 정비하는 일을 했다. 고되고 위험한 일이었다. OMG의 노동방식 자체에는 이의가 없었다. 그녀를 격분시킨 것은, 심지어 하급 감독자들조차 로자 같은 평직원들을 노예처럼 다루는 방식이었다. 이거 가져와, 저거 해 하며 그들은 끊임없이 고함을 쳐 댔다. 부잣집 자식이거나 그들의 비호를 받는 사람들은 관리직을 얻을 수 있었다. 무엇보다 굴욕적인 요구들이 늘면서, 이러한 상황은 참을 수 없을 만큼 불쾌해졌다. 카스피해 쪽으로 내려가다 보면 켄딜리 리조트가 나오는데 그곳에 대통령 저택이 있었다. 나자르바예프가 저택을 사용하기라도 할라치면, 석유회사 노동자들이 동원되어 벌레를 걷어내고 풀장과 사우나를 청소하곤 했다. 첫해에는 로자도 하라는 대로 따랐다. 하지만 이듬해에는 지시에 따르기를 거부했다. 그녀는 어떤 직업이든 그 직업에는 수행해야 할 정해진 업무 내용이 있다고 주장했다. 대통령을 위한 가사노동은 그녀가 해야 할 일이 아니었다. 로자는 다른 직원들도 같은 입장을 가지도록 독려했다. 감독관들이 어리석다면 가르쳐서 사리를 깨우치도록 해야 한다는 것이 그녀의 생각이었다.

소련 시절, 광산이나 유전에서 일하는 중급 기술자들은 해외여행을 다니고 온천 휴가를 즐기는 등 상당한 위세를 누렸다. 자본주의가 시작된 후에도 이들은 대부분의 다른 노동자보다 여전히 높은 소득을 올렸지만(어쨌든 클렙토크라시 정치체제 밖에서 그랬다는 말이다), 생활은 예전에 비해 훨씬 더 옹색해졌다. 예를 들어 위험수당만 해도 과거에는 사막의 유전에서 수고하는 노동자들을 위해 국가가 수당을 보장해 줬던 데 반해, 지금은 시장 요인에 좌우되었다. 다른 요인들도 작용했다. 노동자들은 감독관이 재무부 제출 서류에 기입한 임금액의 절반가량만 자신들에게 지급되고 있다는 사실을 발견했다. 차액은 아마도 감독관들 자신의 소득을 보충하는 데 쓰이는 것 같았다. 게다가 일자리를 얻기 위해서는 처음부터 상당한 대가를 치러야 한다는 사실이 노동자들을 한층 더 지긋지긋하게 만들었다. 카자흐스탄에서 공식적인 일자리를 얻으려면 으레 그렇듯, 국영석유회사에서 일하기 위해서도 뇌물이 필요했다. 낮은 직급의 석유 노동자는 인사 관리자에게 석 달 치 월급을 바쳐야 했다. 그러다 보니 OMG 노동자들은 월급을 받기도 전에 월급이 모자란 상황이었으며, 월급을 받아도 반은 사라지고 반만 손에 쥘 수 있었다. 한 노동운동 활동가의 관찰대로라면 "아래에서 위로 흐르는 것은, 세상에서 돈뿐이다."

한편 자나오젠 지역의 빈곤율은 1/5로 치솟으며 카자흐스탄에서도 가장 높은 수치를 기록했다. 경기가 좋던 시절에 카자흐스탄 은행들은 서방 은행에서 흘러 들어온 돈의 일부를 돈이 필요한 사람들에게 신용 대출해 주었다. 자나오젠의 석유 노동자들도 대출받기를 원했다. 그들은 돈을 빌려 자신들이 가질 여유가 없던 집과 냉장고를, 자동차를 샀다. 대출 금리는 15퍼센트, 18퍼센트에 달했다. 위기가 닥치자 대출에 의지했던 노동자들은(대부분이 열두 명 혹은 그 이상의 대가족을 부양했다) 상환 불가능한 빚에 질식할 것 같았다. OMG의 직원회의는 뜨겁게 달아올랐다. 노동자들은 감독관들을 도둑이라 불렀다. 노동자 대부분이 노동조합에 속해 있었지만, 노조 지도자들은 경영진의 편인 것처럼 보였다. 그래서 2011년 5월, 노동자 수천 명이 자발적으로 작업을 중단하고 파업에 돌입했다.

거의 즉각적으로 파업은 불법으로 공표되었다. 자나오젠 시 법원은 OMG 노동자들이 노동법에 명기된 분쟁 해결 절차를 따르지 않았다고 판결했다. 어쨌든 '위험 생산시설'로 분류된 공장에서의 어떠한 노동자 파업도 금지되어 있었다. 파업 참가자들은 파업을 중단하기는커녕 오히려 강도를 높였다. 그들은 단식투쟁을 시작했다. 로자도 그들 중 한 명이었다.

로자의 아이들은 그녀에게 제발 단식에는 참여하지 말라고 빌었다. 그러나 그녀는 계속 생각해 왔다. 그녀는 소련 제국에서 자본주의로의 이행 과정에 대해 숙고해 왔으며, 카자흐스탄 헌법을 처음부터 끝까지 읽었다. 헌법은 모든 자원(땅, 물, 숲, 호수, 바다)이 국가에 속한다고 분명히 밝히고 있었다. 로자는 대통령이 잘못을 저지르고 있는 것은 아니라는 주장을 믿어 줄 의향이 있었다. 그녀 생각에, 대통령은 모든 것이 도둑질당하고 있는 이 상황을 모르는 것이 분명했다.

만약 나자르바예프가 석유 산업에서 벌어지고 있는 일을 몰랐다면, 그는 지독히도 근시안적인 사람일 것이었다. 석유 산업은 대통령 가족의 일원인 사위 티무르 쿨리바예프가 지배하고 있었다. 자나오젠 노동자들이 파업 중이던 시점에, 티무르와 그의 아내는 각기 13억 달러의 자산을 보유했는데, 이는 맨체스터 구단주 맬컴 글레이저와 오프라 윈프리의 재산을 합한 것과 맞먹었다. 티무르는 시장과 국가가 교차하는 지점에서 활약하며 재산을 모았다. 나자르바예프는 티무르를 OMG의 모회사인 국영 석유 가스 회사 카즈무나이가스KazMunaiGas의 사장으로 임명했다. 그런 다음 그걸로는 모자랐는지 국부펀드 회장으로 승진시켰는데, 국부펀드는 카즈무나이가스를 비롯하여 무흐타르 아블랴조프로부터 압수한 BTA 은행처럼 국가가 획득하거나 몰수한 자산들을 소유했다. 티무르는 카자흐스탄이라는 국가의 상업적 이익을 챙기는 일을 하면서, 다른 한편으로는 자신의 사익을 축재해 왔다. 이 둘 사이의 경계는 모호해서 사라지기 일쑤인 듯했다.[2]

로자는 석유가 사람들을 엄청난 부자로 만들 수 있다는 사실을 알고 있었다. 어떤 사람이, 또 얼마나 많은 사람이 부자가 되느냐의 문제일 뿐이었다. 그녀는 언젠가 두바이에 관한 다큐멘터리를 본 적이 있었다. 모래언덕에 불과하던 베두인족의 땅은 풍요로운 오아시

제2부. 번데기

스가 되었다. 그녀는 그들이 부러웠다. 소련에서 70년을, 그 후 카자흐스탄에서 25년 이상을 살아 온 우리는 왜 이렇게 가혹한 꼴을 당하고, 왜 이렇게 아무것도 가진 것이 없는가? 그녀는 의문이 들었다. 내가 원하는 건 언젠가 대단한 영화를 누리며 살고 싶다는 것이 아니라, 지금 여기서 좀 사람답게 살고 싶다는 것이다. 바로 지금 카자흐스탄에는 모든 것들이, 온갖 천연자원과 엄청난 부가 존재한다. 그런데도 나는 왜 인간답게 살 수 없고, 왜 누군가의 허락을 구하면서 살 수밖에 없는가? 그녀는 단식투쟁에 참여하기로 결심했다. 원해서가 아니라 그것밖에는 할 수 있는 것이 없었기 때문이다. 하지만 그녀와 그녀의 동료들이 하는 말에 아무도 귀 기울이지 않았다.

7월 초에 경찰이 OMG 시설에서 있던 파업을 진압할 당시, 로자는 병원에 입원 중이었다. 노동자들은 가장 가까운 도시 자나오젠의 광장에 재집결했다. 로자는 움직일 수 있게 되자 바로 합류했다.

광장에서 보낸 여러 달은 고통스러웠다. 질식할 것 같던 여름이 지나자 비와 눈, 영하의 바람과 함께 겨울이 찾아왔다. 감독관들이 불법 노동쟁의에 참가했다는 이유로 사람들을 해고하기 시작하면서, 파업 참가자 중에는 일터로 돌아가는 사람도 있었다. 그러나 광장에 남은 수백 명 노동자들은 여전히 결연했다. 당국에게 그들을 광장에서 몰아낼 핑곗거리를 주지 않기 위해 음주도 자제했다. 광장 모퉁이에 주차된 미니버스에서는 KNB 요원들이 파업 참가자들을 예의 주시하고 있었다. 나자르바예프에게 충성스러운 카자흐스탄 언론은 대부분 무시로 일관했다. 관심을 보이는 언론인들도 있었지만, 대개는 영국의 BBC나 카타르의 알자지라Al Jazeera 같은 외신을 위해 일하는 사람들이었다. 기자들은 목소리가 크고 설득력 있는 로자야말로 인터뷰에 알맞은 인물임을 알아차렸다. 그녀는 자신의 말이 대통령에게 가 닿기를, 그래서 대통령이 그들의 곤궁한 처지에 귀 기울일 수 있기를 바랐다. 그녀는 자신이 위험한 일을 하고 있다는 사실 역시 직감했다. 그녀는 속으로 생각했다. '지금 내가 하고 있는 이 모든 말이 언젠가는 나를 응징하는 빌미가 될지도 모른다.'

독립기념일 아침은 몹시 추웠다. 보통 광장의 축하 행사는 조출하게 열리곤 했다. 하지만 오늘은 교사들이 학생들을 광장으로 인솔했고, 로자는 그 모습에 분개했다. 무대에서 시작된 노래가 광장 아래로 퍼져 나갔다. 그 노랫소리가 로자에게는 점점 커지는 것처럼 들렸다.

광장에는 백 명 정도의 파업 참가자들이 있었다. 여느 때처럼 대다수는 가슴에 OMG 로고가 새겨진 빨갛고 파란 두꺼운 회사 후드 점퍼를 입고 있었다. 무자비한 햇빛 아래에서 수년을 보내는 동안, 그들의 점퍼는 낡고 바래 있었다. 하지만 그날 아침에 파업 참가자들은 선명한 색으로 번쩍번쩍 빛이 나는 새 점퍼 차림의 새로운 얼굴 수십 명이 광장에 있는 것을 보았다.

유르트를 둘러싼 실랑이가 모두를 짜증나게 했다. 경찰 대대가 이미 광장에 배치되어 있었다. 경찰은 조금씩 앞으로 나오더니 어느새 파업 참가자들을 에워쌌다. 아침이 끝나갈 무렵에 난투극이 벌어졌다. 근사한 새 OMG 점퍼를 입은 30명가량 남자들이 무리 지어 무대로 달려들었다. 그들은 음향 장비를 부수고 스피커들을 땅에 내던졌다. 유르트들이 찢겨 나갔고 축제용 나무가 쓰러졌다. 무대 뒤

제2부. 번데기

에 있던 낡은 버스 한 대에는 불이 붙었다. 파업 참가자들은 광장 위쪽에서도 연기가 피어오르고 있다는 것을 바로 알아차렸다. 시청사가 불타고 있었다. 이윽고 청사 옆 호텔 건물에서도 연기가 피어올랐다. 연기가 OMG 본사 밖으로도 자욱하게 퍼져 나오자, 일부 파업 참가자가 화염에 물이라도 끼얹어 보겠다며 본사를 향해 돌진했다. 본사 지하에는 그들의 근로기록, 의료카드를 비롯한 공식 서류들이 보관되어 있었기 때문이다.

소동이 고조되자 많은 주민이 광장 밖으로 몰려 나갔다. 교사들은 학생들을 밖으로 인솔했다. 로자는 근처의 파업 참가자들에게 광장을 떠나자고 했다. 여기에 있어 봤자 좋을 게 없다고 생각했다. 그러나 그들은 움직이기를 거부했다. 그래서 로자도 떠나지 않기로 했다. 그녀는 주변을 둘러봤다. 또 다른 경찰 분대가 그들을 향해 다가오고 있었다.

광장 중앙에서 누르리베크 누르갈리예프Nurlibek Nurgaliyev[3]는 평소와 다름없는 무사태평한 표정으로 경찰이 다가오는 모습을 지켜봤다. 그는 20년 넘게 유전에서 일했다. 거대한 몸집에 가죽처럼 질긴 피부, 핏발 선 눈을 한 악당 같은 모습의 그는 살짝 취기가 오른 뒤 청하는 오후의 낮잠을 즐겼다. 그의 우렁찬 코 고는 소리에 휴게실에 있던 동료들의 대화가 중단되곤 했다. 그러나 지지를 표명해야 할 때가 되자, 그는 로자의 단식투쟁에 합류했고 이후에는 광장 교대조의 일원이 되었다. 그는 도시 밖 황무지를 터벅터벅 걷는 단봉낙타들만큼이나 무던했으며, 강한 바리톤의 목소리는 줄기차게 피워 대는 담배 탓에 낮게 가라앉았다. 다가오는 경찰은 그에게 어떠한 위협도 되지 못했다. 깡통이 찌그러지는 듯한 총성을 들었을 때 조차, 그는 경찰이 전에 가끔 그랬던 것처럼 고무탄을 쏘나 보다고 생각했다. 그가 흘끗 자신의 오른편을 보니 세 명이 웅크리고 앉아 시청사, 호텔, OMG 본사에서 피어 나는 연기를 올려다보고 있었다. 그중 한 명이 손으로 자신의 눈을 두드리며 비명을 질렀다. 얼굴에서 피가 뿜어져 나왔다. 뭔 일이래, 실탄이었어? 누르갈리예프는 생각했다. 그때 자신의 오른쪽 턱 아랫부분에 쿵 하는 강한 충격이 느껴졌다. 그는 동료들이 모여 있는 곳을 향해 걸음을 내디뎠다. 그러나 그들에게 가 닿기도 전에 무너져 내렸다.

근처에서 한 무리의 여성이 울부짖었다. 총알이 열두 살 남짓한 여자아이의 머리를 관통했고, 소녀는 즉사했다.[4]

토레칸 투르간바에프Torekhan Turganbaev[5]는 광장에서 뭔가 잘못된 일이 벌어지고 있다는 사실을 전혀 알지 못했다. 그는 몇 구역 떨어진 집에 있어서 광장의 소음을 듣지 못했다. 몇 주 후면 50세가 되는 그는 정유 공장 일을 하며 남에게 기대지 않고 그런대로 잘 지내 왔다. 다른 이들이 파업을 벌이는 동안에도 그는 계속 일하러 나갔다. 그의 둥그스름하니 풍채 좋은 어깨는, 장남의 수소 같은 힘이 어디에서 왔는지를 가늠하게 해 주었다. 아버지의 힘은 아들에게서 더욱 증폭되어, 소심한 청년 아만베크Amanbek는 자라서 뛰어난 레슬링선수가 되었다. 반짝이는 치아, 조각 같은 턱, 이마 위로 깔끔하게 다듬은 새까만 머리가 아만베크의 엄청난 골격의 대미를 장식했다. 그러다 보니 전체적으로는 꼭 50년대 미국 스포츠스타 같은 분위기를 풍겼다. 이제 27세인 아만베크는 결혼해서 두 딸을 둔 아버지가 되었다. 그는 아버지를 따라 정유 공장에서 기계 수리공으로 일했다. 파업에 참여하지 않았기 때문에 주 광장에서 열리는 시위에 참석하라는 요청을 받지는 않았지만, 그날 아만베크는 독립기념일 축하 행사를 볼 겸 광장으로 향했다. 집 밖 거리로 누가 뛰어 내려가는 모습을 봤을 때, 투르간바에프는 뭔가 문제가 생겼음을 직감했다. 그는 아들의 휴대전화로 전화를 걸었다. 받지 않았다. 한 시간쯤 기다렸다가 다시 전화를 걸었다. 어떤 여자가 받았다. 자신이 간호사라며 다음과 같이 말했다. "이 휴대전화의 주인을 찾으시려면 병원으로 오셔야겠습니다."

병원 안의 벽과 바닥은 피로 뒤덮여 있었다. 핏방울이 튀긴 수준이 아니었다. 먼지와 모래가 뒤섞인 피가 여기저기서 끈적한 웅덩이를 이루고 있었다. 병원 어딘가에서는, 의사들이 누르리베크 누르갈리예프의 가죽처럼 질긴 턱을 뚫고 그의 어깨에 박힌 총알을 빼내느라 진땀을 흘리고 있었다. 의료진들이 사방으로 뛰어다녔다. 투르간바에프는 아들을 찾기 시작했다. 1층 병실들을 뒤진 다음 위층으로 올라갔다. 그러다 어떤 방에 도달했다. 그곳에는 사람 모양을 한 세 개의 뭔가가 덮개 아래 누워 있었다. 첫 번째 덮개를 젖혔다. 모르는 얼굴이었다. 두 번째 역시 낯선 이였다. 그는 세 번째 시신을 가린 덮개를 들어 올렸다. 이마 중앙에 총알구멍이 난 아들의 얼굴이 보였다.

처음에, 광장에 서 있던 자신의 주변 바닥으로 사람들이 쓰러지는 모습을 봤을 때, 로자는 어찌할 바를 몰랐다. 안전요원! 안전요원! 안전요원! 안전요원을 부르는 소리가 들렸지만, 로자는 그 소리가 어디에서 나오는지 알 수 없었다. 젊은이 하나가 그녀에게 뛰어왔다. "로자 아줌마." 그가 불렀다. 그는 그녀에게 총에 맞아 파업 참가자 한 명이 죽었다고 말했다. "대체 무슨 말이야, 죽었다고?" 구급차 두 대가 도착했다. 로자와 다른 네 명의 여성은 쓰러진 사람을 살피는 구조대원 주위로 방어 대형을 만들었다. 로자는 한 무리의 사람들이(감독관들처럼 보였다) 부서진 무대 옆에 서서 소동이 벌어지는 모습을 지켜보고 있다는 것을 알아차렸다. 그때였다. 누군가가 별안간 그녀의 목덜미를 휙 낚아채더니 그녀를 차 안으로 냅다 밀어 넣었다. 아들이었다. 아들은 로자의 여동생 집으로 차를 몰았다. 차가 멈추자 로자는 내리려고 했다. 하지만 발이 떨어지지 않았다. 그녀는 기듯이 집 안으로 들어갔다. 안으로 들어가서야 자신이 오줌을 지렸다는 것을 알았다.

그 후 얼마 동안 로자는 어떤 일이 벌어졌었는지 정확히 기억할 수 없었다.[6] 광장의 사건을 기억하려 할 때면, 마치 조각조각 찢어진 사진 한 장을 보고 있는 것 같았다. 사람들이 뛰는 모습이 얼핏 보이는 듯하다가도 어느새 사라져 버렸다. 무대를 떠올리려 해도 그것을 두른 푸른 테두리밖에 기억나지 않았다. 자신의 기억에 구멍이 생겼다는 것을 알게 되자 엄청난 불안감이 밀려왔다. 음식을 먹어도 아무런 맛이 느껴지지 않았다.

자나오젠에 비상계엄이 선포되었다. 도시의 통신은 먹통이 되었고, 인터넷 대부분이 전국적으로 차단되었다. 검찰총장실에서는 광장에서 12명이 사망했으며, 부상으로 나중에 2명이 추가 사망했고 화재로 1명이 사망했다고 발표했다. 더 많은 사람이 죽었다는 말도 들렸다. 하지만 그들의 죽음이 헛된 것은 아니었다. 경찰 발포 6일 후에, 로자는 대통령이 직접 자나오젠을 방문했었다는 소식을 듣고 기뻤다. 대통령이 파업 참가자들이 아닌 시의 높은 양반네들 앞에서만 연설했다는 사실도, 또 대통령이 광장이 아니라 광장에서 얼마간 떨어진 관공서에서만 이야기를 나누었다는 사실도 개의치 않았다. 그런 일들에 신경 쓸 필요는 없었다. 중요한 건 그가 한 말이었기 때문이다. "전반적으로 노동자들의 요구는 정당했습니다." 나자르바예프가 공언했다. "비록 노동자들이 노동 규약을 위반했다 하더라도, 고용주들은 그들이 우리 카자흐스탄의 시민이라는 사실을 잊어서는 안 됐습니다. 그들은 달나라에서 뚝 떨어진 사람들이 아닙니다. 고용주들은 노동자들의 말에 귀 기울여야 했으며, 노동자들에게 가능한 한 많은 지원을 아끼지 말아야 했습니다. 일이 그렇게 되지 않아 몹시 유감스럽습니다."[7] 그는 파업 참가자들이 이미 알고 있던 사실을 인정하는 듯 보였다. 소요 사태를 일으키려는 목적으로 광장에 잠입한 세력이 있었고, 이들이 학살의 빌미를 제공했다는 그 사실 말이다. 대통령은 다음과 같이 말했다. "파업과 무관한 인물들이 복잡한 상황과 조직적인 대규모 혼란을 악용했습니다."

로자는 진상조사위원회가 아스타나를 출발했다는 소식을 텔레비전으로 전해 들었다. 그녀는 전율을 느꼈다. 파업 참가자들이 살을 태워 버릴 것 같은 더위와 혹독한 추위 속에서 하루도 거르지 않고 요구해 왔던 것은 다른 무엇도 아닌 그저 노동자의 정당한 권리들이었다는 사실을 곧 온 나라가 알게 될 참이었다. 12월 27일 오전 10시, 그녀는 진상조사위원회를 만날 수 있을 거라 기대하며 지방검찰청에 자진 출두했다. 처음에 당직 공무원들은 그녀를 들여보내 주려 하지 않았다. 하지만 그녀는 자신의 이야기를 들어봐야 한다고 우겼다. 결국 한 젊은 남자가 그녀를 버스로 안내했다.

얼마 안 가 버스가 KNB 지부에 당도했다. 로자는 건물 안으로 끌려가 조사실로 들어갔고, 의자에 앉으라는 소리를 들었다. 변호사를 불러 달라고 했지만, 요청은 묵살되었다. 예르잔Yerzhan이라는 KNB 장교가 다가왔다.

"당신은 이제 끝났어."[8] 예르잔이 말했다 "유르트들을 불태운 건 바로 당신이야. 우리가 세운 유르트 22개를 당신이 몽땅 불태워 버린 거지. 그 유르트들처럼 당신 집도 불살라주지. 7학년에 재학 중인 열네 살짜리 딸이 있군. 나는 걔도 죽일 거고, 당신 친척들도 모두 죽여 버릴 거야. 당신은 이제 완전히 끝난 거라고."

로자가 물었다. "그 유르트들을 세운 게 당신들이었다고요?"

예르잔이 말을 멈췄다. 또 다른 남자가 로자 뒤로 움직이더니 기관총을 겨눴다. 그는 총구로 그녀의 등을 눌렀다.

"뭔 일 있으면 바로 쏴 버려." 예르잔이 남자에게 말했다.

KNB 요원들이 잇따라 조사실을 드나들었다. "당신, 딱 걸렸어." 그들이 말했다. "당신은 유죄요." 몇 시간이 지나자 그들은 그녀를 집으로 돌려보냈다. 그러나 일주일 후, 그들은 다시 그녀를 데려갔다. 이번에는 경찰이었다. 그들이 데리러 왔을 때 그녀는 부모님 집에 있었다. 저녁 무렵이었다. 아버지는 밖으로 따라 나와 그들이 그녀를 끌고 가는 모습을 지켜볼 수밖에 없었다.

로자는 구치소에서 어떤 일이 벌어지고 있는지를 귓속말로 들어 알고 있었다. 구치소 뒤쪽 '차고'라 불리는 건물에서 구금자들은 발가벗겨진 다음 참을 수 없을 만큼 차가운 물속에서 강제로 웅크린 채 몸을 담그고 있어야 했다. 지하에서는 곤봉으로 두들겨 맞으며 누구에게든 발설하는 날에는 교도소에 가게 될 거라는 협박을 당했다. 벌써 구금자 한 명이 죽어 나갔다. 바자르바이 켄제바예프^{Bazarbai} Kenzhebaev[9]는 딸과 새로 태어난 손자를 보러 시골에서 자나오젠에 왔다. 경찰은 산부인과 병동으로 걸어 들어가던 그를 붙잡았다. 그들은 그를 구치소로 끌고 와서 차고에 던져 넣었다. 그런 다음 그를 발가벗겨 바닥에 눕히고 그의 몸 위를 오르내리며 밟아 댔고, 머리를 바닥에 내리쳐 박살 냈으며, 장기를 파열시켰다. 그는 나흘 후 병원에서 죽었다.

사복 차림의 남자들에게 끌려 구치소로 들어간 로자는 양옆으로 문들이 이어진 복도를 따라 걸었다. 그들은 그녀를 소장실로 보이는 곳으로 데려갔다. 거기서 그들은 그녀의 친척 명단을 보여 주었다. 질문을 받고 또 받았다. 남자들이 고함을 질렀다. 하지만 자신이 어떤 답을 해야 하는 건지 도대체 알 수가 없었다. 그들 중 얼굴에 흉터 자국이 있고 사악한 분위기를 풍기는 남자가 있었다. 루슬란^{Ruslan}이라는 사내였다. 그가 비닐봉지를 가지고 다가왔다. 그는 비닐봉지로 그녀의 얼굴을 덮어 바짝 조였다. 숨을 쉬려 헐떡였지만 아무것도 들어오지 않았다. 마침내 루슬란이 비닐봉지를 풀었다. 로자는 현기증으로 머리가 어찔어찔했다. 그때 갑자기 비닐봉지가 다시 조여들었으며 극심한 공포로 온몸이 뒤틀렸다. 루슬란은 그녀를 계속 반복적으로 질식시켰다. 비닐봉지가 찢어지자 그가 다른 봉지를 찾으러 잠시 자리를 비웠다. 그러자 그의 동료가 대신했다. 로자의 얼굴을 찰싹찰싹 때렸고 목덜미를 움켜잡았다. 그가 머리채를 한 줌 그러잡더니 그녀를 의자에서 끌어 내렸다. 그들이 그녀를 감방으로 돌려보냈을 때, 그녀는 옷매무새를 가다듬으려 했다. 머리카락을 정돈하는데 두피 살점이 떨어져 손에 묻어났다.

그들에게는 다른 기술들도 있었다. 조사관들은 곤봉과 금속 막대를 이용하여 남성 구금자들의 항문을 성교하듯 찔러 댔다. 문 닫힌 조사실 안에서 자신이 어떤 일을 당했는지, 로자는 동료 수감자들에게 거의 언급하지 않았다. 하지만 동료 수감자들은 그녀가 "여성으로서" 능욕당했을 거라는 사실을 이미 알고 있었다. 그녀는 수치스러웠다. 그들은 앞으로 펼쳐질 지옥 같은 미래를 그려 주기도 했다. 그들은 자신들이 그녀를 카자흐스탄 변방의 여성 교도소로 보낼 생각이며, 그곳에서 그녀는 우두머리 재소자 중 하나의 첩 노릇을 하게 될 거라고 했다. 그들은 그녀의 혀를 칭찬했으며, 감옥에서 암캐 노릇을 하다 보면 기술이 더 좋아질 거라고도 했다. "누구도 너를 찾아내지 못할 거다." 그들이 말했다.

심문이 잠시 중단될 때조차 유령들은 그녀 곁을 떠나지 않았다. 광장에서 학살이 자행된 뒤로 죽은 자들의 유령이 계속 그녀 곁에 머물렀다. 유령들은 그녀의 머릿속에, 눈앞에 머무르다 어느 순간 저 멀리 사라졌다. 그렇게 그녀는 그들에게 무뎌졌다.

공포가 로자를 완전히 삼켜 버린 순간이 왔다. 조사실에서 조사관들이 주위로 모여들더니 딸아이의 이름을 언급했다. 자백해라. 그러지 않으면 아이를 여기에 데려올 테다. 그들이 말했다. 우리는 아이를 여기 데려와서 옷을 벗길 거야. 옷을 벗기고 나면, 남자들이 떼를 지어 아이를 강간할 테지. 아이가 강간당하면, 아마 네년 눈에서 피눈물이 흐를 거다.

그녀는 딸을 보호하기 위해서라면 무슨 짓이든 했을 것이다. 그녀는 모두를 보호하고 싶었다. 다른 이들은 필요하다면, 이곳에서 나갈 수 있게만 해 준다면 언제든 그녀를 배신할 수 있었다. 그녀는 어떻게 해서든, 진실을 말하든 거짓말을 하든, 그들이 여기서 끝나서는 안 된다고 생각했다. 그녀는 무슨 일이든 했을 것이다. 하지만 그녀는 무엇을 해야 하는지, 또 어떤 말을 해야 하는지 알지 못했다. 그녀는 일어날 일이 일어난 거라는 느낌이 들었다.

사막에 난 도로가 카스피해 연안에 다다를 즈음 끝나는 곳에 위치한 주도 악타우Aktau 법원은 피고 37명 모두를 수용하기에는 너무 비좁았다. 그래서 시 청소년 센터에서 재판이 열렸다. 피고들은(절반이 OMG 파업 참가자들이었다) 4개 그룹으로 나뉘었다.[10] 12명은 소요를 일으킨 죄로, 11명은 불법파업을 벌인 죄로, 6명은 혼란을 틈타 상점과 사무실을 약탈한 죄로 고발되었다. 로자를 포함한 피고 8명은 불온한 사상을 공작했다는 가장 중한 범죄로 기소되었다. 이들은 임시로 마련한 법정의 특별 유리 칸막이 안에 자리했다.

2012년 5월 27일 재판이 시작될 무렵, 로자의 구금은 벌써 3개월째로 접어들고 있었다. 그때까지 스스로에 대해 알지 못했던 존재의 단면들을 발견한 시간이었다. 그녀는 생각했다. '나는 인간성이 그 정도까지 파괴될 수 있다는 사실을 예전에는 미처 몰랐다. 너무나 굴욕적이다.' 그녀의 수난곡에는 잠 안 재우기, 모래나 물을 채운

플라스틱병으로 예고도 없이 구타하기, 독방 등 다양한 변주곡이 덧붙여졌다. 그들은 그녀를 결핵에 걸린 죄수와 한 방에 처넣을 거라고 말했다. 또 모든 것이 그녀 탓이며, 광장에서 죽은 사람들은 모두 그녀 때문에 죽은 것이라고 믿게 만들려고 했다.[11] 어느 날 새벽 4시쯤, 그녀는 베갯잇을 이용하여 목매달아 죽기로 결심했다. 하지만 자신의 머리 위 침대에 잠들어 있는 감방 동료의 존재가 그녀를 멈춰 세웠다. 자살한다면 감방 동료가 비난과 처벌을 받을 것이었다.

로자와 다른 여섯 피고인의 변호사였던 굴나라 주아스파에바 Gulnara Zhuaspaeva[12]는 재판 결과가 어떻게 나올지 너무나 잘 알고 있었다. 그녀는 백 명이 넘는 변호사가 거절한 이 소송사건을 맡겠다고 나선 유일한 변호사였다. 그뿐만 아니라 자신이 KNB 첩자가 아니라는 사실을 로자에게 납득시켜 대리인 자격을 얻은 유일한 변호사이기도 했다. 재판 이틀째였다. 아스타나의 연줄 많은 친구들이 주아스파에바에게 전화를 걸어 판결은 이미 내려진 상태이며, 주동자로 기소된 피고 8명에게는 짧지 않은 징역형이 선고될 것이라고 알려 왔다.

판사는 60대 남성이었는데, 재판 내내 이마에서 흐르는 땀을 훔치느라 바빴다. 피고인들은 물론 유죄였다. (그게 아니라면 그들이 왜 그 앞에 있겠는가?) 그럼에도 불구하고 적법절차에 따라 적어도 두 달은 재판을 열어야 했다. 정의가 실현되는 모습을 보여 줘야 한다. 로자와 다른 다섯 피고인이 고문당했다고 주장하자, 판사는 검사들에게 조사를 지시했다. 몇 날 밤이 지나갔다. 판사가 검사들에게 보고서를 제출하라고 못박은 마감 시간을 몇 시간 남겨 두고, 경찰 조사관들이 고문당했다고 주장한 구금자들을 찾아왔다.[13] 자기들이 자행한 고문 기록들이 열거된 문서를 가지고 지금 그들 건너편에 서 있는 자들과 마주한 상황에서, 구금자들은 펜을 잡기를 거부했다. 검사들은 법원으로 돌아가 판사에게 다음과 같이 고했다. "12월 16일, 대규모 소요 사태에 대응한 법집행요원들의 행동에는 범죄의 증거가 없었습니다."[14] 재판이 재개되었다. 93개의 문서철에 담긴 로자의 범죄 증거는 주로 전화도청과 검사들이 그녀가 폭력적 성향이 농후한 주모자라는 취지로 작성한 서신들에서 수집되었다. 함께 파업을 벌였던 동료 몇몇이 조사 과정에서 그녀를 주범으로 지목했다. 하지만 그들 중 하나는 조사관이 자신을 의자로 내리치며 자신의 아들을 가만두지 않겠다고 협박했다고 법정에서 말하며 진술을 철회해 달라고 주장했다.[15]

2012년 6월 4일, 판사가 땀을 흘리며 판결문을 읽는 가운데 마침내 재판이 끝났다. 한 명씩 검토하는 과정에서 판사는 3명을 뺀 모든 피고인이 유죄라는 결론에 도달했다. 21명은 집행유예나 사면을 받아 풀려났다. 13명에게는 3년 이상의 징역형이 선고되었다. 감히 언론과의 인터뷰를 통해 파업 참가자들이 주장하는 바를 유포하려 했던 사람들을 위해서, 판사는 가장 가혹한 처벌을 준비해 두었다. 폴란드와 모스크바에서 기자회견을 한 2명에게는 각각 4년과 6년의 징역형이 선고되었다. 로자에게는 7년이라는 가장 긴 수감 판결이 내려졌다.

안정
• *Stability* •

2012년 7월, 영국 케임브리지

20

누르술탄 나자르바예프는 자나오젠 사건이 자신의 영광의 순간을, 자신이 서방 세계 앞에 신세계 질서에 부합하는 합법적이고 정당한 근대 칸의 모습으로 나서는 순간을 더럽히도록 내버려 둘 생각이 없었다. 케임브리지에서 연설할 날이 한 달도 남지 않았다. 다행히 연설 대가의 도움을 받을 수 있었다. 그는 몇 가지 조언이 담긴 편지를 보내왔다.

친애하는 대통령 각하

케임브리지 연설에 포함시켰으면 하는 구절이 있어 몇 자 적습니다. 제 생각에는 자나오젠 문제를 연설 초반에 제기하는 것이 최선이라고 봅니다. 초점은 그 사건 후에 각하가 만들어 낸 변화에 맞춰져야 합니다. 어쨌든 아무리 비극적이었다 한들 이러한 사건들로 인해 카자흐스탄이 일구어 온 엄청난 발전이 가려져서는 안 될 것입니다. 제가 제안하는 방법으로 문제를 다루는 것이 서방 언론을 대하는 최선의 방식입니다. 머지않아 자나오젠 사건은 카자흐스탄의 토대를 구축한 사례로 인용될 수도 있을 것입니다.

초안에 사용할 몇 가지 구절이 뒤따랐다. "저는 제 조국을 사랑합니다…… 완전한 종교적 관용…… 동맹과의 강력한 협력…… 진보와 개방……." 그런 다음 짐짓 겸손한 척하는 말들이 이어졌다. "하지만 지난 12월에 있었던 자나오젠의 비극적 사건들이 보여 주듯이, 카자흐스탄에는 아직 해결해야 할 일이 많습니다…… 저는 카자흐스탄을 비판하는 사람들의 말을 이해하며, 듣고 있습니다. 하지만 그들에게 이 말만은 하고 싶습니다. 뭐가 됐건 의견을 준다면, 귀 기울여 듣겠노라고 말입니다. 그러나 지난 20여 년 동안 우리가 우리 조국에 가져온 긍정적이고 엄청난 변화만큼은 정당하게 평가해 주십시오……." 진행 중인 개혁 목록이 계속 나열되다가 절정으로 치닫는다. "이 모든 일을 다 이루려면 시간이 걸립니다. 이 모든 것은 신중하게, 무엇보다 안정 속에서 이루어져야 한다는 사실을 잊어서는 안 됩니다. 이는 정치인들의 권력을 유지하기 위해서가 아니라 바로 카자흐스탄 국민이 어렵게 얻어 온 성과들을 지키기 위함입니다."

편지의 마지막은 손글씨로 다음과 같이 쓰여 있었다.

행운을 빌며.
런던에서 뵙기를 고대합니다!

당신의 벗,

토니 블레어

나자르바예프가 자신의 해외 이미지를 통제하지 못했던 순간도 있었다(실제로는 수년으로, 넌더리가 날 정도로 불확실했던 시절이었다). 그를 배신한 전 사위 슈거는 망명지에서 한 기자에게, 나자르바예프가 가족 만찬에서 그의 개인 계좌들에 150억 달러가 들어 있다고 언급했던 사실을 털어놓았다.[1] 또 다른 기자, 포스트 소비에트 시대의 클렙토크라트에게 관심이 있었던 〈월스트리트저널〉 취재기자 글렌 심프슨Glenn Simpson에게는 이중국가의 비밀들을 선물로 나누어 주기도 했다. 심프슨은 슈거가 "생생하게 보여 준 카자흐스탄 경제 상황에 따르면, 대통령이 불법 커미션을 챙기는 것은 일상일 뿐만 아니라 구리, 우라늄, 탄화수소 산업의 지분을 비밀리에 보유하고 있으며 그의 은행 계좌들이 해외에 그물처럼 퍼져 있다"[2]고 썼다. 하지만 슈거가 벌인 최악의 일은, 그가 아직 나자르바예프의 충신 노릇을 하던 시절 나자르바예프의 궁정에서 그와 경쟁을 벌이던 자들(트리오와 전 총리 카제겔딘)에게 죄를 덮어씌우려 했던 것이었다. 유럽으로 흘러드는 수상한 카자흐스탄 자금에 대한 슈거의 제보에 따라, 벨기에 경찰은 제네바 치안 당국에 경보를 내렸고, 치안 당국은 나자르바예프의 스위스 은행 계좌들을 발견했다. 계좌들에는 8500만 달러가 들어 있었다. 당국은 그 돈이 미국에서 입금되었다는 사실을 포착하고 미국 검찰에게 통보했다. 미국은 해외부패방지법Foreign Corrupt Practices Act을 이용하기로 했다. 이 법이 존재한다는 것은 외국에 뇌물을 주거나 외국으로부터 뇌물을 받으면 감옥에 갈 수도 있다는 것을 의미했다. 나자르바예프라면 어리석은 법 조항이라고 생각했을지도 모를 일이었다. 대체 누가 뇌물 없이 사업이 가능하다고 생각한단 말인가? 그것도 석유 사업에서 말이다.

　미국은 텡기스 평원Tengiz field과 카스피해 아래 묻혀 있는 석유를 원했다. 1996년에 나자르바예프는 그 석유를 미국에 넘겼다. 모빌Mobil 사는 텡기스 석유 지분을 대가로 카자흐스탄에 10억 달러를 지불했다. 모빌은 추가로 4100만 달러를 제임스 기펜James Giffen의 뉴욕 시티은행 계좌로 보냈다.[3] 냉전 동안 소비에트 엘리트들과 긴밀한 관계를 만들어 온 캘리포니아 은행가 기펜은 나자르바예프의 스위스 은행 계좌로 그 돈의 일부를 송금했다. 나자르바예프의 고문들에 따르면, 2003년에 FBI가 기펜을 체포했을 때, 나자르바예프는 슈거가 쏟아낸 어리석은 언행으로 인해 검찰에 '직접 기소'[4] 당할 위험에 처했다. 미국 언론은 이 사건을 '카자흐게이트Kazakhgate'라 불렀다. 미국 검찰은 기펜을 붙잡기 위해 7년 동안 공을 들였다. 미국 내 나자르바예프 스파이들은 검찰이 기펜을 이용해서 "대어를 낚으려"[5] 한다고 경고했다. 고맙게도 기펜은 독재자들의 친구이기도 했지만 CIA의 친구이기도 했다. CIA는 기펜을 카자흐스탄 "왕국에 들어갈 수 있는 열쇠"[6]를 가진 사람으로 여겼다. 기펜은 자신이 나자르바예프의 스위스 계좌로 지급하고 있었던 자금에 대해 정보부 연락책에게 제보했었다고 증언했다. 기펜은 그들이 "자신에게 대통령 가까이에 머물며 계속 보고하라고 재차 말했다"[7]고 진술했다. CIA는 자료를 제출하는 데 시간이 너무 오래 걸렸고 그 탓에 재판은 끝없이 연기되었다. 마침내 사건 담당 검사들은 더 이상 기다리기만 할 수는 없다며 이제 그만 다음으로 넘어가자고 결론 내렸다. 부아가 난 판사가 사건 전체를 기각시킬 것이라는 조짐이 확실해지자, 검찰은 재판 거래에 합의했다. 기펜은 부패와 관련해서는 단 한 건에 대해서만 유죄를 인정했다. 나자르바예프에게 설상차들을 제공한 건으로, 이로 인해 3만 2000달러의 벌금이 부과되었다. 기펜은 다른 한 건의 혐의에 대해서도 유죄를 인정했다. 미국 조세 당국에 자신의 스위스 은행 계좌들을 신고하지 않았다는 건이었는데, 이로 인해 그는 벌금 25달러 형을 선고받았다.

간신히 위기를 모면한 기펜과 달리, 나자르바예프에게는 여전히 근본적인 문제가 남아 있었다. 지구화는 도둑의 지배와 법치가 공존한다는 것을 의미했다. 마치 중국과 홍콩처럼 한 나라에 두 체계가 공존하는 것과 같았다. 그러한 현상이 지구적으로 나타났다는 점만 달랐을 뿐이다. 하지만 그러한 긴장이 언제까지나 무기한으로 유지될 수는 없었다. 한 체계가 지배해야 한다면, 다른 하나는 허울로 남겨져야 했다.

반부패 위선 행위를 둘러싸고 서방에서 이따금 소동이 일고는 했지만, 나자르바예프의 궁정은 늘 그랬듯이 잘 굴러갈 것이었다. 카자흐스탄에 속한 것(혹은 이 문제에 관해서라면, 카자흐스탄 재력가들에게 속한 것)은 모두 나자르바예프와 그 일당의 것이나 마찬가지였다. 따라서 그들은 그 모든 것을 마치 자신들의 것인 양 취급했다. 카자흐스탄의 구리를 채굴하는 거대 다국적 기업 카작무스Kazakhmys도 예외는 아니었다. 카작무스는 ENRC보다 2년 먼저 런던 증권거래소에 상장되었다. 그리고 ENRC처럼 광석을 팔아 엄청난 돈을 벌었으며 FTSE 100대 기업에 선정되기도 했다. 하지만 세계인의 눈에는 공개 상장된 영국기업처럼 보였을지 몰라도, 카작무스는 여전히 칸과 칸의 나라에 의무를 가진 회사였다. 2011년 7월 1일(같은 날, 영국에서는 개정된 뇌물수수금지법이 발효되었다), 나자르바예프 정부의 총리 카림 마시모프의 보좌관이 카작무스의 상무 에두아르트 오가이Eduard Ogay에게 이메일을 보냈다. 이메일의 내용은 흡사, 회사 중역이 아니라 여행사 직원에게 보내는 것 같았다. "총리께서 가족과 함께 모두 4인이 파리로 출발하는 일정에 관해 저에게 당신과 함께 준비하라고 하셨습니다."[8] 보좌관은 마시모프의 아내에게 요청 사항을 알아보고 있다고 전했다. 우선 여행을 위한 최고급 비행기. 12인승이면 확실히 너무 작지는 않을 것 같았다. 그런 다음 파리 디즈니에서 이틀, 샹젤리제 거리가 내다보이는 조지 V 호텔에서 4박 혹은 5박. 그리고 자동차, 아마도 미니버스가 적당할 것이다. 카작무스의 직원들은 지체 없이 채비에 들어갔다. 런던 증권거래소에 상장된 회사의 직원들이 카자흐스탄 총리 가족의 사치스러운 유럽 휴가를 준비하는 중이었다. 이메일들만으로는 누가 비용을 지불하고 있는 건지 확실치 않았다. 하지만 어쨌든 카작무스 직원들은 카자흐스탄 독재자의 최측근 가운데 한 명의 편의를 봐주는 데 업무 시간을 쓰고 있었다.

그래도 크게 걱정할 필요는 없었다. 그 이메일들은 전용 서버에 안전하게 보관되었고, 카작무스가 하는 일에 관심을 가지고 주의 깊게 들여다보는 사람은 아무도 없었다. 반면에 ENRC는 달랐다. 모두가 ENRC뿐 아니라 그 설립자들까지 주시하고 있었다. 사샤 마슈케비치와 그의 두 동료 올리가르히들이야말로 새로운 칸이 일군 통치 체제의 최대 수혜자였기 때문이다.

닐 제라드의 내사는 더 이상 기밀 사항이 아니었다. 법률회사 아니면 ENRC의 누군가가 〈타임스〉에 내사가 진행되고 있음을 누설했다. 제라드의 조사에 대한 기사를 접하자마자, 중대사기수사국Serious Fraud Office의 최고위급 인사는 ENRC 런던 경영진에게 편지를 보내 그들도 나름의 수사를 개시할 거라며 위협했다.[9] 트리오의 비밀이 흘러나오기 시작한다면, 칸 자신의 비밀도 흘러나올 수 있었다. 칸은 트리오와 개인적으로도 친밀했다. 초디에프는 '사치스러운 휴가'를 칸과 함께 보냈었다. 사샤 역시 칸과 함께 여행했고, 런던에서는 칸에게 베르사체 양복을 맞춰 주었다.[10] 트리오는 칸의 체제를 지지하기 위해 말 그대로 완전한 정치 정당[11]을 설립해서, 그들의 가족과 직원을 당원 명부에 올린 적도 있었다. 1999년 대선 캠페인 기간에 사샤는 칸의 '비밀 회계 담당자'[12]를 자처했었다. 나자르바예프의 궁정에서 트리오의 재산이 곧 나자르바예프의 재산이라는 것은 공공연한 사실로 여겨졌다. 슈거는 자신의 장인이 트리오의 사업에 이해관계가 있었다고 말했다.[13] 추방당한 전 장관 빅토르 크라푸노프 역시 같은 말을 했다.[14] 크라푸노프가 고용한 스파이 중 하나는 ENRC가 "3인이 아닌 4인이 소유한 회사였다"[15]고 말했다. 사샤, 초디에프, 이브라기모프, 그리고 대통령. 총리를 지내며 카자흐스탄 민영화 과정을 총괄했지만 역시나 추방당해 망명지를 떠돌던 아케잔 카제겔딘은 트리오가 민영화 과정에서 그들의 제국을 어떻게 쌓아 올렸는지 잘 알고 있었다. 그런 그도 트리오가 나자르바예프의

대외적인 간판 구실을 하는 사람들에 불과하다고 의심해 왔다.[16]

트리오는 이상적인 가신이자 재력가였다. 서방에서 그들은 현지 억만장자들 틈에 섞여 들 수 있었다. 그들 중 아무도 카자흐스탄 출신이 아니었다. 그래서 그들은 나자르바예프를 대신하겠다는 야망을 결코 품을 수 없었다.[17] 하지만 어쩌면 트리오는 보리스 버시타인에게 그랬듯, 또 루번 형제에게 그랬듯, 나자르바예프를 저버릴 수도 있었다. 어쩌면 그들은 더 이상 간판 노릇하기를 그만두고 독자적인 재력가들이 되려 할지도 몰랐다. 아니면 트리오의 런던 증권거래소 입회 스캔들이 나자르바예프에게 불러일으키기 시작했던 당혹감이 위험한 일로 더 커지기 전에, 나자르바예르 쪽에서 먼저 트리오를 저버릴지도 모를 일이었다. 또는 어쩌면 그들은 과거에 그랬듯이 계속 관계를 유지해 나갈 수도 있었다. 하지만 그러기 위해서는 나자르바예프와 트리오 모두 사법권을 어느 정도는 좌지우지할 필요가 있을 터였다. 그들은 법치를 매수하고 법을 자기 뜻대로 주물러야 했다. 적을 추적하는 일에 관한 한, 나자르바예프는 이미 성공적으로 그렇게 하는 중이었다.

2012년 2월, 한 영국 판사는 무흐타르 아블랴조프가 법정을 모독하고 있다고 생각했다. 호건 러벨스의 크리스 하드맨이 국영화된 BTA 은행을 대신해 아블랴조프에게 소송을 제기하자, 아블랴조프는 재산을 공개하지 않을 수 없게 되었다. 즉 그는 자신의 재산을 하나도 남김없이 낱낱이 공개해야 했다. 하지만 그러는 대신에 그는 소설 한 권 분량은 족히 될 법한 증인 진술서에서, 자신은 규칙이 정하는 대로 게임을 진행해 왔는데 지금 그 규칙이 아닌 다른 규칙,

즉 서방의 규칙에 따라 재판받고 있다는 점을 부각하려 애썼다. "나자르바예프는 정치적 반대자를 재산 압류를 통해 억누르려 하기 때문에, 자신 같은 고액 순자산 보유자들은 재산의 가능한 한 많은 부분을 카자흐스탄 바깥에 기반을 둔 명의자 신탁관리자 구조를 이용해 유지하는 것 외에는 다른 대안이 없는 것이 어쩔 수 없는 현실이다.[18] 달리 말해, 체제에 적극적으로 반대하지 않더라도 고액 순자산 보유자라면 이러한 방식으로 재산을 유지함으로써 스스로를 보호하려 한다. 그래야 자신의 재산이 나자르바예프와 체제의 관심을 받는 일이 생기더라도, 나자르바예프와 그의 클렙토크라트 패거리들에게 재산을 쉽게 빼앗기지 않을 수 있다. 대단찮은 완력을 쓰는 일개 개인에서 출세한 지금, 나자르바예프는 카자흐스탄 경제 전체를 소유하고 통제하고 싶어 한다." 그러나 이 도망친 사업가는 카자흐스탄에 있지 않았다. 그는 런던에 있었다. 감히 '개혁'을 요구하며 카자흐스탄이 서방의 자본주의 규칙을 채택해야 한다고 주장했던 사람, 바로 그 사람이 아블랴조프 자신 아니었던가? 어쨌거나, 그는 지금 그러한 규칙을 몸소 체험하는 중이었다. 아블랴조프는 재판을 받으러 법정에 출두하지 않았으며, 선고를 들으러 법정에 나갈 생각도 없었다. 22개월 형이 선고되었다. 하지만 그는 이미 사라지고 없었다. 딜리전스의 트레포 윌리엄스가 그의 뒤를 쫓았다. 나자르바예프 궁정 사람이면 누구나 아블랴조프에게 최고의 현상금이 걸려 있다는 사실을 잘 알고 있었다. 그들은 그를 사냥하기 위해 탐정을 보내고 그를 잡을 덫을 놓기 위해 스파이를 고용했다. 그와 관련이 있는 누구라도, 올가미에 걸릴 수만 있다면 그래서 전향하기라도 한다면,

유용할 것이었다.

아블랴조프는 도망자라서 BTA 은행 소송 변호에 참여할 수 없었다. 법원은 궐석재판에서 은행의 손을 들어줄 수 있었고, 은행 변호사들도 얼마든지 이야기를 꾸며댈 수 있었다. 나자르바예프의 권력 체계가 도둑질에 기초하고 있다는 사실은 문제 삼지 않을 것이다. 소송 당사자들이 과거를 재구성한 모순적 증거들을 가지고 판사 앞에 섰다. 이제 아블랴조프는 가장 존경받는 중재자인 서방 법원에 도둑, 그것도 거물급 도둑이자 희대의 도둑으로 이름을 올리게 될 것이었다.

나자르바예프는 자신이 정한 이야기에서 이탈한 사람들을 어떻게 처리해야 하는지 늘 잘 알고 있었다. 직접적으로든 아니면 간접적으로든 그는 모든 카자흐스탄 신문과 방송을 통제했다. 고집 센 소수 언론인은 여러 위법 행위 가운데 카자흐게이트 사건을 중점 보도함으로써 칸을 모욕하는 일을 멈추지 않았다. 장난기 넘치는 추문 폭로자 이리나 페트루쇼바Irina Petrushova**19**가 아블랴조프의 재정 지원을 받아 설립한 신문 〈레스푸블리카Respublika〉는 그중에서도 비판 수위가 가장 높았다. 〈레스푸블리카〉도 그에 상응하는 취급을 받았다. 인쇄공들은 일을 그만두도록 종용당했는데, 그중 한 명에게는 해골이 배달되기도 했다. 페트루쇼바 자신은 화려한 장례 화환을 받았다. 하지만 그녀는 윗전들betters을 욕보이는 일을 그만두지 않았고, 나자르바예프의 스위스 계좌들을 언급하는 기사를 내보내기까지 했다. 얼마 후 더 선명한 메시지가 전달되었다. 〈레스푸블리카〉 사무실에 출근한 직원들은 목 잘린 개의 몸뚱이가 창문에 걸려 있는 모습을 발견했다. 동물의 살에는 나사 드라이버로 고정해 놓은 다음과 같은 메모가 붙어 있었다. "다음번은 없다." 다음 날 아침 페트루쇼바는 개의 머리가 문밖에 놓여 있는 것을 발견했다. 이틀 후 처음에는 신문사 편집국 회의가 열리는 사무실에서, 그리고 연달아 뉴스 편집실에서 폭탄이 터졌다. 정보부는 페트루쇼바를 형사 고발했다. 2002년 8월, 여론이 아부 일색으로 돌아서자 페트루쇼바는 카자흐스탄을 떠났다.

그러나 해외의 담론을 통제하기는 더 어려웠다. 페트루쇼바를 비롯한 언론인들은 망명지에서도 글쓰기를 멈추지 않았다. 서방 언론은 나자르바예프의 스위스 계좌들을 둘러싸고 잡음이 있다는 사실을 놓치지 않았다. 그들은 제임스 기펜이 대통령의 비아그라 공급책으로 직접 발탁된 사연을 기사화했다.[20] 그것이 하나의 교훈이 되었다. 그때부터 나자르바예프의 커뮤니케이션 전략은 보다 정교해졌다. 선전전문가, 흑색선전, 심지어 흑마술에 이르기까지 모든 방법이 동원되었다.

서방에서 공문서를 수정하는 일은 본국에서보다 확실히 훨씬 더 복잡했으며, 엄청난 비용이 들었다. 나자르바예프가 자신이 받은 정치헌금의 상세명세가 드러나지 않도록 마음을 쓰는 것만큼이나, 토니 블레어는 자신의 자문 수입 상세명세가 노출되지 않도록 신경을 썼다. 그러나 이 3선 총리의 자문료로 카자흐스탄은 연간 1300만 달러의 비용을 지불한 것으로 알려져 있었다.[21] 블레어는 언제 빛을 쓰고 언제 어둠을 이용해야 하는지 잘 알고 있었다. 과거 2006년에, 중대사기수사국 수사관들은 영국 전투기의 사우디아라비아 판매와 관련된 뇌물수수 사건을 추적하다가 무기 중개인의 스위스 은행 계좌를 감사하려 했다.[22] 사우디아라비아 왕가는, 자신들의 일에 그런 식으로 간섭한다면 BAE 시스템스BAE Systems(브리티시 에어로스페이스British Aerospace의 전신)와의 다음번 수십억 달러 계약은 취소될 것이라고 서한을 보내왔다. 블레어 정부는 중대사기수사국 조사를 중단했다. 사우디아라비아가 왕국 차원에서 후원하고 있는 지하디즘jihadism* 신봉자들의 공격을 차단해 줌으로써 값을 매길 수 없을 정도로 큰 도움을 주고 있다는 이유에서였다. 중대사기수사국 뇌물조사 수사관들이 표적에 접근하면서 조사 대상에 오른 BAE 의장 딕 에번스 경Sir Dick Evans에게 이러한 조치는 막판에 총알이 비켜 나간 격이었다.[23] 에번스는 다음 수익 사업[24]을 위해 아스타나 항공의 새로운 항공로를 개척하려는 카자흐스탄으로 눈을 돌렸다.

법과 충돌을 빚어 온 이 영국인들은 나자르바예프가 이루려고 하는 것이 무엇인지를 정확히 알고 있는 듯 보였다. 딕 경은 그러한 영국인 중 하나였던 조너선 에이킨Jonathan Aitken이 나자르바예프의 전기를 쓰는 데 일조했다.[25] 보수당 장관을 역임한 에이킨은 영국 군수품 조달을 감독하는 과정에서 사우디 측으로부터 파리 리츠 호텔 체류비를 지원받은 사실과 관련해 거짓말한 것이 들통났고[26]

---

* 이슬람원리주의 무장 투쟁 운동의 총칭이자 사상. 아랍어 '지하드(Jihad)'에서 파생한 단어이다. 1990년대부터 서구 학계를 중심으로 1980~1990년대에 걸쳐 등장한 게릴라적인 이슬람 무장 단체의 이념과 사상적 배경을 지칭하는 단어로 간헐적으로 사용되다가 2001년 미국 대폭발 테러 사건을 기점으로 널리 퍼지기 시작했다. 이슬람 세계에서 활동해 온 다양한 무장 단체가 지하디즘을 기본 이념으로 삼고 있으며, 현재 가장 널리 알려진 무장 단체로는 알카에다, IS가 있다.

위증과 법 정의 실현 방해죄로 복역했다. 딕 경은 에이킨이 카자흐스탄 전국을 돌며 나자르바예프의 이야기를 완성하는 일을 도왔다. 2009년 출간된《나자르바예프와 카자흐스탄 건국: 공산주의에서 자본주의로*Nazarbayev and the Making of Kazakhstan: From Communism to Capitalism*》에서, 에이킨은 나자르바예프에 대해 다음과 같이 기술했다. "그는 빈틈없는 전략가, 매력적인 이야기꾼, 설득력 있는 연설가이자 무엇보다 어려운 상황에 처했을 때 그 비전과 용기가 빛나는 카리스마 있는 지도자이다."[27]

　　나자르바예프는 서방인들이 자신만큼이나 돈을 권력으로, 권력을 다시 돈으로 전환하는 일에 능숙하다는 사실을 깨달았다. 딕 에번스와 조너선 에이킨은 기업과 정부의 고위직에 있을 때부터 그러한 일들을 해 왔던 사람들이다. 하지만 개중에는 공직을 떠날 때까지 자신의 권력과 영향력을 현금화하는 일을 미뤄 두어야 하는 경우도 있었다. 그들은 '자문'이라는 이름으로 권력을 돈으로 전환시켰다. 들리는 말에 따르면, 블레어는 카타르 수상과의 3시간여 면담을 통해 글렌코어와 광산회사의 합병을 막아 준 대가로 이반 글라센버그로부터 100만 달러를 받았다고 한다.[28] 금융위기도 이겨 낸 월스트리트의 은행 JP 모건도 스위스 보험사, 쿠웨이트 정부, 아부다비 투자기금과 마찬가지로 블레어를 고용했다. 블레어는 어떤 날은 기업 자문이었다가 어떤 날은 자선가, 정부 고문 혹은 평화 중재자로 변신했다. 그의 돈은 나자르바예프의 스위스 은행들이 고안해 낸 복잡성과 불투명성에 필적하는, 이리저리 뒤얽힌 회사들의 연결망 속에 자리 잡았다. 총리직을 사임하고 10년도 안 됐을 시점에 그의 재

산 규모는 어림잡아도 9000만 달러에 이르렀다.[29]

나자르바예프는 자신과 자신의 체제가 제3의 길을 제창한 블레어류의 서방 정치인들과 상당히 죽이 잘 맞는다는 사실을 발견했다. 블레어는 좌파의 인류애와 시장의 역동성을 결합한 제3의 체계를 만들어 내려 했다. 블레어의 선거 직후 토니 주트[Tony Judt]가 설명했듯이, 제3의 길 주창자들은 "중앙집중화된 공공서비스와 사회적 안전망을 폐지하는 일에 희열에 찬 확신"[30]을 지녔다. 그들은 자신들이 새로운 초국적 엘리트 집단의 일원이 되어 지구화의 기적을 일굴 것이라고 생각했다. 블레어의 전략가 피터 맨덜슨[Peter Mandelson]은 부의 축적에 대한 좌파의 우려가 종식되었다고 선언했다. 그는 "우리는 부정한 방법으로 부자가 된 사람들을 한층 너그럽게 대할 것입니다"라고 말했다. (물론 그는 "그들이 세금을 내기만 한다면 말입니다"라고 덧붙였지만, 그러한 단서는 자주 잊혔다. 아마도 그들이 따르지 않았기 때문일 것이다.)

나자르바예프가 이 민감한 시점에 자문을 의뢰한 사람도, 바로 블레어였다. 자나오젠에 대한 정보 차단만으로는 기본적인 세부 사항이 새어나가는 것을 막기에 충분치 않았다. 마치 누군가가 금지된 진실을 이미 떠벌리고 다닌 것 같았다. 정치적 동의를 구하기보다 합법적인 도둑질로 체제를 유지하는 클렙토크라트로서는 돈이면 필요한 거의 모든 것을 얻을 수 있었다. 그 나머지 것들은 폭력으로 해결하면 됐다. 고로 연설을 하기 위해 이성의 메카 케임브리지에 당도했을 때 나자르바예프는 블레어의 조언을 따르기로 마음먹었다. 수년간 이어진 전쟁과 테러 행위, 또 최근의 금융위기로 불안해하는 이 서방인들에게, 그는 혼돈의 세계에 안정을 가져온 사람으로 각인될 것이었다.

　나자르바예프가 학자와 명사들로 이루어진 청중 앞에 앉았을 때, 하도 움직임이 없어서 그의 입을 계속 주시하지 않는다면 어딘가에서 다른 사람이 대신 연설을 하고 있는 것이 아닌가 생각될 정도였다. 햇볕에 그을린 봉긋한 이마 위에서 3:7로 단정하게 가르마를 탄 흰색 머리가 반짝였다. 막 72세를 넘긴 사람이라고는 믿어지지 않을 정도로 윤기가 흘렀다. 둥글게 떨어지는 이마 아래로는 올빼미 같은 눈썹과 들창코가 보였는데, 그 끄트머리에는 날렵하게 생긴 돋보기가 걸려 있었다. 대통령의 눈은 대개는 원고를 쫓았지만, 한마디 할 때마다 청중의 반응을 살피느라 빠르게 위아래로 움직였다. 입술을 거의 움직이지 않아서, 마치 소리가 나올 정도만 미리 턱을 벌려 고정해 놓은 것 같았다. 그는 감청색 양복에 눈부시게 하얀 셔츠를 입고 짙은 파란색 넥타이를 맨 채, 등받이를 가죽으로 씌운 거대하고 오래된 나무 왕좌에 내앉아 있었다. 그는 이따금 유치원생에게 하듯 검지를 까딱이며 강조하기도 했다. 그의 뒤쪽 벽에서는, 엘리자베스 1세의 초상화가 나자르바예프처럼 무표정한 얼굴로 좌중을 지켜보고 있었다.

　나자르바예프가 연설할 곳은 수세기 동안 신학과 법학의 터전이 되어 왔던 케임브리지대학 건물 안에 있는 600년 된 회의실이었다. 회의실 중앙에는 타원형 책상이 있고 그 주위로 소규모 청중이 둘러앉아 있었다.

　"20세기는 유라시아라는 방대한 지정학적 전략 지역에 다방면으로 심원한 변화가 발생한 전환의 시대였습니다."³¹ 그는 연설을 시작했다. "지난 짧은 기간 동안, 우리는 지구적 변동이 미증유의 규모로 일어나는 것을 목격했습니다. 과거였다면 그러한 변화가 일어나는 데 수백 년도 더 걸렸을 것입니다. 신흥 독립 국가들이 세계 정치지도에 출현했습니다." 대통령은 자신이 일궈 온 모든 것으로 카자흐스탄 역사가 정점에 달했음을 청중에게 상기시켰다. "카자흐스탄은 작년 12월, 독립 20주년을 축하하기에 이르렀습니다. 작년은 신생국인 우리 카자흐스탄이 감내해야 할 마지막 시험대였습니다." 소련 정권이 이 새로운 국가에 남겨 준 것이라곤 "구조적인 금융위기, 경쟁력 없는 경제, 비효율적인 정부 체계뿐"이었다. 나자르바예프 자신은 30여 년 동안 **소련 권력 기관**의 일원이었던 적이 한 번도 없었다고 했다. 통계자료에 따르면 "1992년 무렵, 카자흐스탄은 인구의 40퍼센트가 빈곤선 이하의 삶을 살았고 인플레이션은 거의 2000퍼센트에 달했습니다." 카자흐스탄 앞에는 상상할 수 없을 정도로 엄청난 과제가 놓여 있었다. "우리는 아무런 준비도 되어 있지 않은 상태에서 새로운 유형의 국가를 건설해야 했습니다. 또한 경제 체계를 중앙계획 경제에서 자유시장으로 바꾸어야 했으며, 전체주의를 대신할 민주주의를 도입해야 했습니다."

청중은 헤드셋을 통해 흘러나오는 통역을 들으며 경의를 표하듯 고개를 끄덕였다.

그는 연설을 이어 갔다. "주변 지역의 불안정한 정세를 고려할 때, 우리의 최우선 과제는 강한 국가를 유지하고 국가안보를 지키는 것입니다. 그것이 우리가 항상 점진적인 개혁이 일어나도록 주의를 기울이는 이유입니다. 우리는 무엇보다 중요한 경제적 자유화를 필두로 정치적 자유화를 단계적으로 시행해야 합니다."

블레어의 제안에 따라, 나자르바예프는 좀 더 많은 자유를 보장하도록 노력하겠다고 조심스럽게 약속했다. 그런 다음, 그는 다음과 같이 말했다.

공교롭게도, 민주주의라는 관념은 포스트 소비에트 국가들에서 너무도 자주 편향적으로 해석되는 문제를 노정하고 있습니다. 마치 민주주의가 법을 초월할 기회를 부여하는 것처럼 여겨지고 있기 때문입니다. 그러다 보니 이로 인해 내부분쟁과 민족 간 충돌이 촉발되었습니다. 민주적인 정치문화와 경험이 부족한 탓에 국가기구에 대한 무시와 폭력적인 운동이 일어나고 있습니다. 이러한 사태가 계속된다면 어떤 국가든 파국을 면치 못할 것입니다. 그러한 사태로 인해 어떤 결과가 생기는지는 수백 명의 목숨을 앗아간 오시^{Osh}의 집단폭력, 안디잔^{Andijan}의 분쟁만 봐도 알 수 있습니다. 극단주의자들의 선동에 의한 노동쟁의가 도시 전체를 망가뜨린 자나오젠 사건도 마찬가지입니다.

이러한 언급은 무시무시한 경고나 다름없었다. 2005년 안디잔에서, 우즈베키스탄 당국은 폭동을 진압하기 위해 발포를 명령했고 수백 명이 사망했다. 뒤이은 2010년 키르기스스탄 혁명에서는, 남부 도시 오시에서 발발한 소요 사태로 수십 명이 사망했다. 자나오젠 사건도 같은 맥락에서 이해해야 한다. 즉 안정을 위협하는 용납할 수 없는 사태가 발생했기에 유감스럽게도 소수의 목숨을 앗아가는 일이 발생할 수밖에 없었다는 말이다. 실제로 나자르바예프는 자나오젠 사건이 다른 어떤 사태보다 훨씬 더 위협적이라고 설명했다. 서방인들도 과거 10년의 경험을 통해 그 두려움을 잘 알고 있듯이, 자나오젠 사건에는 극단주의자라는 쓸모없는 인간들이 섞여 있었다고 본 것이다.

나자르바예프와 서방은 극단주의자들과의 싸움에서 이미 한편이었다. 블레어의 원고대로, 나자르바예프는 자신이 아프가니스탄 전쟁에 참여한 "다국적군의 견실한 일원"이었고 앞으로도 그럴 것이라는 점을 좌중에게 상기시켰다. 하지만 자나오젠 사건에서 나자르바예프가 염두에 둔 사람은 이슬람 극단주의자가 아니라 대머리에 카페인 음료를 달고 사는 언론인 출신의 인상적인 인물 블라디미르 코즐로프Vladimir Kozlov[32]였다.

코즐로프는 유전 지대에서 성장했으며 그곳에서 기자로 일했다. 그는 충성심과 경쟁심, 역사, 석유 산업에 대해 잘 알고 있었다. 30대에 그는 알마티에 살면서 TV 채널을 운영했다. 그는 아블랴조프를 비롯한 자유주의 사업가, 정치인, 공무원들이 설립한 카자흐스탄민주선택당에서 정치심의회장직을 맡았다. 나자르바예프가 민주선택당을 불법으로 규정하고 당 지도자들이 감옥에 끌려가거나 포기하라는 협박을 받자, 코즐로프는 2005년 자신이 직접 정당을 설립했다. 알가!Alga!(전진!) 당이었다. 온갖 탄압이 뒤따랐다. 다른 야당 인사들이 암살되고 추방되거나 불안과 과대망상에 굴복하는 동안에도 그는 대체로 침착함을 유지했지만 숨이 멎도록 박장대소할 때도 자주 있었다.

코즐로프는 기자 시절부터 서부 카자흐스탄 유전 노동자에 대해 잘 알고 있었다. 노동쟁의가 빈번하게 일어났다. 그럴 때면 코즐로프와 알가!의 당원들은, 주로 파업 참여자들을 대변할 변호사들을 물색하는 데 불과했지만, 그들을 지원하려 애썼다. OMG 경영주들이 2011년 파업에 노동자 해고로 대응했을 때, 노동자 대표단은 알마티를 방문하여 코즐로프와 진행 상황을 논의했다. 처음에 그는 체제에 협력하지 않고 독자적으로 활동하는 TV 채널과 신문을 이용하여 국영방송에 대항하는 것 외에는 할 수 있는 일이 거의 없었다. 국영방송이 유전 노동자들을 탐욕에 이끌린 건방진 사람들로 묘사하고 있었기 때문이다. 하지만 겨울이 파업 참여자들에게 내려앉기 시작했을 때, 코즐로프의 당은 그들에게 텐트와 담요를 보냈다. 그러나 자나오젠 경찰에 의해 바로 압수당했다. 파업 참여자들이 자금 부족에 시달리자, 코즐로프는 당 예산으로 그들이 융자와 담보대출 분할상환금을 갚도록 돕겠다고 밝혔다. 그러다 당 예산이 소진되었고, 망명지에 거주하는 당의 후원자 무흐타르 아블랴조프에게 기대기로 했다. KNB가 아블랴조프의 자금을 추적하려 들 것이기 때문에 코즐로프는 자금을 비밀리에 수령할 계획을 세웠다. 코즐로프는 알마티의 접선 장소에 정해진 시간까지 나오라는 메시지를 받기로 했다. 위험할 경우 그가 몸소 갈 것이었다. 지정된 장소에 가면, 그는 낯선 이로부터 1만에서 3만 달러가량의 현금이 든 가방을 건네받을 예정이었다. 그는 아블랴조프가 도둑에 불과하다는 주장을 믿지 않았다. 그러나 자나오젠 파업과 아블랴조프의 돈 사이에 접점이 형성됨으로써, 코즐로프는 나자르바예프 체제가 파업과 연이어 벌어진 학살과 관련하여 이야기를 조작하는 데 필요한 중요한 요소를 체제에 넘겨준 셈이 되었다. 엄밀히 따지면, 코즐로프 자신도 이미 범죄자였다. 카자흐스탄 당국은 알가!를 정당으로 등록하기를 거부했으며 코즐로프가 2011년 대선에 나서는 것을 금지한 상태였다. 그럼에도 불구하고 알가! 당은 대중 집회를 강행했다. 2011년 12월 16일 아침에도 코즐로프는 알마티 광장에서 개최할 예정이었던 집회에 참석하기로 되어 있었다. 괴로운 표정의 당원이 달려와 그에게 전화기를 내밀었다. 그는 귀에 전화기를 가져다 댔고 외치는 소리를 들었다. "그들이 우리를 죽이고 있어요. 우리가 살해당하고 있다고요."

자나오젠 사건에 대해, 처음에는 나자르바예프도 파업 참여자들이 아닌 "강도짓"을 비난하는 논평들을 내놓았다(이러한 논평에 이끌려 로자 툴레타예바는 스스로 검찰청에 출두했다). 하지만 재빠르게 나자르바예프의 고문들은 기회를 포착한 것 같았다. 사건의 공식 설명이 달라지기 시작했다. 1월 25일에, 검찰 총장은 "대규모 난동의 원인 가운데 하나는, 일부 개인들이 해고 노동자들로 하여금 저항 행동을 이어 나가고 당국에 폭력적으로 맞서도록 부추기기 위해 적극적으로 노력했기 때문이다"[33]라고 발표했다. 그리고 "사회적 무질서를 조장한" 인물 중 하나로 코즐로프의 이름이 거론되었다.

나자르바예프가 케임브리지에서 연설을 할 즈음, 코즐로프는 구금되어 재판을 기다리는 중이었다.[34] 코즐로프에게는 유죄 선고가 내려질 게 확실했다. 코즐로프의 존재 자체가, 극단주의자들이 폭력을 선동했으며, 유혈 참사의 근본적 책임은 나자르바예프의 보안대가 아니라 이 극단주의자들에게 있다는 증거이기 때문이었다.

자나오젠이라는 이름을 거론한 뒤, 대통령의 연설은 이제 그가 원래 하고 싶었던 말로 접어들었다.

최근에 세계는 종교적 극단주의와 테러 행위 같은 많은 심각한 위협에 직면해 있습니다. 카자흐스탄도 예외는 아닙니다. 우리는 발전의 속도를 늦춰서는 안 됩니다. 그러나 그러한 발전이 안정이라는 우리의 주된 가치를 희생시켜서는 안 될 것입니다. 안정이야말로, 카자흐스탄 국가와 사회가 전진할 수 있는 기반일 뿐 아니라 근대화가 제기하는 많은 도전을 해결할 수 있는 핵심 요소이기 때문입니다.

나자르바예프는 원고를 계속 읽어 나갔다. 경제성장 수치, 투자 지수, 다수의 중요한 다국간 조직 가입 등 그가 일군 성과는 셀 수 없이 많았다.

신사, 숙녀 여러분!
인류는 지금 말 그대로 역사의 중대한 전환점에 서 있습니다. 이렇게 말한다고 해서 결코 과장은 아닐 것입니다. 2008-2009년의 세계 금융위기는 구 체재와 미래를 위한 새 체재 사이의 마지막 분수령이 되었습니다.

이 새로운 미래에 서방은 그들의 이해와 나자르바예프(즉 카자흐스탄)의 이해가 일치함을 알게 될 것이었다. "영국인은 세상에서 제일 높은 산에 오르더라도 그 정상까지 찻주전자를 가져간다는 속담이 있습니다. 마찬가지로 카자흐스탄 사람은 마실 차 없이는 결코 잠자리에 들지 않습니다. 또한 우유를 곁들인 차를 선호한다는 점에서 영국인과 카자흐스탄인은 한마음입니다."

물론 그 밖의 중요한 점에서도 한마음이었다. 나자르바예프는 권력의 사유화[35]라는 자신의 위대한 과업을 공유하는 사람들이(물론 나자르바예프, 즉 칸의 수준에 부합하는 서방인들) 서방에도 존재한다는 사실을 너무도 잘 알고 있었다.

너무 커서 감옥에 가둘 수 없다

Too Big to Jail

2012년 9월, 영국 런던

시티의 논리는 재조정되는 중이었다. 그렇다. 처벌면제라는 관행이 은행가들로 하여금 은행을 망치고 경제를 파괴하게 만들었다. 이제는 처벌면제라는 관행을 희생해서라도, 은행이 다시는 붕괴하지 않도록 예방하는 것이 중요했다. 위기를 초래한 저 빌어먹을 파생상품이든 아니면 다른 헛짓거리든, 이제는 모든 것이 처벌을 피할 수 없을 것이었다.

워싱턴에서 레빈 상원의원의 조사위원회는 은행가들이 마약 카르텔, 테러리스트, 독재자를 위해 자금세탁을 할 수 있었던 배경에는 소위 레빈이 HSBC의 "부패가 만연한"[1] 조직문화라 부른 것이 뿌리박혀 있기 때문이라고 밝혔다. 1865년, 초국적 상업에 자금을 공급하기 위해 설립된 HSBC 본사는 카나리 워프의 고층건물 하나를 통째로 차지하고 있었다.[2] HSBC는 유럽에서 가장 비싼 은행이었다. 2012년 9월에 영국 재무장관 조지 오스본George Osborne은 미국 재무장관 팀 가이트너Tim Geithner와 연방준비제도 의장 벤 버냉키Ben Bernanke에게 서한을 보내 자금세탁 정황이 포착된 런던 증권거래소 상장 은행들에게 너무 가혹한 처분은 내리지 말아 달라고 촉구했다.³ 오스본은, 만약 HSBC가 범죄로 유죄 판결을 받아 달러 거래가 중지되기라도 한다면 "금융과 경제 안정에 매우 심각한 위험"이 초래될 것이라고 썼다. 3개월 후, HSBC의 혐의는 벌금형으로 마무리되었다.

하지만 법무부 검사들은 모든 은행에 처벌을 면제해 줄 생각은 없었다. 더욱이 절대로 처벌을 면할 수 없는 범죄가 있었으니, 미국의 세금을 떼어먹는 행위, 바로 탈세였다. 검찰은 가장 큰 스위스 은행 두 곳인 UBS와 크레디트 스위스가 고객들을 도와 탈세를 가능하게 했다며 수십억 달러의 벌금을 물렸다. 하지만 그들도 HSBC와 마찬가지로 유죄 판결은 면했다. 그러다 2013년 1월, 가장 오래된 스위스 은행, 심지어 미국보다 오래된 자산관리은행 베겔린Wegelin & Co.의 변호사들은 비밀계좌를 사용해 미국인들의 탈세를 부추겼다는 혐의에 대해 맨해튼 법원에 은행 측의 유죄를 인정했다. 베겔린 은행은 형사법상 유죄 판결을 받은 법인이 됨에 따라 더 이상 영업 행위를 할 수 없게 되었다. 경영진은 베겔린이 완전히 문을 닫게 될 것이라고 발표했다.⁴

나이절 윌킨스는, 만약 돈의 비밀을 지키는 수호자인 스위스 은행 하나를 망하게 할 수 있다면, 어쩌면 다른 은행들도 그렇게 만들 수 있을지 모른다고 생각했다.

사샤와 세바

• *Sasha and Seva* •

2013년 3월, 런던 세인트 제임스 지구

22

2013년의 가혹한 봄에 사샤 마슈케비치는 런던 ENRC 본사를 예고도 없이 방문했다.[1] ENRC 사옥은 세인트 제임스St James's 지구에 있었다. 포트넘 앤드 메이슨Fortnum & Mason 건물과 로열 파크 사이에 자리 잡은 이 세련되고 절제된 직사각형 모양 지역에는, 증권 중개인과 포도주 상인, 상류층 신사를 위한 사교클럽들이 빼곡히 들어차 있었다. 시티 안에서 그들은 그저 평범한 사람들일 뿐이었다. 하지만 그들은 너무 많은 비밀을 안고 있어서 배신이 용납되지 않았다. 시티는 트리오를 원했고, 환심을 사려 했으며, 은행 계좌를 들고 두 팔 벌려 환영했다. 그랬던 런던이 지금은 사샤와 파트너들에게 정색하며 법대로 하겠다고 위협적으로 달려들고 있었다. 금융위기에 뒤이어, 갑자기 이방인들이 모든 일의 원인 제공자인 듯 비난받게 되었다. 과거 2011년에 중대사기수사국SFO 요원들이 ENRC 변호사들과 처음으로 마주 앉았을 때 어떤 얘기들이 오갔는가? "영국 기업도 아닌 회사들이 해외에서 비윤리적인 경영 관행들을 광범위하게 일삼는다고 해서, 영국 기업의 윤리성이 훼손되지는 않는다는 것을 확실히 하고"[2] 싶어 하는 분위기가 형성되었다. 지금 이럴 거면 2007년에, 아니면 적어도 방케팅 하우스 연회에서라도 말했어야 하는 것 아닌가?

널 제라드로 말할 것 같으면, 누구에게 충성해야 하는지 혼란스러워 보였다. 그는 자신의 고객들이 활동하는 세계의 논리를 미처 정확히 이해하지 못했다. 제라드의 고객들은 나자르바예프의 규칙에 따라 움직였다. 즉 당신은 우리 편이 아니면 그들 편이다. 추상적인 가치, 예컨대 법에 충실해야 한다는 관념(심지어 당신에게 돈을 주고 당신에게 무언가를 사 주는 사람들에게 당신이 응당 보여 주어야 하는 충성심보다 이러한 가치들에 따르는 것이 우선한다)에 비추어 보면, 이러한 규칙은 터무니없었으며 보다 음흉한 동기를 감추기 위한 것일 뿐이었다. 제라드는 ENRC를 압박해서 '자진신고'를 통해 SFO의 일에 협조하도록 밀어붙이고 있었다. 또한 SFO 수뇌부에게 조사 상황을 계속 보고하면서, 부정행위로 의심되는 모든 경우를 조사하고 있다는 확신을 주고, 자신이 발견한 증거를 그들과 공유하려 했다. 언젠가 제라드는 "사기나 위법행위 사실을 전달해야(나는 이 짓을 수백 번도 더 반복해 왔다), 조금이라도 협상의 여지를 얻을 수 있었다"[3]고 말했다. ENRC의 트리오 측 사람 중 하나가 어떠한 조사 확대 제안에도 응할 수 없다며 반대하자, 제라드는 자신이 SFO 최고위급 인사들과 셀 수 없이 많은 사건을 함께 조사해 왔음을 상기시켰다. 제라드는 만약 그들이 ENRC가 협력하고 있지 않다고 생각하게 될 경우, ENRC 사무실은 물론이고 ENRC 고용인들의 집까지 급습하라는 명령을 내릴 거라고 말했다.[4] 반면에 그들에게 ENRC가 하나도 남김없이 털어놓고 있다는 확신을 준다면, 회사라는 법인(감옥에 가두거나 무력화시키는 것이 불가능한 실체 없는 관념)만 처벌을 받게 될 것이라고 했다.

제라드는 SFO 수뇌부에게 처음에는 카자흐스탄, 그다음에는 아프리카와 관련된 발견 사항들을 정기적으로 보고했다. 그는 그것이 자기가 돈을 받는 대신 해야 하는 일의 일부라고 생각했다. 트리오가 ENRC에 심어 둔 충성스러운 수족들은 제라드의 아프리카 조사를 방해하거나 지연시키려 했다.[5] 그러거나 말거나 제라드는 어떤 일이 진행되고 있는지를 계속 파헤쳤고 정보의 상당 부분을 SFO에 넘겼다. 그 정보를 기반으로, 이제 SFO 고위 인사들은 독자적으로 판단해도 좋을 때가 왔다고 결론 내린 듯했다. 2013년 1월 21일, SFO가 처음 공문을 보낸 지 1년하고도 5개월이 지난 시점에, SFO 뇌물부패 팀장 패트릭 라포Patrick Rappo는 ENRC에게 더 이상의 지체는 용납될 수 없다는 서한을 보냈다. 그는 "만약 귀사가 이 문제를 진척시키는 데 협력할 의사가 없다면, 우리는 귀사의 협력 없이 일을 진척시킬 수밖에 없다는 사실을 인식해야 할 것입니다"[6]라고 경고했다. SFO는 몇 주 정도 더 기다려 줄 수는 있지만, 이후에는 범죄 수사를 시작하는 수밖에 선택지가 없다는 말도 했다. 그는 "이사회의 위법 사실인지 여부"[7]에 대해서도 조사해 왔다고 덧붙였는데, 이는 ENRC의 범죄를 법인 차원에서뿐 아니라 법인을 통제하는 살과 피를 가진 개인들의 차원에서 저질러진 행위로 간주할 수도 있다는 신호였다. 사샤는 회장직에 오르겠다는 생각을 결국 접어야 했다. 그래서 그도 다른 트리오 멤버도 이사회의 일원이 되지 못했다. 대신에 그들의 사람들이 이사회의 일원이 되었다. SFO가 그들을 덮친다면, 과연 그들 모두가 트리오의 비밀을 지켜 줄 거라고 믿을 수 있겠는가?

이미 지나치게 많은 비밀이 그들의 통제를 벗어나 버렸다. 제라드는 숀 매코믹에 대해 알고 있었다. 제라드는 매코믹이 모스크바에서 FSB와 수상쩍은 거래를 하고 BP를 떠난 지 얼마 지나지 않은 시점에 ENRC 아프리카 지사에서 직책을 맡았다는 사실까지 알고 있었다. 제라드는 트리오가 아프리카에 특파한 또 한 명의 미국인, 퇴역 군인이라는 이력 외에는 별다른 경력이 없는 땅딸막한 빅터 한나Victor Hanna의 존재 역시 알고 있었다. 설상가상으로 최근 제라드는 한나가 자신의 조사를 방해하지 못하도록 해 달라고 말하고 다니는 중이었다.[8] ENRC 회장 메흐메트 달만Mehmet Dalman은 그러라고 허락하고 싶은 것 같았다. 달만은 키프로스 출신의 영국 투자 전문가로 ENRC가 증권거래소에 상장될 때부터 이사회의 일원이었다. 1년 전 거물급 인사들이 대거 이사직을 사임하며 회장직에 오른 뒤로, 이 말 많은 회사를 정화하겠다며 온갖 소란을 일으키고 있었다.[9] 확실히 지금 그는 제정신이 아니거나, 적어도 공개기업이라는 ENRC의 지위가 위장에 불과하다는 사실을 망각한 것처럼 보였다. ENRC는 다른 누구도 아닌 트리오의 것이었다.

아직은 드러나지 않았지만, 위험하게도 수면 위로 떠오르려는 비밀들도 있었다.

사샤가 세묜 모길레비치를 언제 처음 만났는지는 확실치 않다.[10] 브레이니 돈 혹은 간략히 세바Seva라고도 불리던 모길레비치[11]

는 거대한 몸집에 영리하며 무미건조한 위트를 날리면서 끊임없이 담배를 피워 대는 범죄 주모자였다. 사샤와 세바 모두, 루츠코이 사건으로 파멸하기 전 전성기를 누리던 보리스 버시타인과 친분이 있었다.[12] 또한 둘 다 이스라엘 시민권자였는데, 소련 붕괴 이후 파도처럼 몰려들며 이 유대인 국가의 부패를 재촉한 구소련의 일원이었다.[13] 자금 루트에서도 겹치는 부분이 있었다. 트리오가 카자흐스탄 광산과 공장을 손에 넣을 때 뒷배가 되어 준 루번 형제의 회사 트랜스-월드는 브레이니 돈이 설립한 유령회사 두 곳과 수천만 달러를 거래했다.[14] 루번 형제는 이것이 모두 통상적이고 합법적인 사업상의 거래들이었으며 이 유령회사들 배후에 폭력조직이 존재한다는 사실은 몰랐다고 말했다.[15]

사샤와 세바의 이력은 거울에 비춘 듯 똑 닮았다. 다른 점이 있다면, 세바는 암흑세계에서 사샤는 상류 세계에서 활약했다는 것뿐이다. 그들은 서방과 동방 사이에 틈새가 존재하며, 그 아래 어두운 대수층帶水層으로 돈이 흘러갈 수 있다는 사실을 잘 알고 있었다.

1946년 잔혹했던 우크라이나에서 출생한 세바는 수도 키이우에서 일을 시작했다. 머리를 쓰는 일로 유명해지기 전까지는 몸을 쓰는 일로 이름을 날렸다. 그는 유명한 레슬링선수였다. 몸도 대단했지만 머리도 비상한 사람이었다. 얼마 안 가 그는 머리를 더 많이 쓰게 되었다. 우연히 돈을 주무를 기회를 얻은 덕분이었다. 그는 화폐 거래가 이루어지는 곳이 다른 어떤 곳보다 취약하다는 것을 알게 되었다. 화폐 거래는 단순히 상품과 서비스를 사고파는 것과 달랐다. 화폐가치를 통해 국가 통치자들은 그들의 힘을 표출하고 은혜를 베풀고 경쟁자를 굴복시키려 했다. 그곳에는 이미 많은 환상이 존재했고, 그러한 환상은 사기꾼이 사기를 치기에 좋은 비옥한 토양이 되었다. 세바가 법을 자신에게 유리하도록 이용하는 법을 배우는 데는 상당한 시간이 걸렸다. 1977년 그는 암시장에서 화폐를 거래한 죄로 투옥되었다.[16] 8개월 형을 살다 나왔지만 얼마 되지 않아 같은 죄목으로 4년 형을 선고받고 다시 투옥되었다. 하지만 감옥을 나와 모스크바로 옮겨 가자마자 다시 꿋꿋하게 화폐위조 일을 재개했다. 이번에는 소련 당국이 외국환 환전 시 발행하는 환전 할인권을 위조했다.

1982년 어느 날, 세바는 체육관에서 어마어마한 덩치의 동료 레슬링선수를 알게 되었다.[17] 신세대 폭력배 중에서도 비즈니스-갱으로 명성이 자자했던 세르게이 미하일로프(미하스)였다. 세바는 그렇게 미하스의 솔른체프스카야 형제단과 관계를 맺기 시작했다. 미하스는 세바를 매우 탁월한 사업가라 부르며 칭찬했다.[18] 그들은 함께 국제무역업에 뛰어들었다. 미하스는 혹시라도 물어보는 사람이 있으면 자신과 세바가 신발과 관련 부속품을 취급한다고 말하고는 했다. 그러나 FBI는 그들이 러시아 박물관들에서 빼돌린 모조 보석과 고미술품들의 운반책 역할도 겸하고 있다고 생각했다.[19]

세바가 국경 너머로 옮길 수 없는 물건은 없었다. 미술품, 원자재, 의류, 밀조 보드카, 소련 이주 유대인들의 소지품, 보석, 소녀, 가스, 총, 헤로인, 핵물질, 청부살인자뿐 아니라 자기 자신까지 못 옮기는 게 없었다. 하지만 그중에서도 그가 가장 잘하는 일은 화폐 밀반입이었다. 그는 자유자본주의의 승리가 만들어 낸 변화들을 재빠르게 포착했다. 화폐는 무력으로 낚아챌 수도 있었고, 또 다른 화폐처럼 보이게 만들 수도 있었다. 과거가 세탁된 화폐는 완전히 다른 화폐가 되었다. 또 다른 브레이니 돈이라 할 수 있는 리처드 도킨스 Richard Dawkins는 화폐야말로 "지연된 상호 이타주의의 형식적 징표"[20]라고 말했다. 화폐는 사회를 위해 봉사한 당신을 위해 사회가 그 대가로 당신에게 뭔가를 교환할 수 있게 해 준다는 것을 보여 주는 징표와도 같은 것이었다. 이 징표만 있으면 당신은 무엇이든 살 수 있다. 더욱더 좋은 것은, 화폐가 전자적으로 처리될 수 있게 되었다는 사실이다. 이제 화폐는 생각의 속도를 따라잡을 수 있다. 어쩌면 생각보다 더 빠를지도 모른다. 화폐를 옮겨 달라고 말로 설득할 필요조차 없게 되었기 때문이다. 세바는 범죄자들의 은행가, **독보적인** 은행가로 변신했다. 양차 세계대전으로 구 식민지 열강들이 붕괴하면서 중단되었던 지구화가 소비에트사회주의공화국연방USSR의 붕괴와 함께 정신을 잃을 정도로 급속히 재개되고 있었다. 서방 경제는 화폐라는 자산에 (그게 어떤 돈이든, 모든 돈에) 너그러워서 대체로 실어 나르기가 쉬웠다. 심지어 궤짝에 실린 소녀들이나 가짜 술을 탁송하는 것보다 훨씬 수월했다. 약간만 위장하면 마치 화폐를 가득 실은 투명 마차처럼 보이지 않게 만들 수 있었다. 더더욱 좋은 일은 서방인들이 화폐뿐 아니라 당신도 감춰 준다는 사실이었다.

브레이니 돈의 무리는 영국해협에 위치한 3평방마일의 영국 보호령 올더니Alderney 섬을 본거지로 삼았다. 사실 그는 그곳에서 아무런 일도 하지 않았다. 일할 필요도 없었다. 올더니 섬에는 서류상의 삶과 비밀스러운 진짜 삶이라는 두 개의 삶이 존재했다. 서류상으로 세바는 세바가 아니라 아리곤Arigon이라는 법인으로 '올더니 세인트 앤스 하우스 사서함 77PO Box 77, St Anne's House, Alderney'을 사용했다. 아리곤은 스톡홀름, 뉴욕, 제네바에 은행 계좌를 가지고 있었다. 1993년 민영화된 헝가리 국영 무기 제조업체 같은 합법적인 사업체들도 취득했다. 런던에는 변호사도 있었다. 챈서리 레인Chancery Lane에서 조금 벗어난 곳에 있는 법률회사 블레이크스Blakes의 변호사들이었다. 영국 경찰은 블레이크스에 관심을 보였고[21], 블레이크스가 스코틀랜드 왕립은행 계좌를 통해 3년 동안 5000만 달러를 이동시켰다는 사실을 발견했다. 형사들은 블레이크스가 브레이니 돈의 지시를 받고 그렇게 했을 거라 확신했다. 아마도 그 돈은 브레이니 돈이 구동구권의 본거지들에서 조종하는 다국적 회사를 이용해 강탈, 매춘, 무기 거래, 마약 밀매로 벌어들인 범죄 수익금일 것이었다. 블레이크스 소속 변호사 아드리안 추르치워드Adrian Churchward는 소련 출신 여성 갈리나Galina와 결혼해서 그녀의 아들 율리Yuli를 함께 키우고 있었는데, 소년의 아버지이자 갈리나의 전남편이 바로 세바였다. 영국 경찰은 오퍼레이션 소드Operation Sword라 명명한 조사를 개시했다. 그들은 1년에 걸쳐 블레이크스를 감시했다. 모스크바 경찰과 접촉하면서 최근에 일어난 사기 사건에 대해서도 알게 되었다. 러시아 정부가 식량 대금을 선불로 지급했으나 식량은 오지 않고 대금은 블레이크스가 세바를 위해 운영하는 것처럼 보였던 유령회사들로 옮겨졌다고 했다. 하지만 누군가가 대금의 이동 흔적을 지우는 것 같았다. 그 일에 연루된 러시아인 중 적어도 한 명이 이미 사망한 뒤였다. 1995년 5월 16일 일출 무렵, 동남부 지역 범죄수사대 세 팀이 집결했다. 그들은 블레이크스 사무실과 용의자들의 집을 급습해서 추르치워드와 그의 블레이크스 동료, 세바의 전부인 갈리나를 체포했다. 블레이크스 사무실에서는 브레이니 돈이 전 세계를 상대로 부정한 수익금을 벌어들인 거래 정황이 상세히 기술된 백여 개의 파일이 발견되었다.

영국 형사들이 압수한 증거는 장물 취급 공모 혐의로 세바에 대한 체포영장을 발부받기에 충분했다. 물론 그러기 위해서는 세바가 영국의 사법 관할권 안에 발을 들여놓아야 했다. 세바와 변호사들의 유죄를 입증하기 위해, 그의 모든 범죄 시도를 최근 것까지 일일이 입증할 필요는 없었다. 범죄 사실 하나만 입증해도 충분했다. 그러나 모스크바 경찰이 증거를 넘겨주기를 기다리는 기간이 길어지면 길어질수록, 모스크바 측이 결코 증거를 넘기지 않을 것이라는 추측이 점점 더 확실해졌다. 런던의 형사들이 브레이니 돈과 그 패거리들의 유죄를 입증하는 일을 돕지 못하도록 어디에선가 러시아 치안 당국에 보이지 않는 손을 작동시키고 있었다. 오퍼레이션 소드 보고서는 세바가 "세계 최악의 범죄자 중 하나이며 개인 재산만 1억 달러를 보유하고 있다"고 결론 내렸다. 그럼에도 불구하고 세바에 대한 고소는 철회되었다. 법원은 공소청Crown Prosecution Service에 세바의 변호사들과 갈리나의 법무 비용 대납을 명령했다. 영국 당국의 제재 수위는 내무장관 명의로 브레이니 돈에게 더 이상 영국 영토에 자유롭게 드나들 수 없다는 서한을 보내는 데 그쳤다.[22] 이것은 이미 버킹엄궁전의 근위병 교대식도 봤고 차이나타운에서 오리도 먹어 본 사람에게, 또 어쨌든 금융체계에서 통용되는 암호 하나로 전 세계를 누비고 다니는 쪽을 선호하는 사람에게, 처벌이랄 것도 없었다.

세바는 90년대 대부분을 부다페스트와 프라하 같은 서방과 동방이 바로 인접한 도시들에 거주하며 유혈이 낭자하던 모스크바 암흑가로부터 멀찍이 떨어져 지냈다. 그는 방탄 리무진으로 이동했고, 250명에 달하는 다국적 직원을 부렸으며, 블랙 앤드 화이트^{Black and White}라는 상호의 토플리스 바^{topless bar}*(서방 치안당국은 매춘업소라 추정했다)를 운영했다. 그림자 은행가^{shadow banker}로서의 명성도 커 갔다. 하지만 저기 세상 밖에서는, 즉 서류상의 세계에서는 그저 곡물을 거래하는 무역업자일 뿐이었다. 한 기자가 그에게 자금세탁을 한 적이 있는지 물었다. 그러자 그는 딱 한 번 해 본 적이 있다고 대답했다. 주머니에 5달러 지폐가 있는지 모르고 세탁을 한 적이 있는데, 그때 해 봤다고 했다.

실제로 브레이니 돈은 많은 사람이 믿을 법한 허구를 가능한 한 오랫동안 유지할 수만 있다면 언제든 자금세탁이 가능하다는 것을 알고 있었다. 더욱이 자본주의 기업을 이야기의 전면에 내세울수록 사람들은 자본주의 성공 스토리에 더 열광하기 마련이었다. 캐나다의 비즈니스 엘리트 집단, 주식시장 감시자와 투자자들은 YBM 마그넥스^{YBM Magnex}**23**라는 회사가 그 눈부신 팸플릿에 나와 있는 그대로의 성공적인 기업이라는 이야기를 5년 동안 감쪽같이 믿어 왔다. 그들은 YBM 마그넥스가 자석을 생산하는 회사이며, 원유 탈황^{desulphurising oil}이라는 가히 혁명적인 신기술 개발로 기업 가치만 거의

---

* 　상반신을 노출한 여성 종업원들이 접대 서비스를 제공하는 유흥업소.

10억 달러에 달한다고 믿었다. 또한 YBM 마그넥스가 러시아 갱단과 어떤 식으로든 연관되어 있다는 루머가 돌기도 했지만, 세계 4대 회계감사 법인 중 하나인 딜로이트 앤드 투쉬가 회사의 신용 상태를 보증함으로써 그 우려를 불식시켰다. 엄청나게 세계적인 기업이라고 소문이 자자한 이 회사가 실은 펜실베이니아의 한 폐교에서 운영되고 있었다는 사실을 FBI가 밝혀내고 나서야 그 허울이 무너졌다. 하지만 그때쯤에는 이미 브레이니 돈이 투자자들로부터 1억 5000만 달러를 끌어들여 그 이상의 금액으로 세탁한 뒤였다. 그의 경영 실무진들은 아메리칸드림이 실현된 삶을 살았다. 그들 중 한 명인 러시아 야금학 교수 제이콥 보가틴Jacob Bogatin은 회사의 합법적인 부문을 담당했으며, YBM 마그넥스의 대표로서 활기찬 신생 벤처기업을 일궈 냈다. 반면에 제이콥의 형제 데이비드David는 뚱보 래리가 뉴욕에서 개척한 바 있는 유류세 사기의 달인이었다.[24] 데이비드는 당시 맹위를 떨치던 **도둑**vor 이반코프의 맨션이 있는 바로 그 맨해튼의 화려한 고층건물 안의 맨션 다섯 채를 구입했다.

기업이 아니라면 은행도 괜찮았다. 은행을 신뢰하지 못한다면, 금융자본주의가 기능하는 데 필요한 자금을 조달할 수 없을 것이다. 알렉산더 해밀턴Alexander Hamilton*과 에런 버Aaron Burr**도 그 주식을 보유했을 정도로 유서 깊은 월스트리트 금융기관이자 미국에서 가

---

* 미국 건국의 아버지 중 한 명으로 꼽히며, 1787년 미국 헌법의 제정에 공헌했다. 연방주의자로, 초대 대통령 조지 워싱턴 정부 시절 재무장관(1789~1795)을 지냈다.
** 미국의 반연방주의 정치가로, 1801년에서 1805년까지 토머스 제퍼슨 행정부의 부통령을 역임했다.

장 오래된 은행 중 하나인 뉴욕은행Bank of New York을 예로 들어보자. 뉴욕은행은 여느 은행처럼 예금을 받고 그 예금으로 대출과 투자를 하는 등 평범한 은행 일을 하는 곳으로 보였다. 하지만 뉴욕은행에서는 무언가 다른 일도 진행되고 있었다. 바로 자금세탁이었다. 당시 미국에서 적발된 자금세탁 사건 중 가장 액수가 컸다. 러시아에서 출발한 70억 달러가 유령회사 소유의 뉴욕은행 계좌를 통해 흘러나가면서 꺼릴 것 없는 익명 상태로 전환되었다.[25] 돈의 출처가 모호해졌다. 하지만 그 돈의 대부분은 세바의 YBM 마그넥스의 가짜 고객 중 하나인 유령회사 베넥스Benex를 거쳤다.[26]

돈을 이동시키기 위해서는 기교가 필요했다. 그러나 때로는 여전히 폭력이 필요하기도 했다. 법은 부정한 돈을 일소하겠다고 나설 수 있었다. 그래야 상호 간에 맺어지는 계약이 지켜지도록 보장할 수 있기 때문이다. 로스앤젤레스에서 체포된 한 청부살인자는 브레이니 돈의 헝가리 회사 중 하나의 사원 명함을 지니고 있었다.[27] 강매에 응하지 않는 사람들은 굴복할 때까지 고통을 받았다. 사지절단은 타인의 저항을 억제하는 효과적인 방법이었다.[28] 브레이니 돈은 무기고를 가지고 있었고, 박격포와 미사일을 제작하기도 했다.[29] 그러나 가장 유력한 무기는 그의 정보부대에서 나왔다. 80년대 모스크바에서 마흔 살을 맞으며 그저 그런 거리의 사기꾼으로 살던 소련 시절에도, 세바는 내무부의 형사과 수사관과 접촉하고 있었다.[30] 수사관은 그의 행적을 꿰고 있었으며 파일에 일일이 기록해 두었다. 하지만 세바가 정보원으로 활동하는 중이라고 암시하면서 하던 일을 계속하도록 묵인했다. 세바의 범죄 계획 증거를 넘겨주지 않음으

로써 오퍼레이션 소드 작전을 망쳐 놓은 것도 그 모스크바 경찰들이
었다.

사업이 사소한 폭력행위에서 조직범죄를 위한 국제적인 금융서
비스로 확장함에 따라, 사활이 걸린 비밀들을 관리하는 것이 곧 세
바의 일이 되었다. 대개는 비밀을 유지했지만, 필요에 따라서 적절
히 비밀을 이용했다. 세바는 정보를 주고 면책특권을 얻는 법을 배
웠다. 화이티 벌거가 당국으로부터 얻어 낸 것과는 비교가 되지 않
을 정도였다. 이를테면 독일에서는 구소련 동료 갱들의 추문을 정
보부에 제공하는 조건으로 법집행을 면제받았다.[31] 미국에서는 포
스트 소비에트 조직범죄와 관련하여 FBI 최고 요원 밥 레빈슨Bob
Levinson과 공조했다.[32] 브레이니 돈은 미국 경찰들을 만나 YBM 마그
넥스 사기 혐의에 대한 진술 제공 문제를 논의하기도 했다. 이 비기
소 진술 협의proffer meeting를 통해 용의자는 기소되지 않는다는 것을
조건으로, 또 자신의 진술 내용이 자신에게 결코 불리하게 이용되
지 않는다는 것을 조건으로 진술하는 것에 동의할 수 있었다. 세바
는 자신의 친구와 경쟁자들에 대한 유용한 정보를 적당히 흘렸다.
1997년 10월, 이틀에 걸친 협의에도 불구하고 진술 거래는 실패했
다. 하지만 세바로서는 결코 손해 보는 일이 아니었다. 세바는 자신
의 구미에 맞도록 선택한 정보를 다른 사람들의 이야기 속으로 끼워
넣었고, 그 일이 성공함에 따라 다시 자유롭게 지하세계로 슬그머니
도망칠 수 있었다. 이스라엘에서는 그의 첩보 파일이 사라졌다.[33] 이
는 그가 기획한 첩보작전의 일환이었는데, 그가 인형극의 꼭두각시
가 아니라 인형술사임을 보여 주는 대목일 수도 있다. 소문에 의하

면, 그와 미하스가 겨우 몇 백만 달러를 두고 사이가 틀어지고 얼마 되지 않은 1995년 5월, 프라하에서 암흑가 인사들을 초대한 파티가 열렸는데 브레이니 돈도 이 파티에 참석할 예정이었다. 그러나 첩보를 입수한 경찰이 축하연을 급습했다. 범죄조직 보스들이 줄줄이 끌려 나가는 동안, 세바는 인근 술집에서 새벽녘까지 평온하게 술잔을 기울였다.[34]

그럼에도 불구하고 YBM 마그넥스와 뉴욕은행 스캔들로 세바는 오히려 유명세를 타고 있었다. 사샤라면 눈부신 사업상의 성공에 도취되었을지도 모른다. 하지만 브레이니 돈은 명성을 즐길 정도로 어리석지 않았다. 주목과 명성은 고객을 유치하려는 지하세계 은행가가 피해야 할 가장 첫 번째 자질이었다. 그는 다시 한 번 유령처럼 자취를 감췄다. 후일 그의 흔적은 새로운 클렙토크라시 정치체제의 최대 이권 사업들의 가장 가까운 곳에서 발견되었다.

2006년 2월, 빈 주재 미국 대사는 워싱턴으로 비밀 외교 전문을 보냈다. 구소련 지역으로 영업활동 영역을 공격적으로 확장하는 중이었던 오스트리아 은행 라이파이젠Raiffeisen이, 유럽에서 가장 중요한 회사 가운데 하나면서도 알려진 것이 거의 없는 한 회사의 주식을 보유한 익명 고객들을 위해 위장용 간판 역할을 하고 있다는 내용이었다. 로스우크르에네르고RosUkrEnergo라는 이름의 회사였다. 로스우크르에네르고는 스위스에 등록된 회사로, 가스 무역을 중개하는 법인이었다. 여기서 공급된 가스로 유럽인들은 집을 데우고 발전소를 돌리며 음식을 조리하는 등 자신들에게 익숙한 삶의 방식을 유지했다. 이 가스는 중앙아시아에서 채굴된 후 러시아를 거쳐 우크라이나에 도착한 다음, 일부는 소비되고 일부는 서방으로 보내졌다. 이 경로를 따라 이동하는 가스 보급 문제는(블라디미르 푸틴이 가스 공급을 막을 수도 있다는 사실을 비롯한) 유럽 지도자들의 가장 큰 관심사 가운데 하나였다. 그렇지만 아무도 로스우크르에네르고의 소유주가 누구인지 알지 못했다. 알려진 바가 없기는 마찬가지인 그 전신들처럼, 로스우크르에네르고도 동방에서 천연가스를 구매한 다음 러시아를 관통하는 파이프라인을 이용해 서방에 판매했다. 로스우크르에네르고는 이 거래를 통해 연간 10억 달러에 달하는 수익을 벌어들였다.[35] 로스우크르에네르고의 소유권 절반은 푸틴의 오랜 친구가 운영하는 러시아 국영 가스회사 가스프롬에 있었다. TNK-BP의 존 러프 같은 호기심 많은 외국인의 경우에서 이미 보았듯이, 가스프롬의 뒤를 캐려 한다면 큰 곤란을 겪을 수도 있었다. 나머지 절반의 소유권은 누가 가졌는지는 몰라도 라이파이젠의 은행가들 뒤에 숨겨져 있었다. 빈 대사는 외교 전문에서 관련 미국인들이 의심하는 사람은 아마도 세묜 모길레비치인 것 같다고 밝혔다.[36] 미국이 YBM 마그넥스 사기로 지명수배 중인 우크라이나의 아들, 그 브레이니 돈 말이다.

미국 관료들은 라이파이젠이 이실직고하게 만들라고 오스트리아를 몰아 댔다. 신문들은 갱단이 유럽의 에너지 공급을 좌지우지하게 될까 봐 우려된다는 기사를 내보냈다. 마침내 한 우크라이나인이 나서서 자신이 로스우크르에네르고의 실질적 소유주라고 밝혔다. 세바가 아니었다. 드미트로 피르타시Dmytro Firtash라는 그다지 유명하지 않은 사업가였다. 그가 계속 소유주였는지는 아무도 확신할 수 없었다. 로스우크르에네르고의 소유권은 무기명주bearer share라는 제도에 귀속되어 있었기 때문이다.[37] 이는 만약 당신이 주식을 보유한다면 주주권은 당신에게 있지만, 당신이 주식을 당신의 사업 파트너나 당신의 아내에게 혹은 심지어 모르는 사람에게 양도한다면 그들이 주식을 당신에게 돌려주지 않는 한 그들이 주주권을 행사하게 되며, 돌려주는 경우에는 당신에게로 다시 주주권이 돌아온다는 의미였다. 우크라이나 키이우 주재 미국 대사는 피르타시가 자신이 사업을 시작할 수 있었던 건 전부 세바가 은혜를 베푼 덕이라고 고백했다고 기록했다.[38] 하지만 피르타시는 세바가 로스우크르에네르고의 배후 인물인지에 대해서는 브레이니 돈의 변호사들과 마찬가지로 일축했다.[39] 피르타시는 자신의 라이파이젠 은행가들이 이미 종합적인 재정 실사due diligence를 마쳤으며, 그 보고서를 보면 자신이 어떠한 범죄행위에도 연루되지 않았음을 알 수 있을 것이라고 말했다. 그러나 라이파이젠 은행가들이 고용한 바로 그 조사관들을 통해, 피르타시의 사업과 브레이니 돈의 수하들 사이에 은밀한 거래가 이루어져 왔음이 밝혀졌다.[40]

미국 검찰에게 브레이니 돈은 범죄자들의 왕이자, 이탈리아 마피아 코자 노스트라조차 무색하게 만들고 있는 레드 마피아의 화신이었다. 무엇보다 골치 아픈 일은, 그와 러시아 정부의 이해관계가 하나로 뒤섞이고 있는 듯 보였다는 것이다. 물론 그 결과는 같았지만, 정부가 범죄집단화되거나 범죄자들이 정부를 접수하거나 둘 중 하나인 듯했다. 그렇다. 세바는 2008년에 모스크바에 억류되었다. 하지만 미국의 범죄인 인도 요청은 거절당했다. 세바는 러시아 시민권을 취득한 러시아 시민이었으며, 러시아 헌법은 자국 시민의 해외 인도를 금하고 있었기 때문이다. 그는 다음 해인 2009년에 방면되었다. 러시아 내무부 대변인은(그와 세바는 과거 소련 시절부터 오랜 친분을 유지해 오고 있었다) 그의 탈세 혐의가 "특별히 중하지는 않았다"[41]고 발표했다. 곧 그러한 혐의마저도 철회될 것이었다. 하지만 미국인들도 집요했다. FBI는 세바의 이름을 10대 지명수배자 명단에 올렸다. 근 10년간 세바의 혐의 파일을 만들어 온 특수요원 피터 코웬호벤Peter Kowenhoven은 다음과 같이 공언했다. "자신의 광범위한 국제 범죄 네트워크를 통해, 모길레비치는 동유럽의 방대한 천연가스 파이프라인을 통제하고 있습니다. 그는 이렇게 얻은 부와 권력을 이용해서 자신의 범죄 사업을 확장하고 있을 뿐 아니라, 각국 정부와 경제에 대한 영향력 또한 넓혀 가고 있습니다. 그에게 가장 중요한 것은 돈(그리고 영향력)입니다. 정말로 섬뜩한 일은 그가 이데올로기와 무관하게 어떤 범죄자와도 협력할 것으로 보인다는 것입니다."[42]

브레이니 돈은 프랑스에서 추방될 예정이었다. 그러나 협조적인 벨기에 대사를 중재자로 이용하여 다시 한 번 화이티 벌거 식의 수를 두었다. 그는 정치인과 갱들에 대한 정보를 교환하는 대가로 프랑스에 은밀하게 들어갈 수 있도록 대사에게 주선을 요청했다.[43]

세바가 사샤를 만나기 위해 프랑스를 방문한 시점이, 이 정보 거래를 하고 난 다음인지 그 다음번 거래를 하고 난 다음인지는 확실치 않다. 암흑가 인사 중에 프랑스를 방문한 사람이 세바만은 아니었다. 추방당한 카자흐스탄 정치인 빅토르 크라푸노프에 따르면, 프랑스 쿠슈벨에서 사샤는 구소련 출신 갱 두 명을 마치 위협용이라도 되는 듯 과시했다고 한다. 하지만 브레이니 돈은 평범한 사기꾼이 아니었다. 이를테면 1990년대에 그는 자신이 러시아 대통령 경호실과 좋은 관계를 유지하고 있으며, 그중에서도 특히 정부 부패행위조사단장과 친밀한 관계라고 티를 내고 다녔다.[44] 망명한 러시아 스파이들은 브레이니 돈이 처음에는 KGB 국제부 제1국 고위 간부회, 그다음에는 FSB 소속 요원으로 오랫동안 활동해 왔다고 폭로했다.[45] 또한 그들은 브레이니 돈이 1990년대에 향후 거물로 성장하게 될 또 다른 KGB 요원인 블라디미르 푸틴과 사업관계를 구축했다고도 말했다.

세바와 사샤, 그들의 진짜 관계가 무엇이든 간에 그들의 진정한 가치는 모든 투자가가 그렇듯, 그들이 가진 정보에 있었다. 그들은 자신의 정보를 보호하는 동시에 경쟁자의 정보를 입수할 수 있어야 했다. 정보 통제력을 상실할 때 어떤 일이 벌어지는지는, 1990년대 모스크바에서 몰락한 보리스 버시타인만 봐도 알 수 있다. 사샤는 서방에서 정보 덕분에 자유롭게 활동할 수 있었다. 그는 서방의 시장이, 서방의 수호자와 은행 들이 자신에게 유리하도록 움직이게 만들어 왔다. 이제 그는 서방의 법에도 같은 일을 할 생각이었다. 2013년 3월 27일, 세인트 제임스 지구에 있는 ENRC 본사에 도착한 사샤는 닐 제라드의 해고를 요구했다.[46]

러빙 컵

● *The Loving Cup* ●

2013년 2월, 런던 카나리 워프

23

2013년 2월 11일, 영국 재정청 승인부서의 관리자는 "이달의 사원"이라는 제목으로 부서원 모두에게 이메일을 발송했다.[1] 그는 "전달이 늦어 진심으로 죄송합니다만, 1월의 사원에 공동수상자가 선정되었음을 알려드리게 되어 매우 기쁩니다"라는 말로 이메일을 시작했다. 수상자 중 한 명은 재정청이 4월에 금융감독청Financial Conduct Authority으로 바뀌기 전에 처리해야 하는 온갖 필수 문서작업을 완료하는 데 "지대한 노력"을 다했기에 이달의 사원으로 선정되었다.[2] 그일을 처리하기도 전에 또다시 금융위기가 발생하기라도 한다면, 금융감독청은 은행이 충분한 자금을 보유하도록 보장해야 하는 책임을 다하지 못할 터였다. 그러나 새로운 이름이 시사하듯이, 금융감독청은 지금까지 해 오던 대로 시티의 행태를 계속 단속하게 (혹은 단속을 시작하게) 될 것이었다. 바로 이 관리 감독을 열정적으로 수행해 온 것이 두 번째 수상자가 이달의 사원으로 선정된 이유였다. 관리자는 "나이절이 의문을 품을 줄 아는 사람일 뿐 아니라 '케이맨제도에 본거지를 둔 펀드'와 관련하여 관행을 묵인하지 않았다"고 썼다.

나이절도 지적했듯이 그의 동료들이 관행적으로 인가를 내 주는 금융사들의 절반 정도는 인가를 받을 수 없는 업체들이었다. 나이절은 무엇보다 메이페어의 금융사들이 운용하는 헤지펀드에 주목했다. 그들은 크리켓선수였던 경찰의 아들에게 수백만 달러를 주어 짐바브웨 독재자의 부정선거에 자금을 대고 그의 환심을 사는 따위의 일들을 했다. 하지만 나이절의 주된 관심사는 그 헤지펀드들의 자금 출처였다. 투자가들은 케이맨제도에서 펀드를 조성하고는 했다. 케이맨제도에 등록된 펀드는 1만 개로, 주민 6명당 하나 꼴로 펀드가 만들어진 셈이었으며 자산과 부채 총액만 1조 4000만 달러에 달했다.[3] 이는 애플 사를 3개 사고도 남는 금액이었다. 이 헤지펀드들을 운용하는 책임자들은 수십 개, 때로는 수백 개가 넘는 이사회의 이사를 겸하고 있었다. 즉 이들은 순전히 전시용 인사들이었다. 또한 자금은 해외에서 운용되었던 데 반해, 자금을 관리하는 사람들은 런던에 있었다. 하지만 그들이 헤지펀드에 자문을 제공하는 고문회사를 설립하기 위해서는 규제 당국으로부터 인가를 받아야 했다. 물론 거액의 자금 주머니 자체는 인가 대상이 아니었다. 적어도 나이절이 아는 한 아무도 자금 주머니를 채우는 돈이 어디서 나오는지를 확인하고 있지 않았다. 확실히 공공기관과 연금기금은 수익을 배가시키는 특별한 능력이 있다는 그들의 주장을 곧이곧대로 믿고서 헤지펀드에 수십억 달러에 또 수십억 달러를 얹어서 넘겨주었다. 그러면 다른 헤지펀드들은 어떤가? 나이절은 헤지펀드가 자금을 금융산업 차원에서 대규모로 익명화하고 있으며, 그런 점에서 스위스은행과 똑같은 일을 하고 있다고 결론내렸다. 확실한 사실은 이 돈의 소유주들이 그러한 서비스의 수익률이 낮았음에도 불구하고 기꺼이 거액의 돈을 지불했다는 것이다.[4] 2013년까지 6년 동안 그들이 헤지펀드에 기탁한 돈의 연간 수익률은 평균 3.6퍼센트로, 소수긴 하지만 견실한 주식과 채권에 투자했더라면 얻었을 수익보다 훨씬 적었다. 한편 가장 높은 소득을 기록한 헤지펀드 매니저 25인은 210억 달러를 벌었다. 이 돈이면, 예를 들어 버락 오바마의 두 번째 승리를 가져온 지난 2012년 미국 대통령 선거부터 2092년에 치르게 될 대통령 선거까지 공화당과 민주당이 선거 캠페인에 쏟아붓게 될 선거 비용 전부를 충당할 수 있었다.

나이절은 메이페어의 헤지펀드 매니저들과 해외에 은닉된 자금들의 연결 고리 역할을 하는 법인체들을 추적했다. 연결 단계 각각이 불법적이라고 할 수는 없겠지만, 나이절은 그 단계가 모두 합해지면 결국 사람들의 자금 은닉에 일조하게 된다는 데에는 의심의 여지가 없다고 결론지었다. 나이절은 이 사실을 상관에게 보고했다. 그러자 상관은 그것이 절세tax avoidance일 뿐 탈세tax evasion는 아니라고 대답했다. 나이절은 당국이 어느 하나를 조장해야만 하는 현실이 이상하게 느껴졌다. 동료들은 절세를 전제로 일하는 것처럼 보였다. 어떻게 하면 절세가 되는지를 알려주고 있었기 때문이다. 이를테면 그들은 세금과 관련하여 조금이라도 의심스러운 정황을 포착하는 경우, 헤지펀드를 위해 일하는 컨설턴트들에게 문의했다. 그러면 이

제2부. 번데기

컨설턴트들이 카나리 워프의 재정청사를 방문하여 깔끔하게 상황을 설명함으로써 모든 일을 완전히 합법적으로 보이게끔 만드는 식이었다.

하지만 어쨌거나, 그러한 재정청에서 나이절은 이달의 직원이 되었다. 나이절의 반항적인 이마 위에 영예의 화환을 씌우는 것은 어딘지 조금 거북스러운 일이었을지도 모른다. 그러나 어쩌면 마침내 시대가 바뀌는 중인지도 몰랐다. 재무부 장관 조지 오스본은 홍콩 시장 규제기관의 수장을 지낸 집요한 성격의 마틴 휘틀리^{Martin Wheatley}를 새로운 금융감독청의 책임자로 임명했다. 휘틀리의 임명은 블레어의 노동당이 대처의 금융 빅뱅의 연장선상에서 추구해 왔던 "약한" 규제 정책으로부터의 이탈을 의미했다. 시티를 대하는 휘틀리의 공식 입장은 다음과 같은 말로 압축할 수 있다. "일단 총부터 쏘고 질문은 나중에 하라."[5]

나이절은 2008년에 자신이 전달한 제보가 왜 감독기관(지금 자신이 켄싱턴에서 매일 통근하는 바로 그 기관)의 주의를 끌지 못했는지 여전히 의아했다. 감독기관에 BSI 시티 지점이 부정한 돈의 명의를 바꿔치기하고 있다는 주장이 담긴 편지를 보내고 나서, 나이절은 닐이라는 이름의 재정청 정보국 공무원으로부터 다음과 같은 내용의 이메일을 받았다. "우리가 곧 착수할 조사와 관련하여 제가 어떤 말도 드릴 수 없음을 이해해 주실 거라 생각합니다. 하지만 우리가 당신의 정보를 진지하게 받아들이고 있다는 것만은 믿으셔도 좋습니다." 나이절은 닐에게 천 페이지에 달하는 증거자료를 넘기면서 다음과 같이 썼다. "저는 스위스의 은행 비밀주의가 어떻게 반인륜적인 방식으로 작동하는지를 눈앞에서 정확히 목격할 수 있는 위치에 있었습니다.” 2004년에 BSI가 고객의 자금 출처를 제대로 확인하지 않는 것에 대해 비공개 경고장을 보낸 것에서 알 수 있듯이, 영국 재정청은 이미 BSI에 혐의를 두고 있었다. 당시 나이절은 해외 계좌들이 어떻게 그 계좌를 통해 빠져나간 자금의 실소유주를 철저히 은닉할 수 있도록 구축되었는지를 편지에 상세히 설명했었다. 지금은 금융감독청의 동료가 된 재정청 공무원이 당시에 만남을 제안하는 메일을 보내 왔었다. 나이절은 만나자고 했지만, 그 뒤로 다른 어떤 말도 듣지 못했다. 그게 벌써 거의 4년 전 일이었다. 그 천 페이지짜리 증거자료는 경제학 교과서와 토머스 하디의 소설 옆 붉은 상자들에 담겨 그의 아파트에 여전히 간직되어 있었다.

그로부터 얼마 후 사람들을 공포에 휩싸이게 한 또 다른 사건이 일어났다. 영국인이 쇠고기인 줄 알고 먹어 왔던 고기가 실은 말고 기임이 드러났던 것이다. 오염된 고기가 슈퍼마켓을 통해 퍼져 나가는 문제나, 악의적인 주택담보 상품이 파생상품과 결합하면서 은행 체계를 망가뜨린 사건이나, 부정한 돈이 민주주의 체제들 속으로 침투하고 있는 상황은 너무도 비슷해 보였다. 나이절은 앞의 두 가지 위험에 그랬듯, 이 세 번째 위험에도 관심을 기울이고 싶어 했다. 지금으로서는 돈이라는 거대한 라자냐 속으로 트로이 말고기를 밀어 넣으려는 노력을 계속하는 수밖에 없었다. 나이절은 시티오브런던의 프리먼 길드Guild of Freemen에 가입 신청을 했고, 회원으로 받아들여졌다. 러빙 컵 의식Ceremony of the Loving Cup(길드 감독관들이 등 뒤에서 지켜보는 가운데, 신입 프리맨들이 두 손으로 잔을 움켜쥐고 한 모금 마신 다음 잔을 다음 사람에게 건네는 의례)을 마친 뒤에야, 나이절은 계획의 다음 단계를 실행할 수 있었다. 시티의 업무를 관장하는 시의회 선거에 출마하는 것이 다음 계획이었다. 그는 연단에 올라 "더 큰 책임성과 투명성"[6]을 역설했다. 그리고 대패했다. 그러나 승리가 나이절의 목표는 아니었다. 나이절은 그들을 때려 부술 수 없다면, 적어도 귀찮고 짜증나게라도 하자고 마음먹었다.

정상성 추정

2013년 5월, 이탈리아 로마

여름이 가까워지고 있는 이탈리아 저녁의 마지막 불빛이 하늘에서 흐르듯 사라지자, 비행기 창문 밖으로는 칠흑 같은 어둠만 남았다. 작지만 호화롭게 치장된 비행기였다. 객실에서 여섯 살 난 소녀가 만화책을 보고 있었다. 검은색 단발머리에 광대뼈가 인상적인 40대 여성이 어두운 눈으로 아이를 바라봤다.[1] 그녀는 자신을 사로잡고 있는 공포를 행여라도 딸아이가 눈치채지 못하도록 자신에게 남은 온 힘을 끌어모아 억누르고 있었다. (그녀는 이틀째 자지도 먹지도 못했다.) 비행기가 이륙하기 전 그녀는 그들에게 말하려고 애썼다. 카자흐스탄 독재자가 남편을 어떤 식으로 죽이려 했는지, 독재자에게 반기를 든 사람에게 어떤 일이 일어났는지, 또 자나오젠에서는 어떤 일이 있었는지를 말이다. 인터넷을 좀 봐 달라고도 말했다. 그러다가 마침내 그녀는 그들에게 망명을 요청하고 싶다고 말했다. 그게 바로 공항에서 있었던 일이다. 그러자 밀입국자 수용소에서 그녀의 등 뒤로 비명을 질러 댔던 로라Laura라는 여성이 이제는 체념한 듯 작은 소리로 중얼댔다. "되돌리기엔 너무 늦었어. 모든 게 다 끝난 거야." 비행이 시작된 지 6시간이 지나고 있었다. 소녀의 어머니는 비행기의 진로를 보여주는 안내 화면을 흘긋 보았다. 비행기가 하강하기 시작했다.

…

피터 살라스는 자신의 이발사를 방해하는 일만은 하고 싶지 않았다. 그건 그 사람의 일에 대한 최소한의 존중이 달린 문제였다. 무슈 데소Monsieur Dessault는 피터가 파리에서 1991년 여름을 보내는 동안 센강 좌안에서 우연히 발견한 이발소의 주인이다. 그 뒤로 23년 간 피터는 자신의 머리를 그에게 맡겨 왔다. 이제 파리가 집이었다. 계속 이곳저곳을 다니기는 하지만(이번 주만 해도 호도르콥스키 건으로 UN에 로비를 벌이느라 제네바에 다녀왔다), 생제르맹 거리에 위치한 이발소는 기준점 같은 곳이었다. 무슈 데소는(거의 20년 동안 갈 때마다 45분 동안 이발을 받아 왔지만, 피터는 아직도 그를 조엘Joël이라는 이름이 아닌 무슈 데소라는 성으로 불렀다) 전기이발기를 사용하는 아마추어들을 몹시 싫어했다. 그는 여전히 가위를 고집했다. 시간을 예약하고 제시간에 도착하면 어김없이 자리가 준비되어 있었다. 피터는 정확한 걸 좋아했다. 그에게는 기다리느라 허비할 시간 따위는 없었다. 같은 이유에서 뭐가 됐건 무슈 데소의 작업을 지체시키는 일은 만들지 않으려 했다. 휴대전화 중 한 대가 울리기라도 하면(무슈 데소는 전화기를 두 대나 가지고 다닌다며 늘 놀려 대곤 했다) 아무리 공을 들이고 있는 국제 음모 사건과 관련된 전화라도 받지 않으려 했다.

2013년 5월의 어느 금요일 오후였다. 이발의자에 앉아 무슈 데소와 평범한 농담을(피상적인 시사 문제라야 탈이 없었다) 하고 있을 때였다. 메시지가 한 통 들어왔다.

"어디세요?" 보타였다. 그들이 버킹엄궁전 근처에서 처음 만나 점심을 먹었을 때 그녀로부터 그녀의 보스인 무흐타르 아블랴조프를 만나러 와 줄 수 있겠느냐는 요청을 받았던 게 벌써 4년 전이었다.

아블랴조프는 피터에게 일을 맡기지 않았다. 하지만 피터는 그 사건을 계속 지켜보고 있었고, 아블랴조프가 지나치게 겁을 먹은 것 같아 실망스러웠다. 당연한 일이지만 그의 망명 신청은 받아들여졌다. 그러나 카자흐스탄 정부는 BTA 은행을 통해 고등법원에 그를 상대로 민사소송을 제기함으로써 선수를 쳤다. 독재자에게 쫓겨 망명지를 떠도는 자유 투사라는 아블랴조프의 이야기는 카자흐스탄 정부의 주장에 묻혀 버렸다. 어마어마한 양의 돈이 사라지고 있다는 것이 소송의 전제였기 때문이다. 피터는 아블랴조프가 사라져 버린 것 역시 실수라고 생각했다. 아블랴조프는 도망쳤기에 자신을 변호조차 할 수 없었다. 정부 측 변호사들은 계속해서 궐석재판을 열 수 있었으며, 재판이 거듭될수록 아블랴조프는 점점 더 많은 돈을 훔친 도둑이 되었다. 결국 판사는 아블랴조프의 품성을 호되게 꾸짖은 뒤 몰수 선고를 내렸다. 그런데도 피터는 보타와 계속 접촉해 왔다. 아블랴조프와 한패라는 낙인이 찍힌 탓에 보타는 집으로 돌아갈 수 없

제2부. 번데기

었다. 그녀는 잠시 런던에 머물렀다가 브뤼셀로 옮겨 갔고, 그곳에서 망명을 허락받았다. 그녀는 남편과 함께 파리를 방문할 때면 피터 부부를 만나 간단한 식사를 하곤 했다.

몇 초 뒤에 두 번째 메시지가 왔다. "바로 전화 주세요. 부탁드립니다."

피터는 답 문자를 보냈다. "조금 이따 해도 될까요?"

안 된다고 했다. 그는 보타의 간결한 메시지로부터 뭔가 심상치 않은 일이 생겼음을 감지했다. 이발이 많이 진행된 터라, 피터가 한쪽 귀로 전화를 하는 동안 무슈 데소는 계속 다른 쪽 머리를 자를 수 있었다. 그는 보타에게 전화를 걸었다.

피터가 보타의 목소리에서 불안감을 포착한 것은 이번이 두 번째였다. 몇 달 전 크리스마스 직전 집 거실에 있는데 보타로부터 전화가 걸려 왔다. 이른 아침이었다. 그녀의 말에서 긴장감이 느껴졌다. 그녀는 "제발 도와주세요"라고 말했다. 카자흐스탄의 요청으로 인터폴이 적색수배령을 내린 아블랴조프의 경호원 알렉산드르 파블로프Alexandr Pavlov가 마드리드에서 체포된 상황이라는 것이었다. 그는 아블랴조프와 공모하여 BTA 은행으로부터 부정 이득을 취했다는 혐의를 받고 있었다. 카자흐스탄 정부는 파블로프가 미수에 그치기는 했지만 아블랴조프를 도와 알마티를 공격하려던 테러 음모 조력자라고 주장했다.[2] 피터는 파블로프의 본국 송환 절차를 늦추기 위해 스페인 변호사를 선임하는 등 바로 행동에 돌입했다. 파블로프는 여전히 스페인 감옥에 갇혀 있었다. 하지만 카자흐스탄 감옥보다는 거기가 훨씬 나았다.

"어디 계세요?" 보타가 물었다.

"파리요." 피터가 대답했다. 무슈 데소가 바로 옆에서 가위로 자신의 머리를 자르는 중이라는 말은 하지 않았다.

"로마로 와 주셔야 되겠어요."

"뭐라고요?" 잘린 머리카락이 옷깃에 떨어지고 있었다. "로마로 언제까지 가면 되는데요?"

"지금, 당장요."

피터는 보타를 잘 알았다. 그래서 그녀가 설명을 못 할 정도로 시간에 쫓기는 상황이라면 그건 체스판에서 다음 수를 두어야 할 시간이 10초도 남지 않았다는 소리였다. 그는 황급히 집으로 돌아가서 샤워하고 노트북을 집어 든 다음 샤를드골 공항으로 급히 내달렸다. 탑승을 기다리며 다시 그녀와 한 차례 통화를 했다. "누구를 만나면 되지요? 어디로 갈까요?" 그가 물었다. 보타는 그에게 호텔 이름을 알려주었다. 비행기가 착륙하면 될 수 있는 한 빨리 와야 한다고 말하면서 다음과 같이 덧붙였다. 아블랴조프의 아내와 딸이 납치되었다.

...

마디나는 갓난아이에게 젖을 주기 위해 새벽 5시에 일어났다. 그녀는 스카이프를 확인했다. 부재중 전화가 많이 와 있었다. 마디나는 아버지와 스카이프로 연락을 주고받곤 했다. 아버지가 숨어 버린 지 1년도 더 됐다. 그녀는 아버지가 '법정모욕' 같은 죄목으로 영

제2부. 번데기

국에서 감옥에 보내질 수 있다는 사실에 당혹스러웠다. 그녀는 아버지가 사기꾼이라는 말을 결코 믿지 않았다. 나자르바예프와 그의 수하들은 아버지가 여기저기서 돈을 빼내 왔으며, 공인이 된 이래로 대통령에게 고분고분했던 적이 한 번도 없었다고 말해 왔다. 아블랴조프에게 BTA 은행은 빼돌릴 수 있는 더 큰 자산에 불과했던 거라고도 했다. 마디나는 아버지와 한 달에 한 번은 연락을 주고받았다. 그녀는 아버지에게 있는 곳이 어디인지 물어서는 안 된다는 것을 잘 알고 있었다. 그저 안전한지만을 물어볼 수 있을 뿐이었다. 그나마 어머니와 여섯 살 난 여동생 알루아는 EU 체류 허가권을 가지고 있었기 때문에 로마로 이주했고, 아블랴조프가 최근 휘말린 정치적 불화가 끝날 때까지 그곳에서 조용하게 살 수 있었다.

마디나는 일어나서 아기에게 가다가 스카이프 부재중 전화뿐 아니라 아버지로부터 메시지도 여러 통 와 있다는 사실을 발견했다. 전화해라. 그녀는 바로 아버지에 전화를 걸었다.

"엄마가 체포됐다." 아버지가 말했다.

그들은 한밤중에 들이닥쳤다. 무장한 이탈리아 경찰 수십 명이 어머니와 이모 부부가 함께 사는 집의 문을 해머로 부쉈다. 알루아는 잠들어 있었다. 마디나는 제네바에서 로마로 가는 가장 빠른 비행기를 타고 싶었고 그래서 아버지에게 당장 다음 비행기를 타겠노라고 말했다. 아블랴조프가 물질을 우선시하는 사람이었던 데 반해, 알마는 감정적인 사람이었다. 그래서 이러한 일까지 대처할 준비를 했을 만한 사람이 아니었다. 그러나 아블랴조프는 그들이 곧 엄마를 풀어 줄 테니 지금 바로 로마로 갈 필요는 없다고 마디나에게 말했다. 마디나와 아버지는 확실하게 가족을 풀어 줄 만한 변호사들을 찾느라 분주해졌다. 이틀이 지났다. 그때 로마로부터 새로운 소식이 들려왔다. 그들이 다시 집으로 찾아와 알루아를 데려갔다는 소식이었다. "가거라. 가서 데려오너라."

마디나와 일리야스가 로마에 착륙했을 때, 그녀의 눈에 카자흐스탄인 한 쌍이 들어왔다. 이탈리아 공무원이 급한 걸음으로 그들을 쫓아가며 "서류요, 서류!"라고 외치자 한 명이 뭔가를 말하고 있었다. 마디나와 일리야스는 서류를 제시하고 공항을 빠져나왔다. 그들은 자신들이 고용한 이탈리아 변호사 사무실로 직행했다. 변호사는, 너무 늦었다고, 가족들은 이미 비행기에 올랐다고 말했다.

…

피터 살라스는 금요일 밤이 시작될 무렵 로마에 착륙했다. 그는 바로 보르게세 공원Villa Borghese 옆 호텔 드 루시Hotel de Russie로 향했고, 호텔 입구에서 마디나와 일리야스가 당도할 때까지 기다렸다. 그들을 만난 적은 없었지만, 그들에 관해서는 이미 많이 들어 왔었다. 마침내 이름과 얼굴이 어우러지는 순간이 왔다. 일리야스가 부동산 거래를 하다 알게 된 유력한 지인 로랑 푸쉐Laurent Foucher뿐만 아니라 변호사, 경호원(피터는 그와 악수할 때 느낀 강철 같은 손아귀 힘에 누구라도 그를 자기 편으로 만들고 싶어 할 것이라고 생각했다)도 함께였다. 마디나의 이모와 이모부도 도착했는데, 이모는 망연자실한 상태였고 이모부의 눈가에는 첫 번째 경찰 습격이 있던 날 생긴 멍이 아직 남아 있었다.

그들은 호텔 로비 한쪽에 작전실을 급조했다. 다른 손님들이 얼빠진 듯 바라보자 호텔 직원이 로프를 쳐서 그들을 차단해 주었다. 보타는 브뤼셀에서 불려왔고, 어디에 있는지 아무도 몰랐던 아블랴조프도 나타났다.

그들은 개인 전용기가 이미 하늘로 날아올랐으며, 카자흐스탄을 향해 가고 있다는 사실을 알게 되었다. 그들이 고용한 이탈리아 변호사들의 끈질긴 노력 덕분에 항공기 등록부호를 알아낼 수 있었다. 그들은 피터의 휴대전화에 깔린 비행 추적 앱에 부호를 입력했다. 그러자 비행기 모양의 오렌지색 아이콘이 화면에 생성되더니 동쪽으로 조금씩 움직였다. 일리야스는 항공기 부호로 비행기 소유주를 찾는 법을 알고 있는 지인에게 전화를 걸었다. 빈 소재의 제트기 대여 회사가 소유주였다. 지금까지 한 번도 그랬던 적이 없던 피터가 갑자기 완벽한 변호사 모드로 변신했다. 그는 무시무시한 속도로 문서 초안을 작성하더니, 비행기가 되돌아와야 하는 이유를 적은 팩스를 오스트리아로 발송했다. 모두가, 아주 작은 정보라도 줄지 모를 사람들을 생각해 내서 전화를 돌렸다. 슈거도 오스트리아에 있었다. 이즈음에 슈거는 친구까지는 아니더라도, 적어도 그들의 적의 적이었다. 하지만 그는 투옥 상태로 본국 송환 결정을 기다리는 중이어서 그의 변호사의 도움을 받는 것으로 만족해야 했다. 경호원은 휴대전화 충전기를 들고 이리저리 뛰어다녔다.

비행기가 터키 상공을 지나고 있었다. 피터는 마디나를 쳐다봤다. 피터는 마디나가 매우 의연한 성격의 소유자라고 생각해 왔다. 하지만 그녀는 울고 있었다. 이 일은 결코 그녀의 어머니나 여동생을 끌어들일 문제가 아니었다. 피터는 이런 식의 일 처리가 선을 넘는 것이자 암묵적인 규칙을 내팽개치는 것이라고 생각했다. 올리가르히라면 누구도 그렇게 하지 않는다. 구소련에서 체제를 두고 갈등을 빚을 때도 그들은 아내와 아이를 뒤쫓지는 않았다. 또한 러시아에서 호도르콥스키의 저항이 이어지던 동안에도 그들은 그러한 최소한의 기준을 깨지 않았다. 그것은 불문율과도 같은 행위규약이었다. 그들은 정말로 더럽고 정말로 추악한 일을 할 수도 있고, 당신을 10년 동안 감옥에서 썩게 하거나 심지어는 죽일 수도 있는 사람들이었다. 그러나 당신의 아내나 아이는 건드리지 않는다.

불현듯 피터는 자신이 겉핥기식이긴 했지만 항공법을 공부한 적이 있다는 것을 기억해 냈다. 그들은 제트기 대여 회사를 계속 설득하려 했다. 하지만 비행 중에는 조종사가 최종 결정권자였다. 비행기에서는 조종사가 곧 법이었다. 새벽 1시 23분에 마다나는 제트기 대여 회사의 변호사에게 어머니를 넘겨달라는 이메일을 보냈다. 마다나는 어머니가 망명 신청자이며, 죽임을 당할지도 모른다고 걱정하고 있다는 것을 어머니 자신이 조종사에게 직접 말할 수 있도록 해 주어야 한다고 적었다. 또한 조종사에게는 카자흐스탄 착륙을 거부할 수 있는 법적 권한이 있다고도 덧붙였다. 변호사는 힘써 보겠다고 말했다. 하지만 그들은 그 밖의 다른 사실도 알게 되었다. 비행기에는 알마와 알루아만 탑승했던 것이 아니었다. 그들을 목적지까지 감시하기 위해 로마 주재 카자흐스탄 대사관 소속 공무원 두 명도 탑승하고 있었다.

피터는 알마와 알루아가 어디로 날아가고 있는지 깨달았다. 스페인에서 파블로프 사건을 다루는 동안, 그는 국제인권감시기구 휴먼라이츠워치Human Rights Watch가 작성한 카자흐스탄 보고서를 읽은 적이 있었다. 그는 자나오젠에 대해 읽었고, 로자 툴레타예바라는 이름을 들어 알고 있었다.

필사적으로 전화를 걸고 팩스를 보내는 사이사이에, 마디나를 비롯한 여러 사람이 그때까지 피터가 알지 못했던 이야기의 단편들을 알려주었다. 알마와 알루아가 EU에 살 수 있었던 것은 그들이 라트비아 체류 서류를 소지한 덕분이었다. 게다가 알마는 중앙아프리카공화국 외교관 여권도 가지고 있었다.[3] 여권에는 그녀가 지은 가명이 적혀 있었는데, 그래야 나자르바예프 스파이들의 관심을 끌지 않으면서 알루아를 입학시킬 수 있었기 때문이다. 하지만 가명으로 발급받았어도 알마가 취득한 여권 자체는 진본이었다. 그러나 이탈리아 당국은 그렇지 않다고 주장했다. 그러다 보니 조종사와 항공사에게 이 일은 단지 또 다른 일상적인 추방이었고, 유럽에서 제거되는 또 하나의 불법에 불과했다. 그러니 뭐가 문제인가? 이 사건과 관련하여 국가 관리들로부터 지침이 전달되었다. 카자흐스탄공화국 치안 당국은 "긴급"이라고 표시된 메시지를 이탈리아 공화국 치안 당국에 보내, 로마 근교의 한 소유지, 빌라 디 카살 폴라코 3번지Villa di Casal Polacco 3를 신속히 방문해 달라고 요청했다.[4] 그곳에 가면 사기, 위조, 횡령, 자금세탁 같은 중범죄로 인터폴의 적색수배자 명단에 올라 있는 도망자 무흐타르 카불로비치 아블랴조프를 검거할 수 있을 거라고 했다. 그는 무장경호원들의 보호를 받고 있을 수도 있었다. 범죄자의 사진도 여러 장 첨부되었다. 비록 그를 발견할 수 없다손 치더라도 그의 아내와 마주칠 가능성이 큰데, 그녀 역시 허위 이름과 허위 아프리카 여권을 사용했으니 추방되어야 마땅한 범죄자였다.

항공사, 조종사, 스튜어디스를 비롯해 이 강제 이송 사건의 실행에 관여한 모든 사람은 그저 국가의 권위를 존중했을 뿐이다. 그들은 피터가 "정상성 추정presumption of regularity"이라 이름 붙였던 행동을 하고 있었다. 합법성은 국민국가에 귀속했다. 따라서 만약 국민국가가 어떤 일을 하기로 마음먹었다면 그것은 합법적일 수밖에 없다. 국가가 납치를 했다고 해서 마음 쓸 필요는 없었다. 그들은 밀그램 실험Milgram experiment* 참여자들과 유사하게 행동했다. 그 실험에서 실험 참가자들은 권위적인 흰색 가운을 입은 사람들의 지시에 따라 전압을 계속 올리는 데 동의했다. 다른 동료 피실험자들의 비명을 들을 수 있게 해 두었는데도 무시하고 지시대로 행동했다. 피터는 자신이 직접 목격한 이야기(반체제인사를 찾아 유럽을 뒤지고, 가는 곳마다 서방 국가를 매수하는 독재자의 이야기)를 하는데도, 사람들이 자신을 미친놈 취급한다는 것을 알게 되었다. 사람들이 피터가 하는 어떠한 말도 부정하고 묵살하고 축소해서 들으려 했던 이유는, 그 이야기가 어떤 일이 일어나는 통상 범위를 넘어서고 너무나 부조리할 뿐만 아니라 사물이 세상에 존재하는 방식과 유리되어 있었기 때문이다. 즉 그것이 정상적이기 않았기 때문이다.

---

* 권위에 대한 복종과 관련된 실험으로, 평범한 인간이 권위에 복종할 때 얼마나 잔혹해질 수 있는지를 보여 준 실험이다. 1961년 미국 예일대 심리학과 스탠리 밀그램(Stanley Milgram) 교수가 '권위적인 불법적 지시'에 다수가 항거하지 못한다는 사실을 증명하기 위해 시행한 실험으로 '복종 실험'이라고도 부른다.

이제야 피터는 선전 선동이 왜 그렇게 중요한지를 납득하게 되었다. 이 사건처럼 평범한 세상에 속한 누가 그저 자신의 직무를 수행하는 과정에서 어떤 결정을 내려야만 하는 경우라면, 선전 선동은 특히 중요한 역할을 했다. 아블랴조프 추적 임무를 맡은 나자르바예프의 가신들은 일을 처리하기 위해 토대부터 굳건히 다졌다. 그들은 팀 앨런의 포틀랜드 커뮤니케이션Portland Communications을 고용했으며, 이 홍보대행사의 누군가가 위키피디아에 올라온 아블랴조프의 정보를 조작했다.5 피터가 관찰한 바에 따르면 "환경을 조성하는 사람도, 기준을 만드는 사람도, 당신이다." 런던에서 열린 재판들 덕분에 나자르바예프의 주장이 우위를 점하게 되었다. 구글에서 나자르바예프의 이름을 검색하면 '대통령'이라는 단어가 나왔던 데 반해, 아블랴조프의 이름을 검색하면 다음과 같은 대법관 케이Lord Justice Kay의 선고 문구가 떴다. "상업 소송 당사자 중에 법원 명령에 대해 아블랴조프 씨보다 냉소적이고 기회주의적이며 교활한 태도를 보이는 경우를 상상하기란 힘듭니다."

피터는 자신의 휴대전화에 깔린 비행 추적 앱을 흘긋 쳐다보았다. 갑자기 비행고도가 하강하기 시작했다. 필사적이었던 마디나는 제트기 대여 회사에 다시 전화를 걸어, 기진맥진한 상태로 그들에게 비행기를 회항시켜 달라며 울다가 항의하다가 애원하다가 했다. 내 어머니의 목숨이, 내 여동생의 목숨이 달려 있어요. 고도가 계속 떨어지는 게 보였다. 아래로, 아래로, 아래로, 아래로, 그러다 제로에 도달했다. 아무도 입을 열지 못했다. 피터는 이제 그들이 사라졌다고, 모든 게 끝났다고 생각했다. 아블랴조프는 앞으로 다시는 그들을 볼 수 없을 것이다. 마디나는 자신의 어머니를 다시는 볼 수 없을 것이며, 자신의 여동생을 다시는 결코 만나지 못할 것이다.

마디나는 무릎을 꿇었다. 그녀는 이런 일이 우리에게 일어날 수는 없다고 생각했다. 이런 일은 보트피플 같은 난민에게나 일어나는 일이지 서류를 제대로 갖춘 사람들, 살 곳이 있고 그곳에서 아이들이 학교에 다니는 사람들에게 일어나는 일이 아니다. 그녀는 그들이 어떻게 할 속셈인지 깨달았다. 그들은 알마와 알루아를 한 마디도 새어 나갈 수 없는 어딘가로 끌고 간 다음, 아버지에게 몸값을 요구할 것이 틀림없었다. 그녀는 자기 안에서 무언가가 무너져내리는 것을 느꼈다.[6]

로비에 그들 말고는 아무도 없었다. 바깥에는 동트기 전의 적막만이 거리를 맴돌았다.

합법적인 거지소굴

2013년 8월, 미국 신시내티

25

장모와 처제가 유괴당하고 장인은 도망 중이며, 자신의 부모는 카자흐스탄 독재자의 적으로 선언된 것과는 별개로, 일리야스 크라푸노프에게는 새로운 문제가 생겼다. 펠릭스 세이터가 이상하게 굴고 있었다. 일리야스는 펠릭스가 카리스마와 스토리텔링이라는 두 가지 매력적인 능력의 소유자라고 늘 생각해 왔다.[1] 그는 호감이 가는 사람이었다. 그에게는 미국인 특유의, 뉴욕 사람 특유의 매력이 있었다. 게다가 그는 남을 설득하는 뛰어난 사기꾼의 재능도 가지고 있었다. 자기가 사기꾼이라고 광고하고 다니는데도 사람들은 그의 말을 믿을 정도였다. 하지만 그는 사려 깊은 사람이기도 했다. 일리야스가 마디나와 피터 살라스와 함께 다급하게 로마로 가서 알마와 알루아를 구하려 애쓰는 동안, 펠릭스는 돕고 싶다며 전화를 걸어 왔다.[2] 그는 이탈리아 기자들 몇몇과 친분이 있다면서(펠릭스는 모든 곳에 지인이 있었다), 유괴 사건을 공개하는 데 유용할지도 모른다고 했다. 지금 일리야스와 가족들에게는 그 어느 때보다 믿을 수 있는 사람들이 필요했다. 알마와 알루아는 카자흐스탄에 수감돼 있었고, 아블랴조프는 몸을 숨긴 상태였다. 일리야스의 아버지 빅토르에 따르면, 나자르바예프는 사샤 마슈케비치가 가져온 위협들에 대처하느라 바쁘다고 했다. 카자흐스탄 정부는 스위스 정부에 일리야스 가족의 본국 송환을 공식 요청해 왔다. 빅토르가 공적 지위를 남용하여 수억 달러를 착복하고 그렇게 얻은 자금을 서방을 통해 세탁하는 과정에서 가족 모두가 공모했다는 혐의였다. 그들은 본국 송환을 막을 수 있다고 확신했다. 카자흐스탄 정부의 주장은 허점투성이였기 때문이다.[3] 그런데도 그들의 삶은 2006년 그날, 일리야스가 마디나와 프랑스 호텔에서 전화번호를 교환했던 때 전으로는 돌아갈 수 없었다.

이 모든 난제에도 불구하고 일리야스는 경력을 차근차근 쌓아 가고 있었다. 그는 몇 년 전부터 부동산 중개업을 해 봐야겠다는 생각에 사로잡혀 있었다. 어머니도 부동산 거래에 뛰어든 적이 있었고, 할아버지는 소비에트연방 카자흐스탄에서 건설부 장관을 역임하기도 했었다. 처음에 일리야스는 학생들을 위한 조립식 모듈 주택 공급에 대해 고민했다. 하지만 가족의 오랜 충실한 친구이자 때로는 사업 파트너이기도 했던 펠릭스 세이터는 기왕 부동산 중개업을 할 거라면 호화 부동산이 최고의 선택지라고 일리야스를 설득했다. 그는 2007년 제네바에서 있었던 일리야스와 마디나의 결혼 피로연에도 참석했는데, 그때 일리야스에게 계획을 구상해 보라고, 그러면

제2부. 번데기

함께해 주겠다고 말했었다.[4]

펠릭스는 성공 가도를 달렸다. 그는 자신이 뛰어난 부동산 중개업자라는 자부심이 대단했다. 자신이 뉴욕에서 가장 큰 부동산 거래를 담당해 온 거물 업자라는 것이었다. FBI와 CIA의 정보원 일을 하는 대가로 자신의 과거를 보호받기로 한 펠릭스는 롱아일랜드 이웃이자 서방으로 이주한 소련 출신 동포, 그리고 카자흐스탄 투자가 테브피크 아리프와 함께 부동산 회사를 차렸다. 그들은 맨해튼을 굽어보는 소호 지역에 고층건물을 세웠다. 플로리다와 애리조나에는 호텔을 지을 계획을 세웠다. 그들은 모든 사람이 자신들의 회사 베이록이 25억 달러에 달하는 부동산 거래[5]를 성사시킨 것에 대해 이야기하고 있다고 말했다. 펠릭스는 점점 더 유명해졌다. 그러나 사기꾼에게 명성은 현명한 일이 아니었다. 애리조나 프로젝트를 함께하면서 펠릭스의 심기를 거슬렀던 한 사업 파트너는 펠릭스가 친척을 보내 자신의 불알에 전기충격을 가하고 자신의 사지를 자른 다음 몸통만 차 트렁크 속에 집어넣어 버리겠다고 위협했다고 말했다(나중에 그가 마음을 바꿔 그들이 정말로 "좋은 관계"라는 펠릭스의 의견에 동의하기 전에 그랬다는 말이다).[6]

일리야스는 사업계획을 고심하다가 집 근처에서 호텔 하나를 발견했다. 제네바 호수 맨 끝자락에 있던 낡은 호텔이었다.[7] 그와 펠릭스는 호텔을 미슐랭 별점을 받은 음식점, 시가 라운지, 도서관, 포도주 저장실, 수영장을 갖춘 '초호화' 레지던스residence로 개조할 계획을 세웠다. 2007년 12월, 〈뉴욕타임스〉가 펠릭스의 전과를 폭로하는 기사를 싣기 전까지는 모든 일이 순조롭게 진행되었다. 펠릭스는 베이록과 거리를 두어야 했다. 그렇지만 여전히 펠릭스는 일리야스에게 부동산 세계의 친절한 안내자였다. 얼마 후 일리야스가 스위스 개발 그룹Swiss Development Group이라는 자기 소유의 펀드를 설립했을 때, 그는 펠릭스에게 미국 진출이라는 두 번째 원대한 목표를 달성할 수 있도록 자신을 도와달라고 부탁했다.[8]

이론상으로 위장자금undercover money은 미국에 들어올 수 없었다. 하지만 실제로는 정해진 규정에 따라 잘만 포장하면 언제든 미국으로 반입될 수 있었다. 9/11테러사건 이후 미국 의회는 테러리스트의 자금 조달을 막으려고 애써 왔다. 이를테면 애국자법Patriot Act으로 점검 장치들을 도입하여 은행이나 기타 사업상의 거래를 통한 자금세탁이 어려워지도록 했다. 그러나 일부 경제 분야의 로비스트들은 이 점검 장치를 성공적으로 안전하게 피해 갈 수 있었다.[9] 또한 부동산으로 말할 것 같으면, 법률상의 허점이 너무 커서 마음만 먹으면 쉽게 빠져나갈 수 있었다. 기존 주택물 시장의 매출만 해도 연간 1조 5000억 달러에 달했다. 이는 나이절 윌킨스의 의구심을 불러일으켰던 케이맨제도 기반 헤지펀드를 통해 흘러 나가는 자금과 거의 맞먹는 액수였다. 거기에 더해 상업용 부동산과 신축 부동산도 있었다. 만약 당신이 담보대출을 받으려 한다면, 대부업자는 유령회사의 이름이 아닌 당신의 실명을 반드시 확인해야 했다. 하지만 대체 어떤 자금세탁업자가 담보대출을 받으려고 하겠는가? 결국 이는 실명 확인의 취지를 무색하게 만들었다. 현금으로 거래한다면 미국 부동산을 철저하게 익명으로 얼마든지 마음껏 살 수 있었다. 현금 거래자 세 명 중 한 명은 과거에 은행으로부터 의심스럽다며 거래를 거부당한 전적이 있는 사람들이었지만[10], 거래를 성사시키는 데 아무런 문제가 없었다. 최상의 선택지는 유한책임회사limited liability company, LLC를 이용하는 것이었다. 그렇게 하면 미국으로 자금을 들여오면서도 이 법인회사를 지배하는 사람은 보이지 않게 할 수 있었다.

뉴욕의 부동산은 사우디아라비아인들이 쥐고 있었다. 하지만 두바이, 카타르, 이란 사람들도 있었다. 플로리다는 통칭 구소련인들뿐 아니라 라틴아메리카, 아프리카 사람들에게도 인기였다. 러시아인 63명은(이들 대부분이 본국 러시아와 정치적으로 연결되어 있었다), 한 미국인 개발업자가 플로리다 주 남부의 서니아일스Sunny Isles 근방에 건설한 호화 고층건물 일곱 채의 부동산을 구매하는 데 총 9800만 달러를 썼다.[11] 콜롬비아 마약상들의 우두머리 파블로 에스코바르Pablo Escobar는 마이애미 비치Miami Beach 해안가에 지하 금고를 갖춘 맨션을 구입했다.[12] 2009년 서부 아프리카의 가난한 나라 기니에서 온 마마디 투레Mamadie Touré라는 젊은 미망인이 고온다습한 잭슨빌Jacksonville 에 당도했다. 그녀는 쾌적한 교외 가정집 세 채와 식당 한 채를 사기 위해(식당 손님들은 캔에 들어 있던 복숭아를 신선한 딸기로 덮어 신선한 복숭아인 것처럼 내놓는다면서 불만을 터뜨렸다)[13] LLC들을 통해 100만 달러 이상을 지출했다.[14] 나중에 그녀가 고백한 바에 따르면, 이 돈은 그녀가 자신의 남편이었던 기니의 독재자 란사나 콩테Lansana Conté를 설득하여 세계 최대의 미개발 철광 매장지대 채굴권을 억만장자 다이아몬드왕 베니 스타인메츠 소유의 광산회사에 양도한 대가로 얻은 것이었다. 그녀는 그렇게 얻은 수익금을 재빨리 플로리다로 옮겨 부동산에 투자했다. 그러는 동안 고국의 동포들은 결핍과 빈곤의 삶을 이

어 갔다. 마찬가지로 적도기니Equatorial Guinea 국민도 석유를 엑손Exxon
에 판매하고 있었지만 여전히 빈곤에 허덕였다. 미국 부동산 시장은
적도기니의 지배자들을 위한 자리도 마련해 두고 있었다. 현 독재자
의 아들 테오도린 오비앙Teodorin Obiang은 미국 서부해안이 마음에 들
었다. 그는 자신의 LLC 중 하나를 이용하여 캘리포니아 주 말리부에
태평양이 내려다보이는 맨션을 3000만 달러에 구입했다.

　부동산을 이용한 보다 정교한 자금세탁 계획들은 이웃 국가로
광범위하게 퍼져 나갔다. 콜롬비아와 멕시코의 마약 카르텔 자금 담
당자들은 뉴욕에서 주유소들을 교묘하게 운영했던 뚱보 래리와 동
일한 딜레마에 봉착했다. 사람들이 자신의 기름탱크를 채울 때와 마
찬가지로 코카인이나 헤로인을 살 때도 소액 지폐로 계산했기 때문
이다. 부동산이라는 안전한 피난처를 찾기 위해서는 이 지폐 더미들
을 마약 판매상, 변호사, 구매대행사 모두 안심할 수 있는 형태로 전
환해야 했다. 즉 교묘하게 소유주가 드러나지 않도록 LLC를 이용해
은행 계좌를 개설해야 했다. 미국에서 활동하는 카르텔 소속 딜러
들은 마약을 팔아 달러를 벌어들였다. 하지만 그런 종류의 돈을 바
로 콜롬비아로 송금할 수는 없었다. 이 때문에 암시장 페소 환전Black
Market Peso Exchange이라는 전략이 등장했다. 암시장은 페소 브로커peso
broker로 알려진 중개인들이 운영하는 세계 최대, 사상 최대의 자금세
탁소 중 하나였다. 그들의 주 고객은 페소를 현금으로 다량 보유한
리오그란데 강 남쪽 거주자들이었다. 고객은 사기꾼일 수도 있었지
만, 미국에서 상품을 수입하는 평범한 멕시코인이나 베네수엘라인
혹은 콜롬비아인일 수도 있었다. 이들은 달러를 공식 환율보다 유리

한 조건으로 사들이는 한편 외환거래로 물어야 하는 세금을 피하고 싶었을 것이다. 페소 브로커는 이러한 화폐 물물교환을 설계하고 실행했다. 필라델피아 마약 딜러가 자신이 벌어들인 달러를 카라카스 사업가의 대리인 손에 넘겨주면, 그 대가로 카라카스 사업가가 자신의 페소를 카르텔의 누군가에게 넘겨주는 식이었다. 그러한 돈 중 어떤 것도 국제은행체계를 통과하는 위험을 감수할 필요가 없었다.

콜롬비아 마케팅회사의 설립자 데이비드 무르시아 구즈만^{David Murcia Guzmán}은 고전적인 페소 사기극을 벌이는 데 성공했다.[15] 그는 선불현금카드로 엄청난 양의 페소를 유치했다. 이렇게 끌어들인 페소를 마약 중독자들로부터 벌어들인 수백만 달러와 교환했고, 그 달러로 금융투자회사 메릴린치의 계좌를 미국에 개설했다. 그곳에서 그와 패거리들은 LLC 뒤에 숨어 익명으로 세계를 누비는 즐거움을 맛보았다. 전화가 도청되는지 몰랐던 그들은 마이애미 부동산 10건을 낚아채고 나서 전화에다 대고 다음과 같이 흥분해서 열변을 토했다. "우리는 콜롬비아 밖에서 부동산을 20개도 더 살 수 있다니까. (……) 단 1달러도 어디서 나온 건지 밝힐 필요 없이 말이야." 체포되기 직전 무르시아는 자금세탁에 훨씬 효과가 좋을 것 같아 보이는 방법을 우연히 발견했다. 호텔과 아파트가 합해진 호화 복합건물을 이용한 부동산 계획이었다. 번지르르한 미국 개발업자의 이름을 건물에 덧붙이면 아파트 가격은 치솟을 것이 틀림없었다. 단 실제로 건물이 지어지는 곳은 파나마여야 했다. 그곳의 지배자들은 코스타리카 지배자들이 관광객에 목을 매는 것만큼이나 부정한 돈이라면 죽고 못 살았다. 무르시아는 파나마 지역의 해결사를 수소문해서

100만 달러를 쥐어 주며 자금세탁을 하라고 시켰다.**16** 그런 다음 그 돈으로 미국 유명 브랜드의 새 아파트 건물 10채의 선금을 치르라고 지시했다. 해결사의 녹음기록에 따르면 물리적인 건물 자체, 이를테면 건물에 들어가는 벽돌과 회반죽은, 건물이 창출하는 자금 이동 경로에 비하면 부차적인 문제였다.

일리야스는 미국의 부동산 시장을 무대로 활약했다. 무흐타르 아블랴조프가 몸을 숨긴 덕분에, 일리야스는 가족의 새로운 투자가로서 역량을 입증해 보일 수 있었다. 확실히 개인주택이나 아파트를 거래하는 경우라면 누구라도 그럴 수 있었다. 일리야스는 여동생 엘비라Elvira와 그 남편 디미(일리야스와 마디나가 니스로 도망갈 때 도주용 재규어를 몰았던 그 디미)에게 300만 달러로 소호에 있는 고층건물(펠릭스 세이터가 건설을 도왔다)의 아파트 3채를 구입한 다음 바로 매도하라고 조언했다.**17** 하지만 일리야스는 이보다 큰 거래에 관여해 보고 싶었다. 이번에는 일리야스가 자금을 대고 펠릭스가 적절한 기회를 물색했다. 그는 신시내티 북부 교외의 주립도로변 이케아와 묘지 사이에서 기회를 발견했다.

운 나쁘게도 그곳에서 일했던 한 지역민에 따르면, 트라이카운티 몰Tri-County Mall은 "합법적인 거지소굴legit shithole"**18**이나 다름없었다. 그 상가는 쇠락해 가고 있었던 데다가 2008년 금융위기로 인한 대침체로 망하기 일보 직전이어서 팔려고 내놓은 물건이었다. 물론 엄밀히 말하면, 팔려고 내놓은 것은 상가의 부채 증권이었다. 2013년 4월 16일, 공매를 진행하는 카운티 보안관은 트라이카운티 몰 투자 LLCTri-County Mall Investors LLC라는 회사로부터 입찰가격이 적힌 이메일을 받았다.[19] 펠릭스의 수하 중 하나가 작성한 것이었다. 이메일에는 3000만 달러의 입찰가와 함께 회사 투자자들의 다양한 요구들이 제시되어 있었지만, 입찰 자금의 출처나 일리야스 크라푸노프의 이름은 조금도 언급되어 있지 않았다. 어쩌면 그것이 현명했던 건지도 몰랐다. 당시에 그의 부모와 장인 모두 카자흐스탄 정부에 의해 공공연히 도둑으로 몰리고 있었기 때문이다. 어쨌든 미국의 부동산에 관심이 있는 사람들은 모두 하나같이 LLC를 끼고 거래를 했는데, 거래를 비공개로 할 수 있고 그 과정에서 어떠한 질문도 받지 않을 수 있었기 때문이다. 낙찰에 성공하자 일리야스는 납입금을 마련했다. 자금은 텔포드 인터내셔널 유한회사Telford International Ltd.라는 유령회사의 이름으로 FBME 은행 계좌에서 지급되었다.[20]

돈의 과거를 지우는 일은 위험했다. 지운 과거를 대체할 만한 역사를 써넣지 않는다면 다른 누가 대신해서 채워 넣을 수 있기 때문이다. 유령회사는 백지 페이지와 같아서, 누구라도 그것에 관한 이야기를 만들어 낼 수 있었다. 펠릭스 세이터는 부정한 돈의 생리를 잘 알았다. 그는 부정한 돈을 벌어들였고 부정한 돈을 이동시켰으며 부정한 돈을 추적해 왔다. 그는 이 각축장에서는 서방인들이 모순적이라고 생각하는 현상이 모두 다 진실일 수도 있다고 생각했다. 일리야스의 장인 아블랴조프는 사기꾼이었는가, 아니면 반체제인사였는가? 펠릭스의 견해대로라면 아블랴조프는 사기꾼이자 반체제인사였다. 그는, 즉 펠릭스 세이터는 언제든 그날에 맞게 자신을 가장 돋보이게 하는 이야기를 선택할 수 있었다. 그것은 마치 그가 과거 월스트리트의 사기꾼이었던 시절 몸담았던 펌프앤드덤프 사기 같았다. 진실이 무엇인지는 상관없었다. 사람들이 믿고 싶어 하는 것, 그것이 중요했다.

　신시내티의 거지소굴 같은 상가를 성공적으로 장악한 후에 펠릭스와 일리야스는 마지막 단계를 완성해야 했다. 애써 얻었으니 이제 팔아 치울 때였다. 펠릭스는 테러와의 전쟁이라는 조지 W. 부시의 대의에 따라 지하드 전사들을 염탐했을 때 친분을 맺어 둔 상류층 지인 가운데 하나를 통해 구매자를 찾아냈다. 바로 부시 대통령의 동생 닐 부시Neil Bush였다.[21] 2013년 8월, 닐 부시를 자신들의 회장으로 지명한 한 무리의 아시아 투자자들이 트라이카운티 몰을 4500만 달러에 구매했다. 일리야스와 펠릭스에게는 더할 나위 없이 멋진 거래였다. 과거가 있는 돈이 오하이오 부동산 거래대금으로 변신했을 뿐 아니라 덤으로 총 50퍼센트의 수익을 뽑아내는 데 4개월이 채 걸리지 않았다. 구매자들은 구매 대금을 펠릭스가 통제하는 계좌로 지불했다. 이로써 펠릭스가 자랑하는 눈부신 부동산 거래가 또 한 건 완성되었다. 실제로 펠릭스는 이 거래에 지나칠 만큼 자부심을 가진 나머지, 자신에게는 일리야스가 전리품에서 자신에게 지급하려 했던 것보다 훨씬 큰 몫을 받을 자격이 있다고 생각했다.

　제네바에서 일리야스는 펠릭스로부터 메시지를 받았다. 화상통화를 하고 싶으니 서비스가 제공되는 사무실 건물로 가 달라고 했다. 펠릭스의 얼굴이 화면에 나타났을 때, 일리야스는 그가 흥분한 것처럼 보인다고 생각했다. 그때였다. 펠릭스가 큰 소리로 알리듯 말했다. "카자흐스탄에 재산이 있다는 걸 알고 있다네." 그가 하고 싶었던 말은, 그가 일리야스의 돈이 어디서 나오고 있는지를 알고 있다는 것이었다. 일리야스의 장인이자 런던 법원이 수십억 달러를 훔친 도둑으로 공인한 도망자 무흐타르 아블랴조프 말이다.

펠릭스가 계속 말했다. "내가 그 돈을 안전하게 지켜 주겠네."

일리야스는 그에게 돈을 찾아올 생각이냐고 물었다. 그랬다. 일리야스는 장인인 아블랴조프의 도움을 받은 적이 있었다. 마디나와 결혼식을 올리고 난 후에, 일리야스의 어머니 레일라는 부동산 사업을 시작해 보라며 아들에게 1000만 달러를 주었고, 장인이 된 아블랴조프를 설득해 마찬가지로 1000만 달러를 아들이 받을 수 있게 해 주었다.[22] 그러나 일리야스는 아블랴조프로부터 받은 돈이 빌린 것이었으며, 2009년 나자르바예프가 BTA 은행을 강탈했을 때 이미 되돌려 줬다고 주장했다. 펠릭스가 미국에서 일리야스 대신 투자하고 있었던 자금은 신중을 요하는 누군가의 소유였다. 하지만 일리야스는 그 사람이 아블랴조프는 아니라고 역설했다. 그 사람은 야당에 합류했다가 체포되어 망명길에 오른 부유한 러시아 개혁가 겐나디 페텔린으로, 일리야스를 위해 재규어를 운전해 준 디미의 아버지이자 일리야스의 여자 형제 엘비라의 시아버지였다.[23]

"나를 믿게." 펠릭스는 말했다. "나는 사람들을 잘 알아. 내가 안전하게 지켜 주겠네."

일리야스는 배신감이 들었다. 고소하고 싶었다. 그러나 페텔린은 러시아에서 도망쳐 미국으로 왔고 망명 허가를 기다리는 중이었다. 그래서 일리야스는 페텔린의 이름이 아블랴조프와 연루되는 위험을 감수할 수 없었다. 일리야스와 펠릭스가 법정 다툼을 하게 된다면 십중팔구 페텔린의 이름이 언급될 것이었다. 일을 무마시키는 것밖에 선택지가 없었다. 결국 일리야스는 이 비밀 게임을 주도하는 자에게 패배를 인정했고, 오하이오 거지소굴의 판매수익 4500만 달러를 그와 50 대 50으로 나누기로 했다.[24]

그러나 펠릭스는 챙길 수 있는 이익이 남아 있는데 포기할 사람이 아니었다. 펠릭스가 들려주는 일리야스의 이야기에 솔깃해하는 사람들이 있었다. 그들이라면 그의 이야기에 기꺼이 대가를 치르려고 할 것이었다. 게다가 그들은 그때 막 주인공을 발견한 참이었다. 국영화된 BTA 은행이 아블랴조프와 그의 재산을 추적하라고 고용한 열정적인 웨일스인 탐정 트레포 윌리엄스는 은행 변호사들이 도망자를 상대로 궐석재판을 벌이던 런던 법원을 감시하고 있었다. 그해 여름 어느 날, 윌리엄스의 팀은 소송에 참여했던 한 우크라이나 변호사의 뒤를 밟았다. 팀원들은 변호사를 쫓아 히스로 공항으로, 공항에서 남부 프랑스로 이동했고 니스의 한 맨션 입구에 다다랐다. 흰색 BMW 렌터카가 주택을 드나들었다. 윌리엄스 팀은 비키니와 수영복 반바지 차림으로 집 앞길을 교대로 걸어 다녔다. 그러다 BMW가 속도를 늦췄을 때 앞유리 너머로 안을 들여다볼 수 있었다. 차 안에서 아블랴조프의 친척들을 발견하자, 그들은 표적이 맨션 안에 있음을 확신했다.[25] 아블랴조프는 주택들을 옮겨 다녔다. 하지만 지금 윌리엄스는 그를 코너로 몰았다. 프랑스 경찰에 제보를 넣었다. 7월 31일, 무장경찰이 입구를 지나 맨션을 급습했다. 그렇게 한 올리가르히의 1년 6개월에 걸친 도주가 막을 내렸다.

위험 허용한도

• *Risk Appetite* •

2013년 8월, 카나리 워프

26

나이절 윌킨스의 금융감독청 상관들은 그의 도전 정신을 높이 사며 그를 이달의 직원으로 선정했던 때와 비교하면 확실히 현상 유지에 급급해 보였다. 그는 복잡한 인허가 요청을 도맡아 하는 경향이 있었다. 그가 특히 민감했던 요청의 승인에 반대하자 상관들은 그를 그 건에서 배제해 버렸다. 그들은 그의 품행을 비난하기 시작했다. 한번은 일과가 끝나고 퇴근하면서 작업 서류를 치우지 않았다. 이 일로 나이절은 서면 경고를 받았다.[1] 또 다른 실수가 이어지자 훨씬 가혹한 비난이 돌아왔다. 책상 위에 노트북컴퓨터를 두고 퇴근했다는 이유로 나이절은 마지막 경고라는 말과 함께 또 한 번의 경고를 받았다.[2] 거기에 더해 관리과에서는 그의 "생산성, 의사소통 방식"과 관련하여, 또한 금융감독관이라면 지켜야 하는 "위험 허용한도risk appetite"를 그가 벗어나는 것과 관련하여 "지속적인 우려"가 제기되고 있다는 통보를 해 왔다. 위험 허용한도를 단 한 번 벗어난 적이 있었고, 나이절은 그 문제에 대해 "성과 개선계획"을 제출했었다.[3] 2013년 8월, 금융감독청은 나이절의 "성과 문제"[4]에 의료상의 원인이 있는 것은 아닌지 판단해 달라며 의사에게 진단을 요청했다.

2005년에 나이절은 유육종증sarcoidosis 진단을 받았다. 이 희귀질환으로 그의 폐 조직은 부어올랐고 마른기침이 계속됐으며 늘 숨이 차서 고용량 스테로이드제를 복용해야 했다. 약 탓인지 그는 항상 이른 새벽에 깨고는 했다. 선잠이라도 다시 잠드는 게 보통이었다. 하지만 이즈음에는 시티 감독관들이 자신을 부적합자로 여기고 있는 것 같다는 걱정이 그를 지치게 했다. 그는 잠들지 못하고 깨어서 이 생각 저 생각에 시달렸다. 낮에는 피로감을 느꼈다. 샬럿은 걱정이 됐다. 업무로 인해 그의 대의가 흐려질 수도 있다고 항상 우려하고 있었다. 그녀가 우려를 피력하자 나이절은 대체 자신이 뭘 할 거라 기대하는 거냐고 물었다. 켄싱턴 아파트의 선반에는 다음과 같은 그가 좋아하는 농담이 적힌 엽서가 놓여 있었다. "나는 내가 저지른 실수들로부터 많은 것을 배워 왔다. (……) 실수를 좀 더 많이 해야 하는 건 아닌지 고민 중이다."

더블

• Doubles •

2014년 2월, 런던 올드 빌링스게이트

27

2014년 2월 23일 사샤는 60세가 되었다. 영국에 거주하는 사람들 대다수에게 음울한 시절이었다. 여전히 수입은 있었지만, 다들 금융위기 전만 못한 상황이었다.[1] 재무부 장관 조지 오스본은 "우리는 긴축재정의 고삐를 더욱 바짝 조여야 합니다. 그로 인해 2014년은 냉엄한 현실이 펼쳐지는 한 해가 될 겁니다"[2]라고 발표했다. 하지만 시티의 올드 빌링스게이트Old Billingsgate에서 열린 사샤의 생일축하연은 그런 우울한 걱정을 날려 버릴 정도로 화려했다. 적어도 초대장을 받는 영예를 얻은 300명의 선택된 사람들에게는 그랬다. 올드 빌링스게이트 자체는 빅토리아 여왕 시대에 수산시장 용도로 지은 건물이지만, 지금은 '행사장'으로 불렸다. 사샤의 생일 행사는 엄청났다.[3] 하객들은 깃털과 크리스털, 장미로 장식된 홀에 자리를 잡고 앉아 걸신들린 듯 먹었다. 발레리나가 손님들을 즐겁게 하더니 연이어

곡예사가, 또한 당시의 유명한 팝가수 크레이그 데이비드$^{Craig David}$가 흥을 돋웠다. 빛과 영상의 마법으로 붉은 카펫이 깔린 계단이 나타 났다. 그러더니 계단 아래쪽에서 오늘 연회의 주인인 억만장자 언어 학자가 걸어 나왔다. 턱시도 차림에, 항공용 선글라스, 올려 빗은 머 리로 보건대 그가 확실했다. 하지만 잠깐 기다려 보라. 그가 아니었 다. 그를 꼭 닮은 사람이었다. 그와 꼭 닮은 사람이 춤을 추고 있었 다. 홀의 문들이 열리더니, 그를 닮은 사람들이 음악에 맞춰 몸을 흔 들며 연이어 들어왔다. 스무 명의 사샤가 전염성 있는 화려한 리듬 에 맞춰 춤을 췄다. 그때였다. 진짜가, 바로 그가 나타나 모형 기폭 장치를 누르자 실내 불꽃놀이 축제가 시작되었다.

사샤는 이런 식으로 이따금 존재감을 드러내며 여전히 런던을 빛냈다. 그는 세인트 제임스 지구의 ENRC 본사에서 멀지 않은 곳 에 자리를 지키고 있었다. 하지만 ENRC 본사는 더 이상 본사 역할 을 하고 있지 못했다. (오락과는 대조적으로) 사업에 관한 한 트리오는 영국에 넌더리가 났다. 영국은 그들의 돈을 원할 때는 언제고, 지금 와서 그 돈을 벌어들인 방법에 공공연히 난색을 표했다. 중대사기수 사국^{SFO}의 최고위층은 닐 제라드가 조사 결과를 자신들에게 넘겨주 려고 준비 중인 바로 그 시점에 사샤가 제라드를 해고하기로 결정 하자 ENRC 문제를 공식적인 형사사건으로 처리하겠다고 맞대응해 왔다. 수십억 달러에 달하는 회사를 해외로 이전하는 것은 트리오가 자신들의 불만을 표출할 수 있는 최소한의 방법이었다. 물론 SFO 관 료들이 트리오의 일에 쓸데없이 참견하기 어렵게 만들 수 있다는 것 은 말할 것도 없었다.

트리오는 ENRC 중역들을 위한 새로운 본거지로 룩셈부르크를 선택했다. 룩셈부르크는 세금과 관리 감독을 비롯한 여러 거추장스러운 일들을 피하고 싶어 하는 사람들에게 우호적인 곳이었다. 하지만 ENRC를 런던에서 이전하는 문제는 상당히 까다로운 일이었다. 어쨌든 그들은 런던 증권거래소 상장을 위해 ENRC 주식의 거의 1/5을 매각했었다. 그 주식들을 다시 거둬들이면서도 회사가 이미 지고 있는 감당할 수 없을 정도의 막대한 빚은 떠안지 않을 방법은 없는가? 그랬다. 신문 경제면들은 ENRC의 기업 시스템이 제대로 작동하지 않는다며 분개해 왔다. 트리오는 리처드 사이크스 경^{Sir Richard Sykes}과 켄 올리사^{Ken Olisa}를 이사회에서 몰아내기 위해 표결권 행사에서 나자르바예프 정권과 연합했다(카자흐스탄은 ENRC의 대주주였고, 그 주식 대부분을 정권이 통제했다). 10년 만에 처음으로, FTSE100지수 감독관 임명이 회사의 연례 주주총회에서 부결되었다.[4] 그럼에도 불구하고 참을성 강한 주주들은 좀처럼 트리오에게 그들의 회사를 돌려주려 하지 않았다. 사샤와 파트너들은 이 문제를 해결하기 위해 은행들을 움직이는 일에 착수했다. 그들은 유쾌한 해결책을 발견했다. ENRC의 주가는 제라드의 조사 소식이 알려지기 시작한 뒤로 하락하기 시작하더니 2013년 4월 SFO가 ENRC 문제를 형사사건 조사로 전환하겠다고 발표한 후에도 계속 하락했다. 이제 ENRC 주식은 2007년 상장 당시 얼간이 투자자들이 구매한 가격의 절반 수준에서 거래되고 있었다. 트리오는 ENRC에 대한 부패조사를 회사의 통제권 회복을 위한 분위기 조성에 이용했다.

더욱더 좋은 것은 그들이 자신의 돈을 쓸 필요조차 없었다는 점이었다. 나자르바예프는 ENRC와 관련 있다는 사실만으로 카자흐스탄이라는 영광스러운 이름이 런던에서 더럽혀지는 것을 두고 볼 수 없었다. 나자르바예프는 자신의 추종자들이라면 누구나 그가 트리오의 익명의 동업자라는 사실을 알고 있는 마당에 SFO의 자금 추적을 따돌리려는 트리오의 계획을 자신이 따르지 않는 건 몹시 어리석은 일이라고 생각했다. 하지만 뭐가 됐건 일이 되게 하기 위해서는 자금이 필요했다. 주주들이 가지고 있는 모든 주식을 매각할 수밖에 없게 되기 전부터, ENRC는 이미 막대한 빚을 지고 있었다. 친푸틴 금융가들의 수장 게르만 그레프German Gref가 자금을 제공하기로 했다. 그레프가 은행장으로 있던 스베르방크Sberbank는 러시아 국책은행 VTB와 함께 ENRC의 채무 인수 기금을 조성하는 데 20억 달러를 제공하기로 합의했다. 시티에서는 이러한 인수 방법을 '비공개기업화take-private' 조치라 불렀다. 이 새로운 비공개기업의 지분 중 60퍼센트는 트리오가, 40퍼센트는 카자흐스탄 정부가 소유했다. 하지만 과거의 채무에 더해 새로 융자를 얻으면서, 이 회사는 스베르방크와 VTB에 3개년 수익에 해당하는 70억 달러를 지불해야 했다. 여기에는 다음과 같은 위험이 뒤따랐다.[5] 즉 은행들의 압박이 계속된다면, 최종적으로는 그 모든 현금을 퍼 올리던 카자흐스탄 광산들에 대한 압류가 시작될 수 있다는 것이었다. 하지만 바로 이 지점에서, 국가와 한 팀이라는 것이 힘을 발휘했다. 나자르바예프의 은총을 받은 사람이 아닌 다른 누가 광산에 손을 뻗으려 한다면, 카자흐스탄 국가 권력으로 법이든 뭐든 발동하여 광산을 그저 몰수해 버리면 그만이었다.

제2부. 번데기

이것이야말로 한 국가의 경제 전체를 장악하는 것이 갖는 묘미였다. 당신의 이익이 곧 국가의 이익이었다. 하지만 국가는 평판 역시 지켜야 했다. 블레어의 제3의 길 신봉자에서 전 세계 재력가들의 고문으로 변신한 피터 맨덜슨은 바로 이 점을 지적해 왔다.[6] 2013년 5월, ENRC를 비공개기업화하려는 계획이 구체화되고 있었을 때, 맨덜슨은 자신의 지인 카이라트 켈림베토프^{Kairat Kelimbetov}에게 편지를 보냈다. 카자흐스탄 고위 관료인 켈림베토프는 ENRC 상장폐지와 관련하여 정부 측 역할을 담당했다. 맨덜슨은 아마도 SFO가 몇 달 안에 트리오의 측근인 ENRC 중역들을 기소할 것이라고 경고했다. "그로 인해 엄청난 언론의 주목을 받게 될 텐데, 만약 SFO가 조사를 마쳤을 때 ENRC가 여전히 상장된 상태라면 그 피해는 더 커질 것입니다. 따라서 내 생각에는 회사를 가능한 한 빨리, 또 원만하게 상장폐지하는 것만이 모든 관계자가 최우선으로 처리해야 할 사항이라고 봅니다." 또한 트리오와 나자르바예프 체제가, 자신들이 사고 싶은 주식들을 보유한 사람들에게 처음 제시한 매입가가 터무니없이 낮아서, 시장에서는 그것을 주식 '몰수'와 다름없다고 볼 수 있다고 경고하기도 했다. 끝으로 맨덜슨은 주식 보유자들을 만족시킬 수 있는 금액까지 매입가를 올린다면(트리오가 런던에서 자신들의 주식을 팔았던 가격에는 여전히 훨씬 못 미칠 그런 가격이겠지만), "모든 사람의 평판에 득이 될 것"이라고 조언했다.

맨덜슨이 옳았다. 시장은 그러한 매입가 제시가 도둑질과 같다고 생각했다. 하지만 시장이 위협을 느낄 수 없다고 생각했다는 점에서 본다면, 맨덜슨이 틀렸다. 소액주주 대표자들은 트리오가 기소되더라도 주가가 오를 전망은 없다고 생각했던 것 같다. 그래서 제시된 액수가 비록 터무니없이 낮은 금액이었지만, 지금보다 발언권이 훨씬 적어질 비공개 룩셈부르크 기업의 주식을 보유하느니 매도하는 쪽이 낫다고 우울한 결론을 내렸다.[7] 2013년 말, 트리오의 회사는 다시 비공개기업으로 전환되어 안전하게 룩셈부르크 공국으로 이전되었다. 그들은 나자르바예프의 공무원들에게 성가시게 사업 계획을 제출할 필요조차 없었으며, 경영진 임명권을 단독으로 행사했다.[8] 카자흐스탄 체제의 은행가들조차 트리오를 구제하는 데 사용된 러시아의 수십억 달러가 결국에는 카자흐스탄 정부 차지가 될 것이라는 사실을 잘 알고 있었다.[9]

사샤가 완전한 자유를 누리게 될 날도 멀지 않았다. 이제 그는 고명한 자선사업가이자, 이스라엘 시민권자이며 유로-아시아 유대인 회의Euro-Asian Jewish Congress의 주요 회원이었다. 사샤는 유대인의 알자지라*를 자처하며 다음과 같이 말했다. "우리는 모두 이스라엘과 유대 세계 내부에서 군대와 무기가 아닌 정보 전쟁이 치러지고 있음을 알고 있습니다."[10] 이 전쟁터야말로 앞으로 그 자신의 운명을 결정하게 될 곳이었다. 그는 자신의 무기에 대한 확신이 필요했다.

---

* 미국 CNN에 대항해 1996년 설립된 카타르의 민영방송 알자지라(Al Jazeera)는 반미국적, 범이슬람적 시각에서 아랍인의 목소리를 전 세계에 전파하고 있다.

시스템

2014년 6월 23일 월요일, 나이절 윌킨스가 〈파이낸셜타임스〉의 핑크빛 페이지들을 넘기는데 다음과 같은 헤드라인이 그의 눈길을 끌었다. "스위스 프라이빗 은행들, 과거 조세 경범죄에 발목 잡히다." 기사의 첫 단락을 훑어보다가 나이절은 그의 전 고용주의 이름을 발견했다. BSI의 현 소유주들은(일부는 이탈리아인이다) 브라질 은행에 BSI의 매각을(1000억 달러에 달하는 고객의 예금 장부와 함께) 타진하는 중이었다. 하지만 한 가지 곤란한 문제가 있었다. 최근 미국 검찰은 세계 최대 스위스 은행들인 UBS와 크레디트 스위스에 수십억 달러의 벌금을 물리고 세계에서 가장 오래된 스위스 은행 베겔린의 영업을 강제 종료하게 만들었다. 미국 검찰은 이러한 승리의 여세를 몰아 나머지 스위스 은행들의 경영진을 향해, 자진 출두해서 미국 시민의 탈세를 도운 사실을 자백한다면 기업 유죄 판결로 은행이 문을 닫게 되는 일만은 피하게 해 주겠다고 제안해 왔다. 현재 백여 개의 은행이 워싱턴에서 법무부와 협상을 벌이고 있었다. 〈파이낸셜타임스〉의 보도에 따르면 스위스 은행 가운데 열한 번째 규모를 자랑하는 BSI도 그중 하나였다.

나이절은 안도감이 밀려드는 것을 느꼈다.[1] 그날 저녁 집에 돌아온 그는 붉은 상자를 열었다. 나이절은 시티의 누군가가 자신이 제공한 단서를 추적해 주기를 기다렸다. 하지만 그동안에도 돈은 계속 이동하고 있었다. 2008년에 폐쇄된 BSI 런던 지점 은행원들은 그들의 비밀을 훨씬 깊게 꽁꽁 감출 수 있는 곳으로 이동시켰다. 나이절이 예의 주시했었던 은행원 코피즈 샤크히디는 모나코로 자리를 옮겼다.[2] 모나코는 부자들을 만나기에 딱 좋은 곳이었다. 극도의 신중을 요하는 고객들을 위해, 샤크히디는 그들의 돈을 지구 경제의 가장 어두운 곳의 하나인 바하마로 보내기 시작했다.[3] 카리브해에 위치한 바하마는 과거 영국 식민지 중 하나로 은밀한 돈을 위한 서비스가 제공되는 곳, 미국 마피아 두목 알 카포네의 자금세탁원 마이어 랜스키 Meyer Lansky가 시작한 사업이 성황리에 이루어지고 있는 곳이었다.

나이절은 6년 전, 그가 당국에 제보를 했는데도 BSI든 그 고객이든 아무런 영향을 받지 않았다는 사실을 아직도 이해할 수 없었다. 이즈음 허리띠를 졸라매야 하는 시기를 맞아 모든 곳에서 긴축을 외치고 있는 보수당 정부는 수입을 속여 가뜩이나 부족한 국고를 사취하는 사람들을 끝까지 추적하겠다는 의지를 보여 주느라 열심이었다. 일말의 자비도 허용될 수 없는 일이었다. 이를테면 마게이트에 거주하는 네 아이의 엄마는 탈세로 적발되자 8개월 징역형에 처해졌다.[4] 하지만 스위스 은행가들과 그 고객들은 다른 대우를 받았다. 세금회피를 목적으로 스위스 은행 계좌에 자금을 은닉한 영국인들은 사면되었다.[5] 데이비드 캐머런 정부는 영국인 고객을 둔 스위스 은행들이 고객 비밀 예치금의 일정액을 영국 재무부에 납부하기만 한다면 고객의 실명을 밝히지 않아도 된다는 협약을 스위스와 맺었다. 게다가 이 거래로 고객은 단 1파운드도 세금으로 내지 않은 채 다른 조세회피처로 계정을 옮길지 말지를 결정할 수 있는 18개월의 유예기간을 얻었으며, 은행은 기소 면제되는 특권을 얻었다. 영국 국세관세청 고위공무원 데이브 하트넷Dave Hartnett은 이러한 정책을 시행하게 된 이유에 대해 "이 일련의 과정이 진행되는 동안 스위스 은행가들을 상대로 증거를 확보하는 것은 사실상 거의 불가능했기 때문"이라고 답했다.

나이절은 시스템에 관심이 있었다. 그가 훔쳐 낸 서류 속에 적혀 있는 이름들 자체는 그에게 그렇게 중요한 문제가 아니었다. 그런데도 BSI 고객 중에는 사람들이 그 이름을 언급할 때면 쉬쉬하며 목소리를 낮추어야 하는 인물들이 포함되어 있었다. 한때 나이절이 모두가 퇴근한 시간에 BSI 치프사이드 사무실에서 몰래 비밀들을 카메라에 담던 시절, 그는 농담 삼아 자신을 제임스 본드에 비유하곤 했었다.[6] 하지만 실제로 그의 자아는 제임스 본드 같은 스파이가 가질 법한 자아와는 거리가 멀었다. 그는 시스템이 작동하기를, 법과 제도라는 대항 시스템이 움직여 대중을 보호하기를 원했다. 그는 시스템을 신뢰했으며, 평생을 그러한 믿음 속에 살아왔다. 고용심판소와 임차인 법정에서는, 그리고 그가 이따금 금융 부정행위들을 간파하여 기록한 서한들 속에서는 누구나 승자가 될 수 있었다. 필요한 건 단 하나, 도덕적으로 정당하기만 하면 됐다.

그런데 지금, 새로운 걱정이 그를 괴롭히기 시작했다. BSI의 범죄행위가 신문에 발표된 것을 확인하는 순간 치솟았던 환희가 불안감에 누그러들었다. 시티 감독기관이 BSI를 진짜로 조사하겠다고 나서면 어쩌지? 나이절이 늘 의심해 왔듯이 그들이 드디어 돈의 흐름을 추적해서 그것이 부정하다는 사실을 발견하면 어떻게 되는 거지? 당연히 그들은 당시에 누가 자금을 관리 감독했는지를 캘 것이었다. 그렇게 되면 그들이 BSI의 과거 감사 파일에서 나이절 윌킨스라는 이름을 발견하는 것은 시간문제였다. 그들은 나이절에게 임무를 게을리한 죄를 물을 수도 있었다.[7] 아무리 생각해도 증거 파일을 가지고 있는 것은 잘한 일이었다. 파일들을 없애는 행위는 범죄가 될 수도 있었다. 자신이 2008년에 그 자료들을 당국에 무상으로 넘기려 했다는 것을 강조할 수도 있을 터였다. 나이절과 비슷한 상황에 처했던 많은 사람이 보상금을 요구하거나, 은행에서 훔쳐 낸 기록들로 되려 은행을 협박하는 등 금전상의 이득을 취하려 했었다. 리히텐슈타인의 내부고발자이자 청문회장 실루엣의 사나이 하인리히 키버조차 독일로부터 700만 달러를 포상금으로 받았다.[8] 나이절은 결코 돈을 요구한 적이 없었다.

온화한 여름 저녁, 바깥은 켄싱턴을 오가는 관광객과 트러스터페어리언^{trustafarian}*들로 시끌벅적했다. 나이절은 붉은 상자에서 샘플

---

* 빈민처럼 행세하는 부유층 젊은이들을 일컫는 신조어.

이 될 BSI 문서 하나를 선택했다. 구소련 출신 고객들의 명단이 적혀 있는 문서면 충분할 것이었다. 스위스 은행 계좌와 그 계좌 옆에 적혀 있는 해외 유령회사의 목록으로 충분치 않다면 '우편물 일시 정지hold mail' 조항을 지적해도 좋을 일이었다. 혹시라도 범죄를 추궁당할 소지가 있는 문서들이 고객의 자택으로 발송되지 않도록 한 조치 말이다. 불과 며칠 전, HSBC와 관련한 또 다른 스캔들(이번에는 스위스 지점에서 "산업 규모의 탈세"가 일어나도록 방조한 혐의)에 답하기 위해 의회에 출석한 HSBC 최고경영자 스튜어트 걸리버Stuart Gulliver는 우편물 일시 정지 서비스가 해당 계좌에서 "불미스런 일들이 발생하고 있음을 나타낼 가능성이 매우 크다"[9]는 점을 인정했다.

다음 날 아침, 나이절은 카나리 워프로 출발했다. 그는 그날도 여느 때처럼 일했다. 하지만 동료들이 퇴근하자 자신의 책상에 남아 자신의 직속상관과 그 위 상관에게 보내는 이메일을 작성했다. 그는 은행가와 감독관이 사용하는 어휘들을 적절히 사용해 가며 평소 그가 하던 대로 군더더기 없이 정확하게 써 내려갔다. 비밀 고객들은 '복잡한 구조'의, 즉 달리 말하면 유령회사라 알려진 구조의 실질적인 '수익소유주beneficial owner'*였다. 나이절은 BSI가 미국에서 곧 유죄를 인정할 것이 확실시되고 있는 상황에서 "저 역시 진술하지 않을 수 없다는 생각이 들었습니다"[10]라는 말로 운을 떼었다. 그는 자신이 2008년 9월까지 2년여 동안 BSI 런던 지점에서 특별감사책임자로 일했다고 설명했다. "그곳에서 일하는 동안 저는 BSI가 고객의 자

---

* 신탁의 수익자 등, 재산 소유권은 없지만, 재산에 의한 수익의 향수권을 가진 자를 말한다.

산 은닉을 돕기 위해 은행 차원에서 여러 가지 작업을 해 왔다는 사실을 인지하게 되었습니다. 이는 스위스 자국의 은행 비밀주의와 해외 영업점의 기업 기밀 유지라는 관행이 있었기에 가능한 일이었습니다. 저는 복잡한 구조가 어떻게 만들어졌는지를 분석했고, 그 과정에서 무엇보다 수익소유주와 각 해외 유령회사 간의 연관성을 보여 주는 핵심 문서들을 발견했습니다." 그는 고객명단을 스캔한 문서를 첨부했다. 그는 7시 직전에 이메일 발송을 완료했고 집으로 향했다.

제 **3** 부

변태
metamorphosis

권력을 장악해서 현실을 거짓말에 끼워 맞추기 전부터
대중 지도자들의 선전 선동은 사실 자체에 대한 극단적 경멸로 점철되어 있다.
그들에게 사실이란 그것을 조작할 수 있는 인간의 권력에 전적으로 좌우되기 때문이다.
|
한나 아렌트Hannah Arendt, 《전체주의의 기원The Origins of Totalitarianism》

정복

2014년 8월, 우크라이나 동부

리틀 그린맨Little Green Man.**1** 사람들은 그들을 다른 세계에서 온 침략자라도 되는 양 그렇게 불렀다. 그들은 크림반도에 처음 모습을 드러냈다. 그리고 2014년 8월, 우크라이나 동부 본토에 다시 나타났다. 그들은 말할 때 러시아어 악센트를 드러냈고 러시아 무기를 지녔다. 그들의 초록색 군복은 계급장이 없는 것만 빼면 러시아 군대의 군복과 완전히 똑같아 보였다. 그 사실과 관련하여, 기자회견장에서 한 기자가 푸틴에게 질문하자 푸틴은 다음과 같이 대답했다. "구소비에트 지역을 한번 보십시오. 비슷한 군복 천지입니다. 더욱이 상점에 가면 어느 나라 군복이든 다 살 수 있습니다."**2** 그래서 그들이 러시아 군인이라는 겁니까 아니라는 겁니까 하고 그 기자가 재차 물었다. 푸틴은 기자의 눈에 시선을 고정한 채 말했다. "그들은 지역 자위대 소속입니다."

실은 비밀 첩보 활동이 이미 수년 전부터 진행돼 오고 있었다. 침입 세력이 리틀 그린맨이 아니라 물밑 자금이라는 사실만 달랐을 뿐이었다.

우크라이나에서 서방의 민주주의제도는 구소련의 후원 수혜 시스템을 만나 하나가 되었다. 각각은 서로를 강화했고, 그에 따라 클렙토크라틱 독재체제kleptocratic dictatorship와는 비교할 수 없을 정도로 부패한 체제, 즉 클렙토크라틱 민주주의체제kleptocratic democracy가 만들어졌다. 매수로 고발당하는 사람은 그 어느 때보다 많아졌지만 그들을 감옥에 보내거나 몰아내기는 훨씬 더 어려워졌다. 독립국가로 출범할 때부터 우크라이나는 재력가들의 천국이었다. 그들은 권력의 사유화를 통해 이익을 보려고 혈안이 되어 있었다. 보리스 버시타인도 바로 그곳에 있었다. 그에게는 "엄청난 연줄"[3]이 있었다. 그의 악당 친구 미하스가 이해한 바에 따르면, 그의 연줄은 대통령 수준으로 높았다고 했다. 레오니드 크라프추크Leonid Kravchuk가 1991년 대통령직에 오르자마자 처음 만난 사람도 버시타인이었다는 말이 돌았다. 버시타인이 돈줄을 쥐고 있는 "공산당의 회계감사"[4] 격이라 여겨졌기 때문이다. 1994년에 버시타인은 크라프추크의 계승자 레오니드 쿠치마Leonid Kuchma의 선거운동에 자금을 대며 대선을 승리로 이끌었다. 유럽 경찰은 버시타인의 회사와 관계자로부터 나온 500만 달러가 쿠치마의 수석보좌관들에게 전달되었다는 정황을 포착하기도 했다.[5] 버시타인은 우크라이나 KGB 국장에게 뇌물을 먹인 사실을 떠벌리고 다녔다고 한다.[6] 어쨌든 버시타인은 한 국회의원으로부터 우크라이나의 "진짜 주인"[7]이라는 소리를 들을 정도로 신생 자유경제에 막강한 영향력을 행사했다.

잠시 동안이긴 했지만 버시타인은 옛 소련 공장들에서 나오는 생산물들의 거래를 주도하며 우크라이나 상품시장을 지배했다. 미하스는 구소련 지역을 통틀어 아마도 가장 높은 수익을 올리게 해줄 거래에 버시타인이 함께 참여하기를, 그래서 함께 더 높이 오를 수 있기를 희망했다. 하지만 러시아와 중앙아시아의 천연가스를 서방으로, 유럽으로 수송하는 이 원대한 파이프라인 사업이라는 꿈은 미하스가 체포되면서 무산되었다. 그러나 세묜 모길레비치, 일명 브레이니 돈 패거리를 비롯해 성공을 거둔 사람들도 있었다. 푸틴 그리고 푸틴과 한배에서 나온 형제나 진배없던 구소련 지역의 독재자들은 천연자원을 통제하여 해외에 대한 그들의 영향력을 키우고 싶었다. 그래서 천연자원을 이용하여 BP를 흔들어 댔고, 광산회사들을 런던 증권거래소에 상장시켰으며, 지도자들이 지나치게 서방으로 기우는 감이 있다면 우크라이나로 통하는 가스 공급을 끊겠다고 위협했다. 동시에 그들의 지상 과제는 공동체의 자금을 자신들에게로 유용하는 것이었다. 만약 누군가 이 두 가지 목적을 동시에 달성할 수 있는 사업상의 거래를 생각해 낼 수 있다면, 거금을 움켜쥐게 될 것이었다.

보리스 버시타인을 만나기 전까지 알렉스 슈나이더[8]의 삶은 평범하기 그지없었다. 그의 부모는 버시타인과 마찬가지로 소련에서 캐나다로 이주한 유대인이었다. 청년 알렉스는 가족의 식품잡화점에서 바닥 청소를 하고 선반을 정리했다.[9] 그는 토론토에서 경제학을 공부하던 시절 버시타인을 처음 만났다. 외향적인 버시타인 옆에 있으니 슈나이더의 어색한 모습이 더욱 두드러졌다. 그는 작았고 자주 찌푸린 표정을 지었다. 하지만 버시타인은 그를 좋아했으며, 그의 딸 시모나Simona 역시 그를 좋아했다. 슈나이더와 시모나는 결혼했으며, 버시타인은 슈나이더가 우크라이나에서 철강 사업을 시작하도록 자금을 융통해 주었다.[10] 슈나이더는 제강 분야의 박사 학위를 소지한 우크라이나인 에두아르드 시프린Eduard Shyfrin을 파트너로 삼아 러시아의 루번 형제나 카자흐스탄의 트리오가 그랬듯 무역 일을 했다. 그들은 상품을 운송하고, 제강 공장의 산물들을 실어 날랐으며, 금속을 해외 시장에 판매해 이익을 남겼다. 90년대 말 당시, 우크라이나 정부는 러시아의 선례를 쫓아 국영 자산 매각 프로그램을 실시하는 중이었다. 슈나이더와 시프린은 키이우의 권력층과 지역 유력 인사들과의 친분을 백분 활용해 공장을 자신들의 소유로 만들 수 있었다.

자포리스탈 제철소Zaporizhstal steel mill는 150마일에 달하는 우크라이나와 러시아의 국경지대에 있었다. 우크라이나 국내외를 통틀어 세계 최대 규모를 자랑하는 자포리스탈에서는 5만 명의 노동자가 일하고 있었다. 슈나이더와 시프린은 자포리스탈 제철소 지분을 획득하는 데 약 7000만 달러를 지불했지만, 5년 후 사정 가격은 실제 구입 가격의 10배 이상인 것으로 밝혀졌다.

자포리스탈은 보리스 버시타인이 거둔 최고의 성과가 될 수 있었을지도 몰랐다. 그의 피후견인은 버시타인 덕분에 우크라이나의 주요 실업가로 성장하는 중이었고, 더 많은 자산을 취득하기 위해 구소련 전역을 탐색했다. 하지만 불쌍한 버시타인은 이때쯤 다시 한 번 불명예스럽게 내쫓기게 되었다. 이번에는 그의 사위 때문이었다. 처음에 장인과 사위는 함께 미들랜드Midland라는 회사를 설립했고, 이를 기반으로 자포리스탈을 매입하기에 이르렀다. 하지만 1996년 벨기에 경찰이 미하스의 범죄자금을 추적하던 끝에 앤트워프 사무실을 급습하자 슈나이더는 동요했다.[11] 같은 해, 버시타인은 미들랜드에서 손을 뗐고 장인과 사위의 관계는 곧 소원해졌다.

자포리스탈의 최대 주주가 된 슈나이더와 시프린은 향후 10년 동안 막대한 부를 축적했다. 그들은 또 다른 회사를 사들였다. 볼가강 유역의 레드 옥토버Red October라는 회사로 러시아 군대에 군수물자를 납품하는 곳이었다. 그들은 모스크바의 부동산을 구매했으며 F1Formula One 자동차 경주팀과 170피트 요트를 구입했다.

2010년 무렵, 슈나이더와 시프린의 자산은 각기 13억 달러에 이르렀다.[12] 그들은 자포리스탈을 매각할 시점이 왔다고 판단했다. 수리하는 데만 수십억 달러가 필요했을 뿐 아니라, 금융위기가 닥쳤고, 러시아는 가스 공급을 끊겠다고 위협하며 우크라이나를 불안정하게 만들고 있었다. 우크라이나 올리가르히 가운데 가장 부유하다고 알려진 리나트 아흐메토우Rinat Akhmetov가 자포리스탈을 6억 9000만 달러에 매입하는 데 동의했다. 5월 4일에 그들은 5월 말까지 거래를 완료하기로 하고 세부 계약 사항 협의에 들어갔다. 그러나 2주 후 슈나이더는 자신의 파트너로부터 전화 한 통을 받았다. 경찰이 앤트워프 사무실을 급습한 후로, 슈나이더는 토론토에서 대부분을 지내며 회사 운영에 관여했으며 시프린만 모스크바 본사에 남아 있었다. 시프린은 슈나이더에게 러시아 정부 측에서 접촉해 왔다며 계획을 변경해야 할 것 같다고 말했다.

2개월 전, 시프린은 붙임성 좋은 우크라이나 재력가 이고어 바카이Igor Bakai로부터 연락을 받았다.[13] 그는 시프린에게 점심 식사를 함께하자고 했다. 바카이는 폴란드와의 무역으로 큰돈을 벌어, 번창일로에 있는 독립 우크라이나 클렙토크라시 정치 체제의 상층부에 편입한 인물이었다. 그는 쾌락을 추구하는 사내였다. 유력자들에게 사치스러운 자동차와 시계로 선물 공세를 펼쳤으며 그들을 파티와 사냥에 초대했다. 또한 우크라이나 정치인들이 가스 사업으로 수익을 창출하고 정치적으로 유용할 수 있도록 계획을 짜고 도움을 제공할 정도로 기민한 사내이기도 했다.[14] 그러한 임무를 너무도 훌륭하게 완수한 나머지 쿠치마 대통령은 그에게 개인 자산 포트폴리오 관리를 일임했다. 바카이는 크림반도의 유명한 별장이 러시아 국영은행에 매각되어 푸틴 전용 공간으로 사용되도록 거래를 주선하기도 했다. 그뿐만 아니라 쿠치마의 야심 찬 계승자이자 열성적인 친러시아 정치인 빅토르 야누코비치Viktor Yanukovych를 위해 국유철도에서 얻은 수익을 선거운동에 전용하는 계획에 관여하기도 했다. 2004년 야누코비치의 선거 조작 기도로 오렌지 혁명Orange Revolution이 촉발되자, 바카이는 자신의 팝스타 아내와 우크라이나를 떠났다. 그들은 몬테카를로에 잠시 머물다 모스크바라는 안전한 장소를 발견했다.[15] 키이우에 들어선 신질서가 그들에게 혐의를 제기하자 러시아 당국이 본국 송환 거절로 응답해 줬기 때문이다.

에두아르드 시프린은 바카이를 우크라이나와 러시아 양국에 탄탄한 정치적 인맥을 가지고 있는 중개상 정도로 알고 있었다.[16] 바카이는 유력 인물들의 거래를 돕는 것으로 유명했다. 그는 모스크바 교외의 출입이 통제된 고급 주택단지 바르비카 빌리지^{Barvikha village}에 위치한 시프린의 집에서 멀지 않은 곳에 살고 있었다. 그들은 인근의 고급식당 에비뉴^{the Avenue}에서 점심을 함께했다. 바카이는 자신이 자포리스탈 제철소를 사고 싶어 하는 구매자를 대신해서 왔지만, 더 이상의 정보를 알려줄 수는 없다고 말했다. 시프린은 그 건에 대해 깊게 생각하지 않았다. 하지만 리나트 아흐메토우가 자포리스탈에 계약금을 치르자, 바카이는 다시 점심 초대를 해 왔다. 이번에는 에비뉴 2층의 전용실에서 만났다. 바카이와 대화하면서 뭔가가 달라졌다는 느낌을 받았다. 그는 러시아 경찰 대장이 시프린을 체포하고 싶어 했지만 자신이 못하게 했다고 마치 지나가는 말처럼 언급했다. 시프린은 자신들이 모르는 보다 큰 게임이 진행 중임을 완벽하게 이해했다. 오렌지 혁명에 뒤이은 5년간의 친서방 통치가 막을 내린 뒤였다. 야누코비치가 권력을 잡았고 그는 우크라이나를 러시아의 궤도 속으로 돌려놓는 일에 박차를 가하고 있었다. 게다가 금융위기로 철강 수요가 급감하면서 우크라이나 동부 제철소들의 가격이 하락하고 있었다. 러시아 국책 은행들은 러시아 구매자들에게 자금을 대며 우크라이나의 제철소들을 구매하도록 부추기는 중이었다. 그들의 주된 경쟁자는 러시아 정부에 그다지 고분고분하지 않은 올리가르히, 리나트 아흐메토우뿐이었다.[17]

하루인지 이틀 후에 바카이는 시프린을 자신의 집으로 초대했다. 이미 다른 많은 손님이 이곳저곳을 서성거리고 있었다. 개중에는 푸틴의 고위급 인사도 있었다. 그는 시프린에게 다가오더니 매우 분명한 어조로 바카이가 제안하는 대로 거래를 진행하라고 말했다. 그러지 않으면 그가 러시아에서 가지고 있는 모든 것이 위험에 처할 것이라고도 했다. 바카이는 시프린에게 자포리스탈을 아흐메토우가 아닌 자신이 대변하는 구매자에게 매각해야 한다고 알려 왔다. 구매자는 러시아 국영은행 VEB로부터 자금을 조달받는 6개의 해외 회사들로 이루어져 있었다. 푸틴이 직접 의장직을 맡고 있는 VEB는 푸틴 체제의 재정적 무기이자 해외 스파이들의 은신처 역할을 했다.[18] 즉 바카이는 위장한 러시아 정부를 대신해 거래에 나서는 중이었다. 로스우크르에네르고 가스 체계가 그랬듯, 이 우크라이나 거래는 우크라이나 동부에서의 러시아의 경제적 이익 강화라는 지정학적 목표뿐 아니라 러시아 클렙토크라시 정치 체제를 강화하는 데도 일조하게 될 것이었다. 2010년 5월 중순, 시프린이 슈나이더에게 전화로 설명하려고 했던 것도, 바로 이러한 저간의 상황이었다.

전화에서 시프린은 최대한 이름들을 언급하지 않으려 했다. 심지어 그는 바카이라는 이름조차 말하지 않았다. 그는 러시아 정부가 제철소 매입을 "정치 전략적으로" 필요한 일로 생각하는 것 같다고만 말했다. 새로운 구매자들은 러시아 정부를 대변했으며 VEB로부터 공적 자금을 처분할 권한을 가지게 될 것이었다. 그들은 과도할 정도로 후한 금액을, 즉 아흐메토우보다 1억 6000만 달러 많은 금액을 제안해 왔다. 아흐메토우에게 물어야 하는 5000만 달러의 위약금을 지불하고도 1억 1000만 달러가 남는 돈이었다. 하지만 슈나이더와 시프린에게 떨어지는 떡고물이라고 해 봐야 고작 1000만 달러에 불과했다. 나머지 1억 달러는 '커미션'으로 전달되어야 하는 금액이었다. 이 돈은 관행대로 항구와 공장의 관리자를 비롯해 일이 성사되는 데 조금이라도 기여한 모든 우크라이나인과 러시아인 들에게 나누어질 것이었다. 하지만 아무리 그래도 이 금액에는 뭔가 특이한 점이 있었다. 액수가 엄청났기 때문이다. 1억 달러라는 커미션은 미국 석유회사들이 누르술탄 나자르바예프의 스위스 계좌들로 상납하는 (미국에서 가장 큰 해외 부정 청탁 사례로 꼽혀 온) 정치헌금 전체를 합한 금액보다 많은 돈이었다. 또한 경기 대침체가 한창인 가운데, 1만 2000명 러시아 노동자의 한 해 봉급과 맞먹는 액수이기도 했다. 어쨌든 이 돈은 러시아 국민의 돈을 맡아 주는 은행으로부터 이고어 바카이가 채우라고 지시받은 개인의 호주머니들 속으로 옮겨질 예정이었다.

토론토에서 슈나이더는 시프린에게 그렇게 하라고 말했다. 푸틴 체제로서는 우크라이나 동부에서 또 하나의 경제적 전진기지를 획득한 셈이었다. 슈나이더는, 자신에 관한 한 구소련에서 사업을 하던 시절은 끝났다고 결론 내렸다.[19] 러시아 정부로부터 8억 5000만 달러를 수령한 (그리고 합의한 대로 1억 달러의 '커미션'을 지급한)[20] 슈나이더와 시프린은 자신들의 회사를 분할했다. 자신의 몫으로 4000만 달러를 배당받은 슈나이더는 고향 동네에서 미국 개발업자와 짓고 있던 고층건물의 마지막 마무리 작업을 했다. 이 건물은 그의 변화를 기념하는 건축물이 될 것이었다.

개인정보보호
• *Privacy* •

금융감독청 상관들에게 시티에서 부정한 돈이 움직이는 정황을 포착했다고 알리는 이메일을 보낸 다음 날 아침, 나이절은 평소처럼 카나리 워프의 사무실에 도착했다. 그가 이메일을 보낸 상관들로부터 보러 오라는 전갈이 왔다. 평소 같은 심의를 기대했으나, 지정된 방에 당도하자 분위기가 평소와 달랐다. 그들은 그가 왜 이메일을 보냈는지, 그들이 어떤 조치를 취하기를 바라는지를 물었다.[1] 상관 중 하나는 나이절이 보낸 이메일에 우리가 관여해서는 안 되는 정보가 들어 있다고 말했다. BSI 고객들의 실명과 계좌 세부정보 같은 것들이 포함되어 있었기 때문이다. 혹시라도 나이절이 금융감독청 시스템과 관련하여 저장하면 안 되는 정보를 이미 빼돌린 것은 아닐까? 두 명 중 윗사람인 상관이 인사부에 조언을 구해 봐야 할 것 같다는 말로 면담을 마무리 지었다. 그게 수요일이었다. 목요일, 아직도 아무런 기별이 없었다. 금요일 오후, 아래쪽 도크랜즈의 술집들이 주말 분위기로 흥청거리기 시작할 즈음 그에게 두 번째 호출이 왔다. 상관은 나이절이 이메일에 첨부한 BSI 고객 명단을 출력해서 기다리고 있었다. 그는 명단이 정말로 진짜냐며 나이절을 추궁했다. "진본 그대로의 복사본이 맞습니다"라고 대답하면서, 나이절은 BSI 은행가들이 저녁이면 자신들이 보던 서류 뭉치들을 책상 위에 그대로 둔 채 퇴근하곤 했다고 설명했다.

나이절은 2008년 당시 자신이 시티 감독기관에 보냈던 원본 서한을 복사해서 가져왔다. BSI에 대한 자신의 첫 번째 제보였다. 그는 폴더에서 복사본들을 끄집어내기 시작했다. 그러자 상관은 지금으로서는 더 이상 어떤 자료도 보고 싶지 않다고 말하며 바로 방을 나가 버렸다. 다시 돌아온 상관은 나이절에게 이제부터 하는 대화는 공식적인 것이 될 터이니 동료를 동석시켜도 좋다고 말했다. 나이절은 노동조합을 부르고 싶다고 말했다. 하지만 아직 그럴 단계는 아니라는 말이 돌아왔다. 대신에 상관은 "이런 문제를 다룬 경험이 있는" 동료 직원 에롤Errol이 어떻겠냐고 제안했다. 에롤이 불려 왔다. 상관은 서류를 작성하더니, 쓴 그대로 자신이 서류를 소리 내 읽는 것이 중요하다고 말했다.

상관은 "당신의 직무를 즉시 일시 정지시키도록 하겠습니다"라고 공표했다. 그는 나이절이 금융감독청 내에서 "민감한 고객 데이터"를 권한 없이 계속 수집하고 유포해 왔다면서, 나이절뿐만 아니라 금융감독청의 누구에게도 그러한 정보에 접근할 권리는 없다고 덧붙였다. 이 문제는 지금부터 철저하게 조사될 거라고도 했다. 조사가 진행되는 동안, 나이절은 자신의 사무실에 들어가서도 안 되고 동료들과 접촉하거나 목격자 누구와도 말을 나눠서는 안 됐다. 또한 면담을 해야 하는 경우가 생긴다면 일정을 통보받을 것이었다. 서류 읽기를 마친 상관은 나이절에게 자리로 돌아가 개인 소지품을 챙기라고 했다. 그러면 경비가 건물 밖으로 안내해 줄 것이라고 했다.

나이절이 샬럿에게 어떤 일이 있었는지를 말하자, 그녀는 그에게 부아가 났다. 그는 점차 약해지고 있는 자신의 건강은 생각하지도 않은 채 다시 한 번 권력에 맞서는 중이었다. 상관들은 그의 몸 상태를 잘 알고 있었다. 그들은 자신들이 그에게 만나러 가 보라고 말한 산업보건 의사에게서 이미 보고서를 받은 뒤였다. 보고서에 따르면 나이절은 유육종증으로 계단을 오를 때면 숨이 가빴고, 불면증에 시달렸으며, 배변이 불규칙했고 "직장 스트레스"에 시달렸다. 나이절은 이러한 스트레스가 그들의 책무를 방관하는 시티 감독기관을 내부 고발한 데서 비롯되었다고 설명했다. 그러자 의사는 계란으로 바위 치기 같은 헛수고는 그만두라고 조언했다.[2]

나이절은 자신이 비밀엄수 규정을 위반한 BSI 고객 중에는 그러한 폭로를 가볍게 여기지 않을 사람들도 있다는 것을 항상 염두에 두고 있었다. 켄싱턴의 집에서 금융감독청 상관들의 결정을 기다리는 동안, 그는 부자들의 신뢰를 배반한 사람들에게 일어날 수도 있는 최악의 일들로 마음이 심란했다.

나이절은 스위스 은행 율리우스 바에르Julius Bär의 케이맨제도 지점에서 일했던 루돌프 엘머Rudolf Elmer에 관한 기사를 읽은 적이 있었다. 엘머는 나이절과 같은 의구심을 품었다. 그는 자신의 은행이 고객들에게 제공하는 은행 전반의 온갖 눈속임 때문에 고객의 탈세와 자금세탁이 가능하다고 믿었다. 그는 자신의 우려를 직속 관리자들에게, 스위스 당국에, 런던의 기자회견장에서 제기했다. 기자회견이 이루어지는 동안 그는 위키리크스의 줄리안 어산지Julian Assange에게 "유명인사" 2000명의 계좌 상세정보가 담긴 디스크 2장을 건네주었다. 나이절이 읽은 〈이코노미스트〉 기사에는 스위스 당국의 반응도 기술되어 있었다.[3] 스위스 당국은 은행비밀엄수법을 이용하여 그에게 "법률 지옥"을 맛보게 했다. 그는 187일 동안 강제 구금되었으며 그와 가족들은 율리우스 바에르 은행 요원들에게 쫓겨 다녔고, 그 일로 딸 아이는 정신적 트라우마를 겪게 되었다.

나이절은 그리스 언론인 코스타스 박세바니스Kostas Vaxevanis[4]도 조사했다. 그는 스위스 계좌에 자금을 은닉한 그리스인 2000명의 명단이 적힌 소위 라가르드 리스트Lagarde List를 발표한 직후 체포되었다. 크리스틴 라가르드Christine Lagarde는 프랑스 재무장관 시절 그리스 당국에 해당 리스트를 발송한 바 있다. 그리스는 탈세나 자금세탁 의혹이 있는 사건들을 조사하는 데는 소극적이었으나 박세바니스가 리스트의 내용을 공개하자 그를 바로 뒤쫓았다. 리스트에 오른 이름들은 HSBC 스위스 지점에서 나온 보다 광범위한 수만 고객 리스트의 일부였다. 이는 에르베 팔치아니Hervé Falciani[5]가 유출한 것으로, 은행 역사상 가장 큰 정보누출 사건으로 기록되었다. 팔치아니는 HSBC IT 부서에 근무하는 기술자였다. 그는 스위스로 날아가 자신이 수집한 데이터를 유럽의 여러 정부에게 건네주었다. 나이절은 그의 사례를 면밀하게 검토했다. 무엇보다 그는 스위스 당국이,

궐석재판으로 5년 형을 선고받은 그를 송환하기 위해 애썼다는 점에 주목했다. 나이절은 앙투안 델투르Antoine Deltour[6]의 기사를 스크랩하기도 했다. 델투르는 룩셈부르크 PwC 회계법인에서 일하던 28세의 회계사로, 은행업계 전반에 걸친 제도적 장치들이 다국적기업들의 탈세를 가능하게 했다고 폭로했다. 이로 인해 그는 절도, 비밀엄수법 위반, 데이터베이스에 불법적으로 접근한 죄목으로 기소되었다. 나이절은 자신이 BSI에 막 합류한 시점인 2006년에 작성된 안드레이 코즐로프Andrei Kozlov에 대한 기사 복사본도 간직하고 있었다. 러시아 중앙은행의 부총재였던 코즐로프는 범죄자금세탁에 연루된 수십 개 은행을 폐쇄했었다. 그는 모스크바 축구경기장 밖에서 머리와 가슴에 총을 맞고 살해되었다.[7]

표면적으로 금융감독청 상관들은 나이절이 영국의 개인정보보호법과 스위스의 은행비밀엄수법을 위반했는지를 조사하는 중이었다. 하지만 나이절이 생각하기에는, 실상은 그가 그들을 지나치게 불편하게 만들었고 그들이 그를 그저 더 이상 참아 줄 수 없었던 것 같았다. 나이절은 한 지인[8]에게 "그들이 2008년에 내가 그들에게 준 자료들을 가지고도 아무런 조치를 취하지 않은 걸 보면, 그들에겐 확실히 문제가 있는 것 같아요"라고 말했다. 더욱이 "나는 진짜 평이한 영어로 썼거든요." 그는 동료들이 일부러 쓰지 않는 표현들을 사용했었다. 그래야 수상한 재력가들(아니 정확히 '고객들')이 허튼소리들 사이로 빠져나가지 못할 것이라 생각했기 때문이다. 물론 규제기관의 상관들이 지금이라도 당장 BSI를 조사하기 시작한다면 나이절이 벌써 6년도 전에 제보를 했었다는 것을 인정할 수밖에 없다는 사실에 틀림없이 거북스러워했을 것이다. 동료 감사관들이 여전히 외면하고 있는 사실들이 나이절에게는 그 어느 때보다 명확해 보였다. BSI는 법치를 심각할 정도로 전도시켰다. 나이절은 자신의 행동에 대한 금융감독청 심리 제출보고서에 다음과 같이 썼다. "스위스 은행들이 용이하게 만든 자금세탁과 탈세의 규모 때문에, 이러한 법치 전도 행위는 사상 최대의 전 지구적 금융 범죄를 힘들이지 않고 만들고 있다."

　　나이절은 법을 잘 알았다. 그뿐만 아니라 법이 존엄하다고 생각했다. 나이절은 만약 금융 범죄가 자행되고 있음을 감지했는데도 당국에 제보하지 않은 은행가가 있다면 유죄 판결을 받을 수도 있다는 사실 또한 잘 알았다. 왜 금융감독청은 다른 많은 감사책임자는 추궁하지 않는 것인가? 이제 모두가 알고 있듯이, 이들이야말로 금융위기 전과 후, 금융위기 동안에 사회에 막대한 희생을 치르게 만든 범죄들이 난무하는 것을 지켜본 장본인들이었다. 나이절은 법을 엄수해 왔다. 그랬던 그가 지금은, 마치 카나리 워프로 가는 지하철을 탔는데 뜬금없이 카프카의 소설 속에 하차한 것 같았다. 나이절이 상관들에게 범죄가 자행되었을지도 모른다는 증거를 제시하자, 이 시티의 정직함의 수호자들은 나이절을 정직시켰다. 그는 그들에게 증거를 보여 주려고 애썼고, 그들은 보지 않겠다고 말했다. 그래 놓고 나이절을 면담에 소환했을 때, 한 금융감독청 관리자는 나이절에게 재차 물었다. 증거라도 있어요?[9] 나이절은 공책에 자신이 "(금융업계의 행태와 무관하게) 금융업계를 옹호하려 드는 금융감독청 분파 사람들"에 맞서고 있다고 적었다. 나이절이 입을 다문다면 "범죄행위를 은폐하기 위해 은행체계에서 '기밀'을 남용하는 사람들이 승리"
하게 될 것이었다.

　금융감독청 지부에서 쫓기듯 나온 지 3개월이 지난 2014년 9월,
나이절은 조사 결과 "당신에게는 기밀정보를 적절히 존중할 능력이
없음"[10]을 통보받았다. 그는 중대 부당행위를 범했다는 이유로 해고
되었다.

다리

━━━━━ • *The Bridge* • ━━━━━

2015년 2월, 러시아 모스크바

31

보리스 넴초프는 산책하듯 느린 걸음으로 크렘린 궁전을 지나 집으로 가는 중이었다.[1] 2015년 2월 17일 자정이 가까운 시간이었다. 그는 길었던 하루의 정치 일정을 마치고 여자친구와 저녁을 먹었다. 옐친 정부에서 자유주의 개혁가들을 이끌던 시절도 이제는 먼 과거의 일이었다. 55세에도 여전히 늠름하고 카리스마가 넘쳤지만, 이제 그는 비주류 인사였다. 배신자. 푸틴은 넴초프를 그렇게 불렀다. 그리고 넴초프처럼 자신에게 도전하는 사람들을 제5열 분자^{fifth} columnists*라고, "우리 안의 적"[2]이라고 선전했다. 그날 초저녁에 그는

---

* 스파이, 공작원, 혹은 이념적인 내부의 적을 일컫는 은어. 스페인내전 당시 파시스트 반란군 소속으로 마드리드 공략 작전을 지휘했던 에밀리오 몰라 비달 장군이 공세 직전 자신에게는 직접 이끄는 네 방향의 공세에 더해 마드리드 내부에서 자신들의 공세에 호응할 다섯 번째 열(quinta columna)이 있다고 허세성 공언을 했다. 실제로는 마드리드 공세 자체가 실패로 끝났으며 에밀리오 몰라 장군이 호언장담했던 제5열의 봉기 같은 것도 전혀 없었다. 하지만 이 'quinta columna'라는 표현 자체는 이후로도 계속 살아남았고, 결국 계속 공화파의 내분을 유도하여 공화파 몰락에 어느 정도 기여하게 된다.

라디오에 출연해서 한 사람에게 권력을 집중시키는 구조가, 그의 표현대로라면, "파국적인 결과"[3]를 가져올 수밖에 없는 이유에 대해 설명했다. 그는 푸틴의 부정부패를 상세하면서도 재미나게 폭로하는 데 일가견이 있었다. 푸틴의 화장실을 예로 들어 보자. 금붙이로 마감된 화장실을 짓는 데만 대통령 연봉의 2/3에 해당하는 7만 5000달러의 비용이 들었다.[4] 최근에 넴초프는 우크라이나를 방문해 러시아 군대의 주둔 사실을 알렸다.[5] 그날 그는 러시아의 우크라이나 침략에 반대하는 집회 전단지를 나누어 주는 일에 참여하기도 했다.

넴초프와 여자친구는 그의 아파트가 있는 성 바실리 대성당St. Basil's Cathedral 근처에 다다랐다. 그들이 모스크바 강 위의 다리(볼쇼이 모스크보레츠키 다리Bolshoy Moskvoretsky Bridge)를 건너는데 흰색 자동차 한 대가 다가왔다. 암살자가 총을 쐈다. 총알이 넴초프의 간과 위, 머리와 심장을 관통했다. 그렇게 그는 모스크바에서 한밤중에 고꾸라지며 즉사했다.

넴초프의 동료 반체제 인사들은 두 가지 가능성을 제기했다. 푸틴이 살해하라고 명령했을 수 있었다. 이것이 사실이라면 푸틴 독재 체제는 이미 무시무시하고 극적인 단계에 접어들었다는 말이 된다. 그가 명령한 게 아니라면, 모종의 추종자가 주인을 즐겁게 하기 위해 넴초프를 죽인 것일 수도 있었다. 하지만 어떤 시나리오가 사실이든 충격적인 건 매한가지였다.

푸틴은 FSB가 살해사건 조사에 비용을 아끼지 않을 것이라고 약속했다. 아니나 다를까, 죄인들이 발견되고 기소되어 유죄 판결을 받은 뒤 감옥에 보내졌다. 암살자 1인과 공범 4인, 이렇게 다섯이었다. 그들은 모두 체첸공화국 출신이었다. 러시아 당국은 또 다른 체첸인을 주모자로 기소했는데, 그의 소재지를 알아낼 수는 없었다고 했다. 하지만 당국의 이야기에는 무언가 이상한 점이 있었다. 암살자는 체첸공화국 지배자 람잔 카디로프Ramzan Kadyrov의 지시를 받는 특수부대 세베르Sever의 전 부지휘관이었다. 하지만 당국은 차량을 운전한 루슬란 무후디노프Ruslan Mukhudinov가 주동자로 추정되며 그 역시 같은 부대 소속이라고 발표했다. 명령체계가 그렇게 뒤집힐 수도 있다는 사실이 극도로 기이하게 느껴졌다.[6] 예컨대 무후디노프가 운전하는 차에 세베르의 상급 장교 루슬란 게레메예프Ruslan Geremeyev 같은 사람이 타고 있었고, 그가 암살을 감독했다고 보는 것이 더 그럴듯하지 않았을까? 게레메예프는 암살단을 위해 모스크바에 아파트를 빌렸고 일을 감행한 다음 날 암살자와 함께 도주했다. 푸틴의 관료들은 조사관들이 암살단과 사라진 운전사를 기소할 수 있도록 했지만, 게레메예프에 대해서는 어떠한 혐의도 제기하지 못하도록 했다. 그럴 경우, 러시아와 체첸 사이뿐만 아니라 그 너머에도 존재하는 신성한 클렙토크라시 권력 네트워크로 문제가 비화될 수 있었기 때문이다.

　게레메예프의 삼촌은 러시아 하원의원 아담 델림카노프Adam Delimkhanov[7]였다. 체첸 반체제 인사들의 주장에 따르면, 델림카노프는 체첸의 독재자 람잔 카디로프에게 집행관과 재력가라는 두 가지 중요한 역할을 해 줬다. 카디로프처럼 폭력이 권력의 원천인 지도자들에게 집행관은 불가결한 요소였으며, 델림카노프의 잔인함을 선전하는 것만으로도 공포의 효과를 증폭시킬 수 있었다. 반면에 재력가라는 역할은 소리 없이 수행되었다. 푸틴은 카디로프가 체첸분리주의를 성공적으로 진압한 것에 대한 보상으로 연방보조금을 아낌없이 지급했다.[8] 카디로프와 그 궁정은 이 공적 자금과 그들 개인의 돈을 구분하지 못하는 것처럼 보였다.[9]

체제 유지라는 공적 책무뿐 아니라, 체첸의 악당들은 사적으로도 고용되고 이용되었다. 빅토르 크라푸노프는 트리오의 사샤가 쿠슈벨에서 상황의 엄중함을 보여 주기를 원했을 때 체첸의 갱을 대동하고 왔다고 주장했다. 알렉스 슈나이더와 에두아르드 시프린이 우크라이나 제철소를 매각하고 나서 사업체를 나누는 문제를 놓고 사이가 틀어졌을 때, 시프린은 슈나이더가 "완력을 쓰는 것으로 유명한 체첸인들"[10]을 고용해 위협을 가해 왔다고 비난했다. 나자르바예프로부터 무흐타르 아블랴조프의 추적을 위임받은 사람들이 말 이상의 설득을 가능하게 할 협력자가 필요하다고 판단했을 때, 의지했던 사람도 체첸인이었다.

나자르바예프 체제가 아블랴조프로부터 몰수한 BTA 은행의 소유권은 2014년, 카자흐스탄 클렙토크라시 정치 체제의 떠오르는 젊은 구성원에게로 넘어갔다. 탄탄한 몸에 멋진 수염을 가진 케네스 라키셰프Kenes Rakishev는 나자르바예프의 억만장자 사위 티무르 쿨리바예프의 보호 아래 부상해 왔다.[11] 하지만 케네스는 자수성가한 비즈니스맨(아니, 정확히는 기업가)으로 보이기 위해 열심이었다. 사업적 총명함보다는 푸틴과 호형호제한 덕분에 20억 달러의 재산을 축적할 수 있었던 저 러시아의 첼리스트[12]처럼 간판 구실을 하는 사람이 되고 싶지는 않았다. 그래서 앵그리 버드 신용카드[13]를 구상하거나

가상화폐 사업[14]에 뛰어들었다. 그는 이튼 졸업생을 홍보 전문가로 고용하여 서방 언론인들과의 인터뷰를 주선하게 하고[15] 마치 기자들이 브렉시트를 비롯한 당시의 여러 긴급한 문제들에 대해 그의 견해를 구하는 듯한 분위기를 조성하기도 했다. 그런데도 이러한 노력이 모두에게 먹히지는 않았던 것 같다. 케네스의 투자를 받은 회사중 한 곳의 이사진이 세계은행의 민간기업지원 기구인 국제금융공사International Finance Corporation에 대출을 요청한 적이 있었다. 국제금융공사는 케네스와 관련하여 일부 재무 실사를 벌였다. 얼마 후 케네스 측에 정중한 이메일이 돌아왔다. 케네스가 "대통령 가족의 자금을 관리하고"[16] 있는 것으로 보건대 국제금융공사가 자본금을 투입할 필요는 없을 것 같다는 설명이었다. 케네스는 말도 안 되는 소리라며 이의를 제기했다. 그러나 국제금융공사의 자금 관리를 위탁받은 사람들은 케네스가 나자르바예프의 측근인 고위 공무원의 딸과 결혼했다는 것을 이유로 들며 어떻게 해서든 케네스와 얽히는 것을 피하려 했다.

케네스는 권력을 돈으로 바꾸는 데 관심이 있는 다채로운 사람들의 환심을 사는 재주가 있었다. 특히 자신처럼 이전 세대의 덕을 보며 높은 사회적 지위를 얻은 사람일수록 그랬다. 그의 이름은 앤드루 왕자의 크리스마스카드 발송 리스트에도 올라 있었다.[17] 엘리자베스 여왕이 앤드루 왕자에게 결혼선물로 준 서닝힐 저택을 티무르 쿨리바예프가 구입하도록 거래를 주선하며 도와준 덕분이었다.[18] 티무르는 호가보다 600만 달러를 더 지불했고[19], 그럼으로써 수상쩍게 모은 재산의 가능한 많은 부분을 모양새 좋은 부동산 자산으로 전환할 수 있었을 뿐 아니라 영향력 있는 서방 인사를 끌어들일 수 있었다. 원론적으로 영국 측 거래 대표였던 앤드루 왕자는 이후에 한 스위스 할부금융회사와 그리스 하수 처리회사가 카자흐스탄과 계약을 체결할 때 케네스와의 인맥을 이용해 로비를 벌이도록 도움을 줄 수 있었다.[20]

케네스는 회사의 명망에는 크게 신경 쓰지 않았다. 그와 람잔 카디로프의 관계는 돈독해져 갔다. 카자흐스탄과 체첸의 다른 사람들과는 달리 둘은 독실한 이슬람교도라는 사실을 공공연히 말하고 다녔다. 케네스에게는 돈이 있었고, 그 돈을 카디로프를 즐겁게 하는 일에 언제든 쓸 용의가 있었다. 체첸의 통치자는 자신의 인스타그램 계정을 통해 "친애하는 형제" 케네스가 체첸에 "박애주의적 도움"[21]을 보내 준 것에 기쁨을 표하기도 했다.

케네스가 서방이 자신을 기업가로 봐 주기를 바랐던 반면, 카디로프는 살인청부업자로 불리는 것에 만족하는 것 같았다. 한번은 카디로프가 보리스 넴초프를 만났을 때였다. 2003년, 체첸 정치인들이 모인 자리에서 넴초프는 체첸공화국이 대통령 중심이 아닌 합의에 기반한 정부를 구성해야 한다고 주장했다. 카디로프의 아버지가 대통령으로 재직하던 시절이었다. 연설을 듣고 난 카디로프는 넴초프에게 다가가 넌지시 말했다. "그런 말을 하고 다니다가는 총에 맞는 수가 있습니다."[22] 그렇게 위협적인 분위기를 풍기는 것만으로도 귀한 대접을 받을 수 있었다. 체첸인들은 구소련에서 사업상의 고충을 가장 능숙하게 처리하는 해결사들로 명성이 자자했다. 사람들은 받을 빚이 있다면, 체첸인을 불렀다. 파벨 크로토프Pavel Krotov 같은 사람들 말이다. 러시아 신문의 경제면을 보면, 크로토프가 카디로프의 수석 참모를 지냈던 아담 델림카노프의 이해관계를 대변하는 인물이었다는 사실을 알 수 있었다.[23] 그는 카디로프의 "개인 금융 고문"[24]으로 불리기까지 했었다. 케네스가 BTA를 인수하자, 크로토프는 반 아블랴조프 캠페인의 비즈니스 부문을 담당했다. 런던에서 BTA 변호사들은 사라진 올리가르히가 은행에 진 빚만 수십억 달러이니, 은행에 그의 자산을 압류할 권리를 달라고 판사를 설득해 왔다. 러시아에서는 아블랴조프가 은행 돈을 훔치고 세탁하는 것을 도운 죄로 고발된 사람들이 수억 달러에 달하는 아블랴조프의 러시아 내 부동산 자산을 넘기도록 종용하는 일에, 크로토프가 참여했다.[25] 그가 이 일에 어떻게 관여하게 되었는지는 알려지지 않았다. 케네스는 BTA가 크로토프를 공식적으로 고용한 적이 없다고 주장하곤 했다.[26] 하지만 러시아의 최고위 관료들에게 BTA 은행 편을 들어 달라는 부탁을 할 때, 이 민감한 메시지의 초안을 작성하는 데 크로토프가 도움을 줬던 것으로 보였다.

서방인들은 람잔 카디로프 같은 지인들이 풍기는 위협적인 분위기 탓에 케네스를 거스르고 싶어 하지 않았다. 예컨대 케네스가 러시아의 금광을 지배하던 한 런던 상장회사의 주식을 사들였을 때, 다른 투자자들은 그가 제안한 전략이 부조리하다고 생각했다. 그러나 세간의 말 대로라면, 케네스는 "밉보여서 좋을 것이 없는 사람이었다."[27] 그 외의 사람들은 케네스를 너그러운 후원자로 생각해 감사히 여겼다. 이를테면 케네스는 클린턴 재단에 수만 달러를 지원하기도 했다.[28]

케네스에게는 카디로프가 지니지 못한 힘이 있었다. 카디로프의 체첸 마피아 국가는 필요하면 언제든 침묵을 강제할 수 있었다. 살해된 넴초프는 이제 더 이상 카디로프 자신이 구축한 정당성 서사를 건드릴 수 없었다. 또한 우크라이나에서 작전 중인 '자위대'의 존재를 폭로하며 카디로프의 보호자 푸틴을 반박할 수도 없었고, 금으로 도배된 대통령 화장실 얘기로 푸틴을 난처하게 할 수도 없었다. 그러나 살과 피를 가진 적을 제거했다고 해서 자신에게 들러붙은 이야기를 떼어 내지는 못했다. 슈거를 보라. 넴초프가 사망하기 사흘 전, 슈거는 오스트리아 감방에서 죽은 채로 발견되었다. 슈거는 나자르바예프 체제의 고위급 인사였던 시절 카자흐스탄 은행가 2명을 살해한 혐의로(그는 조작이라고 주장했다) 재판을 기다리는 중이었다. 그의 목에는 급조한 듯한 올가미가 둘려 있었다. 하지만 그의 변호사는 이것이 자살인지 매우 의심스럽다고 공표했다.[29] 아마도 자살이 아닐 것이었다. 때로는 죽이는 것 외에는 선택지가 없을 수도 있다. 하지만 클렙토크라시 정치 체제를 능숙하게 유지하려면 서사를 재구성할 수 있는 능력이 필요했다. 서사가 재구성되는 최적의 장소는, 각축을 벌이는 이야기들을 둘러싼 논쟁을 종결시키는 곳, 바로 법정이었다.

케네스가 BTA를 인수한 이래로 BTA 변호사들은 런던 상업법원에서 아블랴조프의 돈을 압류하는 일에 무자비할 정도로 매달려 왔었다. 이제 미국에서 제2막이 오르려 하고 있었다. 미국은 이 반체제 올리가르히의 사위 일리야스가 수백만 달러를 감춰 두고 있는 곳이었다. 만약 미국 법원을 설득해서 영국의 선례를 따르도록 할 수만 있다면, 그래서 다시 한 번 아블랴조프를 희대의 사기꾼으로 선포할 수 있다면, 아블랴조프는 더 이상 자신의 재산을 은닉할 수 있는 안전한 장소들을 찾을 수 없을 뿐 아니라 나자르바예프의 클렙토크라시 정치 체제를 위협하지도 못하게 될 것이었다. 이 일에는 법을 부정한 돈에 유리하게 이용하는 데 이골이 난 자타공인 베테랑, 펠릭스 세이터가 적격이었다.

발자국을 남기지 않았네

His Footprints Are Not Found

2015년 9월, 영국 콜체스터

금융감독청이 그를 해고하자, 나이절 월킨스는 6년 전 BSI가 자신을 밀어냈을 때 했던 것과 똑같이 고용심판소에 소송을 제기했다. 돈 때문이 아니었다. 그는 2015년 3월로 65세가 되었다. 따라서 여러 직장을 옮겨 다니며 적립해 온 7개의 연금을 그때부터 수령할 수 있게 되었다. 사실 엄밀히 말하면 그렇지는 않았다. 그가 지급금을 수령하려면 오해를 바로잡아서 누가 옳았고 누가 틀렸는지를 보여 주어야 했다. 그는 레빈 상원의원 역시 곧 은퇴한다는 발표를 접했다. 레빈은 부자들을 감찰하며 보낸 오랜 시간을 되돌아보며 "당신의 주장을 입증하지 못한다면, 당신은 변화를 이뤄 낼 수 없습니다"[1]라고 말했다. "그것이 진실입니다."

켄싱턴의 아파트에서 나이절은 조사위원회 심리에 앞서 금융감독청의 비싼 변호사들과 편지를 주고받는 일에 전투적으로 매진했다. 그의 폐는 점점 나빠지고 있었다. 우울감이 늘 그를 짓눌렀다. 이따금 극도로 우울해져서 침대에 누워야 했다. 보통 때라면 싸움을 즐겼겠지만, 이번에는 시티 세력과 맞서야 한다는 생각만으로도 활기가 생기기는커녕 불안하기만 했다. 그는 화가 났고 초조했다. 샬럿이 보기에는 그랬다. 나이절은 로버트 배링턴^{Robert Barrington}이라는 친구에게 속내를 털어놓았다.[2] 그는 국제투명성기구^{Transparency International}* 영국지부장으로, 금융 비밀주의와 그러한 비밀주의가 은폐하고 있는 범죄에 반대하는 운동을 전개하고 있었다. 배링턴은 나이절이 부당한 대우를 받아 왔으며 도움이 필요한 순간에 버림받았다고 결론 내렸다. 나이절은 자신이 직업 생활을 영위해 온 이 돈의 세계에서 아무 데도 의지할 곳이 없었다. 그나마 사생활에서는 얼마간의 위안거리가 있었다. 그는 긴 기차 여행, 초콜릿, 샬럿의 버마고양이 마니^{Marnie}가 보여 주는 애정에 위로를 받았다. 나이절은 노인자선단체 헬프 디 에이지드^{Help the Aged}에서 발행한 정리정돈 팁을 출력해 두었다. 하지만 그의 아파트를 보면 그가 그것을 따라 한 것 같지는 않았다. 나이절은 해야 할 일의 목록을 작성했다. 목록은 "해야 할 일이 그렇게 많지는 않다"라는 말로 시작했다. 물론 그가 시티

---

* 국가 활동의 책임성을 확장하고 국제적, 국가적 부패의 극복을 목표로 하는 공익적인 국제 비정부기구(NGO)이다. 1993년에 설립되었으며, 본부는 독일 베를린에 있다. 이 기구의 가장 큰 사업은 각국의 공무원이나 정치인이 얼마나 부패를 조장하는지에 대한 인식을 나타내는 부패지수(CPI: Corruption Perceptions Index)의 산출이다. 부패지수는 부패 문제에 대한 관심을 불러일으키기 위해 괴팅겐대학교의 요한 람스도르프 교수와 국제투명성기구가 공동 개발하여 1995년부터 매년 발표하고 있다. 한편 뇌물을 받는 쪽에 초점을 둔 부패지수를 보완하는 차원에서 1999년부터는 뇌물을 주는 기업을 대상으로 설문조사를 해 뇌물공여지수(BPI: Bribe Payers Perceptions Index)도 산출해 발표하고 있다.

와 벌이고 있는 전쟁을 빼면 그렇다는 소리였다. 자신의 정당성을 입증하기 위한 싸움이 그의 모든 것이 되고 있었다.

65세 생일이 지난 며칠 후, 그는 미국 사법부의 발표를 접하게 됐다.[3] BSI는 100개의 스위스 은행 가운데 미국 검찰과 협상을 마무리 지은 첫 번째 은행이 되었다.[4] BSI는 전년도 이익의 3배에 달하는 2억 1100만 달러를 벌금으로 납부하고, 나이절이 2008년 영국 당국에 제보했던 바로 그 위법 행위들을 인정하는 사실 진술을 제공하는 데 동의했다. BSI 은행가들은 미국 고객의 계좌들을 영국령 버진아일랜드, 리히텐슈타인 등지에 세운 (검찰이 '위장 단체'라 명명한) 회사들에 분산 등록시켰다. 고객이 미국으로 자금 반입을 원하는 경우, 은행가들은 교묘한 속임수를 썼다. 때때로 그들은 고객에게 무기명의 선불직불카드를 제공했고, 돈이 떨어진 고객은 그들에게 다음과 같은 메시지를 보내곤 했다. "우리에게 몇 곡 더 다운로드해 주실 수 있겠어요?" 혹은 "기름통이 또 비었어요." BSI 은행가들은 3500명의 미국인을 위해 30억 달러에 달하는 돈을 그런 식으로 처리했다. 또한 고객의 2/3가 '우편물 일시 정지'를 요청한 상태였다. 금융감독청 상사들이 개인정보 누출이라며 나이절을 해고했던 바로 그 BSI 런던 지점 고객 서류들에도 하나같이 "우편물 일시 정지"라는 똑같은 단어가 기재되어 있었다.

사실 미국 검찰이 BSI를 비롯한 스위스 은행들과 협의한 사항은 더 가혹할 수도 있었다. 칼 레빈 상원의원은 "100개의 은행 모두에게 기소를 면제해 줄 셈이냐"며 맹렬히 비난을 퍼부었다. "그들에게는 이름을 공개할 의무도 없다. 그들은 산산조각난 잡동사니들을 들고 와서는 우리에게 '헛수고겠지만, 어디 보물찾기 놀이나 계속해 봐라'는 식이다." 그럼에도 불구하고 오바마 사법부는 벌금으로 수십억 달러를 받아냈다. 나이절은 의문이 들었다. 미국이 BSI와 다른 스위스 은행들을 그렇게 맹렬히 추적하는 동안, 영국은 왜 아무런 일도 하지 않았는가? 금융감독청과의 소송 준비를 하며 자신의 논거를 정리하던 나이절은 그 답을 알 것 같았다. 친애하는 지배계급 구성원들이 저지르고 있는 탈세를 수년간 묵인하는 사이에, 서방 경제대국의 정치 지도자들은 은행을 구제하느라 막대한 비용을 치러야 했고, 그에 따른 경기 침체를 해결해야 했으며, 사라진 조세 수입을 벌충하기 위해 광범위한 반대를 무릅쓰고 공공서비스 재정을 삭감하지 않을 수 없었다. 미국은 UBS를, 크레디트 스위스와 BSI를 비롯한 스위스 은행들을 추적해서 상황을 돌파하려 했다. 그러나 시티는 입장이 달랐다. 시티의 고객들이 다른 모두를 속였을 수는 있지만, 영국 재무부를 기만하려 한 것은 아니었다. 그리고 한 가지 사실이 더 있었다. 너무나 거대하고 너무나 확실해서 모두가 외면해 버린 사실, 너무 엄청나서 모르는 척하는 수밖에 방법이 없던 그런 문제가 존재했다. 탈세는 정부 수익을 도둑질하는 일이었으며, 자금세탁은 탈세라는 동전의 이면과 같았다. 탈세와 마찬가지로 자금세탁은 돈의 (교환을 통한 상호이타주의를 실현함으로써 거대하고 다양한 사회가 기능할 수 있도록 하는) 역할을 전복시켰다. 그러나 탈세가 돈을 빼내는 일을 했다면, 자금세탁은 돈을 주입하는 일을 했다. 세탁된 자금의 출처를 고려하지 않는다면, 전 세계 곳곳에서 들어오는 그 부정한 돈들의 유입은 경제가 붕괴되지 않도록 지탱해 주는 또 다른 투자의

제3부. 변태

원천일 뿐이었다.

그해 여름, 나이절이 금융감독청의 변호사들과 한창 날 선 공방을 주고받는 동안, 조지 오스본 재무장관은 런던 시장 공관이기도 한 맨션 하우스^{Mansion House}에서 담화를 발표했다. 그는 "은행 때리기 banker bashing"를 끝내자고 요청하면서[5], 금융위기가 시작된 지 7년이 지난 지금 시티와 "새로운 합의"를 맺을 때가 왔다고 선언했다. 그는 은행가들로부터 사실상 지나칠 정도로 규제가 심하다는 원성을 듣고 있던 금융감독청장 마틴 휘틀리를 경질함으로써[6] 새로운 합의가 의미하는 바를 정확히 보여 주었다. 그보다 몇 개월 전, 영국이 부정한 돈에 대해 (그로 인해 결과적으로 어떤 대가를 치르든) 여전히 열려 있는 곳이라는 신호가 원래 의도와는 다르게 공개적으로 전달되는 일이 있었다. 푸틴이 크림반도를 합병하자, 데이비드 캐머런은 양차 세계대전 후 발생한 초유의 유럽 영토 점령이라는 사태에 대해 영국의 공식 입장을 마련하기 위해 내각의 장관들을 소집했다. 그때 확보하듯 다우닝가로 들어가던 장관 중 한 명이 자신의 브리핑 메모를 사진기자들의 눈에 노출하는 실수를 범했다.[7] 메모에는 영국이 어떠한 조치를 취하든 시티는 러시아 자금에 대해 여전히 열려 있어야 한다고 적혀 있었다.

나이절은 여전히 자신이 이길 수도 있다고 믿었다. 2009년 비밀 접선이 끝날 무렵 조세 당국 사무관은 나이절에게 앞으로 다시는 자신들로부터 기별을 듣지 못할 거라고 말했었다. 실제로 어떠한 연락도 오지 않았다. 그러다 2014년 말, 나이절이 금융감독청과의 고용 소송을 준비하는 중에 기별이 왔다. 나이절은 미행당하지 않기 위해 첩보영화에나 나올 법한 과정을 다시 한 번 똑같이 반복하며 국세관세청 사무관을 만나러 갔다. 이번에는 가지고 있는 모든 자료를 넘겨줄 생각이었고, 그래서 붉은 상자들을 가져갔다. 국세관세청 사무관 중 한 명이 그 자료들을 받아 복사한 다음 그에게 돌려줬다. 다른 사무관은 나이절에게 고맙다고 하면서 국세관세청이 BSI 고객 중 영국 국적자들을 조사할 것이며 나머지 고객들의 상세 자료들은 해당 국가의 국세청들로 넘길 것이라고 말했다. 더불어 나이절에게 만약 이 사건이 공판에 회부된다면 증인으로 나설 생각이 있냐고 물었다. 나이절은 그렇다고 대답했다. 사무관은 나이절에게 당신이 한 일을 누구에게도 말하면 안 된다고 경고했다. 미래에 있을 수도 있는 법정 분쟁에서 불리하게 작용할 수 있고, 또한 나이절 자신의 안전이 위협받을 수 있기 때문이라고 했다. 그 말을 끝으로 그들은 다시 침묵했다.

2015년 9월, 시티 감독기관은 나이절과 합의에 도달했다.[8] 그는 (연봉보다 1만 5000달러 적은) 6만 4000달러를 위로금으로 받는 대신 과거의 조치 중 두 가지는 그대로 두기로 했다. 그에 따라 금융감독청이 나이절을 중대 부당행위로 해고했다는 사실이 남게 되었으며, 나이절의 복직도 불가능하게 되었다. 지금 미국에서는 BSI 경영진들이 자신들의 잘못을 인정했음에도 불구하고, 시티의 감독기구는 나이절이 중앙은행과 도로 하나를 사이에 둔 BSI 사무실에서 발견했다고 믿고 있는 범죄 정황과 관련된 조사를 시작할 의무조차 없었다. 금융감독청은 나이절에게 해고 사유를 적시하지 않는 대신에 고용 기간 동안 "나이절이 근면했으며 직무를 정직하게 신념을 다해 수행했다"고 적힌 추천서를 써 주겠다고 했다. 나이절로서는 누구와도 합의사항에 대해 논하지 않고 금융감독청을 떠나게 된 저간의 상황들을 누설하지 않겠다고 약속하기만 하면 됐다.

여름이 퇴색하고 가을이 완연할 즈음, 나이절은 샬럿의 콜체스터 집 근처에 있는 올드 시지 하우스Old Siege House로 샬럿과 몇몇 친구들을 초대했다. 올드 시지 하우스는 오랜 역사를 자랑하는 근사한 술집이었다. 대들보에는 의회주의자들이 왕정주의자들로부터 도시를 탈환할 때 생긴 총알 자국이 아직도 선명히 남아 있었다. 그들은 커다란 스테이크를 주문했다. 보통 때라면 씀씀이에 신중했을 나이절도 오늘만큼은 주문하는 데 거침이 없었다. 어쨌든 축하 오찬이 아닌가. 하지만 샬럿은 그에게서 어딘가 다른 기색을 느꼈다. 이것은 승리가 아니었다. 나이절은 시티에서 추방됐고 모욕당했으며 침묵을 강요당했다. 돈의 이야기는 그가 없어도, 또 그가 발견한 사실을 언급하지 않아도, 계속될 것이었다.

올드 시지 하우스에서 나이절은 즐거웠다. 그는 오래돼서 여기저기 닳은 비밀 공책에 자신의 감정을 적었다. T. S. 엘리엇T. S. Eliot의 《주머니쥐 할아버지가 들려주는 지혜로운 고양이 이야기Old Possum's Book of Practical Cats》에 나오는 시 한 편이 떠올랐다. '마카비티Macavity'9라는 제목의 시였다.

겉보기에는 번듯해(카드놀이에는 속임수를 쓴다지만).
경찰청 어느 자료에도 발자국을 남기지 않았네.
식품 창고가 털리거나 보석상자가 털렸을 때,

우유가 없어지거나 페키니즈의 입이 막혔을 때,

온실 유리가 까지거나 격자 울타리가 박살 났을 때,

아아, 불가사의한 일일세! 마카비티는 거기 없다네!*

　　나이절은 시티 감독기관이 "사람들이 런던의 금융기관들을 이용해 그들 조국의 동포들을 등쳐먹지 못하도록 세계 경찰"[10]과 같은 역할을 해야 한다고 믿었다. 하지만 그러기는커녕 시티 감독기관은 "사기꾼들의 편"으로 전락했다고 나이절은 결론 내렸다.

---

*　　T. S. 엘리엇, 《주머니쥐 할아버지가 들려주는 지혜로운 고양이 이야기》, 이주희 역, 시공주니어, 2019, p.48.

승자

• *Winners* •

2016년 11월 8일 자정이 다가올 무렵, 펠릭스 세이터는 자신을 태우고 갈 택시를 롱아일랜드 집으로 불렀다. 적어도 펠릭스가 느끼기에 그날 밤 뉴욕의 공기에는 무언가 새롭고 오싹할 정도로 기이한 에너지가 감돌았다. 비밀들의 게임에서 그의 가치는 이제 막 최고조에 달한 참이었다.

펠릭스는 이미 최고 수준의 게임 참가자였다. 케네스 라키셰프의 BTA 은행은 아블랴조프와 일리야스, 그리고 그들의 돈을 추적해서 미국 법원에 넘겨주는 것을 돕는 대가로 펠릭스에게 거금 백만 달러를 지불하고 있었다. 펠릭스는 론 와히드의 사설 정보업체 아카넘과 비밀 계약을 맺은 다음 그 대금을 아카넘을 통해 넘겨받았다. 와히드는 자칭 첩보전의 대가였지만, 그의 직원들은 중대한 실수를 범했던 것으로 보였다. 유리한 증언을 하도록 목격자에게 금전적 대가를 지불하는 행위는 미국에서 범죄였다. 물론 범죄인 줄 모르고 그랬다는 것을 판사에게 납득시킬 수 있는 경우라면 예외였다. 이러 저러한 기업비밀이 오래 유지될 수 있었던 것도 그 덕분이었다. 비밀 거래의 당사자는 살아 숨 쉬는 사기꾼 펠릭스 세이터가 아니라 그의 유령회사였다.[1] 와히드의 직원들은 유령회사의 소유주가 누구인지 알고 있었다.[2] 그러나 그 사실을 BTA의 미국 변호사들에게 말하지 않았고 그들도 묻지 않았다. 그럼에도 BTA는 이 유령회사에 매달 십만 달러씩 꼬박꼬박 지불하고 있었다.

펠릭스는 증인석에서 자신이 일리야스를 배신한 것이 아니라 일리야스가 자신을 배신했다고 분명히 밝혔다. 저 신시내티의 거지소굴 같던 상가 갈취 건에 대한 질문을 받자, 그는 "거래가 한창 진행 중일 때 일리야스는 저를 물 먹이려 했습니다. 우리의 사업적 관계가 깨져 버린 것도 그 때문입니다"[3]라고 말했다. "저는 응당 받아야 할 저의 정당한 권리를 확실히 하고 싶었습니다." 지금 나자르바예프 편으로 넘어간 것이야말로 배신이라고 말하고 싶은가? 당신이 그렇게 말한다면 그건 당신이 우리가 거하고 있는 새로운 세계를 이해하지 못하기 때문일 것이다. 그가 빼앗아서 숨기고 세탁한 다음 마구 뒤섞어 버린 돈의 주인들은 서로 적처럼 보일 수도 있다. 일리야스가 진실을 말하고 있고, 정말로 그의 돈이 푸틴에게 등을 돌린 러시아 관료 겐나디 페텔린에게서 나온 것이었다고 가정해 보자. 펠릭스가 아이슬란드 투자자들로부터 수백만 달러를 끌어올 때 문제가 되지 않았을까? 그의 재무 담당자가 자랑스럽게 상기시켰듯이 그들의 투자금은 푸틴의 총애를 받는 러시아인들에게서 나온 것이었으니 말이다. 혹은 정말로 일리야스가, 나자르바예프가 가장 증오하는 적, 무흐타르 아블랴조프라는 그의 장인의 간판 노릇을 하는 인물에 불과했다고 가정해 보자. 그럴 경우 일리야스와 거래하는 것만으로도, 칸의 궁정에서 가장 충성스러운 올리가르히 가운데 하나인 트리오의 일원, 사샤의 후원을 얻는 일은 확실히 불가능하지 않았겠는가? 빅토르 크라푸노프는 트리오가 일리야스에게 나자르바예프의 살해 협박 메시지를 전달했다고 주장했다. 그런데 일리야스는 자신의 누이에게 펠릭스의 회사가 지은 맨해튼의 아파트들을 300만 달러에 구입하라고 했다. 한 면만 보면 펠릭스는 서로 증오하는 잔인한 놈들의 재산을 취급한 셈이니 심각한 위험을 자초하고 있었다고 할 수 있다. 그러나 펠릭스가 좋아하는 말대로, 서방의 눈으로 상황을 보면 오해하기 십상이다. 그렇다. 위험한 건 맞았다. 하지만 궁극적으로 이 모든 인물에게는 다른 점보다 공통점이 더 많았다. 그들은 모두 그들 자신이 소유한 돈의 과거에서 달아나려고 전전긍긍하는 중이었다. 누가 오늘 주도권을 쥐고 있든, 그가 오늘의 승자인 까닭은 그가 자신의 과거는 묻어 버리고 라이벌의 과거는 폭로하는 식으로 돈의 과거를 가장 잘 통제한 사람이었기 때문에, 또 그럼으로써 누가 용감한 애국자고 누가 도둑인지를 결정할 수 있는 권한이 그에게 주어졌기 때문이다. 내일, 과거의 균형은 바뀔 수도 있었다. 펠릭스건 아니면 부정한 돈을 취급하는 다른 어떤 자금업자건 그들이 힘의 균형을 바꾸겠다고 마음만 먹는다면 얼마든지 가능한 일이었다. 자신이 받아 마땅한 적절한 보상을 되찾기 위해, 펠릭스는 일리야스와 아블랴조프 반대편으로 힘의 균형을 이동시키기로 마음을 정했다.

펠릭스는 BTA 은행과 알마티 시 당국이 고용한 뉴욕 법률회사 보이스 실러Boies Schiller가 이끄는 팀의 일원이 되었다. 은행과 시 당국은 미국 법원에 아블랴조프와 크라푸노프 부부가 그들로부터 훔쳐 달아난 막대한 금액을 그들이 되찾을 수 있도록 도와달라고 청원을 넣었다. 그들의 주장에 따르면 아블랴조프는 BTA 소유주 시절에, 크라푸노프 부부는 일리야스의 아버지인 빅토르 크라푸노프가 알마티의 시장이던 시절에 각각 엄청난 금액을 횡령했으며, 일리야스가 아블랴조프의 딸 마디나와 결혼한 지금은 그들과 함께 파렴치한 행동을 일삼고 있다고 했다. 이야기는 꼬리에 꼬리를 물며 순식간에 거의 저절로 완성됐다. 일리야스는 미국 내 부동산투자 협의를 진행할 때 '엘비스 엘비스Elvis Elvis'라는 이름의 이메일 계정을 사용해 왔다. 뉴욕의 한 부동산 개발업자는 그를 '페드로'라 불렀다. 일리야스는 돈을 이동시킬 때마다, 여러 조세도피처와 은닉처에 마련해 둔 유령회사 한 곳에서 다른 곳으로, 또 다른 곳으로, 또 또 다른 곳으로 옮기는 방법을 썼다. 때로는 여섯 번에 걸쳐 자금을 이동시키기도 했다. FBME라 불리는 은행이 자금 이전을 관리했다. 1982년에 한 레바논 가족이 설립한 FBME는 키프로스에서, 케이맨제도로, 다시 탄자니아로 본점을 이전해 왔다. FBME 은행가들이 탄자니아에서 사업으로 한창 재미를 보던 2014년, 미국 재부무 정보요원들은 FBME 은행이 특히 마약 밀매자, 온라인 사기꾼부터 적도기니를 통치하는 클렙토크라트의 아들, 헤즈볼라Hezbollah*까지 애용하는 대규모 자금세

---

* 신(神)의 당(黨), 이슬람 지하드라고도 한다. 이란 정보기관의 배후 조정을 받는 4000여 명의 대원을 거느린 중동 최대의 교전 단체이면서 레바논의 정당조직이다.

탁 조직이라고 폭로했다.[4] 일리야스도 장인처럼 법정을 속여 먹으려고 작정한 사람처럼 보였다. 그는 자신의 암호화된 이메일 계정들의 비밀번호가 기억나지 않으며 건망증을 앓고 있다고 주장했다. 한 판사는 그런 주장에 대해 "솔직히 믿을 수 없다"[5]고 말했다.

펠릭스의 말이 곧 보이스 실러의 말이었다. 보이스 실러의 설명에 따르면[6], 2013년에 호사스러운 니스의 은신처에서 발각된 아블랴조프는 모든 자산을 정리하여 자신의 본국 송환을 저지하기 위한 싸움에 끌어모을 수 있는 모든 현금을 찾아내라고 지시했다. 그러나 일리야스는 펠릭스를 비롯한 다른 파트너들을 속여 왔다. BTA가 제기한 런던 소송에서 영국 판사는 전 세계에 흩어져 있는 아블랴조프의 자산을 동전 한 닢까지 동결하라는 명령을 내렸다. 만약 일리야스의 돈이 아블랴조프의 돈이라면, 일리야스는 자산 동결 명령을 어긴 것이 됐다. 따라서 궐석재판에 회부되어 있었던 일리야스 역시 법정모욕죄 판결을 받을 수도 있었다. 궐석재판에서 BTA 변호사들이 그들의 도둑질 무용담에서 일리야스가 담당한 악행들을 시간을 들여 상세히 설명할 수 있었기 때문이다.

일리야스도 아블랴조프와 같은 문제에 직면해 있었다. 욕심 많은 독재자를 피해 보호를 목적으로 돈을 숨기는 행위와 도둑질했기 때문에 돈을 숨기는 행위를 구별하기란 쉽지 않았다. 보호를 위해 층층이 기업이라는 위장술로 둘러싼 당신의 돈이 정말로 깨끗하다고 하더라도, 당신을 해치려는 자들이 당신에게 유령회사가 존재한다는 이야기를 백지에 쓰는 순간 당신은 덫에 걸리게 되어 있다. 그 이야기를 반박하기 위해서는 위장한 껍질을 벗기는 수밖에 없다. 하지만 그럴 경우, 정확히 그들이 원했던 것, 즉 당신의 돈이 가진 비밀 또한 드러나게 된다. 일리야스는 그가 사실을 둘러싼 전쟁이 아니라 서사를 둘러싼 전쟁에 참여하고 있다는 것을 너무 늦게 깨달았다.

론 와히드의 사설 스파이들은 펠릭스를 조종했을 뿐 아니라, 일리야스의 예전 동맹자 가운데 배신할 수도 있을 법한 사람들을 물색해 왔다. 일리야스의 부동산 자산 펀드에서 거래 담당자 중 하나였던 니콜라 부르Nicolas Bourg는 BTA 변호사들로부터 고발하지 않겠다는 약속을 받고 편을 바꿨다.[7] 그는 일리야스의 돈이 사실상 아블랴조프의 돈이라고 진술했다.[8] 로랑 푸쉐 역시 같은 거래를 했다.[9] 푸쉐는 일리야스의 부동산 프로젝트 관련 담당 변호사로 알마와 알루아가 납치된 직후의 저 암울했던 로마에서의 시간을 일리야스와 마디나와 함께 보내기도 했었다. 이제 푸쉐는 다른 방면으로도 자신의 유용성을 입증하고 있었다.[10] 2016년 6월, 그는 일리야스의 전 비서였던 루마니아인 알리나 자하리아Alina Zaharia와 제네바의 한 카페에서 만나기로 했다. 알리나가 후일 그때 일을 회상한 바에 따르면, 푸쉐는 영국과 미국에서 일리야스를 상대로 형사소송이 진행 중이라는 사실을 그녀에게 알려주며 공포심을 조장했다.[11] 그는 자기로 말할 것 같으면, 검찰에게 협력하는 대가로 그가 일리야스와 함께 일했을 때 배후에서 진행했던 일들에 대한 고발을 면제받았다고 하면서 그녀에게도 같은 일을 하라고 권했다. 그녀는 할 수 있는 한 전면적으로 협조하거나, 소송에 휘말리는 위험을 감수하거나 둘 중 하나를 선택할 수밖에 없었다. 알리나는 그러지 않아도 위태로운 상황이었다. 그녀는 심리적으로 위축되었고, 실직했으며, 스위스 체류 허가도 만료된 상태였다. 거기다 형사사건 조사로 체포될지도 모른다고 생각하니 공포가 밀려왔다. 그녀는 런던으로 와서 조사를 받으라는 푸쉐의 요청을 받아들였다. 그는 이메일로 6월 24일자 런던행 비행기 티켓과 함께 같은 날 귀국하는 티켓도 보냈다. 런던에서 알리나는 어떤 사무실로 찾아갔다. 한 남자가 자신을 소개했다. 아프리카계 미국인으로 콧수염을 길렀고 직사각형의 검정테 안경을 착용하고 있었다. 그는 정확하고 조리 있게 말하며, 그녀에게 명함을 내밀었다.[12] 명함에는 아카넘의 전무이사이자 참모장 캘빈 험프리 Calvin R. Humphrey라고 적혀 있었다.

험프리는 론 와히드가 그의 용병 첩보 회사에 고용한 전직 미국 정부 관료 중 한 명이었다. 아카넘 웹사이트에 올라온 그의 이력에 따르면, 그는 "미국 정보당국Intelligence Community에서 출중한 경력을 쌓아 왔다." 여기에는 하원 상설정보특별위원회House of Representatives' permanent select committee on intelligence 상임고문으로 오랜 기간 재직해 온 것도 포함되었다. 거기에 더해, 그는 CIACentral Intelligence Agency가 기관 외부 인사에게 수여하는 실 메달리언Seal Medallion과 국가안전보장회의National Security Agency의 트레일블레이저 어워드Trailblazer Award를 수상한 전적도 보유했다. 물론 그의 별명이 '작전 중인 캘빈Calvin in Action' 이라는 뜻의 CIA라는 것은 언급되어 있지 않았다.

험프리는 알리나에게 자신이 사설 조사기관에서 일한다고 말하면서, 일리야스의 자금세탁 건이 현재 영국과 미국에서 형사사건으로 심리 중이라고 덧붙였다. 실제 그러한 사건은 존재하지 않았지만, 알리나로서는 그러한 사실을 알 리 없었다. 그러면서 만약 이 형사소송 사건에 휘말리기를 원하지 않는다면, 자신의 질문에 답해야 한다고 했다. 그녀는 그러겠다고 대답했다. 험프리는 녹음기를 켜고 알리나에게 일리야스에 대해, 그의 가족과 친구, 업무에 대해 질문했다. 그는 일리야스의 커뮤니케이션 스타일, 일리야스가 암호화된 소프트웨어를 사용했는지의 여부, 어떤 것이라도 좋으니 알리나가 일리야스의 이메일 중 자신에게 넘겨줄 수 있는 것이 있는지 등을 물었다. 험프리는 일리야스가 헬리콥터와 드론을 이용해 카자흐스탄에 공중폭격을 감행한 다음 권력을 장악하려 할지도 모르는데, 혹시 그 계획에 대해서는 뭔가 알고 있는 것이 없냐고도 물었다. 그 질문에 깜짝 놀란 알리나는 들어본 적도 없다고 말했다. 끝으로 험프리는 이 만남에 대해 일리야스에게 결코 말해서는 안 된다고 강력히 경고했다. 일리야스가 지속적인 감시를 받고 있기 때문에, 그녀도 심각한 문제에 봉착할 수 있으며 심지어 공범 취급을 받을 수도 있다고 했다.

...

승자를 선택하는 문제에 관한 한, 펠릭스 세이터는 자신의 이해관계와 CIA, FBI의 이해관계를 한데 엮는 법을 파악했었던 때만큼이나 적절한 카자흐스탄인을 선택했다는 사실에 만족했다. 이제 모두에게 그 어느 때보다 대담했던 내기의 대미를 장식할 순간이 왔다. 그는 그곳에서 그 순간을 직접 목격하고 싶었다.

그를 태우고 갈 택시가 도착했다.[13]

"어서 오세요. 안녕하십니까?" 택시기사가 말했다.

"내가 누군지 아시오?" 펠리스가 물었다.

"아니요, 손님이 어떤 분이신지 잘 모르겠습니다."

펠릭스는 택시기사에게 명함을 보여 줬다. 그러자 택시기사는 명함을 보여 주는 걸 보니 VIP이신가 보다고 생각했다. 그들은 미드타운을 향해 출발했다. 다리를 건넜다. 그 다리를 건너 러시아인이라는 자신의 정체성을 형성시킨 브라이튼 비치를 떠났고 맨해튼의 금융맨이 되었었다. 펠릭스와 택시기사는 대이변과도 같던 그날 저녁의 엄청난 사건*에 대해 잠시 이야기를 나눴다. 하지만 펠릭스는 승차 시간 대부분을 러시아어로 전화하는 데 보냈다. 택시가 센트럴 파크 쪽으로 가고 있었다. 센트럴 파크에서 몇 블록만 내려가면 펠릭스가 수년간 드나들던 그 술집이 나왔다. 마르가리타 잔을 쥔 손으로 다른 손님의 얼굴을 내리쳐서 상처를 봉합하는 데만 100바늘이나 꿰매게 했던 바로 그 술집이었다. 그 순간이 그를 지금의 비밀로 가득한 인생으로 내몰았다. 택시가 힐튼 호텔 앞에 멈췄다. 펠릭스는 방을 예약해 뒀다. 하지만 지금 호텔에 있는 사람 중에 잠들 생각이 있는 사람은 아무도 없었다.

홍분이 거의 3시간에 걸쳐 서서히 고조되더니, 마침내 힐튼 호텔 연회장 전체가 웅웅거리기 시작했다. 마치 맨해튼 6번가의 이 박스 모양 번데기로부터 지금까지 본 적 없는 진실되고 아름다운 존재

---

* 2016년 11월 8일 치러진 미국 대통령선거로, 도널드 트럼프가 제45대 대통령으로 당선됐다. 미국 240년 역사에서 공직 경험이 없는 아웃사이더가 대통령에 선출된 것은 처음으로, 트럼프가 2017년 1월 20일 취임하면서 미국 사상 최고령(만 70세) 대통령이라는 기록도 세웠다.

가 폭발하듯 모습을 드러낼 것만 같았다. 새벽 3시가 되기 10분 전, 드디어 때가 왔다. 변태^metamorphosis가 완성됐다.

연회장은 음악으로 넘쳐흘렀다. 멋진 미국 음악이, 영화 〈에어 포스 원^Air Force One〉의 주제곡이 흘러나왔다. 정신 나간 러시아인이 미국 대통령을 인질로 붙잡는 정말 말도 안 되는 영화보다 더 말도 안 되는 순간들을 거쳐, 펠릭스는 오늘 밤 여기에 이르렀다. 그때 그가 나타났다. 오늘의 승자, 현실 세계의 스타가 위풍당당한 모습으로 단상에 올라 사람들에게 손을 흔들고 있었다. 부정한 돈을 탈바꿈시키는 펠릭스 세이터의 마법 물약에서 마지막 결정적 한 방울이 될 그의 이름, 도널드 트럼프^Donald J. Trump였다.

성자인가, 죄인인가

— • *Saint or Sinner* • —

2016년 12월, 프랑스 파리

(**34**)

법정에서 수명판사juge rapporteur*가 일어섰다. 수명판사의 역할은 법원의 판결을 밝히는 것이 아니었다. 판결은 재판이 끝날 때 내려질 것이었다. 판사는 법원이 청취해 온 증거 보고서를 읽으려 하고 있었다. 그러나 피터 살라스는 판사가 읽어 내려갈 보고서의 내용으로 (물론 판사가 작성한 내용의 주인공은 무흐타르 아블랴조프였다) 법원이 자신의 이야기와 나자르바예프의 이야기 중 어떤 것을 선택하기로 했는지를 간파할 수 있을 터였다. 그는 법정을 둘러봤다. 2016년 12월 9일이었다. 미국은 대선에서 트럼프를 선택했고, 영국인들은 브렉시트에 찬성했으며, 러시아는 동유럽 여러 지역으로 슬그머니 밀고 들어

---

* 수명판사는 재판부가 합의체(재판장+합의부원)인 사건에서 등장한다. 합의체는 그 구성법 관 중 1인에게 일정 사항 처리를 위임할 수 있는데, 이때 화해 권고, (법원 외) 증거조사, (당사자 이의 없는) 중인신문, 변론준비절차 진행 등을 위임받은 판사를 수명판사라 한다.

갔지만, 그것에 대해 누구도 별다른 행동을 취하지 않았다. 토론토의 소년 시절부터 소중히 여겨 왔고 체코의 병영으로 숨어들면서까지 싸워 얻으려 했던 자유주의 질서를 지키기 위해, 피터는 바실리 알렉사니안을 감옥에서 꺼내는 수고를 마다하지 않았으며 카자흐 클렙토크라트가 적의 아내와 아이를 납치했을 때 로마로 달려갔다. 그런 자유주의 질서가 지금 죽어 가고 있었다. 그러나 그는 오늘 여기, 자유주의 질서를 수호하는 성전의 벨벳 쿠션 의자에 앉아 있었다. 프랑스 정부 업무를 처리하는 최고 행정법원 국참사원conseil d'état 의 공판정 벽은 로열레드 빛깔로 칠해져 있었으며 벽 가장자리는 저울과 칼, 등불과 모래시계 같은 정의의 상징물로 화려하게 장식되어 있었다. 'suum cuique'라는 글귀도 새겨져 있었다. '각자에게 각자의 몫을'이라는 의미의 라틴어였다.

피터는 마디나를 건너다 봤다. 교도소 접견실 전화기 너머로 아버지에게 판결을 전하게 될 사람도 그녀였다. 트레포 윌리엄스가 니스의 저택에 숨어 있던 아블랴조프를 찾아낸 후로, 아블랴조프는 프랑스 교도소에 감금된 상태였다. 처음에는 남부 교도소에 수감되었지만 지금은 플뢰리-메로지 교도소Fleury-Mérogis로 이감되었다. 파리 외곽의 황폐한 지역에 들어선 이 육각형의 무시무시한 건물은 테러리스트를 비롯한 위험 용의자들을 감금하는 곳으로 유명했다. 테러리스트, 그것이 아블랴조프에게 대외적으로 덧씌워진 이미지였다. 카자흐스탄 정부는 이 탈주범이 자포자기하는 심정에 폭력 음모를 꾸미고 있을지도 모른다는 식의 모호한 경고를 유럽 법집행기관들에 해 왔다. 아블랴조프가 송환 심리 장소에 무장 경비요원을 대동하고 들어서는 장면이 찍힌 사진들이 이 불명예스러운 올리가르히의 대표 이미지가 된 지 오래였다. 이제 그의 감금 생활도 30개월째로 접어들고 있었다. 그를 달아나게 만든 영국의 법정모독죄 판결 기간보다 8개월이나 긴 시간이었다.

2013년 5월, 납치된 어머니와 여동생이 카자흐스탄에 착륙했다는 소식에 마디나가 로마의 호텔 로비에 주저앉아 버린 모습을 지켜봤던 그 이튿날 아침부터 피터는 그들을 돌아오게 하는 일에 착수했다. 그러기 위해서는 그들의 송환이 불법 이민자의 통상적인 국외 추방 사건에 불과하다는 공식 입장이 틀렸음을 입증해야 했다. 그와 이탈리아 변호사들은 두 차례의 급습을 목격한 사람들을 모두 찾아다니며 인터뷰했다. 경찰은 첫 번째 습격에서 알마를 잡아갔고, 소녀를 잡아가기 위해 두 번째 습격을 감행했다. 경찰은 그 과정에서 사실상의 위법 행위가 일어나지 않도록 적법절차를 따르는 일에 조금도 관심이 없었던 것 같았다. 그들은 전화기와 아이패드를 비롯해 그들이 압수한 증거품 목록을 작성하지도 않았다. 그것만으로도 습격의 정당성에 의문을 제기하기에 충분했다. 마디나 측 변호인단은 경찰의 불법 습격을 주장했다. 피터와 함께 일하던 젊은 이탈리아 변호사는 습격에 문제가 제기되는 순간, 사건 파일이 로마의 경찰본청에서 같은 건물의 몇 층 위에 있는 법원 행정처로 이관된다는 사실을 잘 알고 있었다. 그러면 변호사들은 신청을 통해 사건 파일을 열람할 수 있었다. 피터는 영리한 청년이라고 생각하며 그 젊은 변호사를 경찰본청 바로 위에 있는 법원 행정처로 서둘러 보냈다. 그는 300페이지에 달하는 사건 파일을 손에 넣었는데, 경찰이 검열 삭제하는 것을 깜박 잊었거나 아니면 성가셔서 그대로 둔 파일이라는 사실을 금방 알 수 있었다. 피터는 재빨리 문서들을 복사하게 해서 사건 파일을 확보했다. 피터는 노다지를 얻었다고 생각했다. 파일로 단순한 강제 추방이 아닌 납치 공모 상황이 드러날 것이었다.

그러나 나자르바예프가 알마와 알루아를 풀어 주도록 강제할 수 있는 법적 장치는 존재하지 않았다. 카자흐스탄에 도착하자마자 알마와 알루아는 알마티에 있는 알마의 부모님 집에 가택연금 상태로 감금되었다. 거기에서 알마는 취조를 위해 다른 곳으로 끌려갔다. 돌아와서 알마는 마다나에게 전화를 걸어 그들이 알마는 감옥으로 알루아는 고아원으로 가게 될 거라고 말했다고 전했다. 그런 일을 당하고 싶지 않으면, 자기들에게 아블랴조프가 있는 곳을 대는 방법도 있다고 했다. 알마는 알루아에게 전화기를 넘겼다. 소녀는 울었다. 알마 가족이 카자흐스탄을 떠날 때 알루아는 아직 아기였었다. 그러다 보니 조부모를 기억하지 못했다. 알루아는 마다나에게 그곳에 있고 싶지 않다고 말했다. 알루아는 로마의 학교에서 열리는 연말 콘서트에 참석하지 못해 슬펐다. 콘서트를 준비하며 이미 이탈리아 노래 전곡을 배운 뒤였기 때문에 더 그랬다. 알루아는 언제 집에 돌아갈 수 있냐고 물었다. 피터 살라스는 법에 의지하는 것만으로는 그들을 집으로 돌아오게 할 수 없다는 사실을 깨달았다. 피터는 여론 법정에 호소하는 수밖에 없다고 마음먹었다.

자신의 사업 관계자인 일리야스를 돕는 데 열심이던 펠릭스 세이터는 피터에게 자신이 알고 있는 〈라 스탐파*La Stampa*〉의 기자를 연결해 주었다. 신문은 "깡패처럼 보이는 자들이 알마를 데려갔다"라는 제목으로 특집기사를 실었다. 머리를 땋아 늘인 작은 여자아이 알루아의 사진도 실렸다. 피터는 경찰 사건파일을 〈파이낸셜타임스〉의 로마 통신원 기 딘모레Guy Dinmore에게도 전달했다. 그들은 한 호텔에서 만났다. 딘모레는 배낭에 자료들을 넣은 다음 모터바이크를 타고 사무실로 돌아갔다. 가는 길에 그는 누가 따라오고 있다는 사실을 알아챘다. 미행자는 위협적인 뒷모습을 보이며 스쿠터의 속도를 힘껏 올리며 그를 스쳐 지나갔다. 일단 딘모레가 납치 기사를 내보내기 시작하자 카자흐스탄 정부가 고용한 런던의 홍보회사 포틀랜드로부터 거센 항의 전화가 걸려 왔다. 아블랴조프는 은신처에서 한 이탈리아 신문과 인터뷰를 진행했다. 인터뷰에서 그는 이탈리아 총리 엔리코 레타Enrico Letta에게 다음과 같이 호소했다. "친애하는 총리 각하께, 당신의 아내와 아이들에 대해 생각해 보라는 말씀을 드리고 싶습니다. 당신은 아내와 아이들이 당신의 정적들에게 인질로 잡혀 당신의 정치적 싸움에서 볼모로 이용되는 상황을 상상이나 하실 수 있겠습니까? 그것이 바로 제게 일어난 일입니다. 총리 각하, 저는 당신이 이 야비한 사건의 진상을 밝히기 위해 용기와 신념, 힘을 보여 주시기를 간절히 바랍니다."[1]

피터 살라스는 자신이 이탈리아에 정치적 스캔들을 일으키고 있음을 깨달았다. UN은 이 사건이, 2003년 CIA와 이탈리아 정보부가 밀라노의 이슬람 지도자 아부 오마르Abu Omar를 납치해서 이집트로 송환해 고문당하게 했던 사건 이후로 이탈리아에서 처음 발생한 비정상적인 범죄인 인도 사례라고 선언했다.[2] 한창 인기몰이를 하던 이탈리아의 좌익 포퓰리즘 정당 오성당Five Star은 납치 이야기에 달려들더니 레타의 연립 정부를 공격하는 데 이용했다. 레타 총리는 이 사건이 이탈리아에 "곤혹스러움과 불명예"를 안겨주었다고 말했다. 총리를 역임한 실비오 베를루스코니^Silvio Berlusconi의 수하로 알려진 내무부 장관 안젤리노 알파노^Angelino Alfano는 불신임투표에서 살아남았지만, 그의 핵심 참모는 납치사건 직전 카자흐스탄 외교관들과 만난 것이 발각되어 파면되었다.[3]

피터는 파리의 집과 로마를 오갔다. 비행기를 탈 때마다 사람들이 신문으로 카자흐스탄 기사를 읽는 모습이 보였다. 여론 법정은 사건을 나름대로 재구성하는 중이었다. 경찰 50명이 반체제 인사의 아내와 딸을 납치해서 수상쩍을 정도로 급하게 그들을 카자흐스탄 외교관 2인에게 넘겨줬는데, 이들은 이미 카자흐스탄으로 날아갈 전용기를 준비해 둔 상태였다더라, 이것이야말로 석유부자인 독재자의 환심을 사려는 추잡한 시도가 아니고 뭐겠는가 하는 식이었다. 하지만 이탈리아 정부는 좀처럼 사건을 있는 그대로 연결해 보려 하지 않았다. 금융위기는 경기 침체를 가져왔고, 경기 침체로 국가 채무불이행의 위기가 닥쳤다. 그리스는 이미 국가부도 상태였다. 유로존의 세 번째 경제 대국 이탈리아도 그리스의 전철을 밟을 수 있었다. 납치 스캔들이 정부를 위협하자, 이탈리아의 대통령이자 존경받는 정치인이던 조르조 나폴리타노^Giorgio Napolitano는 "국제관계와 금융시장의 여파가 우리 이탈리아에도 조만간 가시화될지 모르며 그로 인해 회복 불가능한 상태에 빠질 수도 있다"[4]고 경고했다. 빌어먹을. 피터는 생각했다. 유로화를 싹 다 찢어 버렸어야 하는 건데.

물론 그는 그러지 못했으며, 아블랴조프 사건도 상시 비상 상태라서 낮이든 밤이든 피터를 잡고 놓아 주지 않았다. 나폴리타노의 담화 후에 피터는 이탈리아에서만큼은 자신들이 이길 거라는 생각이 들기 시작했다. 그리고 2주 후, 아블랴조프가 니스에서 체포되었다. 피터는 프랑스로 날아가 교도소 안에서 그를 접견했다. 피터가이 올리가르히와 만나는 것은 2009년 타워 42에서 그의 인생 이야기를 들었을 때 이후로 처음이었다. 피터는 아블랴조프에게 이런 상황에서 다시 만나게 되기를 기대하지는 않았지만, 어쨌든 다시 만나서 반갑다고 말했다. 그때부터 피터는 아블랴조프를 자주 방문했다. 교도소를 오가기 위해 운전사를 고용할 정도였다.

피터는 아블랴조프의 체포로 카자흐스탄 정부의 셈법에 변화가생겼다는 것을 알 수 있었다. 알마와 알루아가 납치당했을 때, 그들은 매우 유용한 인질이었다. 하지만 이제 그들을 계속 억류하기에는치러야 하는 대가가 점점 커지고 있었다. 더욱이 카자흐스탄 정부가 은행에서 사라진 돈 수십억 달러에 대한 책임을 물어 아블랴조프의 송환을 고집한다면 그가 빠져나갈 수 있는 가능성은 희박했다. 카자흐스탄은 프랑스와 상호 범죄인 인도 조약을 체결하지 않았다. 하지만 러시아와 우크라이나는 조약을 체결했고, 그에 따라 자국 내 BTA 자회사들의 횡령 책임을 묻는다며 아블랴조프를 넘겨달라고 정중히 요청해 둔 상황이었다. 아블랴조프가 송환을 피할 수 있는 유일한 방법은 송환의 동기가 소위 그의 금융 범죄를 조사하기 위함이 아니라 그저 그를 다시 카자흐스탄에 넘겨줌으로써 나자르바예프의 적을 침묵시키기 위함이라는 사실을 프랑스 당국에 납득시키는 것뿐이었다. 그러한 주장을 펴는 데 그의 아내와 딸이 납치되었다는 사실을 지적하는 것보다 더 좋은 논거가 있을까? 2013년 12월, 알마와 알루아는 이탈리아로 돌아왔고, 이탈리아 정부는 참회의 대가인지 그들에게 망명자 신분을 부여했다.

그런데도 여전히 이탈리아에서 벌어진 납치사건은 아블랴조프가 반체제 인사라는 피터의 서사에 힘을 실어 줬다. 하지만 영국에서 진행되고 있는 사태의 추이는 그와 정반대로 아블랴조프가 사기꾼이라는 서사로 흐르고 있었다. 2014년 4월, 이탈리아 정부가 알마에게 망명자 신분을 부여한 바로 그때 영국 정부는 아블랴조프의 망명자 신분을 박탈했다. 어쨌든 영국의 상업 법정은 그를 BTA 은행으로부터 40억 달러를 훔쳐 달아난 도망자로 여기고 있었다. 그러나 얼마 지나지 않아 피터는 자신의 이야기를 뒷받침할 수 있는 얼마간의 정황 증거를 얻을 수 있었다. 8월에 온라인상에 등장한 출처 불명의 웹사이트 덕분이었다.[5] 워드프레스Wordpress 블로그 사이트에 나타난 이 웹페이지를 사람들은 카자워드Kazaword라 불렀다. 카자워드에는 파일 링크가 올라와 있었는데, 그곳으로 누군가가 나자르바예프 체제의 가장 유력한 몇몇 인사의 전자우편 수신함을 해킹하여 얻은 장장 70기가바이트에 달하는 이메일과 문서들을 업로드하기 시작했다.

아블랴조프의 대의에 동의하는 일부 지지자가 해킹을 사주한 것이라면, 그들이 해킹 내용을 온라인에 공개하기로 한 것은 매우 현명한 일이었다. 그것은 인터넷 시대에 거액을 둘러싼 논쟁에서 점차 보편화되고 있던 묘책이었다. 만약 당신이 해킹을 비롯한 여러 방법으로 적의 사적인 문서들을 빼냈다면, 법원에 제시해서 불법적

으로 획득했다는 이유로 정보가 무효화되는 위험을 감수하기보다
는 먼저 온라인에 게시하는 것이 더 낫다. 그러면 당신의 변호사는
판사에게 그 정보를 그저 인터넷에서 발견했을 뿐이라고 말할 수 있
다. 카자흐스탄 정부는 미국 법원에 페이스북이 카자워드 자료를 내
리도록 강제해 달라며 소송을 제기함으로써 부주의하게도 문제를
복잡하게 만들었다.[6] 결과적으로 그들은 표현의 자유를 규정한 미
국 수정헌법 제1조First Amendment에 따라 재판에서 패소한 데다 유출
된 이메일들이 진짜라는 사실을 확인해 준 꼴이 되었다.[7]

　　카자워드 파일은 너무나 방대해서 전체를 다 읽는다는 건 불가
능했다. 하지만 피터와 보타, 일리야스는 아블랴조프와 관련된 것
들만 찾아냈다. 그들은 발견한 문서들에 아연실색했다. 해킹된 문서
중에는 BTA 은행 국유화 보고서도 있었다. 거기에는 아블랴조프 본
인을 포함해 아블랴조프의 돈과 대중적 이미지를 쫓느라 2009년부
터 2014년까지 고용한 변호사, 컨설턴트, 회계사, 로비스트, 사설탐
정과 홍보 전문가들에게 얼마나 많은 비용이 들었는지도 나와 있었
다. 총액을 더해 보면 거의 5억 달러에 달했다.[8] 이는 트리오를 수사
중이던 영국의 중대사기수사국이 같은 기간 지출한 전체 예산의 1.5
배를 넘는 금액이었다. 호건 러벨스와 딜리전스, 포틀랜드에 대한
비용도 그 돈에서 지불됐다. 이 회사들은 BTA 은행이 아블랴조프가
부정 이득으로 재산을 불렸으므로 영국 법원을 이용해 그의 재산을
압류해야 한다는 캠페인을 벌일 때 동력이 되어 주었다. 하지만 카
자워드에 따르면 이들 말고 보다 은밀한 역할을 수행했던 다른 사람
들이 존재했다.

BTA 은행 컨설턴트 중에는 부상하는 시장경제학자이자 이따금 경찰 소식통 노릇도 하던 중년의 영국인 존 하월John Howell**9**이라는 사람이 있었다. 나자르바예프 체제를 위해 그는 아블랴조프의 난민 지위를 철회하도록 영국 당국에 촉구하며 수년간 로비를 벌여 왔다. 그는 아블랴조프가 평범한 무법자라는 주장에 이의를 제기했다. 운 좋게도 당시 영국 내무장관은 이 로비스트들의 주장에 호의적이었다. 테리사 메이는 일부 보수당원이 오랫동안 외국인들에게 느껴오던 불편한 심기를 정확하게 말로 표출했다. 메이 장관은 "적대적 환경"은 선뜻 떠나기를 주저하는 이민자들의 등을 떠밀어 줄 것이라고 주장했다. 2014년 초에 존 하월은 자신이 카자흐스탄의 대의를 위해 얼마나 열심히 노력하는지를 보여 주는 메모 하나를 작성했다. 그는 메이 장관이 "상당히 불쾌한" 상태라고 썼다. 메이는 "최근 몇 년간 난민제도와 규정을 남용해 온 개인들에게 내려진 망명 결정에 대해 대대적으로 '철회'할 것을" 명령했다. 하월의 메모에 따르면 "내무부 국경관리청은 MA(무흐타르 아블랴조프)에게 망명자 신분을 부여한 것과 관련하여 난처한 입장에 처했다. 그들은 자신들의 '꼴이 우스워졌으며', MA 건이 영국과 카자흐스탄 관계에 문제를 일으킬 거라고 생각했다. 더욱이 카자흐스탄과의 관계를 진전시키고 싶어 하는 데이비드 캐머런 총리는 친카자흐스탄 정책을 밀어붙이고 있었다." 실제로 캐머런 총리는 2013년에 영국 총리로는 처음으로 카자흐스탄을 방문하여 11억 달러 규모의 민간 투자계약을 체결했다.**10**

카자워드 문서를 정리하던 피터는 적들이 그의 전략을 이미 간파하고 있었다는 사실을 깨달았다. 조사와 홍보를 전문으로 하는 미국 기업 FTI 컨설팅[11]에 일을 맡긴 것은 BTA 은행이 아니라 나자르바예프 정부가 직접 고용한 시티 변호사들이 설립한 리드스미스Reed Smith 법률회사였다. 아블랴조프가 범죄인 인도를 허가한 프랑스 1심 재판부에 항소를 제기하자 FTI의 컨설턴트들은 "아블랴조프가 여론을 자신의 편으로 만들려 할 것이다"는 입장을 표명하며 반격하라고 제안했다. 그들의 제안에는, 피터가 로마에서 납치사건이 진행되는 동안 그러지 않을까 의심해 왔던 기법이 포함되어 있었다. 피터는 그것을 '정보환경 제한'이라고 불렀다. FTI 컨설턴트들은 '검색엔진 최적화'를 이용하여 아블랴조프라는 단어의 구글 검색 결과에 '반체제 인사'보다는 '사기꾼'이라는 단어가 더 많이 노출될 수 있게 하는 방안을 논의했다. 또한 겉보기에 독립적인 스위스 비정부기구에 돈을 주어 아블랴조프를 비난하는 보고서를 작성하되 표면적으로는 자발적인 것으로 보이도록 하라고 제안하기도 했다.

민간 정보산업계에게 나자르바예프의 반아블랴조프 캠페인이 노다지와도 같았다는 데에는 의심의 여지가 없었다. 카자워드 파일들은 스파이 용병들이 수백만 달러의 명세서들을 보내 왔음을 보여 줬다. 아카넘은 그중에서도 독보적이었다. 아블랴조프와 보타 자르데말리가 런던으로 도망온 직후, 론 와히드를 만난 것도 벌써 5년 전 일이었다. 당시에 와히드는 자신의 정보회사 서비스를 이용해 보라고 제안했지만 그들은 그를 고용하지 않기로 결정했었다. 보타는 와히드가 자기들한테서 흘러나온 유용한 정보를 챙겨 들고 그 즉시 카자흐스탄으로 달려간 거 아니냐고 농담을 하고는 했었다. 물론 그녀는 와히드가 나자르바예프를 위해 계속 일해 왔다는 사실을 알지 못했다.[12] 한동안 그는 슈퍼스타 스파이들을 다양하게 구색 맞추어 고용했다. [13] 이스라엘 비밀정보기관 모사드Mossad의 국장으로 8년을 재직한 메이어 다간Meir Dagan도 합류했다. 아카넘이 배포한 보도 자료에는 다간의 다음과 같은 말이 인용되어 있었다. "론 와히드 같은 특별한 사람과 함께 일할 수 있어서 영광입니다." 미국 군대에서 30년간 근무하다 특전사 부사령관으로 퇴직한 조지프 디바르톨로메오Joseph DiBartolomeo도 아카넘에 참여했다. 그는 아카넘에서 '특수작전과 비정규전 총괄국장Director of Special Operations and Irregular Warfare'이라는 직책을 받았다. 또 다른 보도자료에는 미국 국방부 출신의 제임스 클래드James Clad의 말이 실렸다. "급성장하는 세계적인 정보회사에서 론 그리고 동료들과 함께할 수 있어서 무한한 영광입니다."

와히드는 아카넘이 정확히 어떤 일을 하는지에 대해서는 말을 아꼈다. 그는 사람들에게 자신의 팀이 미국 정부로부터 "특급기밀"을 취급하도록 허가받았다고 말하고 다녔다. 그러나 아카넘은 민간 기업을 위해서도 일했고 나자르바예프 같은 독재자들을 위해서도 일했다. 아카넘은 "초국적, 지역적, 지구적 위협에 대처하는" 일을 하고 있으며 대부분 그러한 서비스는 "국가 수반이나 정부 수반에게 제공"되고 있다고 광고했다. 또한 아카넘은 "테러리즘 진압 작전"을 수행하며 "사이버 신호 정보 역량" 개발에 투자하고 있다고 했다. 와히드는 아카넘이 그 어떤 경쟁 업체보다 규모가 크다고 자랑하곤 했다.[14] 그는 아카넘의 자매회사 RJI 캐피털RJI Capital이 상업은행으로서 200억 달러 가치를 지니는 거래에 관여해 왔지만 애석하게도 신중을 기해야 하는 이유로 어떤 거래인지를 밝힐 수는 없다고 했다.

제3부. 변태

피터든 보타든 혹은 다른 누구건 간에 RJI 캐피털 웹사이트를 방문한 사람이라면 와히드가 맬릿으로 경기를 펼치는 엘리트 마상 구기 경기에 빠져 있으며, RJI 캐피털이 해롯 백화점 그룹과 해켓 그룹과 함께 영국 폴로의 날을 후원한다는 사실을 확실히 알 수 있었다. RJI 캐피털은 광고에서 "우리는 이따금 '폴로 게임의 대가'라 불립니다"[15]라고 공언했다.

와히드가 하는 일이 무엇이었든 간에 벌이는 아주 괜찮은 것 같았다. 아카넘은 워싱턴과 런던에는 사무실을, 취리히에는 성을 가지고 있었다. 와히드는 자가용 제트기를 소유했으며, 영국에 근접 경호팀과 (롤스로이스와 메르세데스벤츠 비아노 승합차를 모는) 운전사들을 두고 있었고[16], 런던 햄스테드에 대저택을 보유했다.

피터 살라스는 아카넘의 수입원 중 적어도 하나는 알 수 있었다. 카자워드에 올라온 이메일들로는 아카넘이 카자흐스탄을 위해 한 일의 상세 사항을 극히 일부만 알 수 있을 뿐이었지만, 그 일이 무척이나 수지맞는 일이었다는 것만은 확실히 알 수 있었다. 2012년 12월자 이메일에는 계약 하나로 지금까지 수령한 총금액이 370만 달러라는 언급이 등장했다. 2013년 6월에는, 와히드의 보좌관 중 한 명이 카자흐스탄 공무원들에게 아카넘 프로젝트 "랩터Raptor Ⅱ"에 대한 이메일을 보냈다. 이메일에 따르면, 실명을 거론하지 않은 프로젝트의 카자흐스탄인 "표적들"이 자금세탁을 하는 과정에서 스위스 정부에 법률적 조언을 구했다고 했다. 그러면서 다음과 같이 덧붙였다. "아카넘 정보 작업이 민감한 성격을 지니고 정보원과 체계의 존엄, 보호, 기밀을 지켜야 하는 특수성이 있는 관계로 명세서에 작전의 세부 활동들을 자세히 부연하는 것은, 그 내용이 고객의 여러 부서로 흘러나갈 우려가 있어, 가능하지도 또 현명하지도 않습니다." 피터가 보기에, 이 표적들이 누구인지는 너무도 명명백백했다.[17] 크라푸노프 부부와 그들의 아들 일리야스, 며느리 마디나 아블랴조바가 확실했다.

랩터 이메일은 아카넘이 "표적의 움직임과 스위스 내 자산 동향은 물론 (……) 사실 정보를 광범위하게 분석해" 왔다고 언급했다. 피터는 아카넘이 해킹과 염탐을 직접 수행하고 있지는 않았을 수도 있지만, 그것이 작전의 일부임에는 틀림없었다고 결론지었다. 2012년 아블랴조프가 영국으로 도망한 며칠 후에, 마디나는 회색 도요타 한 대와 회색 푸조 한 대가 제네바 근처에서 자신을 따라오고 있다는 사실을 알아차렸다.[18] 그녀는 즉시 가족의 차량을 조사했고 바닥에서 위치추적 장치를 발견했다. 그들이 산책을 나갔을 때 그녀의 아이들을 도촬하는 여성을 붙잡은 적도 있었다. 마디나와 크라푸노프 부부, 그들의 변호사들이 받은 이메일에는 45개의 안티바이러스 프로그램 가운데 겨우 2개만이 탐지할 수 있을 정도로 정교한 트로이 목마Trojan horse 스파이웨어가 마치 부비트랩처럼 탑재되어 있었다.

피터는 카자워드 자료가 아블랴조프의 본국 송환을 막으려 하는 자신의 노력에 매우 값진 역할을 할 거라는 것을 알았다. 그때까지만 해도 모든 항소에서 패소한 상황이었다. 2015년 여름, 아블랴조프의 법률팀은 프랑스 총리 마뉘엘 발스Manuel Valls의 범죄자 인도 결정 승인 여부를 기다리는 중이었다. 만약 그가 승인한다면, 아블

제3부. 변태

라조프는 국참사원에 탄원서를 제출하는 수밖에 없을 것이었다. 과거 타워 42에서 처음 만났을 때부터 아블랴조프에게 새로운 서사를 이용해야 한다고 강력히 권고해 온 사람은 다른 누구도 아닌 피터였었다. 피터는 아블랴조프가 수십억 달러를 유용했다는 은행가들의 이야기에서 그를 끄집어내 카자흐스탄의 뿌리 깊은 독재체제와 맞서는 모험담의 영웅으로 만들어야 한다고 주장했었다. 이제야말로 피터가 그 이야기를 본격적으로 전개할 기회가 찾아온 것처럼 보였다. 어쩌면, 2015년 8월 27일 0시 5분, 피터가 그저 스토리텔러 가운데 하나였던 역할을 그만두고 이야기 속 등장인물로 전환된 것도 그때문일지 몰랐다.

피터는 세실과 세 자녀와 함께 스페인에서 여름 휴가를 보내는 중이었다. 그들도 나이를 먹고 아이들도 커 가고 있었다. 그날 밤 가족은 늦게까지 안 자고 이런저런 이야기를 나누고 있었다. 피터는 옆방에서 노키아 휴대전화가 울리는 소리를 들었다. 휴대전화에는 발신번호 표시 기능이 있었다. 모르는 번호로부터 메시지가 한 통 와 있었다.[19]

친애하는 피터 살라스, 당신이 몸 바쳐 일하는 저 대머리 악당 놈에게, 그놈이 라 플뢰리^{La Fleurie}에서 근육 단련을 하는 동안 우리는 그놈과 그놈이 싸질러 귀까지 차오른 온갖 범죄를 치울 준비를 하고 있다는 말씀을 전해 주십시오. 장담컨대, 그가 로마에서 내 아내와 딸에게 저지른 짓에 대해서는 내가 직접 손봐 주게 될 것입니다. 또한 확신하건대, 그 과정에서 퀘벡의 멍청이 당신도 무

일푼으로 쫄딱 망하게 될 겁니다. 즐거운 시간 되시길 바라며, PR

말투가 괴상한 건 그렇다 치더라도, 이 한밤중에 온 메시지가 묘사하고 있는 세상은 어리둥절할 정도로 현실과 괴리된 감이 있었다. 메시지의 사소한 부분들이 미세하게 틀려서, 피터의 실재와 평행하게 존재하는 어딘가의 세계로부터 온 것 같았다. 플뢰리-메로지 교도소를 "라 플뢰리"라고 부르는 사람은 없었다. 그렇게 부르니 감옥이 꼭 히피공동체처럼 들렸다. 더욱이 피터는 퀘벡이 아니라 온타리오 출신이었다. 하지만 제일 섬뜩한 대목은 아블랴조프가 메시지 발송인의 아내와 딸에게 로마에서 끔찍한 뭔가를 저질렀다고 암시한 부분이었다. 그거야말로 알마와 알루아의 납치사건을 전도시킨 대목이기 때문이었다.

피터는 쉽게 당황하거나 하는 사람이 아니었다. 하지만 지금은 너무도 놀랐다. 아블랴조프 소송을 담당한 이후 처음으로 피터는 자신의 안전이 걱정됐다. 피터는 메시지가 마치 폭력배가 쓴 것 같다고 생각했다. 배후에 카자흐스탄이 도사리고 있으며, 그가 아블랴조프 소송에 공개적으로 관여하는 인물 가운데 한 명이라서 보복성 표적이 된 것이 확실해 보였다. 그는 옆방의 가족에게로 돌아갔고 메시지에 대해서는 언급도 하지 않았다.

다음 날 하루가 다 지나갈 때 즈음, 그는 답 메시지를 보냈다.

그는 "이런, 그랬군요"라는 말로 시작했다. 적보다 항상 적게 말하는 것, 그게 그의 방식이었다. "당신의 메시지는 그대로 전달하겠습니다. 그런데 누구시라고 할까요?"

답변이 돌아왔다. "패트릭 로버트슨Patrick Robertson이요. 이 이름을 당신의 기억 저장고 속에 새겨 두시오."

피터는 그 이름을 카자흐스탄이 고용한 수많은 컨설턴트를 언급할 때 들은 적이 있었다. 그러고 보니 패트릭 로버트슨이 누군지 어렴풋하게 기억이 났다. 그는 "전략 커뮤니케이션 고문"[20]이라는 직함으로 25년을 일한 영국인으로 수염을 멋스럽게 기르고 다녔다. 그의 고객 명단에는 칠레의 독재자 아우구스토 피노체트와 청문회 위증으로 불명예스럽게 장관직을 사임해야 했던 영국 정치인 조너선 에이킨이 올라 있었다.[21] 그는 보수당 주류 사이에도 꽤 든든한 연줄이 있었다. 이를테면 마거릿 대처는 그가 치기 어린 청년 보수당원이었던 1989년, 공동 설립에 참여했던 유럽통합 반대단체 브뤼주 그룹Bruges Group의 명예 의장이었다. 로버트슨이 파나마에 설립하고 등록한 회사 월드 PRWorld PR의 웹사이트에는 다른 곳에서 봤다면 비난하는 기사로 여겼을 법한 런던 〈이브닝 스탠더드〉의 다음과 같은 기사가 인용되어 있었다. "패트릭 로버트슨이 보여 준 정력과 기업가적 능력은 경이로울 정도다. 그는 현대적인 인물의 전형과도 같은 사람이다. 그는 네트워크를 형성하는 법과 미디어의 힘을 잘 알고 있다. 그는 매력적일 뿐 아니라, 사람들의 신뢰를 끌어낼 수 있는 놀라운 능력의 소유자다."[22] 로버트슨은 바하마에 거주했다. 하지만 웹사이트는 그가 "카자흐스탄과 중앙아시아를 주 무대로 활약"하고 있음을 분명히 하고 있었다.

피터는 로버트슨에게 답 문자를 보내, 그가 자신과 아블랴조프에게 그처럼 악의를 품는 이유가 무엇인지 물어보았다.

"허튼짓하며 내 주변을 얼쩡거리지 마시오." 로버트슨에게서 답이 왔다. "나는 당신이 뭘 하고 다니는지 모조리, 아주 작은 일까지 상세하게 알고 있소." 그러면서 그는 재차 아블랴조프가(그는 아블랴조프를 "당신의 용감무쌍한 '반체제' 전사"라 불렀다) "내 가족을 욕보였다"고 주장했다.

피터가 다시 대꾸했다. "도대체 어떻게, 아니 왜 내 고객이 당신 가족에게 해를 입히는 일을 했다는 말입니까? 그는 당신을 알지도 못할 텐데 말입니다……!"

로버트슨은 피터의 질문에 대답은 않고, 동문서답처럼 다음과 같이 말했다. "우리는 당신 '조직'에(그걸 조직이라고 부를 수 있다면 말이지만) 진즉부터 사람을 심어 두었소." 그는 피터의 문제가 "천진난만하게 순해 빠진" 거라고 설명했다. 우리는 당신에 대한 정보를 가지고 있소. 그가 덧붙였다. 피터는 로버트슨의 "개인적 바람은 당신 자신의 이름을 까먹을 정도로 당신을 처절하게 엿 먹이는 것"임을 알아들었다. 하지만 그는 "나는 전문가요"라고 말하면서, 피터가 편을 갈아탄다면 스스로를 구할 수도 있다고 했다. "시간이 얼마 남지 않았소. 선택해서 내게 알려주시오. 당신이 똑똑한 놈이 되고 싶다면 이 문자에 답해서 나를 귀찮게 하는 우를 범하지는 않기를 바라오. 자그럼, 빌어먹을 오만한 퀘벡 놈이여, 잘 자고 엿 먹으시오. 그리고 제발 현실 좀 직시하시오. 안부를 전하며, 패트릭."

로버트슨이 정말로 아블랴조프 팀에 침투해 있다고? 피터는 작년에 있었던 일들을 되짚어 봤다. 피터가 프랑스의 아블랴조프 본국 송환뿐 아니라 그의 경호원 파블로프를 송환하려 했던 스페인 정부를 저지하기 위한 캠페인에서 언론 대변인 역할을 하기 시작한 게 2014년 4월이니 그렇게 오래된 일은 아니었다. 또한 알마와 알루아가 이탈리아로 안전하게 돌아오긴 했지만, 그 뒤로도 납치사건 배후의 음모를 완전히 밝혀야 한다고 촉구해 왔었다. 그리고 이안 퍼거슨Ian Ferguson이라는 영국인에게서 전화가 왔었다. 그는 자신이 언론인이며, 아블랴조프에 대한 다큐멘터리를 만들고 있다고 말했다. 피터는 파리에서 그와 점심을 먹기로 했다. 퍼거슨은 나자르바예프의 용병들에 관해 상당히 잘 알고 있는 듯 보였다. 그는 론 와히드의 이름과 패트릭 로버트슨의 이름을 언급하기도 했었다. 그는 피터의 안전을 도와주겠다고 제안하면서, 자신이 영국의 해외정보국MI6과 정보통신본부GCHQ 출신의 사람들을 잘 알고 있는데 그들은 "최고 중의 최고"라고 했다. 피터가 그들을 만나 보겠다고 하자, 그들은 피터의 IT 설정과 관련하여 많은 질문을 해 왔다. 그들은 피터를 위한 사이버 보안계획을 마련했으며, 그것을 "그림자 프로젝트Project Shadow"23라 불렀다. 피터는 의심쩍은 생각이 들었다. 퍼거슨도 또 사이버 전문가라는 사람들도 그들이 말한 대로의 그런 사람들은 아닌 것 같았기 때문이다. 피터는 그들의 숨은 동기가 의심스러웠다. 하지만 조심하면서 몇 달째 그들과 접촉을 이어 갔다. 피터는 퍼거슨에게 소수의 지인만 알고 있는 휴대전화 번호를 알려줬다. 그리고 바로 그 번호로 패트릭 로버트슨의 메시지가 오기 시작했다.

이 모든 인물을 놓고 고심한 끝에, 피터는 그들이 자신을 상대로 벌이는 작전의 세부 사항들을 알아내려면 그들과 계속 대화를 이어 가는 것이 유용할 수 있겠다고 생각했다. 그들은 하나같이 피터를 짓뭉개겠다고 벼르는 세력들이 있다며 험악한 말투로 투덜대곤 했다. 그중에서도 현란한 말솜씨에서 로버트슨을 따라갈 자는 없었다. 그는 나자르바예프가 사용하는 스파이 전술들을 피터에게 투영하는 고도의 특수 심리기법을 활용했다. "내가 전문가라면 받아 마땅한 예의를 당신에게는 제대로 갖추지 않고 말하는 이유는, 전문가라면 어머니와 아이들이 있는 집을 뒤지라고 하고 살해 협박을 명령하는 범죄조직 보스를 위해 일하지는 않을 것이기 때문이오(로버트슨의 메시지에는 종종 오탈자가 섞여 있었다)." 피터가 만나기를 원하자, 로버트슨은 "내 근접 경호팀이 근처에서 지켜보고 있을 것이오"라고 피터에게 알려왔다. "내가 당신에게 원하는 건 단 한 가지요. 당신이 울타리 너머 저들 편이 아니라 우리 편이라는 사실을 암시해 줄 협상을 시작하는 것. 그렇게만 한다면 몇몇 관할지역에서 당신을 포위하고 있는 공권력들에서 벗어날 수도 있을 것이오." 피터가 마이애미 해안 같은 곳에서 만나면 바텐더를 이용해 휴대전화를 넘겨줄 수도 있고 짧은 반바지와 티셔츠 차림으로 도청 장치가 없다는 것을 보여 줄 수도 있지 않겠냐며 만남을 주선해 보려 하면, 로버트슨은 불같이 화를 냈다. "이 비열한 거짓말쟁이 같으니, 꺼져 버려라, 새끼야. 언젠가 때가 되면 네놈은 천벌을 받을 거다." 그는 피터에게 장광설을 늘어놓았다. 그는 아블랴조프가 반체제 인사가 아니라 카자흐스탄 국민과 서방 은행들로부터 "막대한 돈"을 훔쳐 낸 "도둑놈"이며, 피터는 그런 아블랴조프의 변호사이자 "선전선동가"라고 말했다. 또한 자신이 "뭐가 됐건 현재 쓰고 있는 방법으로, 당신이 당신 고객의 여러 돈세탁 계좌 중 어느 한 곳에서라도 대가를 받았다는 사실"

을 밝혀낸다면 "내 개인적으로 장담하건대, 당신은 감옥에서 불쾌한 시간을 보내게 될 것이오"라고도 했다. 그러면서 그는 다음과 같이 덧붙였다. "엉덩이를 까고 구부린 모습을 상상해 본다면, 어떻게 처신해야 할지 알 것이오. 제대로 된 일을 할 생각이 아니라면 이제 좀 닥치고 꺼지시오."

카자워드 파일들에서 발견한 이메일 한 통에서, 피터는 로버트슨이 어떤 꿍꿍이를 꾸미고 있는 건지 알 수 있는 실마리를 발견했다. 2014년 초반 나자르바예프의 선전 컨설턴트들이 작성한 이메일이었다.[24] 당시에 그들은 아블랴조프를 프랑스로부터 인도받을 수 있느냐 없느냐는 여론전으로 결정될 것이라고 조언했다. 이메일은 "피터 리지Peter Ridge"라는 발신자가 아블랴조프 추적에 관여하던 카자흐스탄 고위 관리들에게 보낸 것이었다. 그 메일이 피터 살라스의 관심을 끈 이유는, 데이트 주선 회사가 필요한 부자들을 위해 만든 사이트 시킹 어레인지먼트Seeking Arrangements[25]에 로버트슨이 닉네임으로 "P 리지P Ridge"라는 이름을 사용했기 때문이다. 게다가 이메일에 첨부된 메모는 로버트슨의 회사, 월드 PR이 사용하는 독특한 글자체로 작성되어 있었다. 메모는 "로렐 1Laurel 1" 프로젝트를 제안하면서, 〈성자인가, 죄인인가?〉라는 다큐멘터리를 제작하자고 했다. 다큐멘터리는 "리틀맨The Little Man" 아블랴조프의 활약을 다루게 될 것이었다. 또한 "겉보기에는 완벽한 우리의 표적이 얼마나 결점이 많은 인물인지를 낱낱이 보여 주는 데 초점을 맞출 것이며", "거작"이 되어 전 세계로 배포될 것이라고도 했다. "하지만 텔레비전에서 다큐멘터리를 방영하는 것이 로렐 1의 주된 목적은 **아닙니다**. 주 목적은 보다 정교한 프로젝트인 로렐 2를 완벽히 은폐할 수 있는 차폐물을 제공하는 것입니다."

　이메일을 계속 읽어 나가던 피터는 토할 것 같았다. 로렐 2는 일종의 '정보수집 계획'이었다. 로버트슨의 메모는 다음과 같이 설명했다. "우리는 다양한 유형의 비밀 작전을 제안합니다. 이 프로젝트에서 표적은 리틀맨으로 한정되지 않을 수도 있습니다. 어쩌면 우리에게는 그와 가까운 지인들이 더 중요할 수도 있기 때문입니다. 가족, 변호사, 친한 친구, 정신적 조언자, 연인, 피신탁인, 홍보 컨설턴트, 길들인 언론인, 상급 직원, 퇴직 직원, 가사 도우미 같은 사람들 말입니다." 이 비밀 프로젝트에는 아블랴조프를 비롯한 그와 가까운 사람들에 대한 '사이버 공격', 심리학자들의 프로파일 분석에 기초한 '심리전', 언론인, 학자, 정치인 같은 '영향력 있는 인사들'의 고용, 가능한 '온갖 종류의 유인책'을 이용한 아블랴조프 측 사람들의 매수, 도청과 방해 활동뿐만 아니라 '직원 침투', '공동의 적'과의 접선, '전 세계적인 미디어 조작' 등이 포함되어 있었다. 로버트슨은 확실히 노련한 가짜뉴스 생산자이기도 했다. 그는 비방 기사를 들고 기자를 직접 찾아가기보다는 거짓 정보를 먼저 온라인상에 (이를테면 익명으로 작성되는 블로그 같은 곳에) 심어 놓는 것이 훨씬 효과적이라는 사실을 잘 알고 있었다. 그러면 그런 식으로 "기정사실이 된" 주장을 "주류 언론이 합법적으로 보도하게 만들 수 있었다." 그들은 "아블랴조프가 성적 변태 성향을 지니고 있으며 지하드 전사에게 동정적이라는 둥, 극단적인 범죄를 저지르고 있다고 주장하는 둥" 아블랴조프와 관련하여 그들이 하고 싶은 어떤 말이든 할 수 있었다. 카자워드

　　　　　　　　　　　　　　제3부. 변태

에는 국영화된 BTA 은행이 로버트슨 회사에 500만 달러를 지불하기로 동의했다는 이메일도 올라와 있었다.[26] 계약서에 따르면 다큐멘터리를 제작하는 데 따른 비용이라고 했다.

2015년 10월, 피터는 프랑스 언론에 발스 총리가 아블랴조프의 본국 송환을 승인했다고 말했다.[27] 그러면서 러시아가 우크라이나에 대해 우선권을 지니기 때문에, 아블랴조프는 러시아로 보내지게 될 것이라고 덧붙였다. 로버트슨은 더 이상 메시지를 보내 오지 않았다.

피터는 일에서 비롯된 위험이 어느새 가정으로 파고들고 있다는 느낌을 받았다. 프랑스 아블랴조프 팀의 집과 사무실에는 다섯 번이나 도둑이 들었다. 그는 자녀들에게 가족의 이름이 적힌 어떤 물건도 가정 쓰레기로 배출하지 말라고 가르쳐야 했다. 안테나를 세운 검정 밴이 그의 아파트 단지 밖에 세워져 있는 것을 알아챈 뒤로는, 가족 와이파이 비밀번호는 가족만 알고 있도록 단속했다. 카자흐스탄의 용병 정보작전이 어느 정도인지를 알게 되자 피터는 더욱 몸서리쳤다. 하지만 그 덕분에 그는 자신이 필요로 했던 것, 즉 국참사원 소송에서 이야기할 소재를 얻을 수 있었다.

또한 다행스럽게도 피터가 하게 될 이야기에는 상당한 지역색이 더해졌다. 또 다른 해커가 범죄인 인도 요청의 초반을 지휘한 프랑스 치안판사[28]와 BTA 은행 변호사들이 주고받은 메시지들을 공개한 덕분이었다. 그들이 접촉했어야 할 어떠한 정당한 이유도 존재하지 않았다. 범죄인 인도는 국가 간의 문제이기 때문이었다. 청문회 며칠 전, 아블랴조프의 프랑스 변호사 중 하나가 깜짝 놀랄 만한 서한 한 통을 받았다.[29] 파리 고등법원의 조사 담당 치안판사 세르주 투르네르Serge Tournaire가 보낸 서한이었다. 프랑스 형사재판의 관례대로, 투르네르 판사는 아블랴조프가 자신이 담당한 조사사건의 피해자 중 하나로 확인되었음을 공시해 왔다. 다섯 용의자가 벌인 뇌물, 자금세탁, 국가기밀 훼손, 범죄공모 사건이었다. 베르나르 스콰르치니Bernard Squarcini도 그들 중 하나였다. 니콜라 사르코지Nicolas Sarkozy가 대통령으로 재임하던 시절, 스콰르치니는 대통령 핵심 세력의 일원이었으며[30], 프랑스 국내 정보기관의 수장을 역임했었다. 이즈음에는 사설 정보기관에서 일하고 있었다. 투르네르 판사는 그가 새로운 고객들에게 서비스를 제공하기 위해 국가 안보 기관의 옛 지인들을 부적절하게 동원했는지의 여부를 조사하는 중이었다. 그 고객 중에는 나자르바예프 정부도 포함되어 있었는데, 스콰르치니는 론 와히드의 아카넘 급여 대상자 명단에 베테랑 스파이 지휘관으로 이름이 올라 있었다. 피터 살라스가 수감된 아블랴조프를 방문하기 위해 교도소를 왕래하면서 고용했던 운전사도 스콰르치니의 요원 중 하나였다.[31]

아블랴조프는 정치 팸플릿을 준비하고 체스를 두며 시간을 보냈다. 만약 송환된다면, 자신은 죽게 될 것이라고 생각했다. 아마도 러시아 감옥에서 죽게 될 것이었다. 어쩌면 그들이 자살로 위장할지도 모를 일이었다. 명예를 중시했던 사람이니 치사한 사기꾼으로 밝혀진 마당에 충분히 납득할 만한 선택지였다. 아니면 그를 처음부터 나자르바예프에게 넘겨줄 수도 있었다. 하지만 판결의 날이 다가오자, 그는 이해할 수 없을 정도로 자신만만해 보였다. 1999년에 처음으로 나자르바예프에게 도전한 이래로, 그는 미래에 상당한 기간을 투옥 생활로 보낼 수도 있겠다고 생각해 왔다. 카자흐스탄 강제 노동수용소에서 몇 개월을 보내는 동안 그는 구타와 고문에 시달렸었다. 그에 비하면 프랑스에서의 상황은 훨씬 나았다. 하지만 바깥의 사람들이 느끼는 긴장감은 되려 더 컸다. 그는 사람들에게 자신이 감옥에서 개발 중인 체스 전략을 평가해 줄 수 있는 전문가를 찾아봐 달라고 전해 왔다. 빌어먹을, 우리는 스트레스를 받아 죽을 지경인데 체스 나부랭이가 다 뭔 말이래? 보타는 그런 생각이 들다가도 그에게 죄책감이 들곤 했다. 혼자 있다 보니 적을 공격하고 방어할 전략을 함께 짤 사람이 오직 자기 자신밖에 없을 것이기 때문이었다.

아블랴조프는 그의 자신감을 이렇게 설명하고는 했다. 나는 정치체계가 미국과 유럽식으로 변해야 한다고 확신한다. 그러한 체계라면 나에 대해 생겨난 오해들이 어느 시점에선가는 분명 바로잡힐 것이다. 그것이 그러한 체계가 작동하는 방식이다. 심지어 이제는 나를 감시하는 간수들조차 대체 무슨 일이 생긴 건가, 판사들이 미친 거 아닌가? 하고 내게 묻는다. 검찰 당국은 러시아가 우리의 친구이자 동맹국이라고 말했지만, 프랑스가 이 모든 정치 경제적 제재를 가하는 대상은 다름 아닌 러시아이며, 러시아가 인권을 침해하고 침략과 고문을 자행하는 것으로 비판받고 있다는 사실을 모르는 사람은 없다. 모든 프랑스 신문의 1면이 시리아에서 어린이들이 어떻게 폭격당하고 있는지를 보여 주고 있었다. 국참사원 공판 당일, 아블랴조프는 짐을 꾸리며 시간을 보냈다.

하지만 피터 살라스의 걱정은 훨씬 컸다. 그는 로마의 그 끔찍했던 밤에, 사건에 대한 자신의 설명만으로는 서방인들이 그들 자신의 국가 기구에 대해 가지고 싶은 믿음(결코 돈에 팔리거나 좌우되지 않을 것이라는 믿음)을 깨기란 쉽지 않다는 것을 확실히 알게 되었다. 그는 판사들에게 법원이 그때까지 청취해 온 모든 범죄인 인도 사건에서 오직 한 경우를 제외하면 모조리 같은 판결이 내려져 왔다며 그러한 입장을 재고해 달라고 요청하고 있었다. 1977년에 프랑스에 거주하는 한 스페인 바스크인^{Basque Spaniard}의 문제가 법원에 제기되었다.[32] 스페인은 그가 은행강도 혐의를 받고 있으니 본국으로 송환해 달라고 요청했다.[33] 그러나 그 남성은 수년 동안 프랑코 체제에 맞서 싸워 온 사람이었다. 그리고 프랑스법은 송환 요청의 동기가 정치적인 경우라면 송환을 금지하고 있었다. 국참사원은 이 경우가 그에 해당한다고 보았고, 남성의 프랑스 체류는 허가되었다. 40년이 흐른 지금, 피터와 아블랴조프의 프랑스 변호사들이 그들의 고객을 구하기 위해 고안한 전략은 재판부가 40년 전과 동일한 결론에 도달하도록 설득하는 것이었다. 피터는 프랭켈을 잊은 적이 없었다. 피터는 나자르바예프의 카자흐스탄이 겉으로는 규범국가, 법치국가처럼 보일 수 있지만, 카자흐스탄이 그 클렙토크라시 정치체제를 배반한 사람들에게 저지른 짓들이 입증하듯이, 그 이면에는 불법적이고 변덕스러운 특권국가가 자리 잡고 있다는 사실을 보여줄 생각이었다. 이제 아블랴조프는 고객 그 이상의 존재가 되었다. 피터는 아블랴조프 가족의 희망이었다. 그들이 모이기라도 하면, 아블랴조프 가족은 그에게 그 몫의 필라프뿐 아니라 투옥된 가장의 필라프도 내주곤 했다. 그들의 가장의 자유를 얻어내는 것, 그것이 피터의 임무였다.

피터를 가장 걱정스럽게 했던 시나리오는 카자흐스탄 정부와 그들의 유럽 내 요원들이 스페인에서 거의 성공할 뻔했던 작전을 프랑스에서 다시 반복할 수도 있다는 것이었다. 스페인 당국이 아블랴조프의 충실한 경호원 파블로프를 체포하자마자 법원이 제일 먼저 한 일은 그의 범죄인 인도를 승인한 것이었다. 피터가 파블로프를 위해 구한 변호사들이 항소를 제기하기도 전에, 카자흐스탄 대사는 사건과 아무 관련이 없는 판사 한 명과 접촉했다. 카자흐스탄 공군기를 대기시켜 놓은 상황에서, 판사는 범죄인 인도를 신속히 집행하라고 명령했다. 출발이 임박해서야 파블로프의 변호사들은 계략을 알아차려 막을 수 있었다. 피터는 이번에는 허를 찔리지 않겠다고 단단히 벼렀다. 그는 국참사원에서 패소하는 즉시 유럽인권재판소에 긴급재판신청을 할 준비를 해 두었다. 그러나 그것도 시간을 벌 수 있을 뿐이었다. 프랑스의 결정이 뒤집힐 가능성은 희박했기 때문이다. 실제로 프랑스 사법부의 신성한 법정에서 열리는 오늘 공판이야말로 아블랴조프의 운명이 결정될 장소였다.

수명판사가 일어나 나무 낭독대로 다가갔다. 판사는 그간 아블랴조프의 프랑스 변호사들이 피터가 사건을 프레임 지어 온 대로 설명하는 것을 청취해 왔다. 이제 판사는 양측의 논고를 꿰는 것을 시작으로 본국 송환이라는 관례가 국가 간의 상호신뢰에 바탕을 두고 있다고 논했다. 그런 다음 속도를 늦춰 분명한 목소리로 다음과 같이 선언했다. "서로 신뢰한다는 것이 서로의 상황을 모른 척한다는 의미는 아닙니다." 피터가 마디나를 흘깃 보았더니, 그녀 역시 그를 쳐다보고 있었다. 그들의 눈이 휘둥그레졌다. 순간 피터는 판사들이 프랑스가 속고 있는 것이라는 자신들의 주장을 믿어 줬다는 사실을 깨달았다.

피터는 아블랴조프를 만나러 교도소로 갔고, 아블랴조프는 그 날 밤 풀려났다. 교도소에서 나오면서, 아블랴조프는 13년 전을 떠올렸다. 당시에 그는 나자르바예프에게 정치에서 물러나겠다는 약속을 하고 카자흐스탄 교도소에서 풀려날 수 있었다. 그때는 친구가 지프를 타고 그를 데리러 왔었다. 차를 타고 아스타나로 한참을 달리던 중에, 그들은 멈춰서 스텝 지대로 걸어 들어갔다. 햇빛이 눈부시고 푸르른 아름다운 날이었다. 친구는 아블랴조프에게 기분이 어떠냐고 물었다. 그는 대답했다. "음, 마치 너와 내가 스텝 지대로 막 산책하러 나선 느낌이야. 마치 늘 그랬듯이 (……) 30분 전만 해도 감옥 밖으로 걸어 나온다는 건 상상하기도 힘들었는데 말이야." 지금도 똑같았다. 감방이 어느새 집 같은 느낌이 들었다. 파리의 밤 속으로 걸어 나갔을 때, 그를 제일 처음 놀라게 한 건 카메라들의 섬광이었다. 그의 석방은 프랑스에서 큰 뉴스거리였다. 피터의 표현대로라면, 국참사원의 결정은 "프랑스 총리의 얼굴에 먹칠을 한 셈이었다. 따라서 푸틴의 얼굴에, 또 결과적으로는 카자흐스탄 정부의 얼굴에 먹칠을 한 셈이었다. 법률만 놓고 본다면, 지각변동이 일어난 것과 같았다."

가족이 파리에 빌려 놓은 아파트로 돌아왔을 때, 아블랴조프는 자신이 지은 출소의 노래를 부르겠다고 했다. 아내 알마는 그 노래가 너무 싫었다. 운명에 도전하는, 아니 적어도 나자르바예프에게 도전하는 노래였기 때문이다. 하지만 어쨌든 아블랴조프는 기타를 집어 들고 노래를 불렀다. 가사는, 죽음의 운을 타고 나지는 못했지만 그래도 다행히 사랑에 빠질 수는 있었다고 읊조리는 음울한 러시아 서정시를 개사한 것이었다. 모두가 휴대전화를 꺼내 들었다. 잠시 뒤 페이스북에 풀려난 반체제 인사가 가족과 재회하는 장면이 올라왔다.

피터는 뛸 듯이 기뻤다. 하지만 그는 이 법정 승리로 인해 나자르바예프 체제가 적들을 상대할 때면 통상적으로 사용해 왔던 수단을 동원할 위험 또한 커졌다는 사실을 알고 있었다. 그는 청부살인을 의뢰받은 체첸인들이 작전을 수행하러 파리로 숨어들지도 모른다는 생각이 들었다. 그래서 프랑스 내무부에 아블랴조프의 아파트 구역 밖에 경찰 두셋을 배치해 달라고 요청했으나 다음과 같은 이유로 거절당했다. "우리는 카자흐스탄 정부가 그를 해치우기 전에 두 번은 생각해 보기를 바랍니다." 그러는 동안 피터는 자신의 고객이 자유인으로서의 새로운 생활에 적응하도록 도와야 했다. 피터는 아블랴조프와 함께 지하철을 타고 파리를 둘러보았으며(아블랴조프는 영어보다 불어를 훨씬 더 못했다), 자신의 아내와 아이들에게 그를 소개했다. 아블랴조프가 고향으로 돌아갈 수 있는 가능성은 없어 보였다. 나자르바예프와 거래를 할 수 있는 아주 작은 여지조차 로마에서 이미 사라져 버린 뒤였다. 그러나 아블랴조프는 권력에 대한 욕심을 포기하지 않았다. 포기라니 어림도 없는 소리였다. 그는 나자르바예프의 축출을 논했고, 자신이 과도기의 통치자가 된다면 충분한 시간을 들여 서방식의 민주적 선거를 준비할 것이라고 말하고 다녔다. 감옥에서 풀려났을 때 그는 모든 사람이 이제는 소셜미디어로 삶을 영위한다는 사실에 엄청난 충격을 받았다. 더 이상은 국민을 자기편으로 만들기 위해 물리적 공간에 나타나는 위험을 감수할 필요가 없었다. 필요한 건 단 하나, 스마트폰만 있으면 됐다.

미래

• *The Future* •

2016년 12월, 영국 콜체스터

35

나이절 윌킨스는 여느 때 크리스마스처럼 2016년의 크리스마스를 보냈다. 휴일이면 문을 닫는 도서관 때문에 일과가 틀어지는 건 어쩔 수 없이 체념해야 했지만, 콜체스터에 있는 샬럿을 방문하기 위해 런던을 떠나게 된 건 아주 만족스러웠다. 나이절은 칠면조 요리를 싫어했다. 그래서 샬럿은 보통 때처럼 닭을 요리했다. 나이절은 술집으로 어슬렁거리며 돌아다녔다. 크리스마스 이틀 후에는 샬럿의 친구 몇 명과 함께 아름다운 세인트 메리 스트랫퍼드^{Stratford St. Mary} 마을로 소풍을 갔다.

나이절은 시티에서 쫓겨났지만, 완전히 침묵할 생각은 없었다. 그는 〈파이낸셜타임스〉에 또 다른 편지를 공개했다.[1] 나이절은 시티의 로비스트들이, 브렉시트 이후에도 런던의 은행들이 유럽 시장에 아무런 제약 없이 접근할 수 있기 위해서는 정부의 뒷받침이 필요하다고 요구함으로써, 시티가 경제에서 차지하는 중요성을 과장하고 있다고 주장했다. "시티가 영국의 조세 수입에 기여한다는 주장과 관련하여, 그 기여분 대부분이 금융위기의 여파로 은행들을 구제하기 위해 투여된 막대한 공적 자금에 의해 상쇄되었다. 또한 시티는 세금 납부액을 최소화하고 싶어 하는 회사와 개인들에게 자신들의 전문 지식을 제공하는 기관들의 본거지와도 같은 곳이다. 대개의 경우에 그들은 시티와 긴밀하게 연관된 해외의 저세율 비밀 관할 지역들을 통해 이러한 서비스들을 제공한다."

나이절은 몇 달 전에도 〈파이낸셜타임스〉에 편지를 공개했었다. 정체만 감췄을 뿐이었다. 그는 부패 관련 사건이 한창이던 어느 날 저녁 패딩턴의 프론트라인 클럽Frontline Club에서 〈파이낸셜타임스〉의 기자와 만났다.[2] 나이절과 기자는 이야기를 나누었다. 그들은 다시 만나기로 했다. 한 번의 점심 약속이 여섯 번으로 늘어났다. 셰익스피어 글로브Shakespeare's Globe 극장 옆 식당에서 점심 한 번에 한 잔씩을 마시다 보니 일을 하는 사이에 어느새 칵테일 메뉴판을 섭렵하게 되었다. 그는 자신이 2008년 BSI 치프사이드 지점에서 상당량의 자료를 훔치게 된 과정을 자세히 설명했다. 그러다가 기자에게 문서 몇 개를 보여 주었다. 그다음에 또 몇 개를 더 보여 주었고, 결국에는 문서 전체를 보여 주게 되었다. 나이절은 유령회사가 어떻게 작동하는지, 명의뿐인 중역, 위임권, 우편물 일시 정지 지침의 역할이 무엇인지를 참을성 있게 설명했다. 원칙적으로 그는 BSI와 합의한 퇴직금 동의서에 아직 매여 있었기 때문에 은행 업무와 관련된 일을 발설해서는 안 됐다. 그러나 BSI가 이미 미국인들에게 다 불어 버린 후가 아닌가. BSI는 브라질 은행에 매각된 뒤, 다시 또 다른 스위스 은행에 매각되기를 기다리는 참이었다. 그리고 나이절은 비밀을 지키는 데 신물이 났다. 그럼에도 그와 기자는 만약 기사가 공개된다면 은행가들의 책상에서 서류를 싹쓸이해 온 내부고발자의 이름은 "앤드리아Andrea"라고 하기로 합의했다. 영국과 미국에 지점을 갖춘 이탈리아계 은행에서, 앤드리아는 남성일 수도 있고 여성일 수도 있었다. 즉 일단 이야기가 공개되어 누가 추적에라도 나서게 된다면 쫓아야 할 정보 출처는 두 배로 늘어나게 될 터였다. 나이절이 서명한 금융감독청과의 합의 사항에 따르면 그가 한 이야기의 일부는 공개할 수 없었다. 이를테면 그가 상관들에게 그들의 턱밑에서 범죄로 보이는 행위가 저질러지고 있는 것 같다고 제보하려 하자, 시티 감독기관이 어떻게 그를 해고했는지 같은 대목 말이다. 2016년 5월, 기자는 장문의 기사를 내보냈다.[3] 나이절은 기사가 마음에 들었다. 하지만 그 기자는 나이절의 발견이 지닌 중요성을 제대로 포착하지 못했다. 그는 붉은 상자에서 시작한 흔적들을 충분히 멀리까지 따라가는 데 실패했다.

기사는 발표되고도 큰 반향을 불러일으키지 못했다. 하지만 나이절이 고무적이라고 생각했던 변화의 분위기와는 맞아떨어진 것 같았다. 기사가 나오고 며칠 뒤, 데이비드 캐머런 총리는 런던에서 반부패 정상회담anti-corruption summit을 주최했다. 버킹엄궁전에서 환영식이 열리는 동안, 캐머런 총리는 텔레비전 마이크로 소리가 잡히는 줄도 모르고 여왕에게 다음과 같이 말했다. "이번에 영국에 온 정상 중에는 기상천외할 정도로 부패한 나라들의 지도자도 있습니다. 그중에서도 나이지리아와 아프가니스탄은 아마 세계에서 최고로 부패한 나라들일 겁니다." 그 가장 부패한 나라의 지도자 중 하나였던 나이지리아 대통령 무하마두 부하리Muhammadu Buhari[4]는 퇴역한 군인으로 전임 대통령들보다는 훨씬 청렴하다는 평판을 얻고 있었다. 그는 캐머런의 비평에 연설로 응대했다. 그는 연설에서, 전임 통치자들이 나이지리아를 수탈해 왔던 사실에 대해서는 논박하지 않았다. (나이지리아는 아프리카에서 가장 인구가 많은 나라일 뿐 아니라 아프리카 국가 중에서 전 세계 에너지 시장에 석유와 천연가스를 가장 많이 공급하는 나라이기도 했다.) 대신에 그는 서방 지도자들에게 제 역할을 다해 달라고, 즉 나이지리아에서 수탈해 간 것들을 돌려 달라고 요청했다. 훔친 재산을 받아 준 것은 바로 서방의 국가들이었다. 부하리는 "우리의 경험에 따르면, 부정한 수익금을 본국으로 귀속시키는 것은 지루하도록 오랜 시간이 걸리며 비용이 많이 드는 일입니다"라고 말했다. 정상회담이 끝날 무렵, 캐머런 총리는 시티를 통한, 또 영국 왕실령과 해외 영토를 통한(이들이 한데 어우러져 세계에서 가장 거대한 금융 비밀 네트워크를 형성하고 있었다) 부정한 돈의 이동을 보다 어렵게 만들기 위해 노력하겠다고 합의했다. 그는 제한적이긴 하지만 상당한 진보를 일궈 냈다. 한 달 후 그는 브렉시트 국민투표에서 참패했다. 반부패 아젠다는 캐머런의 총리직을 비롯한 다른 많은 것과 함께 즉시 중단되었다.[5]

크리스마스에 나이절은 기분이 좋았다. 그는 자산투자 펀드 내부고발자의 경고를 무시해서 이후에 펀드가 폭락하도록 방치한 사건과 관련하여 시티 감독기관이 조사를 받게 될 것이라는 뉴스를 접했기 때문이다.[6] 그는 그 사건이 자신의 경우를 그대로 본뜬 것 같다고 생각했다. 미래라는 안개 속 어딘가에서 그들은 여전히 구차한 변명을 늘어놓을 것이었다.

과거 없는 남자

도널드 트럼프의 대통령 취임식 전날, 사샤의 전용 제트기가 워싱턴에 착륙했다.[1] 사샤는 글로벌 비즈니스의 대가이자 광산업계의 거물이었으며 〈포브스〉 부자 리스트에 등장하는 단골 억만장자였다. 물론 그의 이동 수단이 제트기뿐인 건 아니었다(그의 제트기 걸프스트림Gulfstream은 8000마일을 연료 보급 없이 한 번에 갈 수 있었다). 그는 요트도 가지고 있었다. 그의 요트 레이디 라라Lady Lara는 축구경기장만 한 길이에 승무원만 40명이 필요할 정도로 거대했지만, 사샤의 돈이 그렇듯, 은밀하게 움직이기에 제격이었다. 취임식 전주에 세이셸 군도Seychelles에 정박한 레이디 라라는 파도를 타며 아래위로 흔들리고 있었다.[2] 사샤와 가족은 지금 그곳에서 휴가를 보내는 중이었다. 마침 공교롭게도 같은 시기에 에릭 프린스도 블라디미르 푸틴의 최고 후원자를 만나기 위해 세이셸에 있었다.[3] 에릭은 용병업체 블랙워터의 설립자이자 이번 미국 대통령 선거에서 트럼프의 좋은 친구 역할을 한 인물이었다. 이 셋이 모였는지, 모였다면 무슨 논의를 했는지 같은 자세한 이야기들은 그들만 아는 문제였고 대중의 관심 밖이었다.

1월에 사샤는 인도양을 뒤로하고 워싱턴으로 떠났다. 기온은 영하였지만 대기에는 온기와 활기가 넘쳐나는 것 같았다. 사샤는 2009년 오바마 대통령 취임식에도 참석했었다.[4] 하지만 오늘은 어딘지 달랐다. 희망의 새 시대가 밝아 오고 있었기 때문이다. 트럼프는 내가 참이라고 말하는 것이 참이라는 자금세탁의 철학을 체현하고 있는 사람이었다. 그가 대통령 임기를 시작하는 이 첫날도 너무나 영광스러운 나머지, 사실이 어떻다는 말로 규정할 수 없는 자리였다. 미디어에서 발표한 항공사진에 따르면, 내셔널 몰National Mall에 운집한 군중은 오바마 때의 약 1/3밖에 되지 않았다.[5] 트럼프 대변인 숀 스파이서Sean Spicer는 그런 사진을 내보내다니 미디어가 악의적이게도 "일부러 거짓 보도"[6]를 한 것이라며 다음과 같이 공표했다. "역사상 가장 많은 청중이 취임 장면을 보러 취임 기간에 몰려들었다."

세계 곳곳에서, 권력을 사유화하려는 사람들은 그 권력의 원천을 은폐하는 일에 착수했다. 하지만 가장 야심 찬 클렙토크라트라 하더라도 자신의 바람대로 그 원천이 드러나는 것을 좀처럼 막을 수는 없었다. 현재를 통제할 수 있을지는 몰랐다. 그러나 과거를 통제하는 싸움에서도 승리해야 가능한 일이었기 때문이다. 사샤의 비밀들은 조용히 묻혀 있기를 거부하는 중이었다. 아프리카에 묻어 둔 비밀들이 특히 그랬다.

트리오가 아프리카에서 어떻게 이익을 창출했는지를 알아낼 수 있는 비밀의 열쇠를 쥔 것은 빅터 한나[7]라는 건장한 인물이었다. 위압적인 골격, 미국식 억양, 그리고 트리오에게 서비스를 제공하기 전의 삶을 언급할 때면 대충 얼버무리며 넘어가려는 태도에서 ENRC 동료들은 그의 과거 단편들을 발견했을 뿐이었다.[8] 그들은 정확한 분과는 모르겠지만 그가 미군으로 복무했다고 믿었다. 누군가는 미군이 아니라 사실은 CIA였다고 생각하기도 했다. 혹자는 그에게 이집트인의 피가 흐른다고 했으며, 혹자는 오스트레일리아인의 피가 흐른다고 했고, 둘 다라고 하는 사람들도 있었다. 법학 학위가 있는 것 같다는 말도 돌았다. 그는 온라인상에도 좀처럼 흔적을 남기지 않았다. ENRC의 연차 보고서에 모든 중역의 얼굴 사진을 올릴 때도 사진만 빠져 있었다.[9] 페르시아만에서 열린 기업 모임에서 누군가가 한나가 포함된 그룹의 사진을 찍자, 한나는 그에게 다가가 그의 휴대전화를 잡아채더니 바닥에 던져 박살 내 버렸다.[10] 그가 머리가 좋고 유쾌할 정도로 솔직한 사람이라고 생각하는 부하직원들도 있었다. 하지만 그는 잔인해질 수도 있는 사람이었다. 그가 자금의 긴급 이송을 요청했을 때, 회계 담당자가 그중 한 건에 대해 이의를 제기한 적이 있었다. 그러자 그는 "아프리카에는 굶어 죽는 사람이 많아요"[11]라는 설명으로 답변을 대신했다. ENRC의 사외이사 중 하나는 "모두가 그를 두려워했다"[12]고 말했다.

트리오는 한나에게 그들 회사 중 가장 민감한 지역인 아프리카를 맡겼다. 트리오가 빅토리아 여왕^Queen Victoria이라면 한나는 세실로즈^{Cecil Rhodes}*였다. 닐 제라드가 ENRC에 대한 조사를 카자흐스탄에서 아프리카로 확대했을 때, 빅터 한나에 대해 가능한 한 모든 것을 알아내려 했던 이유도 그 때문이다. 또한 사샤가 제라드를 해고하고 중대사기수사국 조사관들이 사건을 이어받았을 때, 그들이 한나와 이야기하려 했던 이유도 그 때문이다. 2016년 9월 초, 트래펄가 광장에서 조금 벗어난 곳에 있는 중대사기수사국 면접실로 한나가 거구를 끌고 들어와 앉았다.[13] 그가 트리오의 회사인 ENRC를 나온 것도 벌써 2년 전이었다.[14] 그러나 그들의 유대관계는 단순한 사업적 관계 이상으로 돈독했다. 한나는 아내와 자녀들을 버리고 트리오의 딸 중 하나인 무니사 초디에바^{Mounissa Chodieva}와 재혼했다.[15] 한나와 트리오의 운명은 하나였다.

닐 제라드가 ENRC의 아프리카 거래들을 조사하기 시작했을 때, 그는 시티의 동료 법률가 맬컴 롬버스^{Malcolm Lombers}를 만나러 갔다.[16] 롬버스는 ENRC가 콩고와 짐바브웨에 자산을 보유한 카멕을 인수했던 2009년 당시 ENRC에 고용되어 있었다. ENRC 런던 관리자들은 롬버스에게 카멕 인수 과정에 국제법상의 제재규약을 위반하는 부분이 있지는 않은지 점검해 달라고 요청했다. 그때만 해도 그들은 자신들이 보통의 정상적인 회사를 운영하고 있다고 생각했던 것 같다. 하지만 롬버스는 그 부분을 샅샅이 살필 수 없었다고 제라드에게 말했다. 빅터 한나가 관련 문서들을 검토하지 못하도록 했기 때문이다.

---

* 영국의 아프리카 식민지 정치가. 케이프 주 식민지 총독이 되어 다이아몬드광, 금광을 비롯하여 철도, 전신 사업 등을 경영하며 남아프리카 경제계를 지배하고 거대한 재산을 모았다. 인근 지방에 대한 무력 정복을 꾀하였으나 보어전쟁 중 병사하였다.

롬버스는 제라드 팀도 계속 들어 왔던 이름 하나를 언급했다. 토니 마차도Tony Machado.**17** 제라드가 들은 바에 따르면, 마차도는 ENRC가 카멕을 인수하면서 뛰어들게 된 아프리카 광산 사업에 직접적으로 관여한 사업가로, 해당 사업의 은행 계좌 일부에 대한 예금인출 서명권자authorised signatory 역할을 했다. ENRC가 그 은행 계좌들로 각종 지불금을 입금했기에 토니 마차도는 회사 자금에 접근할 수 있었다. 제라드는 그에 대해 더 알고 싶었다. 그래서 한나의 아프리카 거래 관련 재정 문제들을 처리했던 러시아 태생의 영국인 에브게니 보야로프Evgeny Boyarov**18**에게 문의했다. 보야로프는 불안해했다. 그는 한나의 연줄이 막강해서 문제 삼기에는 위험한 인물이라고 말했다. 보야로프는 한나가 지시했던 지불금들의 목적이 점점 우려스러워졌다고 했다(이따금 100만 달러를 상회하기도 했다). 그는 이 지불금들의 상당 부분이 토니 마차도가 인출할 수 있는 계좌로 보내지고 있다는 것을 알았다. 제라드의 팀원 중 하나가 토니 마차도의 사진을 꺼냈다. 이 사람이 마차도인가요? 맞아요. 보아로프가 말했다. 바로 그 사람이에요. 하지만 사진 속 남자는 토니 마차도가 아니었다. 사진 속 남자는 빌리 라우텐바흐였다.

라우텐바흐. 성미 급하고 자동차 경주를 즐기는 재력가이자, 흑인민족주의를 공개적으로 선언한 짐바브웨 지도자들을 거래를 통해 더할 나위 없이 만족시킨 백인 짐바브웨인. 무가베 체제가 2008년 선거를 도둑질하는 데 필요했던 자금 1억 달러를 상납하는 대가로 카멕이 짐바브웨 백금 시굴권을 취득할 수 있도록 거래를 중개했던 사람도 라우텐바흐였다. 무가베가 선거에서 앞서고 공포정치로 야당을 복종시키자, 미국뿐 아니라 유럽연합도 라우텐바흐를 "친체제 인사"[19]로 제재 명단에 올렸다. 영국이 유럽연합 회원국인 연유로, ENRC 같은 영국 기업이 라우텐바흐와 사업적 거래를 하는 것은 범죄 행위였다. ENRC 경영진은 백금 시굴권 거래가 선거 전에 성립되었기 때문에 ENRC와 짐바브웨 사이에는 아무런 관련이 없다고 떳떳하게 말할 수 있었다. 그러나 라우텐바흐는 콩고의 광산 채굴권을 넘기는 대가로 카멕의 주식을 받았고, ENRC는 카멕을 인수하기 위해 라우텐바흐의 주식을 구매해야 했다. 결과적으로 ENRC는 제재 대상자인 인물에게 1억 2400만 달러를 지불해야 했다. 제재 대상과의 거래라니, 당연히 불가능한 일이었다. 영국 재무부에게는 제재를 면제해 줄 권한이 있었다. 그러나 제재를 면제할 근거로 내세울 만할 것이 아무것도 없어 보였다. 그럼에도 불구하고 ENRC 측 사람이 재무부 공무원들과 논의한 끝에 거래를 계속 진행해도 좋다는 허가가 났고[20], 재무부 대변인은 말해 줄 수 없다며 그 이유에 대해 설명하기를 거부했다.[21]

그것으로 ENRC는 제재에서 자유롭게 되었다. 단 라우텐바흐와 더 이상 거래를 하지 않는다는 조건이었다. 그러나 닐 제라드는 ENRC의 자금이 그 후로도 여전히 수년 동안 라우텐바흐에게 흘러들어가고 있다는 소식을 들었다.[22] 라우텐바흐와 한나는 직접 만나곤 했다. 라우텐바흐가 남아프리카공화국의 상업 중심지 요하네스버그에서도 고급 지구인 샌튼Sandton의 ENRC 지점으로 내려올 때도 있었고[23], 한나가 하라레로 올라갈 때도 있었다. 그들 둘이 함께 라우텐바흐의 자동차를 타고 떠나는 모습이 종종 현지 직원들 눈에 띠

었다.[24]

닐 제라드는 빅터 한나가 제재에(짐바브웨 지배계급으로부터 짐바브웨 국민을 보호하는 것이 제재의 취지였다) 위반된다는 사실을 알면서도 무가베가 지정해 준 '측근'에게 돈을 전달해 왔다고 결론 내렸다. 비단 짐바브웨만이 아니었다. 제라드는 한나가 아프리카 전역에 돈을 뿌리고 다닌다는 소리를 들었다. 제라드가 해고되기까지 3주도 남지 않은 시점에, 제라드의 팀은 아프리카 ENRC의 고위직원 데릭 웹스톡 Derek Webbstock을 인터뷰했다. 웹스톡은 잠비아의 현직 대통령과 전직 대통령 두 명에게 자신이 직접 현금 뇌물을 전달한 적이 있다고 말했다.[25] 그러면서 그 일은 빅터 한나의 지시였다고 덧붙였다. 적어도 그것이 그가 전한 이야기였다. ENRC 감독들로 이루어진 소규모 팀의 누군가가 제라드의 조사 상황을 지켜보다가 한나에게 웹스톡이 어떤 말을 하고 다니는지를 고해바친 후에 그가 했던 말을 급히 취소하기 전까지는 말이다.

잠비아는 아프리카에서 상대적으로 조용한 나라 가운데 하나였다. 이웃 국가들과는 다르게, 내전이 일어난 적도 없었으며 대통령 선거에서 패한 사람들도 폭도를 소환하기보다는 선거 결과에 승복하는 쪽을 택했다. 그러나 잠비아 역시 부패를 피하지는 못했다. 빅터 한나가 잠비아 대통령들에게 실제로 뇌물을 전달하고 있었다면, 아마도 그것은 잠비아의 ENRC 자산을 보호하기 위해서였을 것이다. 참비시Chambishi의 거대한 감청색 구리 제련소[26]는 혼돈의 콩고와 국경을 맞대고 있는 잠비아 일대의 햇볕에 말라 단단해진 땅과 나른한 도시들 위로 우뚝 솟아 있었다. 2010년에 ENRC는 참비시 제련소를 손에 넣기 위해 3억 달러라는 막대한 돈을 쏟아부었다. 그렇게 많은 돈을 지불한 이유에 대해, ENRC 측이 런던 증권거래소에서 자사 주식을 매입한 투자자들에게 설명한 바에 따르면, 그 돈을 치르더라도 제련소를 사는 것이 새로 제련소를 짓는 것보다 훨씬 싸게 먹힌다고 했다. 크레디트 스위스의 은행가들 역시 ENRC의 판단을 지지했다. 그러나 닐 제라드는 그러한 높은 사정 가격이 국경 너머 콩고의 ENRC 광산에서 제련소의 원료 공급을 책임질 것이라는 ENRC의 내부 보증에서 비롯되었다는 것을 발견했다. 크레디트 스위스 은행가들은 그러한 보증을 검증할 필요를 느끼지 못했다. 제라드의 팀은 원료 공급이 결코 실행에 옮겨진 적이 없음을 입증했다. 게다가 빅터 한나가 사정가를 높이는 데 개입해 왔던 것 같았다. 제라드는 한나의 아프리카 작전으로 그렇게 비싼 매수가가 형성된 데에는 또 다른 이유가 존재했을 수도 있다고 의심했다. 3억 달러라는 가격은 전 소유주가 불과 7년 전에 제련소를 매입할 때 지불한 금액의 46배에 달했다.[27] 그 전 소유주는 인터내셔널 미네랄 리소스International Mineral Resources라는 회사로 비공개기업이었으며, 트리오 소유였다.

제련소는 실재했다. 땅속의 금속들이 실재했던 것처럼, 금속이 섞인 바위를 뚫기 위해 드릴을 움켜쥔 손도 실재했다. 그러나 제련소를 둘러싼 이야기는 공개기업인 ENRC로부터 수억 달러를 뽑아내 트리오의 사적 자산으로 유용하기 위해 조작되어 온 것이었다.

참비시에서 ENRC가 제련소 인수를 위해 지급한 금액은 14억 달러에 달했다.[28] 물론 트리오가 처음 제련소를 사들였을 때는 그보다 훨씬 낮은 가격이었다. 그런 다음 한나의 중개로 재매각되었고,

수익자는 드러나지 않았다. 이따금 ENRC는 실제로 무가치한 자산을 구입하기 위해 막대한 금액을 지불했다. 예를 들어 ENRC는 콩고의 황무지 지대를 사들이기 위해 영국령 버진아일랜드의 회사에 1억 9500만 달러를 지급했는데, ENRC의 자체 자산 감정으로도 겨우 수십만 달러밖에 되지 않는 곳이었다.[29] 2011년 아래쪽 남아프리카 공화국에서 ENRC는 망간 시굴권을 얻기 위해 2억 9500만 달러를 지불했다. 그 돈은 익명 소유주들의 회사로 넘어갔다. 2년 후 ENRC가 연차보고서 82쪽에서 단 한 문단으로 지적한 바에 따르면, 망간 시굴권은 이제 쓸모없는 것으로 여겨졌다.[30] ENRC는 마치 에른스트 프랭켈의 이중국가의 사촌이라도 되는 것처럼, 이중 기업으로 보였다. 유한책임회사 ENRC[ENRC plc]는 런던 시장에서 주식을 거래하고 법과 규제사항을 지키며 거래명세를 발급하고 투자자들에게 흥미진진한 전망이 담긴 제안들을 설명하고 법의 보호를 누렸다. 하지만 그것과 꼭 닮은 도플갱어도 존재했다. 이 도플갱어의 목적은 대지에서 광석을 채굴하는 것이 아니라, 돈을 빨아올려 땅 밑을 흐르는 어두운 대수층으로 이동시키는 것이었다.

콩고 국민은 빅터 한나가 등장하기 전부터 더 이상 뺏길 것이 남아 있지 않을 정도로 수탈당하고 있었다. 만약 당신이 콩고에서 태어났다면 당신의 삶은, 지하자원이라는 저주를 받지 않은 어딘가 다른 곳에서(아니, 실제로는 그 어떤 곳과 견주어도) 태어난 것과 비교할 수 없을 정도로 고달프고, 역겹고, 빈곤했을 것이다. 콩고 내전 초반 동안, 빌리 라우텐바흐는 천연자원의 약탈을 조직하는 데 일조했다. 하지만 총애를 잃으면서 광산 채굴권의 상당 부분을 지킬 수는 있었지만, 콩고 광석 왕의 자리는 내주어야 했다. 2001년에 로랑 카빌라가 암살당하자, 그의 아들 조제프가 대통령직을 승계했다. 라우텐바흐가 조제프의 아버지를 위해 해 왔던 역할(콩고 클렙토크라시 정치 체제와 다국적 광산기업들을 연결하는 중개인)을 위해, 조제프는 땅딸막하고 수염이 무성한 이스라엘인 단 거틀러Dan Gertler[31]를 선택했다. 거틀러는 체제가 무기를 구매하는 데 필요했던 긴급자금을 공급함으로써 자신의 유용성을 입증해 보였다.[32] 덕분에 그는 다이몬드 채굴권을 획득할 수 있었다. 그러나 그는 구리산출지대의 적토 아래 매장되어 있는 알짜배기 보물을 원했다.

구리라는 보물에 대한 접근을 통제했던 사람은 다름 아닌 오귀스탱 카툼바 므완케였다.[33] 그는 라우텐바흐와 충돌해 온 HSBC 은행가 브루스 주얼스의 수하였다. 이제 조제프 카빌라Jeseph Kabila가 지배하는 콩고에서, 카툼바는 금융계의 라스푸틴* 같은 존재가 되어 그림자 국가를 설계하고 콩고의 막대한 천연자원을 대통령과 그 측근의 사익을 위해 전용했다. 이 과정에서 카툼바는 단 거틀러와 친밀한 관계를 형성했으며 그를 자신의 형제로 여겼다.[34]

곧 거틀러는 "콩고의 풍광을 바꿀 큰 그림이 그려지는 중입니다. 다른 누구도 아닌 바로 내가 그 밑그림을 그리고 있습니다"[35]라고 떠벌리고 다녔다. 이것은 2008년 거틀러가, 오크-지프 헤지펀드의 수백만 달러를 아프리카 거래에 쏟아붓고 있었던 미국 자산투자

---

* 제정러시아의 수도사, 심령술사였던 그리고리 예피모비치 라스푸틴(Grigorii Efimovich Rasputin)은 황제 니콜라이 2세의 아들인 알렉세이 니콜라예비치 로마노프 황태자의 병을 호전시킨 일로 황제의 탄탄한 신임을 얻은 후부터 비선 실세가 되어 국정을 제멋대로 휘둘렀고 러시아 제국 몰락에 막대하게 일조한 인물이다.

가 마이클 코언에게 보낸 메시지였다. "정확히 어떤 큰 그림이 그려질지는 아직 결정되지 않았습니다. 아직 마음을 정하지 못하고 있는 당신의 파트너 때문이죠." 거틀러에게는 여전히 막강한 힘을 자랑하는 다른 파트너들도 있었다. 이반 글라센버그의 글렌코어도 그중 하나였다.[36] 또한 트리오도 있었다. 닐 제라드는, 트리오가 거틀러의 핵심 조력자이자 대통령의 오른팔 오귀스탱 카툼바 므완케를 적어도 두 번은 사업 협의차 만났다는 사실을 알아냈다.[37] ENRC는 계속 일을 진행했고 콩고의 광산과 시굴권을 사들였다. 하지만 그것들을 콩고 국민의 이름으로 소유하고 있는 콩고 정부로부터 직접 구매한 것은 아니었다. 그렇다. 처음에 그것들은 단 거틀러에게 매각되었다. 거틀러는 그 자산을 적절한 금액에 사들였다. 그런 다음 ENRC가 그 금액의 몇 배에 달하는 액수를 거틀러 소유의 유령회사에 지불했다.[38] 거틀러든 거틀러가 거래에 한몫 끼워 준 누구든, 세계에서 가장 가난한 국민을 돌보라고 위임받은 국가의 자산을 희생시켜 즉각적으로 수억 달러에 달하는 이익을 챙겼다. 런던 증권거래소의 ENRC 주주 역시 손해를 입었다. 회사가 콩고 정부로부터 직접 자산을 구매했더라면 지불했을 금액보다 훨씬 많은 돈을 지불했기 때문이다. 다시 한 번 ENRC의 목적이 공개 기업의 공개적인 회계장부로부터 금융 비밀체계의 비공개 장부로 자금을 이동시키는 것은 아닌가 하고 의심하게 되는 대목이었다.

닐 제라드는 ENRC에 대해 "아프리카 사업의 대부분은 범죄 행위에 따른 수익 창출의 대표적인 사례인 것처럼 보였다"[39]라고 결론 내렸다. 늘 그렇듯 그처럼 막대한 지출을 정당화하기 위해 비즈니스 용어로 가득한 한두 마디의 논평과 변명거리를 늘어놓게 마련이었다. 그거야말로 시티의 금융맨들이 원하는 모든 것이라 할 수 있었다. 그들은 모두가 계속해서 더 큰 부자가 될 수 있도록, 사회의 다른 부분으로부터 더 많은 부를 쥐어 짜낼 수 있도록 서로에게 들려줘도 괜찮은 이야기를 원했다. 그러나 제라드는 의혹을 잠시 유예해 두기를 거부했다. 빅터 한나가 해명을 하는 족족 제라드는 그 해명을 박살내고는 했다. 거틀러와 연관된 회사에 3500만 달러가 지급된 것과 관련하여, 한나 측에서 나온 사람은 그 돈이 사실은 세금을 납부하기 위한 용도로 보내진 것이라고 설명했다.[40] 하지만 콩고 당국이 세금을 수령했음을 확인시켜 주기 위해 보낸 서한은, 세금을 납부한 시기가 거틀러의 회사가 돈을 받은 시기보다 앞선다는 것을 보여 주었다.

제라드가 한나의 특권을 일시 정지시켜야 한다고 요구하기 시작할 무렵, 제라드는 해고됐다.[41] 하지만 제라드가 제거되었음에도 불구하고, 비밀들은 놀랍게도 트리오의 통제를 벗어나 계속 흘러나왔다. 중대사기수사국의 조사관들은 제라드가 그만둔 곳에서 시작했다. 2016년에 그들이 한나와 인터뷰했을 때, 한나는 그들의 질문이 자신과 제라드 사이에 오고 갔던 말에 비추어 ENRC의 거래들을 "잘못" 해석한 것이라고 말했다.[42] 그러나 그때 소름 끼칠 정도의 엄청난 진전이 이루어졌다. 미국 법무부 소속 검사들이 헤지펀드 하나를 붙잡아 해외뇌물거래방지법 위반 사실을 자백하게 하는 데 처음으로 성공했다고 득의양양하게 발표한 것이었다.[43] 그 헤지펀드는 오크-지프였으며, 문제의 부패 혐의는 마이클 코언과 반야 바로스의 아프리카 투기와 관계가 있었다. 오크-지프 헤지펀드는 자백했고, 벌금형에 처해졌으며, 해당 미국인들이 현재 밝힌 사실 진술을 공개하는 데 동의했다. 관여한 인물 대부분은 익명으로 처리되었다. 그러나 위장이 너무나 건성이고, 신분을 확인할 수 있는 세부 사항들이 많이 노출되어서, 해독하는 데 5분도 걸리지 않았다. 예를 들어 "이스라엘 사업가"가 입금한 납입명세 리스트가 올라온 절이 있었는데, 누가 봐도 단 거틀러가 확실했다.[44] 수령인의 신분 역시 알기 쉬웠다.[45] 콩고 대통령 조제프 카빌라와 그의 가장 유력한 고문 오귀스탱 카툼바 므완케였다.

2010년 12월 1일 - 100만 달러 - 카빌라

2010년 12월 3일 - 200만 달러 - 카빌라

2010년 12월 7일 - 200만 달러 - 카빌라

2010년 12월 9일 - 200만 달러 - 카빌라

2010년 12월 15일 - 35만 달러 - 카툼바

2010년 12월 17일 - 25만 달러 - 카툼바

2011년 1월 13일 - 50만 달러 - 카툼바

2011년 2월 9일 - 300만 달러 - 카빌라

2011년 2월 9일 - 100만 달러 - 카툼바

2011년 2월 23일 - 75만 달러 - 카빌라[46]

거틀러는 그의 가장 내밀한 비밀을 아는 누군가에 의해, 혹은 그 비밀을 알고 있다고 미국 검사를 납득시킬 수 있었던 누군가에 의해 배반당했다. 오크-지프의 고위 금융 전문가들은 소송 합의를 결정했다. 따라서 목격자 증언을 위해 법정에 출두할 필요는 없었다.[47] 확실히 카빌라와 카툼바는 그 수백만 달러와 관련 있을 가능성이 컸다. 선거가 다가오고 있었다. 하지만 선거에 드는 비용은, 국민 대부분이 극도의 굶주림에 시달리고 정치인들의 협박에 충격을 입은 상태건 말건 대개는 훔치면 그만이었다.

거틀러가 그의 뇌물 조직을 움직이는 데 사용한 자금의 일부는 오크-지프에서 나왔다는 주장이 제기되었다. 또한 검찰은 오크-지프가 제공한 자금의 상당 부분이 "광산회사 1"[48]에서 나왔다고 주장했다. 이 회사는 트리오의 회사 ENRC가 분명했다. 닐 제라드도 조사 과정에서 비슷한 얘기를 들어 왔었다. 한나가 거틀러와의 거래를 위해 승인한 수백만 달러는 지참인불 어음bearer notes*으로 지급되었다고 했다.[49] 즉 이는 그 돈들이 최종 수령인이 누구든 그에게로 마치 현금처럼 흔적을 남기지 않고 넘겨질 수 있다는 것을 의미했다.

많은 사람이 입을 열기 시작했다. 하지만 일부는 입을 닫기도 했다. 카툼바는 2012년에 비행기 추락 사고로 사망했다.[50] 2016년에는 안드레 베커Andre Bekker의 새까맣게 탄 시신이 요하네스버그 교외의 불타 버린 아우디 자동차 뒷좌석에서 발견되었다.[51] 맥주를 좋아하던 쾌활한 아프리카너Afrikaner**[52] 베커는 광물지질학자였다. 그는 ENRC가 2억 9500만 달러에 사들인 노던케이프Northern Cape 망간 광

---

* 특정인을 권리자로서 표시하지 아니하고 증권의 소지인을 권리자로 정해 그 사람에게 채무를 변제하도록 하는 어음. '차 증권(此證券)의 지참인(소지인)에게 지급함'이라는 문구가 쓰여 있다.

** 남아프리카공화국의 네덜란드계 백인을 일컫는다.

산의 채굴권 가치를 감정했었다. 베커는 광산의 채굴 가치가 희망적이지 않으며[53], 산정 액수가 그렇게 높게 나온 것은 가치평가가 부풀려졌기 때문이라는 사실을 발견했다. 그래서 사람들에게 그렇다고 말하고 다녔다.[54]

짐 고먼Jim Gorman은 이미 4년 전에 요하네스버그에서 죽었다. 스코틀랜드인으로 광산에서 오랫동안 일해 온 그는 빅터 한나의 이인자로 불렸었다. 사망하기 얼마 전부터 그는 ENRC 아프리카 사업 부문을 분리 매각할 계획에 대해 이야기해 왔다.[55] 동료들과 밖에서 밤까지 심하게 취할 정도로 마신 그는 그들이 머물던 인근 호텔로 돌아와 침대에 들었다. 보통 때라면 아침 식사를 하러 그가 제일 먼저 내려왔을 것이다. 그가 나타나지 않아서 동료들이 그의 방으로 올라갔다. 그리고 거기서 죽어 있는 그를 발견했다.[56] 고먼은 원래 심장이 좋지 않았다. 그래서 그를 아는 사람들은 그의 심장이 어느 순간 저절로 멈춘 것 같다고 생각했다. 하지만 스프링필드에서 어떤 일이 있었는지를 듣게 되자 의구심이 들기 시작했다.

빅터 한나의 대리인 자격은 고먼에서 제임스 베델James Bethel로 대체되었다. 베델은 같은 남아프리카공화국 출신으로 자신의 오랜 대학 친구인 헤릿 스트라이돔Gerrit Strydom과 긴밀히 협력하며 일했다. 40대였던 두 친구는 2015년 ENRC를 퇴사하기로 결심했다.[57] 베델은 한나의 오만한 일 처리 방식에 정나미가 떨어졌다고 말했다. 하지만 다른 한편으로는, 그와 스트라이돔이 한나와 함께 ENRC 밖에서 벤처사업을 기획하고 있다고도 말했었다.[58] 그의 주된 업무는 콩고의 조직들을 운영하는 것이었다. 닐 제라드는 그곳이 부패의 중심지라고 믿었다. 하지만 막 조사를 시작하려는 때에 해고되었고, 이제 중대사기수사국 조사관들이 그곳에 대한 공식적인 추적을 이어 가고 있었다.[59] 조사관들은 베델에게 만나고 싶다는 전언을 보냈다.[60] 스트라이돔은 ENRC 자회사를 이끌고 있었는데[61], 제라드의 팀은 그 회사를 통해 빌리 라우텐바흐에게 상납금이 전달되고 있다고 판단했다.

베델과 스트라이돔은 오토바이 타기를 즐겼다. 2015년 5월, 그들은 옛길의 흔적을 간직한 미국 66번 국도를 향해 출발했다.[62] 시카고로 날아간 그들은 할리데이비슨 오토바이를 골라 탔고, 5월 6일 미주리 주 스프링필드 읍내에 도착했다. 그들은 라 퀸타 인La Quinta Inn 호텔에 체크인을 하고 방을 두 개 잡았다. 셋째 날 아침, 그들은 방에서 나오지 않았다. 오후 1시에 호텔 직원이 방문을 열었다.[63] 스트라이돔은 벌거벗은 채 침대에 누워 있었고, 베델은 속옷 차림으로 욕실 바닥에 있었다. 둘 다 죽은 상태였다.[64]

그들의 사망 소식이 런던 중대사기수사국 본부에 전해졌을 때, ENRC 사건 조사관들은 경악했다.[65] 그들은 급히 스프링필드 경찰에 연락해서 휴대전화를 비롯한 물품 등 증거 보존을 요청했다. 하지만 그 시각 경찰은 자신들에게 이것저것 조언을 하는 ENRC의 대리인을 상대하는 중이었다. 숀 매코믹이었다.

매코믹은 러시아 정부가 BP의 러시아 사업에 적대적인 태도를 보이는 동안 기묘한 행동을 일삼더니 바로 BP를 그만뒀다. 그는 미국 국가안전보장회의에서 일하던 시절에 담당했던 지역, 아프리카로 돌아갔다. 이번에는 새로운 고용주 ENRC를 위해서였다. 닐 제라드는 조사를 진행하는 동안 매코믹이 정확히 무슨 일을 하는 대가로 돈을 받는 건지 호기심이 일었다.[66] 그가 한나의 패거리 중 하나인 건 확실했다. 제라드 팀이 한나의 부하들을 인터뷰할 때마다, 한나는 매코믹을 보내 그들을 입단속하곤 했다.[67] 그의 계약서에는 "아프리카 전반, 그리고 특히 짐바브웨"[68]에 서비스를 제공한다고 되어 있었다. 제라드가 매코믹을 인터뷰할 때 그는 변호사를 대동하고 왔다. 제라드도 나중에 안 사실이지만, 변호사는 무가베의 '측근'이라 불리는 빌리 라우텐바흐의 대리인이기도 했다. 변호사도 매코믹도, 매코믹이 하는 일을 제라드가 만족할 정도로 명확히 설명하지는 못했다.[69] 그랬던 매코믹이 ENRC 조직의(그중에서도 부패의 심장으로 의심되는 지역) 고위직에 있던 두 남자의 갑작스러운 죽음을 뒤쫓아 지금 여기에, 트리오 회사의 대리인이라며 와 있었다. 지역경찰 조사관은 손 매코믹이 사망한 남자들의 휴대전화를 열기 위한 암호를 알려줄지도 모른다고 생각했다.[70] 암호의 일부가 풀렸다. 그러나 미국 당국은, 그들이 휴대전화에서 부패 조사와 관련된 증거를 점검했는지는 몰라도, 어쨌든 중대사기수사국 조사관들에게는 어떠한 언질도 주지 않았다. 휴대전화들은 경찰 보관소에서 안전하게 오랜 시간 방치되다가 이윽고 주인들처럼 작동을 멈췄다.[71]

지역 검시관이 사체들을 부검했다.[72] 그의 부검 장비는 매우 부실했다. 핵심 장비인 현미경 세트도 없어서, 사체 세포들에서 발견한 반점의 종류도 판단할 수 없었다. 그의 사무실은 (기준 이하이긴 하지만) 지역 연구소와 계약을 맺고 있었다. 그래서 그는 독극물 검사용 샘플들을 연구소에 보냈다. 하지만 너무나 불완전한 결과가 돌아와서[73], 보고서는 경찰 파일에 첨부되지도 못했다.[74] 트리오의 회사 ENRC에 고용된 또 다른 민간 검시관이 나타났다. 그의 이름은 마이클 바덴Michael Baden[75]으로 미국에서 최고의 법의학자로 꼽히는 유명 인사였다. 달라스에서 암살당한 존 F. 케네디 대통령부터 2014년 퍼거슨에서 경찰 총격으로 사망한 젊은 흑인에 이르기까지, 그는 논쟁적인 죽음들을 파헤치며 경력을 쌓아 왔다. 이따금 폭스 뉴스에 출연하여 이러저러한 사건들에 대한 의견을 제시하기도 했다. 그도 지역 검시관도 사인을 입증할 수 없었다.[76] 그래서 그들은 공중보건 위협 요인들의 관리를 책임지고 있는 연방기관, 질병통제예방센터CDC로 사체 샘플을 보냈다. 런던에서 중대사기수사국 조사관들은 이 샘플들의 출처에 의심의 눈길을 보냈다.[77] 샘플이 오염되지 않았다는 것을 보장할 수 있는 관리의 연속성chain of custody이 유지되었는가?[78] 그 점에 관해서는 아무도 아는 사람이 없는 것 같았다.

CDC 검사 결과 샘플에서 말라리아균이 검출되었다.[79] 그렇다고 해서, CDC 과학자들은 남자들이 말라리아균으로 사망했다고 결론짓지는 않았다.[80] 하지만 사체들이 발견되고 6주 후, 스프링필드 경찰청은 사망 원인이 뇌 말라리아cerebral malaria라고 발표했다.[81] 둘을 잘 아는 사람들에게 그러한 사인은 일견 타당해 보였다. 그들은 미국으로 출발하기 2주 전에 잠비아의 말라리아 발생 지역으로 함께 낚시 여행을 다녀왔었다.[82] 그 기간은 말라리아가 통상적인 잠복기를 거쳐 발현하는 데 걸리는 시간, 즉 모기에 물린 상처를 통해 기생충에 감염되고 그 기생충이 혈류로 유입되어 인체 기관을 파괴하는 데 걸리는 시간과 거의 맞아떨어졌다. 하지만 적어도, 베넬에게서 물린 자국이 있다는 소리는 나온 적이 없었다.[83] 더욱이 그들 둘 다 여행 중에 몸이 좋지 않다고 느꼈어야 하는데, 비록 전화상이긴 했지만[84] 죽기 몇 시간 전 베델의 심신은 더할 나위 없이 안정되어 보였었다. 게다가 전문가가 아니면 포착할 수 없는 이상한 점이 하나 더 있었다. 말라리아 전문가에 따르면[85], 말라리아의 발현 속도 (잠복기간)와 중증도에는 모기에게 물린 범위부터 숙주의 면역체계 상태에 이르기까지 다양한 요인들이 영향을 미친다. 이 말은 두 사람이 우연히 동시에 말라리아에 걸렸다고 하더라도 몇 시간 간격으로 동시에 죽을 가능성은 실제로 없다는 의미다. 하지만 이것도 그들이 같은 모기에게 물리지 않았다는 것을 가정할 때나 가능한 애기였다. 베델과 스트라이돔은 함께 낚시를 다녀왔다고 했다. 그렇다면 같은 모기에 물렸을 수도 있었다. CDC가 샘플들을 검사했을 때, 그들은 두 사체에서 검출된 기생충의 유전자형이 다르다는 사실을 발견했다.[86] 두 사람이 서로 다른 모기들에게 물렸을 때만 나올 수 있는 결과였다.

말라리아가 제임스 베델과 혜릿 스트라이돔을 죽인 게 아닌 것 같았다. 그러다 보니 다음과 같은 질문이 남았다. 그럼 무엇이 그들을 죽였는가?

런던과 아프리카에서, 두 망자의 동료들은 그 생각에 몸서리쳤다.[87]

끝나다
• *It's Over* •

2017년 6월, 영국 켄싱턴

37

새벽 1시 직전, 4층을 가로지른 첫 번째 연기가 소용돌이치며 밀려 나왔다. 불은 주방의 낡고 오래된 냉장고가 있는 모퉁이에서 시작되었다.[1] 켄싱턴의 다른 으리으리한 주택들과는 다르게 아파트들은 작고 비좁았다. 불은 몇 분 만에 창문에 도달했다. 고층건물 외벽은 원래라면 아연 재질로 마무리되었어야 했다. 하지만 몇 십만 달러를 아끼기 위해 알루미늄 마감재가 사용되었다. 두 장의 알루미늄은 그 사이에 폴리에틸렌을 주입하여 접합되어 있었다. 알루미늄과 폴리에틸렌을 조합한 마감재로는 '현실 세계의' 소방안전 검사를 통과할 수 없었다. 그러나 개발업자들을 과도한 규제로 얽어매지 않는 영국이라면 가능했다. 몇 년 전 건축 안전 가이드라인의 초안 작성을 책임진 고위 관리는 "불연성재료" 사용 조항이 "자재 선택권을 심각하게 제한한다"는 주장이 있다고 논평했었다. 화염이 마감재에 도달하자 불길이 건물 외벽을 타고 올라갔다. 불길이 날름거리는 혓바닥처럼 소름끼치게 밤하늘을 핥아 댔다. 일부 주민이 하나밖에 없는 계단으로 뛰어 내려왔다. 일부는 불이 나면 실내에 머물라는 집주인의 지침에 따랐다. 꼭대기 층에 사는 라니아 이브라힘Rania Ibrahim은 감히 현관문을 열 엄두도 나지 않았다. 건물의 다른 많은 이웃처럼 그녀도 이민자였다. 그녀는 3년 전에 이집트에서 이주했다. 언젠가 빅토리아풍의 작은 단독주택으로 이사 가는 것이 그녀의 꿈이었다. 남편은 부재중이어서 집에는 그녀와 어린 두 딸만 있었다. 불길이 다가오자 그녀는 허둥대기 시작했다. 그러다 기도를 했고, 읊조렸다. "다 끝났어. 여기가 끝이야."

2017년 6월 14일 밤, 그렌펠 타워Grenfell Tower 주민 중 72명이 사망했다. 나머지 250명은 대피소가 필요했다. 지역 당국은 주택이 부족해서 그들에게 새로운 주거지를 찾아 주기가 쉽지 않을 것 같다고 발표했다. 하지만 그러한 발표는 사실과 달랐다. 집은 넘쳐 났다.[2] 그렌펠 타워 근처에만 약 2000채의 아파트가 비어 있는 실정이었다. 그 지역의 주택 대부분은 영국령 버진아일랜드, 지브롤터 혹은 저지섬에 등록된 유령회사들 소유였다. 한때 윈스턴 처칠의 비밀 작전지로 사용되기도 했던 시가 8700만 달러의, 지금은 아무도 드나들지 않는 옛 지하철역은 드미트로 피르타시 소유였다. 이 우크라이나 올리가르히는 브레이니 돈이 암암리에 흥미를 보였던(미국인들의 생각에 그렇다는 말이다) 천연가스 공급 계획의 배후로 알려져 있었다. 두바이 통치자 셰이크 무함마드 빈 라시드 알 막툼Sheikh Mohammed bin Rashid Al Maktoum을 비롯하여 미국 억만장자 마이클 블룸버그Michael Bloomberg도

부재 소유자absent proprietor로 이름이 올라 있었다. 그렌펠 타워 생존자들은 인근의 임시 대피소에서 수개월간 방치되었다. 생존자 중 일부는 그렌펠과 마찬가지로 화재의 위험이 높았던 근처 고층건물로 보내지기도 했다.[3]

샬럿 마틴은 비극적인 화재 사건 이후 켄싱턴에 사는 친구들과 이야기를 나눴다. 그들 대부분이 나이절 윌킨스를 떠올렸다. 그가 있었더라면 책임자를 밝히겠다며 한창 분주하게 뛰어다녔을 것이다. 켄싱턴은 나이절의 영토였다. 수년 전에 그가 사우스 켄싱턴 역에서 모퉁이를 돌면 나오는 건물의 4층에 있는 아파트를 샀을 때부터 그랬다. 지방자치의회 의석을 차지하겠다고 벌였던 그 모든 캠페인 하며, 악착같이 돈을 긁어모으는 집주인들과 벌인 싸움들 하며, 또 올드 스펙클드 헨 한 병을 앞에 두고 저녁 내내 신문사에 보내겠다고 작성하던 그 모든 편지들 하며, 켄싱턴은 그가 한 모든 일을 지켜본 곳이었다. 그가 감지해 왔던 악의, 하디의 소설 속에 또 부의 축적과 빈한한 사람들에 대한 무시 속에 존재했던 바로 그 악의가 지금 괴물의 형상을 하고 타올랐다. 나이절이 있었더라면 시스템이 불을 내는 데 일조했다는 사실을 밝힐 수 있었을지도 몰랐다. 하지만 그는 거기에 없었다.

화재 사건이 발생하기 6개월 전인 2017년 1월, 샬럿은 나이절을 만났고 그의 모습에 충격을 받았다. 그가 금융감독청과 협상을 벌이며 은퇴 준비를 시작하고, 그러다 그의 진실을 들어주기를 바랐던 그 권력자들에 의해 금융계에서 추방된 지 1년 남짓밖에 되지 않았다. 크리스마스 때만 해도 괜찮아 보였던 그는 그때 이후로 체중이 눈에 띄게 줄었다. 그는 괜찮다고 우겼다. 그들은 곧 다시 만나기로 약속했다. 그러나 약속한 2월의 어느 목요일, 샬럿은 첼시 웨스트민스터 병원으로부터 전화를 받았다. 그녀는 병원에 도착해서 중환자실에 있는 나이절을 발견했다. 그는 자신의 문서와 공책들을 꼭쥔 채로 코에 튜브를 끼고 있었다. 유육종증은 수년에 걸쳐 그의 폐를 망가뜨려 왔다. 지금 그는 폐렴에 걸린 상태였다. 일요일 이른 시간에 나이절은 심장발작을 일으켰다. 의사가 그를 살려냈지만, 그의 장기는 부전 상태에 빠졌다. 그 상태로 6일을 더 버텼다. 춥고 우울한 토요일이었다. 샬럿이 그의 옆을 지키고 있었다. 그때 의사가 다가와 그녀에게 조심스럽게 말했다. "지금 돌아가실 것 같아요."

제3부. 변태

당신이 선택한 이야기

The Story You Choose to Tell

2017년 8월, 캐나다 몬트리올

2017년 8월, 피터 살라스는 캐나다로 돌아왔다. 무흐타르 아블랴조프도, 미하일 호도르콥스키도 자유의 몸이 됐다. 곧 몬트리올의 겨울이 시작됐다. 혹독한 겨울이었다. 피터는 저녁마다 늦게까지 삽을 들고 낮 동안 문 앞에 벽처럼 쌓인 눈을 치웠다. 그는 자신이 여전히 표적이라는 사실을 알고 있었다. 아마 앞으로도 계속 그럴지 몰랐다. 국참사원에서 그는 아블랴조프를 법률적 수단으로 옭아매려던 카자흐스탄 정부의 오랜 조직적 움직임에 결정적 한 방을 먹이며 승리했다. 하지만 그러한 승리는 카자흐스탄 정부로 하여금 다른 수단에 의지하도록 만들 뿐이었다. 자꾸 마음속에 어떤 장면 하나가 그려지곤 했다. 파리로 돌아가고 있는 자신을, 체첸인 하나가 총을 겨눈 채 기다리는 그런 장면 말이다. 그는 자신이 끌려 들어간 세계에서 자행되고 있는 테러가, 자라나고 있는 자신의 아이들의 삶 속으로 밀고 들어온 것 같아 두려웠다.

피터는 보타가 자신에게 요청한 일을 해 왔다. 피터는 나자르바에프가 아블랴조프와 그의 사람들을 붙잡지 못하게 막았다. 카자흐스탄 정부의 범죄인 인도 요청도 인터폴의 적색수배도 아블랴조프와 그 관계자들을 붙잡는 데 성공하지 못했다. 스페인 법원은 아블랴조프의 경호원 파블로프를 카자흐스탄에 넘기지 말고 망명자 지위를 부여하라고 판결했다.[1] 이탈리아에서 피터는 아블랴조프의 아내와 딸을 납치하는 데 관여한 사람들의 기소 여부를 예의 주시했다. 납치사건은 어린 알루아에게 상처를 남겼다. 알루아는 알마와 로마에 남았고, 그곳에서 그들은 공식적인 망명자 신분을 획득했다. 아블랴조프는 여전히 프랑스에 망명 신청을 해 둔 상태였다. 알루아는 방학이면 아블랴조프를 보러 왔다. 그때 누구든 아블랴조프를 모임에라도 데려갈라치면, 알루아는 그들에게 달려들어 아버지를 또다시 데려가지 못하게 하려고 발길질을 해 대고는 했다. 이탈리아 검찰은 경찰 간부 3인과 국외추방을 승인한 판사를 비롯하여 납치 연루 용의자들을 고발했다.[2] 카자흐스탄 외교관들은 그들의 면책특권을 행사했다.[3]

보타 자르데말리는 벨기에에서 망명 자격을 부여받았다. 하지만 그녀의 삶은 원하지도 않았고 상상도 못 했던 방식으로 변하고 있었다. 결코 다시는 집으로 돌아가지 못할 것 같다는 생각이 들기 시작했다. 회사에서는 여느 때처럼 활기찼지만, 쫓기고 있다는 불안감이 머리에서 떠나지 않았다. 세련된 국제변호사로서의 라이프스타일은 도망 다니는 반체제 인사의 라이프스타일로 바뀐 지 오래였

제3부. 변태

으며, 그녀의 운명은 어느새 아블랴조프의 운명과 떼려야 뗄 수 없게 되어 버렸다. 결혼 생활도 파경에 이르렀다. 자나오젠에서 대량 학살이 일어난 후로는, 그녀와 같은 신세의 망명자들뿐 아니라 카자흐스탄 국내 활동가나 언론인 들과도 긴밀한 관계를 유지했다. 로자 툴레타예바에 대해, 그녀가 받은 고문에 대해 듣게 된 보타는 자신의 조국에서 자행되고 있는 부당성을 고발하는 글들을 온라인에 게시하기 시작했다. 고문은 일종의 금기사항이었다. 특히 성적 수모가 고문의 일부일 때는 말할 것도 없었다. 카자흐스탄 여성들로부터 자신들이 당한 일을 전에는 언급조차 해 본 적이 없다는 메시지들이 오기 시작했다.

카자흐스탄 당국은 보타에게 주목했다. 그들은 알마티의 부유한 계층의 일원이었던 그녀의 부모를 불러 심문했다. 보타는 언젠가 브뤼셀의 아파트로 귀가했다가 공기 중에 남성의 땀 냄새가 나는 것을 알아차리고는 몸서리쳤다. 그녀는 유출된 카자워드 이메일들을 통해 그녀, 피터, 일리야스, 마다나를 비롯한 소위 서방 거주 아블랴조프 측 인사들을 상대로 어떤 규모의 작전이 수행되고 있는지 알 수 있었다. 그녀는 "그 작전은 마치 압축기 같아서, 한 번 작동시키면 멈추지 않는다"고 생각했다. 카자흐스탄 정부는 보타를 찾아내기 위해 러시아 기자 한 명과 구동독 비밀경찰German Stasi 출신의 탐정 두 명으로 이루어진 팀을 고용하기도 했었다. 그들은 그녀를 '보리스Boris'라는 암호명으로 불렀으며 그녀를 벨기에에서 밀출국시키려는 음모를 꾸몄다. 벨기에 경찰은 그들이 보타의 변호사를 매수하여 정보를 빼돌리고 나서야 그들의 존재를 알아차렸다. 2019년 11월, 벨

기에 법원은 그들에게 2년 형을 선고했다.[4]

그러나 보타에게 압력을 가하기 위해 참견쟁이 서방 법원이 방해할 수 없는 다른 방법들도 동원되었다. 2017년 11월, 보타의 남자형제 이스칸데르 예림베토프Iskander Yerimbetov[5]가 알마티에서 체포되었다. 간수들은 그에게 그의 아버지와 젖먹이를 키우고 있는 그의 아내도 곧 체포할 거라고 엄포를 놓았다. 또한 그의 어린 아들도 데려와 강간할 거라고 했다. 그들은 재소자들에게 그를 손봐 주라는 지시를 내린 다음 그와 같은 감방에 수감시켰다. 그는 구타당하고 밧줄로 목이 졸렸다. 빗자루로 그를 겁탈하고 바늘에 에이즈 바이러스를 묻혀 손톱 밑을 찌를 거라며 위협했다. 심문관들은 그에게 언제든 그가 마음만 먹는다면 이 일을 멈추게 할 수 있다고 말했다. 아니 정확히 말해, 그의 누이가 카자흐스탄으로 돌아와 아블랴조프에게 불리한 증거를 내놓는다면 멈출 수 있다고 했다. 검찰은 이스칸데르가 항공 입찰을 따면서 과도한 이익을 챙겼다고 발표하며 그를 사기죄로 기소했다. 하지만 카자흐스탄 법전에는 그러한 행위를 범죄 구성 요건으로 볼 수 있는 조항이 존재하지 않았다. 그런데도 2018년 10월, 그는 유죄 선고를 받았고 7년 감금형에 처해졌다. 그는 1년 후 뇌동맥류 판정을 받고 풀려났다(변호사들은 구타로 인한 것이라고 믿었다). 나자르바예프 당국으로서는 그가 감옥에서 사망하는 경우 발생할 수 있는 위험을 감수할 필요가 없었고, 언제든 그의 건강이 회복되면 다시 감옥에 재수감할 수 있었다. 이스칸데르는 어머니에게 어떤 일이 벌어지더라도 보타가 나자르바예프 측과 거래해서는 안 된다고 말했다. 보타가 고국으로 돌아와 아블랴조프를 배신하는 데 동의한다고 하더라도, 그들은 이미 이스칸데르를 아블 랴조프의 자금세탁원이라고 공개적으로 매도한 뒤라서 그를 풀어 줄 가능성이 거의 전무했다. 보타는 브뤼셀에 앉아 울분과 죄책감에 시달렸다.

카자흐스탄 법원은 분주했다. 아블랴조프의 신병을 확보할 수 없던 법원은 궐석재판을 통해 그에게 유죄 판결을 내렸다. 국참사원이 아블랴조프에게 유리한 판결을 내린 지 6개월이 지난 2017년 6월, 알마티 법원은 그에게 범죄조직을 이끌고 직권을 남용하고 횡령과 금융 관리 부실의 책임이 있다고 보고 20년 형을 선고했다.[6] 2018년 11월, 또 다른 카자흐스탄 법원이 아블랴조프에게 종신형을 선고했다. 법원 선고문에 따르면, 아블랴조프의 BTA 은행 초기 동업자였던 예르잔 타티셰프Erzhan Tatishev는 실제로 사냥사고로 사망한 것이 아니라 아블랴조프의 지시에 따라 살해당한 것으로 밝혀졌다고 했다.[7]

아스타나에서 카자흐스탄 당국은 자신들의 실수를 절감했다. 법무부 장관이자 나자르바예프 체제의 고위 관료로 아블랴조프 추적을 지휘했던 마라트 베케타예프Marat Beketayev는 결국 돈money이 반 아블랴조프 작전을 망쳐 왔다는 사실을 깨달았다.[8] 클렙토크라시 정치 체제가 클렙토크라트로 불리는 한 남자를 추격해 왔다. 사기꾼이든 변호사든 로비스트든 홍보업자든 누구든 그것이 떼돈을 벌 수 있는 기회라는 사실을 알 수 있었다. 여기저기서 축재가 이뤄졌다. 50억 달러가(어쩌면 그 이상) 풀렸다. 그 돈으로 상당한 성과를 올린 것도 사실이다. 사무실 곳곳에 제임스 본드 포스터로 도배해 놓은 특수부대 출신 탐정 트레포 윌리엄스는 아블랴조프의 역외회사들을 찾아냈을 뿐 아니라, 나중에는 아블랴조프도 찾아냈다. 윌리엄스는 그러한 유령회사들을 검토하고, BTA 은행에서 아블랴조프의 개인 사업체들로 돈을 전용하는 것처럼 보였던 그 온갖 거래를 이해하는 것은 피터 살라스건 누구건 거의 불가능하다고 생각했다.[9] 따라서 그런 일을 할 수 있는 사람이 있다면, 그 사람이 엄청난 사기꾼이 아닐 수 없다고 결론 내렸다.

그러나 그것이 이야기의 전부는 아니었다. 카자흐스탄 정부에서 흘러나오는 돈을 쫓던 사람들은 피터의 표현대로라면 정확히 무법적인 독재정권의 대리인처럼 굴었다. 저 패트릭 로버트슨은 이메일에서 '심리전'을 이야기했으며, 론 와히드는 이중간첩 노릇을 하려 했다. 아블랴조프와 그의 가족, 그의 사람들을 해킹하려다 실패한 온갖 음모들이 난무했고, 구동독 비밀경찰 2인이 고용되기도 했다. 결국 따지고 보면 카자흐스탄의 이 많은 대리인은 본의 아니게 아블랴조프가 그들에게 원했던 역할을 수행한 셈이 됐다. 아스타나 사람 모두가 아블랴조프의 머릿가죽이야말로 칸이 가장 원하는 전리품임을 알고 있었다. 따라서 아블랴조프 추적자들은 그를 잡기 위해, 그를 해치기 위해 독자적으로 전술을 수립해 왔다. 런던에서 ENRC 스캔들을 무마하려고 싸우는 과정에서 나자르바예프에게 알랑거릴 필요가 있다는 것을 절감한 트리오조차, 이스라엘 사설 첩보업체 블랙 큐브Black Cube를 시켜 아블랴조프를 추적하는 데 온갖 추잡한 일을 일삼게 했다.[10]

그렇다면 진짜 진실은 무엇이었는가? 그건 부차적인 문제였다.

절대권력을 손에 넣기 위해, 당신의 진실로 적의 진실을 때려 부술 필요는 없었다. 진실이라는 바로 그 관념을 불안정하게 하고, 당신이 선택한 서사에 도전할 수도 있는 진실의 힘을 중화시키기만 하면 된다. 젊은 법무부 장관 베케타예프는 전 세계에 당신 서사의 우월성을 확립하기에 서방의 법정만 한 곳이 없다는 것을 잘 알고 있었다. 그곳에서 승리하라. 그러면 모든 언론인이, 고소당할지도 모른다는 두려움에 떨지 않으면서 그 승리를 자세히 적어 나갈 수 있을 것이며, 모든 언론사가 전하는 당신의 서사에 사법부가 공정성을 보장한다는 유력한 인장이 찍혀 있을 것이다. 하지만 지금 그에게는 좌절감이 몰려왔다. 그는 카자흐스탄 정부 지분을 대표해 ENRC 이사회에 참석해 왔으며, 그곳에서 생산되는 역기능과 광대극과도 같은 장면들이 어떻게 카자흐스탄을 농담의 소재로 전락시켜 지속적인 웃음거리로 만들었는지를 똑똑히 목격했었다. 그는 아블랴조프를 추적하는 과정에서 훨씬 더 파국적인 결과가 초래되었다는 사실을 깨달았다. 결국 수십억을 훔쳐다가 기존 질서를 전복시키는 데 사용하려 했던 도둑놈을 자유롭게 풀어 준 셈이 되었기 때문이다. 아블랴조프를 덫에 빠뜨리고 해킹하고 중상하고 그의 수법을 도리어 가지고 놀겠다며 괴상망측한 계획들을 짜내는 저 온갖 용병을 고용한 것이 나자르바예프 체제가 적어도 잠깐은 우위를 점하게 해 줬을지는 몰랐다. 그러나 베케타예프는 장기적으로 보면, 그러한 수단에 지나치게 의존할수록 우스워질 뿐이라고 결론내렸다.

2019년 3월, 누르술탄 나자르바예프는 카자흐스탄 대통령직에서 내려왔다. 아니다. 더 높은 자리로 올라갔다고 말하는 것이 보다 정확할 것이다. 그는 국가 지도자, 국가안전보장회의 의장, 여당의 수장직을 유지했다. 그는 자신의 후계자로 카심-조마르트 토카예프 Kassym-Jomart Tokayev를 선택한 다음, 통상적인 위장 선거[11]를 치러 마치 국민의 선택인 양 공식화했으며 카자흐스탄의 수도 아스타나의 이름을 누르술탄으로 변경하도록 명령했다.

선거에 관한 한 다른 입장도 존재했다. 부정선거에 대한 저항이 일어났고, 수백 명이 경찰에 체포됐다.[12] 아블랴조프는 프랑스에서 그들을 선동하는 데 일조해 왔다. 점점 가상현실 속에서 지내는 시간이 늘면서 소셜미디어 계정들을 이용해 나자르바예프를 비난하는 기술도 늘었다. 그는 방문객들에게 "무흐타르 아블랴조프, 정치인"이라는 단순한 문구가 적힌 명함을 나눠 주기 시작했다. 그가 원했던 건, 집을 짓고 생활을 안락하게 해 주는 물건이나 사치품을 사는 데 필요한 돈이 아니었다. 그는 "돈이란, 무릇 당신의 이상을 실현하고 정치적 목표를 달성하기 위한 수단일 뿐이다"[13]라고 말했다. 나자르바예프를 권좌에서 몰아낸다는 자신의 목표를 달성하고 말겠다는 그의 신념은 좀처럼 수그러들지 않았다. 하지만 그는 지금 자유의 몸이었지만, 그의 돈은 그렇지 못했다. 모스크바에서 맨해튼에 이르기까지, 그것은 여전히 추적당하고 공격받고 쫓겨 다녔다. 세계 곳곳의 점점 더 많은 국가에서 그렇듯 카자흐스탄에서도 클렙토크라트들이 권력을 장악했다. 클렙토크라트들은 오로지 돈에 의지해 싸움을 전개했다. 아블랴조프는, 나자르바예프에 비하면 자신은 화력 면에서 늘 열세였다고 회상했다. 어쨌든 "나자르바예프에게는 카자흐스탄 전체가 자신의 것이었다." 2020년 5월, 아블랴조프

제3부. 변태

는 자신이 무일푼이라고 선언하기에 이르렀다. 아블랴조프는 BTA 은행 변호사들에게 증언 녹취록을 보내, 그가 자산을 맡겼던 간판격 인물이 한 사람 있었는데 그의 이름이 지금은 기억나지 않으며 2009년 런던 법원이 그의 자산을 동결한 후로는 회계사들을 고용했는지도 잘 모르겠고 자신의 휴대전화 번호조차 가물가물할 때가 있다고 전했다.[14] 그러자 미국에서 그의 소송을 담당한 한 판사는 더 이상 참지 못하고 불같이 화를 냈다. 아블랴조프는 증언 녹취록에서 자신의 한창때 재산이 200억 달러에 달했다는 사실을 인정했었다. 하지만 판사가 아블랴조프에게 원고 측 소송비용 14만 달러를 지불하라고 명령하자[15] 지금은 그럴 여력이 없다며 선처를 요청하는 편지를 보냈다. 그가 현재 간신히 유치하고 있는 돈은 "카자흐스탄의 반민주 독재체제를 붕괴시키겠다는 자신의 정치적 목표에 공감하며 뜻을 같이하는 카자흐스탄인들"[16]에게서 나온 것이었다. 그러면서 아블랴조프는 편지에, 그 카자흐스탄인들은 자신을 지지한다는 이유로 투옥될 수도 있는 위험을 감수하고 있으며 나자르바예프의 감시는 예나 지금이나 한결같이 지속되고 있다고 썼다. 따라서 아블랴조프의 지지자들은 전화나 이메일로 그와 소통하는 대신에 아예 프랑스로 그를 직접 만나러 오고 있다고 했다. 하지만 아블랴조프는 판사에게 코로나바이러스로 국경이 봉쇄되면서 후원자들이 자신에게 돈을 가져올 수 있는 길도 막힌 상황이라고 덧붙였다. 그는 "저는 현재 아무것도 없는 빈털터리입니다"라면서 변호사를 고용할 수조차 없는 상황이라고 말했다.

제네바에서 일리야스 크라푸노프는 카자흐스탄과의 소송을 진두지휘하며 대부분 시간을 보내고 있었다. 하도 공부를 많이 하다 보니 이제는 사실 그 자신이 변호사나 다름없었다. 스위스 법원은 일리야스의 부모를 추적하도록 법적 지원을 해 달라는 카자흐스탄 측 요청을 불법으로 규정했다. 하지만 런던에서는 이야기가 달랐다. BTA 은행 변호사들은 일리야스가 아블랴조프의 동결 자산을 이동시키는 일을 돕고 있다는 혐의에 답하기 위해서라도 직접 영국 법원에 출두해야 한다고 요구했다. 그가 스위스를 떠난다는 말은, 우크라이나의 요청으로 발급된 인터폴의 적색수배령에 따라 체포될 위험을 감수하겠다는 말이었다. 하지만 체포될 경우, 일리야스는 카자흐스탄에 보내져 보타의 형제와 비슷한 운명에 처할 수도 있었다. 영국 법원은 그러한 사정을 전혀 고려해 주지 않았다.[17] 일리야스가 반대심문을 받으러 영국에 가는 것을 거부하자, 장인과 마찬가지로 그의 법정 자기 방어권 역시 박탈되었다. 그 결과 BTA 변호사들은 일리야스가 법원의 판결에 어떠한 이의도 제기하지 못하게 할 수 있었다. 판사는 일리야스에게 은행으로부터 가져간 5억 달러를 그대로 은행에 반환하라고 판결했다. 그는 항소했다. 2020년 6월, 뉴욕 법원은 BTA 은행이 미국에서 일리야스의 돈을 추적하지 못하도록 금지했다.[18] 하지만 판결이 어떻건 그의 인생을 지배하게 된 법률 소송은 끝날 조짐이 보이지 않았다. 주말에 일리야스와 마디나는 아이들을 지역의 러시아어 학교에 내려 주었다. 나자르바예프의 억만장자 사위 티무르 쿨리바예프의 자녀가 다니는 그 학교였다.

　비록 구글 검색창에 아블랴조프를 치면 여전히 사기꾼이라는 단어가 나왔지만, 피터 살라스는 자신의 도움으로 일궈 낸 국참사원에서의 승리를 마음껏 즐겼다. 피터는 "아블랴조프가 실제로 수십억 혹은 수백만 달러를 훔쳐 내서 은닉했다면, 아무리 그래도 결국 지금쯤이면 그 돈에 접근할 수 있었을 거라고 보는 게 합리적이다"라고 생각했다. "그는 돈에 접근하지도, 또 접근한 적도 없었다." 그리고 어쨌든 피터가 돈을 두고 싸움을 벌여 왔던 것도 아니었다. 피터는 돈이 아니라 사람을 두고 싸워 왔다. 피터는 파리에서의 승리가 "비단 아블랴조프뿐 아니라 유럽 전역에 흩어져 고통받고 있는 억압적 정치체제의 피해자들에게도 중요한 의미를 지녔다. 이들 체제는 정치적 반대자들을 옭아매고 부정한 방법으로 유인해 고문실과 강제노동수용소에 던져 넣는 등, 억압적 메커니즘 체계를 고안해 왔다"고 믿었다. 스파이 부대를 배치하고 돈을 통으로 퍼붓는 것은 억압적 체제의 다른 면이었다. 피터는 말했다. "그에 대적하기 위한 나의 수단은 사실과 법뿐이었다."

　자나오젠에서 토레칸 투르간바예프는 집에 앉아 있었다. 아침부터 밤까지 느껴지는 건 오직 분노와 슬픔뿐이었다.[19] 그는 2011년 독립기념일을 기억했다. 얼굴에 총알을 맞고 사망한 아들을 마지막으로 본 날이었다. 아들의 얼굴은 이제 토레칸의 응접실 액자 속에서 영원히 늙지 않는 모습으로 이쪽을 내다보고 있었다. 그는 아직도 아들 대신에 자신이 죽었어야 했다고 바랐다. 어느 날 저녁 그는 누가 아들을 죽였는지 들은 적이 있느냐는 질문을 받았다. 그는 밝은 줄무늬 쿠션이 놓인 소파에 앉아서 "듣는다는 건 불가능합니다. 카자흐스탄에는 법이 존재하지 않거든요"라고 대답했다.

　UN 고문 수사관들이 자나오젠에 대해 거북한 질문들을 공개적으로 제기한 다음 날, 로자 툴레타예바는 풀려났다.[20] 그녀는 거의 3년을 감옥에서 보냈다. 그녀를 알던 사람들은 그녀가 그날 광장에서의 일을 목격한 뒤로, 또 그 후에 그녀가 당한 고통들로 몰라보게 변했다고 생각했다. 그때의 일들에 대해 이야기할 때면, 그녀는 마치 위로라도 하듯 자신의 두 팔로 스스로를 감싸 안았다. 하지만 친한 친구들은 파티에서 다시 춤추기 시작한 그녀를 보고 기뻤다. 비록 그들의 눈에도 그녀의 일부가 영원히 사라진 듯했지만 말이다.[21]

대안 현실

• Alternative Facts •

2019년 3월, 영국 런던

39

과거가 매복해 있다가 현재를 위협한다면 과거를 바꾸라.

2019년 3월, 트리오를 위해 변호인단은 중대사기수사국[SFO]을 상대로 회사가 원고가 되어 소송을 제기했다. 반격이었다. 그들은 관습법의 한 조항을 법적 권리로 소환하며 방어벽을 구축했다. 1576년, 토머스 호트리[Thomas Hawtry]라는 신사가 소환장 한 장을 받았다. 버드[Berd]가 러브레이스[Lovelace]를 상대로 제기한 소송에 출두해 증언하라는 내용이었다.[1] 호트리는 반대했다. 그는 사무변호사[solicitor]로 일하면서 러브레이스에게 소송에 대해 조언을 한 적이 있었다. 항소법원 판사는 호트리의 주장을 받아들여 호트리에게 증언을 강요해서는 안 된다는 결정을 내렸다.[2] 이후 변호사가 의뢰인에게 한 조언에 대해 상대방이 공개를 요구할 수 없도록 하는 관습법 권리가 확립되었다. 이제 트리오의 회사는 같은 문제를 제기할 수 있게 되었다. 닐 제라드는 ENRC의 변호인 자격으로 조사를 한 것 아닌가? 그리고 그 조사는 ENRC가 어떻게 기소를 피하는 것이 최선인지를 알아내기 위한 조사가 아니었던가? 그러나 고등법원 판사 제럴딘 앤드루스Geraldine Andrews는 그렇게 생각하지 않았다. 그녀는 2017년 5월, SFO가 제라드의 조사 기록에 접근할 수 있어야 한다고 판결했다. 일단 ENRC 대표는 SFO에 협력하겠다고 장담했다. 그러나 ENRC는 얼마 안 되는 법적 비용을 조금 더 지불함으로써 자신들에게 불리한 협력 발언을 철회할 수 있었다. 2018년 9월, 트리오는 항소법원에서 그들의 비밀을 다시 지켜 낼 수 있었다. 다음과 같은 논리였다. "기업은 SFO 같은 감찰기관에 가기 전에 내부고발자나 탐사보도 기자들의 주장에 대해 조사할 준비를 갖춰야 한다. 그들의 조사 결과와 생산물에 대해서 법조인으로부터의 도움이라는 혜택의 기회를 잃지 말아야 한다는 사실은 명백히 공공의 이익에 부합한다."[3] SFO 최고위층이 ENRC의 조사 지연을 허락하며 안일하게 대처했던 이유가 ENRC도 결국은 힘보다는 정의에 굴복할 거라는 희망을 가졌기 때문이라면, 그것이야말로 오판이었다.

트리오는 과거를 깨끗하게 지우고 역사를 자신들의 버전으로 다시 쓸 수 있었다. 2013년에 제라드가 해고된 후 몇 년 동안 SFO의 수사관들은 제라드가 조사하던 분야를 담당하며 한 걸음씩 진전을 보고 있었다. 조사관들은 빅터 한나와 마찬가지로 숀 매코믹을 인터뷰했다.[4] 2017년 9월에는 드디어 사샤라는 인물까지 인터뷰할 수 있었다.[5] 그러던 차에, SFO에게 트리오만의 비밀 게임 바로 그 안에서 그들을 물리칠 기회가 찾아 왔다. 아블랴조프를 추적하는 나자르바에프의 광기가 극으로 치닫는 상황이었다. 나자르바예프는 아블랴조프를 교도소에 집어넣지 못해 개인적 모욕감을 느끼고 있었던 데다, SFO를 회유하기 위해 비싼 돈을 들여 로비스트들을 파견했지만 거의 성과를 거두지 못하고 있었다.[6] 그러자 나자르바예프는 영국 당국에 이렇게 전했다.[7] 아블랴조프에 대한 형사소송을 개시하면 우리는 당신들이 그렇게 원하는 트리오에 대한 정보를 넘겨주겠소. 언젠가 사샤는 정보가 무기라고 말한 적이 있었다. 나자르바예프 정권이 SFO에게 무기고를 열어 준다면 수십억 달러를 가진 트리오라 할지라도 완패할 위험이 농후했다. 통상 정보전을 벌인다고 하면 한쪽의 사실과 다른 한쪽의 사실이 전투에서 맞붙는다는 것을 의미한다. 만약 이 사실들이 비대칭적이라면 어떤 일이 벌어지는가? 트리오가 무엇을 했는지가 아니라 SFO가 무엇을 했는지를 둘러싸고 싸움이 전개된다면 어떤 일이 벌어지는가? 트리오는 대안적 서사가 필요했고 그 서사 안에서 SFO는 주요한 등장인물, 다름 아닌 악당이 되어야 했다.

트리오는 호건 러벨스 법률회사를 고용했다. 아블랴조프는 반체제 인사가 아니라 도둑일 뿐이라고 고등법원을 설득한 것이 바로 이 시티의 변호사들이었다. 2019년 3월 트리오와 러벨스는 ENRC에 누명을 씌우기 위해 닐 제라드와 SFO의 고위급 인사들이 처음부터 공모했다고 주장하며 소송을 제기했다.[8] 트리오의 회사가 자사 분쟁을 해결하는 역할을 맡기기 위해 닐 제라드에게 SFO 접촉 권한을 부여했다는 사실은 무시되었다.[9] 아니, 이야기는 오히려 다음과 같이 전개되었다. 닐 제라드는 SFO의 어리숙한 상사 리처드 알더만

Richard Alderman과 함께 한 가지 구상을 했다. ENRC 일을 하면서 언론에 자신이 부패에 대한 내사를 벌이고 있다는 문서들을 흘린 다음[10] 상세한 내용을 SFO에 제공하게 되면[11], ENRC가 제라드의 내사 연장을 받아들일 수밖에 없도록 위협적 목소리를 낼 수 있다는 것이 그들의 계획이었다. 결과적으로 ENRC는 제라드를 해고할 때까지 제라드와 그의 회사 데케르트Dechert에 부정한 돈 2500만 달러를 지불한 셈이 됐다.[12] 그리고 알더만은 블록버스터급 사건을 맡아 트리오를 엿 먹이기 위해 고군분투할 예정이었다. 제라드는 조사를 진행할수록 ENRC가 여전히 몇 가지 흥미로운 사업을 진행하고 있다는 사실을 알게 되었다. 게다가 2011년 뇌물수수금지법이 새로 통과되었다.[13] 토니 블레어가 사우디 부패 조사를 취소시키면서 잃었던 평판을 일부나마 회복하기 위한 조처였다. SFO는 이름도 모를 잔챙이 물고기 말고 좀 더 큰 놈을 그물로 잡고 싶어 했다. 구소련 출신 억만장자 3명만큼 제격도 없었다. 트리오 변호사들 주장에 따르면 트리오는 공모를 한 사람들이 아니라 공모를 당한 사람들이었다.

대안으로 제시된 서사는 페이지마다 매우 다채로운 줄거리들로 채워졌다. 특권의 또 다른 형태에 대한 설명도 등장한다. 재판 과정에서 법원에 제출된 증거를 언론이 보도하더라도 해당 언론을 고소할 수 없게 만든 종류의 특권이었다. 이는 법원 제출 문서에 대해서 모든 사람이 기사를 쓸 수 있게 됐음을 의미했다. ENRC 측이 제라드와 SFO를 상대로 한 초창기 소송에서 빠뜨렸던 세부 사항도 있었다. 제라드가 SFO의 구미를 자극해 트리오의 회사를 덥석 물었다는 이야기는 제라드가 슬론 광장에 있는 프랑스 식당 첼시 브라세리

Chelsea Brasserie에서 ENRC 자문위원 두서넛과 미팅을 가지는 대목으로 이어졌다. 제라드가 손을 비비며 다가가 이렇게 말했다 "딱 걸렸어, 이 자식들. 나 지금 몹시 흥분했거든? 빌어먹을 놈들 딱 몇 명만 골라 본때를 보여 주겠어."[14] ENRC 건으로 제라드는 SFO의 고위급 인사 및 조사관들과 계속 접촉했는데 그의 전 고객들, 즉 트리오 측은 이 것을 "승인받지 않은 접촉"이라고 불렀다. SFO 내부에 야바위꾼이 있었다는 이야기도 등장한다. SFO 소속 케빈 매카시Kevin McCarthy 수 사반장의 노트가 사라졌는데 분명히 누군가 숨겼거나 없애 버렸다 는 것이었다.[15] ENRC 사건을 감독하던 선임 수사관 딕 굴드Dick Gould 가 제라드와 비밀리에 계약을 맺고 SFO 조사의 세부 기밀정보를 제 라드에게 넘겨주었다는 이야기도 있었다. 그래서 제라드가 기업고 객의 이익을 위해 이 정보를 사용할 수 있었다는 것이다. 2012년 중 반 익명의 투서가 SFO에 날아들었는데 이 편지에는 ENRC에 대한 제라드의 조사에 가속도가 붙고 있다고 적혀 있었다.[16]

2019년이 되자 등장인물이 크게 늘었다. 기업스파이와 선전 선 동 용병들이 트리오 및 그들 회사에 대립각을 세우는 캐릭터로 서사 에 등장했다. 이들이 〈이브닝 스탠더드〉 런던판에 SFO가 사샤를 대 면 조사했다는 사실을 제보했다는 소리도 들렸다. 트리오의 회사는 스파이와 용병을 고소했다. 전 카자흐스탄 총리 아케잔 카제겔딘은 민영화 정책을 주도하며 ENRC 설립에 일조한 인물이었다. 하지만 이후 반체제 인사로 낙인찍히며 망명하게 되었는데, 트리오 변호사 들의 주장에 따르면 바로 이 카제겔딘 역시 사건에 연루된 인사였다. 트리오의 변호사들은 카제겔딘도 고소했다. 트리오의 사업과 관련된 기밀문서를 수집하여 관계없는 사람들에게 유포했다는 혐의였다.

트리오 사건에 개입한 이러한 침입자 중에는 글렌 심프슨이라는 인물도 있었다. 글렌 심프슨은 슈거로부터 나자르바예프 클렙토크라시 정치 체제의 비밀을 전해 들은 〈월스트리트저널〉 기자였다.[17] 이후 심프슨은 자금 부족에 시달리던 탐사보도 언론사를 떠나 넉넉한 후원금으로 운영되는 사설 조사기관으로 옮겼다. 2015년, 심프슨이 몸담고 있던 회사 퓨전 GPS^Fusion GPS는 폴 싱어^Paul Singer라는 공화당 재력가가 관리하는 웹사이트의 의뢰로 공화당 대통령 후보가 되고 싶어 하는 후보자들을 조사하게 되었다.[18] 이후 도널드 트럼프가 후보 지명을 받자 힐러리 클린턴의 민주당원들은 트럼프와 러시아와의 이상한 관계를 파헤치기 위해 심프슨에게 계속 조사를 맡겼다. 심프슨은 모스크바 주재 영국 해외정보국 MI6 소속 요원이었던 크리스 스틸^Chris Steele을 고용했다. 스틸은 그의 정보원들과 얘기를 나누면서 들은 정보를 심프슨에게 보고했다. 트럼프는 TNK-BP의 배후에 있는 러시아 올리가르히들과 관련 있고, 모스크바 매춘부들과 어울린 바 있으며, 푸틴 하야를 놓고 클렙토크라시 정치체제들과 타협한 후보자라는 것이 정보의 주 내용이었다. 힐러리, 심프슨, 스틸. 그들은 조만간 트럼프 대통령의 평행 현실에 등장할 주요 괴물들이었다.

글렌 심프슨처럼 정보 관리에 위협적인 사람이라면 누구에게나 적대감을 가진다는 점 외에도 사샤와 트럼프는 공통점이 많았다. 그들 둘 다 펠릭스 세이터 같은 유명한 자금세탁 전문가와 어울렸고, 누군가 자신들의 재산 출처에 의문을 제기할 때마다 격분한다는 점

제3부. 변태

에서도 같았다. 두 사람은 첩보원에 대한 취향도 같았다. 트럼프는 리처드 그레넬Richard Grenell이라는 선전선동가를 국가정보국장으로 발탁했다.[19] 그레넬의 회사 홈페이지 맨 위에는 번지수를 잘못 찾은 듯한 윈스턴 처칠의 격언이 인용되어 있다. "진실이 속옷을 입기도 전에 거짓말은 지구 반 바퀴를 돈다." 그레넬이 직접 기획한 허위 정보 캠페인[20]은 이 점을 강조했다. 그레넬은 대통령 밑에서 일하기 전에 대안 현실alternative facts을 필요로 하는 개인 고객을 위해 일했다. 그 고객 중에는 트리오의 회사 ENRC가 있었다.[21]

적에 관한 한 트럼프와 사샤의 접근법은 나자르바예프의 접근법과 동일했다. 즉 "나의 의견에 동의하고 수용하며 규칙을 지키는 사람들은 '내' 그룹에 속하고, 내 의견을 받아들이지 않는 사람은 '저들' 그룹에 속하는 사람 곧 적이다. (……) 적이 항복하지 않으면 없애 버려야 한다."

닐 제라드는 한동안 익명의 누군가로부터 살해 위협을 받았다. 2019년 4월 어느 날엔가는 그가 사는 서섹스의 농장 입구와 마주하고 서 있는 나무에 비디오카메라가 묶여 있는 것을 발견했다.[22] 케이블은 카메라에서 20미터 떨어져 얕게 움푹 파 놓은 곳까지 이어졌고 그 아래에는 배터리로 작동하는 라우터, 심 카드 및 데이터 저장 장치가 놓여 있었다. 제라드는 누가 감시 장치를 설치했는지 알 것 같았다. 몇 달 전 제라드는 아내와 함께 카리브해의 섬에서 친구들과 휴가를 보냈다. 그 섬은 개인 소유로 만약 그곳에 머무는 중에 친구들이 비행기를 타고 그곳을 방문하면 가까이에 있는 세인트 루시아St. Lucia 당국이 그 사실을 알려주어야 하는 그런 곳이었다. 제라드를 이름이 아닌 성으로 부르는 두 남자가 방문하고 싶다고 했다. 그러나 제라드 부부는 거기서 성이 아닌 미들네임으로 통했다. 두 남자는 섬에 발을 들여 놓지 못하고 돌아갔다. 며칠 후 세인트 루이스에서 그 섬으로 가는 경로에 세 번째 남자가 나타났다. 그 역시 정체가 들통났는데 그가 지닌 가방에는 야간투시카메라를 비롯해 전자장비가 가득 들어 있었다. 제라드는 그들의 이름과 고용주를 알게 되었다. 카나리 워프에 사무실을 두고 무흐타르 아블랴조프를 추적하는 트레포 윌리엄스의 민간 정보 업체, 딜리전스였다.

ENRC는 일주일 반 만에 SFO의 1년 예산에 해당하는 수익을 올렸다. 트리오의 회사가 2019년 3월 소송에서 요구한 손해액 9000만 달러는 SFO 연간 예산의 두 배나 되는 액수였다. 안나 마슈케비치 Anna Machkevitch[23]는, 데미언 허스트의 미술품 수집가로 불리는 그녀의 아버지가 그랬듯, SFO로부터 조사와 관련된 서류를 제출하라는 명령을 받았을 때 이를 무시했다. 룩셈부르크에 있는 ENRC 후계 회사 successor company의 사장 베네딕트 소보트카Benedikt Sobotka[24]는 조사받으러 오라는 SFO의 요구를 거부했다. 법정 결투에서 언제나 반짝이는 승리를 보여 줬던 강인한 변호사 존 깁슨John Gibson도 SFO에 합류해 ENRC 사건을 끌고 나갈 때는 감봉을 감내할 수밖에 없었다. 결국 지쳐 나가떨어진 그는 2018년 9월, 개인 변호사로 개업했다.[25]

그럼에도 불구하고 과거를 변화시키고 변화를 유지하기 위해서는 끝없는 노력이 필요했다. 벨기에를 보라. 사샤와 그의 파트너들은 과거, 즉 2011년에 그들의 법적 난제들이 끝났다고 생각했다. 벨기에 회사 트랙트벨은 카자흐스탄 전력 계약 수주를 돕기 위해 사샤와 그의 파트너들에게 뇌물[26]을 제공했고 그들은 그 뇌물 수익금을 벨기에 부동산을 통해 세탁했는데 이에 대해 의혹이 제기되고 수사가 시작되자 사샤와 파트너들은 이를 무마하기 위한 거래를 시도했다. 그들은 이 사건이 안전하게 마무리됐다고 생각했다. 이 사건은 벨기에 사법 역사상 가장 오래 끈 사건 중 하나로, 망쳐 버려 오히려 흥미로웠던 90년대 슈거의 실패작이 만든 산물이었다. 합의금은 쥐꼬리만 했다. 3000만 달러[27], 루드니가 2주 동안 올린 수익금보다 적은 액수였다. 그러나 역사는 멈추지 않았다. 국경 넘어 프랑스에서 유권자들은 니콜라 사르코지의 연임을 막았고 그의 재임 동안의 부패와 직권 남용으로 수사가 확대되었다. 수사관들이 흥미를 보인 것은 2010년 사르코지 대통령이 카자흐스탄 대통령을 접견할 당시 발표했던 거래였다. 누르술탄 나자르바에프는 파리에서 헬리콥터와 기관차 위탁 판매에 20억 유로를 지불하기로 되어 있었다. 수사관들은 의심스러운 부수입을 발견했다. 그들은 또 다른 대가성 지불도 있었다고 의심을 하게 되었다. 나자르바에프는 사르코지가 벨기에에 로비해 달라는 자신의 부탁을 들어준다면 프랑스 제품을 사겠다고 했다. 나자르바에프가 원하는 것은 곧 트리오에게 필요한 것이었고 그것은 법을 바꾸는 일이었다. 트리오를 기소한 금융 범죄와 관련하여, 벨기에 법령은 유죄 인정 없는 몰수 합의를 금지하고 있었다. 그러나 트리오는 유죄를 인정하는 위험을 감수할 수 없었다. 그들은 런던에 상장시킨 회사를 생각해야 했다. 닐 제라드가 모든 것을 망치기 전만 해도 사샤는 회장직을 물려받을 생각까지 하고 있었다. 그들은 워털루, 우클 Uccle, 로드 생 제네시Rhode-Saint-Genese에 있는 그들의 웅장한 저택처럼 티끌 하나 없는 상태로 벨기에서 벗어나야 했다. 그리고 그들은 그렇게 벗어났다. 유죄를 인정하지 않는 합의 금지를 없애도록 벨기에 법이 바뀐 지 3개월 만이었다. 프랑스 탐사보도 전문 기자들은 법 개정 이면에 로비가 있었다는 사실을 밝혀내고 이것을 '카자흐게이트 le Kazakhgate'**28**라고 불렀다. 그럼에도 불구하고 이는 마치 통상적인 각본을 따르는 것처럼 보였다. 필부 중에 내리막을 걷는 사람은 있어도 재력가 중에 망하는 사람은 없는 법이다.

…

물론 벨기에나 프랑스, 카자흐스탄이나 런던에서 꾸몄던 어떤 공작도 실제 일어났던 일을 바꾸지는 못할 것이었다. 무엇보다 아프리카에서 실제로 일어났던 일련의 사건들을 없던 일로 할 수는 없는 노릇이었다. 아프리카에서 트리오는 보상을 받고 있었다. 보상으로 주어진 것은 헤아리기도 힘든 수백만 달러의 돈만이 아니었다. 구리 광산 위에 떠 있는 뜨겁고 붉은 태양 같은 정치권력의 따뜻한 위안도 얻을 수 있었다. 트리오는 이 따뜻한 위안을 지속시켜 줄 적절한 동맹자들을 고르고 있었다.

2017년 11월, 로버트 무가베가 37년의 짐바브웨 장기 집권을 끝내고 사임하자 투자자들은 짐바브웨를 불안정하게 만드는 사건이 발생할까 봐 몹시 불안했다. 신흥시장 분석가들이 이런 종류의 상황 앞에서 항상 경고했던 사건. 그렇다. 그것은 쿠데타였다. 그러나 짐바브웨의 투자 환경이 변하지 않을 것이라는 확신이 필요했던 사람들은 정권 계승자에게서 부드러운 모습만을 보고 싶었다. 크로커다일로 불리던 에머슨 음낭가과는 적어도 빌리 라우텐바흐에게는 부드러운 사람이었다. 빅토리아 폭포에서 큰 충격을 받았던 것이 2000년 7월 겨울날이었으니 그때부터 꽤 오랜 시간이 흘렀다. 당시 크로커다일은 빌리 라우텐바흐가 자신과 호의적 관계를 유지하지 않는다면 콩고 전쟁에서 자신이 덮어 줬던 라우텐바흐의 약탈 만행을 폭로할 거라고 경고했다. 라우텐바흐의 호의는 계속 유지되었다. 최근에는 주목할 만한 일도 해냈다. 짐바브웨에서 부유한 백인 농부가 된 것이었다. 라우텐바흐는 짐바브웨에서 가장 큰 지주로 에탄올을 추출할 수 있는 농작물을 재배했다. 짐바브웨 정부는 전국적으로 판매되는 모든 연료에 에탄올을 섞어야 한다고 명령을 내린 바 있다. 마타벨렐란드 때보다 한결 폭력성이 누그러진 상태에서 치러졌던 선거 후 크로커다일은 국민의 축복 속에 권좌에 올랐고 이는 라우텐바흐가 시골 오두막에서 편히 쉴 수 있게 됐음을 암시했다. EU는 짐바브웨의 2013년 선거를 앞두고 무가베와 몇몇 인사들에 대한 제재를 해제했다.[29] 짐바브웨 국민의 빈곤 심화에 책임이 있는 것은 무가베 자신의 실정이 아닌 외세라는 무가베의 선전을 약화시켜야 했기 때문이다. 그러나 유권자들이 2013년 선거에서 더 관심을 둔 것은 수준 높은 정치적 의제가 아니라 물리적 행복이었다.

미국인들은 더 완고했지만, 피에르 프로스퍼Pierre Prosper의 중재 덕분에 그들 역시 설득당했다. 검사 출신인 프로스퍼 대사는 미국의 유명 로펌 아렌트 폭스Arent Fox에서 일했는데 전쟁범죄에 대한 조지 W. 부시의 특사로 근무할 때부터 점잖은 말투를 써 온 인물이다.

ENRC는 닐 제라드가 조사를 지휘할 무렵 피에르 프로스퍼를 고용했다. 2012년 SFO 조사관에게 제재 위반 가능성에 대한 추가 조사가 필요하지 않다고 확언해 준 이도 프로스퍼였다.[30] 3년 후 피에르 프로스퍼는 SFO에 언급하지 않았던 또 다른 고객, 빌리 라우텐바흐를 대신하여 만족스러운 발표를 했다.[31] 프로스퍼 대사는 워싱턴에 있는 미 재무부 관리들과 "건설적인 교환"에 대해 논의해 왔고 이 사실을 이제 밝힐 수 있다고 했다. 그들은 "올바른 결론"에 도달했다며 라우텐바흐의 이름을 제재 명단에서 삭제했다.

콩고에서 트리오의 중재역을 했던 이스라엘의 억만장자 단 거틀러는 미국인들이 고분고분하지 않다고 생각했다. 오크-지프 판결로 거틀러가 콩고 광물을 자신과 카빌라 대통령을 위해 어떻게 자산으로 바꾸려 했는지 드러나자, 미 재무부는 그에게 새로운 형태의 제재를 가했다. 2017년 6월 거틀러는 글로벌 마그니츠키 법안Global Magnitsky Act*의 적용을 받으며 악당 리스트에 이름을 올렸다. 마그니츠키는 빌 브라우더Bill Browder의 러시아 펀드에서 일하다가 감옥에서 구타를 당해 죽은 변호사의 이름이다. 마그니츠키가 살해된 후 브라우더는 반부패 운동가로 변신해 부유한 민주주의 국가들을 대상으로 로비를 벌여서 인권 침해 혐의가 있는 사람들이 서방에서 안락한

---

*   마그니츠키법은 외국인 투자회사에서 일하던 러시아의 젊은 변호사 세르게이 마그니츠키가 러시아 고위 관리가 연루된 탈세 증거를 찾아내 고발했다가 투옥돼 2009년 감옥에서 구타당한 후 숨졌다는 의혹이 제기된 후, 인권유린과 부패행위를 저지른 러시아인에 대한 미국 입국 및 비자 발급 거부, 미국 내 자산 동결, 미국 금융체제 배제 등의 제재를 목적으로 2012년 미국에서 입법됐다. 이후 이 법은 러시아만이 아니라 적용 대상을 전 세계로 넓혀 외국의 인권유린과 부패행위자를 제재하기 위한 인권 법안으로 2017년 개정된다.

생활과 보호를 누리는 것을 막았다. 명단에 이름이 올라간 사람들의 미국 자산은 동결되었다. 미 재무부는 거틀러가 거래 과정에서 콩고 클렙토크라트의 돈 13억 6000만 달러를 빼돌렸다고 밝혔다. 그러나 비밀 게임의 다른 훌륭한 선수들처럼 거틀러는 위기 국면을 자신에게 유리한 순간으로 만들 수 있었다. 빌리 라우텐바흐가 썼던 바로 그 방법이었다. 이반 글라센버그는 거틀러가 수치심을 느낄 거라고 예상했다. 그의 거대한 무역회사 글렌코어Glencore는 마그네츠키 법안이 적용되기 3개월 전에 거틀러에게 5억 달러를 지불하고 콩고에서 그와 맺은 파트너십을 종료[32]하는 대신 그 후 그에게 수백만 달러에 이르는 로열티 지급[33]을 유로로 재개했다. 카빌라의 경우 거틀러에 대한 제재로 그의 선거자금이 고갈되면서 교묘한 계책을 세우는 데 차질이 생겼고 2019년 1월 권좌에서 물러났다. 카빌라의 헌법적 권한이 종료된 지 3년이 지나서야 그의 후임자를 뽑는 선거가 치러졌다. 카빌라가 선택한 후계자는 형편없는 후보였기 때문에 야당 후보인 마틴 파율루Martin Fayulu가 여유롭게 승리했다. 그러나 선거 당국은 일련의 다른 개표 결과를 발표했고, 경쟁자인 야당의 펠릭스 치세케디Felix Tshisekedi가 당선자로 선언되었다. 헌법재판소는 가짜 결과를 승인했다. 치세케디가 카빌라의 동맹자 중 한 명을 총리로 임명하면서 사기극은 완료되었다.[34]

트리오의 광산 지분은 안전했다. 그러나 이따금 과거는 수면 위로 떠올라 위험을 초래하는 법이었다. 지질학자 안드레 베커는 요하네스버그에서 불에 탄 자동차 뒷좌석에서 숨진 채 발견되었고 그의 전 고용주는 그의 죽음을 밝히기 위해 사설탐정을 고용했다.[35] 클레멘트 잭슨^{Clement Jackson}이라고 불렸던 그 탐정은 근성 넘치는 전 남아프리카공화국 경찰 총경 출신으로 베커가 알고 있는 사실의 조각들을 맞춰 보기 시작했다. ENRC 사건을 조사 중이던 SFO 수사관들이 연락해 왔을 때 그는 런던으로 날아가서 자신의 조사 결과를 넘겼다. 미주리 주 스프링필드에서 경찰은 제임스 베델과 헤릿 스트라이돔이 말라리아로 사망했다고 발표했다. 그러나 그들은 그 설명이 진짜 사실이라는 공식적 결론은 내리지 않았다. 그들은 조용히 사건을 미결로 남겼다. 2020년 중반에 FBI가 수사를 넘겨받았으나 어떠한 후속 발표도 없었다.[36]

ENRC의 비밀을 간직한 채 죽은 사람들이 어떤 일을 당했든 간에, 그들의 죽음은 진실 규명 혐의를 받고 있는 사람들에게 공포심을 불러일으켰다. 존 깁슨이 SFO를 떠난 후, 존 맥^{Jon Mack}이 ENRC 조사 담당자로 부임했다. 사샤의 딸 안나의 서류 제출 거절에 대한 법원의 심리가 있던 날 아침, 맥이 쓰러졌다.[37] 몇 주를 병원에서 보내면서 맥은 자신이 독극물에 중독됐던 거라고 확신했다. 의사들이 중독을 확인해 준 것은 아니지만 맥은 동요 끝에 결국 ENRC 사건을 취하했고 다른 사람에게 7년간의 조사를 마무리 짓게 했다. 트리오의 사람들은 처벌이 이루어지더라도 트리오나 그의 부하들이 직접적으로 처벌받는 것이 아니라 회사가 처벌받으며, 이 처벌이라는 것도 얼마 되지 않는 돈을 건넴으로써 사회에 대한 부채를 청산하는 방식으로 이루어질 것이라는 사실을 확신하게 되었다.[38]

대가성 거래

2019년 7월, 미국 워싱턴

2019년 7월 25일[1] 목요일 워싱턴, 엄청나게 더운 날이었다. 하지만 여느 여름날만큼은 아니어서 질척이고 후텁지근한 습기는 덜했다. 도널드 트럼프는 오전 7시 6분에 트윗[2]을 날리면서 자신의 기상을 세계에 알렸다. 백악관에서 모닝쇼 〈폭스 앤드 프렌즈Fox & Friends〉를 시청했고 쇼의 공동 진행자 에인슬리 에어하트Ainsley Earhardt의 멘트를 트위터에 인용했다. "어제부로 모든 것이 변했습니다. 이제 대통령에 관한 모든 것들이 명백해졌습니다. 대통령이 이겼습니다. 모든 것이 대통령에게 유리한 방향으로 전환된 것입니다. 대통령은 자신에 대한 수사가 아무런 근거도 없이 강행되고 있다고 말해 왔습니다." 전날 로버트 뮬러Robert Mueller는 러시아의 2016년 선거 개입에 대한 조사, 그리고 당선자인 트럼프가 이에 공모했는지의 여부에 대해 의회에서 증언했다.[3] 뮬러는 "이번 조사 결과, 대통령은 그가 저지른 것으로 알려진 행동들에 대해 면죄부를 얻을 수 없을 것임이 밝혀졌습니다."고 말했다. 뮬러는 해외로부터의 개입이 앞으로 있을 선거운동에 이익이 될지 어떨지에 대한 질문도 받았다. 트럼프는 2015년 러시아의 민주당 상원의원 이메일 해킹으로 득을 봤고, 최근에는 TV를 통해 2020년 대통령 선거에서 중국이든 러시아든 어느 나라에서건 간에 자기 경쟁자에 대한 추문을 알려달라고 말했다.[4] 뮬러는 대답했다. "이것이 뉴노멀$^{new\ normal}$*이 되지 않기를 바랍니다만 그렇게 될까 봐 두렵습니다."

폭스는 연이어 자사가 실시한 경제 상황 여론조사 결과를 소개했다. 트럼프는 당연히 이 조사 결과도 트위터에 올렸다. 그러나 여론조사에 포함됐던 다른 항목은 언급하지 않았다. 폭스 뉴스에 따르면 민주당 대선 여론조사 결과, 민주당원이 답한 2020년 대선 후보에게 기대하는 가장 중요한 덕목은 "도널드 트럼프에게 승리할 후보"였다. 이어 "많은 사람이 대선 주자로 나서겠지만, 현재로서 그런 자격을 갖춘 유일한 사람은 조 바이든 뿐"이라고 폭스 뉴스 진행자는 말했다.

오전 9시 3분 트럼프는 백악관 관저에서 그해 4월 우크라이나 대통령으로 선출된 코미디언 출신 볼로디미르 젤렌스키^{Volodymyr} ^{Zelensky}와 통화했다.[5] 두 사람은 서로 얼마나 친구가 되고 싶었는지 모른다는 말로 통화를 시작했다. 젤렌스키는 뉴욕을 방문하게 되면 트럼프 타워에 머물겠다고도 언급했다. 하지만 젤렌스키는 트럼프

---

* 시대변화에 따라 새롭게 부상하는 표준으로, 경제 위기 이후 5~10년간의 세계 경제를 특징짓는 현상. 일반적으로 과거에 대해 반성하고 새로운 질서를 모색하는 시점에 등장한다. 저성장, 저소비, 높은 실업률, 고위험, 규제강화, 미 경제 역할 축소 등이 2008년 글로벌 경제 위기 이후 세계 경제에 나타날 뉴노멀로 논의되었다.

가 우크라이나에 대한 2억 5000만 달러에 달하는 군사 원조를 보류했다는 사실을 모르고 있었다. 우크라이나는 러시아의 지원을 받는 분리주의자 및 리틀 그린맨Little Green Man*과 전쟁 중이었다.

젤렌스키는 백악관을 방문하고 싶다고 말했다. 앞서 트럼프 특사들은 젤렌스키 보좌진에게 우크라이나 대통령의 백악관 방문은 트럼프가 원하는 것을 제공한 다음에나 가능하다고 통보한 바 있다. 트럼프는 우크라이나가 두 건의 조사에 착수하길 원했다. 2016년 민주당 이메일 해킹의 주범이 바로 러시아라는 점을 한 우크라이나 기업이 밝힌 적이 있는데 이 기업에 대한 조사가 첫 번째였다. 다른 건은 오바마 대통령 재임 당시 부통령이던 조 바이든의 아들이 부패한 사업 거래를 했다는 의혹이 있었을 때, 이에 대한 조사를 우크라이나가 권력을 남용해 막았던 건에 관한 조사였다. 민주당 이메일 해킹의 주범이 러시아라는 점을 밝히는 데 역할을 한 기업은 사실 우크라이나 기업이 아니었다.[6] 조 바이든도 아들의 부패 사업에 대한 조사를 막아 달라고 영향력을 행사한 적이 없었다.[7] 게다가 그 사업이 부패했다고 증명할 만한 근거는 아무것도 없었다. 근거라고는 고작 "현실 기반 커뮤니티reality-based community"[8]** 소속이냐고 조롱

---

* 러시아 정부가 2014년 우크라이나 크림반도 침공에 동원한 신원미상의 의용군을 이르는 말로, 부대 마크나 군번, 명찰이 없는 초록색 군복을 입어 신원 파악이 어려운 군인을 뜻한다. 이들은 계급, 소속 등을 나타내는 일체의 휘장이 없는 녹색 군복을 입는데, 이에 국제사회는 초록색 군복을 입은 휘장 없는 군인이라는 뜻에서 '리틀 그린맨'이라는 명칭을 붙였다.

** 〈월스트리트저널〉 기자 론 서스킨드(Ron Suskind)가 조지 W. 부시 대통령의 참모가 스스로를 "현실 기반 커뮤니티 안에 있는 사람"으로 지칭하면서 "행위가 현실을 창조한다"고 발언한 내용을 기사로 작성하자 이후 전문가의 견해와 과학적 사실을 무시하는 주장을 펴는 보수주의자를 비꼬는 데 이 용어가 사용되기 시작했다.

받던 공화당 조지 W. 부시 전 대통령의 한 보좌관만이 가치 있다고 생각한 정보, 실제로는 사실과 동떨어진 사소한 세부 사항들뿐이었다. 그 바보들은 세상이 이미 변했다는 사실을 이해하지 못했다. 부정한 돈이 어떻게 모든 것을 바꿔 버렸는지, 도널드 트럼프를 어떻게 변화시켰는지도 이해하지 못했다.

처음부터 트럼프는 돈을 실제와는 다른 무언가를 의미하는 것으로 만들고 싶었다.[9] 트럼프는 부친으로부터 상당한 재산을 물려받았다. 그러나 그는 자신이 자수성가한 재벌로 알려지길 바랐다. 트럼프의 부동산 벤처사업과 카지노 사업 계획은 계속 대박을 터트렸다. 그는 자신의 사업 대박이 성공으로 의미 부여되기를 바랐다. 공개된 그의 재정 기록에는 막대한 부채가 있었다. 그는 자신의 재산이 자신을 금도금한 억만장자라는 걸 증명해 주기를 바랐다. 새천년이 시작되면서 그의 가면에 돌이킬 수 없을 정도로 금이 간 것처럼 보였을 때, 즉 은행들이 인내심을 잃고 그를 지탱해 준 신용을 끊었을 때, 다행히도 서로가 반향을 일으켜 줄 두 가지 새로운 국면이 그를 구했다. 하나는 리얼리티 TV쇼의 출현이었고, 다른 하나는 서방으로 흘러들어 온 부정한 돈의 물결이었다.

2000년 봄, 그때까지 미국 방송사 대부분이 소홀히 했던 전혀 새로운 장르의 쇼가 등장했다. 미국 TV에서 '몰래카메라Candid Camera'가 방영된 것이다. 생존자는 그 빌어먹을 다원주의Darwinism를 들먹였다. 삶의 본질은 개인이 경쟁에서 서로 죽이고 죽는 것, 그 이상도 이하도 아니라는 사상이었다. 그들은 PD에게 이끌려 외딴 섬에 도착해서 식량과 거처를 제공받고 오직 한 명의 승자가 남을 때까지 일련의 도전 과제를 거치면서 한 사람씩 제거했다. 이 쇼는 공전의 히트를 쳤다. 시즌 1의 마지막 방송은 약 5100만 명의 시청자가 지켜봤다. 쇼의 기획자 마크 버넷Mark Burnett은 낙하산병, 헌 옷 판매원, 로스앤젤레스에서는 유모일까지 했던 영국인이었다. 〈서바이버Survivor〉*의 철학[10]은 세상을 건설한 다음, 건설한 바로 그 세상을 개인의 이익을 위해 파괴하는 것"이라고 버넷은 말했다. 이 철학은 그에게 후속 프로그램에 대한 아이디어를 주었다. 후속 프로그램은 누구를 제거할 것인가에 대한 결정을 경쟁자들의 부족 평의회가 아니라 단 한 명이 독단적인 판단을 내린다는 점만 제외하면 이전 쇼 〈서바이버〉와 다를 바가 없었다. 버넷은 왕이 왕좌에 앉아 이렇게 말하는 것을 상상했다. "목을 쳐라." 참가자들은 '배제되거나 살해되는 공포에 잠식'당할 것이므로 사람들은 자석처럼 쇼에 빠져들 것이었다. 버넷은 쇼의 제목을 디즈니 애니메이션 〈판타지아Fantasia〉의 한 장면인 '마법사의 견습생Sorcerer's Apprentice'에서 따왔다. 버넷은 자신이 마법사, 왕으로 원하는 인물이 누구인지 알고 있었다. 그는 트럼프라는 남자가 쓴 책을 읽은 적이 있었다. 대부분의 허구적 회고가 사실처럼 기록된 책,《거래의 기술The Art of the Deal》이었다.

2004년 1월, 〈어프렌티스The Apprentice〉의 첫 번째 에피소드가 전파를 탔다. 맨해튼 스카이라인을 빠른 속도로 훑는 장면에서 목소리가 시작됐다. "뉴욕에서 가장 큰 부동산 개발업자, 내 이름은 도널드

---

* 2000년부터 미국 CBS에서 방영한 리얼리티 TV쇼로, 게임을 진행하면서 투표를 통해 참가자들을 하나씩 탈락시키고 최후의 1인에게 거액의 상금을 주는 서바이벌 형식으로 큰 인기를 끌었다. 2022년 현재 시즌 42까지 제작, 방영 중이다.

트럼프입니다. 어느 곳이든 내 이름으로 된 빌딩이 있고 모델 에이전시, 미스 유니버스 대회, 제트 여객기, 골프장, 카지노, 세계에서 가장 화려한 경관을 가진 마르아라고Mar-a-Lago에 개인 리조트까지 소유하고 있죠."11 트럼프의 전기 작가가 말했듯이 그 자신에 대한 이같은 설명이 "여러 울부짖는 목소리와 뒤얽혀 있다"12는 것은 문제가 되지 않았다. 정체성은 과거의 행적이 아니라 이미지로 쌓여 가는 법이었다. 마크 주커버그Mark Zuckerberg는 다음 달에 시작할 온라인 소셜 네트워크에 마지막 박차를 가하는 중이었다. 자신의 주장이 바로 자신의 정체성이 되는 페이스북의 시대가 시작되고 있었던 것이다. 그럼에도 불구하고 트럼프는 "그렇다고 항상 쉬운 것은 아니"었으며 "심각한 문제"에 빠진 적도 있었고 수십억 달러의 빚을 지고도 "맞서 싸워 일류로 살아남았다."

그건 어느 정도 사실이었다. 2001년, 트럼프 타워의 세입자 한 명이 트럼프에게 자신을 소개했다. "저는 뉴욕에서 가장 큰 개발업자가 될 겁니다."13 펠릭스 세이터였다. 그는 이어 말했다. "당신한테는 저 같은 파트너가 필요하게 될 거예요." 트럼프에게 조직폭력배 동료들이 있었다거나14 펠릭스 세이터에게 펌프앤드덤프 사기범 시절이 있었다는 등, 굳이 두 사람이 얽혀 있는 과거 범죄 행적을 논할 필요는 없었다. 어찌 됐건 트럼프는 돈이 필요했고 FBI와 CIA 스파이 노릇을 했던 펠릭스는 자유가 필요했다. 팰릭스와 그의 파트너 테브피크 아리프는 부정한 돈을 끌어와 그것으로 트럼프를 구하고 그의 두 번째 큰 도약을 위해 밑천을 만들 이상적인 위치에 있었다.

냉전 종식으로 국가들은 부를 획득할 수 있는 전례 없는 기회를 맞이했다. 부다페스트에서 베이징, 알마티에서 아부자까지, 90년대는 그렇게 폭력적인 경쟁으로 점철된 시대였다. 훔친 부를 안전하게 보관하기 위해 서방으로 흘러보내는 것이 다음으로 닥친 과제였다. 안전을 위해 그리고 또 다른 목적을 위해, 권력을 돈으로 바꾸었고 다시 권력으로 바꾸는 과정이 완성되었다. 글로벌 클렙토크라시 global kleptocracy 정치체제의 탄생이었다. 한동안은 그저 은행을 통해 돈을 퍼 올릴 수 있었다. 브레이니 돈이나 다른 사람들은 뉴욕 은행에서 엄청난 규모로 그렇게 했다. 그러나 9/11 이후 은행들은 자신들이 취급하는 돈이 누구의 돈인지, 혹시 테러리즘을 교사한 돈은 아닌지 주의를 기울이라는 명령을 받았다. 하지만 비밀을 간직한 채 서방으로 가는 아주 편리한 또 다른 길이 있었다. 부동산이었다. 다섯 가족이 수십 년 동안 미국 자산을 통해 범죄 수익금을 세탁해 왔다. 그리고 이제 새로운 클렙토크라트들이 그 뒤를 따르고 있다.

펠릭스와 아리프는 이 새로운 질서에서 서방으로 위험을 무릅쓰고 흘러 들어온 재력가들을 잘 알고 있었다. 트리오의 사샤, 러시아 지지자로 알려진 아이슬란드인, 전 소련 출신 뉴욕의 거물 타미르 사피어.[15] 이들은 부동산 회사 베이록의 파트너가 될 인사들이었다. 그들은 심지어 일리야 크라푸노프도 알고 있었다. 크라푸노프는 펠릭스와 아리프를 거부로 만들어 준 통치자와 결별했지만 그의 돈은 여전히 클렙토크라시 정치체제와 불가분의 관계에 있었다. 트럼프의 역할은 자기 이름을 빌려 주는 것이었다. TV쇼 〈어프렌티스〉에서의 페르소나로 현실성을 제거하자 트럼프라는 이름은 성공을 대변하는 이름으로 재창조되었다. 트럼프는 자신의 이름을 브랜드

삼아 일부 고층건물이나 호텔에 붙였다. 그는 모르쇠를 자신의 사업 모토로 삼았다. 돈을 만지는 사람 중에는 이를 "고의적 망각wilful obliviousness"16이라 부르는 이들도 있었다. 페이퍼 컴퍼니의 구조는 돈을 비밀로 유지해 주고 만약 누가 그 출처를 알아낸다면 돈을 받은 사람들을 위해 그럴듯한 진술 거부권을 제공하게끔 설계되어 있었다. 그 프로젝트는 무너질 수도 있었고 대개는 무너졌다. 그러나 그것이 문제되지는 않았다. 돈은 이미 약탈품에서 깨끗한 자본으로 환골탈태한 상태였기 때문이다.

자금세탁의 기회는 도처에 널려 있었다. 데이비드 무르시아 구즈만은 파나마에 있는 트럼프 오션 클럽을 거치는 방법으로 자신의 암시장 페소 사기 수익금을 퍼 올렸다.17 그러나 큰돈일수록 세상에서 가장 위대한 안식처, 북아메리카에 있기를 바라는 법이었다. 2008년 트럼프 소호Trump SoHo가 개장했다. 3억 7000만 달러짜리 건물이었다.18 곧이어 아리조나 피닉스에는 2억 달러를 들여 콘도 호텔 복합 타워를 연이어 개장할 예정이었으나 완공하지 못했다.19 플로리다의 24층 타워 역시 마찬가지였다.20 그럼에도 불구하고 두 프로젝트 모두 많은 돈을 효과적으로 회전시켰다. 동업자의 시야가 넓어졌다. 펠릭스 세이터는 트럼프의 두 자녀 이방카Ivanka, 돈 주니어Don Jr.(도널드 트럼프 주니어)와 함께 러시아 수도에 트럼프 타워를 건설할 계획을 가지고 모스크바로 출발했다.21 고의적 망각에도 불구하고 트럼프와 그의 사람들은 자금의 출처에 대해서는 꽤 분명한 감각을 지니고 있었다. 돈 주니어는 2008년 리먼 브라더스가 파산한 날 발행된 인터뷰 기사에서 다음과 같이 말했다. "우리는 러시아로부터 어마어마한 돈이 쏟아져 들어오고 있다는 것을 알고 있습니다."[22]

펠릭스 세이터가 결정적으로 중요한 통로이긴 했다. 한동안 그는 '도널드 트럼프 수석보좌관'[23]이라는 직함을 즐겼다. 그의 동업자 테브피크 아리프는 구소련의 재력가들을 데려와 도널드를 만나게 했다.[24] 그러나 그들이 통로가 되어 준 유일한 사람들은 결코 아니었다. 트럼프에게 구소련의 돈을 실어 나르는 통로는 그 외에도 여러 개가 있었다. 뱌체슬라프 이반코프는 브레이니 돈이 감옥에서 빼주어 뉴욕으로 온 악질적인 도둑으로 트럼프 타워에 있는 고급 아파트에서 살았다.[25] 브레이니 돈의 미국 재력가 형제 이반코는 그곳에서 다섯 채의 콘도를 구입했다. 트럼프는 이 다섯 채의 콘도를 개인적으로 팔았다.[26] 정치적으로 서로 연결되어 있던 63명의 러시아인은 9800만 달러를 들여 플로리다 자산을 사들였다. 트럼프의 부동산이었다.[27] 푸틴 대통령 밑에서 영화를 누렸던 억만장자 드미트리 리볼로블레프Dmitry Rybolovlev는 팜비치에 있는 트럼프의 저택을 몇 년 전 트럼프가 지불했던 액수의 두 배가 넘는 9600만 달러에 사들였다.[28]

2007년 10월 토론토, 트럼프는 리무진에서 내려 황금삽을 들고 카메라를 향해 포즈를 취하면서 5억 달러짜리 초고층빌딩 건설의 시작을 알렸다 이 빌딩은 펠릭스 세이터가 배후에서 조정했던 다른 빌딩과 같은 조건으로 지어질 예정이었다. 프로젝트 전면에는 트럼프가 나섰다. "실로 사람들은 내가 가진 걸 자신들도 가지고 싶어 합니다."[29] 토론토 트럼프 타워 홍보 비디오에서 그는 선언했다. 트럼프의 갈망대로라면 토론토 트럼프 타워는 다른 빌딩보다 높이 솟아오를 것이었다. 트럼프는 자기 이름을 사용하는 대가로 얼마쯤 챙기겠지만 그 돈은 다른 곳에서 들어올 것이다. 토론토 트럼프 타워의 경우, 그의 돈줄은 다소 어색해 보이는 러시아계 캐나다 억만장자였다. 그는 트럼프와 함께 황금삽을 들어 "트럼프TRUMP"라는 글씨로 덮인 흙을 한 삽 퍼냈다. 모든 관심은 하늘색 넥타이를 매고 외투를 걸친 도널드에게 쏠려 있었다. 하지만 동업자도 기쁜 기색이었다. 그의 이름은 알렉스 슈나이더였다. 그는 젊은 시절 우크라이나에서 장인 보리스 버시타인으로부터 돈으로 경력을 쌓는 법을 훈련받았다. 그때로부터 지금까지 많은 것이 변했다. 슈나이더는 현재 버시타인과의 관계가 소원해졌고, 그의 전 직원의 말에 따르면, "KGB의 악취"를 풍기던 트리오의 멤버 파토흐 초디에프 같은 인사와는 어울리고 싶어 하지 않았다. 그러나 슈나이더에게는 몇 가지 변화가 더 필요했다. 5년 후 트럼프와 슈나이더는 다시 한 번 나란히 함께 서서 "서민을 위한 팡파레"가 울리는 가운데 토론토 트럼프 타워의 완성을 선언했다. 슈나이더는 자신에게 거액의 부를 이뤄 준 우크라이나 제철소를 매각했다. 이 거래로 슈나이더는 수억 달러를 벌어들였다.[30] 물론 그중 1억 달러가 푸틴의 크렘린 대리인들에게 비밀리에 흘러 들어갔다는 점도 알고 있었다. 비록 푸틴이 자신의 것인 양 굴었지만 이 돈은 러시아 국영은행으로부터 나왔고 따라서 러시아 국민의 돈이었다. 슈나이더는 매각 지분을 받자 토론토 트럼프 완공을 위해 최종 4000만 달러를 투자했다.[31] 그 후 트럼프는 자기 몫을 챙겼으며, 빌딩이 완공되고 파산하고 다시 매각될 때까지 그의 자기 몫 챙기기는 수년 동안 계속됐다.[32]

트럼프는 우크라이나 철강 산업의 상당 부분을 러시아에 매각한 억만장자와 자신이 사업적 거래를 한 사실이 젤렌스키와의 통화에서 언급되기에는 적합한 주제가 아니라고 생각했다. 그러나 겉으로는 우크라이나를 위대한 나라로 생각한다고 말했다. 그렇게 생각했을 수도 있다. 우크라이나는 민주주의와 독재 사이의 막, 곧 걷어내야 할 단층斷層이었다. 그래서 곧바로 본론으로 들어갔다. "바이든이 아들의 기소를 막았다는 등, 바이든 아들에 대한 이야기가 여기저기서 들려요. 많은 사람이 그에 대해 알고 싶어 해요. 당신이 우리 법무장관과 함께 할 수 있는 것이라면 무엇이든 좋습니다. 끔찍하게도 바이든은 자기가 기소를 막았다고 떠들고 다녔다던데 그러면 당신이 조사할 수도 있지 않겠소." 루돌프 줄리아니Rudolph Giuliani와 마찬가지로 윌리엄 바William Barr도 연락을 해 왔다. 윌리엄 바는 미국 법무장관이었고 루돌프 줄리아니는 트럼프의 개인 변호사였지만 둘 사이에 차이는 없어 보였다. 두 사람 모두 그날 아침 여론조사에서 트럼프가 권력 사유화 기회를 4년 더 연장하는 데 가장 큰 위협이 될 인물로 드러난 민주당 후보에게 오명을 씌우기 위해 노력할 사람들이었다. 트럼프는 대가성 거래라는 뜻을 가진 라틴어 'quid pro quos'를 철자 그대로 쓰는 걸 좋아하지 않았다. 뉴욕 변호사 마이클 코언Michael Cohen(변호사 마이클 코언 트럼프의 해결사 중 하나였던 헤지펀드 금융가 마이클 코언과 다른 사람이다)은 다음과 같이 말했다. "그는 당신에게 질문하지 않는다. 명령하지도 않는다. 그는 암호로 말한다."**33** 그러나 미국 대통령이 우크라이나 대통령에게 제안하고 있는 거래는 듣는 사람 누구나 이해 가능한 것이었다.**34** 내 경쟁자가 부패했다고 이야기를 좀 꾸미게 도와줘. 그럼 군사 원조도 해 주고 백악관도 방문하게 해 줄게. 내가 원하는 걸 해 주지 않는다면 좋아, 친구가 되는 대신 적이 되는 거야.

그냥 거짓말을 할 수는 없었기 때문일 것이다. 부정한 돈이 있는데 그걸 그저 상자에 넣었다고 해서 깨끗한 돈이라고 대놓고 말할 수는 없었을 것이다. 유명한 이름을 꼭대기에 올린 고층빌딩처럼 상자 속 돈을 깨끗하게 보이게 할 커버스토리 하나쯤은 있어야 했다. 만약 누군가가 서사에 이의를 제기한다면 진실을 불안정하게 만들어야 한다. 이런 일이 있었을지 저런 일이 있었을지 누가 알겠는가? 정직하게 수사하면 객관적 사실에 도달할 수 있는가? 그런 것은 존재하지 않는다. 이타주의란 있을 수 없다. 모든 것은 개인적 이해관계에 따라 움직이는 법이다. 가장 좋은 전략은 투사projection다.[35] 모든 일을 검댕이가 묻었다고 서로 퇴짜 놓는 냄비와 주전자의 싸움으로 만들어라. 내가 부패했다고 따지는 건가? 그것은 당신이 그렇게 말할 수 있도록 내가 이미 대가를 다 치렀기 때문이다. 로마에서 아내와 아이를 납치당한 사내를 감싸고 있는가? 조심하라. 그 남자는 로마에서 내 가족을 따라다닌 자다. 지금 아프리카에서 내가 뇌물을 주었다고 주장하는가? 그건 당신이 더 부유해지려고 꾸며 낸 이야기이다. 내가 이야기를 꾸며 내고 부정한 돈을 거래했다고 주장하는가? 좋다. 그들은 그걸 거짓말쟁이 테드와 비뚤어진 힐러리의 이야기라고 말할 것이다. 선거 기간 동안 외국 세력과 유착이 있었다고? 물론이지. 그럼 우리는 조 바이든이 어떻게 했는지 알아낼 것이다. 소셜미디어, 진실을 불안정하게 만들기 위해 고안된 이 가장 위대한 시스템에서는 그 어떤 단어도 아닌 단 한 단어만 시종일관 사용하면

된다. '가짜fake'**36**가 그것이다.

오전 9시 33분, 트럼프는 수화기를 내려놓았다. 그리고 한 시간 만에 트럼프와 젤렌스키 양 측 관계자들은 메시지를 주고받으며**37** 우크라이나에서의 수사 진척에 대해 확인하고 우크라이나 대통령의 방문 일정을 잡았다. 오전 11시 19분 트럼프는 비상 혈액 공급 장치와 핵 발사 코드 전송 장비를 갖춘 중무장한 대통령 전용 리무진 '비스트'**38**를 타고 백악관을 출발했다.**39**

자동차 행렬이 펜타곤으로 향했다. 그곳에서 트럼프는 신임 국방장관 임명 연설을 할 예정이었다. 그는 연설을 시작했다. "세계 최대 건물인 미국 국방부에 오신 특별한 애국지사 여러분께 감사드립니다. 펜타곤이 세계에서 가장 큰 건물이라는 이야기를 여러 해 동안 들어 왔습니다."**40** 그는 덧붙였다. "이런 국방부의 총사령관을 맡게 된 것은 제 인생에서 가장 큰 영광입니다." 마크 에스퍼Mark Esper 신임 국방장관은 취임 전 방위산업체 레이시온Raytheon에서 로비스트로 활약했는데 당시 한 고객이 지불하기로 되어 있던 돈 100만 달러를 받지 않기로 했던 결정을 번복했던 적이 있다.**41** 마크 에스퍼는 모든 미국인을 자랑스럽게, 매우 자랑스럽게 만들고 있었다. "애국지사 여러분은 지금도 매우 자랑스러우시겠지만 시간이 지날수록 더욱더 자랑스럽게 되실 것입니다. 국민은 그 어느 때보다 우리 나라를 사랑하고 있으며, 우리 나라는 다시 존경받고 있습니다. 이 점을 기억하십시오."

트럼프는 돈 이야기, 추가로 편성한 국방 예산 "수십억 달러"와 그 예산으로 사들이고 있는 무기 이야기로 넘어갔다. "모든 전쟁터에서 우리는 승리할 것입니다." 그가 말했다. "우리의 최우선 과제는 항상 국가와 국민의 안전과 주권입니다." 그는 계속했다. "국내에서는 남쪽 국경에서 발생한 심각한 국가 안보 위기에 맞서기 위해 군 병력을 배치했습니다." 그 나쁜 놈들, 라틴계 강간범 무리들, 마침내 그들에게 대항할 용기 있는 대통령이 여기 왔다. 이처럼 굳은 결의와 엄숙한 국가적 소명은 국제무대에서 미국의 존엄성을 회복시켰다. "전 세계적으로" 트럼프가 말했다. "지금 미국은 새로운 위협, 전략상 중요한 경쟁자와 직면하고 있으며 이는 항시적인 것으로 보입니다. 우리는 타의 추종을 불허하는 자신감과 목표, 그리고 결의를 가지고 이 경쟁에 맞서 왔습니다. 우리는 그들 모두에게 이야기합니다. 그리고 그들은 우리에게 크나큰 존경심을 가지고 이야기합니다. 그들은 수십 년 동안 보내 왔던 것보다 더욱더 큰 존경을 우리 나라에 보내고 있습니다. 바로 이 순간 그들은 수많은 세월 동안 그래 왔던 것보다 더 큰 존경심을 가지고 우리를 보고 있습니다. 앞으로 그들의 존경심은 점점 더 커질 것입니다."

세계는 실제로 점점 더 위험해지고 있었고 트럼프는 시대에 맞는 새로운 세계 동맹 구축에 도움을 주고 있었다. 클렙토크라트들과의 동맹이었다. 나자르바예프의 궁정에서 그랬던 것처럼 그들은 때로는 라이벌처럼 보일 수도 있고 때로는 적으로 보일 수도 있다. 사실 그들은 권력의 사유화를 추진하겠다는 공동의 결의로 단결했다. 그리고 모종의 진전을 이뤘다. 트럼프의 당선과 함께 그들은 권력의 거대한 세 축을 지배했다. 푸틴의 크렘린은 백악관에 자금세탁소가 설치되도록 도왔다. 그리고 베이징에는 시진핑이 있었다. 세 사

제3부. 변태

람은 각기 거대한 약탈품의 보고에 최우선 접근 권한을 가지고 있었다. 세계 경제 1위 국가, 구소련의 부, 세계 인구의 5분의 1을 차지하는 일당 국가. 그들에게는 당연히 품격 있는 허울이 필요했다. 푸틴의 수십억 달러 재산은 엄밀히 말하면 놀랍도록 기업가적인 마인드에 익숙한 가까운 친구들, 예를 들어 억만장자 첼리스트 같은 인사들의 것이었다. 시진핑이 중국 공산당 최고 자리로 향해 가는 동안 사업으로 이익을 축적한 사람은 시진핑 총서기 당사자가 아니라 그의 친인척들이었다.[42] 시진핑이 2012년 당을 장악할 당시 시진핑의 친인척들은 모두 3억 7600만 달러에 달하는 자산 규모를 가진 기업과 5000만 달러 규모의 홍콩 부동산을 겹겹의 금융 위장망에 숨겨 주식 지분 형태로 보유했다. 트위터가 트럼프에게 그렇듯, 시진핑에게 반부패운동은 하나의 투사 전략으로서 클렙토크라시 정치체제를 장악하고 자신들의 권위를 주장해야 할 사람들이 오랫동안 선호해 온 전략에 불과했다.

시진핑이 집권하면서 이전 지도부가 축적한 재산을 폭로하자 당은 명성에 흠집을 입었다. 전 총리 원자바오의 친인척들이 27억 달러 상당의 자산을 주물렀다고 했다.[43] 시진핑 주석은 부패 척결운동을 시작했으며 호랑이와 파리 모두를 잡겠다고 약속했다. 10만 명의 중국인이 기소되었다. 호랑이라 함은 시진핑이나 원자바오의 사람들처럼 괄목한 만한 부를 이룬 당의 거물급 인사들을 지칭했다. 시진핑의 권력 강화에 장애물이 될 만한 사람들이었다. 그들은 비공개 법정에서 유죄 판결을 받았다.[44]

시진핑의 교활함은 다음 세대 클렙토크라트가 될 젊은 인재들에게 영감을 불어 넣은 것으로 보였다. 트럼프는 친구 사귀는 것을 즐겼다. 2017년 사우디아라비아의 왕세자로 임명된 무함마드 빈 살만 Mohammed bin Salmand은 뇌물로 가장 쉽게 전환되는 물품, 즉 원유를 상품으로 대량 공급하는 것만으로도 나라를 하루하루 꾸려 갈 수 있었다.[45] 사우디아라비아는 지배 가문이 자신들의 이름을 따서 지은 유일한 나라로, 여러 해 동안 서방세계를 여러 가지 방식으로 협박해 자신들과 공모할 것을 요구했다. 서방세계에 석유를 팔기도 하고, 무기를 구입하기도 했으며 때때로 서방세계가 키워 온 지하드주의자들을 몰아내기도 했다. 무함마드 빈 살만, 즉 MBS는 왕위를 계승하면서 부정한 돈이 흘러나오는 수도꼭지들을 손볼 필요를 느꼈다. 숙청이 시작됐다. 시진핑이 보였던 반부패운동으로 모양새를 갖췄다. 2017년 11월, 많은 왕자와 장관들, 사업가들이 리야드Riyadh의 리츠칼튼 호텔에 감금되었고, 그 후 1070억 달러가 국고에 반환되었다.[46] 트럼프 대통령이 왕국을 방문하는 동안 같은 국고에서 몇 십억 달러가 무기 구매 대금으로 약정되었다. 재선을 앞둔 트럼프는 경합주swing state에서 제조한 무기를 팔아야 했는데 MBS가 구매를 약속한 것이다.[47]

MBS가 발견한 보다 어려운 숙제는 정보 통제였다. 그에게는 시진핑이 가진 것 같은 전체주의라는 도구가 없었다. 따라서 사우디 지배계급이 그들의 지위를 이용해 금전적 이득을 취하고 있다는 인터넷상의 이야기들을 쉽게 검열할 수 없었다. 그래서 그는 보리스 넴초프를 입 다물게 한 방법에 더 가까운, 농경사회에서나 있을 법한 방법을 취했다. 왕실 소속 근위병까지 포함된 살인단이 반체제 논객 자말 카슈크지Jamal Khashoggi를 이스탄불의 사우디 영사관으로 유인해서 살해한 후 시신을 토막 냈다. 터키와 CIA는 왕세자가 작전을 지휘했다고 신속하게 결론지었다.[48] 트럼프는 백악관 홈페이지에 성명을 발표했다.[49] 돈에 관한 이야기로 서문을 열었다. "저는 지난해 사우디아라비아를 방문해 어려운 협상을 해냈습니다. 협상 끝에 왕국은 미국에 4500억 달러를 투자하기로 동의했습니다. 이것은 기록적인 금액입니다." 트럼프는 한 비평가에 대한 계획적 살인에 MBS가 공모했으니 처벌하라는 요구를 거절하기로 했다고 선언했다.

> 사우디아라비아 대변인들은 자말 카슈크지가 "국가의 적"이자 무슬림 형제단의 일원이었다고 발표했으나 내 결정은 결코 이에 바탕을 두고 내린 것이 아닙니다. 이것은 용납할 수 없는 끔찍한 범죄입니다. 살만 국왕과 무함마드 빈 살만 왕세자는 카슈크지 살해계획이나 실행에 대해 아는 바가 없다고 강력히 부인합니다. 우리 정보기관들이 계속해서 모든 정보를 검토하고 있습니다. 왕세자가 이 비극적인 사건을 인지했을 가능성이 매우 큽니다만 아닐 수도 있습니다.

MBS는 사우디아라비아와 이란의 대리전으로 예맨이 비극의 나락으로 떨어졌을 때도* 미국으로부터 계속 지지를 얻어낼 수 있

---

* 수니파 사우디아라비아와 시아파 이란은 석유 시장에 대한 점유권과 중동 내 패권을 두고 오래전부터 싸워 온 라이벌 관계로, 2015년 내홍을 겪던 예맨에 사우디가 군사 개입을 하면서 이란의 지원을 받던 예맨 정부와 사우디의 지원을 받던 반군 사이에 내전이 벌어졌다. 이란과 사우디의 대리전을 치르면서 예맨의 많은 국민이 폭격과 교전으로 희생되었고 인구의 4분의 3이 물과 식량의 절대적 부족을 겪었다.

었다.[50] 오바마는 사우디아라비아에게 이란과 "서로 이웃이 되어 주고"[51], "일종의 차가운 평화를 구축할" 방법을 찾아달라고 요구했다. 한편 트럼프는 진행을 시작했던 이란과의 핵 협정을 파기했다. 트럼프는 아랍 지역에서 오랫동안 지속하던 미국의 정책을 유지했을 뿐이라고 말했다. 그 말은 맞았다. 워싱턴은 대대로 리야드를 지지해 왔다. 그러나 그것은 새로운 클렙토크라트들의 천재적 면모의 일부였다. 그들은 피터 살라스가 정상성 추정이라고 불렀던 것을 능숙하게 이용했다. 한 국가의 행위나 발언은 마치 흠잡을 데 없는 사람의 것처럼 그 행위와 주권의 표현에 합법성이 부여되는 것이다. 그러나 새로운 클렙토크라트들은 연방이 합법적으로 소유하고 있는 것을 자신들이 차지할 목적으로 제도를 이용해 국가에 맞서고 국가를 전복시키려고 했다. 부패는 더 이상 실패한 국가의 징표가 아니라 국가가 새로운 목적을 달성했다는 징표였다. 공공정책, 외교정책, 국가안보, 이것들이 클렙토크라트를 위한 것이었다면 유령 회사는 자금세탁을 위한 것이었다. 북한이 핵무기 프로그램을 들고 나오며 갑작스럽고도 폭력적인 대규모 살상이라는 최악의 위협을 가하자, 트럼프는 그의 '리틀 로켓맨' 김정은을 위해 무대를 마련해 주었다. 아무 성과도 없었지만 트럼프와 김정은 둘 다 전 세계 카메라와 정치인 들 앞에서 그들의 업적을 뽐낼 수 있었다. 트럼프와 푸틴이 배석자 없이 앉았을 때, 두 지도자는 권력 사유화가 목적이라는 점을 공유함으로써 실질적 단합을 이뤄 낼 수 있었다. 김씨 왕조는 심지어 그 목적을 충실하게 수행할 비밀 정부 부서까지 설치했다. 39호실은 노예 노동력 수출을 비롯해 정권이 이익 창출을 위해

은밀하게 진행하는 국제적 상업 거래를 감독하는 곳이었다.[52]

펜타곤에서 연설을 마친 트럼프는 오후 12시 34분에 백악관으로 돌아갔다. 그로부터 30분 뒤, 젤렌스키 대통령과의 대화 내용이 담긴 공식 요약본이 공개됐다.[53] "트럼프 대통령과 젤렌스키 대통령은 에너지와 경제협력 등 미국과 우크라이나의 관계 강화 방안을 논의했다. 두 정상은 기회가 닿는 대로 만날 것을 고대한다고 밝혔다."

모든 미국 대통령은 거짓말을 하고 사실을 숨겨 왔다. 때때로 그럴 만한 이유가 있었기 때문이다. 트럼프 정권하에서는 여기에 미묘한 변화가 생겼다. 공식 기록은 수정 가능하다. 부정한 돈의 흔적을 숨기기 위해 조작한 일련의 가짜 거래처럼, 공식 기록은 이후에 그 사실관계를 변경하는 것이 가능해졌다. 백악관 브리핑 녹취록은 한때 신성불가침으로 여겨졌으나 지금은 마치 위키피디아 페이지를 손보듯 독재자의 홍보 회사에서 조용히 편집할 수 있게 됐다. 최단기 백악관 공보국장을 역임한 앤서니 스카라무치^{Anthony Scaramucci}는 백악관 입성 후 첫 브리핑에서 대통령의 스포츠 기량에 대한 평도 보탰다. "대통령이 타이어 속으로 골프공을 통과시키는 것을 본 적이 있습니다." 그는 열정적으로 말했다. "3피트 거리의 퍼팅도 성공하더라고요."[54] 골프는 트럼프가 제일 좋아하는 일이었다. 그는 클럽 챔피언십에서 (자신의 골프장 코스이기는 했지만)[55] 수십 번 우승했다고 공공연히 밝히고 다녔다. 이후 기록인 백악관 사이트에 게재된 스카라무치의 공식 논평 녹취록에는 이렇게 적혀 있었다. "대통령이 타이어 속으로 골프공을 통과시키는 것을 보았습니다. 30피트 거리의 퍼팅도 성공하더라고요."

골프를 치고 남는 나머지 시간에는 대통령으로서 국정도 돌보고 정기적으로 트위터도 했다.[56] 트럼프는 미국 노동자들에게 도움을 주었다며 딸 이방카의 결단력을 높이 칭찬했다. 그의 예산안이 의회에서 통과되자 이는 다른 누구도 아닌 미국 퇴역 군인들에 대한 구원의 전조라고 주장했다.

그러는 동안 아무 예고 없이 실제 사업은 차근차근 진행되고 있었다. 권력 사유화의 걸림돌을 해체하는 작업이었다. 규제 완화를 위해 정부 부처에 임명된 세 팀 중 하나는 이해충돌의 문제를 겪었다.[57] 아마 이해충돌이 아닐 수도 있었다. 트럼프 행정부의 이해에 반하기보다는 오히려 이해에 부합하는 것이었기 때문이다. 트럼프와 그의 관료들은 자신의 이해를 정부 정책에 녹여 냈다. 국가를 광산 삼아 사무실에서 부를 채굴했다. 트럼프의 아내 멜라니아는 이것을 이해했다. 〈데일리 메일〉이 그녀의 과거에 대해 비꼬는 기사를 쓰자, 멜라니아는 〈데일리 메일〉이 그녀의 "평생에 한 번뿐인 유일한 기회"[58]를 위태롭게 했다는 이유로 소송을 제기했다. "여러 분야에 걸쳐 광범위한 상업 브랜드를 출시할 기회였고, 각 브랜드는 세계에서 가장 매력적인 여성들을 타깃으로 수년에 걸쳐 수백만 달러의 비즈니스 관계를 얻을 수 있었다"는 것이었다. 이와 반대로 집단적인 이익에 도움이 되는 국가의 의무에 관해서라면 트럼프 행정부는 더 나은 일을 해야 했다. 핵 재앙을 예방하거나, 토네이도에 대한 사전 경고를 하거나, 새로운 바이러스의 확산을 막는 일 같은 것 말이다.[59]

선거운동 동안 트럼프는 이전 후보들의 전례를 따르지 않았다.

세금신고서 발표를 거부했던 것이다. 왜 21세기 권력의 가장 귀중한 통화, 돈의 비밀을 넘겨주려 하겠는가? 대선 승리 후에도 그는 자신의 사기업 매각을 거부했으며 대신 자녀들에게 명목상의 지배권을 넘겨주고 그들에게 시진핑의 친척, 푸틴의 첼리스트, 또는 나자르바예프의 궁정 구성원들과 같은 역할을 맡겼다는 의심을 받았다. 방문 중인 고위 인사들, 나자르바예프의 트리오는 트럼프가 매각을 거부한 워싱턴 호텔의 스위트룸을 이용함으로써 대통령에 대한 존경심을 보여 주었다.[60] 아니면 좀 더 직접적으로 행동할 수도 있었다. 점점 더 독재적 클렙토크라트가 되어 가던 레제프 타이이프 에르도안Recep Tayyip Erdoğan의 터키 정부는 자신들의 이익을 위한 로비를 위해 트럼프의 선거운동에 참여하고 있던 전 미국 장성 마이클 플린Michael Flynn[61]에게 50만 달러를 건넸다. 국가 기금에서 수십억 달러를 횡령한 혐의로 기소된 화려한 생활로 유명한 말레이시아 사업가 조로Jho Low는 트럼프의 기금 모금자 중 한 명에게 수백만 달러를 송금했다.[62] 돈을 받은 사람은 엘리엇 브로디Elliott Broidy라고 불리는 미국인 사업가였다. 트럼프의 가신들에게 돈을 투척한 사람들의 동기가 항상 명확한 것은 아니었다. 그럼에도 불구하고 BTA 은행이 마이클 코언을 고용했을 때처럼 입을 다무는 것이 최선이었다.

케네스 라키셰프Kenes Rakishev의 지휘 아래, BTA의 변호인단과 사설 스파이들은 눈에 불을 켜고 무흐타르 아블랴조프를 추적했다. 일리야스 크라푸노프에게 의지하면서도 펠릭스 세이터는 그들에게 정보를 제공하고 있었다. 불행히도 일리야스의 돈이 펠릭스 세이터로 흘러간 흔적을 추적하는 것은 도널드 트럼프에 대한 추적을 의미했다. 트럼프가 단지 텔레비전에서 성공한 사업가 역을 맡았던 때 같으면 그것은 문제될 것이 없었다. 그런데 그 후 트럼프는 갑자기 대통령이 되었다. 그의 비밀 가운데 일부가 드러났다.[63] 그의 이름이 새겨진 빌딩이 이제껏 한 번도 볼 수 없는 규모의, 경의를 표해도 좋을 만큼 세계에서 가장 큰 자금세탁 음모에 이용되어 왔다는 주장이 공개 법정에서 제기된 것이다. 마이클 코언은 트럼프의 수금원이었다. 그는 BTA 은행 사건을 알지 못했거나 관련이 없는 사람이었다. 그러나 2017년 트럼프 취임 후 BTA는 그에게 30만 달러를 지불했다.[64]

그러나 코언은 트럼프를 둘러싸고 소용돌이치는 비밀 게임에서 희생자로 전락하고 말았다. 그는 트럼프가 자기 아내 중 한 명과 바람을 피웠다고 말하고 다닌 포르노 스타에게 입막음용 돈을 주고, 뮬러의 조사관들에게 거짓말을 한 혐의로 유죄 판결을 받았다. BTA는 그를 내쳤다. 트럼프의 수금원 코언에게 BTA가 돈을 지불했다는 것이 밝혀졌을 때 은행 측 변호사는 코언이 "우승팀을 조직할 수 있는"[65] 능력을 가졌기 때문에 그와 계속 일했다고 주장했지만, 은행이 코언과의 계약을 즉각 취소할 때는 그가 "한 번도 가치 있는 일을 하지 않았다"는 이유를 들었다. 펠릭스 세이터는 자신도 마찬가지로 버림받았다는 사실을 알게 되었다. 대리인들은 오히려 세이터가 후한 지불을 받았으며 돈은 그의 유령회사로 비밀리에 들어갔다고 주장했다. 그러다 BTA 변호사들은 오하이오 거지소굴 계획을 통해 세이터가 일리야스로부터 2000만 달러를 가로챘다는 사실을 발견했다.[66] 그 바람에 펠릭스는 아블랴조프, 일리야스 및 그들의 동료들과 함께 BTA의 미국 소송에서 피고인 명단에 추가되었다.[67] 트럼프도 펠릭스와 연락을 끊었다. 펠릭스의 범죄 이력이 유출된 후 트럼프는 2013년으로 거슬러 올라가 보면 당시 그런 남자에 대해 거의 알지 못했다고 주장했다. 펠릭스가 실패 직전의 트럼프를 구해 준 부정한 돈 모델을 만드는 데 있어 도구가 된 인물이었는데도 말이다. 트럼프는 그 남자가 문으로 걸어 들어와도 알아보지 못할 거라고 말했다.[68] 집무실에서 트럼프는 다시 한 번 말했다. 자기한테 펠릭스는 이름 모를 낯선 이에 불과하다고. 이에 대해 2018년 펠릭스는 다음과 같이 언급했다. "매우 섭섭합니다. 그렇다고 내가 뭘 할 수 있겠습니까? 그를 거짓말쟁이라고 부르기라도 할까요?"[69]

대선 승리 전 트럼프는 마이클 코언에게 선거운동은 트럼프 자신의 이름을 브랜드로 붙인 자산들에 대해 의미 있는 "정보성 광고"[70]*가 될 것이라고 말했다. 트럼프가 공화당 대선 후보로 정해질 무렵 펠릭스는 트럼프 타워를 위한 계획을 세우느라 모스크바에 머물고 있었다. 2015년 11월 펠릭스는 마이클 코언에게 이메일을 보냈다. "친구, 우리의 그 녀석은 미국 대통령이 될 수 있고 우린 그걸 설계할 수 있는 사람들이네. 푸틴 팀을 다 불러 모아 작업에 투입하고 일 처리는 내가 관리할길세. (……) 마이클, 푸틴이 모스크바 트럼프 타워 리본 커팅 때 도널드와 함께 무대에 올랐고 도널드는 공화당 후보가 되지 않았는가. 트럼프는 힐러리에게 승산이 있어. (……) 우리는 그 누구보다 선거 과정을 잘 관리할 수 있을 걸세. 자네와 내

---

* 광고처럼 보이지 않도록 어떤 주제에 대해 길게 정보를 제공하는 방식의 해설식 텔레비전 광고.

가 도널드와 블라디미르 두 사람을 빠른 시간 안에 무대에 함께 올리게 될 거야. 게임 체인저game changer*가 되는 것이지."**71** 펠릭스는 같은 날 다시 한 번 편지를 썼다. "도널드는 사람을 떠보거나 하지 않네. 경제적 이슈를 놓고 협상하는 법을 알고 있는 사람일세. 푸틴이 바라는 것도 실용적인 리더, 그리고 성공한 사업가와의 거래, 오직 그것뿐 아닌가. 협상의 방법을 아는 사람에게는 사업이나 정치나 마찬가지 아닌가."

일단 트럼프가 대통령이 되고 뮬러 특검이 수사를 시작하자 특검팀은 트럼프가 대통령 선거운동 과정에서 푸틴 정권으로부터 은밀히 상업적 이익을 추구했는지 의심하기 시작했다. 거래에서 도널드의 입장은 무엇이었을까? 트럼프는 아무것도 아는 것이 없다고 말했다. 마이클 코언 역시 의회에서 트럼프와 같은 요지로 말했다. 그러나 마이클 코언은 거짓말을 하고 있었다. 코언은 자신과 펠릭스의 모스크바 트럼프 타워 추진에 대한 뉴스 건으로 트럼프의 변호인과 여러 차례 통화했다. 코언이 위증죄를 인정한 후, 뮬러 팀은 트럼프에게 편지를 써서 실제로 무슨 일이 일어났는지 설명해 달라고 요청했다. 하지만 진실은 트럼프가 그의 개인 변호사와 나눈 대화 속에 있었기 때문에, 그는 트리오가 사용했던 방식을 그대로 자신에게 적용할 수 있었다. 특권을 발동했던 것이다.**72** 그것이 뮬러가 얻은 전부였다.

펠릭스 세이터는 비주류 유명인사가 되었다. 그의 동료 중 한 사

---

* 어떤 일에서 결과나 흐름의 판도를 뒤바꿔 놓을 만한 중요한 역할을 한 인물이나 사건.

람은 감옥에 있고 다른 한 사람은 대통령이었다. 비록 트럼프는 계속해서 그를 모른다고 잡아뗐지만 펠릭스는 일단 자신의 오랜 동업자가 권력을 손에 넣고 그리도 가지고 싶어 했던 바를 이루고 나면, 그 보상으로 펼쳐지게 될 미래에 큰 희망을 품고 있었다. "제 첫 번째 계획은, 다음 주가 될지 2020년이 될지 4년 후가 될지 모르겠지만 트럼프가 집무실을 정리하는 날 곧바로 그의 집무실로 걸어가서 이렇게 말하는 겁니다. '자! 트럼프 모스크바를 건설합시다.'"**73**

노멀 비즈니스

• *Normal Business* •

2020년, 세계 각지

41

나집 라작^{Najib Razak}은 점점 조급해졌다. 그의 신분상 검찰의 심문을 받는 것은 모욕이었다. 나집의 아버지는 2대 총리였고, 삼촌은 3대 총리였으며 자신도 2009년부터 2018년까지 총리를 지냈다. 말레이시아 국민은 2019년 "나라가 썩는"[1] 엄청난 부패의 증거가 드러나자 그를 몰아냈다. 국가 개발 펀드인 1MDB에서 빠져나간 국민의 돈은 약 45억 달러에 이르렀다. 빼돌린 돈의 일부가 미국으로 들어갔고 그 결과 미국 검찰도 이 사건에 주목하는 바람에 1MDB에서 유출된 돈의 추정 규모가 드러났다. 횡령금 가운데 일부는 영화 〈더 울프 오브 월 스트리트^{The Wolf of Wall Street}〉의 제작에 사용됐다. 이 영화는 아이러니하게도 부자가 돼 만족한 희대의 사기꾼 이야기를 다뤘다. 트럼프의 기금 조성자들 주머니에 수백만 달러를 찔러 넣은 번지르르한 외모의 투자자 조 로는 1MDB 자금을 유출한 주범으로 미국 사법 당국의 수배를 받고 있었다.[2] 미국 측은 "말레이 관료 1"로 특정한 나집이 어떻게 7억 달러를 빼돌렸는지 이미 설명한 바 있었다. 그러나 2020년 1월 22일 현재 말레이시아 법정에서 검찰이 나집에게 어떻게 그 자금이 개인 계좌에 들어와 있는지 추궁하자 그는 "나는 이런 일을 할 만큼 멍청하지 않다. 다 알지 않느냐"[3]고 되받아쳤다. 나집에게 법의 심판이 내려진다면[4] 그는 크렙토크라시 정치체제에서 선택적 정의가 적용되는 유일한 사례가 될 것이었다.* 2018년 5월 선거에서 그에게 승리를 거둔 마하티르 모하맛Mahathir Mohamad은 나집이 고위직에 오르도록 뒤를 봐줬지만, 그 자신도 과거 총리 시절 부패했다는 비난을 받았다. 클렙토크라시 정치체제에서 정의의 여신은 여전히 칼을 들고 있지만 잣대는 기울었고 눈가리개는 벗어 놓았다.

2016년 한 모험적인 해커가 파나마 법률회사 모색 폰세카Mossack Fonseca의 기밀서류를 빼냈다. 파나마 페이퍼Panama Paper라고 이름 붙은 이 파일에는 유령회사에 돈을 맡긴 140명의 정치인 이름이 담겼다.[5] 호주, 아르헨티나, 아이슬란드, 르완다에 이르기까지 대통령과 총리, 그들의 자문관과 측근, 정보기관 수장, 장성, 장관, 의원, 중앙은행 총재 등이 자국 금융 기관이 아니라 세계 금융 비밀 시스템을 통해 돈을 예치했다. 공직의 화폐화monetising public office는 더 이상 이례적이지 않고 오히려 공직에 오르는 목적 그 자체인 것처럼 보였

---

* 2020년 7월, 말레이시아 고등법원은 라작 전 총리가 재임 기간에 내지 않았던 세금 16억 9000만 링깃(한화 약 4700억 원)의 납부를 명령하고 '1MDB 부패 스캔들'과 관련해 징역 12년과 벌금 2억 1000만 링깃(한화 약 592억 원)을 선고했다.

다. 모색 폰세카는 그저 기업의 비밀을 전문으로 다루는 법률회사일 뿐이었다. 돈세탁 스캔들이 으레 그렇듯 보이는 것은 오직 검은 대수층에서 분출된 간헐천일 뿐, 아래의 거대한 동굴은 볼 수 없었다.

그렇더라도 최소한 투표함에 의지할 수는 있었다. 파나마 페이퍼에 폭로된 이들은 또 다른 유출 문서, 매수되지 않은 언론인의 노력, 올곧은 경찰, 꺾이지 않는 판사의 노력으로 자신들이 봉사하기로 했던 국민에 의해 나집처럼 내쳐졌다. 최근 몇 년 새 여러 나라에서는 커다란 부패 스캔들이 터질 때마다 유권자들과 의회가 정권을 갈아 치웠다. 오스트리아를 비롯해 브라질, 이스라엘, 폴란드, 남아프리카공화국, 한국 등 많은 국가에서 그랬다. 나집처럼 물러난 지도자들은 이어진 형사재판에서 철저히 죗값을 치러야 했다. 나집 같은 이들이 자기는 클렙토크라시 정치체제를 위한 희생양일 뿐이라고 주장한다면 어느 정도 수긍할 수는 있다. 클렙토크라시 정치체제라는 것이 원래 누가 권력을 잡든 단지 권력의 이익을 위해 일한다는 망상으로 유지되는 체제이고 자신들은 그 망상을 위해 희생됐을 뿐이라고 생각하기 마련이니까 말이다. 세계 각지에서 나타나는 부패는 권력을 작동시키는 주요 메커니즘이 됐다. 나집 가문 역시 그런 비밀 게임을 즐겼지만 단지 패배했을 뿐이다.

나집과 그 일당은 은행이 없었다면 그렇게 많은 돈을 빼돌릴 수 없었을 것이다. 골드만 삭스는 1MDB 약탈을 부추겼다.[6] 다른 '자산 관리자들wealth managers' 역시 도왔다. 그 가운데 요 지아웨이Yeo Jiawei[7]는 말레이 반도 남단 싱가포르의 비밀 자금 시장에서 일하는 젊고 유능한 인물이었다. 그는 4년 반 동안 자금을 빼돌렸다. 2017년 7월

그에 대한 재판 선고 며칠 전 그를 고용했던 은행인 BSI가 문을 닫고 사라졌다.[8]

BSI는 144년 동안 수십억 달러에 이르는 막대한 자금을 옮겨 나르다가 이번에는 은행 자체가 흔적도 없이 사라져 버렸다. 우선 이 은행은 미국인들의 탈세를, 말레이시아인들의 국고 횡령을 도운 혐의를 받았다. BSI의 수법은 스위스 금융 감독 당국이 묵과할 수 없을 정도로 노골적이고 뻔뻔했다. 스위스 당국은 BSI의 은행 명칭을 폐기하고 스위스 EFG 은행에 포괄 인수되는 조건으로 EFG의 흡수 합병을 승인했다.[9] 하지만 9년 전에 나이절 윌킨스는 이미 BSI 은행가들이 어떤 일을 하고 있는지를 당국에 제보한 바 있었다. 가장 비밀스러운 자금을 빼돌릴 시간은 충분했다. 부정한 돈은 햇빛이 너무 가까이 왔다 싶으면 스위스에서 모나코로, 바하마 제도로 다시 옮겨 갈 준비가 돼 있었다.[10]

나이절 윌킨스의 장례식이 베이싱스토크 묘지에서 열린 날에는 비가 내렸다. 나이절의 조카는 나이절이 '엔터테이너The Entertainer'를 피아노로 연주하던 장면을 회상했다. 친구들은 나이절이 보내곤 했던 무례한 우편엽서를 떠올리며 추모했다. 장례식은 종교의식 없이 치러졌다. 나이절에게는 이승이 존재하는 전부였다. 그의 아파트 선반에는 젊은 시절 그의 머리카락 묶음이 여전히 놓여 있었다. 손자국이 묻고 금이 간 하디스Hardys 와인 병도 여전히 책장 한 편을 차지하고 있었다. 그 옆 붉은 상자에는 나이절이 BSI에서 뽑아낸 수천 쪽의 비밀 서류가 여전히 담겨 있었다.

금융감독위반 혐의로 기소된 이들은 나이절과 달리 금융 비밀을 준수하지 않아도 되는 권한을 가지고 있었다. 만약 그들이 그 권한을 활용해서 나이절이 제공했던 붉은 상자에서 시작된 단서를 추적했더라면 그들이 찾고자 했던 것을, 눈앞의 변화들을 발견했을 수도 있을 것이다. BSI는 은행이 아니었다.[11] BSI는 영국 중앙은행 근거리에서 초국적인 클렙토크라시 정치체제를 작동시키는 촉매제에 불과했다. 산더미 같은 편지와 계약서, 고객 명단 속에는 BSI 은행가들이 그렇게 애써 과거를 지워 주려 했던 사람들의 이름도 보였다.

이를테면 베흐제트 파촐리[Behgjet Pacoli] 같은 이름이 그렇다. 그는 코소보 건설업계 거물로, 나자르바예프 대통령과 함께 접시 깨기 퍼포먼스를 했고, 보리스 옐친에게 뇌물을 주었으며[12] 나중에는 아스타나에 새로운 수도를 건설하기 위한 여러 계약들을 수주하기도 했다. 또 다른 이름으로는 옛 소련 정보장교들, 올리가르히들, 억만장자 석유 재벌들, 전 KGB 대변인, '현대판 메디치가'로 불리는 카타르 왕자 등이 있었다. 우크라이나 사업가이자 정치인인 이고르 플루츠니코프[Igor Pluzhnikov][13]도 등장했다. 그는 2005년 사망할 때까지 BSI 고객이었다. 확인되지는 않았지만 오렌지 혁명 이후 의문사가 잇따르는 가운데 그가 독살됐다는 소문도 나돌았다. 나이절의 파일에는 고인이 된 플루츠니코프가 딸을 위해 은행 계좌를 개설하며 서명한 서류가 나온다. 투자 자격으로 영국에서 영주권을 얻기 충분한 200만 달러를 딸의 계좌로 보내라는 내용이었다. 나이절은 "부패에 대한 견제 장치가 거의 없는" 국가에 정치적으로 연결된 고객의 돈을 받아 보유하는 게 불편하다고 밝힌 바 있다. 하지만 우려가 보다 구체적이지 못하다면 계좌에 대한 고객의 요구를 반대할 수 없었다.

밥 레빈슨이 나이절의 자리에 있었더라면 그런 "한층 구체적인 우려"를 짚어낼 수 있었을 것이다. 그는 수년간 FBI에서 러시아 조직범죄 부서의 책임자를 지낸 후 퇴직한 상태였다. 그러나 그는 CIA, 반부패 운동단체, 이색적인 법률회사를 위해 프리랜서로 활약하며 여전히 예전처럼 교활한 범죄자들을 추적하고 있었다. 여기저기 돌아다니는 탓에 방랑자로 불린 레빈슨과 다혈질의 나이절은 비슷한 영혼의 소유자였다. 일단 값비싸게 보호받는 비밀의 냄새를 맡으면 둘 다 60이 다 돼 가는 나이인데도 포기할 줄 모르고 추적해 들어갔다. 어쩌면 레빈슨이라면 플루츠니코프라는 이름을 봤을 수도, 관련 보고서를 기억해 냈을지도 모른다. 90년대 중반 6개 보안 기관이 특정 범죄 조직과 특혜를 받는 기업인들이 범죄 네트워크를 형성하고 있다는 정황을 파악했을 때 정보를 공유하고자 만들었던 그 보고서 말이다. 보고서에는 플루츠니코프가 우크라이나에 사무소를 둔 다국적 기업을 통해 가구업체와 은행, 호텔을 운영하며 400만 달러를 벌었고, 이 돈으로 옛 소련이 붕괴하기 전 매각된 상당 규모의 헝가리 군수사업을 인수했다는 내용이 들어 있다. 이런 일로 플루츠니코프는 70여 명으로 이뤄진 범죄자 집단에 이름을 올릴 자격을 갖추게 되었다. 집단의 주모자는 세몬 모길레비치, 즉 브레이니 돈이었다.

레빈슨은 세바 사냥꾼으로 유명했다. 그는 브레이니 돈을 다룬 BBC 프로그램 〈파노라마Panorama〉에 출연했었다. 하지만 세무 또는 런던 금융감독 관련 인사 중 누군가가 나이절의 단서를 추적했더라도, 심지어 전문가인 레빈슨의 조언을 듣고자 전화할 생각을 했더라도 그때는 너무 늦었을 것이다. 나이절이 BSI 파일을 빼내 영국 당국에 제보했을 당시 밥 레빈슨은 사라진 상태였다.[14] 2007년 2월 그는 스위스로 갔다. 그는 동과 서를 잇는 가스 무역의 의심스러운 중개 기업, 로스우크르에네르고와 세바의 수상쩍은 관계를 조사하는 중이었다. 그는 세바와 동년배이자, 90년대에 모스크바에서 활약했던 보리스 버시타인을 만나려고 급히 토론토까지 날아가기도 했다.[15] 제네바에서는 오랜 인연을 이어 오던 탐정 두 명과 만났는데, 러시아 갱단을 추적하고 있다고 했다. 그다음 달에는 그 역시 두바이에서 그들과 같은 일을 하게 되었다. 그는 이란의 부정한 돈에 관한 정보를 수집해 자신과 계약한 CIA에 넘겨줄 수 있을 것으로 기대했다. 3월 8일 그는 일곱 자녀 중 두 명에게 급히 이메일을 보냈다. 드라이버만으로 컴퓨터를 고칠 줄 아는 녀석과 전교생 앞에서 연설할 때 겪을 수줍음을 극복하기 위해 준비 중인 녀석이었다. 그런 다음 비행 30분 만에 페르시아만을 가로질러 이란 해안에 인접한 작은 섬 키시Kish에 내렸다. 그곳에서 부정한 돈과 관련해 상당한 정보를 줄 연락책을 만날 예정이었다. 착륙 후 레빈슨은 택시를 잡아타고 호텔로 향했으나 그 후 종적이 끊겼다. 몇 년 후 이름을 밝히지 않은 납치범이 도움을 호소하는 레빈슨의 짧은 동영상을 찍어 그의 친구에게 이메일로 전송했다.

나이절의 파일에 따르면 브레이니 돈의 연결책은 플루츠니코프만이 아니었다. BSI의 시티 은행가들이 관련 서비스를 트리오에게 제공한 사실이 여러 쪽에 걸쳐 나와 있다.[16]

2003년 1월 23일 민간 정보업체 메이페어는 'RA377-144'라는 제목의 보고서를 치프사이드의 BSI 지점에 보냈다. MI5 출신의 마틴 플린트Martin Flint는 리스크 어낼리시스라는 보안업체를 운영하고 있었다. 런던의 BSI 개인금융 담당 고위 직원인 파브리지오 자나보니Fabrizio Zanaboni는 플린트를 고용해서 새로운 고객들의 신상을 파악하도록 했다. 신규 고객 명단은 BSI 시티 업무를 위해 새로 충원한 은행 직원으로서 타지크 태생에 에식스대학교를 졸업한 코피즈 샤키히디가 이직과 함께 가져온 것이었다. 보고서 RA377-144는 새로운 고객 중 특히 한 명에게 관심을 두고 있었다.

플린트의 정보원들은 보고서에 다음과 같은 간략한 기록을 남겼다. "이 조사는 의뢰자가 제시한 조사 대상의 인적 세부사항을 확인하고, 해당 인물이 범죄 기록과 연관이 없으며, 금융 자산이 사업 이익을 통해 정직하게 취득되었는지 확인하기 위해 카자흐스탄에서 신중히 이루어졌다." 보고에 따르면 최근 몇 년 사이 조사 대상과 그 파트너들은 카자흐스탄 경제의 40퍼센트 가까이를 장악했다. 그들은 카자흐스탄의 크롬과 알루미늄 산업, 운송과 에너지의 대부분, 은행과 신문사 한 곳씩, 방송국 여러 곳을 소유했다. 카자흐스탄 전 총리는 이 인물과 그의 파트너들이 돈세탁을 한다고 비난했다. "카자흐스탄의 정치와 경제 활동이 과거에도 지금도 자금세탁과 연관이 있다는 주장은 사실과 상당히 부합한다"고 플린트 팀은 보고서에서 지적했다. 전 총리 역시 부패 혐의로 기소된 전력이 있었다. 보고서는 조사 대상이 "카자흐스탄의 법집행 당국으로부터 범죄 및 사기로 공식적으로 처벌받은 기록은 없지만, 그의 측근들에 따르면 (권위적인) 정부하에서 그가 (카자흐스탄에서 성공하려면 필수적으로) 이런 종류의 혐의를 받는 것은 불가피했다"고 밝혔다. 사실 "이 지역의 잘나가는 기업인 대부분에게서도 같은 말을 들었을 수 있다." 조사 대상을 "다른 누구보다 더 나쁘다고 할 수는 없다"고 플린트 팀은 조언했다. 이와 별도로 기본 상황 파악 자료를 토대로 플린트 팀은 조사 대상이 1953년 우즈베키스탄 마을에서 태어나, 카자흐스탄 시민권을 취득했다고 했다. 또한 BSI가 얻은 여권번호는 정확한 것이고, 덧붙여 그의 이름은 트리오의 세 번째 멤버인 알리잔 이브라기모프가 맞는다고 확인해 줬다.

BSI 경영진에게는 이 정도 정보면 충분했다. 트리오와 그 친인척들의 이름은 이후 몇 년간 나이절의 파일과 이메일, 내부 보고서, 고객 명단, 심지어 몬테카를로에서 결제한 3만 달러짜리 보석의 신용카드 청구서에 이르기까지 여러 차례 등장한다. 게다가 보고서에는 BSI 은행가들이 알리잔 이브라기모프가 유령회사들을 운영하는 데 도움을 주었다는 내용도 들어 있었다.

비쩍 마른 사샤 옆에는 둥글고 포동포동한 얼굴에 흰색으로 물들어 가는 머리를 정확하게 반으로 깔끔하게 갈라 넘긴 이브라기모프가 있었다. 그는 색안경을 쓰고 포켓스퀘어가 달린 재킷을 입고 다녔다. 트리오의 한 정보원은 "모두가 그를 당장은 필요 없는 세 번째 보조바퀴로 생각하지만 그가 바로 배후에서 일을 조율하는 지휘관"[17]이라고 말했다. 사샤와 초디에프처럼 이브라기모프는 카자흐스탄에서 비주류였고, 위구르족으로서도 마찬가지였다. 출신은 장차 그의 파트너가 될 사람들에 비해 그다지 좋지 않았다.[18] 하지만 소련 통치하에서 기관차와 동물가죽에 이르기까지 필요한 각종 물

제3부. 변태

품을 맞교환하는 유사 자본주의 방식의 무역을 통해 그는 부자가 됐다. 그는 실용적이고 실행력이 있었으며 사샤처럼 화려하지도 않았다. 이브라기모프가 트리오의 베일에 가린 재무 담당자 역할을 한 것도 이런 연유에서였다.

BSI 은행원 코피즈 샤키히디가 이브라기모프 가족과 친분을 유지하려고 얼마나 애썼는지는 나이절의 파일에서 잘 드러났다.[19] 샤키히디는 금융위기가 닥친 그해 여름, 결혼식 참석차 카자흐스탄으로 날아가야 했는데 당시 수크라트Sukhrat도 데려가 업무 경험을 쌓게 했다. 이런저런 노력으로 샤키히디는 압두마니크 미라흐메도프Abdumanik Mirakhmedov라는 이름의 신중해 보이는 친구를 사귀게 되었다. 샤키히디와 미라흐메도프 모두 중앙아시아 태생이고 2000년 에식스대학교 경제학과를 졸업한 동창이다. 나이절의 파일에서 미라흐메도프라는 이름은 두꺼운 계약서 뭉치 여러 곳에서 등장한다. 이 계약은 부자들을 유치하면 수수료로 BSI가 한 몫 떼어 주는 이른바 '프로모터' 계약이었다.[20]

미라흐메도프는 매인 데 없는 눈먼 자금을 곧잘 찾아내곤 했다. 그는 카리브해 국가인 세인트키츠네비스에서 시민권을 획득했다. 그는 자신이 BSI에 들여온 자금의 수익금 중 30퍼센트를, 포스트 소비에트 클렙토크라시 정치체제들의 특정 유력 인사와 계약할 때는 그 이상을 가져갔다. 수지맞는 사업이었지만 이는 어디까지나 프로모터로서의 수익이었기 때문에 미라흐메도프의 일상 업무가 아니었다. 일상 업무는 ENRC 본사가 있는 세인트 제임스 사무실에서 이뤄졌다. 그는 ENRC 광부들이 캔 금속을 판매하는 고위 매니저로 일하면서[21] 카자흐스탄에 소재한 트리오 소유의 철광 사장의 딸과 결혼했다.[22] 나이절의 파일에서, 미라흐메도프의 서명은 세계 금융 시스템의 독특한 경로를 따라 자금 이동을 지시하는 서류 곳곳에 등장한다. 독특한 경로란 예컨대 마셜제도에 소재한 미심쩍은 회사의 라비타Latvia 은행 계좌로부터 영국령 버진아일랜드에 있는 미라흐메도프 소유의 회사에 15만 달러를 입금하는 식이다. 그리고 나면 그 돈을 다시 캐리비안해 벨리즈Belize에 소재한 자신의 다른 회사로 송금했다.

ENRC 고위직 간부의 사위이자 그 자신도 간부인 한 사람은, 미라흐메도프에게 거액을 송금하는 데 그렇게나 복잡한 기밀 기법을 채택한 정확한 이유는 확실치 않다고 말했다. 하지만 좀 더 캐 보면 미라흐메도프는 ENRC가 영국 광산 컨설턴트 기업인 알렉스 스튜어트 인터내셔널Alex Stewart International과의 계약 결정에 영향을 줄 수 있는 인물이었다.[23] 그리고 ENRC와 알렉스 스튜어트 인터내셔널의 관계는 "미국의 수사를 받을 수도 있는"[24] 사안이었다. 그런 데다 그 즈음 미라흐메도프는 더 많은 돈다발, 즉 29만 달러를 보내기로 트리오 알리얀 이브라기모프의 아들 도스탄Dostan과 약속한 상황이었다.[25] 이렇게 깊이 파헤치다 보면 미라흐메도프에게 정말 알렉스 스튜어트 인터내셔널의 돈을 빼 갔는지 어쨌는지를 묻고 싶어진다. 미라흐메도프의 변호사는 그런 질문을 받았다면 그가 "정상적인 사업 행위에 대한 합법적 수수료"를 받았다고 답했을 것이다. 분명히 그는 "절대 뇌물을 받지도, 다른 사람에게 뇌물을 주도록 돕지도 않았다."[26]

하지만 조금 더 캐 보면 러시아 인형처럼 여러 층으로 겹쳐진 금융 인형이 발굴되는 것을 볼 수 있었을지도 모른다. 또 다른 BSI 고객이 파묻었던 러시아 인형들 말이다. 2007년 후반 ENRC가 영국 증권거래소에 상장됐을 때 주주를 보호하는 전담 비상임 이사에 메흐메트 달만이 임명됐다. 그러나 그는 거미줄처럼 이어진 이른바 '자산 관리 그룹'을 통해 트리오의 알리잔 이브라기모프가 축적한 막대한 재산의 일부를 이미 관리하는 중이었다.[27] 공개된 상당 부분은 이해충돌이 명백한 사안이었다. 그리고 달만은 이바라기모프 개인을 위한 서비스를 제공하지 못하게 돼 있었다. 나이절의 파일이 제공한 단서를 따라가다 보면 달만의 회사는 이브라기모프가 ENRC에 몸담은 이후에도 오랫동안 그의 재산을 관리했다.[28] 이브라기모프는 그 대가로 100만 달러당 25만 달러를 지급하기로 합의했다. 이에 따라 달만이 지명한 BSI의 코피즈 샤키히디는 서비스의 대가로 여전히 많은 돈을 챙기고 있었다. 신문의 경제면들에 따르면, 런던에 상장된 ENRC의 마지막 회장으로 임명되어 부패 오명 기업을 "정화"[29]하는 임무를 맡은 사람은 애꿎게도 바로 달만이었다.

나이절의 파일은 마치 팔림프세스트palimpsest* 사본과도 같았다. 서류를 읽다 보면 유령회사 위에 유령회사, 또 그 위에 유령회사가

---

* 종이가 보급되기 전에는 파피루스에 이어 양피지가 사용되었으나, 양피지는 비쌌기 때문에 더 이상 사용하지 않는 사본은 기존 내용을 지우고 새로 다른 내용을 기록하는 식으로 재이용되었다. 여기서 유래된 용어 '팔림프세스트'는 어떤 목적으로 구축되어, 나중에 다른 용도로 재이용된 것을 가리킨다. 팔림프세스트의 지워진 원 문장은 육안으로는 판별이 어려우나, 자외선이나 엑스선을 이용하는 특수 스캐너로 복원이 가능하며, 지워진 원 내용이 귀중한 고문서로 밝혀지는 경우가 꽤 있다. 저자는 나이절 파일의 정보들이 복잡하게 얽혀 있어 정보들을 연결하기가 쉬워 보이지 않았다는 사실을, 해독하기 쉽지 않지만 노력을 기울이면 드러나는 팔림프세스트 사본의 문장에 비유한 것으로 보인다.

여러 겹 겹쳐 있는 것 같았다. 하지만 그 밑에는 여전히 식별 가능한 보물섬 지도의 윤곽이 존재했다. 누구라도 읽고자 했다면 지도는 권력이 숨겨지고, 돈으로 위장한 자금 은닉처의 방향을 알려줬을 것이다.

나이절은 전 세계 클렙토크라트들이 서로 연결되어 있다는 것을 일찌감치 파악했다. 나이절은 공책에 그들의 네트워크가 만나는 교차점을 그림으로 표시해 두었다. 스위스의 이탈리아어 사용권 도시 루가노에 있는 BSI 본점이 접점이라고 생각했다. "루가노. 언덕 위 성당의 한적한 고해실." 나이절은 러시아인과 이탈리아 마피아가 이곳에서 만난다고 적었다. 하지만 클렙토크라트들은 어디서든지 만나고 있었다.

2008년 로버트 무가베는 독재체제를 유지하고 있었다. 독재 권력으로 그는 짐바브웨 천연자원에 대한 접근권을 처분할 수 있었는데, 두 명의 백인 로디지아인이 거래 협상을 통해 독재를 뒷받침할 폭력에 자금을 마련해 줬다. 한 명은 전직 영국 크리켓 선수이고, 다른 한 명은 그의 호주 친구이자 월스트리트의 유대인 투자 전문가였다. 두 사람은 영국 증권거래소에서 3명의 중앙아시아 올리가르히, 트리오를 통해 천연자원을 현금화했다. 2013년에 무가베는 이러한 식의 폭력 생산 구조에서 기인하는 어쩔 수 없는 권력 분담 방식에서 벗어나기 위해 새로운 폭력 생산 구조를 도입했다. 이제 새로운 구조는 초국적 클렙토크라시 정치체제의 한 축을 담당하고 있는 중국 밀사와의 사업 계약으로 자금을 조달했다. 최소 예닐곱 개 가명에다 중국 공산당 정보 조직과 오랫동안 관계를 맺어 온 중국인

기업가 샘 파Sam Pa**30**는 짐바브웨의 무장된 다이아몬드 광산 채굴권을 비밀리에 넘겨받는 조건으로 무가베에게 1억 달러를 제공했다. 2017년 무가베의 뒤를 이어 대통령이 된 크로커다일, 즉 에머슨 음낭가과는 중국이 신장 위구르 지역에 사용한 것과 비슷한 안면 인식 시스템을 도입했다.**31** 이는 카자흐스탄이 기존 수도 아스타나를 건국의 아버지 이름을 딴 누르술탄이라는 이름으로 바꾼 후 적용했던 사례와도 비슷했다. 비법을 확보한 클렙토크라트들은 개인정보를 수확하기 시작했다. 이런 상황에서 코로나바이러스Covid-19는 선물처럼 찾아왔다. 전염병은 압도적인 권력이 광범위하게 필요하고, 감시 감독을 확장해야 하며 공적 자금을 쓰는 데 평소보다 감사를 덜 받아도 되는 완벽한 구실을 제공했다.

클렙토크라트들은 전 세계적으로 5개의 신흥 패밀리를 형성했다. 나츠Nats, 브리츠Brits, 스프룩스Sprooks, 페트로스Petros, 파티Party이다.

나츠는 자신들이 국가 약탈을 감시하며 위기에 처한 국가를 구원하고 있다고 선언한다. 그들은 늪지에 고인 물을 빼야* 그 땅이 번영을 누릴 수 있다고 목소리를 높인다. 중부 유럽과 동유럽, 러시아가 이들의 본거지이지만, 모든 대륙에 모방 세력이 존재한다. 이를테면 브라질의 보우소나루Bolsonaro, 필리핀의 두테르테Duterte, 터키의 에르도안Erdoan, 이스라엘의 네타냐후Netanyahu, 베네수엘라의 마두로이Maduro가 대표적이며 미국 워싱턴의 트럼프도 여기에 속한다. 좌

---

* 원래 '늪지에 고인 물을 빼다(drain the swamp)'라는 말은 늪지의 물을 빼서 모기 등 전염병을 옮기는 원인을 제거하고 늪지 주민의 안전을 보장한다는 의미로 사용되었다. 하지만 1980년대부터는 정치인들 사이에서 자신들이 유리한 정치적 입지를 차지하는 데 방해가 되는 요인을 제거한다는 말로 은유적으로 사용되고 있다.

파나 우파는 이들에겐 장식에 불과하다. 미국 공화당 상원의원들은 트럼프 탄핵 심판에서 그의 우크라이나 특혜 무역과 관련해 강철같이 확고한 증거를 청취하고도 트럼프를 방면했을 정도로 충성심을 중시한다. 마피아조차도 부러워하며 칭송했을 법한 충성심이었다. 이에 저항하는 이들은 그들이 물러나면 그들이 왜곡했던 제도가 다시 원래대로 복귀할 것으로 믿고 있다. 하지만 일단 숙주에 침입하면 숙주의 세포를 바꿔 버리는 기생충처럼 클렙토크라시 정치체제는 그 숙주를 변형시켜 버린다. 도둑질을 위해 관직을 차지한 사람은 권력에 집착한다. 이는 더 큰 부자가 되기 위해서라기보다 추후 따라올 검찰의 기소로부터 면책특권을 유지하기 위함이다. 따라서 다가오는 선거에서 패배한다는 것은 가능한 선택지가 아니다.

브리즈는 제국주의 권력에서부터, 시티오브런던과 연결된 금융 비밀주의의 전 세계적 연결망을 통해 서비스를 제공받는 개인의 신흥 제국들에 이르기까지 계속 쇠퇴하는 양상을 보이고 있다. 포퓰리즘에 기반한 브리즈의 신흥 정치인들은 클렙토피아의 정수인 포스트 소비에트의 모스크바로부터 돈과 영감을 얻고 있다. 나이절 패라지Nigel Farage*는 푸틴을 경배하고 있으며 보리스 존슨은 알렉산더 테메르코Alexander Temerko32**와 우호 관계를 유지하고 있는데, 존슨의 보수당에 후원하는 액수가 일곱 자리나 될 만큼 후한 인심을 가지고 있는 테메르코는 러시아 안보 조직과의 관계가 수십 년에 이르고,

---

* 영국 방송인이자 정치인으로 2019년부터 2021년까지 브렉시트당의 대표를 역임했다.
** 구소련에서 태어나 영국에서 에너지 분야 사업가로 성공했다. 현재 영국 회사 OGN 그룹의 대표직을 맡고 있다.

자신의 런던 사무실에는 영국 총리의 서명이 새겨진 탁구채가 걸려 있다고 밝힌 바 있다. 2019년 총선 유세에서 존슨은 러시아의 영국 정치 개입에 대한 의회 보고서 발간을 거부했다. 그가 선거에서 승리한 다음 날 그는 KGB 해외 정보기관 출신의 억만장자가 런던에서 연 파티에 잠깐 들르기도 했다.[33]

공작원spook인지 사기꾼crook인지 구분이 안 되는 스프룩스도 모스크바에서 생겨났다. 브레이니 돈, 즉 세묜 모길레비치는 모스크바 외곽에서 푸틴 보안 조직의 보호 아래 자신의 범죄조직을 관리하고 있으며[34], 체첸공화국의 람잔 카디로프와 마찬가지로 KGB 출신인 푸틴의 수하로 알려져 있다. 하지만 스프룩스 패밀리는 전 세계를 활보하는 진정한 세계주의자의 면모를 지녔다. 워싱턴, 런던, 파리에서는 국가안보보다 이윤 논리에 따라 움직이고 있다. 때때로 정보기관 관리들이 퇴직하기도 전에 민간 고객에 접근해 갈등을 빚기도 한다. 페트로스 패밀리는 오펙*이라고 부르는 메커니즘을 통해 자신들이 여러 국가에 침입해서 훔쳐 빼돌린 석유의 가격을 정하고 있다. 파티 패밀리는 만족을 모른다. 베이징에 있는 이들의 지도자들은 돈과 땅, 기술 등 모든 것을 원한다. 저항은 용인되지 않는다. 특히 자유주의라는 한물간 개념에 기이할 정도로 집착했던 홍콩인들

---

* 석유수출국기구(Organization of Petroleum Exporting Countries)는 쿠웨이트, 사우디아라비아, 이란, 이라크, 베네수엘라의 5대 석유 생산국이 미국, 영국, 네덜란드 등 국제 석유자본에 대한 생산국 측의 발언권을 강화하기 위하여 1960년 바그다드에서 설립한 조직이다. 약칭으로 오펙(OPEC)이라고도 한다. 결성 당시에는 원유공시가격의 하락을 저지하고 산유국 간의 정책 협조와 이를 위한 정보 수집 및 교환을 목적으로 하는 가격 카르텔 성격의 기구였으나, 1973년 제1차 석유위기를 주도하여 석유 가격 상승에 성공한 후부터는 원유 가격의 계속적인 상승을 도모하기 위해 생산량을 조절하는 생산 카르텔로 변질되었다.

의 저항에 대해서는 앞으로도 그럴 것이다.

파티, 나츠, 브리츠, 페트로스, 스프룩스 모두 그들에 앞서 존재했던 이탈리아 마피아 코자 노스트라 일족들과 비슷하다. 표면상 그들은 라이벌 관계지만 궁극적으로는 같은 목표를 위해 매진한다. 즉 공포와 금력으로 권력을 장악하고, 그 권력을 사유화하는 것이다. 마치 영국 기득권 세력에 대해 전해 오는 말처럼 그들은 같은 부류에 속한다는 사실을 확인하기 위해 굳이 만날 필요가 없다.[35] 그들에게도 사람들을 규합하여 맞설 타자들이 존재하지만, 그렇다고 사람들의 이해관계를 반드시 대변할 필요는 없다. 이들 타자는 위구르족이 될 수도 있고 멕시코인, 이슬람교도가 될 수도 있으며 난민이나 유대인이 될 수도 있다.

어쩌면 클렙토크라트들을 추동하는 동력은 공포일지도 모른다. 곧 자신에게 돌아올 몫이 충분하지 않은 순간이 올지 모른다는 공포, 이 폭발 직전의 행성에서 다른 많은 이들의 배를 갈라 가면서까지 할 수 있는 한 제 몫을 그러모아 왔던 사람들에게도 그러한 순간이 다가오고 있다는 두려움. 파국이 두렵다면 오직 한쪽, 그들 편에 서는 수밖에 없을 것이다. 하지만 당신은 클렙토크라트들의 편을 들 수도 저항할 수도 있다. 지구는 우리 모두를 지탱할 수 없다. 우리는 비축할 것이고, 파국에 대비할 것이다. 클렙토피아를 사랑하는 법을 배워 성벽 안으로 들어가기를 원하는가? 아니면 물이 차오르는데도 방어 시설 하나 없는 성벽 밖 필부들의 황무지에 남을 것인가? 선택해야 할 때다.

클렙토크라트에게 해독제가 있다면 정직뿐이다. 나이절은 거짓과 혼란, 쓰레기들에 맞서 끊임없이 저항해 왔다. 이것은 끝나지 않는 싸움이며, 정직하게 살아가는 우리 자신을 위한 싸움이다.

자신의 공책 한 페이지에서, 나이절은 그가 왜 BSI 서류를 훔쳐야만 했는지, 그리고 왜 그 훔친 서류들을 보관할 수밖에 없었는지를 설명했다. 그의 마음은 법이나 규칙의 문제 너머를 이리저리 떠다녔던 것처럼 보인다. 아무도 읽을 것 같지 않은 공책 한 귀퉁이에 나이절은 다음과 같이 썼다. "내가 벌여 온 많은 일에 대해 조금도 부끄럽다는 생각이 들지 않는다." 그는 책 내용을 구상하기도 했다. 공책에는 출판사에 보낼 책 설명의 서두가 적혀 있었다. "이 책은 세상에서 가장 거대한 사기를 폭로할 것이다." 그 책이 중요한 이유는, 아이들을 가르치는 선생님에게, 환자를 치료하는 의사에게 가야 할 공공의 재산이 이러한 사기 행각으로 갈가리 찢겨 나가고 있음을 폭로할 것이기 때문이다. 제목으로 쓸 만한 것도 있었다. 나이절이 뭔가를 말하려 할 때, 시티오브런던의 투자 담당자들이 그를 침묵시키기 위해 하곤 했던 말이 있었다. "나이절, 그냥 평범한 사업이야Just normal business, Nige."

이 책이 나오기까지 여러 사람에게 많은 도움을 받았다.

샬럿 마틴Charlotte Martin은 몇 시간에 걸쳐 나이절 윌킨스에 대한 기억을 들려주었다. 덕분에 그의 진실된 모습에 다가갈 수 있었다.

뉴욕의 제임스James와 아마나 폰타넬라-칸Amanna Fontanella-khan, 워싱턴의 크리스틴 스폴라Christine Spolar, 요하네스버그의 줄리나 라데마이어Julina Rademeyer, 키이우의 로만 올레아치크Roman Olearchyk, 모스크바의 막스 세돈Max Seddon은 나의 출장길에 쉼터가 되어 주고 지혜를 빌려주었으며 격려를 아끼지 않았다.

무한한 인내심을 보여 준 카자흐스탄의 나우베트 비세노프Naubet Bisenov, 미국의 저스틴 글로위Justin Glawe, 터키의 부르한 육세카시Burhan Yüksekkaş와 런던의 총명하고 재기 넘치는 두 청년 아빈 호로Avin Houro, 리암 트래버스Liam Travers에게도 감사한다.

잉카 이부쿤Yinka Ibukun, 사라 오코너Sarah O'Connor, 조 버지스Joe Burgis, 치니 리Chinny Li, 그리고 근사한 책《비터Bitter》의 저자 프란체스카 자코비Francesca Jakobi가 보여 준 흔치 않은 재능들에도 많은 도움을 받았다.

체홉Chekbov의 완벽한 문장을 보내 준 또 한 명의 멋진 나이절(매킨드: Nigel McKeand)에게도 감사를 전하다.

앤터니 골드먼Antony Goldman, 스콧 호턴Scott Horton, 마크 갈레오티 Mark Galeotti, 옌스 메르헨리치Jens Meierhenrich와 옌스가 권위주의적 법치 학회에서 소개해 준 저명한 사상가들, 톰 워너Tom Warner, 엘리스 빈Elise Bean, '개발의 권리와 책임Rights and Accountability in Development'의 퍼트리샤 피니Patricia Feeney와 안네케 반 부덴베르크Anneke Van Woudenberg, 톰 마인Tom Mayne, 리처드 브룩스Richard Brooks, 마이클 길라드Michael Gillard, 리처드 스토빈-브래드퍼드Richard Stovin-Bradford, 〈아프리카 콘피 덴셜Africa Confidential〉의 패트릭 스미스Patrick Smith, 스테판 브뤼너Stefaans Brümmer, 샘 솔Sam Sole, 엘리자베트 카이젠스Elisabeth Caesens, 그리고 2세대에 걸쳐 미국의 음모를 파헤치고 있는 개리 실버맨Gary Silverman과 아이라 실버맨Ira Silverman 부자. 이 각 부문의 전문가들은 우리에게 무엇보다 필요했던 전문지식을 아낌없이 나누어 주었다. 그들의 너그러움에 감사한다.

긴 안식년을 준 〈파이낸셜타임스Financial Times: FT〉 덕분에 책을 완성할 수 있었다. 하지만 FT는 이 책을 본 적도 또 이 책의 내용과도 무관하다.

미샤 글레니Misha Glenny는 길잡이가 되어 나를 이끌어 주었다.

그리고 이름을 밝힐 수 없는 모든 이들에게 감사를 전하고 싶다. 그 어떤 오류도 오롯이 저자의 몫이다.

소피 램버트Sophie Lambert는 다시 한 번 내 책을 만드는 일에 기획 단계부터 열정적으로 참여해 주었다. C&W의 다른 분들도 귀중한 도움을 주었다. 그중에서도 엠마 핀Emma Finn, 저작권팀, 커티스 브라운Curtis Brown의 루크 스피드Luke Speed, ICM의 슬론 해리스Sloan Harris에게 특별한 고마움을 전한다.

하퍼콜린스HarperCollins에서 매우 비범한 존재인 아라벨라 파이크 Arabella Pike는 협박이 빗발치듯 쏟아질 때조차 이 책에 대한 자신감이 결코 흔들린 적이 없었다. 톰 자비스Tom Jarvis와 데이비드 허스트David Hirst는 현명한 조언을 아끼지 않았으며, 조 톰프슨Jo Thompson은 책을 만드는 전 과정을, 헬렌 업턴Helen Upton과 트레이시 로크Tracy Locke는 홍보를 살뜰히 살펴 줬다. 뉴욕의 제니퍼 바스Jennifer Barth는 멋지고 신선한 관점을 선사해 주었다. 전설적 편집자 로버트 레이시Robert Lacey의 은퇴 전 마지막 수혜자가 될 수 있어서 영광이었으며, 책을 마무리 지어 준 이언 헌트Iain Hunt에게도 감사를 전한다.

책을 쓰는 동안 감사할 일뿐이었던 것 같다. 유쾌한 가족, 친구, 이웃이 있어서, 최고의 이야기꾼 데릴라 버지스Delilah Burgis가 함께해 줘서 감사할 따름이다. 끝으로 카밀라 카슨Camilla Carson에게 무한한 고마움을 전하고 싶다. 카밀라 카슨 같은 사람은 가까이서도 멀리서도 결코 찾을 수 없을 것이다. 아무리 이른 아침에 대화가 시작되더라도 그녀는 묵묵히 들어주는 사람이다. 얼굴을 찌푸리겠지만, 이 책을 그녀에게 바친다.

제1부 **위기**

01 도둑

1 나이절 윌킨스의 이야기는 대부분 2015년과 2016년 런던에서 그와 가진 인터뷰에서 인용한 것이다. 샬럿 마틴은 나이절의 삶과 죽음에 대한 기억들을 공유해 주었다. 본문 안에 언급하지 않은 출처로부터 그의 이야기에 대한 세부 사항을 인용한 경우, 주에서 출처를 밝힐 것이다.

2 Thomas Hardy, *Jude the Obscure*, Oxford, 1895, p.355.

02 연회

1 방케팅 하우스로 가는 길에 이루어진 비공개 인터뷰.

2 이 책이 출간되기 1년 반 전, 저자는 마슈케비치와 그의 파트너들을 인터뷰하기 위해 트리오 대리인들과 접촉했지만 거절당했고 몇 달 후 다른 경로를 통해 다시 인터뷰 요청을 보냈다. 2020년 4월, 저자는 책에서 언급한 이야기 중 중요한 대목을 모두 리스트로 만들어 트리오 대리인들에게 보내면서 부정확한 부분이 있으면 고쳐 달라고 요청했다. 한 법률회사로부터 회신이 왔다. 편지에는 "정보

의 정확성에 (……) 논란의 여지가 있다"고 쓰여 있었지만, 저자가 지적한 어떤 부분에 대해서도 부인하거나 해명하려 하지 않았다.

3   Lily Galili, 'A Kazakh oligarch trying to be a Jewish tycoon', *Haaretz*, October 27, 2002, haaretz.com/1.5145478.

4   일리야 크라푸노프와의 인터뷰, 제네바, 2019.

5   Rakhat Aliyev, *The Godfather-in-law*, translated by James Addison White, Trafo (Berlin), 2009, p.127.

6   Aliyev, *The Godfather-in-law*, pp.114-17. 출판 전 베흐제트 파촐리에게 사실 관계 확인을 위한 질문지를 보냈지만 답장은 오지 않았다.

7   Adam Jones and Christopher Thompson, 'PwC received £50m in fees from ENRC', *Financial Times*, May 3, 2013, ft.com/content/9d15e7f2-b3d5-11e2-ace9-00144feabdc0; 'In the City: Bilk fl oat', Private Eye, May 3, 2013

8   'Tractebel reevalue ses positions kazakhs, gangrenees par des partenaires douteux', *L'Echo*, December 28, 1999, lecho.be/actualite/archive/Tractebel-reevalue-ses-positionskazakhs-gangreneespar-des-partenaires-douteux/8627015; William MacNamara and Stanley Pignal, 'Case against three ENRC oligarchs settled', *Financial Times*, August 17, 2011, ft.com/content/95f8ecc4-c8dd-11e0-a2c8-00144feabdc0.

9   당시 금융 당국 수장이었던 제임스 리펨버턴 및 헥터 샌츠(Hector Sants)와의 2020년 인터뷰.

10 Andrew E. Kramer, 'Russian police arrest a suspected racketeer', *New York Times*, January 26, 2008, nytimes.com/2008/01/26/business/worldbusiness/26ruble. html; Luke Harding, 'Russia's most notorious mafi a boss arrested in Moscow', Guardian, January 25, 2008, theguardian.com/world/2008/jan/25/russia.lukeharding.

11 모길레비치의 가까운 협력자이자 동료였던 범죄 집단 두목 모냐 엘슨(Monya Elson)은 모길레비치를 "세계에서 가장 유력한 조직 폭력배"로 묘사했다. Robert I. Friedman, *Red Mafiya*, Berkley, 2002, p.203

12 Misha Glenny, *McMafia*, Vintage, 2009, p.93.

13 Mark Galeotti, *The Vory*, Yale University Press, 2018, p.221.

14 저자는 사실관계 확인을 위해 푸틴의 홍보 비서관에게 이메일을 보냈지만 아무런 답장도 받지 못했다.

15 러프와 매코믹의 회동에 대한 설명, 그리고 뒤이은 일련의 사건에 대한 설명은 존 러프와 일리야 자슬라브스키와의 인터뷰, 자슬라브스키와 매코믹 그리고 러프와 매코믹이 주고받은 이메일, FSB가 작성한 자슬라브스키에 대한 사건 파일, 역시 FSB가 작성한 세르게이 노보숄로프와의 인터뷰(2008년 3월 26일) 및 매코믹과의 인터뷰(2008년 3월 27일) 자료 일부에 기초했다. 밥 더들리는 자신에 대한 세부 내용에 확인도 부정도 해 주지 않았다. 출판 전에, 저자는 설명 가운데 중요한 부분을 매코믹에게 보냈으나 그는 응답을 거부했다.

16 매코믹은 러프가 "모스크바로의 이주를 거부했다"고 주장한다. 한편 러프는 러시아에서의 취업을 제안받거나, 심지어 논의조차 해 본 적이 없다는 입장을 고수하고 있다.

17 매코믹은 러프가 FSB의 관심 대상인 것 같다고 러프에게 말했던 기억이 있다고 저자에게 말했다. 매코믹이 모스크바로 넘어가려는 것을 FSB 관계자들이 저지할 당시 그들이 러프의 이름도 언급했다는 것이다.

18 매코믹은 자신에 대한 러프의 설명이 조작됐다고 주장했지만, 이 에피소드에 대한 러프의 상세한 기억에 대해서는 답변하기를 거부했다.

19 매코믹은 러시아로 돌아가지 않는 것이 안전할 거라는 얘기를 러프로부터 들은 바 없다고 주장했다. 그러나 러프는 밥 더들리에게 이메일을 보내 "한동안은" 납작 엎드려 있어야 한다는 매코믹의 조언을 전했으며 더들리도 그에 동의했다고 밝혔다. 또한 러프는 2008년 1월 31일(그가 해고되기 2주 전) 매코믹과 만났을 때, 무슨 일이 일어나고 있는지 TNK-BP가 알아내는 동안 매코믹 자신은 러시아에 머물 계획이라는 이야기를 했다고 회상했다. 러프는 매코믹에게 러시아에 몇 개월간 머무는 동안 원격 근무를 하는 게 어떻겠냐고 제안했으며 당시 매코믹이 자기 제안을 반대하지 않았다고 회고했지만, 매코믹은 러프의 설명에 대해 언급을 거부했다.

20 매코믹은 저자에게 러프와의 계약 종료는 "상호 합의된" 사항이었다고 주장했다. 반면 러프는 그렇지 않다는 입장을 고수했다. 매코믹의 주장은 FSB에게 했던 그 자신의 증언이 뒷받침하고 있다. 이때 매코믹은 "러프를 해고하기로 한 나의 결정에 그가 매우 언짢아 했다"고 말했다.

21 자슬라브스키는 2014년 매코믹에게 이메일을 보내 그의 FSB 증언과 러프의 해고를 비롯해 TNK-BP 사건과 관련해 그가 했던 일을 따져 물었다. 후에 매코믹은 "해고당한 사람이 손을 뻗어 나를 포옹했다. 이게 실제 있었던 일"이라고 주장했다. 이 포옹에 대해 저자가 질문했을 때 매코믹은 "회동이 끝나고 먼저 팔을 뻗어 안은 사람은 사실 러프"였으므로 러프 스스로도 해고에 반대하지 않았던 것이라고 주장했다.

22 Tom Bower, *The squeeze*, HaperCollins, 2010, p.463.

23 자슬라브스키 인터뷰. FSB가 던진 첫 번째 질문은 러프와 더들리에 관한 것이었다. 2008년 7월 즈음에는 이 질문이 "러프의 명령에 따른 간첩행위"라는 직접적인 암시로 발전했다.

24 'Report into the death of Alexander Litvinenko', The Litvinenko Inquiry, January 2016, assets.publishing.service.gov.uk/government/uploads/system/uploads/attachment_data/file/493860/The-Litvinenko-Inquiry-H-C-695-web.pdf; 'Duma officials comment on TNK BP arrests', Associated Press video news report, March 21, 2008, youtube.com/watch?v=E_7k7gBlSu0.

25 자슬라브스키 사건 재판은 2008년 12월 9일에 종결되었다. 판결문에는, FSB 요원들이 TNK-BP의 사무실을 급습했을 당시 "2030년까지의 가스 산업 종합 개발" 문서의 복사본을 발견했다고 기록되어 있다. 재판 과정에서 이 문서에 "가스프롬의 사업 기밀"로 분류될 만한 내용이 담겨 있었다는 주장이 제기되었다. 그러나 판결문에는, 이 문서의 커버 레터(문서 맨 앞에 붙이는 본문 내용에 대한 간략한 소개)에 러시아연방 산업 에너지부가 TNK-BP에 보내는 문서라는 문장이 포함되어 있었다고 기록되어 있다.

26 Alexander Kots, 'FSB catches energy spies', *Komsomolskaya Pravda*, March 20, 2008, kp.ru/daily/24067/307041 (in Russian).

27 'Update on GOR investigation of TNK-BP', US state department cable published by WikiLeaks, wikileaks.org/plusd/cables/08MOSCOW816_a.html.

28 Vera Surzhenko and Alexey Nikolsky, 'Lubyanka does not sleep', March 20, 2008, *Vedomosti* (in Russian), vedomosti.ru/newspaper/articles/2008/03/21/lubyanka-ne-dremlet.

29 명함이 당신 것이었느냐는 저자의 질문에 매코믹은 인정도 부정도 하지 않았다.

30 후에 매코믹은 러프에게 보낸 이메일에 심문은 17시간이나 계속됐다고 적었다.

31 자슬라브스키와 러프는 공식적인 상황에서도 서로 대화할 때 러시아어를 사용했다고 말했다. 저자가 매코믹이 러시아어를 못한다는 사실을 확인한 후, 그에게 정반대 주장을 한 이유를 물었으나, 그는 응답을 거부했다.

32 2008년 3월 23일, 매코믹이 모스크바 주재 미국 외교관들과 나눈 대화. 이 대화는 나중에 위키리크스가 출판한 미국 국무부 외교 전문(cable)에 기록되어 있다(wikileaks.org/plusd/cables/08MOSCOW816_a.html). 외교 전문에 따르면 "자슬라브스키는 TNK-BP의 가스산업과에서 일하기 위해 회사로 복귀했고 그 부서에서 '가스프롬 프로젝트'로 불리던 업무를 하면서 두 명의 영국 시민권자, 알리스테어 퍼거슨(Alistair Ferguson) 팀장과 존 러프로부터 관리 감독을 받았다고 매코믹이 진술했다." 2011년 러프는 이메일로 매코믹과 더불어 외교 전문에 대해 언급했다. 러프는 매코믹이 외교관들에게 말한 내용을 외교 전문이 정확하게 반영했는지를 물어 왔다. 이에 대해 매코믹으로부터 다음과 같은 답장을 받았다. "3년 반 전에 있었던 일이어서 링크시켜 주신 내용을 세부 사항까지 일일이 다 기억하지는 못합니다만 몇 가지 오류는 보입니다. 예를 들면 당신이 언급한 바와 달리 일리야를 관리 감독했던 것은 알리스테어 퍼거슨 팀이 확실합니다. 질문을 받았을 때 분명히 그렇게 대답했습니다." 저자는 매코믹에게 그렇다면 미국 대사관에서 대화를 나누고 4일 후에 있었던 FSB 심문에서는 왜 러프가 자슬라브스키를 관리 감독했다고 거짓 진술을 했는지 물었다. 매코믹은 답변을 거부했다.

33 2008년 3월 26일 노보숄로프는 서명을 한 증거물을 FSB에 제출했다. 노보숄로프는 FSB와의 면담에서 존 러프는 TNK-BP에서 "특별한 지위"를 누리지 않았을 뿐더러 회사 경영진에게 어떠한 보고도 올린 적이 없으며 업무 기밀을 철저히 지키는 사람이었다고 진술했다. 또한 자신은 일리야 자슬라브스키가 소속된 소그룹하고만 교류했다고도 말했다. 그의 진술 가운데 어떤 것도 그 당시 그곳에 있었던 다른 사람들의 진술과 일치하지 않는다. 노보숄로프가 FSB에 진술한 기록에 따르면 자슬라브스키는 사무실에 돌아와서 자기가 가스프롬에 대한 기밀 정보를 가지고 있다고 고백했다고 한다. 그러나 노보숄로프가 저자에게 한 이야기는 이와 다르다. 저자는 노보숄로프에게 사실관계를 확인해 달라는 이메일

을 썼다. 처음에는 존 러프와 숀 매코믹에 대해 들은 적도, 얘기한 적도 없다고 잡아뗐다. 하지만 저자가 노보숄로프 자신이 서명한 증거 자료 복사본을 그에게 보내자 반응이 달라졌다. 노보숄로프는 다음과 같이 답장을 보내 왔다. "제 인터뷰 사본 전체를 읽었습니다. 기록된 내용 모두 다 사실임을 확인해 드립니다." 노보숄로프가 남긴 기록에 따르면 적임자라며 밥 더들리가 추천한 사람이 존 러프였다는 사실을 전한 사람은 다름 아닌 숀 매코믹이었다. 이에 대해 매코믹은 사실이 아니라고 말했다. 그런 권고를 한 적도 없거니와 그렇게 되지도 않았다는 것이다.

34 Surzhenko and Nikolsky, 'Lubyanka does not sleep'.

35 Connie Bruck, 'The billionaire's playlist', *The New Yorker*, January 13, 2014, newyorker.com/magazine/2014/01/20/the-billionaires-playlist.

36 Tim Webb, 'The mining firm that found itself in a deep hole', *Guardian*, August 10, 2008, theguardian.com/business/2008/aug/10/lonmin.mining1.

37 카자흐스탄 사업가와의 인터뷰.

03 터널

1 Peter Ackroyd, *London: The biography*, Vintage, 2001, pp.26, 180, 366.

2 시장 주최 연회에서 토니 블레어가 한 연설, 2005년 11월 14일, webarchive. nationalarchives.gov.uk/20080909042558/http://www.number10.gov.uk/Page8524.

3 Imogen Foulkes, 'Swiss Gotthard rail tunnel – an engineering triumph', *BBC News*, June 1, 2016, bbc.co.uk/news/world-europe-36416506.

4 Gerald Posner, *God's Bankers*, Simon & Schuster, 2015, p.127; Arthur Spiegelman, 'Vatican bank dealt with Reichsbank in war – document', *Reuters*, August 3, 1997.

5 Nick Shaxson, *Treasure Islands*, The Bodley Head, 2011, pp.49–51.

6 Gabriel Zucman, *The Hidden Wealth of Nations*, University of Chicago Press, 2015, p.14.

7 Martin Wolf, 'Inequality is a threat to our democracies', *Financial Times*, December 19, 2017, ft.com/content/47e3e014-e3ea-11e7-97e2-

916d4fbac0da.

8   Zucman, *Hidden Wealth*, chapter 2.

9   주크만(Zucman)의 추정에 따르면 2015년 중국 중앙은행의 외환보유액은 3조 3000억 달러로 집계됐다. 국제통화기금(IMF)은 전 세계 외화보유액을 약 13조 달러로 추산했다(IMF 2015 annual report, appendix I, imf.org/external/pubs/ft/ar/2015/eng/pdf/AR15_AppI.pdf).

10 2006년 BSI 성과, web.archive.org/web/20070825092313/http://www.bsibank.com:80.

11 나이절이 확보한 파일 중 파브리지오 자나보니의 고충처리절차 기록.

12 BSI internal correspondence and Fabrizio Zanaboni's biography on his website, fabportfoliomanagement.com/biographies.html.

13 Risk Analysis client vetting report for BSI, July 17, 2002.

14 나이절 윌킨슨이 복사한 BSI 내부 문서. 후에 런던 증권거래소는 투자자들에게 거짓말을 한 티미스의 회사에 기록적인 벌금을 부과했다. Graeme Wearden, 'Record fine for company that misled investors over failed oil wells', *Guardian*, November 17, 2009, theguardian.com/business/2009/nov/17/regal-petroleum-oil-fine-aim.

15 'Confidential Disciplinary Investigation Report on Nigel Wilkins', prepared by Andrew Giles of the Financial Conduct Authority, August 6, 2014, pp.16–17.

16 저자는 회사를 통해 샤크히디에게 사실 확인을 위한 질문 리스트를 보냈으나 답장은 받지 못했다.

17 Tolib Shakhidi's website, shakhidi. ru/main.mhtml?Part=2.

18 비공개 인터뷰.

19 로버트 윈넷(Robert Winnett) 및 데이비드 레파드(David Leppard)와 마찬가지로 플린트의 MI5 경력에 대한 여러 번의 공식적인 언급이 있었다. 'Whitehall hires former spies to nail honours leak', *Sunday Times*, January 18, 2004, thetimes.co.uk/article/whitehall-hires-former-spies-to-nailhonours-leak-g62plkcsd6n; Alastair Sooke, 'How to break into the world of spies', *Daily Telegraph*, June 19, 2004, telegraph.co.uk/news/uknews/1464921/How-to-

break-into-the-world-of-spies.html.

20 비공개 인터뷰

21 Steve Hawkes and James Rossiter, 'Taxman loses out as property worth £200bn is registered in foreign havens', February 28, 2008, thetimes.co.uk/article/taxman-loses-out-asproperty-worth-pound200bn-is-registered-in-foreign-havensq6ws6x39rfw.

04 이중국가

1 살라스의 이야기 대부분은 2016년과 2019년 사이, 런던과 파리에서 이루어진 저자와의 인터뷰에서 가져온 것이다. 본문에 싣지 않은 인터뷰의 상세 내용은 주에서 언급할 것이다.

2 Chrystia Freeland, *Sale of the Century*, Little, Brown, 2005, pp.38, 280.

3 Neal Ascherson, 'Law v Order', *London Review of Books*, May 20, 2004, lrb.co.uk/v26/n10/neal-ascherson/law-v-order.

4 호도르콥스키의 생애와 몰락에 대한 설명은 위 Chrystia Freeland의 책, *Sale of the Century*에 자세히 묘사되어 있다. 특히 pp.114-121와 8장 및 14장 참고.

5 Freeland, *Sale of the Century*, p.163.

6 Richard Sakwa, *Putin and the Oligarch*, IB Tauris, 2014, p.14.

7 Sabine Leutheusser-Schnarrenberger, Council of Europe human rights rapporteur, 'The circumstances surrounding the arrest and prosecution of leading Yukos executives', November 29, 2004, paragraphs 10, 64, assembly.coe.int/nw/xml/XRef/X2H-Xref-ViewHTML.asp?FileID=10730&lang=EN.

8 Freeland, *Sale of the Century*, p.163.

9 Jens Meierhenrich, 'An Ethnography of Nazi Law: The Intellectual Foundations of Ernst Fraenkel's Theory of Dictatorship', published as an introduction to Meierhenrich's 2017 edition of Fraenkel's *The Dual State*, Oxford University Press, p.xxxv.

10 Jakob Zollman, 'The law in Nazi Germany: Ideology, Opportunism, and the Perversion of Justice', *German History*, vol. 32 (2014), p.496, quoted in

Meierhenrich's introduction to *The Dual State* (2017), p.xxvii.

11   Fraenkel's preface to the 1974 German edition of *The Dual State*, translated by Meierhenrich in the 2017 English edition, p.xvii.

12   Meierhenrich's introduction to the 2017 English edition of *The Dual State*, p.xlix.

13   Simon Ludwig-Winters, *Ernst Fraenkel: Ein Politisches Leben*, Campus Verlag, 2009, p.127.

14   Meierhenrich's introduction to the 2017 English edition of *The Dual State*, p.xxxvii.

15   Fraenkel's preface to the 1974 German edition of *The Dual State*, translated by Meierhenrich in the 2017 English edition, pp.xviii, l.

16   Peter Sahlas, 'The Dual State Takes Hold in Russia: A Challenge for the West', 2006: a chapter for an unpublished book.

17   알렉사니안 사건의 세부 사항 중 많은 부분이 알렉사니안 대 러시아에 대한 유럽인권재판소 판결문에 기초하고 있다. 2008년 12월 22일, hudoc.echr.coe.int/eng?i=001-90390.

18   러시아 대법원에서의 바실리 알렉사니안의 증언, 2008년 1월 22일, 유튜브 영상 web.archive.org/web/20170221080246/youtube.com/watch?v=bNA4cY00i_g, 유코스의 변호인 밥 암스테르담 번역 robertamsterdam.com/vasily_alexanyan_addresses_the_supreme_court; judgment of the European Court of Human Rights, par 86. 2020년, 알렉사니안이 언급했던 카리모프와의 만남에 대해 문의하자 러시아 검찰 대변인은 저자에게 다음과 같이 말했다. "해당 기간 동안 카리모프 수사관은 알렉사니안과 만남을 가진 적이 없습니다. 그런 만남은 있지도 않았으며 만남의 정황이라는 것에 대한 기술도 사실과 전혀 다릅니다."

19   알렉사니안의 대법원 증언. judgment of the European Court of Human Rights, pars 77 and 86. 러시아 검찰총장실의 대변인은 저자에게 수사관의 제안에 대한 알렉사니안의 진술은 "진실이라고 볼 수 없다"고 말했으나 보다 자세한 설명은 하지 않았다.

20   알렉사니안의 대법원 증언.

21 Judgment of the European Court of Human Rights, par 132.

22 R. Pevear and L. Volokhonsky, trans, *Dead Souls*, Random House, 1996, pp.392–3, quoted in Peter Sahlas, 'The Dual State Takes Hold in Russia: A Challenge for the West'.

05 실루엣

1 'Tax Haven Banks and US Tax Compliance (Day One)', Permanent Subcommittee on Investigations, July 17, 2008, hsgac.senate.gov/ subcommittees/investigations/hearings/tax-haven-banks-and-u-s-tax-compliance.

2 Lynnley Browning, 'Ex-UBS Banker Pleads Guilty in Tax Evasion', *New York Times*, June 20, 2008, nytimes. com/2008/06/20/business/20tax.html.

3 당시 레빈 위원회 인력 책임자이자 수석 고문이었던 엘리스 빈(Elise Bean)과의 인터뷰.

4 Joanna Chung and Haig Simonian, 'Ex-UBS employee charged over US tax fraud', *Financial Times*, May 14, 2008, ft.com/content/e3dba448-212b-11dd-a0e6-000077b07658.

5 Bradley C. Birkenfeld, *Lucifer's Banker*, Greenleaf Book Group Press, Austin, 2016, p.195. 그는 미국 감옥에서 30개월을 복역했다. 그의 석방과 동시에 국세청은 그의 폭로 덕분에 회수된 세금 중 1억 400만 달러를 보상금으로 지불했다.

6 'Private Banking and Money Laundering: A case study of opportunities and vulnerabilities', Permanent Subcommittee on Investigations, November 9–10, 1999, gpo.gov/fdsys/pkg/CHRG-106shrg61699/html/CHRG-106shrg61699.htm.

06 미스터 빌리

1 Nate Freeman, 'How Damien Hirst's $200 million auction became a symbol of pre-recession decadence', *Artsy*, August 24, 2018, artsy.net/article/ artsy-editorial-damien-hirsts-200-million-auction-symbol-pre-recession-

decadence.

2 에머슨 음낭가과와의 관계를 비롯해 라우텐바흐의 세부 경력 사항은 짐바브웨, 남아프리카공화국 등에서 진행된 동료 및 임원들과의 인터뷰에서 가져왔다. the archive of *Africa Confidential*. HSBC는 브루스 쥬얼스에 대한 음모를 파악한 후, 보안회사가 작성한 첩보 보고서를 공개했다. 2020년 4월 브루스 쥬얼스와의 전화 인터뷰. Jason K. Stearns, Dancing in the Glory of Monsters, Public Affairs, 2012, chapter 19; Chris McGreal, 'The motiveless murder and Napoleon of Africa', December 16, 1999, Guardian, theguardian.com/world/1999/dec/16/chrismcgreal; Robert Block's stories for the *Wall Street Journal* at the start of the second Congo war, including 'Zimbabwe's elite turn conflict in Congo into business bonanza', October 9, 1998, wsj.com/articles/SB907881277686053000. 이 책의 출판에 앞서 저자는 라우텐바흐에게 이 책에 명시된 주요 사실 목록을 편지로 보내 잘못된 것이 있는지 물었다. 그는 응답을 거부했지만 요하네스버그 BDK 변호사인 그의 변호인은 다음과 같이 말했다. "우리는 당신에게 명예훼손, 형사상 모욕죄, 형사상 명예훼손, 명예훼손 행위에 대한 책임 등 여러 가지 사법적 조치가 적용 가능한 관할 구역 내에 계시다는 점을 상기시켜 드립니다. 만약 당신이 우리 의뢰인의 명예를 훼손한다면, 형사상 모욕과 명예훼손, 명예훼손에 관한 법률 등 동원 가능한 모든 법적 조치를 받게 될 것입니다."

3 이 책의 출판에 앞서 저자는 음낭가과의 대변인, 조지 샤람바(George Charamba)와의 인터뷰를 위해 여러 차례 접촉했으며 명시된 사실에 대해 이의를 제기하고 싶은지 물었으나 답은 없었다.

4 Heidi Holland, Dinner *with Mugabe*, Penguin, 2008, p.35.

5 Holland, Dinner with *Mugabe*, Penguin, 2008, p.199.

6 Ibid., p.198.

7 Michela Wrong, In the Footsteps of Mr Kurtz, Fourth Estate, 2001, pp.276–9; Martin Meredith, *The State of Africa*, The Free Press, 2006, pp.532–7.

8 Nick Davies, 'The $10bn question: what happened to the Marcos millions?', *Guardian*, May 7, 2016,, theguardian.com/world/2016/may/07/10bn-dollar-question-marcos-millions-nick-davies.

9   *Money Laundering and Foreign Corruption: Enforcement and Effectiveness of the Patriot Act*, Permanent Subcommittee on Investigations, July 15, 2004, hsgac.senate.gov/imo/media/doc/REPORT-Money%20Laundering%20 &%20Foreign%20Corruption%20(July%202004).pdf.

10   Stearns, *Dancing*, p.84.

11   McGreal, 'The motiveless murder'.

12   'Rhodies to the rescue', *Africa Confidential*, November 5, 1999, africa-confidential.com/article/id/1313/Rhodies-to-the-rescue.

13   빅토리아 폭포 사건에 대한 설명 대부분은 니콜라스 고시를 비롯한 외교관 및 짐바브웨의 유명인사들이 HSBC가 고용한 민간 스파이와 했던 인터뷰에 기초한다. 인터뷰 기록은 저자가 가지고 있다. 저자는 2020년 4월 고시와 만나서 이 부분에 대해 사실 확인 요청을 했다. 고시는 "정계에서 은퇴"했기 때문에 더 이상 언급하고 싶지 않다고 말했다.

14   Augustin Katumba Mwanke, *Ma Vérité*, published posthumously by EPI Nice, 2013, pp.60–1; Tom Burgis, The Looting Machine, HarperCollins, 2015, pp.34–5.

15   McGreal, 'The motiveless murder'; 'Rautenbach denies murder allegation', South African Press Association, December 16, 1999; Victor Mallet, 'Businessman linked to Daewoo killing', *Financial Times*, December 16, 1999.

16   빌리 라우텐바흐 체포영장, 2000년 9월 26일, 프레토리아.

17   Emiliya Mychasuk and Emiko Terazono, 'Och, what a protégé', *Financial Times*, November 15, 2007.

18   바니아 바로스가 마이클 코언에게 이메일을 보낸 것은 2008년 3월 16일이었다. 짐바브웨의 백금 거래에서 오크-지프가 수행한 역할은 남아프리카공화국 잡지 〈메일 앤 가디언(*the Mail & Guardian*)〉이 최초로 폭로했다. Craig Mckune, 'The investor who saved Mugabe', August 10, 2012, mg.co.za/article/2012-08-10-00-the-investor-who-saved-mugabe.

19   Scott Patterson and Michael Rothfeld, 'US investigates hedge fund Och-Ziff's link to $100 million loan to Mugabe', *Wall Street Journal*, August 5,

2015, wsj.com/articles/u-s-probes-och-ziff–africa-deal-tied-to-mugabeт 1438817223.

20 마이클 코언은 저자에게 당시 오크-지프가 카멕에 투자한 돈은 콩고의 구리 자산 개발에 사용될 예정이라는 말을 들었다고 했다.

21 'Rich platinum claims change hands in hush-hush deals', US diplomatic cable published by WikiLeaks, May 23, 2008, wikileaks.org/plusd/cables/08HARARE459_a.html.

22 카멕은 2008년 4월 메리웨더 인베스트먼트 주식회사(Meryweather Investments Limited)가 짐바브웨의 백금 광산을 사들이는 계약을 체결했다고 런던 증권거래소에 알려 왔다. 거래 조건에 따라 메리웨더는 결국 카멕의 주식 13.07퍼센트를 보유하게 된다. 2016년 미국 증권거래위원회는 오크-지프에 거래 금지를 명하면서, 카멕이 광산을 매입하기 전부터 이미 일련의 거래가 체결된 정황이 포착되었다고 설명했다. 즉 짐바브웨 정부가 광산을 압류한 뒤 지주회사에 재판매했다고 밝힌 것이다. 이 지주회사는 메리웨더임이 분명하다. 왜냐하면 이 회사를 통해 광산이 카멕에 재판매된 것으로 나타나기 때문이다. 미국 증권거래위원회는 메리웨더 소유주의 이름을 밝히지 않았다. 다만 "짐바브웨 주주"로 특정한 누군가와 "연계"되어 있다고만 설명했다. '짐바브웨 주주'라는 호칭은 그가 짐바브웨인이자 카멕의 주식을 보유해 왔기 때문에 그렇게 불린 것으로 보이며, 콩고에서 추방된 인사라는 설명도 부가되어 있다. 미국 증권거래위원회의 설명에 부합하는 사람은 빌리 라우텐바흐 단 한 명뿐이었다. 'Acquisition of Platinum Assets', Central African Mining & Exploration Company Plc, April 11, 2008, investegate.co.uk/central-afr--min--38-exp--cfm-/rns/acquisition/200804111130081641S; 'Order instituting administrative and cease-and-desist proceedings pursuant to section 21c of the Securities Exchange Act of 1934, and sections 203(e), 203(f) and 203(k) of the Investment Advisers Act of 1940, making findings, imposing remedial sanctions and a cease-and-desist order, and notice of hearing', Securities and Exchange Commission, September 29, 2016, sec.gov/litigation/admin/2016/34-78989.pdf; 'In the City', *Private Eye*, December 25, 2009. *Bribery in its purest form*도 볼 것: Och-Ziff, *asset laundering and the London connection*, Rights and

Accountability in Development, January 2017, raid-uk.org/sites/default/files/oz_bribery_in_its_purest_form_full_report_rev.pdf. 이 보고서의 30페이지에 실려 있는 오크-지프의 스프레드시트에는 법적 분쟁과 관련하여 메리웨더가 "BR"로 표시한 부분이 보이는데, 이는 빌리 라우텐바흐의 약자이다.

23 Chris McGreal, 'Beaten for voting the wrong way: how Zanu-PF is taking revenge in rural areas', Guardian, April 16, 2008, theguardian.com/world/2008/apr/16/zimbabwe.

24 Chris McGreal, 'This is no election. This is a brutal war', *Observer*, June 22, 2008, theguardian.com/world/2008/jun/22/zimbabwe1.

07 폐쇄

1 Letter to BSI London staff, June 24, 2008

2 Letter from Alberto Mapelli of BSI to Nigel Wilkins, undated.

3 2008년 8월 19일 나이절 윌킨스가 알베르토 마펠리(Alberto Mapelli)와 카림 프레스티(Karim Presti)에게 보낸 이메일.

4 2004년 영국 재정청으로부터 비공식 경고를 받은 후 스위스의 BSI 본사는 영국 지점을 축소시키고 고객 정보를 해외로 빼돌렸으나 은행 직원들은 런던에 그대로 두었다. 나이절 윌킨스는 영국 지점 고객 대부분이 많은 시간을 런던에서 보내는 사람들로 계좌는 런던에 두고 싶지 않지만, 런던을 통한 접촉은 선호했기 때문에 본사가 이러한 조치를 취한 것이라고 봤다. BSI 본사가 2008년 런던 지점을 전면 폐쇄하기로 결정했을 때, 나이절은 고용 심판소에 다음과 같이 고충 사항을 써냈다. "은행 고객, 특히 스위스와 모나코에서 예약한 고객의 업무는 여전히 런던에서 처리되고 있습니다. 지점 폐쇄(그리고 회계 담당자들을 모나코 같은 해외 중심지로 옮긴 것)의 실질적인 이유는 영국 국세청과 금융감독청을 위시하여 런던 내 규제 당국의 압박이 지속되었기 때문입니다." BSI는 나이절이 주장한 내용의 진위를 두고 서신으로 갑론을박을 벌였다. 하지만 BSI의 내부 문서 두 개는 나이절의 주장에 손을 들어 주었다. 그중 한 문서에서 BSI 이사 스테파노 로프레디(Stefano Loffredi)는 금융감독청의 경고가 있기 1년 전인 2003년 여름만 해도, BSI 은행은 런던 지점의 프라이빗 뱅킹을 확장시킬 계획이었지 축소할 생각은 없었다고 진술했다. 또한 그가 BSI 런던 지점장으로서 자신의 권

한을 설명하기 위해 2006년 금융감독청에 제출한 진술서에는, 존 어스킨(John Erskine)이 규제기관의 향후 징계를 고려했다면 2004년 금융감독청의 경고를 염두에 두었을지도 모른다고 말한 내용도 있다. 금융 당국의 압박이 BIS 런던 지점 폐쇄의 결정적 원인일 수 있음을 짐작하게 하는 대목이다.

5   나이절 윌킨스의 BSI 파일에는 고객의 현금 출처조사에 대한 다양한 언급들이 존재한다. 파일에는 2006년 금융감독청에 제출한 진술서도 포함되어 있는데, 이 진술서에는 BSI 신임 런던 지점장 존 어스킨의 지시로 바하마에서 런던으로 복귀한 후 나이절이 자신의 직권 아래 수행했던 금융 업무, 특히 고객의 현금 출처조사 업무가 상세히 기술되어 있다.

6   2008년 9월 11일 나이절 윌킨스가 카림 프레스티에게 보낸 이메일. 이 이메일은 서명 없는 복사본이지만 9월 16일 카림이 나이절에게 보낸 답장에 참조되어 있으므로 나이절의 이메일이라는 것을 확인할 수 있다.

7   2008년 8월 29일 나이절 윌킨스가 카림 프레스티에게 보낸 이메일.

8   2008년 10월 2일 나이절 윌킨스가 카림 프레스티에게 보낸 이메일.

08 올리가르히의 몰락

1   보타 자르데말리와의 인터뷰, 브뤼셀, 2017-2019.

2   Twelfth Witness Statement of Mukhtar Ablyazov in JSC BTA Bank v Mukhtar Ablyazov and others, High Court of Justice, London, November 25, 2010, pp.170-1.

3   아블랴조프 목격자 진술, p.173.

4   접근 가능한 최근 자료에 따르면 2007년 세금을 제외한 BTA 은행의 순수익은 5억 3800만 달러였다. bta.kz/en/investor/news/2008/04/17/124.

5   Richard Brooks, 'Looting with Putin', *Private Eye*, September 7, 2018, private-eye.co.uk/pictures/special_reports/looting-with-putin.pdf.

6   아블랴조프의 뒷이야기는 피터 살라스와 아블랴조프의 대화 기록을 비롯해 BTA 은행을 상대로 낸 민사소송에서의 목격자 진술, 2017년 4월 파리에서 진행된 아블랴조프와의 인터뷰, 아블랴조프가 감옥에서 쓴 기록에서 가져왔다.

7   Mukhtar Ablyazov, *In the Red Zone*, 아블랴조프가 자신의 감옥 경험을 쓴 미출간서.

8   아블랴조프 목격자 진술, par 86.

9   아블랴조프 목격자 진술, pars 151-64, 198-204.

09 일급 비밀

1   Patrick Wintour and Larry Elliott, 'G20: Gordon Brown brokers massive financial aid deal for global economy', *Guardian*, April 3, 2009, theguardian.com/world/2009/apr/03/g20-gordon-brown-global-economy.

2   나이절 윌킨스와 BSI 간의 지불 합의서, 2009년 3월 30일.

10 면책 비용

1   라우텐바흐와 글렌 아글리오티 간의 거래에 대한 설명은 아글리오티가 2006년과 2007년 남아프리카공화국 검찰에서 2회에 걸쳐 진술한 내용으로부터 가져왔다. 재키 셀레비 재판에 대하여 2010년 사우스하우텡(South Gauteng) 고등법원이 내린 후속 판결에는 사건에 대한 라우텐바흐의 증언 일부가 포함되어 있다.

2   Mojalefa Mashego, 'Rautenbach says he paid money to Selebi's friend', *The Star* (South Africa), November 19, 2009.

3   Madelain Roscher, 'Plea bargain agreement between NPA and Billy Rautenbach's company, SA Botswana Hauliers finalised', PR Worx, September 22, 2009, prlog.org/10350092-plea-bargain-agreement-between-npa-and-billy-rautenbachs-company-sa-botswana-hauliers-finalised.html.

4   'Recommended cash offer', ENRC, September 18, 2009, investegate. co.uk/eurasian-natural-res--enrc-/rns/re-offer--recommended-cash-of/200909181229153109Z.

5   카멕은 주식시장에서 ENRC의 짐바브웨 광산 인수를 발표했다. 판매자는 메리웨더 유한투자회사(Meryweather Investments Limited)로 미국 당국의 설명에 따르면 이 회사는 라우텐바흐와 "제휴 관계"에 있었다. 결과적으로 메리웨더는 지분 13퍼센트(1억 2400만 달러)를 보유하는 조건으로 카멕을 넘기게 되는데 당시 주식시장에 발표된 카멕의 매각가는 9억 5500달러(파운드화로 환산하면 5억 8400만 파운드)였으며, 지분 13퍼센트에 해당하는 금액은 1억 2400만 달러에 상당했다.

11 정보원

1 선고를 받기 전 세이터는 변호인단을 통해 제출한 탄원서에서 판사 글래서에게 자신의 범죄와 간첩 활동 이력에 대해 설명했다. 2017년 하원 정보위원회 진술(documentcloud.org/documents/4406681-3851126-v1-Day-of-Revised-FS?StatementDOCX.html). 공갈죄로 기소된 세이터의 감옥행을 면하게 해 준 판사에게 한 진술(United States v John Doe in the Eastern District of New York, transcript of sentencing by Judge I. Leo Glasser, October 23, 2009). 버즈피드 소속 기자 두 명에게 한 진술(Anthony Cormier and Jason Leopold, 'The Asset', Buzzfeed News, March 12, 2018, buzzfeednews.com/article/anthonycormier/felix-sater?trump-russia-undercover-us-spy). 저자는 세이터와 그의 행적에 대해 잘 알고 있는 다섯 명과 인터뷰했으며 세이터와 이메일을 주고받기도 했다.

2 모길레비치와 그가 소속된 조직에 대한 비공개 보고서로 러시아, 독일, 이탈리아, 미국의 법집행 공무원들로 구성된 실무단이 1994년 11월 회의를 가진 후 작성되었다.

3 Confidential FBI assessment of the threat from Eurasian organised crime, May 1996.

4 이반코프는 감비노 가문과 결탁해 주가를 조작했다. Galeotti, *The Vory*, p.179.

5 Ira Silverman and Alan A. Block, 'On the lam with an uber-mobster', *New Yorker*, November 14, 1994, newyorker.com/magazine/1994/11/14/on-the-lam-with-an-uber-mobster.

6 Selwyn Raab, 'Mob-linked businessman killed in Brooklyn', *New York Times*, May 3, 1989, nytimes.com/1989/05/03/nyregion/mob-linked-businessman-killed-in-brooklyn.html.

7 FBI의 유라시안 조직범죄 보고서. 모길레비치에 관한 실무단 보고서. Ralph Blumenthal and Celestine Bohlen, 'Soviet emigre mob outgrows Brooklyn, and fear spreads', *New York Times*, June 4, 1989, nytimes.com/1989/06/04/nyregion/soviet-emigre-mob-outgrows-brooklyn-and-fear-spreads.html.

8 Friedman, *Red Mafiya*, chapter 2.

9 Fredric Dannen, 'The born-again don', *Vanity Fair*, April 5, 2012, vanityfair.com/news/1991/02/john-gotti-joe-columbo-fbi-investigation-witness.

10 Ibid..

11 아이라 실버맨(Ira Silverman)과의 전화 인터뷰, 2018.

12 Raab, 'Mob-linked businessman'.

13 John Sullivan, 'After emigres began fuel scheme, traditional mob families moved in, officials say', *New York Times*, September 15, 1996, nytimes.com/1996/09/15/nyregion/after-emigres-began-fuel-scheme-traditional-mob-families?moved-in-officials-say.html.

14 United States v Michael Sheferovsky, criminal information filed in the Eastern District of New York, October 26, 2000.

15 Selwyn Raab, 'Vincent Gigante, Mafia leader who feigned insanity, dies at 77', *New York Times*, December 19, 2005, nytimes.com/2005/12/19/obituaries/vincent-gigante-mafia-leader?who-feigned-insanity-dies-at-77.htm.

16 Judge Denny Chin's amended memorandum decision in United States v Rosario Gangi et al. in the Southern District of New York, January 30, 1999, courtlistener.com/opinion/2519063/united-states-v-gangi.

17 '19 defendants indicted in stock fraud scheme that was protected and promoted by organized crime', US Department of Justice press release, March 2, 2000, reproduced in Estate of Ernest Gottdiener et al. v United States of America, class action complaint, October 23, 2015.

18 Transcript of Sheferovsky sentencing hearing, June 20, 2006, at the Brooklyn courthouse.

19 Loretta Lynch, a future US attorney general.

20 펠릭스 세이터가 판사에게 말한 내용 대부분은 삭제되어서 현재는 법정 기록으로 확인되지 않는다. 여기서의 설명은 위에 언급한 자료들로부터 구성한 것이다.

21 '19 defendants indicted', DoJ.

22 Kenny Gallo, 'The Persico Life', *Breakshot Blog*, June 19, 2016, breakshotblog.blogspot.com/2016/06/the-persico-life.html.

23 Selwyn Raab, 'Carmine Persico, Colombo crime family boss, is dead at 85', *New York Times*, March 8, 2019, nytimes.com/2019/03/08/obituaries/

carmine-j-persico-colombo-crime-family-boss-is-dead-at-85.htm.

24 Charles V. Bagli, 'Real estate executive with hand in Trump projects rose from tangled past', *New York Times*, December 17, 2007. nytimes.com/2007/12/17/nyregion/17trump.html.

25 베이록에서 세이터가 퇴출되는 과정은 순탄치 않았다. 두 개의 베이록이 있다. 하나는 테브피크 아리프가 설립한 베이록 그룹 LLC(Bayrock Group LLC)인데 〈뉴욕타임스〉가 세이터의 과거 범죄 경력을 폭로하면서 그는 이 회사를 떠나게 되었다. 또 다른 베이록은 주식회사 베이록 그룹(Bayrock Group Inc)으로 세이터가 설립했다. 이 회사는 2019년 3월 25일 미국 뉴욕 남부 지방법원에서 BTA 은행과 알마티가 일리야스 크라푸노프와 세이터 및 그들의 동료를 상대로 낸 소송 관련 파일에 그 이름이 등장한다. 아리프와의 사업 관계가 언제 끝났는지 밝혀 달라는 저자의 질문에 세이터는 "회사에 해를 끼치지 않기 위해" 베이록을 떠났지만 그와 아리프는 "최소한 2015년까지 일을 계속했다"고 말했다.

26 아일랜드 출신 갱, 화이티의 이야기는 〈보스턴 글로브〉의 꼼꼼한 취재 기사와 과거 그의 심복이었던 케빈 위크스(Kevin Weeks)의 책 *Brutal*(William Morrow,2007), 〈글로브〉 기자 딕 리어(Dick Leh)와 제라드 오닐(Gerard O'Neill)의 책 *Black Mass*(Harper, 2001)에 실려 있다.

12 실재 과거

1 Gabi Thesing and Flavia Krause-Jackson, 'Greece gets $146 billion rescue in EU, IMF package', *Bloomberg*, May 3, 2010, bloomberg.com/news/articles/2010-05-02/greece?faces-unprecedented-cuts-as-159b-rescue-nea.

2 저자는 나이절 관련 사건의 핵심에 국세관세청이 있다고 생각한다. 국세관세청의 한 대변인은 이렇게 말했다. "당신이 우리를 그렇게 생각하고 있다는 말에 긍정도 부정도 할 수 없습니다. 우리는 정보출처에 대해 엄격한 규칙을 지켜야 하기 때문입니다"

3 Transcript of Nigel Wilkins' FCA disciplinary investigation meeting, July 23, 2014.

제2부 번데기

13 시작

1 'Lifestyles of the Kazakhstani leadership', cable sent by US embassy in Astana on April 17, 2008, later published by WikiLeaks, wikileaks.org/plusd/cables/08ASTANA760_a.html.

2 버시타인은 인터뷰를 거절했다. 저자는 사실 확인을 위해 우크라이나에서 버시타인의 불법 지불 혐의, 세몬 모길레비치와의 관련성 등, 이 책에서 그가 개입한 것으로 서술한 몇몇 사건들을 중점적으로 질문했다. 버시타인의 변호사는 다음과 같이 답장을 보내 왔다. "버시타인은 당신이 사실이라고 주장한 내용들이 사실보다는 오히려 소설에 가깝다고 말하면서, 얼기설기 끼워 맞춰 만들어 낸 '사실'을 확인해 달라는 제안 자체가 솔직하지 못한 것 아니냐는 조언을 저에게 전해 왔습니다. 분명히 말씀드리자면 당신이 말하는 '사실' 그리고 사실인 양 못 박아 두려고 하는 당신의 이야기에는 오류가 있습니다. 제 고객은 더 이상 응답하지 않을 것입니다." 저자가 확인하고 싶었던 상세한 내용에 대해서는 그 어떤 언급도 없었던 답장이다.

3 Jack Lakey and Cal Millar, 'Boris knows everyone … Head of firm embroiled in Russian controversy moves with high, mighty', *Toronto Star*, August 23, 1993; Michael Dobbs and Steve Coll, 'Ex-communists are scrambling for quick cash', *Washington Post*, February 1, 1993, washingtonpost.com/archive/politics/1993/02/01/ex-communists?are-scrambling-for-quick-cash/00a47cf2-1f47-4051-90cd-844e3e35643b.

4 Henry Hess, 'Canadian trader describes role in Russian scandal', *Globe and Mail*, September 13, 1993.

5 Mark MacKinnon, 'Searching for Boris Birshtein', *Globe and Mail*, December 29, 2018, theglobeandmail.com/canada/investigations/article-boris-birshtein-investigation/.

6 Leyla Boulton, 'The Soviet insider, the gold, and Kyrgyzstan's political innocents', *Financial Times*, 28 January 1994.

7 비공개 인터뷰.

8   가명.

9   Christopher Andrew and Vasili Mitrokhin, *The Mitrokhin Archive: The KGB in Europe and the West*, Penguin, 2000, p.723.

10 Dobbs and Coll, 'Ex-communists are scrambling'.

11 'Soviet Turmoil; New Suicide: Budget Director', Associated Press, August 27, 1991, nytimes.com/1991/08/27/world/soviet-turmoil-new-suicide-budget-director.html.

12 Marius Laurinavi-ius, *Weaponizing Kleptocracy: Putin's Hybrid Warfare*, Hudson Institute, 2017, p.25, s3.amazonaws.com/media.hudson.org/files/pblications/WeaponizingKleptocracy.pdf.

13 Dobbs and Coll, 'Ex-communists are scrambling'; Mark Almond, 'Introducing KGB PLC', *Spectator*, July 10, 1993, archive.spectator.co.uk/article/10th-july-1993/9/introducing-kgb-plc. 볼코프와의 인터뷰.

14 Dobbs and Coll, 'Ex-communists are scrambling'.

15 Ibid..

16 Ibid..

17 David Wise, 'Spy vs spy', *Washington Post*, January 27, 2008, washingtonpost.com/wp-dyn/content/article/2008/01/24/AR2008012402750.html.

18 버시타인의 회사 출신 전직 매니저와의 인터뷰, 시베코.

19 〈뉴스위크〉에 따르면 아르바토프는 자신의 미국 및 캐나다 연구소와 시베코 사이의 합작 벤처기업의 회장이 될 예정이었다. 'Arbatov, Inc', December 26, 1988. 캐나다 잡지 〈맥클린〉은 시베코 부회장의 말을 인용해 아르바토프는 합작 기업에서 "자문 역할"을 하게 될 것이라고 보도했다('Cashing in on glasnost', January 16, 1989). 버시타인은 자신이 아르바토프와 "그 어떤 거래도 하지 않았다"고 말해 왔다.

20 Andrew and Mitrokhin, *Mitrokhin Archive*, pp.275-8.

21 Dobbs and Coll, 'Ex-communists are scrambling'.

22 Ibid..

23 Ibid..

24 Ibid.; Diane Francis, 'Scandal Russian style: The man at the centre of

Moscow's Watergate tells his story', *Financial Post*, September 18, 1993.

25 Boulton, 'The Soviet insider'.

26 세르게이 미하일로프와 버시타인과의 관계, 그리고 범죄 경력에 대한 설명은 저자가 2018년 모스크바에서 했던 미하일로프와의 인터뷰와 전 KGB 장교 볼코프와 했던 인터뷰, 1996년 유라시아 조직범죄에 관한 FBI 기밀 보고서, 1997년에 미국 법집행관이 미국 정부와의 잠재적인 거래의 일환으로 세묜 모길레비치와 실시한 인터뷰에 근거해 밥 레빈슨이 2006년 작성한 기밀 보고서들을 바탕으로 했다. Friedman's Red Mafiya, Glenny's *McMafia* and Galeotti's *The Vory*; MacKinnon, 'Searching for Boris Birshtein'; and Farangis Najibullah, 'Alleged Russian mobster uses "right-to-forget" law to break with his past', Radio Free Europe, June 1, 2016, rferl.org/a/alleged-russian-mobster-right-to-forget-law-break-with-past/27772535.html.

27 버시타인은 몰도바가 아닌 텔아비브에서 미하일로프를 소개받은 뒤 버시타인의 취리히 사무실에서 다시 만났지만 다 합해도 "만난 적이 몇 번 없으며 그조차도 거래 목적은 아니었다"고 말했다.

28 미하일로프와의 인터뷰.

29 미하일로프는 작가와의 인터뷰에서 그가 미하스라는 이름으로 통한다는 것을 확인해 줬다. 미하스라는 사람은 솔른체프스카야 형제단의 우두머리로 알려져 있으나 그가 솔른체프스카야 형제단의 수장이냐는 질문에 미하일로프는 "아닙니다. 그런 단체가 존재하지도 않는다는 아주 단순한 이유 때문에 그렇습니다"라고 답했다.

30 레빈슨 보고서, 미하일로프 인터뷰.

31 FBI 유라시안 조직범죄 보고서.

32 FBI 유라시안 조직범죄 보고서. 레빈슨 보고서.

33 Galeotti, *The Vory*, p.146.

34 Ibid..

35 미하일로프는 저자와의 인터뷰에서 벨기에의 한 레스토랑에서 버시타인의 사위 알렉스 슈나이더를 만났던 기억이 난다고 말했다. 하지만 버시타인은 변호사를 통해 그러한 만남이 있었다는 사실이 기억나지 않는다고 말했다. 마크 맥키넌(Mark MacKinnon)은 '보리스 버시타인 찾기'라는 글에서 버시타인의 아들

알론(Alon)의 말을 빌려 미하일로프가 취리히에 있는 버시타인의 사저로 방문했다고 썼다.

36 *Intelligence Online*라는 정보지에 따르면 스위스 형사들이 제네바에 있는 미하일로프의 집에서 그가 버시타인에게 1억 5000만 달러를 지불하기로 계약 합의한 사실을 발견했다고 한다('Mikhailov between Mafia and KGB', March 27, 1997). 스위스 치안판사 게오르크 체킨(Georges Zecchin)은 저자와 주고받은 서신에서 "21년 전에 있었던 수사에 대해 사실 확인은 어렵지만 (……) 그 기사는 어느 정도 객관적인 정보에 근거해서 작성됐을 것"이라고 말했다. 버시타인은 계약이 있었다는 사실 자체를 부인했다. 저자가 계약에 대해 질문하자, 미하일로프는 가스 프로젝트와 관련해 합의를 "아마도" 했던 것 같지만 "애석하게도" 돈은 지불되지 않았다고 진술했다.

37 Elif Kaban, 'Ex-Moscow police chief tells Swiss court he had to flee for his life', *Reuters*, December 2, 1998.

38 저자는 미하일로프에게 목격자 바딤 로젠바움(Vadim Rozenbaum)을 누가 죽였는지 아느냐고 물었다. 그는 이렇게 답했다. "이 정보를 사법기관과 반드시 공유해야 한다는 것을 알았다면 (……) 저에게는 이 정보가 없었습니다. 있었으면 좋았겠지만요."

39 레빈슨 보고서.

40 Celestine Bohlen, 'Yeltsin deputy calls reforms "economic genocide"', *New York Times*, February 9, 1992, nytimes.com/1992/02/09/world/yeltsin-deputy-calls-reforms-economic-genocide.html.

41 Jack Lakey and Cal Millar, 'Former Metro firm cited in Russian controversy', *Toronto Star*, September 2, 1993.

42 Jack Lakey and Cal Millar, 'Russian scandal becomes as wild as any spy novel', *Toronto Star*, October 3, 1993.

43 'The results of the work of the commission of Andrei Makarov' (in Russian), *Kommersant*, March 5, 1994, kommersant.ru/doc/72913.

44 MacKinnon, 'Searching for Boris Birshtein'.

45 Boulton, 'The Soviet insider'. 시베코 매니저와의 인터뷰.

46 Boris Yeltsin, *The Struggle for Russia*, Random House, 2004, pp.226-7.

47   Boulton, 'The Soviet insider'

14 빅 옐로

1   딜리전스가 어떻게 아블랴조프의 문서를 추적했는지에 대한 설명은 2017-2019
     년에 저자가 런던에서 트레포 윌리엄스를 비롯한 관계자와 진행했던 인터뷰,
     그리고 윌리엄스가 〈베니티 페어〉 프랑스판에서 했던 언급에 바탕을 두었다.
     'Trouvez cet oligarque!', July 2014.

2   2017년 런던에서 진행한 론 와히드가 진행한 무흐타르 아블랴조프 및 보타 자
     르데말리와의 인터뷰.

3   Julie Tate, 'CIA's brain drain: Since 9/11, some top officials have left for
     private sector', Washington Post, April 12, 2011, washingtonpost.com/
     world/cias-brain-drain-since-911-some-top-officials-have-left-for-private-
     sector/2011/03/25/AF3Nw1RD_story.html.

4   보타 자르데말리 인터뷰.

5   아카넘에서의 일에 대해 알고 있던 세 사람과의 인터뷰. 트리오를 위한 일은 아
     카넘의 자매사 RJI 캐피털(RJI Capital)을 통해 진행되었다.

6   Daniel Foggo, 'Kazakh leader "secretly owns" £50m home', *Sunday Times*,
     November 9, 2008, thetimes.co.uk/article/kazakh-leader-secretly-owns-
     pound50m-home-vsqfdjs37g0.

7   2019년 제네바에서 진행된 아블랴조프와의 인터뷰.

8   Viktor Khrapunov, *Nazarbayev - Our Friend the Dictator*, Ibidem-Verlag,
     2015, pp.18-19.

9   일리야스 크라푸노프와의 인터뷰.

10   Khrapunov, *Nazarbayev*, p.136.

11   저자는 아리프와 그의 회사 베이록의 대표자에게 출판 전 책에 언급된 세부 내
     용에 대해 사실 확인 질문을 보냈다. 처음에 대리인은 일부 사실에 대해 비공개
     로 이의를 제기했다. 하지만 이후에 추가 증거를 제시하자 더 이상의 언급을 거
     부했다.

12   스위스 개발 그룹 SA의 지분 50퍼센트를 이미 소유하고 있던 일리야스 크라푸
     노프에게 베이록이 가지고 있던 SA의 나머지 지분 50퍼센트를 매각하기 위한

계약, 2008년 8월 27일.

13 피터 살라스가 제공한 사본.

14 Paul Starobin, 'Murder in Kazakhstan', *The Atlantic*, February 2006, theatlantic.com/magazine/archive/2006/02/murder-in-kazakhstan/304688; Ilan Greenberg, 'Top Kazakh aide quits in crisis after killing of opposition figure', *New York Times*, February 23, 2006, nytimes.com/2006/02/23/world/asia/top-kazakh-aide-quits-in-crisis-after-killing-of-opposition.htm.

15 알리예프의 생활에 대한 세세한 부분은 후라니(Hourani) 대 미르체프(Mirtchev) 재판에서의 알리예프 진술과 그를 잘 알고 지낸 사람들과의 인터뷰, 그리고 2017년 3월 10일 영국 고등법원에서의 후라니 대 톰슨 재판을 맡은 판사 와비(Warby)의 판결에서 가져왔다.

16 후라니(Hourani) 대 미르체프(Mirtchev) 재판에서의 알리예프 진술, par 17.

17 라하트 알리예프의 트리오와 카제겔딘 공격 계획에 대한 설명은 나자르바예프를 자문한 적도 있는 워싱턴 소재 컨설팅 회사 글로벌옵션매니지먼트(Global Options Management)의 2003년 보고서에서 가져왔다. 이 회사는 나자르바예프를 자문하기도 했다. 이 계획에 대해 알고 있는 해결사 에릭 반 드 베허(Eric Van de Weghe)의 통신문 사본. Steve LeVine, *The Oil and the Glory*, Random House, 2007, p.373; Ron Stodghill, 'Oil, Cash and Corruption', *New York Times*, November 5, 2006, nytimes.com/2006/11/05/business/yourmoney/05giffen.html. 두 명의 전직 유럽 법집행관과 전직 카자흐스탄 고위 관리와의 인터뷰.

18 알리예프의 범죄 혐의에 대한 자세한 내용 중 일부는 카나트 세이드갑바로프(Kanat Seydgapbarov) 카자흐스탄 차장검사의 내부 메모에 명시되어 있으며 이 문서는 후라니 대 미르체프 재판에서 증거로 채택되었다.

19 나자르바예프의 자문 위원 알렉산드르 미르체프(Alexander Mirtchev)가 〈워싱턴 이그재미너(*Washington Examiner*)〉와 인권 재단에 보낸 서신, 2012년 10월 25일.

20 세이드갑바로프의 노트.

21 와비 판결, pars 33-61.

22 세이드갑바로프의 노트.

23 와비 판결, par 79.

24 후라니 대 미르체프 재판에서의 알리예프 진술로부터 인용된 법원의 명령, par 37, note 12.

25 와비 판결, par 47; 알리예프 진술, par 35.

26 Isabel Gorst, 'Kazakh leader's former son-in-law sentenced', *Financial Times*, March 26, 2008, ft.com/content/0f878542-fb54-11dc-8c3e-000077b07658; An Atmosphere of Quiet Repression, Human Rights Watch, December 2008, pp.34-5, hrw.org/sites/default/files/reports/kazakhstan1208web_0.pdf.

27 Mintewab Abebe, 'Kazakhstan held liable for expropriation of Hourani family's investment on second round of ICSID arbitration', *Investment Treaty News*, December 21, 2017, iisd.org/itn/2017/12/21/kazakhstan-liable-expropriation-hourani-familys-investment-second-round-icsid-arbitration-caratube-international-oil-company-llp-devincci-salah-hourani-icsid-case-arb-13-13/.

28 Aliyev, *Godfather-in-law*, pp.56-61.

29 후라니 대 미르체프 재판에서의 알리예프 진술, par 39. 슈거가 카제겔딘을 상대로 같은 계략을 사용했다는 부분은, 그 사건을 직접 겪은 사람과 저자가 진행했던 인터뷰를 바탕으로 하고 있다.

30 알리예프의 폭로에 관한 〈월스트리트저널〉에 실린 글렌 심슨의 2008년 이야기에 초기 슈퍼 칸 문서에 대한 언급이 있다. Glenn R. Simpson and Susan Schmidt, 'Kazakhstan Corruption: Exile alleges new details', *Wall Street Journal*, July 22, 2008, wsj.com/articles/SB121667622143971475. 알리예프와 그의 측근들이 서방 법정을 통해 카자흐스탄 정부와 자문단에게 다양한 반격을 가하면서 슈퍼 칸 문서의 진위 여부를 둘러싼 논쟁이 불거지기 시작했다. 알리예프는 이 소송을 지원하기 위해 정보국을 포함해 카자흐스탄에서 여전히 자신에게 충성하는 소식통으로부터 받은 문서를 제출했다(후라니 대 미르체프 재판에서의 알리예프 진술을 보라). 알리예프가 제출한 문서 가운데 하나는 나자르바예프가 알리예프를 배신한 직후인 2007년 11월 16일 카자흐스탄 검찰총장이 주미 카자흐스탄 대사에게 보낸 극비 서한으로 알려져 있다. 이 서한에는 나자르바예프의 무기한 통치 계획을 위협할 수 있는 카자흐스탄 내 올리가르히의 영

향력을 축소하기 위한 33쪽짜리 계획서가 동봉되어 있었다. 동봉된 계획서에는 날짜가 표시되어 있지 않았지만 어조, 구성, 속기 코드 사용 등에서 다른 슈퍼 칸 문서와 유사했다. 다른 슈퍼 칸 문서와 달리 워싱턴 소재 컨설턴트 회사 글로벌 옵션 매니지먼트(Global Options Management)라는 브랜드 이름은 적혀 있지 않았다. 게다가 트리오, 쿨리바예프, 아블랴조프와 마찬가지로 알리예프를 표적으로 삼아 적으로 특정했다는 점에서도 다른 문서들과 달랐다. 이 문서가 가짜일 가능성도 있지만 그럼에도 불구하고 나자르바예프가 아블랴조프와 알리예프를 잡기 위해 국내 및 해외 자산 압류는 물론 국내의 정치적 목적을 위해 서방의 법률 시스템 체계 조작까지 전술에 포함시켰다는 점을 정확히 요약해서 보여 주고 있다. 문서의 진위 여부는 어떤 식으로든 단정적으로 평가하기 어렵다. 여러 재판 과정에서 동봉된 문서는 박해 이야기를 부풀리기 위해 알리예프 자신 혹은 그의 지시에 따라 행동하는 누군가에 의해 위조됐다는 것이 설득력을 얻었다. 그러나 알리예프가 합법적 문서와 위조 문서를 혼합하는 전형적인 스파이 기법을 사용했을 가능성은 충분하다. 전직 독일 고위 경찰관이자 필적 전문가가 문제의 문서를 조사했지만 서한에 동봉된 슈퍼 칸 계획서에 대해서 어떠한 결론도 내리지 않았다(후라니 대 미르체프 재판에서 피항소인에 대한 증거로 제출된 막스-피터 라첼(Max-Peter Ratzel)과 기드온 엡스타인(Gideon Epstein)이 작성한 보고서를 보라). 카자흐스탄 공식 통신문으로 알려진 문서 가운데에서도 위조된 문서가 나왔는데 이 역시 알리예프가 입수한 진짜 카자흐스탄 공식 통신문에서 발췌한 것으로 밝혀졌다(막스-피터 라첼 보고서를 보라).

31 후라니 대 미르체프 재판에서의 알리예프 진술, par 38.

32 아블랴조프와의 인터뷰 및 그의 목격자 진술, pars 105-8.

33 아블랴조프의 목격자 진술, pars 719-22.

34 Tom Harper, 'Does this Kazakh banker know the secret of RBS's missing billions?', *Evening Standard*, April 12, 2011, standard.co.uk/news/does-this-kazakh-banker-know-the-secret-of-rbss-missing-billions-6391371.

15 감시견

1 Stewart Tendler and Michael Horsnell, 'Brink's Mat: the bullion trail', *The Times*, July 8, 1988.

2   Simon Bowers, 'How Mossack Fonseca helped hide millions from Britain's biggest gold bullion robbery', *Guardian*, April 4, 2016, theguardian.com/news/2016/apr/04/brinks-mat-how-mossack-fonseca-helped-hide-millions.

3   Testimony of Raymond W. Baker to Levin's hearings on 'Private banking and money laundering: a case study of opportunities and vulnerabilities', November 9-10, 1999, gpo.gov/fdsys/pkg/CHRG-106shrg61699/html/CHRG-106shrg61699.htm.

4   Kareem Fahim and Hwaida Saad, 'A faceless teenage refugee who helped ignite Syria's war', *New York Times*, February 8, 2013, nytimes.com/2013/02/09/world/middleeast/a-faceless-teenage-refugee-who-helped-ignite-syrias-war.html.

16 사바로나

1   폴 저지의 이메일, 2011년 5월 22일.

2   Clara Ferreira-Marques and Rhys Jones, 'Chairman of miner ENRC quits in fresh board shake-up', *Reuters*, April 23, 2013, reuters.com/article/enrc-board/update-2-chairman?of-miner-enrc-quits-in-fresh-board-shake-up-idUSL6N0DA4MN20130423.

3   Rowena Mason, 'MP calls for Serious Fraud Office checks on ENRC', *Daily Telegraph*, April 9, 2011, telegraph.co.uk/finance/yourbusiness/bribery-act/8439251/MP-calls-for-Serious-Fraud-Office-checks-on-ENRC.html.

4   판사의 이메일.

5   공소장의 영문 번역본은 '블랙 시(The Black Sea)'라는 온라인 뉴스 매체에 게재되어 있다. theblacksea.eu/_old/mirror/theblacksea.eu/RES/uploads/fi les/Savarona%20prosecution%20docs_ocr.pdf. 이 번역본은 사건 피고측 변호인 중 한 명이 저자에게 제공한 터키어판 공소장과 일치한다.

6   Khrapunov, *Nazarbayev*, pp.138-40.

7   Craig Shaw, Zeynep, Şentek, ştefan Cândea, 'World leaders, mobsters, smog and mirrors', *The Black Sea*, December 20, 2016, theblacksea.eu/stories/football-leaks/the-football-leaks-family-world-leaders-mobsters-smoke-and-

mirrors.

8   베이록의 전 재무국장 조디 크리스(Jody Kriss)는 베이록 등을 상대로 2010년 5월 10일 뉴욕 남부 지방법원에 제기한 소송에서 이렇게 주장했다.

9   'Bayrock Group: Redefining real estate, investment and development', 2008, documentcloud.org/documents/3117892-Bayrock-Presentation.html. 테브피크 아리프와 펠릭스 세이터는 후에 마슈케비치의 돈은 단 한 푼도 베이록을 거치지 않았다고 주장했다. 하지만 베이록 자금의 상당 부분이 불분명했기 때문에, 그 돈의 출처가 어디인지 확실하게 말하기는 어렵다. 세이터는 저자에게 마슈케비치가 베이록의 '전략적 동반자'로 활동하면서 회사를 소개하고 문호를 개방하는 역할을 했다고 확인했다.

10   일리야스 크라푸노프 인터뷰. 아리프는 일리야스의 설명에 이의를 제기하지 않았다. 세이터는 일리야스가 이 모임에 참석하지 않았다고 주장했고, 저자에게 마슈케비치의 등장은 단지 우연일 뿐이라고 말했다. 하지만 세이터는 마슈케비치가 자신과 아리프를 소개하는 데 도움을 준 사실은 인정했다.

11   아이슬란드인들은 FL 그룹 소속이었다. 조디 크리스는 베이록에 대한 소송에서 아리프와 세이터가 자신에게 "FL의 배후에 있는 러시아인들이 푸틴을 지지했다"고 말했다고 진술했다(46쪽 666문단). 크리스는 2017년 블룸버그와의 인터뷰에서 이 주장을 반복했다. 세이터는 저자에게 크리스의 진술은 "헛소리"라고 말했고 푸틴의 대변인은 블룸버그에 그가 FL 그룹이나 베이록과 관련이 없다고 말했다. FL 그룹은 금융위기로 무너졌다. 이후 러시아 자금이 아이슬란드 금융권을 통해 유입됐음을 시사하는 정황이 포착됐다. Timothy L. O'Brien, 'Hey, Mueller, you should check out Iceland', *Bloomberg*, June 23, 2017, bloombergquint.com/politics/hey-mueller-you-should-check-out-iceland.

12   크리스 소송, par 670.

13   Recep Aktepe, 'Savarona'daki Fuhuş Davası Beraatle Sonuçlandı', Habertürk, April 15, 2011, haberturk.com/yasam/haber/621260-savaronadaki-fuhus-davasi-beraatla-sonuclandi; Mustafa Kozak, Savarona'daki Fuhuş Davasından Beraat Eden 5 Sanığa Hapis Cezası, Sözcü, February 22, 2016, sozcu.com.tr/2016/gundem/savaronadaki-fuhus-davasindan-beraat-eden-5-saniga-hapis-cezasi-1102662.

17 회계장부에서 사라진 돈

1 Dechert defence, par 83.1.

2 ENRC's amended particulars of claim against Dechert and Neil Gerrard in the UK High Court, May 17, 2018, par 14; Dechert defence, June 7, 2018, par 40.

3 Dechert defence, par 83.1. 제라드는 원래 DLA Piper 사에서 일하다가, 2011년 4월 데케르트로 이직하면서 ENRC 사건을 맡게 되었다.

4 Dechert defence, pars 6 and 76.4. 이 견해는 ENRC 감독관 켄 올리사가 2011년 6월 8일 이사회에 보낸 다음과 같은 고별 서한에 의해서도 뒷받침된다. "창립 주주들(founding shareholders)은 독립이사회를 지원하기로 하는 대표협정(Representation Agreements)에 서명했지만, 곧 원소유주들(original owners)이 이사 및 고위 경영진과 비공식적으로 연결되어 있고 이것은 그들 영향력의 항시적 유지를 의미한다는 것이 명백해졌다."

5 허버트 스미스의 조사 보고서, 2007년 9월 25일.

6 닐 제라드의 서한, 2011년 3월 29일.

7 카자흐스탄 중대사기수사국에서 있었던 데케르트의 프레젠테이션, 2013년, par 1.21.

8 ENRC 연례 보고서, 2011년, p.28.

9 Alain Lallemand, 'L'empereur du Kazakhstan: Enquête sur un trio venu de la république kazakhe qui fit trembler les polices de Belgique', *Le Soir* (Belgium), July 22, 2000, lesoir.be/art/l-empereur-du-kazakhstan-enquete-sur-un-trio-venu-de-la_t-20000722-Z0JGTU.html; Dechert report to the SFO on Kazakhstan, pars 1.27 and 1.31.c.

10 Lallemand, 'L'empereur'.

11 Richard Behar, 'Capitalism in a cold climate', *Fortune*, June 12, 2000 and the magazine's 'Update and clarification', July 12, 2004, archive.fortune.com/magazines/fortune/fortune_archive/2000/06/12/281972/index.htm#update.

12 전 카자흐스탄 고위 관리와의 인터뷰.

13 Sander Thoenes, 'Kazakhstan's sale of the century', *Financial Times*, October 25, 1996. 퇴네스(Thoenes)는 트리오와 그들의 후원자 루번 형제와 관

련된 사생활 또한 자세하게 기록하고 있다. 루번 형제의 변호사들은 저자에게 퇴네스의 이야기에 나오는 수치에 대해 이의를 제기했지만, 이 수치를 대체할 만한 숫자들은 제시하지 않았다. 다음 책도 참고. Martha Brill Olcott, *Kazakhstan: Unfulfilled promise*, Carnegie Endowment for International Peace, 2002, chapter 5.

14 Marc Champion, 'How a Trump SoHo partner ended up with toxic mining riches from Kazakhstan', *Bloomberg*, January 11, 2018, bloomberg.com/news/features/2018-01-11/how-a-trump-soho-partner-ended-up-with-toxic-mining-riches-from-kazakhsta.

15 Charles Clover and William Hall, 'Aluminium "risk-taker" changes tack in Russia', *Financial Times*, April 11, 2000.

16 Anthony Robinson, 'Kazakhs "seized company assets"', *Financial Times*, February 13, 1999.

17 트랜스월드가 촉발한 트리오와 다른 관련 당사자들 간의 분쟁 해결에 대한 언론의 공동 보도자료, 2000년 2월 20일.

18 카자흐스탄에 대한 데케르트 보고서, pars 6.1-6.93.

19 카자흐스탄에 대한 데케르트 보고서, pars 3.47-3.51; Dechert defence, par 132.

20 카자흐스탄에 대한 데케르트 보고서, pars 3.47, 4.2, 5.12.

21 카자흐스탄에 대한 데케르트 보고서, 6.76-6.84.

22 카자흐스탄에 대한 데케르트 보고서, par 6.92.

23 Dechert defence, par 134.

24 카자흐스탄에 대한 데케르트 보고서, par 3.60. 이 보고서에는 파르하드 이브라기모프가 후에 해고되었다고 서술되어 있다.

25 카자흐스탄에 대한 데케르트 보고서, par 3.66.

18 하나님의 왕국

1 Shiv Malik, 'Occupy London's anger over police "terrorism" document', *Guardian*, December 5, 2011, theguardian.com/uk/2011/dec/05/occupy-london-police-terrorism-document.

2 Report of Boston Consulting's CEE & Russia strategy workshop of May 14, 2008.

19 공포

1 자나오젠에서의 사건이나 로자 및 다른 파업 참가자들이 당한 일은 2019년 자나오젠과 악타우에서 저자가 수행한 목격자 및 생존자 인터뷰에서 도출되었다. 더 자세한 내용은 '석유 파업, 노동자 파업(Striking Oil, Striking Workers)'에서 확인할 수 있다, Human Rights Watch, September 10, 2012, hrw.org/report/2012/09/10/striking-oil-striking-workers/violations-labor-rights-kazakhstans-oil-sector.

2 예를 들어, 다음도 참고하라. Agathe Duparc, Camille Chappuis, Marc Guéniat and Andreas Missbach, 'Vitol, the king of oil in Kazakhstan', *Public Eye*, November 2018, stories.publiceye.ch/vitolinkazakhstan/index.html; Jack Farchy and Nariman Gizitdinov, 'Shell said to drop plan to buy stake in Kazakh state oil company', *Bloomberg*, October 9, 2018, bloomberg.com/news/articles/2018-10-09/shell-said-to-drop-plan?to-buy-stake-in-kazakh-state-oil-company; and Isabel Gorst, 'Gazprom cosies up to Kazakh billionaire', *Financial Times*, July 1, 2011, ft.com/content/7412091a-c972-38bb-be7e-d6a366ce1313.

3 누르리베크 누르갈리예프와의 인터뷰, 자나오젠, 2019.

4 2011년 12월 16일 자나오젠에서 일어난 사건을 기록한 카자흐스탄 인권운동가 갈림 아글레우오프(Galym Ageleuov)와의 대화.

5 토레칸 투르간바에프와의 인터뷰, 자나오젠, 2019.

6 로자 툴레타예바는 재판에서 자신이 정신적 충격을 받았다고 진술했다.

7 'Kazakhstan: Oil Workers Convicted in Flawed Trial', Human Rights Watch, June 4, 2012, hrw.org/news/2012/06/04/kazakhstan-oil-workers-convicted-flawed-trial.

8 로자 툴레타예바의 재판 증언, 지인에게 털어놓은 그녀의 회상.

9 Hugh Williamson, executive director, Europe and Central Asia division, Human Rights Watch, letter to Kazakhstan's prosecutor general, February 1, 2012, hrw.org/news/2012/02/01/kazakhstan-letter-prosecutor-general-regarding?december-events-zhanaozen-and-shetpe.

10 재판에 출두한 변호사가 저자에게 제공한 피고인 명단.

11 굴나라 주아스파에바와의 인터뷰, 알마티, 2019.

12 굴나라 주아스파에바와의 인터뷰, 알마티, 2019.

13 굴나라 주아스파에바와의 인터뷰.

14 'Striking Oil', Human Rights Watch.

15 'Kazakhstan: Oil Workers Convicted in Flawed Trial', Human Rights Watch.

20 안정

1 Walter Mayr, 'The long arm of Kazakhstan's president', *Der Spiegel*, May 19, 2009, spiegel.de/international/world/ex-stepson-talks-in-family-feud-the-long-arm-of-kazakhstan-s-president-a-625720-2.html.

2 Simpson and Schmidt, 'Kazakhstan Corruption'.

3 US v James H. Giffen, indictment, par 17, August 4, 2004, justice.gov/sites/default/files/criminal-fraud/legacy/2011/02/16/08-04-04giffen-second-superseding-indict.pdf.

4 Global Options Management 2003 report, p.55.

5 Global Options Management 2003 report, pp.11, 21-2.

6 Robert Baer, See No Evil, Random House, 2002, p.361.

7 Opinion of the US Court of Appeals, Second Circuit, United States v Giffen, December 8, 2006, caselaw.findlaw.com/us-2nd-circuit/1487232.html.

8 2011년 7월 11일, 마시모프의 보좌관 탈란트 무르트바에프(Talant Muratbaev)가 에두아르트 오가이에게 보낸 이메일. 저자는 현재 마시모프가 운영하는 카자흐스탄 정보기관 KNB로 사실확인 차 이메일을 보냈으나 답신이 없다. 카작무스의 후계 기업(successor company) 카즈미네랄스(Kazminerals) 대변인은 회사 직원들이 카자흐스탄 총리 가족 여행을 위한 서비스 비용을 지불하지 않았다는 증거 제시를 거부했다. 또한 회사가 총리의 휴가 비용을 지불하지 않았더라도 외국 공무원을 위해 회사 직원들이 근무 시간 내에 일하는 것이 뇌물수수 방지법에 저촉될 우려에 대해 회사가 고려했는지에 대한 언급도 회피했다.

9 ENRC는 수정을 요구했다. pars 60-61.

10 Olcott, Kazakhstan, p.163.

11 Freedom House, Nations in transit: 2004, p.284, pdf.usaid.gov/pdf_docs/

Pnadk499.pdf.

12 Yulia Latynina, 'Looking with pride at mess in Kazakhstan', Moscow Times, January 12, 1999.

13 Aliyev, Godfather-in-law, p.144. "초디예프(Chodiyev로 표기되기도 하고 Chodiev 로 표기되기도 한다)는 유라시안 그룹 소유주 중 한 명이었고 알루미늄 사업에서 는 나자르바예프의 파트너였으며 당시 카자흐스탄 산업의 많은 부분을 지배해 온 사람이었다."

14 Khrapunov, Nazarbayev, p.140.

15 비공개 인터뷰.

16 ENRC가 2020년 1월 17일 영국 고등법원에 아케잔 카제겔딘을 상대로 낸 소송 에서 있었던 카제겔딘의 변론. 2020년 1월 17일.

17 전직 카자흐스탄 고위공무원 및 유명인사와의 인터뷰. 슈거는 나자르바예프 가 이러한 관점을 가지고 선호하는 사업가를 선정한다고 언급한다. Aliyev, Godfather-in-law, p.291.

18 아블랴죠프의 12번째 목격자 증언, par 33.

19 이리나 페트루쇼바와의 교신 및 다음 글에 실린 그녀의 주장. Kazakhstan v Does 1-100 before the Superior Court of Washington for King County, April 2015; Michael Wines, 'Bruised, but still jabbing Kazakh heavyweights', New York Times, July 13, 2002, nytimes.com/2002/07/13/world/the-saturday-profile-bruised-but-still-jabbing-kazakh-heavyweights.html.

20 Joshua Chaffin, 'Kazakhstan's gatekeeper is a legal liability', Financial Times, April 14, 2003.

21 Andy Bloxham, 'Tony Blair helps Kazakhstan boosts its image in West', Daily Telegraph, October 22, 2011, telegraph.co.uk/news/worldnews/asia/kazakhstan/8843027/Tony-Blair-helps-Kazakhstan-boosts-its-image-in-West.html. 토니 블레어의 대변인은 카자흐스탄이 "공공부문 개혁" 프로젝트를 위해 블레어의 회사에 지불한 액수에 대해 이의를 제기했지만 정확한 액수는 밝히지 않았다.

22 〈가디언〉이 장기간 탐사취재를 통해 밝혀낸, 일명 야마하 무기 거래 스캔들 기 사를 보라. theguardian.com/world/bae.

23   David Leigh and Rob Evans, 'Ex-chairman questioned in bribes inquiry', *Guardian*, December 22, 2005, theguardian.com/business/2005/dec/22/saudiarabia.internationalnews. 다음도 참고하라 Jonathan Calvert, Heidi Blake and Michael Gillard, 'Secretive deals that left Sir Dick sitting pretty', *Sunday Times*, February 3, 2013, thetimes.co.uk/article/secretive?deals-that-left-sir-dick-sitting-pretty-r0rk9zrxv.

24   Eric Ellis, 'Samruk: the outsider's inside story', *Euromoney*, January 8, 2008.

25   다음 책의 '감사의 말'을 보라. *Jonathan Aitken, Nazarbayev and the Making of Kazakhstan: From Communism to Capitalism*, Continuum, 2009.

26   Luke Harding and David Pallister, 'He lied and lied and lied', *Guardian*, June 21, 1997, theguardian.com/politics/1997/jun/21/uk.davidpallister.

27   Aitken, Nazarbayev, p.248.

28   Ibrahim Warde, 'Blair Inc', *Le Monde Diplomatique*, November 1, 2012. 글렌코어의 대변인은 이 작업을 위해 블레어 총리에게 지불된 금액이 얼마였는지, 블레어가 이 작업을 하는 데 얼마나 오래 걸렸는지에 대해서는 언급을 거부했다. 블레어 대변인은 이 액수에 대해 이의를 제기했지만 수정된 수치를 제시하는 것은 거부했다.

29   Luke Heighton, 'Revealed: Tony Blair worth a staggering £60m', *Daily Telegraph*, June 12, 2015, telegraph.co.uk/news/politics/tony-blair/11670425/Revealed-Tony-Blair-worth-a-staggering-60m.html.

30   Tony Judt, 'The "Third Way" is no route to paradise', *New York Times*, September 27, 1998, nytimes.com/1998/09/27/opinion/the-third-way-is-no-route-to-paradise.html.

31   핀란드 주재 카자흐스탄 대사관에서 나자르바예프의 케임브리지 연설을 영문으로 번역해 출간했다. web.archive.org/web/20160810235850/kazembassy.fi/en/press-information/speeches-statements/195-president-nazarbayev-delivers-speech-at-university-of-cambridge.html. 이 장면에 대한 서술은 카자흐스탄 텔레비전과 유튜브에 올라온 연설 영상을 바탕으로 했다. youtube.com/watch?v=V8M0M9CR8hI&feature=youtu.be.

32   코즐로프와의 인터뷰, Almaty, 2019.

33 'Striking Oil', Human Rights Watch.

34 코즐로프는 유죄 판결을 받고 5년을 복역했다.

35 저자는 앙골라 클렙토크라시에 대한 뛰어난 분석을 수행한 다음 논문에서 이 용어를 처음 접했다. Ricardo Soares de Oliveira of the University of Oxford, 'Business success, Angola-style: postcolonial politics and the rise and rise of Sonangol', *Journal of Modern African Studies*, 45, 4 (2007), pp. 595?619, gppi.net/media/Soares_2007_Business_Success.pdf.

21 너무 커서 감옥에 가둘 수 없다

1 'HSBC Exposed US Financial System to Money Laundering, Drug, Terrorist Financing Risks', US Senate Permanent Subcommittee on Investigations, July 16, 2012, hsgac.senate.gov/subcommittees/investigations/media/hsbc-exposed-us-finacial-system-to-money-laundering-drug-terrorist-financing-risks.

2 'HSBC Holdings Plc and HSBC Bank USA NA admit to anti-money laundering and sanctions violations, forfeit $1.256 billion in deferred prosecution agreement', US Department of Justice, December 11, 2012, justice.gov/opa/pr/hsbc-holdings-plc-and-hsbc-bank-usa-na-admit-anti-money-laundering-and-sanctions-violations.

3 'Too big to jail: Inside the Obama justice department's decision not to hold Wall Street accountable', Republican staff of the US House of Representatives' Committee on Financial Services, July 11, 2016, p.43, financialservices.house.gov/uploadedfiles/07072016_oi_tbtj_sr.pdf.

4 Nate Raymond and Lynnley Browning, 'Swiss bank Wegelin to close after guilty plea', *Reuters*, January 4, 2013, reuters.com/article/us-swissbank-wegelin-idUSBRE9020O020130104.

22 사샤와 세바

1 Dechert defence, par 401.2.

2 ENRC amended claim, par 66; Dechert defence, par 174.1. 데케르트 변론

에 언급된 표현 '대규모 공작원(extensive operatives)'은 '대규모 작전(extensive operations)'의 오기로 보인다.

3 ENRC complaint, par 88.

4 ENRC complaint, par 66, Dechert's defence, par 146.4.b.

5 Dechert defence, par 16.

6 ENRC complaint, par 130.

7 Dechert defence, par 258.2.c.

8 Dechert defence, par 399.

9 예를 들면, Christopher Thompson, 'Dalman in threat to quit ENRC board', *Financial Times*, April 10, 2013, ft.com/content/b5af4c1c-a1fc-11e2-ad0c-00144fea.

10 2016년 8월 9일 저자는 ENRC의 전 회장 메흐메트 달만(Mehmet Dalman)에게 전화를 걸어 마슈케비치와 모길레비치와의 관계에 대해 알고 있는 바가 무엇인지 물었다. 달만은 둘의 관계에 대해 알고 있는 것이 있기는 하지만, 지금은 기차 안이라고 답했다. 저자는 8월 11일 다시 한 번 그에게 전화를 걸었고 마슈케비치와 모길레비치의 관계에 대해 이야기를 나눌 수 있었다. 달만의 이야기는 이랬다. "그 누구도 그 이름[모길레비치]과 얽히고 싶어 하지 않을 겁니다. 제가 거기[ENRC] 있을 때 그 사람을 만난 적은 없어요. 우린 항상 다른 곳에서 움직였거든요. (……) 우리는 그들[마슈케비치와 모길레비치]이 그냥 아는 사이를 넘어 실제로 만남을 가지곤 했었다는 사실을 알고 있었습니다. (……) [두 사람이 어디에서 만났냐는 질문에] 모나코에서요. (……) 알고 싶지 않았습니다." 달만은 어느 단계에 이르자 마슈케비치와 모길레비치 사이에 문제가 생겼었다는 주장도 했다. 이 책을 출판하기에 앞서 2020년 4월 18일, 몇 가지 사실 확인을 위해 저자는 다시 한 번 달만에게 연락을 했다. 질문 내용은 이랬다. 마슈케비치는 달만이 자신과 모길레비치와의 관계를 인지하고 있다는 사실을 알고 있었는가. 달만은 이러한 사실을 영국 경찰이나 당국에 알렸었는가. 달만은 입장이 달라졌다고 말했지만 공개는 거부했다.

마슈케비치와 모길레비치의 관계에 대한 다른 정보원들의 증언도 있다.

스콧 호턴(Scott Horton)은 6개 국가와 〈포춘〉 선정 500대 기업 중 다수 회사에서 반부패 고문과 조사관으로 활동한 법률학자이자 변호사이다. 그는 저자에게

2005년부터 2007년까지 전 FBI 특수요원 밥 레빈슨을 고용해 자신을 도와 러시아 범죄 관련 업무를 수행하게 했다고 말했다. 밥 레빈슨은 러시아 조직범죄에 관한 한 FBI 최고 전문가로, 세묜 모길레비치가 연루된 것으로 의심되는 우크라이나의 에너지 계약 조사(로스우크르에네르고 사건)에서 스콧 호턴의 조사를 지원했다. 호턴은 이때 레빈슨과 함께 모길레비치의 비즈니스 관계에 대해 의견을 주고받았으며, 레빈슨은 FBI에서 근무하면서 본 자료를 바탕으로 마슈케비치가 모길레비치를 중요한 "자금 관리자"로 모셨고 두 사람은 프랑스 남부에서 정기적인 만남을 가졌다는 사실을 알게 되었다는 이야기를 들었다고 했다.

마크 갈레오티(Mark Galeotti)는 마야크 정보 컨설팅 회사(Mayak Intelligence consultancy) 이사이자 러시아 조직범죄에 대한 최고 전문가 중 한 명으로 여러 해 동안 구소련의 갱단, 법집행기관, 정보기관과 광범위하게 접촉해 온 인물이다. 그는 영국 정부에 자문을 제공했으며 영국 의회 외교 위원회 및 나토 의회에 증거를 제출하기도 했다. 그는 저자에게 다음과 같이 말했다. "마슈케비치가 모길레비치 네트워크의 일부이거나 일부였을 거라고 우리 정보원들 사이에서는 어느 정도 합의가 있었습니다. 모길레비치 네트워크는 검은 수첩이라고 불렸는데 특히 런던을 통해 돈을 이동시키는 일에 관련된 것이었죠."

11   저자가 가지고 있는 두 건의 비공개 문서에는 90년대 중반 세묜 모길레비치에 대해 알고 있던 여러 첩보기관들의 정보가 담겨 있다. 하나는 1996년 5월에 작성된 유라시아 조직범죄의 위협에 대한 FBI의 평가이고, 다른 하나는 1994년 11월 러시아, 독일, 이탈리아 및 미국 사법 당국 관계자 간 '실무 그룹 회의' 후 작성된 모길레비치와 그의 조직에 대한 보고서이다. 이 보고서는 FBI 파일, 미국 정보기관, 체코 정보기관, 우크라이나 정보기관, 이탈리아 반마피아 경찰, 헝가리 경찰이 제공한 정보를 토대로 작성됐다. 또한 이 보고서는 고 로버트 프리드먼(Robert Friedman) 기자가 모길레비치에 대해 폭로한 몇 가지 사실들에 근거하며 같은 내용이 프리드먼의 책 《레드 마피아》에서 모길레비치에 대해 다룬 장('세계에서 가장 위험한 갱스터')에도 실려 있다. 이것은 1998년 CIA가 감청한 통화에서 모길레비치가 10만 달러의 생명보험 계약을 체결했다는 프리드먼의 보도가 정확하다는 증거이다. 모길레비치는 1999년 BBC 〈파노라마〉 프로그램과의 인터뷰에서 이를 부인했다. 프리드먼은 잠적했다가 이후 다시 일을 재개했다(그는 2002년에 자연사했다). 다음도 참고하라. Raymond Bonner with

Timothy L. O'Brien, 'Activity at bank raises suspicions of Russia mob tie', *New York Times*, August 19, 1999, nytimes.com/1999/08/19/world/activity-at-bank-raises-suspicions-of-russia-mob-tie.html. 브레이니 돈에 대한 여기에서의 설명은 다음을 기초로 작성되었다. 두 개의 법집행 문서, 레드 마피아, FBI의 러시아 범죄 전문가 밥 레빈슨이 1997년 미국 법집행기관과 모길레비치와의 인터뷰를 바탕으로 작성한 비공개 보고서, 'The Billion Dollar Don'에서 톰 망골드(Tom Mangold)가 진행한 모길레비치와의 인터뷰 녹취록, Panorama, 1999, news.bbc.co.uk/hi/english/static/audio_video/programmes/panorama/transcripts/mogalevich.txt, 끝으로 모길레비치의 세계를 잘 아는 믿을 만한 정보통들과(몇몇은 모길레비치와 직접 만난 적도 있다고 했다) 저자가 나눈 인터뷰.

12　밥 레빈슨은 1997년 미 법집행기관이 모길레비치와 진행한 인터뷰에서 모길레비치가 버시타인을 "가까운 친구"로 언급했다고 적고 있다.

13　글레니(Glenny)의 책, 《맥마피아(*McMafia*)》 5장을 보라. 1994년에 모인 법집행 공무원 실무 그룹 보고서에 따르면 모길레비치는 조직의 안식처 역할을 했던 이스라엘을 통해 마약과 돈을 운반했다. 보고서는 모길레비치와 그의 부하 다수가 취득한 이스라엘 여권의 출처는 2009년 모스크바에서 암살된 사업가이자 KGB 스파이인 샤브타이 칼마노비치(Shabtai Kalmanovich)였다고 주장한다. 모길레비치의 수석 재정 보좌관이었던 이고르 피셔맨(Igor Fisherman)도 이스라엘 여권을 취득했다. 사샤 마슈케비치는 아내의 개종 사실 입증을 위해 이스라엘 최고 랍비에게 30만 달러의 뇌물을 준 혐의로 검찰에 기소되었다. Sharon Pulwer, 'Corruption trial of Israel's former chief rabbi begins', *Haaretz*, March 10, 2016, haaretz.com/israel-news/.premium-corruption-trial-of-israel-s-former-chief-rabbi-begins-1.5416101.

14　트랜스월드의 회계장부와 경영진에 접근할 수 있었던 〈포춘〉 기자 리처드 베하(Richard Behar)는 1997년 350만 달러가 뉴욕 은행의 트랜스월드 계좌에서 베넥스라고 불리는 유령회사의 계좌로 송금되었다는 사실을 발견했다. 1993년과 1998년 사이에 또 다른 유령회사 일리스 매니지먼트(Ilis Management)는 트랜스월드로부터 5000만 달러를 받았다. 베하르는 베넥스가 러시아로부터 돈을 빼내 오는 수단이었고 일리스는 러시아로 돈을 옮기는 수단이었다고 결론 내렸다. 미국과 캐나다 수사 당국은 베넥스와 일리스가 모길레비치의 가짜 북미법인 YBM 마그

넥스를 통해 돈을 세탁한 회사 두 곳임을 밝혀냈다. Behar, *Capitalism*.

15 루번 형제가 고용한 변호사들이 저자의 사실 확인 질문에 보낸 답변.

16 Friedman, *Red Mafiya*, p.205.

17 Raymond Bonner, 'Reputed Russian mobster denies tie to laundering, and takes umbrage', *New York Times*, September 11, 1999, nytimes. com/1999/09/11/world/reputed-russian-mobster-denies-tie-to-laundering-and-takes-umbrage.html.

18 미하일로프는 저자와의 인터뷰에서 그가 "매우 탁월한 사업가"라고 칭한 세묜 모길레비치와 사업을 했다는 사실을 확인해 주었다. 그는 그들이 함께했던 "국제 무역"에 대해 언급했다. "우리가 벨기에에서 신발을 대량으로 구입해 러시아로 가지고 들어와 팔았던 것으로 기억합니다." 그는 덧붙였다. "내가 모길레비치와 함께 일했던 지역에서 그것은 완전히 합법적인 일이었지요." 로버트 프리드먼은 그의 책 《레드 마피아》에서 첩보 파일을 인용해 미하스가 모길레비치의 핵심 기업 중 하나인 아르바트 인터내셔널(Arbat International)의 지분을 보유하고 있으며 또 다른 회사 마그넥스 2000(Magnex 2000)에서 부책임자를 역임했고, 미하스의 부인은 세 번째 회사를 관리했다고 썼다. Robert Friedman in *Red Mafiya*, pp.207-9, 프리드먼은 모길레비치와 솔른체프스카야가 러시아 박물관과 교회에서 도난당한 예술품과 골동품을 몰래 빼돌리고 최고급 보석을 위조하기 위해 결탁했다고도 적었는데, 이 사실은 모길레비치에 대한 법집행 보고서에 나와 있다고 주장했다. 보고서는 미하일로프가 "솔른체프스카야의 범죄 수익을 위한 돈세탁 채널을 구축하기 위해 모길레비치에 의지하고 있다"고 언급했다. 저자는 미하일로프에게 이러한 위험한 사업 중 몇 가지에 대해 물었다. 그는 자신이 모길레비치에게 그저 "공급자"였을 뿐이었다고 말하려는 것 같았다. 무엇을 공급했느냐는 질문에 그는 "예비 부품"이라고 말했다. 부품 용도를 묻는 질문에는 이렇게 답했다. "이것으로 우리의 사업이 시작됐죠." 그는 더 이상 상세한 설명은 하고 싶어 하지 않았다.

19 모길레비치에 대한 '실무 그룹' 보고서.

20 Richard Dawkins, *The Selfish Gene*, Oxford University Press, 1976, p.244.

21 South East Regional Crime Squad report on Operation Sword, November 10, 1995.

22 Operation Sword report; 'The Billion Dollar Don'.

23 Friedman, Red Mafiya, pp.212-24; Alan A. Block and Constance A. Weaver, *All is Clouded by Desire*, Praeger, 2004, pp.158-62. YBM 마그넥스 사건에서 제기된 기소 내용을 바탕으로 작성된 2009년 지명수배 명단 상위 10건 중 모길레비치의 범죄 활동에 대한 FBI의 개요, archives.fbi.gov/archives/news/stories/2009/october/mogilevich_102109.

24 모길레비치에 대한 '실무 그룹' 보고서. Friedman, *Red Mafiya*, p.213.

25 Timothy L. O'Brien, 'Bank settles US inquiry into money laundering', *New York Times*, November 9, 2005, nytimes.com/2005/11/09/business/bank-settles-us-inquiry-into-money-laundering.html.

26 Bonner, 'Reputed Russian mobster'.

27 Friedman, *Red Mafiya*, p.212.

28 Ibid., p.202.

29 Ibid., p.211.

30 1986년 유출된 자료에는 모길레비치의 현재 범죄 행각과 과거 유죄 판결이 기재되어 있으며 그가 한 공무원과 "접촉"을 해 왔다고 적혀 있다.

31 Friedman, *Red Mafiya*, p.210.

32 Levinson's reports of the US law enforcement meetings with Mogilevich; Barry Meier, *Missing Man*, Farrar, Straus and Giroux, 2016, p.59.

33 Friedman, *Red Mafiya*, p.211.

34 Glenny, McMafia, pp.87-9; Friedman, *Red Mafiya*, pp.215-16; transcript of Tom Mangold's interview with Mogilevich for 'The Billion Dollar Don', Panorama, 1999.

35 Roman Olearchyk, Haig Simonian and Stefan Wagstyl, 'Energy fears highlight trade's murky side', *Financial Times*, January 9, 2009.

36 'USG concerns over Austrian banking operations', cable sent by US embassy in Austria on February 17, 2006, later published by WikiLeaks, wikileaks.org/plusd/cables/06VIENNA515_a.html.

37 Andrew E. Kramer, 'Ukraine gas deal draws attention to secretive importer', *New York Times*, February 1, 2006, nytimes.com/2006/02/01/business/

worldbusiness/ukraine-gas-deal-draws-attention-to-secretive.html.

38 'Ukraine: Firtash makes his case to the USG', December 10, 2008, later published by WikiLeaks, wikileaks.org/plusd/cables/08KYIV2414_a.html. 전문에는 피르타시와 나눈 대화에 대한 대사의 기록이 들어 있다. "그는 사업을 시작하려면 모길레비치의 승인이 필요했다며 러시아의 조직범죄 인물인 세묜 모길레비치와의 관계를 인정했다. 피르타시는 자신이 사업제국을 건설하면서 단 한 건의 범죄도 저지른 적이 없지만, 외부인들은 소련 붕괴 이후 우크라이나를 지배했던 무법천지 시대를 여전히 이해하지 못했다고 주장했다"

39 피르타시 대리인들과 저자가 주고받은 연락들, 2020. 그들은 이렇게 말했다. "공개적으로도 개인적으로도 보도를 통해서도 피르타시 씨는 자신이 모길레비치 씨를 알고는 있지만, 그와 어떠한 파트너십이나 다른 상업적 관련이 없다고 여러 번 진술했습니다."

40 저자가 피르타시 대리인들에게 모길레비치와 피르타시 사이에 명백히 관계가 있던 것 아니냐는 질문을 보내자 대리인들은 정보회사 크롤(Kroll)을 위시해 라이파이젠 은행 직원들이 "피르타시 씨에 대한 철저하고 상세한 실사"를 수행했는데, 실사 결과 "피르타시 씨가 범죄자나 범죄 활동과 관련이 없음을 확인"했다는 답장을 받았다. 그러나 저자는 크롤 보고서의 초안을 본 적이 있는데, 피르타시의 대리인들은 판결에 이의를 제기하지 않았다. 이는 피르타시의 회사들이 모길레비치와 여러 가지 연줄로 얽혀 있었음을 보여 준다.

피르타시의 대리인들은 피르타시가 1990년대에 옛 소련공화국인 투르크메니스탄에 상품을 공급했었다는 것을 확인해 주었다. 투르크메니스탄 정부는 대가로 천연가스를 지급했다. 더 정확히 말하면 천연가스는 이고르 마카로프(Igor Makarov)로 불리는 사업가가 소유한 이테라(Itera)라는 러시아 회사에 지급되었다. 이테라는 러시아를 가로질러 우크라이나와 유럽까지 파이프를 연결해 이들 국가에 가스를 팔았다. 이테라는 피르타시가 투르크메니스탄에 공급한 상품에 대해 대금을 지불하면서 삼각관계를 완성했다. 대금지불 창구로 하이록(Highrock)이라는 이름하에 일련의 회사들이 설립되었고 이들 모두 소유권을 비밀리에 유지할 수 있는 장소에 등록되었다. 크롤이 모길레비치와의 연관성을 발견한 곳은 이들 하이록 회사들 중 하나였다.

하이록 자산회사는 물물교환과 관련된 지불을 담당하는 수단이었다. 피르타시는 이테라에게 가스를 주는 대가로 투르크메니스탄에 상품을 공급했다. 하이록 자산회사는 2000년 영국령 버진아일랜드에서 설립되었다가 텔아비브에서 설립된 같은 이름의 다른 회사로 교체되었다. 하이록 자산회사 소유로 하이록 홀딩이라는 이름의 지주회사도 2001년 키프로스에서 설립되었다.

회사 설립 대부분은 마카로프의 변호사 올가 슈나이더(Olga Shnayder)가 맡았다. 크롤 보고서에 따르면 올가 슈나이더는 영국령 버진아일랜드 소속 하이록 자산회사 이사직을 수행하면서 하이록 홀딩을 설립했다. 크롤의 조사관들은 그녀가 모길레비치의 대리인 역할을 했으며 모길레비치가 설립한 모스크바의 고급 상조회사 리추얼 서비스(Ritual Service)의 창립 주주로도 일했다고 보고했다. (리추얼 서비스 사무실을 통해 슈나이더와 접촉할 수 있었지만 그녀는 자신이 회사의 소유주라는 사실을 부인했다. 그녀는 마카로프와 모길레비치 중 어느 쪽이 자신의 고객인지를 말하는 것은 "변호사와 의뢰인 사이의 비밀유지특권 위반"이 될 것이라고 말했다.) 텔아비브 하이록 자산회사의 설립을 마무리 지은 사람은 이스라엘 변호사 지브 고든(Zeev Gordon)이었다. 고든은 〈파이낸셜타임스〉 기자에게 자신은 모길레비치를 "고객이자 친구"로 여기지만 모길레비치가 하이록 관련 인사인지 여부에 대해서는 아는 바가 없다고 말했다.

크롤 보고서에 따르면 가스 거래 수익을 받은 기업 피라미드에서 최상위 기업인 하이록 홀딩의 소유권은 3개로 분할되었다. 3명의 실소유자 이름은 차명 뒤에 숨어 있었다. 피르타시는 크롤 조사관에게 차명 뒤에 숨은 회사 소유자들의 실명을 제공했다. 첫 번째 회사는 피르타시 자신이 경영자였고, 두 번째 회사는 모길레비치와 관련 있는 올가 슈나이더가 설립했는데 이 회사의 이사는 모길레비치의 아내라는 것이 크롤 조사관에 의해 밝혀졌다. 마지막 세 번째 하이록 홀딩 역시 슈나이더가 설립한 것으로 되어 있으나 이 회사의 이사로 등재된 사람은 모길레비치의 아내와 같은 주소에 올라 있는 한 여성의 친척이었다.

피르타시는 크롤 수사관에게 "많은 사람이 마카로프가 모길레비치와 상업적 거래를 했을 것으로 추정해 왔다"고 말했다. 게다가 크롤 보고서에는 1999년 러시아 언론이 마카로프의 회사 이테라가 우크라이나 가스 거래 대리인으로 세르게이 미하일로프를 이용했다는 내용도 들어 있다. 미하스로도 알려진 미하일로프는 저자에게 당시 솔른쳅스카야 범죄조직의 두목으로 널리 알려졌으며 이후 모길레비치와 거래를 했다는 사실을 확인해 주었다.

그럼에도 불구하고 크롤 보고서는 피르타시가 마카로프와 파트너십 관계에 있을 때 하이록 홀딩 "설립의 세세한 사항에 관심"이 없었고 소유주가 누구인지에 대한 "상세한 내용을 알지" 못했다고 기록하고 있다. 다시 말해 피르타시가 악명 높은 조직범죄 집단의 두목 모길레비치와 사업상 거래를 하는 것으로 널리 추정됐음에도 불구하고 정작 이들 회사에 근무하는 자신의 파트너들에 대한 정체를 알지 못했다고 주장했던 셈이다.

또한 피르타시는 2006년 〈파이낸셜타임스〉와의 인터뷰에서 마카로프가 하이록 회사의 합병을 주선했다고 말했다. 그러나 마카로프는 〈파이낸셜타임스〉 기자에게 "자신과 이테라 모두 하이록에 어떠한 경제적 관심도 없었고 하이록이나 그 모회사 설립에 어떠한 역할도 맡지 않았다"고 말했다. (마카로프는 모길레비치와의 관련성 또한 부인했다.)

피르타시와 모길레비치의 친척 및 관계자가 소유권을 공유하는 회사를 수익성 높은 가스 거래 수익금의 전달 통로로 이용하도록 한 하이록 협정은 하이록 홀딩이 설립된 2001년 1월부터 거의 3년간 유지되었다. 크롤 보고서에 따르면 이 협정은 2003년 12월에 종료되었으며 이때 피르타시는 마카로프와 결별한 후 하이록 홀딩에서 주주들을 차례로 정리했는데 피르타시의 대리인들은 이를 "퇴출"이라고 불렀다.

피르타시는 가격을 후려쳐 가스 거래 사업에서 마카로프를 밀어냈다. 이제 피르타시는 중앙아시아에서 가스를 상품과 교환하는 물물교환뿐만 아니라 가스를 직접 운송하고 판매하는 일까지 직접 관장했다. 피르타시는 소유권 대부분을 자신이 가지고 있는 새로운 회사, 에우랄트랜스가스(Eural Trans Gas)를 통해 이 일을 했다. 그러나 2002년 12월부터 2004년 초까지 회사 지분 4분의 1을 소유한 사람은 모길레비치의 친구이자 변호사인 지브 고든이었다. (모길레비치는 에우랄트랜스가스에 관여한 바 없다는 것이 피르타시와 고든 모두의 주장이었다.)

2005년 블라디미르 푸틴의 오랜 동료 알렉세이 밀러(Alexey Miller)가 이끄는 러시아 국영 가스회사 가스프롬의 경영진은 에우랄트랜스가스 소유주들이 통제하는 가스 운송 거래에 대한 이권을 부여받아야 한다고 주장했다. 가스프롬이 끼어들면서 시작한 새로운 사업은 로스우크르에네르고라 불렸다. 하이록에 대한 저자의 질문에 대해 피르타시 대리인은 "피르타시 씨가 푸틴과 크렘린의 대리인이라는 주장은 똑같이 거짓"이라고 강박적으로 덧붙였다.

다음도 참고하라. Tom Warner, 'Key man in Ukraine gas dispute faces questions', *Financial Times*, July 13, 2006, ft.com/content/29f06170-12a2-11db-aecf-0000779e2340; Glenn R. Simpson, 'US probes possible crime links to Russian natural-gas deals', Wall Street Journal, December 22, 2006, wsj.com/articles/SB116675522912457466.

41 'Russia frees crime boss wanted by US', *Reuters*, July 27, 2009, reuters. com/article/us-russia-crime/russia-frees-crime-boss-wanted-by-u-s-idUSTRE56Q0JT20090727.

42 'FBI top ten most wanted fugitive: Semion Mogilevich', October 21, 2009, archives.fbi.gov/archives/news/stories/2009/october/mogilevich_102109.

43 Friedman, *Red Mafiya*, pp.210-11; Alain Lallemand, 'Le diplomate belge serait intervenu en faveur de Semion Mogilevich: L'ambassadeur Cahen a-t-il aidé un mafieux russe?' *Le Soir* (Belgium), September 4, 1999, lesoir.be/art/le-diplomate-belge-serait-intervenu-en-faveur-de-semion_t-19990904-Z0H6UA.html; 'Mogilevich's friends', Intelligence Online, November 18, 1999, intelligenceonline.com/threat-assessment/1999/11/18/mogilevich-s-friends,70281-bre.

44 레빈슨 보고서.

45 알렉산드르 리트비넨코는 모길레비치가 러시아 정보기관과 맺고 있는 관계에 대해 자신이 알고 있는 바를 러시아 조직범죄에 대한 이탈리아 조사에서 말했다. Letter to the Mitrokhin Commission, undated, litvinenkoinquiry.org/files/2015/04/INQ018922wb.pdf. 또 다른 전직 KGB 담당자는 저자와의 인터뷰에서 모길레비치의 역할을 확인해 주었다. 리트비넨코는 또한 모길레비치와 푸틴의 관계에 대해 의견을 나눈 테이프를 만들어 놓기도 했다. 이 테이프는 리트비넨코가 살해된 후 공개되었다. Lyndsey Telford, Edward Malnick and Claire Newell, 'Is this Alexander Litvinenko's beyond the grave attack on Putin?', *Daily Telegraph*, January 23, 2015, telegraph.co.uk/news/uknews/law-and-order/11364724/Is-this-Alexander-Litvinenkos-beyond-the-grave-attack-on-Putin.html. 미국에 망명을 요청한 전 KGB 장교 유리 슈베츠(Yuri Shvets)는, 알렉산더 리트비넨코의 죽음에 대한 영국의 조사에 증거를 제출

하면서 푸틴과 모길레비치 관계의 출발점에 대해 설명했다. 'Report on Igor Sechin', undated, litvinenkoinquiry.org/files/2015/07/INQ015691.pdf.

46 Dechert defence, par 401.2.

23 러빙 컵

1 FCA 인증 부서의 인허가 부문 책임자 제임스 볼리(James Borley)가 부서원들에게 보낸 이메일, 2013년 2월 11일.

2 저자는 나이절과 관련된 사건의 핵심을 FCA에 넘겼다. 대변인은 다음과 같이 말했다. "유감스럽게도 우리는 당신이 질문하는 어떤 사실도 확인하거나 부인할 수 없습니다."

3 Jeffrey Sachs, 'Reckless Caymans playing with fire', *Financial Times*, May 7, 2013, ft.com/content/ff5b2b4c-b34f-11e2-b5a5-00144feabdc0.

4 Miles Johnson and Dan McCrum, 'Hedge funds: California calls time', Financial Times, September 19, 2014, ft.com/content/6772a1b2-3ff2-11e4-a381-00144feabdc0.

5 Lindsay Fortado, George Parker, Martin Arnold and Caroline Binham, 'Martin Wheatley resigns as chief of Financial Conduct Authority', *Financial Times*, July 17, 2015, ft.com/content/61f867fa-2c76-11e5-8613-e7aedbb7bdb7.

6 나이절 월킨스의 런던 시티 선거 전단지, 2013년 3월 21일.

24 정상성 추정

1 납치에 대한 설명은 알마 샤라바에바(Alma Shalabayeva)의 2013년 6월 22일 진술과 저자와 알마 사이에 있었던 통신, 저자가 피터 살라스, 마디나 아블랴조바, 일리야스 크라푸노프와 했던 인터뷰를 바탕으로 했다.

2 Ruling of the Spanish Supreme Court in Pavlov's case, February 23, 2015.

3 살라스는 아블랴조프가 중앙아프리카공화국의 대통령을 만나 경제개혁에 대한 자문역을 해 주기로 합의했다고 말했다. 그 자리에서 아블랴조프와 그의 가족은 가명으로 된 외교 여권을 발급받았다.

4 Interpol alert, Astana to Rome, May 31, 2013.

5 포틀랜드 측은 이 사건에 대해 "이러한 변경은 부정확한 부분을 바로잡고 (······)

아블랴조프의 사기 행위에 대한 진실을 왜곡하기 위해 계획된 것"이라고 말했다. 포틀랜드 측은 "우리는 변경 작업을 하면서 근원을 속이거나 숨기려는 어떠한 시도도 하지 않았다"고 말했다. 그러나 조작 정황이 발견된 후, 위키피디아 창립자가 포틀랜드 사를 방문했으며 위키피디아의 '최신 규정'을 직원들에게 교육하였다.

6   마디나 아블랴조바 인터뷰.

25 합법적인 거지소굴

1   일리야스 크라푸노프 인터뷰.

2   피터 살라스 인터뷰.

3   카자흐스탄의 혐의 주장으로 스위스에서 소송이 시작되자 크라푸노프 가의 변호사들은 일리노이대학교 법학대학 피터 B. 매그스 교수에게 의뢰해 전문가 증거 보고서를 제출했다.

4   일리야스 크라푸노프 인터뷰.

5   베이록 발표.

6   이 사업 파트너는 어니스트 메네스(Ernest Mennes)였다. 그는 베이록과 세이터를 상대로 한 소송에서 이 같은 주장을 펼쳤으며, 이 소송은 한동안 공개되었다가 봉인되었다. 메네스는 그와 세이터가 지금은 "아주 좋은 관계"를 유지하고 있다고 저자에게 말했다. 다음을 보라. Timothy L. O'Brien, 'Trump, Russia and a Shadowy Business Partnership', *Bloomberg*, June 21, 2017, bloomberg.com/opinion/articles/2017-06-21/trump-russia-and-those-shadowy-sater-deals-at-bayrock.

7   베이록 발표, 일리야스 크라푸노프 인터뷰.

8   일리야스 크라푸노프 인터뷰.

9   칼 레빈 상원 상임 조사 소위원회 전 참모장 겸 수석 고문 엘리스 빈(Elise Bean)과의 인터뷰, Washington, DC, 2017.

10   Tom Burgis, 'US prime property is magnet for illicit wealth, warns Treasury', *Financial Times*, February 23, 2017, ft.com/content/3b1b583e-f9ea-11e6-bd4e-68d53499ed71.

11   Nathan Layne, Ned Parker, Svetlana Reiter, Stephen Grey and Ryan McNeill,

'Russian elite invested nearly $100 million in Trump buildings', *Reuters*, March 17, 2017, reuters.com/investigates/special-report/usa-trump-property.

12 Sergio N. Candido, 'Safe found at Pablo Escobar house in Miami Beach will be kept in bank vault — for now', *Miami Herald*, January 26, 2016, miamiherald.com/news/local/community/miami-dade/miami-beach/article56514733.html.

13 TripAdvisor review, tripadvisor.co.nz/ShowUserReviews-g4153940-d6621406-r207257074-Pangea_Island_Market_Grill-St_Johns_Florida.html.

14 4866 요트 베이슨 드라이브 및 기타 재산에 대한 플로리다 중부 지방법원 잭슨빌 지부의 미국 정부 몰수 소송은 접수된 고소를 변경했다. March 18, 2015, star.worldbank.org/corruption-cases/sites/corruption-cases/files/Toure_MDFLA_Amended%20Complaint_Mar2015.pdf, and settlement, February 1, 2016, worldbank.org/corruption-cases/sites/corruption-cases/files/Toure_MDFLA_Settlement%20Agreement_02012016.pdf. 다음도 보라. Burgis, *The Looting Machine*, chapter 5.

15 2009년 3월 17일 뉴욕 남부 지방법원, 미국 대 무르시아 구즈만 외 재판 기소장을 보라.

16 Ned Parker, Stephen Grey, Stefanie Eschenbacher, Roman Anin, Brad Brooks and Christine Murray, 'Ivanka and the fugitive from Panama', *Reuters*, November 17, 2017, reuters.com/investigates/special-report/usa-trump-panama. 트럼프 오션 클럽 파나마를 거친 검은 돈에 대한 질문에 트럼프 조직의 대변인은 저자에게 이렇게 말했다. "트럼프 오션 클럽이 파나마의 유닛 소유주, 개발자, 판매자는 아니다. 무르시아와 우리의 관계는 종료됐고 순전히 브랜드와 경영상의 합의였다. 우리는 오너나 개발자가 아니었기 때문에 유닛 판매를 통제하지도 않았고 구매자와의 정기적 거래도 없었다."

17 Tom Burgis, 'Dirty money: Trump and the Kazakh connection', *Financial Times*, October 19, 2016, ft.com/content/33285dfa-9231-11e6-8df8-d3778b55a923.

18 소셜 뉴스 웹사이트 레딧(Reddit)에 아이디 clykins46가 게재한 글, reddit.com/r/deadmalls/comments/b50806/tricounty_mall_springdale_ohio/.

19 뉴욕 남부 지방법원에 제출된 알마티와 BTA 대 세이터 외 기소장, assets. documentcloud.org/documents/5780579/BTA-Bank-v-Felix-Sater.pdf, pars 183-193.

20 FBME 대변인은 저자에게 은행 직원들은 그 돈이 아블랴조프의 돈이라는 것을 몰랐고 당시 FBME가 할 수 있었던 어떤 실사로도 그 자금이 아블랴조프의 것이라는 사실을 밝히지 못했을 것이라고 말했다.

21 SingHaiyi, 'About us — board of directors', singhaiyi.com/directors.html. 저자는 닐 부시에게 이메일을 보내 세이터와의 거래에서 그가 맡은 역할과 그가 대리한 투자자들이 왜 세이터 후원자들의 1.5배나 되는 돈을 지불했는지에 대해서 질문했다. 그로부터 온 첫 답장은 이렇다. "나는 펠릭스 슬레이터(Sater는 자신의 성을 이렇게 바꿔 썼다)를 만난 적이 없으며 트라이카운티 몰이 사적으로 거래된 것이 아니라 보안관 경매에서 팔린 것으로 알고 있다. 나는 이전 주인이 누구인지, 쇼핑몰에 얼마를 지불했는지 모른다." 저자는 세이터에게 이에 대해 질문했다. "그가 완전히 잘못 생각하고 있는 거예요. 우리는 아주 즐겁게 저녁 식사를 한 적도 있습니다. 닐 부시는 그때 뉴욕 소니 빌딩에 있는 식당, 솔로(Solo)를 아주 좋아했습니다. 심지어 우리는 비슷한 시기에 TXOil이라는 다른 회사에서 거래를 한 적도 있습니다. 거기에서도 나는 마찬가지 조언을 했습니다. 우리가 [트라이카운티] 부채를 안고 경매를 시작했는데 어떻게 그쪽이[싱하이(SingHaiyi)] 우리랑 거래를 안 할 수 있었겠습니까. 또 어떻게 그가 이사로 있던 중국 회사[싱하이]의 파트너들이 뉴욕에 와서 저와 함께 산피에트로라는 식당에서 저녁을 먹고 거래를 마무리 지었겠습니까. 닐 부시가 그 사람들을 제게 소개시켜 주었죠. 모든 사람이, 특히 대통령의 사람들과 가족들은 저를 잊은 것 같습니다. 저를 기억 못 하나 봐요." 닐 부시에게도 같은 질문을 했다. "기억을 되살리려고 이메일을 다시 확인했습니다. 세이터와 주고받은 메일에서 2011년 9월 셋째 주 같이 저녁 식사를 했다고 나옵니다. 단 한 번, 유일한 저녁 식사였습니다. 그 뒤로도 세이터는 컬럼비아 프로젝트[sic]에 관한 정보를 보내고 카자흐스탄 석유 프로젝트에 대해 이야기 했습니다. 나는 그중 어느 것도 밀고 나가지 않았습니다. 지금은 그의 얼굴도 생각나지 않습니다."

22 일리야스 크라푸노프 인터뷰.

23 일리야스 크라푸노프 인터뷰, 알마티와 BTA 대 세이터 외 소송, 페텔린은 자신

의 변호사를 통해 답변 거부를 알려 왔다.

24 일리야스 크라푸노프, 알마티 시 외 대 무흐타르 아블랴조프 외 소송에서 캐서
린 H. 파커 판사의 주문과 의견, 뉴욕 남부 지방법원, 2019년 7월 3일, p.6.

25 트레포 윌리엄스 인터뷰.

26 위험 허용한도

1 영국 건강관리 유한책임회사(Health Management Ltd)의 제프 언쇼(Geoff Earnshaw)
박사가 수행한 나이절 윌킨스에 대한 직업 건강 평가, 2013년 8월 2일.

2 FCA의 인증 책임 이사 빅토리아 라페(Victoria Raffed)가 나이절 윌킨스에게 보
낸 서한, 2013년 6월 18일.

3 나이절 윌킨스의 고용 심판소 주장에 대한 FCA의 답변, 2015년 4월 30일.

4 영국 건강관리 유한책임회사의 M. J. 포브스(Forbes) 박사가 수행한 직업 건강
평가, 2014년 6월 18일.

27 더블

1 Chris Belfield, Jonathan Cribb, Andrew Hood, Robert Joyce, *Living
Standards, Poverty and Inequality in the UK: 2014*, Institute for Fiscal
Studies, July 2014, ifs.org.uk/uploads/publications/comms/r96.pdf.

2 Rowena Mason, 'Chancellor says more cuts on way in "year of hard
truths"', *Guardian*, January 6, 2014, theguardian.com/politics/2014/jan/06/
george-osborne-more-cuts-year-hard-truths.

3 이벤트 콘셉트 사 홍보 비디오, eventconcept.co.uk/case-studies/projects/
60th-birthday-party.

4 William MacNamara and Alison Smith, 'Tensions deepen for ENRC as two
directors dismissed', *Financial Times*, June 9, 2011.

5 카자흐스탄 정부에 ENRC 매수에 대해 자문역을 해 준 로스차일드 은행 소속
로저 에와트 스미스(Roger Ewart Smith)가 카이라트 켈림베토프에게 2013년 6월
14일 보낸 서한.

6 피터 맨덜슨이 2013년 5월 19일 카이라트 켈림베토프에게 보낸 서한.

7 'Response of the Independent Committee of the Board of Eurasian Natural

Resources Corporation plc to the Offer for ENRC by Eurasian Resources Group BV', August 8, 2013, investegate.co.uk/eurasian-natural-res—enrc-/rns/response-to-offer/201308081504283057L.

8 로저 에와트가 카이라트 켈림베토프에게 보낸 서한 및 여타 공식문서들, 2013년 12월 9일.

9 카자흐스탄 정부를 위한 로스차일드 측의 프레젠테이션, 2013년 10월 17일.

10 Gil Shefler, 'Kazakh tycoon plans pro-Israel TV network to rival Al-Jazeera', Jerusalem Post, April 8, 2011.

28 시스템

1 "이 문제들로 제 마음은 무겁게 짓눌렸습니다." 나이절은 2014년 8월 14일 FCA에서 그의 상관들에게 이메일을 보냈다. 같은 시기, 상관들은 나이절의 행적에 대해 조사를 벌이고 있었다.

2 The 2011-12 issue of *Banking & Finance Monaco* names Khofiz Shakhidi among the senior vice presidents of BSI Monaco, p.107, zyyne.com/pdf;6303.

3 Shaxson, *Treasure Islands*, p.105; Nick Shaxson, 'The Bahamas tax haven — a (re-)emerging global menace?', Tax Justice Network, September 8, 2016, taxjustice.net/2016/09/08/bahamas-tax-haven-emerging-global-menace; interview with Bahamas private banker.

4 Paul Hooper, 'Margate mum Emma Truscott jailed for receiving nearly £55,000 in illegal benefits', Kent Online, November 18, 2014, kentonline.co.uk/thanet/news/mum-jailed-for-55k-benefit-27124.

5 Richard Brooks, *The Great Tax Robbery*, Oneworld, 2014, pp.201=5; Tom Burgis and Vanessa Houlder, 'HMRC: The taxman cometh', Financial Times, August 20, 2015, ft.com/content/3fa2fd16-42bd-11e5-b98b-87c7270955cf.

6 Nigel Wilkins email to intelligence officer at the Financial Services Authority, December 11, 2008.

7 Disciplinary Investigation Report, p.24.

8 'Who's the criminal?', *Economist*, February 14, 2013, economist.com/special-

report/2013/02/14/whos-the-criminal.

9   Steve Slater, 'I'm the right person to fix HSBC, says CEO Gulliver', *Reuters*, March 9, 2015, uk.reuters.com/article/uk-hsbc-tax-politics/im-the-right-person-to-fix-hsbc-says-ceo-gulliver-idUKKBN0M51ME2015030.

10 나이절 윌킨슨이 2014년 6월 24일 FCA의 제임스 앤더슨과 앤드루 프리먼에게 보낸 이메일.

제3부 변태

29 정복

1   Ray Furlong, 'The changing story of Russia's "Little Green Men" invasion', Radio Free Europe/Radio Liberty, February 25, 2019, rferl.org/a/russia-ukraine-crimea/29790037.htm.

2   Ibid..

3   세르게이 미하일로프 인터뷰.

4   MacKinnon, 'Searching for Boris Birshtein'.

5   Charles Clover, 'Questions over Kuchma's adviser cast shadows', *Financial Times*, October 30, 1999. 버시타인은 쿠치마나 그의 측근들에게 돈을 송금한 사실을 부인했다. 그는 스위스나 벨기에의 수사에서 돈을 준 혐의와 더 광범위한 돈세탁 혐의를 받았지만 그 어떤 죄목도 유죄 판결을 받지 않았다.

6   모길레비치 인터뷰에 대한 레빈슨 보고서.

7   MacKinnon, 'Searching for Boris Birshtein'.

8   저자가 입수한 바에 따르면 2016년 4월 7일 그의 전 파트너인 에두아르드 시프린을 상대로 제기한 중재 청구에서 슈나이더는, 책에 기술한 대로 자포리스탈의 매각과 관련된 사건들을 설명했다. 더 자세한 내용은 저자가 입수한 2017년 6월 9일 시프린이 답변한 목격자 진술에서 도출되었고 두 사람 모두 잘못을 부인했다. 슈나이더는 〈파이낸셜타임스〉에 서한을 보내 입장을 밝혔다. 'An article littered with "ifs" and "possibilities"', August 24, 2018, ft.com/content/63b2e102-a553-11e8-8ecf-a7ae1beff35b. 이 책이 출판되기 전 슈나이

더의 변호인단은 저자에게 그가 자포리스탈 매각으로 러시아 관리들에게 리베이트를 제공했는지를 조사하기 위해 법률회사에 돈을 지불한 것이라고 말했다. 법률회사는 슈나이더 변호인단이 제출한 보고서 개요에 따라 슈나이더가 리베이트를 주지 않았다고 결론내렸다. 변호인단은 비밀유지계약을 제외한 보고서 전체에 대해 제공을 거부했다.

9   Michael Posner: 'The invisible man', *Globe and Mail*, May 27, 2005, theglobeandmail.com/report-on-business/rob-magazine/the-invisible-man/article18228210.

10   시프린 목격자 진술.

11   시프린 목격자 진술, MacKinnon, 'Searching for Boris Birshtein'.

12   'The world's billionaires', *Forbes*, 2010, stats.areppim.com/listes/list_billionairesx10xwor.htm.

13   2018년 키이우에서 진행된 이고르 바카이의 동료들과의 인터뷰.

14   Askold Krushelnycky and Ivan Lozowy, 'Ukraine official "sacked for exposing government fraud"', *Independent*, September 7, 2004, independent.co.uk/news/world/europe/ukraine-official-sacked-for-exposing-government-fraud-40737.html.

15   Tom Warner, 'Dubious dacha sale raises tricky questions over Ukrainians fleeing to Moscow', *Financial Times*, May 6, 2005

16   시프린 목격자 진술.

17   시프린 목격자 진술.

18   Erin Banco, 'Trump envoy Erik Prince met with CEO of Russian direct investment fund in Seychelles', *Intercept*, November 28, 2017, theintercept.com/2017/11/28/blackwaters-erik-prince-met-with-ceo-of-russian-direct-investment-fund.

19   시프린 목격자 진술.

20   슈나이더는 나중에 그의 중재 주장에서 시프린이 "1억 달러를 받기 위한 수단으로 커미션 이야기를 거짓으로 꾸며냈다"고 주장했다. 시프린은 이를 부인했다. 결국 중재가 이루어졌다.

30 개인정보보호

1 '미팅 노트: 나이절 윌킨스, 앤드루 프리먼(Andrew Freeman), 제임스 앤더슨 (James Anderson)', 2014년 6월 25일, 징계 조사 보고서.

2 2014년 6월 20일 FCA가 계약한 민간 의료 회사 관리자와 나이절 윌킨스가 주고 받은 이메일.

3 'A whistleblower's woes', July 19, 2014, economist.com/schumpeter/2014/ 07/19/a-whistleblowers-woes.

4 'Greek bank list editor Costas Vaxevanis acquitted', BBC News, November 1, 2012, bbc.com/news/world-europe-20172516.

5 Patrick Radden Keefe, 'The bank robber', *New Yorker*, May 23, 2016, newyorker.com/magazine/2016/05/30/herve-falcianis-great-swiss-bank-heist.

6 Simon Bowers, 'World unites to decry prosecution of source behind LuxLeaks tax scandal', *Guardian*, December 23, 2014, theguardian. com/world/2014/dec/23/prosecution-source-luxleaks-tax-scandal-letter-luxembourg-auditor-antoine-deltou.

7 Neil Buckley, 'Gunmen claim life of Russia's bank reformer', *Financial Times*, September 15, 2006.

8 저자.

9 징계 조사 보고서.

10 2014년 9월 29일 FCA의 윌리엄 아모스(William Amos)와 그레그 초이스(Greg Choyce)가 나이절 윌킨스에게 보낸 서한.

31 다리

1 Joshua Yaffa, 'The unaccountable death of Boris Nemtsov', *New Yorker*, February 26, 2016, newyorker.com/news/news-desk/the-unaccountable-death-of-boris-nemtsov. 암살에 대한 보다 자세한 내용은 자유를 위한 넴초프 재단이 출판한 넴초프의 변호사, 바딤 프로호로프(Vadim Prokhorov)의 이야기에 서 가져왔다. February 1, 2018, nemtsovfund.org/en/2018/02/investigation-into-boris-nemtsov-s-murder-brief-account-by-vadim-prokhorov. 저자는 프 로호로프와 2018년 인터뷰를 가졌다.

2   Michael Birnbaum, 'Before Nemtsov's assassination, a year of demonization', *Washington Post*, March 4, 2015, washingtonpost.com/world/europe/ before-nemtsovs-assassination-a-year-of-demonization/2015/03/04/ dc8f2afe-c11d-11e4-9ec2-b418f57a4a99_story.html.

3   Julia Ioffe, 'After Boris Nemtsov's assassination, "There are no longer any limits"', *New York Times*, February 28, 2015, nytimes.com/2015/02/28/ magazine/after-boris-nemtsovs-assassination-there-are-no-longer-any-limits. html.

4   Miriam Elder, 'Vladimir Putin "galley slave" lifestyle: palaces, planes and a $75,000 toilet', *Guardian*, August 28, 2012, theguardian.com/world/2012/ aug/28/vladimir-putin-palaces-planes-toilet.

5   Ioffe, 'After Boris Nemtsov's assassination'; Oleg Boldyrev, 'Nemtsov report exposes Russia's human cost in Ukraine', BBC, May 12, 2015, bbc.co.uk/ news/world-europe-32703353.

6   바딤 프로호로프 인터뷰, Yaffa, 'The unaccountable death'.

7   러시아 언론인들과 카디로프의 반대자들은 델리마노프(Delimkhanov)를 체첸 정권의 은밀한 상업적 이익의 핵심 인물로 보고 있다. 넴초프의 친구이자 동료인 반체제 인사 일리야 야신(Ilya Yashin)은 2차 체첸 전쟁 중 델리마노프 (Delimkhanov)가 체첸 석유의 불법 판매를 관리하면서 카디로프를 위한 기금을 조성하는 역할을 했다고 설명했다. 야신 보고서(Yashin's report)를 보라. A Threat to National Security, February 2016, Boris Nemtsov Foundation for Freedom, 4freerussia.org/wp-content/uploads/sites/3/2016/03/A-Threat-to-National-Security.pdf. 2009년 카디로프의 정치적 라이벌 술림 야마다예프 (Sulim Yamadayev)가 두바이에서 살해되었다. 그의 살인자들에 대한 재판에서, 두바이 경찰관은 델리마노프가 살인자들에게 야마다예프 살해를 위해 금도금 권총을 제공했다고 증언했다. 델리마노프가 살인 사건에 연루된 것으로 의심한 두바이 경찰은 그를 인터폴 수배자 명단에 올렸다. (Awad Mustafa, 'Russian MP provided "golden gun" used in Dubai killing, court told', *The National* (UAE), February 2, 2010.) 델리마노프는 살인 사건에 연루되었다는 것을 부인했다. 2014년 미국 재무부는 다국적 조직범죄 연루를 이유로 들어 델리마노프에

게 제재를 가했다. ('Treasury targets leading figures and syndicate of transnational criminal organizations', US Treasury press release, July 2, 2014, treasury.gov/press-center/press-releases/Pages/jl2552.aspx). 델리마노프에 대한 사실 확인 질의와 함께 저자가 체첸 정부 언론 관계자들에게 반복해서 이메일을 보냈지만 아무런 답장을 받지 못했다

8   Kathrin Hille, 'How Chechnya's Ramzan Kadyrov could destabilise Russia', *Financial Times*, August 28, 2018, ft.com/content/c8dadc00-a086-11e8-85da-eeb7a9ce36e4.

9   Liz Fuller, 'Kadyrov's Chechnya appears exempt from Russian funding cuts', Radio Free Europe/Radio Liberty, July 30, 2017, rferl.org/a/caucasus-report-kadyrov-chechnya-exempt-funding-cuts/28648698.html; Yashin, *A Threat*.

10   시프린은 두 사람 사이의 중재 분쟁에 대해서 목격자 진술에 이렇게 썼다. "슈나이더는 우리의 분쟁에 완력을 쓰는 것으로 유명한 체첸인들을 개입시킴으로써 훨씬 더 위험하고 극단적인 강제 수단을 취했다." 저자가 소장하고 있는 사진은 슈나이더가 카디로프의 부관인 아담 델리마노프를 만나는 장면이다. 분쟁이 진행되는 동안 시프린의 변호사는 슈나이더의 대리인을 위한 중개자 역할을 하는 것으로 알려진 랍비가 시프린에게 보냈다는 문자메시지의 사진과 함께 슈나이더에게 편지를 보냈다. 랍비는 슈나이더가 델리마노프의 보좌관 타밀란 메지도프(Tamirlan Mezhidov)에게 접근했다고 주장했다. (identified as such in 'Dubai police accuse lawmaker in Chechen exile's killing', Radio Free Europe/Radio Liberty, April 6, 2009).

11   2017년 아스타나에서 케네스 라키셰프와의 인터뷰, 라키셰프는 쿨리바예프가 "나의 멘토였으며 내게 [sic] 많은 훌륭한 가르침을 주었다"고 말했다.

12   Jake Bernstein, Petra Blum, Oliver Zihlmann, David Thompson, Frederik Obermaier and Bastian Obermayer, 'All Putin's men', *International Consortium of Investigative Journalists*, April 3, 2016, icij.org/investigations/panama-papers/20160403-putin-russia-offshore-network.

13   라키셰프 인터뷰.

14   '케네스 라키셰프가 POG 주주들에게 보낸 서한', 런던 증권거래소에서의 진술, June 21, 2018, investegate.co.uk/fincraft-holdings/rns/kenes-rakishev-

issues-letter-to-pog-shareholders/201806211348151750S.

15 그중 하나가 저자였다.

16 2013년 11월 26일 금제금융공사의 카이 마틴 슈미츠(Kai Martin Schmitz)는 라키
    셰프가 투자했던 회사 넷 엘리먼트(Net Element) 경영진에게 보낸 이메일에서
    다음과 같이 썼다. "저희는 귀사의 사업을 즐거운 마음으로 경청했고 흥미로운
    기회라고 여깁니다. 그러나 유감스럽게도 귀사의 카자흐스탄 출신 투자자는 현
    재 대통령 가족의 자금을 관리하고 있으므로 저희는 (지침에 따라) 그들과 함께
    투자할 수 없습니다. 물론 그들이 그 지역 투자에 있어 최고의 투자자라고 확신
    합니다만 저희는 정치적 노출이 있는 사람들과 함께 투자하는 것이 허용되어
    있지 않습니다." 여기 인용된 라키셰프의 이메일 중 이것과 다른 이메일들은 카
    자워드에서 유출된 것들이다.

17 케네스 라키셰프에게 보낸 앤드루 왕자의 크리스마스카드, 2011, 2012, 2013.

18 2007년 7월, 티무르 쿨리바예프가 서닝힐을 인수하기 직전, 라키셰프와 이메일
    을 주고받았고 서닝힐 매입과 관련하여 당시 앤드루 왕자의 개인 차관보였던
    아만다 서스크(Amanda Thirsk)와도 회의를 가졌다. 그들이 논의한 사항에는 토
    지 계획, 토지 이용권, 보안, 인테리어에 대한 검토가 포함되었다.

19 Daniel Foggo and Jack Grimston, 'Kazakh tycoon's secret deal on Prince
    Andrew's house', *Sunday Times*, February 22, 2010, thetimes.co.uk/article/
    kazakh-tycoons-secret-deal-on-prince-andrews-house-bsm5dbr6ch2. 명백
    하게 부풀려진 가격에 대해 〈메일 온 선데이〉는 후에 이렇게 보도했다. "왕실
    의 한 소식통은 서닝힐 파크에 대해 터무니없이 높은 가격을 제시한 배경에는
    더 높은 가격 제안이 있었기 때문이라고 주장했다. 왜 그 제안이 받아들여지지
    않았느냐는 질문에 소식통은 이렇게 대답했다. '계약을 매우 오래 끌었고 성사
    는 자금 조달 여부에 달려 있었으며 그건 그들이 실제로 제안한 것만큼 간단하
    지 않았다.'" Chris Hastings and Nick Craven, 'Prince Andrew tried to broker
    sale of Crown properties for Kazakh crony who later paid £3 million
    over the asking price for his marital home', *Mail on Sunday*, July 2, 2016,
    https://www.dailymail.co.uk/news/article-3671807/Prince-Andrew-tried-
    brokersale-Crown-properties-Kazakh-crony-later-paid-3million-askingprice-
    marital-home.html.

20 Guy Adams, 'Andrew, a secret deal and a very disturbing conflict of interests', *Daily Mail*, May 20, 2016, dailymail.co.uk/news/article-3601629/Air-Miles-Andrew-secret-deal-behalf-chums-disturbing-conflict-interests-jetsetting-Prince-afford-13million-ski-chalet.html. 저자가 2017년 라키셰프와의 인터뷰 당시 그에게 이 에피소드에 대해 질문하자 그는 이렇게 답했다. "내 친구가 저한테 전화해서 이렇게 얘기했습니다. '이봐, 케네스, 카자흐스탄에서 뭔가를 하긴 한 거야?' 그 사람은 제 친구였죠. 앤드루 왕자였습니다. 앤드루 왕자는 제 친구, 아주 가까운 친구죠. 그 친구가 영국에서 저한테 전화를 걸어서 이런 얘기를 했습니다. '케네스, 그리스의 건설회사 하나가 여기에 관심을 보였어. 자기들이 공사를 하고 싶으니 계약하자고 하더라고. 도와줄 수 있어?' 그래서 제가 말했습니다. '좋아. 자네가 내 친구이니 내가 뭔가를 해야겠지. 내가 뭘 해 줄까?' '그들과 회의 일정을 좀 잡아 줄래?' '좋아. 해 주지. 그런데 누구와의 회의? 예를 들면?' '회사와'". 라키셰프는 미팅을 마련했지만 계약은 불발됐고 그는 수고비도 받지 못했다고 말했다.

21 추후 카디로프의 인스타그램 계정에서 삭제된 게시물로 카자흐스탄 뉴스 사이트 Bnews에 기록되어 있다. web.archive.org/web/20160722140135/http://bnews.kz/en/news/obshchestvo/chechnya_ready_to_give_any_support_to_kazakhstan_in_fight_against_radicals-2016_07_19-1282067.

22 Yaffa, 'The unaccountable death'.

23 Bela Lyauv, 'Galchev reconciled with a friend of Kadyrov', *Vedomosti*, April 12, 2010, vedomosti.ru/business/articles/2010/04/12/galchev_pomirilsya_s_kreditorom.

24 Olga Sichkar and Elena Kiseleva, 'The new creditor restructured Filaret Galchev', *Kommersant*, April 13, 2010, kommersant.ru/doc/1353661. 사실확인을 위한 질문을 하기 위해 저자가 출판 전 크로토프와 그의 동료들을 접촉했으나 답장을 받지 못했다.

25 크로토프, BTA 은행의 고위 임원, BTA의 감사기관 EY의 고위 임원, 그 밖의 관계자들(이들은 아블랴조프의 러시아 자산을 압류함으로써 아블랴조프에 대한 런던 판결을 집행하기 위한 노력을 기울이고 있었다) 사이에 주고 받은 이메일들.

26 변호사를 통한 저자와 라키셰프의 통신, 2020.

27 Interviews with two people with knowledge of the disputes among
    shareholders at Petropavlovsk, a London-listed Russian gold mining
    company in which Rakishev invested

28 'Our Supporters' page on the Clinton Foundation website,
    clintonfoundation.org/contributors-category=%2450%2C001%20to%20
    %24100%2C000&amp%3Bamp%3Bpage=7&page=7.

29 Alexander Weber and Boris Groendahl, 'Aliyev, Kazakh who fell out
    with leader, found hanging', Bloomberg, February 24, 2015, *bloomberg.*
    com/news/articles/2015-02-24/aliyev-found-dead-in-vienna-cell-ahead-of-
    banker-murder-tria.

32 발자국을 남기지 않았네

1 Gina Chon, 'Corporate America's inquisitor-in-chief', *Financial Times*,
   August 10, 2014, ft.com/content/d13c9e52-1f47-11e4-9d7d-00144feabdc0.

2 로버트 배링턴과의 인터뷰.

3 'BSI SA of Lugano, Switzerland, is first bank to reach resolution under
   justice department's Swiss Bank Program', US Department of Justice, March
   30, 2015, justice.gov/opa/pr/bsi-sa-lugano-switzerland-first-bank-reach-
   resolution-under-justice-department-s-swiss-ban.

4 Janet Novack, 'Senate off shore tax cheating report skewers Credit Suisse
   and US Justice Department', *Forbes*, February 25, 2014, forbes.com/sites/
   janetnovack/2014/02/25/senate-offshore-tax-cheating-report-skewers-
   credit-suisse-and-the-u-s-justice-department/#67ed332a1795.

5 George Parker, Caroline Binham and Laura Noonan, 'George Osborne to
   signal end to "banker bashing"', *Financial Times*, June 5, 2015, ft.com/
   content/eb8b6b1a-0b84-11e5-994d-00144feabdc0.

6 Fortado, 'Martin Wheatley'. 〈파이낸셜타임스〉에는 나이절 윌킨스로부터 온
   편지 하나가 실렸다. 편지에는 위틀리의 사임에 대해 다음과 같은 의견이 담
   겨 있었다. "금융감독청장의 사임으로 정부가 얼마나 심각하게 간섭하는지
   드러났습니다." July 21, 2015, ft.com/content/235d0004-2bdc-11e5-acfb-

cbd2e1c81cca.

7   Nicholas Watt, 'UK seeking to ensure Russia sanctions do not harm City of London', Guardian, March 3, 2014, theguardian.com/world/2014/mar/03/uk-seeks-russia-harm-city-london-document.

8   나이절 윌킨스와 금융감독청 사이의 화해 협정, 2015년 9월 3일.

9   T. S. Eliot, *Old Possum's Book of Practical Cats*, Faber and Faber, 1939.

10   나이절 윌킨스의 노트에 있는 내용.

33 승자

1   BTA와 크라푸노프 부부는 뉴욕 소송에서 이 문제를 놓고 거의 2년 동안 싸웠다. 이 싸움은 엄청남 양의 문서를 생산했는데 거기에는 BTA가 2015년 세이터의 유령회사인 리트코(Litco)와 맺은 계약과 그보다 훨씬 더 비밀스러운 다양한 협정이 다수 포함되어 있다. 법률회사 보이스 실러 소속 BTA의 변호인단은 처음으로 세이터가 리트코의 소유주인 것을 알게 된 것은 2018년 9월 중인 녹취록을 통해서였고, 이에 따라 BTA와 알마티는 리트코와의 합의를 취소했으며 세이터에게 중재 청구를 제기하게 되었다고 주장했다. 2020년 5월 19일, 캐서린 H. 파커(Katharine H. Parker) 판사는 보이스 실러 소속 BTA의 변호사들이 크라푸노프의 주장과 달리 증인에게 대가 지불을 금지하는 법을 어기지 않았다고 판결했다. 이는 아카넘의 누구도 보이스 실러 변호사들에게 세이터가 리트코를 소유하고 있다고 말하지 않았기 때문이라고 판사는 결론지었다. 그러나 판사는 또한 보이스 실러 변호사들이 세이터가 리트코의 소유주였을지 여부에 대해 "믿을 수 없을 정도로 부족한 호기심을 보여 주었다"는 의견도 밝혔다.

2   파커 판사는 와히드의 회사 아카넘에서 일하던 변호사 페더 가르스케(Peder Garske)가 세이터의 리트코 소유를 알고 있었다고 말했다. 하지만 그가 사망했기 때문에 "이 정보는 아카넘 내에서 널리 퍼지지 않았다"고 밝혔다. 판사는 또한 "[아카넘의 캘빈] 험프리가 받은 일부 리트코 송장들에 세이터에 대한 언급이 있고 그가 [세이터 변호사와] 세이터 두 사람을 만났다는 점을 감안할 때, 험프리가 리트코의 소유주가 세이터였다는 사실을 전혀 몰랐다는 것에 회의적"이라고 말했다.

3   알마티와 BTA 대 아블랴조프 외 재판에서 세이터의 녹취록.

4   'Notice of finding that FBME Bank Ltd., formerly known as Federal Bank of the Middle East, Ltd., is a financial institution of primary money laundering concern', Financial Crimes Enforcement Network, US Department of the Treasury, July 22, 2014, fincen.gov/sites/default/files/shared/FBME_NOF. pdf. FBME 대변인은 저자에게 이렇게 말했다. "어떤 계좌가 돈세탁에 사용되었는지에 대한 어떠한 증거도 법정에서 제시되지 않았고 핀첸(FinCEN)의 주장의 근거는 사실이라기보다는 추측이었다. FBME 사건은 섬에 있는 시스템 은행들이 광범위하게 자금세탁을 하는 것에 대한 핀첸의 관심을 다른 데로 돌리기 위해 FBME 은행이 키프로스 당국에 의해 희생양이 된 사건이다."

5   알마티와 BTA 대 아블랴조프 외 재판에서 파커 판사의 의견, 2020년 5월.

6   알마티와 BTA 대 세이터 외.

7   부르의 충성이 변했다는 사실을 알고 있는 4명과의 인터뷰. 한 사람은 부르의 변심 동기를 설명해 주었다. 파커 판사의 다음 판결도 보라. December 3, 2018, July 3, 2019 and May 19, 2020 rulings on the Litco question in Almaty et al. v Ablyazov et al..

8   2016년 5월 2일 '니콜라 부르 선언'은 뉴욕 남부 지방법원에서 알마티와 BTA가 아블랴조프 등에 대한 주장의 증거로 제출됐다. 일리야스 크라푸노프는 부르의 진술이 부정확하다고 주장했다.

9   파커 판사의 2018년 12월 판결.

10   푸세르의 변심을 알고 있던 동료 3인과의 인터뷰.

11   Notarised statement by Alina Zaharia, Geneva, November 1, 2016. 험프리는 아카넘의 변호인을 통해 자하리아의 진술에 이의를 제기했으나 어떠한 공식적 언급도 하지 않았다.

12   저자와 캘빈 험프리와의 만남.

13   Ben Schreckinger, 'Inside Donald Trump's election night war room', GQ, November 7, 2017, gq.com/story/inside-donald-trumps-election-night-war-room.

34 성자인가, 죄인인가

1   Maurizio Molinari, 'L'appello di Ablyazov a Letta: "Volevano due ostaggi

da usare contro di me, perch? glieli avete dati?"', *La Stampa*, July 5, 2013, lastampa.it/esteri/2013/07/05/news/l-appello-di-ablyazov-a-letta-1.36069961.

2   'UN human rights experts urge Italy to seek return of illegally deported Kazakh mother and daughter', Office of the United Nations High Commissioner for Human Rights, July 18, 2013, newsarchive.ohchr.org/EN/NewsEvents/Pages/DisplayNews.aspx-NewsID=13559&LangID=E.

3   'Italy storm over expulsion of Kazakh dissident's family', *BBC News*, July 17, 2013, bbc.com/news/world-europe-23340652.

4   Elisabetta Povoledo, 'Deportation of Kazakhs frays Italy's government', *New York Times*, July 18, 2013, nytimes.com/2013/07/19/world/europe/deportation-of-kazakhs-frays-italys-government.html.

5   비당사자 레스퍼블리카(Respublika) 및 LLC 미디어 컨설트(LLC Media-Consult)가 카자흐스탄에서 예비 금지 명령을 명확하게 한다는 명목으로 일고 있는 움직임에 지지를 보내기 위해 작성한 법률 각서, v Does 1-100, August 4, 2015, eff.org/files/2015/08/04/respublika_mpa_clarification.pdf.

6   캘리포니아 북부 지방법원의 카자흐스탄 대 무라트베크 케테바예프(Muratbek Ketebaev) 손해배상 및 가처분 신청, January 18, 2017, courthousenews.com/wp-content/uploads/2017/01/Kazakh.pdf.

7   David Greene and Karen Gullo, 'Kazakhstan's exploitation of flawed US law to censor Respublika finally ends, in cautionary tale about CFAA abuse', Electronic Frontier Foundation, January 19, 2017, eff.org/deeplinks/2017/01/kazakhstans-exploitation-flawed-us-law-censor-respublika-finally-ends-cautionary.

8   Asset Return Consultants, BTA Bank, November 27, 2014; 'Changes to SFO funding arrangements', Serious Fraud Office, April 19, 2018, sfo.gov.uk/2018/04/19/changes-to-sfo-funding-arrangements.

9   하월의 역할에 대한 자세한 내용은 2017년 4월 아스타나에서 마라트 베케타예프(Marat Beketayev)와 그에 대해 알고 있는 또 다른 인물과의 인터뷰, 그리고 그가 보고한 리드스미스 변호사가 작성한 메모에서 나온다.

10 Helen Warrell, 'David Cameron leads trade mission to Kazakhstan', *Financial Times*, June 30. 2013, ft.com/content/17a0a358-e1a4-11e2-b796-00144feabdc0.

11 리드스미스의 클로에 카스웰(Chloe Carswell)이 카자흐스탄 법무부 관료 마라트 베게타예프에게 보낸 이메일, February 21, 2014. 이 이메일은 카자워드에 유출되었으며 후에 〈르텝(*Le Temps*)〉(스위스)에서에서 출판되었다. letemps.ch/sites/default/fi les/media/2015/06/16/3.0.1129743681.pdf. Th e expert at the Swiss NGO that FTI proposed to use for its project said he turned down the offer. Tom Burgis, 'Spies, lies and the oligarch', Financial Times, September 28, 2017, ft.com/content/1411b1a0-a310-11e7-9e4f-7f5e6a7c98a2.

12 론 와히드와의 인터뷰.

13 아카넘 보도자료.

14 론 와히드와의 인터뷰.

15 RJI Capital blurb on British Polo Day website, web.archive.org/web/20160405031043/https://www.britishpoloday.com/partners/rji-capital.

16 전 RJI 캐피털 운전기사의 LinkedIn 입력 리스트, linkedin.com/in/mathew-macdonald-4059064b/.

17 저자와의 인터뷰에서 론 와히드는 아카넘 프로젝트 '랩터'가 아블랴조프 사건을 위한 아카넘의 작업 일부라는 사실을 부인하지 않았다.

18 크라푸노프 가족과 그들의 변호사가 2016년 4월 8일 스위스 연방범죄법원에 낸 소송, 마디나 아블랴조바 인터뷰.

19 피터 살라스가 패트릭 로버트슨과 나눈 문자메시지 대화 공증 사본.

20 패트릭 로버트슨의 회사 월드 PR 홈페이지, worldpr.org/patrick-robertson-ceo.php.

21 Nick Hopkins, 'Two sides line up for action after Pinochet ruling', *Guardian*, March 23, 1999, theguardian.com/world/1999/mar/23/pinochet.chile; Nick Cohen, 'Aitken admits: "One more scandal and I'm finished"', *Independent*, June 18, 1995, independent.co.uk/news/aitken-admits-one-more-scandal-and-im-finished-1586933.htm.

22 Sarah Sands and Victor Sebestyen, 'The ruthless rise of Aitken's error-prone PR', *Evening Standard*, June 21, 1995.

23 피터 살라스 인터뷰.

24 2014년 1월 31일 '피터 리지'가 중개인을 통해 카자흐스탄 법무부 관료 마라트 베게타예프에게 보낸 이메일.

25 'Patrick Robertson Is on Seeking Arrangements', *The Dirty*, September 10, 2015, gossip.thedirty.com/gossip/london/patrick-robertson-is-on-seeking-arrangements/#post-2106189.

26 월드 PR과 BTA 은행 사이의 계약, 2014년 4월 29일.

27 'L'extradition vers la Russie de l'opposant kazakh Moukhtar Abliazov a été validée par Paris', *Le Monde*, October 12, 2015, lemonde.fr/police-justice/article/2015/10/12/l-extradition-vers-la-russie-de-l-opposant-kazakh-moukhtar-abliazov-a-ete-validee-par-paris_4788076_1653578.html.

28 Pierre-Antoine Souchard, 'Un ex-oligarque kazakh, un avocat français et des écoutes mystérieuses', *Le Nouvel Observateur*, April 2, 2014, nouvelobs.com/societe/20140402.OBS2348/un-ex-oligarque-kazakh-un-avocat-francais-et-des-ecoutes-mysterieuses.html; Agathe Duparc, 'L'oligarque kazakh Abliazov dénonce une justice française à l'écoute de Moscou', *Mediapart*, February 14, 2016, mediapart.fr/journal/international/140216/loligarque-kazakh-abliazov-denonce-une-justice-francaise-lecoute-de-moscou.

29 'Avis à victime', Serge Tournaire to Mukhtar Ablyazov, December 5, 2016.

30 'Portrait: Bernard Squarcini', *Le Nouvel Observateur*, June 27, 2007, nouvelobs.com/societe/20070627.OBS3999/portrait-bernard-squarcini.html.

31 Agathe Duparc, 'Des mails secrets de Squarcini relancent le scandale LVMH', *Mediapart*, November 14, 2016, mediapart.fr/journal/france/141116/des-mails-secrets-de-squarcini-relancent-le-scandale-lvmh.

32 Thomas E. Carbonneau, *The Political Offense Exception as Applied in French Cases Dealing with the Extradition of Terrorists*, 4 Mich. Y.B. Int'l Legal Stud. 209 (1983), elibrary.law.psu.edu/cgi/viewcontent.cgi?referer=&httpsredir=1&article=1274&context=fac_works.

33 José María Irujo's reporting for *El País*, most recently '¿Quién robó el iPhone del opositor kazajo Alexander Pavlov?', October 31, 2014, elpais. com/politica/2014/10/31/actualidad/1414761557_416890.html.

35 미래

1 Nigel Wilkins, 'City's importance is oft overstated', *Financial Times*, August 8, 2016, ft.com/content/ebe2a4ea-5a50-11e6-9f70-badea1b336d4.

2 이 기자는 저자였다.

3 Tom Burgis, 'Dark money: London's dirty secret', *Financial Times*, May 11, 2016, ft.com/content/1d805534-1185-11e6-839f-2922947098f0.

4 Tom Burgis and Maggie Fick, 'Nigerian president hits back after Cameron gaffe', *Financial Times*, May 11, 2016, ft.com/content/3532d2de-1760-11e6-b197-a4af20d5575e.

5 저자와 반부패 활동가와의 인터뷰. 다음도 보라. Caroline Binham, 'UK drops out of top 10 in global anti-corruption rankings', *Financial Times*, January 29, 2019, ft.com/content/8d1a2474-224e-11e9-b329-c7e6ceb5ffdf.

6 Caroline Binham and Naomi Rovnick, 'City watchdog probed over property fund collapse', *Financial Times*, December 5, 2016, ft.com/content/36ed6802-bace-11e6-8b45-b8b81dd5d080; Nigel Wilkins, email to the author, December 13, 2016.

36 과거 없는 남자

1 꼬리날개에 M-AAAL이라는 글자가 쓰인 전용기의 비행 기록. 이 비행기는 알렉산드르 마슈케비치 소유로 널리 알려져 있다. 이를테면 유하 케스키넨(@MacFinn44)의 트위터나 마슈케비치의 슈퍼요트 팬 페이지에 올라온 글을 참고하라. Machkevitch, superyachtfan.com/superyacht_lady_lara.html.

2 Banco, 'Trump envoy Erik Prince'.

3 Shane Harris and Karoun Demirjian, 'Congressional Democrats examine Erik Prince's statements on 2017 Seychelles meeting for possible perjury', *Washington Post*, April 20, 2019, washingtonpost.com/world/national-

security/congressional-democrats-examine-eriks-prince-statements-on-2017-seychelles-meeting-for-possible-perjury/2019/04/19/b7f888da-62cb-11e9-9412-daf3d2e67c6d_story.html.

4   *Euro-Asian Jewish Yearbook 2008?2009*, Moscow, 2009, p.16.

5   Tim Wallace, Karen Yourish and Troy Griggs, 'Trump's inauguration vs Obama's: Comparing the crowds', *New York Times*, January 20, 2017, nytimes.com/interactive/2017/01/20/us/politics/trump-inauguration-crowd.html-module=inline.

6   'Statement by Press Secretary Sean Spicer', US government, January 21, 2017, whitehouse.gov/briefings-statements/statement-press-secretary-sean-spicer.

7   출판 전 저자는 한나에게 이 책에서 언급한 그에 대한 중요한 사실들을 모두 목록으로 만들어 보냈다. 그의 변호사들로부터 답장이 왔다. 그들은 "많은" 점들이 "응답할 가치가 없다"고 썼다. 다른 것도 그렇지만, 한나는 여기서 "제시된 부정행위에 대한 주장을 단호히 부인한다"고 말했다. 변호사들은 각 사건에서 어떤 지점을 언급하고 있는지 설명하지 않았으며 각 사건들을 특정하지도 않았다.

8   ENRC 아프리카 광산 매니저 론 허니(Ron Honey)와의 2019년 전화 인터뷰. 한나의 전 동료 및 한나와 만난 적이 있는 사람들과의 인터뷰.

9   예컨대 ENRC의 2010년 연례 보고서, p.60, kase.kz/files/emitters/GB_ENRC/gbenrcf6_2010.pdf.

10   론 허니 인터뷰.

11   Dechert defence, par 349.

12   Dechert defence, par 329.1.a.

13   Suzi Ring, 'Ex-ENRC Africa boss interviewed by UK prosecutor in bribe case', *Bloomberg*, September 9, 2016, bloomberg.com/news/articles/2016-09-09/ex-enrc-africa-boss-interviewed-by-u-k-prosecutor-in-bribe-case.

14   Ibid..

15   한나의 사업 동료 및 ENRC 고문과의 인터뷰.

16   Dechert defence, par 204.

17 Dechert defence, pars 204.3, 215.3, 223, 306.3, 327.1, 364.4-5 and 390.4. 저
자는 출판 전, 마차도에게 사실 확인을 위해 팩트체크 리스트를 보냈다. 그는 라
우텐바흐와 실제로 "동료"였다는 점을 제외하고는 "모든 것이 거짓"이라고 말하
면서 구체적인 질문에 대한 답변을 거부했다.

18 Dechert defence, pars 345 and 364.4. 론 허니는 라우텐바흐가 마차도라는 이
름을 가명으로 사용했다는 것을 확인해 주었다.

19 'Commission Regulation (EC) No 77/2009 of January 26, 2009 amending
Council Regulation (EC) No 314/2004 concerning certain restrictive
measures in respect of Zimbabwe', European Commission, eur-lex.
europa.eu/legal-content/EN/TXT/-uri=uriserv:OJ.L_.2009.023.01.0005.01.
ENG&toc=OJ:L:2009:023:FULL; 'Treasury Designates Mugabe Regime
Cronies', US Department of the Treasury, November 25, 2008, treasury.gov/
press-center/press-releases/Pages/hp1295.aspx-mod=article_inline.

20 2009년 9월 ENRC는 주식시장에 성명서를 발표하면서 "국제 제재 입법의 적
용 가능성과 관련된 문제"를 언급했는데 이어 "이 문제들은 영국 재무부와 논의
중에 있다"고 말했다. 영국의 시민단체 '권리와 의무(Rights and Accountability in
Development: Raid)'의 운동가들은 몇 년째 재무부에 논의 결과가 무엇인지를 질
문하고 있는데 재무부도 몇 년째 그들에게 대답하지 않고 있다. Raid의 운동가
들은 뇌물 사건에 대한 그들의 노력을 가장 순수한 형태로 보고서에 기록했다.
그들은 이 사건을 정보 재판소에 제소했지만 결국 명확한 답변을 듣는 데 실패
했다. 2015년 6월 26일 재무부의 제재 및 대테러 자금 조달 부서의 책임자인 피
터 메이든(Peter Maydon)의 대폭 수정된 목격자 진술에 따르면 재무부는 Raid의
정보 요청을 거부하기 위해 '영국의 해외 이익 증진 또는 보호'를 위시한 다양한
면제 조항을 들먹였다고 한다.

21 한 영국 재무부 대변인이 저자에게 말했다. "유감스럽게도 개별 기업이나 사례
에 대해서는 말씀드릴 수가 없습니다."

22 Dechert defence, pars 204.3, 215.3, 223, 306.3-4, 327, 338.1.a, 364, 381.2.

23 론 허니 인터뷰, Dechert defence, par 390.4.

24 론 허니 인터뷰.

25 Dechert defence, pars 390, 398. 잠비아 정부 대변인은 이 혐의에 대해 언급을

거부했다. 저자는 웹스톡에게 문자를 보냈으나 답장을 받지 못했다.

26   Dechert defence, pars 8, 18.3, 38.2, 59, 138, 215.3, 250.1.b, 326, 356.2, 362, 366.3, 381.3, 390.5.

27   Cynthia O'Murchu and Christopher Thompson, 'Cloud hangs over ENRC's purchase of Zambian assets', *Financial Times*, May 10, 2013, ft.com/content/83f06402-b806-11e2-bd62-00144feabdc0.

28   Ibid..

29   ENRC는 1억 9000만 달러에 데지타(Dezita) 시굴권을 사들였다.(ENRC 2011 half-year results, August 17, 2011, investegate.co.uk/eurasian-natural-res—enrc-/rns/half-yearly-report/201108170700124917M). 판매자는 레거시 산업 유한책임회사(Legacy Industries Limited)로만 확인되었다('Acquisition of shares in Camrose Resources Limited and certain subsidiaries: Circular to ENRC Shareholders and Notice of General Meeting', ENRC, December 7, 2012). ENRC의 2013년 연례 보고서에 따르면(p.82, beta.companieshouse.gov.uk/company/06023510/filing-history) 데지타의 가치는 1억 4500만 달러에 이른다. 그 후 2018년, 스위스 법원은 ENRC 조사 관련 스위스 은행 기록에 대한 영국 중대사기수사국(SFO)의 요청에 따라 판결을 내렸으며 증거 일부를 공개했다. SFO 측에 따르면 ENRC는 데지타의 자산가치를 감정받기도 전에 인수 대금으로 영국령 버진아일랜드 회사에 1억 9500만 달러를 지불했다. 3년 후 이루어진 데지타의 감정 평가 결과 그 가치는 기껏해야 770만 달러, 적게는 20만 달러(또는 ENRC가 지불한 금액의 0.1퍼센트) 정도인 것으로 밝혀졌다. 스위스의 판결문에는 SFO가 제출한 서류로부터 또 다른 세부사항을 기록하고 있다. 즉 인수 직전에 ENRC가 지불해야 할 가격이 3억 달러에서 1억 9500만 달러로 설명 없이 감소했다는 것이다. SFO는 ENRC의 이사회가 승인할 수 있는 상한선이 있기 때문에 2억 달러 아래로 맞춘 것 아니냐고 의심했다. (스위스에서는 소송에 관련된 어떤 회사도 이름으로 식별되지 않는 것이 관례이다. 그러나 판결문에 언급된 인수는 2011년에 1억 9500만 달러에 이루어진 것으로 묘사되어 있는데 그해 ENRC 연례 보고서에서 언급한 유일한 거래인 데지타 매수 액수와 일치한다.) Ruling of the Swiss Federal Criminal Court, November 7, 2018, bstger.weblaw.ch/pdf/20181107_RR_2018_3.pdf.

30   ENRC의 2011년 보고서에 따르면(investegate.co.uk/eurasian-natural-res--enrc-/

rns/final-results/2012032107002674177Z), 2011년 12월, ENRC는 마우리티우스의 에르스테 자원 SA(Erste Resources SA of Mauritius)를 2억 9500만 달러에 매입하는 데 동의했다. 이 회사는 버진아일랜드에 소재한 루비오 홀딩스(Rubio Holdings) 소유였다. 이들 역외회사는 6개월 전 소유권이 숨겨진 곳에 설립되었다(Open Corporates, opencorporates.com/companies/mu/C103845; Panama Papers, off shoreleaks.icij.org/nodes/10154463). 루비오 홀딩스는 콩고니(Kongoni)라 불리는 남아프리카 망간 채굴회사의 최대 소유주였다. 2013년 연례 보고서에 따르면 ENRC는 이 회사가 전망했던 것보다 이제 그 가치가 떨어졌다고 발표했다. 자산가치가 지불한 금액보다 6400만 달러나 적어서 소유하는 것만으로도 손해를 보고 있다는 것이다. 보고서에 따르면 "물가의 하락 압력 때문에" 손해가 발생했다. 망간 가격은 ENRC가 콩고니를 매입한 후 4분의 1 수준으로 떨어졌고, 이는 다른 망간 채굴업체들도 마찬가지였다(US Geological Survey, 2014 manganese report, s3-us-west-2.amazonaws.com/prd-wret/assets/palladium/production/mineral-pubs/manganese/mcs-2014-manga.pdf; for example, 'South32 reports $1.7B H1 loss on writedowns in manganese and coal', Reuters, February 24, 2016, cnbc.com/2016/02/24/manganese-writedowns-push-south32-to-17-billion-half-year-loss.html). 그러나 콩고니가 지질학적으로 유망하지 못하다는 것을 알고 있던 안드레 베커는 더 큰 질문을 제기했다. 애초에 왜 ENRC는 콩고니를 위해 그렇게 많은 돈을 지불했는가?

31 저자는 출판 전 잘못된 부분이 있는지 물어보기 위해 그를 다룬 주요 부분을 보냈다. 거틀러의 변호사들은 상세한 설명 없이 내용의 대부분이 잘못됐다고 주장했다. 각 부분에 대한 소스는 다음을 보라. Burgis, *The Looting Machine*, chapter 2.

32 *Report of the Panel of Experts on the Illegal Exploitation of Natural Resources and Other Forms of Wealth of DR Congo*, United Nations Security Council, April 12, 2001, pars 50-51, reliefweb.int/report/democratic-republic-congo/report-panel-experts-illegal-exploitation-natural-resources-a.

33 Burgis, *The Looting Machine*, chapter 2.

34 Augustin Katumba Mwanke's posthumously published memoir, *Ma Vérité*, EPI Nice, 2013, p.208.

35 Och-Ziff statement of facts, US Department of Justice, September 29, 2016, justice.gov/opa/file/899306/download, par 31.

36 *Equity in Extractives*, Africa Progress Panel, 2013, pp.48?58, annexes 1-2, reliefweb.int/sites/reliefweb.int/files/resources/relatorio-africa-progress-report-2013-pdf-20130511-125153.pdf; Bloomberg's extensive coverage, including Franz Wild, Vernon Silver and William Clowes, 'Trouble in the Congo: The misadventures of Glencore', *Bloomberg Businessweek*, November 16, 2018, bloomberg.com/news/features/2018-11-16/glencore-s-misadventure-in-the-congo-threatens-its-cobalt-dreams; Tom Burgis, 'Why Glencore bought Israeli tycoon out of Congo mines', *Financial Times*, March 13, 2017, ft.com/content/8c4de26e-0366-11e7-ace0-1ce02ef0def9

37 Dechert defence, par 381.4.a.ii.

38 *Equity in Extractives*, Africa Progress Panel; Burgis, *The Looting Machine*, chapter 2.

39 Dechert defence, par 432.2.a.

40 Dechert defence, par 324.3.c.

41 Dechert defence, pars 21-23, 329, 392, 397, 400, 401, 404.

42 Ring, 'Ex-ENRC Africa boss'.

43 Och-Ziff deferred prosecution agreement, US Department of Justice, September 29, 2016, par 31, justice.gov/opa/fi le/899306/download.

44 오크-지프의 사실 진술에는 "DRC 파트너"라는 인물이 등장한다. 이 인물은 12단락에서 "콩고민주공화국의 다이아몬드 및 광물 채굴 산업에 상당한 관심을 가진 이스라엘 사업가"로 묘사된다. 이 묘사와 일치하는 사람은 거틀러 외에는 없으며, 사실의 진술에 나와 있는 더 자세한 내용을 보면 그의 신원을 확인할 수 있다.

45 'DRC Official 2'에 대한 오크-지프 진술 25단락을 보면 카탕가주 주지사 출신으로 "DRC Official 1"의 최측근으로 묘사되고 있다. 카툼바는 카빌라의 오른팔로서 카빌라의 궁정에 합류하기 전에 카탕가 주지사였다.

46 오크-지프 사실 진술, par 60.

47 오크-지프가 미국 법무부와 합의한 바는 다음과 같다. "여기서 확실한 사실은

[검찰이] 수사를 통해 제3자로부터 입수하여 오크-지프에게 기술한 정보에 기초하고 있다."

48 오크-지프는 사실 진술 35단락에서 다음과 같이 말하고 있다. "2010년 8월 20일경, 광산회사 1이 회사 B의 지분 50.5퍼센트를 인수했다." 2010년 8월 20일, ENRC는 런던 증권거래소에 거틀러의 회사 중 하나인 캠로즈의 지분 50.5퍼센트를 인수하기로 합의했다고 발표했다. 'Acquisition of 50.5 per cent of the Shares of Camrose Resources Limited', investegate.co.uk/eurasian-natural-res--enrc-/rns/acquisition/201008201532344192R.

49 Dechert defence, 301.4.c 단락은 한 SFO 조사관의 다음과 같은 말을 인용하고 있다. "지참인불 어음을 사용했다는 것은 돈세탁을 했다는 것과 다름 없다."

50 Jonny Hogg, 'Death of Kabila deal-maker leaves void in Congo', *Reuters*, February 13, 2012, reuters.com/article/congo-democratic-katumba/death-of-kabila-deal-maker-leaves-void-in-congo-idUSL2E8DD5L22.

51 안드레 베커의 죽음에 대한 클레멘트 잭슨의 조사 보고서.

52 2019년부터 2020년까지 요하네스버그에서 전화로 진행된 베커의 친구들 및 지인들과의 인터뷰.

53 베커의 동료 및 광산 업체 인사들과의 인터뷰, 클레멘트 잭슨 조사 보고서. 베커는 이전 소유자인 아마리 자원(Amari Resources)에서 일하는 동안 콩고니 채굴의 지질학적 평가를 감독했다.

54 클레멘트 잭슨 조사 보고서, 베커와 대화를 나누었던 광산업계 인사들과의 인터뷰.

55 이 계획에 대해 고먼이 이야기했던 사람과의 인터뷰.

56 2019년부터 2020년까지 요하네스버그에서 전화로 진행된 고먼의 동료 및 지인과의 인터뷰.

57 베델과 스트라이돔의 동료 및 지인과의 인터뷰.

58 이에 대해 베델과 이야기를 나누었던 인물과의 인터뷰.

59 SFO의 조사에 대해 알고 있는 두 사람과의 인터뷰.

60 비공개 인터뷰.

61 스트라이돔은 ENRC 자회사, 콩고 코발트 주식회사(Congo Cobalt Corporation: CCC)에서 총괄 관리자로 일했다. Simon Goodley, 'Two former colleagues

at mining giant ENRC found dead in US hotel', *Guardian*, May 15, 2015, theguardian.com/business/2015/may/15/former-colleagues-mining-giant-enrc-found-dead-us-hotel-business. ENRC에서 CCC를 통해 라우텐바흐로 가는 돈의 흐름은 데케르트 변론(Dechert defence)에 설명되어 있다, pars 306.3-4, 327.1, 338.1.a, 345, 364.5, 381.2.a.

62 베델과 스트라이돔의 마지막 날 일정은 정보의 자유 요청에 따라 공개된 스프링필드 당국과 질병통제예방센터(CDC) 사이에서 주고받은 사건에 대한 비밀 인터뷰와 이메일을 바탕으로 하고 있다

63 베델과 스트라이돔 검시 보고서, CDC 이메일, 스프링필드 경찰서 사건 보고서.

64 마이클 바덴이 제시한 사망 사건에 대한 보고.

65 비공개 인터뷰

66 Dechert defence, 257.4 단락에 따르면, 매코믹은 "아프리카에서 ENRC가 상당한 비용을 들여 고용한 컨설턴트"였다.

67 론 허니 인터뷰.

68 Dechert defence, par 381.2.b

69 Dechert defence, 259단락에 서술된 바에 따르면 매코믹은 계약에 대한 문서 증거에도 불구하고 제라드 팀과의 인터뷰에서 짐바브웨의 ENRC에 어떠한 서비스도 제공하지 않았다고 부인했다. 매코믹은 저자에게 이렇게 말했다. "내게 했던 모든 질문들에 정직하게 공개적으로 답변했습니다."

70 저자는 해당 사건을 맡은 스프링필드 경찰 조사관 브라이언 A. 스미스(Brian A. Smith)와 ENRC가 고용한 그 지역 법률회사 소속 에리카 미너리치(Erica Mynarich) 사이에서 주고받은 이메일들을 입수했다. 이 이메일들은 카버(Carver), 캔틴(Cantin), 그랜섬(Grantham)의 정보 자유 요구에 따라 공개되었다. 이 이메일 중 하나에서 스미스는 다음과 같이 쓰고 있다. "가족들이 매코믹 씨에게 비밀번호를 알려주지 않으면 전화기에서 데이터를 검색할 수 없습니다." 이어지는 이메일에서 미나리치는 스미스에게 전화기 비밀번호를 보낸다. 매코믹 혹은 다른 누가 이 비밀번호를 받았는지는 불명확하다. 매코믹은 저자에게 자기는 비밀번호를 입수하지 못했고 그 사람들이 비밀번호를 입수했다는 것도 당연히 몰랐다고 말했다.

71 비공개 인터뷰.

72 2019년부터 2020년까지 저자와 당시 그린 카운티 검시관이었던 제프 하키 간의 이메일.

73 하키 박사는 검시 보고서에 다음과 같이 적었다. 실험실에서 혈액샘플에 대한 몇 가지 검사를 하는 동안 "소변과 유리액(있을 경우)에 대한 독성학적 검사 결과는 보고되지 않았다." 하키 박사는 저자에게 바덴 박사는 추가적인 "중금속" 독성 실험을 의뢰했지만, 어떤 결과도 얻지 못했다고 말했다.

74 Jasmine Bailey, public affairs officer for the Springfield Police Department, telephone conversations and emails with the author, October 2019.

75 바덴과의 전화 인터뷰, 2019.

76 하키와 마이클 바덴 사이에 주고받은 이메일과 전화 인터뷰.

77 비공개 인터뷰.

78 저자는 하키와 바덴에게 샘플 관리의 연속성에 대해 반복해서 질문했지만 대답은 듣지 못했다. CDC 이메일 중에는 최소한 일부 샘플이 지역 병원의 냉동실에 보관되어 있다는 것을 암시하고 있는 메시지가 포함되었으나 그것들이 안전하다는 암시는 없었다.

79 CDC 이메일.

80 2015년 6월 23일 CDC 직원, 병리학자 켈리 키팅(Kelly Keating)이 동료에게 보낸 이메일.

81 'Cause of May hotel deaths confirmed', Springfield Police Department, updated on June 22, 2015, web.archive.org/web/20160315225535/https://www.springfi eldmo.gov/civicalerts.aspx-AID=1139.

82 CDC 이메일, 비공개 인터뷰.

83 비공개 인터뷰.

84 두 사람이 보낸 메시지 사본은 그린 카운티 검시관 사무실로 보내졌다가 그 후 CDC로 보내졌는데, 이 사본은 정보공개의 자유에 관한 이메일에 언급되었다, 비공개 인터뷰.

85 런던 위생열대의학 대학원 말라리아 병리학과 부교수 샘 와스머(Sam Wassmer)의 사례 자료 분석, 2020, lshtm.ac.uk/aboutus/people/wassmer.sam. 와스머는 두 사람이 같은 모기에 물렸어도 면역 반응이 달라 진행 시간이 다를 수 있다고 덧붙였다.

86 2015년 6월 24일 CDC 말라리아 연구소장인 존 반웰(John Barnwell)이 동료들에게 보낸 이메일.

87 론 허니 및 베델과 스트라이돔의 또 다른 동료들과의 인터뷰.

37 끝나다

1 그렌펠 화재에 대한 설명은 그렌펠 타워 조사에 대한 바버라 레인(Barbara Lane)과 니암 닉 대이드(Niamh Nic Daeid)의 전문가 보고서에 근거한다. grenfelltowerinquiry.org.uk; David D. Kirkpatrick, Danny Hakim and James Glanz, 'Why Grenfell Tower burned: Regulators put cost before safety', *New York Times*, June 24, 2017, nytimes.com/2017/06/24/world/europe/grenfell-tower-london-fire.html; Andrew O'Hagan, 'The Tower', *London Review of Books*, May 30, 2018, lrb.co.uk/v40/n11/andrew-ohagan/the-tower; and Tom Symonds and Daniel De Simone, 'Grenfell Tower: Cladding "changed to cheaper version"', *BBC News*, June 30, 2017, bbc.co.uk/news/uk-40453054.

2 David Batty, Niamh McIntyre, David Pegg and Anushka Asthana, 'Grenfell: names of wealthy empty-home owners in borough revealed', *Guardian*, August 2, 2017, theguardian.com/society/2017/aug/01/names-of-wealthy-empty-home-owners-in-grenfell-borough-revealed.

3 Luke Barratt, 'Block of flats chosen to house Grenfell survivors found to have "high" fire risk', *Inside Housing*, August 14, 2019, insidehousing.co.uk/news/62729.

38 당신이 선택한 이야기

1 José María Irujo, 'Varapalo del Supremo al Gobierno al dar asilo a un opositor kazajo', *El País*, February 25, 2015.

2 The State of the World's Human Rights, Amnesty International, 2017, amnesty.org.uk/files/2017-02/POL1048002017ENGLISH.PDF?xMHdSpNaJB UNbiuvtMCJvJrnGuLiZnFU, p.207; 'Shalabayeva indictments sought', ANSA, February 28, 2017, ansa.it/english/news/world/2017/02/28/shalabayeva-

3 페루자 납치 사건에서 카를라 마리아 지아감보니(Carla Maria Giangamboni)에 대한 판결, 2018년 11월 16일.

4 Louis Colart, 'Trois barbouzes condamnés pour l'espionnage de la réfugiée kazakhe Bota Jardemalie', *Le Soir* (Belgium), November 29, 2019, lesoir.be/263653/article/2019-11-29/trois-barbouzes-condamnes-pour-lespionnage-de-la-refugiee-kazakhe-bota.

5 'Opinions adopted by the Working Group on Arbitrary Detention at its eighty-third session, 19-23 November 2018', UN Human Rights Council, January 30, 2019, ohchr.org/Documents/Issues/Detention/Opinions/Session83/A_HRC_WGAD_2018_67.pdf; Bota Jardemalie interview; author's communications with Bota Jardemalie and with Yerimbetov's lawyers.

6 'Fugitive Kazakh banker Ablyazov sentenced to 20 years in absentia, decries "farce"', Radio Free Europe/Radio Liberty, June 7, 2017, rferl.org/a/kazakhstan-ablyazov-20-years-banker-embezzlement/28533.

7 'Fugitive Kazakh banker, Nazarbaev foesentenced to life in prison', Radio Free Europe/Radio Liberty, November 27, 2018, rferl.org/a/fugitive-kazakh-banker-nazarbaev-foe-sentenced-to-life-in-prison/29623588.html.

8 마라트 베케타예프 인터뷰.

9 트레포 윌리엄스 인터뷰.

10 일리야스 크라푸노프 인터뷰. ENRC의 작전에 대해 알고 있는 다른 두 사람은 저자에게 블랙 큐브가 ENRC를 위해 일했다고 말했다. 저자는 블랙 큐브에게 이메일을 보내 스파이가 당신들이었느냐고 물었으나 답장은 받지 못했다.

11 Tamara Vaal and Mariya Gordeyeva, 'Nazarbayev's handpicked successor Tokayev elected Kazakh president', *Reuters*, June 10, 2019, reuters.com/article/us-kazakhstan-election/nazarbayevs-handpicked-successor-tokayev-elected-kazakh-president-idUSKCN1TB0JA.

12 'Kazakhstan election: Hundreds arrested in poll protests', *BBC News*, June 9, 2019, bbc.com/news/world?asia-48574540.

13 무흐타르 아블랴조프 인터뷰.

14 알마티 대 아블랴조프 소송에서 캐서린 H. 파커 판사의 의견과 명령, 2019년 7월 3일.

15 알마티 대 아블랴조프 소송에서 캐서린 H. 파커 판사의 의견과 명령, 2020년 2월 7일.

16 무흐타르 아블랴조프가 알마티 대 아블랴조프 소송에서 캐서린 H. 파커 판사에게 보낸 서한, 2020년 5월 7일.

17 워크스만 판결.

18 알마티 대 아블랴조프 소송에서 앨리슨 J. 네이선(Alison J. Nathan) 판사의 의견과 명령, 2020년 6월 1일.

19 토레칸 투르간바예프 인터뷰.

20 'Committee against Torture considers the report of Kazakhstan', UN Office of the High Commissioner for Human Rights, November 18, 2014, ohchr. org/EN/NewsEvents/Pages/DisplayNews.aspx?NewsID=15309&LangID=E.

21 로자 툴레타예바의 친구들과의 인터뷰.

39 대안 현실

1 Commonwealth Legal Information Institute case record, commonlii.org/uk/cases/EngR/1576/10.pdf; UK Supreme Court judgment in R (on the application of Prudential plc and another) v Special Commissioner of Income Tax and another, January 23, 2013, supremecourt.uk/cases/docs/uksc-2010-0215-judgment.pdf.

2 Court of Appeal ruling of September 5, 2018, in SFO v ENRC and The Law Society, bailii.org/ew/cases/EWCA/Civ/2018/2006.html, pars 50 and 171.

3 SFO v ENRC judgment, par 116.

4 SFO는 매코믹의 인터뷰에 대한 언급을 회피했다. 매코믹은 저자에게 자신은 목격자로서 인터뷰한 것이었다고 말했다.

5 Mark Hollingsworth, 'SFO is stepping up its Kazakh miner probe', *Evening Standard*, September 15, 2017, standard.co.uk/business/sfo-is-stepping-up-its-kazakh-miner-probe-a3635861.htm.

6 예컨대 2014년 1월, 리드 스미스 소속 변호사들은 SFO가 아블랴조프에 대한 조

사를 시작하도록 애써 준 자문위원 존 하웰과의 만남을 기록으로 남겼다.

7   Dechert defense, par 83.2.h 그리고 이 논의를 알고 있는 인물과의 인터뷰. 이
    모호한 협력은 거의 이뤄지지 않은 것으로 보인다. SFO도 아블랴조프에 대한
    조사를 시작하지 않았고 카자흐스탄 당국도 SFO에 대해 의미 있는 지원을 거의
    하지 않았다.

8   ENRC v the director of the Serious Fraud Office, particulars of claim, March
    25, 2019.

9   ENRC가 SFO를 상대로 제기한 소송에서 제라드와 그의 회사 데케르트에 대한
    의혹과 관련하여 데케르트 대변인은 다음과 같이 진술했다. "우리는 우리가 한
    일을 견지하며 공개 법정에서 그것을 변호할 기회를 기대한다. 우리는 ENRC에
    대한 SFO의 범죄수사가 계속되고 있다는 사실에 주목하고 있고 데케르트와 그
    인력에 대한 부당한 주장을 공표하려고 노력함으로써 그 조사의 신용을 떨어뜨
    리려는 ENRC의 시도에 개탄하고 있다. 우리는 데케르트/닐 제라드와 SFO 사이
    의 부적절한 관계 또는 SFO에 대한 어떠한 승인되지 않은 정보 공개도 단호히
    거부한다. 우리가 조사 중에 한 일은 당시 우리에게 지시하고 있던 이사회의 독
    립 위원회 구성원의 권한과 지식에 의한 것이었다. 우리는 이어지는 법정 소송
    에서 이러한 근거 없는 주장을 가감 없이 다룰 것이다."

10 ENRC v SFO, particulars of claim, pars 11.6-11.8.

11 10.1 and 11.9. 저자는 SFO를 통해 알더만에게 사건에 대한 ENRC 버전의 코멘
    트를 요청했으나 아무런 답변을 받지 못했다.

12 ENRC v Dechert, amended complaint, par 153.

13 The Dechert defence asserts at pars 83.2.e, 144.2.b.iii, 268.2 and 324.4 that
    illegal activity was taking place at ENRC after this date.

14 ENRC v Dechert, amended complaint, par 9.

15 ENRC v SFO, particulars of claim, 11.26-11.27.

16 ENRC v SFO, 12.16-12.17.

17 ENRC v Akezhan Kazhegeldin in the UK High Court, particulars of claim,
    July 24, 2019, globalinvestigationsreview.com/digital_assets/e8c14192-bbb4-
    4337-9aee-9a91ab58898c/ENRC-v-Kazhegeldin-Lawsuit-(July-2019).pdf.

18 Kenneth P. Vogel and Maggie Haberman, 'Conservative website first funded

anti-Trump research by firm that later produced dossier', *New York Times*, October 27, 2017, nytimes.com/2017/10/27/us/politics/trump-dossier-paul-singer.html.

19 Josh Kovensky, 'Grenell's past foreign clients make him unprecedented choice to lead intel community', *Talking Points Memo*, February 26, 2020, talkingpointsmemo.com/muckraker/grenells-past-foreign-clients-make-him-unprecedented-choice-to-lead-intel-community.

20 Michael Ames, 'How Trump's new intelligence chief spread misinformation about Bowe Bergdahl', *Politico*, March 11, 2020, politico. com/news/magazine/2020/03/11/richard-grenell-smear-against-bowe-bergdahl-125157.

21 Archived version of Capitol Media Partners website, services page, web. archive.org/web/20120620093013/http://capitolmediapartners.com/-page_id=7, and clients page, web.archive.org/web/20120620093019/http:// capitolmediapartners.com/-page_id=9. 저자는 그레넬이 ENRC를 위해 무엇을 했는지 캐피톨 미디어 파트너(Capitol Media Partners)에게 이메일을 보냈지만 아무런 답변을 받지 못했다.

22 David Gerrard and Elizabeth Gerrard v Diligence, particulars of claim, September 6, 2019.

23 Tabby Kinder, 'Court date for Hirst collector', *The Times*, June 15, 2019, thetimes.co.uk/article/court-date-for-hirst-collector-w2092w006.

24 Samuel Rubenfeld, 'UK drops prosecution of mining executive', *Wall Street Journal*, November 6, 2018, wsj.com/articles/u-k-drops-prosecution-of-mining-executive-1541532653.

25 'Former SFO senior prosecutor joins Cohen & Gresser's London office', Cohen & Gresser press release, September 2018, sites-cohengresser.vuture. net/8/108/september-2018/jwg-announcement-final.asp?sid=4dd45e16-a2bc-42ee-a400-503821877db.

26 William MacNamara and Stanley Pignal, 'Case against three ENRC oligarchs settled', *Financial Times*, August 17, 2011, ft.com/content/95f8ecc4-c8dd-

11e0-a2c8-00144feabdc0.

27 Thierry Denoël, 'Transaction: ce que les Kazakhs ont réellement pay?', *Le Vif*, June 21, 2017, levif.be/actualite/belgique/transaction-ce-que-les-kazakhs-ont-reellement-paye/article-normal-681331.html. 이것은 트리오와 그들의 친척들이 지불한 벌금과 몰수금의 총액이었다.

28 '카자흐게이트'에 대한 미디어파트(Mediapart)의 오랜 탐사는 얀 필리핀(Yann Philippin)과 알랭 랄레만드(Alain Lallemand)를 필두로 시작되었다. comment l'Elysée de Sarkozy a manipulé le pouvoir belge', November 5, 2016, mediapart.fr/journal/france/051116/kazakhgate-comment-lelysee-de-sarkozy-manipule-le-pouvoir-belg.

29 Peter Fabricius, 'EU begins lifting Zimbabwe sanctions', *Weekend Argus* (South Africa), February 18, 2012.

30 ENRC complaint, par 92.2, and Dechert defence, 233.8. 저자는 피에르 프로스퍼에게 이 책에서 다룬 그와 관련된 주요 사항들을 보내 주었다. 그는 오류가 있지만 그것을 "자기 마음대로" 수정할 수는 없다고 말했다.

31 Arent Fox press release, April 21, 2014, arentfox.com/perspectives/press-releases/ofac-removes-arent-fox-client-sdn-sanctions-lis.

32 Burgis, 'Why Glencore bought'.

33 'Settlement of dispute with Ventora and Africa Horizons', Glencore, June 15, 2018, investegate.co.uk/article.aspx?id=201806150700055198R.

34 Tom Wilson, David Blood and David Pilling, 'Congo voting data reveal huge fraud in poll to replace Kabila', *Financial Times*, January 15, 2019, ft.com/content/2b97f6e6-189d-11e9-b93e-f4351a53f1c3.

35 프레스턴 해스컬(Preston Haskell)은 ENRC 이전에 콩고니 투자회사의 소유주였던 아마리 리소시스 사의 투자자였다. 그는 나중에 자신이 소유한 또 다른 광산 회사인 오리언트 아프리카(Auriant Africa)에서 베커를 고용했다. 베커가 죽은 후, 해스컬은 조사를 위해 클레멘트 잭슨을 고용했다

36 2019년부터 2020년까지 저자가 스프링필드 경찰서 공보 담당관 재스민 베일리(Jasmine Bailey)에게 보낸 이메일.

37 비공개 인터뷰.

38   트리오 밑에서 일하던 자문위원 2명과의 인터뷰, 2019.

40   대가성 거래

1   Philip Bump, 'The day of Trump's call with Ukraine's president, minute-by-minute', *Washington Post*, November 26, 2019, washingtonpost.com/politics/2019/11/26/day-trumps-call-with-ukraines-president-minute-by-minute.

2   Donald Trump's Twitter account, twitter.com/realDonaldTrump/status/1154347111145598976.

3   Julie Hirschfeld Davis and Mark Mazzetti, 'Highlights of Robert Mueller's Testimony to Congress', *New York Times*, July 24, 2019, nytimes.com/2019/07/24/us/politics/mueller-testimony.html.

4   Lucien Bruggeman, "'I think I'd take it": In exclusive interview, Trump says he would listen if foreigners offered dirt on opponents', *ABC News*, June 13, 2019, abcnews.go.com/Politics/id-exclusive-interview-trump-listen-foreigners-offered-dirt/story?id=63669304.

5   기밀 해제되어 편집 완료 후 공개된 2019년 9월 24일 백악관 기록, whitehouse.gov/wp-content/uploads/2019/09/Unclassified09.2019.pdf.

6   Angel Au-Yeung, 'What we know about CrowdStrike, the cybersecurity firm Trump mentioned in Ukraine call, and its billionaire CEO', *Forbes*, September 25, 2019, forbes.com/sites/angelauyeung/2019/09/25/what-we-know-about?crowdstrike-the-cybersecurity-firm-mentioned-by-trump-in-his-call-with-ukraines-president-and-its-billionaire-ceo/#798f635e1c.

7   우크라이나에 대한 트럼프의 주장에 대한 반박 주장을 위해서는 나타샤 버트랜드(Natasha Bertrand)의 다음 기사를 보라. 'How to read Trump's wild phone call with Ukraine's president', *Politico*, September 25, 2019, politico.com/news/2019/09/25/donald-trump-ukraine-call-analysis-000039.

8   Ron Suskind, 'Faith, certainty and the presidency of George W. Bush', *New York Times*, October 17, 2004, nytimes.com/2004/10/17/magazine/faith-certainty-and-the-presidency-of-george-w-bush.htm.

9   이에 대한 사례는 티모시 오브라이언(Timothy O'Brien)의 저서 《트럼프네이션 (TrumpNation)》에 나와 있다. Warner Business Books, 2005.

10 O'Brien, *TrumpNation*, p.16.

11 O'Brien, *TrumpNation*, p.17.

12 O'Brien, *TrumpNation*, p.18.

13 비공개 인터뷰.

14 David Cay Johnston, 'Just what were Donald Trump's ties to the mob?', *Politico*, May 22, 2016, politico.com/magazine/story/2016/05/donald-trump-2016-mob-organized-crime-213910; O'Brien, TrumpNation, pp.67-70.

15 Gary Silverman, 'Trump's Russian riddle', *Financial Times*, August 14, 2016, ft.com/content/549ddfaa-5fa5-11e6-b38c-7b39cbb1138a.

16 비공개 인터뷰.

17 Ned Parker, 'Ivanka and the fugitive'.

18 Mike McIntire, 'Donald Trump settled a real estate lawsuit, and a criminal case was closed', *New York Times*, April 5, 2016, nytimes.com/2016/04/06/us/politics/donald-trump-soho-settlement.html.

19 Monica Alonzo-Dunsmoor, 'City rejects high-rises on camelback', *Arizona Republic*, December 22, 2005.

20 Ryan Yousefi , 'Failed Fort Lauderdale Beach Trump project will finally open as Conrad hotel', *Broward Palm Beach New Times*, October 3, 2014, https://www.browardpalmbeach.com/news/failed-fort-lauderdale-beach-trump-project-will-finally-open-as-conrad-hotel-6455709.

21 Felix Sater deposition in Donald Trump v Timothy O'Brien et al., April 1, 2008, p.132.

22 'Executive Talk: Donald Trump Jr bullish on Russia and few emerging markets', *eTurboNews*, September 15, 2008, eturbonews.com/9788/executive-talk-donald-trump-jr-bullish-russia-and-few-emerging-ma.

23 후에 삭제되었으나 펠릭스 세이터의 링크드인(LinkedIn) 프로필에는 이렇게 적혀 있었다. "도널드 트럼프의 수석보좌관, 트럼프 조직, 2010-2011(1년간)".

24 티모시 오브라이언과 그의 책 《트럼프네이션(TrumpNation)》 출판인에 대한 소

송에서 트럼프가 제출한 2007년 12월 19일 녹취록.

25 Friedman, *Red Mafiya*, p.113.

26 James S. Henry, 'The curious world of Donald Trump's private Russian connections', *The American Interest*, December 19, 2016, the-american-interest.com/2016/12/19/the-curious-world-of-donald-trumps-private-russian-connections.

27 Layne, 'Russian elite invested'.

28 론 와이든(Ron Wyden) 상원의원이 스티븐 므누신(Steven Mnuchin) 재무장관에게 보낸 2018년 2월 9일 서한, finance.senate.gov/imo/media/doc/020918%20-Mnuchin%202008%20Palm%20Beach%20Trump%20Sale%20Letter.pdf.

29 CarinoAgencyPR, 'Trump International Hotel & Tower, Toronto — Ground Breaking Event!!', promotional video posted on YouTube, May 17, 2011, youtube.com/watch?v=2pgMtRmf7xo.

30 슈나이더와의 시프린이 나눠 가진 이익 중 슈나이더의 몫.

31 시프린에 대한 슈나이더의 중재 청구.

32 트럼프 대통령의 재정 공개.

33 Colleen Long, 'Cohen says Trump behaved "much like a mobster would do"', *Associated Press*, February 28, 2019, apnews.com/88e83c32a9d54d82abe3ac52bfad22e4.

34 통화 내용을 알게 된 한 관리는 의회 정보위원회 위원장들에게 내부고발을 했고, 이 과정은 트럼프 탄핵으로 이어졌다. 이 내부고발자의 서한은 이후 출판되었다. washingtonpost.com/context/read-the-whistleblower-complaint-regarding-president-trump-s-communications-with-ukrainian-president-volodymyr-zelensky/4b9e0ca5-3824-467f-b1a3-77f2d4ee16aa.

35 예를 들면, John Avlon, 'Trump's absurd projection reveals his anxiety', *CNN*, September 24, 2019, edition.cnn.com/2019/09/24/opinions/trumps-absurd-projection-reveals-his-anxiety-avlon/index.ht.

36 Philip Bump, 'The expansive, repetitive universe of Trump's Twitter insults', *Washington Post*, August 20, 2019, washingtonpost.com/politics/2019/08/20/expansive-repetitive-universe-trumps-twitter-insults/.

37 Bump, 'The day of Trump's call'.

38 Paul A. Eisenstein, 'Trump's new limo cost $1.5M and comes with a fridge full of his blood type', *NBC News*, September 28, 2015, nbcnews.com/business/autos/trump-s-new-limo-cost-16m-comes-fridge-his-blood-n912841.

39 Cheryl Bolen, White House pool report 1, July 25, 2019, publicpool.kinja.com/subject-in-town-pool-report-1-1836697089.

40 'Remarks by President Trump at a Full Honors Welcome Ceremony for the Secretary of Defense', White House, July 25, 2019, whitehouse.gov/briefings-statements/remarks-president-trump-full-honors-welcome-ceremony-secretary-defense.

41 Edwin Djabatey and Kate Brannen, 'What did we learn about Mark Esper and how he views the world?', *Just Security*, July 17, 2019, justsecurity.org/64956/what-did-we-learn-about-mark-esper-and-how-he-views-the-world.

42 'Xi Jinping millionaire relations reveal fortunes of elite', *Bloomberg News*, June 29, 2012, bloomberg.com/news/articles/2012-06-29/xi-jinping-millionaire-relations-reveal-fortunes-of-elite.

43 David Barboza, 'Billions in hidden riches for family of Chinese leader', *New York Times*, October 25, 2012, nytimes.com/2012/10/26/business/global/family-of-wen-jiabao-holds-a-hidden-fortune-in-china.html.

44 가장 극적인 사례는 다음을 보라. Jamil Anderlini, 'Bo Xilai: power, death and politics', *Financial Times*, July 20, 2012, ft.com/content/d67b90f0-d140-11e1-8957-00144feabdc0.

45 폴 콜리어(Paul Collier)의 저서 *The Bottom Billion*(Oxford University Press, 2008) 3장에는 어떻게 석유가 "가장 비만한 자의 생존"이라고 불리는 동력 시스템을 만드는지에 대해 기술되어 있다. 레이프 웨너(Leif Wenar)는 저서 *Blood Oil*(Oxford University Press, 2016)에서 세계 석유 무역은 대규모 장물 처리나 마찬가지라고 설득력 있게 주장한다. 다음도 보라. Burgis, *The Looting Machine*, chapters 1, 3 and 8.

46 'Saudi Arabia ends major anti-corruption campaign', *BBC News*, January 31,

2019, bbc.co.uk/news/world-middle-east-47065285.

47 Ben Freeman and William D. Hartung, 'How the Saudis wooed Donald Trump', *The Nation*, May 10, 2018, thenation.com/article/archive/how-the-saudis-wooed-donald-trum.

48 Shane Harris, Greg Miller and Josh Dawsey, 'CIA concludes Saudi crown prince ordered Jamal Khashoggi's assassination', *Washington Post*, November 16, 2018, washingtonpost.com/world/national-security/cia-concludes-saudi-crown-prince-ordered-jamal-khashoggis-assassination/2018/11/16/98c89fe6-e9b2-11e8-a939-9469f1166f9d_story.html.

49 'Statement from President Donald J. Trump on standing with Saudi Arabia', White House, November 20, 2018, whitehouse.gov/briefings-statements/statement-president-donald-j-trump-standing-saudi-arabia.

50 이 생각은 사라 카예스(Sarah Chayes)의 *Thieves of State*(Norton, 2015)로부터 발전시켰다.

51 Jeffrey Goldberg, 'The Obama doctrine', *The Atlantic*, April 2016, theatlantic.com/magazine/archive/2016/04/the-obama-doctrine/471525.

52 Tom Burgis, 'The secrets of Office 39', *Financial Times*, June 24, 2015, ft.com/content/4164dfe6-09d5-11e5-b6bd-00144feabd.

53 Cheryl Bolen, White House pool report 6, July 25, 2019, publicpool.kinja.com/subject-in-town-pool-report-6-ukraine-call-1836700221.

54 Andrew Wyrich, 'White House changes press briefing transcript to make Trump's golf skills more flattering', *Daily Dot*, July 27, 2017, dailydot.com/layer8/scaramucci-trump-putts-quote-changed.

55 Michael Bamberger, 'President Trump won a 2018 club championship — without actually playing in it!', *Golf*, March 11, 2019, golf.com/news/2019/03/10/president-trump-club-championship-did-not-enter.

56 Bump, 'The day of Trump's call'.

57 Danielle Ivory and Robert Faturechi, 'The deep industry ties of Trump's deregulation teams', *New York Times*, July 11, 2017, nytimes.com/2017/07/11/business/the-deep-industry-ties-of-trumps-deregulation-

teams.html?smid=tw-nytimes&smtyp=cur&referer=https://t.co/MaNefWxfzz.

58 'Melania Trump's "once-in-a-lifetime" opportunity to profit', *The Economist*, February 9, 2017, economist.com/democracy-in-america/2017/02/09/melania-trumps-once-in-a-lifetime-opportunity-to-profit.

59 Michael Lewis, *The Fifth Risk*, Norton, 2018.

60 예를 들면, David A. Fahrenthold and Jonathan O'Connell, 'Saudi-funded lobbyist paid for 500 rooms at Trump's hotel after 2016 election', *Washington Post*, December 5, 2018, washingtonpost.com/politics/saudi-funded-lobbyist-paid-for-500-rooms-at-trumps-hotel-after-2016-election/2018/12/05/29603a64-f417-11e8-bc79-68604ed88993_story.html.

61 Peter Baker and Matthew Rosenberg, 'Michael Flynn was paid to represent Turkey's interests during Trump campaign', *New York Times*, March 10, 2017, nytimes.com/2017/03/10/us/politics/michael-flynn-turkey.html.

62 Kenneth P. Vogel, 'How a Trump ally tested the boundaries of Washington's influence game', *New York Times*, August 13, 2019, nytimes.com/2019/08/13/us/politics/elliott-broidy-trump.html. Broidy's lawyers have said he 'never discussed assisting Mr Low in any criminal matters and never lobbied to resolve the civil issues facing the financier'.

63 Burgis, 'Dirty money'.

64 Erik Larson, 'Trump fixer Cohen paid by Kazakh bank for post-election work', *Bloomberg*, bloomberg.com/news/articles/2019-02-27/kazakh-bank-says-it-paid-trump-fixer-cohen-talked-to-prosecutor. 케네스 라키셰프의 대리인이 저자에게 확인해 주었다.

65 Ibid..

66 파커 판사의 2018년, 2019년, 2020년 리트코 판결.

67 BTA v Sater et al..

68 트럼프는 2013년 녹음된 증언에서 "지금 그가 방에 앉아 있다 해도, 나는 그가 누구인지 못 알아볼 것이다"라고 말했다. 이후에도 트럼프는 두 사람의 사업 관계에 대해 거듭 부인했다. Rosalind S. Helderman and Tom Hamburger, 'Former Mafi a-linked figure describes association with Trump', *Washington*

Post, May 17, 2016, washingtonpost.com/politics/former-mafia-linked-figure-describes-association-with-trump/2016/05/17/cec6c2c6-16d3-11e6-aa55-670cabef46e0_story.html.

69   Cormier, 'The Asset'.

70   Robert S. Mueller III, 'Report on the investigation into Russian interference in the 2016 presidential election', volume 1, p.72, justice.gov/storage/report.pdf.

71   Mueller report, vol. 1, p.71

72   Mueller report, vol. 2, p.143, justice.gov/storage/report_volume2.pdf.

73   Cormier, 'The Asset'.

41 노멀 비즈니스

1   Karishma Vaswani, 'Corruption, money and Malaysia's election', *BBC News*, May 11, 2018, bbc.com/news/business-44078549.

2   Byron Tau and Aruna Viswanatha, 'Jho Low, accused mastermind of 1MDB scandal, reaches DoJ civil settlement', *Wall Street Journal*, October 30, 2019, wsj.com/articles/accused-mastermind-of-1mdb-close-to-civil-settlement-with-doj-11572473653.

3   Sharanjit Singh, 'Najib: I'm not so stupid to do something like this', *New Straits Times*, January 22, 2020, nst.com.my/news/crime-courts/2020/01/558860/najib-i-am-not-so-stupid-do-something-you-know.

4   이 책은 2020년 6월 말에 출판되는데 나지브 사건의 판결은 7월 말에 내려질 것으로 예상된다.

5   'Panama Papers: The power players', International Consortium of Investigative Journalists, April 3, 2016, icij.org/investigations/panama-papers/the-power-players.

6   Nicole Hong, Liz Hoff man and Bradley Hope, 'Justice department charges ex-Goldman bankers in Malaysia 1MDB scandal', *Wall Street Journal*, November 1, 2018, wsj.com/articles/justice-department-to-charge-former-goldman-bankers-in-malaysia-1mdb-scandal-1541077318?mod=article_inline; Liz Hoffman and Aruna Viswanatha, 'Goldman Sachs in talks

toadmit guilt, pay $2 billion fine to settle 1MDB probe', *Wall Street Journal*, December 19, 2019, wsj.com/articles/goldman-sachs-in-talks-to-admit-guilt-pay-2-billion-fine-to-settle-1mdb-probe-11576760406.

7   Jake Maxwell Watts, 'Ex-banker sentenced to prison after pleading guilty to 1MDB-linked money laundering', *Wall Street Journal*, July 12, 2017, wsj.com/articles/ex-banker-sentenced-to-prison-after-pleading-guilty-to-1mdb-linked-money-laundering-149985234.

8   'EFG completes integration of BSI', *Finews*, July 4, 2017, finews.com/news/english-news/28006-efg-completes-integration-of-bsi.

9   'BSI in serious breach of money laundering regulations', press release by Finma, May 24, 2016, finma.ch/en/news/2016/05/20160524-mm-bsi/.

10 런던 사무소 폐쇄 후 BSI 고객 계좌 관리 계획에 대한 나이절 윌킨스 파일 및 바하마 BSI 은행원들과 관련된 기업이 제출한 서류를 바탕으로 비공개 인터뷰가 진행되었다.

11 나이절은 그의 노트에 다음과 같이 적었다. "BSI — 은행이 아니라 돈세탁과 탈세를 부추기는 뿌리까지 부패한 조직."

12 Sharon LaFraniere, 'Yeltsin linked to bribe scheme', *Washington Post*, September 8, 1999, washingtonpost.com/wp-srv/inatl/daily/sept99/yeltsin8.htm; 'Kosovo's New President Takes Office Amid Controversy', Radio Free Europe, February 24, 2011, rferl.org/a/kosovo_president_takes_office_controversy/2319676.html.

13 2007년 4월 20일 나이절 윌킨스이 존 어스킨(John Erskine)에게 보낸 이메일을 포함한 BSI 내부 교신, 모길레비치에 관한 '실무 그룹' 보고서.

14 레빈슨의 종적을 감춘 사건에 대한 세부 내용은 비공개 인터뷰와 다음 책에 기초했다. Meier, *Missing Man*, pp.88-102.

15 보리스 버시타인과 레빈슨 간의 이메일들, 비공개 인터뷰.

16 예를 들면, 2006년 9월 20일 코피즈 샤키히디가 BSI 런던 사무소 상사에게 보낸 이메일에는 마슈케비치, 초디에프, 이브라기모프를 "중요한 고객들"이라고 언급하고 있다.

17 비공개 인터뷰.

18 이브라기모프를 알고 있는 카자흐스탄 고위 공무원 및 사업가와의 인터뷰.

19 코피즈 샤키히디와 그의 BSI 런던 사무소 상사 간의 교신.

20 미라흐메도프와 그의 회사들 간의 프로모터 계약은 2002년, 2006년, 2007년에 있었다.

21 *An Introduction to Ferrochrome*, ENRC presentation, February 18, 2008. 프레젠테이션에서는 미라흐메도프가 "철광의 글로벌 전략, 판매 및 마케팅을 담당하는 제품 관리자" 및 "중국 내 철, 크롬 및 망간 마케팅을 담당하는" 직책을 맡은 베이징의 총괄 매니저라고 설명한다. 미라흐메도프의 링크드인 프로필에는(2020년 5월 8일 기준) 2010년부터 2015년까지 ENRC 판매 마케팅 CEO를 역임했다고 쓰여 있다. linkedin.com/in/abdumalik-mirakhmedov.

22 출판 전 저자와 미라흐메도프의 변호사 간에 진행된 비공개 인터뷰에서 확인했다.

23 미라흐메도프의 변호사들의 확인을 받았으며 그들은 저자에게 다음과 같이 말했다. "회사 내 의사 결정에 대한 그의 의견은 회사 이익의 면에서 정당했고 법적 근거에 따라 이루어졌습니다."

24 ENRC v Mark Hollingsworth in the UK High Court, particulars of claim, October 21, 2019. At par 21.c.iii. ENRC의 변호인단은 다음과 같이 언급했다. "청구인[ENRC]이 알렉스 스튜어트 인터내셔널에 지불했다는 주장에 대해 미국의 수사 가능성이 있다." 저자는 이 책 출판에 앞서 ENRC 계약 건에 대해 이야기해보자고 알렉스 스튜어트 인터내셔널 측에 연락했으나 답장을 받지 못했다.

25 도스탄 이브라기모프 차용자와 대출회사인 벨리즈 소재 미라흐메도프의 회사 자산 관리 그룹 간 대출 계약, 2008년 1월 10일. 저자가 본 계약서 사본은 미라흐메도프의 회사가 대표해 서명했지만 도스탄 이브라기모프의 서명은 아니었다. 저자는 미라흐메도프에게 이 법안이 효력을 발휘하지 못했는지 말해 달라고 요청했으나 그는 응하지 않았다.

26 저자와 미라흐메도프의 변호사 간의 교신, 2020년 6월.

27 ENRC prospectus for its 2007 initial public offering in London, p.185, preqveca.ru/placements/memorandum/download/16.

28 한 기업등록소 파일에 따르면 달만은 2007년 12월 6일 ENRC의 이사로 임명되었다(beta.companieshouse.gov.uk/company/06023510/officers). 그 시점에 달만의 회사 WMG 어드바이저(WMG Advisors)는 케이맨제도에 등록된 펀드 대상 투자자문

사였으며 WMG 전략 펀드로도 불렸다. 이곳에 알리잔 이브라기모프가 그의 재산 일부를 투자했다. 2008년 4월 9일, 펀드 이름은 알비온 인베스트먼트(Albion Investments)로 변경되었다. 알비온 인베스트먼트의 제안 비망록에는 달만의 WMG 어드바이저가 투자 고문으로 등재되어 있다. 2008년 6월, 달만이 ENRC 이사회에 부임한 지 6개월 만이었다. 알비온 인베스트먼트의 2008년 6월 30일 연례 보고서에서도 WMG 어드바이저를 투자 고문으로 임명한 사실이 나온다. 그리고 나서 달만이 ENRC의 이사로 임명된 지 10개월 후인 2008년 10월 16일, WMG 어드바이저가 다시 한 번 알비온 인베스트먼트의 투자 고문으로 임명되고 연간 25만 달러의 수수료를 지불하도록 수정된 투자 자문 협정이 체결되었다. 달만은 2008년 4월 21일 자체 펀드 이사직에서 사임하고 코피즈 샤키히디가 후임으로 교체됐다(그러나 투자자문사인 WMG 어드바이저에 대한 소유는 유지했다). 그러나 이것이 반드시 달만이 더 이상 관여하지 않는다는 것을 의미하지는 않았다. 사실 샤키히디는 이전에 달만의 지명으로 이브라기모프의 재산을 관리했던 자산 관리 그룹 회사 중 하나에서 활약했었다. 이 회사는 나이절 윌킨스가 FCA에 있을 때 그를 무척이나 골치 아프게 했던 해외 헤지펀드 설립에 사용되는 세 번째 종류의 회사였다. 일반적으로 불투명한 조세피난처에 펀드가 등록되어 있고 실제 돈을 거기에 예치한다. 그리고 나면 투자자문사는 재력가들이 어떻게 그 돈을 가장 잘 증식시킬 수 있는지 계획을 세운다. 펀드는 일반적으로 (WMG 어드바이저와 마찬가지로) 런던처럼 괜찮다고 여겨지는 곳에 등록되지만, 규제 당국의 시선을 피해 케이맨제도든 그 어느 곳에 있든 펀드에 있는 돈은 안전하게 등록된다. 그 끝에 펀드 매니저, 펀드의 일상적인 자금 관리를 담당하는 회사, 은행 계좌 관리가 있다. 이 경우에 해당하는 것이 2007년 8월 22일 버뮤다에 설립된 WMG 매니지먼트(WMG Management)였다. 등록 주주는 샤키히디(5880주)와 저지 (Jersey)의 WMG홀딩스(6120주)로 기록되어 있다. 그러나 저자가 입수한 문서에 따르면 최대 수익을 올린 사람은 100퍼센트의 이자를 받은 메흐메트 달만이다. 2008년 3월 11일, WMG 매니지먼트(버뮤다)는 알비온 매니지먼트(버뮤다)로 사명을 변경한 후, 이브라기모프의 자금을 보유하고 있던 알비온 인베스트먼트 펀드의 매니저로 남게 되었다. 샤키히디는 2009년 3월까지 알비온 매니지먼트(버뮤다)의 회장직을 유지했다. 어쩌면 더 오래 회장직에 있었을 수도 있다. 그의 임기 종료일은 여전히 비밀문서로 남아 있다. 달만은 이브라기모프와의 개인적인 관게에서 빠져나오는 데 너무 오랜 시간이 걸렸다고 말했다. "완료해야 할 법적, 컴플라이언스 및 관리 업무가 너무 많다"는 이유에서다. 저자는 달만에게 샤키히디의 임명권자로서의 역할에 대해 물었으나 그는 대답하지 않았다.

29 For instance, Jim Armitage, 'ENRC plans to split off controversial African mines', *Independent*, May 7, 2012, independent.co.uk/news/business/news/enrc-plans-to-split-off-controversial-african-mines-7718759.html; Danny Fortson, 'ENRC pays $550m for copper in Congo', December 9, 2012, *Sunday Times*, thetimes.co.uk/article/enrc-pays-dollar550m-for-copper-in-congo-6k59bzr6gkw.

30 Burgis, *The Looting Machine*, chapters 4 and 10.

31 David Gilbert, 'Zimbabwe is trying to build a China style surveillance state', *Vice*, December 2, 2019, vice.com/en_uk/article/59n753/zimbabwe-is-trying-to-build-a-china-style-surveillance-state; Chris Rickleton, 'Kazakhstan embraces facial recognition, civil society recoils', *Eurasianet*, October 17, 2019, eurasianet.org/kazakhstan-embraces-facial-recognition-civil-society-recoils.

32 Catherine Belton, 'In British PM race, a former Russian tycoon quietly wields influence', *Reuters*, July 19, 2019, reuters.com/investigates/special-report/britain-eu-johnson-russian. 저자가 테메르코 사무실 방문.

33 Luke Harding and Dan Sabbagh, 'Johnson visit to Lebedev party after victory odd move for "people's PM"', *Guardian*, December 22, 2019, theguardian.com/politics/2019/dec/22/johnson-visit-to-lebedev-party-after-victory-odd-move-for-peoples-p.

34 첩보원 2명과의 비공개 인터뷰.

35 예를 들면, Nick Cohen, 'Political argument in Britain has stopped when we need it most', *Spectator*, October 18, 2017, spectator.co.uk/article/political?argument-in-britain-has-stopped-when-we-need-it-most.